지공주의

새로운 토지 패러다임

김윤상

경북대학교출판부

김윤상

yskim@knu.ac.kr
경북대학교 법과대학 행정학과 교수
서울대학교 법과대학 졸업
미국 펜실베니아 대학교 도시계획학 박사

저서

『도시모형론』, 『헨리조지 100년 만에 다시 보다』, 『토지 정책론 : 토지사유제에서 지대조세제로』,
『진보와 빈곤』(역서), 『알기 쉬운 토지 공개념』 외 다수

지공주의 – 새로운 토지 패러다임

초판1쇄 2009년 4월 14일 | **초판3쇄** 2011년 8월 25일
지은이 김윤상
펴낸이 함인석 | **펴낸곳** 경북대학교출판부
출판등록 1973년 10월 10일 ㉑97호 | **주소** 대구광역시 북구 대학로 80번지
전화 053-950-6741~3 | **팩스** 053-953-4692 | **E-mail** press@knu.ac.kr
Homepage http://knupress.com

정가 20,000원
ISBN 978-89-7180-326-4 93350

머리말

이 책은 과거에 출판했던 『토지정책론』(법문사, 한국학술정보)과 『알기 쉬운 토지공개념』(경북대학교출판부)을 바탕으로 하고 후속 연구 성과를 보태 새롭게 집필한 것이다. 대학 교직에 몸담은 지 33년이 지났고 정년퇴임을 염두에 두어야 하는 나이가 된 시점에, 그동안의 연구 성과를 망라하여 하나의 체계 속에 담아 보았다.

부동산은 교육과 더불어 우리 사회의 기회균등을 훼손하는 최대의 원인이다. 우리나라는 경제성장이 본격화되면서 지가 폭등과 부동산 투기에 시달려 왔고 고도성장기가 지나간 지금도 부동산 문제가 여전히 되풀이되고 있다. 지은이는 경부고속도로 건설을 계기로 전국에 부동산 투기가 번지던 대학 시절부터 지금까지 부동산 문제의 근본적인 해결책을 모색하여 왔고, 오랜 고민과 연구 끝에 나름대로 찾아낸 결론이 이 책의 주제인 지공주의다.

지공주의란 인간이 생산한 자본은 생산자가 소유하되 생산자가 없는 토지는 공유로 해야 한다는 패러다임이다. 토지와 자본의 사유를 허용하는 자본주의와 양자의 공유를 기반으로 하는 사회주의를 지양하는 제3의 이념이다. 지공주의의 실천 방안으로는 토지사유제 사회에서 토지 가치만을 공유하는 방안과 토지공유제 사회에서 개인의 사용권을 최대한 보장하는 방안이 있다.

인간이 생산하지 않은 토지를 생산물과 다르게 취급한다는 생각은 매우 상식적인데도, 지공주의는 현실에서만이 아니라 학계에서도 무시당해 왔다. 그러다가 2003년에 출범한 참여정부가 내놓은 각종 부동산 대책을 둘러싸고 뜨거운 논쟁이 벌어지는 가운데 '참여정부 부동산 정책의 배경에 헨리 조지가 있다'는 언론의 보도가 나오면서 다소간 주목받기 시작했다. 헨리 조지는 지공주의의 선구자다. 그러나 부유층, 보수층, 신자유주의 진영에서는 지공주의를 극력 비판한다. 학계에서도 지공주의에 대한 오해가 많고 지공주의를 결론 또는 배경으로 삼는 논문을 학회에서 발표하거나 학술지에 투고하면 반론과 비판이 적지 않다. 그래도 아예 무시당하는 것보다는 비판적 주목이라도 받는 것이 낫다고 할까.

지공주의가 세상의 인정을 받지 못하는 까닭은 무엇일까? 지은이와 같은 지공주의자의 능력이 부족하여 다른 사람을 제대로 설득하지 못한 탓이 크겠지만 수용자 측에도 원인이 없지는 않을 것이다.

사람이 태도를 정하는 데 작용하는 요인에는 세 가지가 있다고 생각한다. 그 하나는 고정관념으로서 대체로 오랜 관습과 학습에 의해 형성된다. 사람들은 일단 형성된 고정관념에 부합하지 않는 새로운 현상이나 해석을 접하면 불편해한다. 뽕짝만 듣던 귀에는 발라드나 클래식이 음악같이 들리지 않는 것과 같다. 심지어는 고정관념에 매여 자신의 이해관계와 모순되는 반응을 보이기도 한다. 지공주의에 대해서도 단지 생소하다는 이유로 저항감을 갖기도 하고 사회주의라고 쉽게 단정하기도 한다.

다음으로 이해관계가 있다. 사람이 웬만큼 수양해서는 이기심을 버리기 어렵기 때문에 자신에게 손해가 될 정책에 대해서는 거부감을 갖게 된다. 더구나 이해관계가 고정관념과 결합하는 경우에는 극단적인 저항으로 표출되기도 한다. 상류층이 권력과 부와 부동산을 독과점하는 우리 사회에서 이들의 기득권을 위협할 수 있는 지공주의는 그 길이 험난할 수밖에 없다.

마지막 요인은 이성이다. 이성적인 판단이란 냉철한 논리와 객관적 증거에 의한 판단을 말한다. 그러나 논리 능력은 훈련을 거쳐야만 일정 수준 이상으로 개발될 수 있다. 또 사람은 고정관념과 이해관계의 영향을 벗어나기 힘들기 때문에 냉철함과 객관성을 유지하기도 어렵다. 그래서 현실에서만이 아니라 학계에서조차 지공주의에 대한 이성적 논의가 이루어지지 않는다.

지공주의가 이처럼 수용되기 어렵다는 사실을 잘 알지만 그럼에도 불구하고 포기할 수 없다. 모든 개혁은 불가능해 보이는 꿈에서 시작되며, 꿈을 포기하면 결국 아무 개혁도 이룰 수 없기 때문이다. 마치 중생이 빠짐없이 부처가 된다든지 하나님 나라가 이 땅에 이루어지는 것이 현실적으로 불가능하다는 것을 알더라도 그렇게 되도록 노력하지 않을 수 없는 것과 같다. 애쓰는 그 자체만으로 아름다운 일이고 세상이 조금이라도 그런 방향으로 변화한다면 보람도 느낄 수 있다.

눈앞의 현실에서는 이성의 영향력이 비록 미약해 보여도 역사는 결국 그 방향으로 나아갈 것이라 믿는다. 지은이의 노력과 능력의 한계로 인해 좀 더 쉽고 설득력 있는 내용이 되지 못한 점이 아쉽지만, 이 책이 이성에 바탕을 둔 지공주의 연구에 조금이나마 도움이 되기를 바랄 뿐이다.

이 책을 내면서 감사드려야 할 분이 많다. 헨리 조지는 『진보와 빈곤』에서 "다른 사람도 같은 별을 본다는 사실을 알 때 더 확신을 가지고 별을 보게 된다"고 하였다. 그동안 지은이가 보는 별을 같이 봐 주신 많은 분들께 감사드린다. 지은이가 지공주의 연구를 계속할 수 있었던 배경에는 이런 분들의 이해와 응원이 큰 힘이 되었다. 그밖에도 도움을 주신 분이 많지만 일일이 거명하지 않더라도 다 이해해 주실 것으로 믿는다.

아울러 밝혀 둘 점은, 지은이는 지공주의를 연구하고 전파하는 사명을 가진 '토지+자유연구소'의 연구위원을 겸하고 있는데, 이 책은 연구소 실적 제5호에 해당된다. 앞으로 많은 연구가 끊임없이 이루어져 더 나은 세상을 만드는 데 기여해 주기를 바란다.

2009년 봄

요약 목차

상세 목차

표 목차

그림 목차

제1부

개요와 기초

제1장

이 책의 개요

다른 책에서 별로 다루지 않는 생소한 내용에, 분량도 상당한 이 책을 접하는 독자를 위해 책 전체를 짧은 시간에 개관할 수 있도록 제1장을 마련하였다. 우선 가벼운 마음으로 읽어도 이 책의 문제의식과 결론을 파악할 수 있도록, 지은이가 2006년 언론에 게재했던 칼럼 형식의 글 하나를 싣는다. 그런 다음 각 부, 장별 내용을 요약한다. 현실 정책 문제에 관심이 있는 독자는 이 글 외에 권말에 실린 부록(우리나라 부동산 정책 평가)을 참고하면 도움이 될 것이라 생각한다.

Ⅰ. 진정한 토지공개념

진보와 보수

불과 몇 년 전까지만 해도 남한 사회를 분단하는 최대의 장벽은 지역감정이었다. 그런데 김대중 정부부터는 진보와 보수를 나누는 새로운 장벽이 지역감정의 장벽보다 높아지기 시작했고 노무현 정부 이후 그 새로운 장벽은 더욱 높아지고 있다.

이념 장벽은 지역감정 장벽보다 훨씬 심각한 문제다. 지역감정의 경우에는 모든 국민이 '지역감정은 망국병이고 당연히 없어져야 한다'는 원론에 동의하고 있고 또 당사자도 '잘못인 줄 알지만 상대가 그렇게 나오니까 나도 어쩔 수 없다'는 식이다. 그러나 이념의 경우는 사정이 다르다. 각 진영이 모두 자신의 정당성을 확신하고 있기 때문이다.

진정한 이념은 인간에 대한 사랑에서 나온다. 그러므로 이념을 주창한 사람이나 깊이 있는 동조자는 입장이 다르더라도 서로 통하기 마련이다. 그러나 이해관계와 정서로 뭉친 현실의 이념사단(理念師團)은 상대방을 존중하지 않는다. 진보의 입장에서 보는 현실의 보수는, 이상사회를 향해 진지하게 고민하지 않는 속물이며 부당한 기득권을 누리면서 추호도 양보하지 않는 이기집단이다. 반면 보수의 입장에서 보는 현실의 진보는, 물정도 모르면서 설치는 하룻강아지이며 '사회정의'라는 이상한 깃발을 들고 떼를 쓰는 집단이다. 그러다 보면 인간에 대한 사랑은 사라지고 혐오만 남는다.

진보와 보수는 정말로 화해할 수 없는 것일까? 한쪽은 반드시 옳고 따라서 상대방은 틀릴 수밖에 없는가? 필자는 그렇지 않다고 생각한다. 이념을 넘어서 인간이면 누구나 동의할 수밖에 없는 공통의 원리를 양 진영이 받아들인다면 화해는 얼마든지 가능하다.

이런 맥락에서, 토지의 경우에 누구나 동의할 수밖에 없는 원리와 제도는 어떤 것인가를 같이 생각해 보려고 한다. 이 글을 계속 읽으려는 독자께서는 필자에게 두 가지를 약속해 주어야 한다. 하나는 선입견을 버리고 중립적인 태도를 갖는다는 약속이고, 또 하나는 일단 논리적으로 동의한 사항에 대해서는 다른 현실적인 이유로 후퇴하지 않는다는 약속이다. 자, 약속을 하였다면 이제 같이 파랑새를 찾아 여행을 떠나 보자.

평등한 자유의 공리

흔히들 진보는 평등을, 보수는 자유를 추구한다고 한다. 그러나 진정한 진보라면 평등의 이름으로 특혜를 받는 계층을 원하지 않을 것이고, 진정한 보수라면 약육강식의 정글형 자유를 원하지 않을 것이다. 어느 쪽이든 '한 사람의 자유는 다른 사람의 자유를 침해하지 않는 범위 내에서 인정된다'는 원리에 동의할 것이다. 이 원리는 너무나 상식적이기 때문에 같은 내용의 다른 표현이 많다. 기회균등, 역지사지(易地思之). 네가 싫은 일은 남에게 하지 말라, 살인하지 말라, 도적질하지 말라…… 이 원리는 더 이상 증명이 필요 없으며 다른 원리를 도출하기 위한 공통의 출발점이 된다는 점에서 공리(公理)라고 부를 수 있겠다.

평등한 자유의 공리로부터 생산자 소유의 원칙이 도출된다. 생산자가 자신의 생산물을 소유하지 못한다면 결국 비생산자인 누군가가 소유하게 되는데, 이런 제도는 노예제도처럼 평등한 자유에 어긋나기 때문이다. 또 평등한 자유의 공리와 생산자 소유의 원칙에 동의하면 교환에 의한 소유의 원칙에도 동의할 수밖에 없다. 생산자가 자발적 합의에 의해 각자의 정당한 소유물을 교환할 경우 타인의 생산물이라고 해도 소유할 수 있어야 한다는 것이다.

그런데 이런 소유 원칙으로는 토지와 같은 자연물에 대한 소유를 인정할 수 없다. 사람이 생산한 것이 아니기 때문이다. 그러므로 토지와 같은 자연물에 대해서는 생산물과는 다른 특별한 배려를 해야 한다. 이것은 토지공개념이 필요한 이유이기도 하다.

토지원리

토지를 모든 국민이 공동으로 사용하고 그 결과를 공유하는 것은 평등한 자유를 보장하는 하나의 방법이 된다. 그러나 토지는 그 특성상 단독사용이 더 적절한 경우가 있다. 예를 들어, 주택과 같은 사적인 생활공간을 여러 가족이 공동으로 사용하기는 어렵다. 생산용 토지도 공동으로 사용하기보다 단독으로 사용할 경우에 생산성이 훨씬 높아질 수 있다. 이런 이유로 인해 사회가 토지의 단독사용을 인정하기로 한다면, 평등한 자유를 보장하기 위해서 특수한 조건이 필요하게 된다.

특수 조건이란 다음 세 가지다. 첫째, 모든 국민이 토지를 취득할 수 있는 균등한 기회를 가져야 한다. 그런데 이것만으로는 충분하지 못하다. 취득기회가 균등하다고 해도 결과적으로 하나의 토지는 한 사람이 차지하게 되는데, 이때 토지 취득자에게 특별한 이익이 생길 수 있다. 예를 들어 생산성이 높은 어느 토지를 추첨에 의해 배분한다면 형식적 기회균등은 보장된다. 그러나 당첨자는 아무런 생산적 노력도 없이 우수한 토지를 취득하게 된다. 이런 결과는 생산자 소유의 원칙으로는 정당화할 수 없다.

이러한 문제를 해소하기 위해서는, 당첨자가 자신의 생산적 노력과 무관하게 다른 사람에 비해 유리해지는 정도를 반영하는 금액을 사회에서 환수하여 모든 국민의 이익을 위해 사용하면 된다. 이렇게 하면 실질적 기회균등까지 보장할 수 있다. 이것이 두 번째 조건이다.

셋째, 토지의 단독사용권은 사회적 필요성에 의해 인정하는 것이므로 토지 취득자의 권리는 그 범위 내에서만 인정된다. 즉 사회적 취지에 적합하게 토지를 사용해야 한다는 것이다.

토지에 관한 평등한 자유를 보장하기 위한 원리 즉 토지원리를 정리하면 다음과 같다.

① (평등한 토지권) 모든 국민은 토지에 대해서 평등한 권리를 가진다.

② (합의에 의한 우선권 인정) 사회적 필요성이 있으면 사회적 합의에 의해 특정인에게 우선권을 인정할 수 있다.

③ (우선권 인정의 조건) 사회가 특정인에게 우선권을 인정하려면 다음 조건을 충족시켜야

한다.

㉮ (취득기회 균등) 모든 사람에게 우선권 취득기회를 균등하게 보장한다.

㉯ (특별이익 환수) 우선권에서 발생하는 특별이익을 환수한다.

㉰ (사회적 제약) 우선권 행사는 우선권을 인정하는 취지에 부합해야 한다.

위와 같은 토지원리를 내용으로 하는 사상을 지공주의(地公主義)라고 부른다.

이제는 근본대책이 필요하다

위의 토지원리 가운데 오늘날 가장 심하게 무시되고 있는 것은 '특별이익 환수' 조건(③㉯)이다. 우선권에서 생기는 특별이익의 경제적 표현은 토지 가치다. 토지 가치를 제대로 환수하지 않으면 토지에서 막대한 불로소득이 발생하며 그로 인해 투기, 빈부격차, 경제효율 훼손 등 심각한 사회적 병폐가 생긴다.

이런 병폐는 우리나라에서 특히 더 심했다. 우리 국민은 1960년대부터 40여 년간 빈발한 부동산 투기로 지독히 시달려 왔고, 이런 쓰라린 경험을 통해 다음과 같은 국민적 여망이 형성된 것으로 보인다.

첫째 우리 국민은 이제 근본대책을 필요로 한다. 제발 실패를 되풀이하지 않는 확실한 대책을 세우기를 국민 모두가 열망하고 있다. 땜질식 대책은 실패해 왔고 또 앞으로도 실패할 수밖에 없기 때문이다.

둘째, 근본대책이라고 해서 정당한 사유재산을 침해하거나 시장의 자연스러운 흐름을 막아서는 안 된다는 점에 동의한다. 사유재산과 시장원리를 침해하는 대책은 자체의 효과도 의문시되거니와 위헌 판결 등 역풍을 맞아 좋은 취지가 무산될 위험성이 있다.

부동산 관련 정책전문가와 학계에서도 40년간의 시행착오와 연구를 거치면서 대체로 다음과 같은 합의에 도달한 것으로 보인다. 그들은 부동산 문제의 핵심은 불로소득이고 부동산 불로소득은 건물이 아닌 토지에서 생긴다고 보고, 아울러 토지불로소득은 보유세로 환수하는 것이 바람직하다고 본다.

토지불로소득을 환수한다고 하면 흔히 양도소득세를 생각하는데, 양도소득세는 두 가지 문제가 있다. 하나는, 취득세, 등록세, 양도소득세처럼 거래에 부과하는 세금은 자유로운 거래를 제한한다는 문제다. 또 하나는 '동결효과'의 문제다. 양도소득세를 내고 난 잔액으로는 종전과 동일한 품질의 토지를 살 수가 없는 데다가 세액이 동일하다면 매각시점이 늦을수록 이자만큼 이익이 되므로 토지소유자는 가급적 매각을 하지 않으려고 한다는 것이다.

반면 보유세는 거래를 제한하지 않을 뿐 아니라 실수요자가 아닌 토지소유자를 압박하여 토지 매각을 촉진하는 적극적인 기능까지 가지고 있다.

토지불로소득을 완전 환수해야

이와 같은 국민의 여망과 전문가의 합의를 충실히 반영한다면 '헌법과 같은' 부동산 정책은 당연히 토지불로소득을 보유세의 방식으로 완전히 환수하는 내용이 되어야 한다. 토지불로소득을 환수하는 이상적인 수단은 임대가치를 과표로 하고 세율을 거의 100%로 하는 세금이다. 이를 '지대세'라고 한다. 지대란 토지의 임대가치를 말한다.

보수 편에 서 있는 소위 '시장주의자'들은 토지불로소득을 완전히 환수하면 토지를 개발하려는 의욕을 꺾어 경제에 지장을 준다면서 반대한다. 하지만 이것은 근거 없는 주장이다. 토지개발을 촉진하기 위해서는, 개발자에게 불로소득을 줄 필요는 없고 사업 이익만 확실하게 보장하면 된다. 예를 들어, 정부가 공공사업 공사를 발주하는 경우에 토지불로소득이 한 푼도 생기지 않는데도 건설업자는 공사를 따 내려고 경쟁하지 않는가?

불로소득이 발생하면 일시적으로 개발이 활성화되는 것처럼 보일 수는 있다. 그러나 실수요와 무관하게 불로소득 때문에 일어나는 개발은 과잉개발이다. 일시적으로 지나친 개발이 나타나면 그 다음 시기에는 개발이 침체하기 마련이다. 공연히 건설경기의 진폭만 커질 뿐이다. 또 토지불로소득을 환수하지 않으면 개발자는 개발사업 자체의 정상적인 이익만이 아니라 불로소득을 포함한 총이익의 극대화를 추구하기 때문에 결국 자원의 낭비를 가져온다.

임차 토지에서 성공적 개발이 이루어진 사례도 많다. 세계 최대의 도시 뉴욕의 맨해튼은 좋은 예가 된다. 맨해튼 초기의 개발이 토지를 임차하여 이룩되었다는 사실은 잘 알려져 있다. 20세기에 들어서도 엠파이어스테이트 빌딩, 록펠러 센터, 아스토리아 호텔 등 유명한 건물이 임차 토지 위에 건설되었다. 휴양지로 유명한 캘리포니아 주 팜스프링도 개발회사가 지주인 원주민 인디언으로부터 토지를 임차하여 성공적으로 개발한 사례이다. 아시아에서는 홍콩과 싱가포르가 있고 현재의 중국도 생생한 사례를 보여주고 있다.

국토보유세가 현실적인 정답

지대세가 이상적이기는 하지만 지금과 같은 현실에서 갑자기 도입하면 사회에 큰 충격을 줄 수 있다. 지가가 거의 0으로 하락하기 때문이다. 이런 문제를 막을 수 있는 수단이 '국토보유세'다. 국토보유세는 매년 토지소유자에게서 [토지임대가치 − 매입지가에 대한 이자] 만큼 징수하는 세금이다. 토지임대가치(즉 지대)와 이자의 차액을 징수한다고 해서 '지대이자차액세'라고도 한다. 국토보유세를 도입하면 지가는 매입지가 수준에서 일정하게 유지되며 토지소유자는 매입지가와 그 이자를 보장받는다.

국토보유세는 장점이 많다. 우선, 토지불로소득을 보유세로 완전히 환수하는 데서 나오는 장점이 있다. 첫째로, 부동산 투기가 근절된다. 정책의 지속성에 대한 국민의 신뢰가 있다면, 실시 예고만 하여도 바로 부동산 투기가 사라진다. 둘째로, 시장친화적이다. 국토보유세는 불로소득을 노리는 가수요를 차단하기 때문에 부동산 시장을 정상화한다. 다른 세금과 달리 경제활동과 토지 거래를 방해하지 않는다. 국토보유세 수입의 증가에 맞춰 다른 세금을 줄이면 세금 때문에 왜곡된 시장가격이 제 모습을 찾게 된다. 셋째로, 개발손실의 보상까지도 자동적으로 이루어진다. 토지임대가치가 등락하면 세액이 저절로 증감하기 때문이다.

다음으로, 토지소유자에게 매입지가와 그 이자를 보장하는 데서 나오는 장점이 있다. 첫째로, 토지소유자의 재산권을 침해하지 않으며 따라서 저항의 구실을 주지 않는다. 둘째로, 지가를 급변시키지 않기 때문에 일시에 도입해도 경제에 충격을 주지 않는다. 이런 두 가지 장점 덕에 국토보유세는 다른 수단에 비해 연착륙이 쉽다.

우리가 찾는 파랑새는 멀리 있지 않다. 맑은 양심과 소박한 상식을 갖춘 사람에게는 바로 눈앞에 있다. 국토는 누가 생산한 것이 아니라 하늘이 국민 모두에게 베풀어 준 삶의 터전이다. 국민은 대한민국이라는 공동체로부터 토지를 빌려 쓸 뿐이므로 국가에 임차료를 납부해야 한다. 다만 대부분의 현 토지소유자는 대가를 지불하고 토지를 취득했으므로, 정부는 매입지가와 그 이자를 필요 경비로 인정해 주고 초과액만 징수하면 된다. 이와 같은 국토보유세가 바로 파랑새다.

토지를 포함한 자연은 인간의 생존을 위한 일차적인 조건인 만큼 올바른 토지제도는(넓게는 자연제도는) 모든 사회제도의 기초가 된다. 국토보유세를 통해 기초를 바로 세우지 않는다면, 평등한 세상을 추구한다는 진보의 주장은 사상누각처럼 부실해지고 자유로운 세상을 추구한다는 보수의 주장은 탐욕을 감추는 위장술이라는 의심을 피할 수 없다.(이하 생략)

Ⅱ. 요약

이 책은 크게 여섯 부분으로 구성되어 있다. 제1부에서 책 전체의 기초가 되는 부분을 다룬다. 제2부와 제3부에서는 토지문제를 각각 사회정의 측면과 토지시장 측면에서 검토하여 현재와 같은 토지사유제는 중대한 결함을 가진 제도라는 점을 입증한다. 이어 제4부에서는 토지사유제를 대체할 새로운 패러다임으로서 지공주의, 그 구체적인 실현 수단으로서 지대조세제를 제시한다. 제5부에서는 지대조세제를 현실에 도입하기 위한 전략을 검토한다. 제6부에서는 지공주의와 지대조세제에 대해서 제기되는 대표적인 의문과 비판에 대해 해명하고 아울러 토지세에 관해 아담 스미스 이래 제시되었던 여러 견해를 소개한다.

제1부 개요와 기초(제1장, 제2장)

제1부는 이 책을 요약하고 책 전체의 기초가 되는 내용을 담고 있다.

제1장은 독자가 이 책의 내용을 짧은 시간 내에 파악할 수 있도록 하기 위해 마련한 장이다. 읽기 편한 칼럼 한 편을 먼저 제시한 후 각 부와 장별로 내용을 요약하였다.

제2장에서 토지의 정의, 특수성과 중요성, 토지제도의 종류를 설명한다. 이 중 토지소유제도의 유형에 대해서는 미리 언급해 두는 것이 좋겠다. 흔히 토지사유제를 비판하면 '그럼 토지국공유제로 가자는 말이냐?'는 반론을 제기하곤 하는데, 토지소유제도는 토지의 사유와 공유, 둘만 있는 것이 아니다. 이 책과 관련하여 의미가 있는 토지소유제도는 다음과 같이 네 가지다. 이 분류는 소유권의 세 가지 권능 즉 사용권, 수익권, 처분권을 공/사 두 주체 중 어느 쪽에 줄 것인지를 기준으로 삼은 것이다.

토지소유제도의 유형

소유권의 권능	토지사유제	토지가치공유제	토지공공임대제	토지공유제
사용권	사	사	사	공
처분권	사	사	공	공
가치수익권	사	공	공	공

오해를 피하기 위해, 이 책에서는 세 권능을 일반 민법학과는 다르게 정의하고 있다는

사실을 미리 지적해 둔다. 특히 수익권을 토지 가치 수익권 즉 지대 및 지가의 수취권으로 정의한다는 점에 유의할 필요가 있다. 이 책에서 다른 언급이 없으면 토지수익권은 토지 가치 수익권을 의미한다.

제2부 토지정의(제3장~제6장)

제2부에서는 사회정의 측면에서 토지소유제도를 평가하고 기회균등형 분배규칙에 부합하는 토지원리를 도출한다.

제3장에서는 여러 가지 분배규칙을 제시하고, 적어도 기회균등형 분배규칙을 지지한다면 다음과 같은 토지원리에도 동의하게 된다는 결론을 도출한다.

토지원리

① (평등한 토지권) 모든 국민은 토지에 대해서 평등한 권리를 가진다.

② (합의에 의한 우선권 인정) 사회적 필요성이 있으면 사회적 합의에 의해 특정인에게 우선권을 인정할 수 있다.

③ (우선권 인정의 조건) 사회가 특정인에게 우선권을 인정하려면 다음 조건을 충족시켜야 한다.

㉮ (취득기회 균등) 모든 사람에게 우선권 취득기회를 균등하게 보장한다.

㉯ (특별이익 환수) 우선권에서 발생하는 특별이익을 환수한다.

㉰ (사회적 제약) 우선권 행사는 우선권을 인정하는 취지에 부합해야 한다.

이 책의 제목인 '지공주의'는 토지원리를 내용으로 하는 사상을 말한다. 토지원리 중 현재의 토지사유제 사회에서 제일 크게 무시되고 있는 부분은 '특별이익 환수' 조건이다. 이 점에 주목하여 이 책에서는 특별이익을 환수하는 이상적인 수단인 지대조세제에 많은 분량을 할애하고 있다.

제4장은 사회정의 철학의 관점에서 토지소유제도를 평가한다. 검토 대상으로는 공리주의, 공리주의를 비판하는 계약주의, 계약주의를 비판하는 최대자유주의를 선정하였다. 세 철학을 대표하는 밀, 롤즈, 나직의 사회정의관을 바탕으로 하여 그들의 사회정의관을 연장하면 어떠한 토지소유제도를 지지할 것인지를 살펴본다. 그 결과 세 철학이 공존하기 어려운 상이한 입장을

취함에도 불구하고 토지가치공유제에는 모두 동의할 것이라는 결론에 이른다.

토지국유화를 주장하는 사회주의는 당연히 토지공유제를 지지하기 때문에 앞의 제4장의 검토 대상에서 제외하였다. 그래서 제5장에서는 토지가치공유제에 대한 사회주의의 입장은 어떤지, 그리고 지공주의의 원조인 헨리 조지는 사회주의의 입장에 대해 어떤 평가를 했는지를 살펴본다.

지공주의의 원조를 헨리 조지라고 하였지만 실은 그 앞에도 토지가치공유사상을 편 선각자가 있었다. 제6장에서는 그중 대표적인 몇 사람을 소개하고 그 저작을 번역해 두었다.

제3부 토지시장(제7장~제12장, 부록)

제3부에서는 토지시장이 어떻게 작동하는지를 살펴보고 토지시장이 야기하는 문제와 해법을 개략적으로 생각해 본다.

제7장에서는 토지시장을 검토하기 위한 기초로서 토지시장의 유형을 나누고 토지의 공급이 매우 특수하다는 점을 지적한다.

이어서 제8장과 제9장에서는 각각 완전경쟁 토지시장과 현실 토지시장의 모습을 살펴보고 두 토지시장을 정의와 효율의 관점에서 평가한다. 평가 결과를 요약하면 다음과 같다.

토지시장에 대한 종합적인 평가

	평가기준	완전경쟁시장	현실시장
매매시장	토지취득기회	○/△	×
	토지불로소득	○	×
	토 지 사 용	○/△	×
	배 분 비 용	○	○
임대차시장	토지취득기회	○/△	△
	토지불로소득	○	○
	토 지 사 용	○	○
	배 분 비 용	○	○

○: 상당히 좋음 △: 다소 문제 있음 ×: 문제 많음

위 표에서도 나타나듯이 현실의 토지매매시장은 매우 불량한 시장으로서, 그대로 방치해서는 안 된다.

이 책에서 토지사유제의 폐해를 시정하는 핵심 수단으로 지대세를 제시하고 있으므로

이런 세목을 토지세의 관점에서 평가할 필요가 있다. 제10장이 그 준비 작업이다. 토지세를 토지매각세, 토지매입세, 토지보유세의 세 유형으로 나누고 각 유형이 완전경쟁 토지시장과 현실 토지시장에서 각각 어떤 영향을 미치는지를 본다. 결론은 토지보유세가 가장 바람직한 유형의 토지세라는 것이다.

제11장에서는 현실 토지매매시장에서 토지불로소득이 발생하는 이유와 크기, 토지불로소득이 낳는 심각한 폐해를 살펴본 후 토지불로소득을 환수하는 수단을 개략적으로 제시한다.

제12장에서는 토지시장의 한계를 보완하기 위해 필요한 정책에 대해 검토한다. 우선 토지시장이 좀 더 완전경쟁 상태에 가까워지도록 하기 위한 정책을 보고, 아울러 정부가 토지시장을 배제하고 토지 배분에 직접 개입해야 하는 경우와 수단을 살펴본다. 그리고 토지의 특성상 시장에만 맡겨서는 토지 이용의 공간적·시간적 조화를 기하기 어렵기 때문에 이런 조화를 이루기 위한 정책 수단에 대해 검토한다.

부록에서는 제3부 본문의 설명 중 엄밀한 수학적 표현이 도움이 될 것으로 생각되는 부분에 대해 수식을 통해 설명한다.

제4부 지공주의(제13장~제16장, 부록)

제4부는 제2부와 제3부를 통해 밝혀진 토지사유제의 심각한 문제를 해결하기 위한 새로운 패러다임으로서 지공주의를, 그 구체적인 수단으로서 지대조세제를 제시한다.

제13장에서는 토지사유제에 대한 평가를 요약하고 토지사유제에 대한 지지론은 과거 노예제 지지론과 유사하다는 점에 주목하여 둘을 비교해 본 후, 새로운 토지 패러다임으로서 지공주의를 제안한다.

제14장에서는 지공주의의 구체적인 실천수단인 지대조세제의 여러 측면을 검토한다. 지대조세제란 지대세를 최우선적인 세목으로 삼는 제도이며 지대세는 지대를 과표로 하는 토지보유세를 말한다. 지대세를 부과하면 무엇보다도 토지불로소득이 사라지므로 분배정의를 회복하고 시장경제를 정상화할 수 있다. 그 외에도 지대세로 인해 지가가 소멸되어 생기는 이익, 지대세 수입만큼 다른 조세를 감면함으로써 얻는 이익이 있음을 보인다.

제15장에서는 지공주의는 이상적인 토지제도, 이상적인 조세제도의 원리에 그치는 것이 아니라 다음과 같은 잠재력이 있다는 점을 보인다. 토지원리를 확대하면 자원고갈과 환경오염에 대처하는 기본원리가 되는 동시에, 특권 없는 세상을 만드는 기본원리가 된다. 지공주의는

토지 공유와 자본 사유를 핵심으로 한다는 점에서 양자를 사유하는 자본주의, 양자를 공유하는 사회주의를 지양하는 제3의 이데올로기가 된다. 지공주의를 바탕으로 하여 시장친화적 사회보장제도를 설계할 수 있다. 지공주의는 진정한 시장경제의 토대가 되고 지공주의를 통해 시장 영역과 정부 영역의 조화를 기할 수 있다.

제16장에서는 지공주의의 또 다른 잠재력을 예시한다. 토지수용 보상의 목적이 피수용지주가 종전과 다름없는 생활을 하도록 하는 데 있지만 토지사유제 사회에서는 어떤 보상액도 이런 목적을 충족시킬 수 없는데, 지대조세제는 이 문제를 조화롭게 해결할 수 있다는 점을 보인다.

제5부 지대조세제의 현실 도입(제17장~제19장, 부록)

제5부에서는 지대조세제를 현실에 도입하기 위한 전략과 보완책에 대해 검토한다.

제17장에서 지대조세제로 가는 전략을 지대세 전략과 국토보유세 전략으로 나누고 두 전략을 비교한다. 지대세 전략이란 토지보유세율을 조금씩 높여 나가는 점진적 전략이고 국토보유세 전략이란 국토보유세 일명 지대이자차액세를 일시에 도입하여 토지불로소득을 없애는 전략이다. 국토보유세란 토지불로소득의 정의에 충실하게 매입지가에 대한 이자를 지대에서 공제하고 나머지를 징수하는 세목이다. 국토보유세 전략은 지가를 하락시키지 않으므로 제도의 연착륙이 쉬울 뿐 아니라 지대가 상승하면 지대환수율도 따라서 높아지므로 추가 조치를 취하지 않더라도 저절로 완전한 지대세에 가까워지는 장점을 가지고 있어 지은이가 선호하는 전략이다.

지대세의 세율이 높아질수록 지가 즉 토지의 매매가격은 하락하고, 세율이 100%에 달하면 지가는 0이 된다. 따라서 지대세 전략을 취할 경우에는 토지 보상이 필요하다는 주장이 있다. 제18장에서는 이 문제를 검토하고 별도의 보상 없이 보상의 효과를 낼 수 있는 방법에 대해서도 생각해 본다.

제19장에서는 지대조세제로 이행할 경우에 필요한 세제 개편에 대해 검토한다. 지대세 또는 국토보유세 수입이 늘어나는 만큼 다른 조세를 감면해야 하고 또 그런 수입만으로 정부의 재정 수요를 완전히 충족시키지 못한다면 그에 대한 대책도 필요하므로 이런 문제를 검토한다.

부록에서는 지대조세제 실시 사례를 소개한다. 지공주의와 지대조세제는 우리 사회에서 생소한 용어지만 그 원리는 이미 우리나라에도 뿌리가 깊다는 점을 본 후에 미국, 중국, 덴마크, 호주 등의 실시 사례를 살펴본다.

제6부 지대조세제에 대한 의문과 논쟁(제20장, 제21장)

지대조세제는 생소한 제도로서 오해가 많고 또 기득권을 지키려는 토지 소유 계층의 반발을 살 수 있는 제도다. 제20장에서는 지대조세제에 대한 대표적인 의문을 뽑아 제도 자체에 대한 의문과, 제도의 도입과 실무에 관한 의문으로 나누어 검토하고 해명한다.

제21장에서는 아담 스미스 이래 토지세를 둘러싼 경제학계의 논란을 소개한다. 마침 미국의 지공주의 경제학자 메이슨 개프니(Mason Gaffney) 교수가 쓴 좋은 글이 있어 개프니 교수의 허락을 받아 번역, 게재한다.

권말 부록 우리나라 부동산 정책 평가

지공주의의 관점에서 우리나라 부동산 정책을 평가한다. 독자에게 좀 더 쉽게 다가가기 위해, 지은이가 언론에 실었던 칼럼 몇 편도 붙여 둔다.

제2장

토지와 토지제도

제2장에서는 토지 문제 특히 토지사유제의 문제를 이해하는 데 필요한 일반적이고 공통적인 사항을 다룬다. 먼저 이 책에서 사용하는 토지라는 용어를 정의하고 그러한 토지가 다른 물자와는 달리 매우 특수하고 중요하다는 점을 지적한다. 그리고 토지에 관한 사회제도의 종류를 살펴보고 그중에서 오늘날 자본주의 사회의 표준처럼 되어 있는 토지사유제가 어떤 제도인지를 정의한다.

Ⅰ. 토지의 정의

가장 좁은 의미의 토지는 지구의 표면 중 흙으로 덮인 부분이다. 지구의 표면은 지구 상층부의 한 껍질 표면만을 의미하는 것이 아니라 사람의 일상적인 활용 대상이 되는 적절한 범위의 상하를 포함한다.

조금 범위를 넓히면 지구의 표면 중에서 바다, 호수, 하천과 같은 상당한 면적의 수면을 제외한 부분을 토지라고 하기도 한다. 이것이 가장 일반적인 의미의 토지이다.

좀 더 넓게는 토지가 수면을 포함하여 지구의 모든 표면을 의미하기도 하고, 더 넓게는 지구의 자연 전체 즉 지하자원, 공기, 태양광선, 동식물 등의 비인공물을 모두 포함하기도 하며, 가장 넓은 의미로 사용하면 우주에 존재하는 만물 가운데 사람이 생산하지 않은 자연 또는 비인공물 전체를 의미하기도 한다.

이 책에서 '토지'라는 용어는 일반적인 의미의 토지로 정의한다. 그러나 사람이 사용하는 자연의 범위가 지구 표면에서부터 우주 공간으로 급속하게 넓어지고 있는데 우주 속의 모든 자연물은 인공의 결과가 아니라는 점에서는 일반적인 의미의 토지와 성질이 같기 때문에 이 책에서 전개하는 논의의 상당 부분은 가장 넓은 의미의 토지에까지 연장될 수 있다.

Ⅱ. 토지의 특수성

토지가 다른 물자와 다름이 없다면 굳이 토지를 독립적인 연구 대상으로 삼을 필요가 없다. 그러나 아래에서 보듯이 토지는 매우 독특한 성질을 가진 물자이며 토지 이용도 다른 물자의 이용과 다르기 때문에 특별한 연구 대상으로 취급하게 된다.

1. 토지의 특징

1) 천부성

토지는 인간의 노력과는 무관하게 자연이 베풀어 준 것이라는 천부성(天賦性)을 가진다는 점에서 인공적 생산물과 매우 다르다. 이 때문에 인공적 생산물처럼 특정 주체에게 토지에 관한 우선권 내지 소유권을 부여할 수 있는가의 문제가 특별한 관심 대상이 된다. 특히 이 책은 천부성에 근거하여 지공주의를 제시하고 있기 때문에 천부성이 더욱 중요하다. 자세한 것은 제2부(토지정의)에서 다룬다.

2) 고정성

토지는 거기에 그만큼 늘 존재할 뿐 위치와 면적이 고정되어 있다.

일반 물자는 위치의 이동이 가능하지만 토지는 위치가 고정되어 있다. 지구상의 토지면적은 인구에 비해 상당히 넓음에도 불구하고 일부 지역에 토지의 희소성이 극심하게 나타나는 것은 바로 이 위치의 고정성에 기인한다.

또 일반 물자는 생산과 소비의 대상이 되며 그로 인해 존재량이 증감하지만 토지는 존재량 즉 면적이 일정하다. 토지는 생산의 대상이 되지 않는 동시에 수명이 무한하여 소비에 의해 양이 줄어들지 않기 때문이다. 토지의 면적이 자연적으로나 인공적으로 변화하는 수가 없는 것은 아니지만 이는 극히 예외적인 현상이다.

토지는 그 천부성과 고정성으로 인해 위치의 이동, 공급의 증감이 가능한 다른 물자와는 매우 다른 모습을 보인다. 예를 들어 일반 물자는 생산비, 수요와 공급 등에 의해 가격이 결정되지만, 토지는 천부성에 의해 생산비가 0인 데다가 고정성에 의해 공급이 일정하므로 토지가격은 일반 물자와는 다른 매우 특수한 방식으로 결정된다. 자세한 것은 제3부(토지시장)에서 다룬다.

3) 개별성

토지는 각각의 위치마다 그 형질과 환경이 달라 자연적인 면에서 개별성을 가질 뿐 아니라 인간 활동과 관련한 상대적 거리나 경제적 입지 등 사회적인 면에서도 개별성을 가진다. 이로 인해 토지는 용도가 다양하고 또 가격도 균일하지 않다.

토지의 용도는 다양하다. 토지의 용도는 크게 보전용, 채취·재배용, 부지용의 세 가지로 나눌 수 있다. 보전용은 자연 그대로 두고 그 상태에서 나오는 혜택(예컨대 환경 정화, 경관, 휴양 등)을 목적으로 하는 용도이다. 채취·재배용은 천연적 토질을 사용하여 토지에서 인간에게 필요한 물자를 적극적으로 뽑아내는 용도로서 광천지, 염전, 전답, 과수원 등이 이러한 용도의 토지에 해당된다. 부지용은 건축물(예컨대 주택, 공장, 상가 등)의 대지 또는 공공용지(예컨대 운동장, 도로 등) 등에 쓰이는 용도이다.

그러나 개별 토지마다 하나의 최선의 용도가 존재한다. 그런데 그 최선의 용도는 언제나 일정한 것이 아니라 시간이 지남에 따라 변화한다. 토지 자체의 형질이 변하기도 하고 형질이 그대로라고 해도 자연환경 및 토지의 사회경제적 위치가 변하기 때문에 최선의 용도가 변화하게 된다.

토지의 개별성으로 인해 토지의 가격도 위치마다 다르다. 토지가격 결정에 대해서는 제3부(토지시장)에서 자세히 언급하기로 한다.

2. 토지 이용의 특징

1) 토지 이용의 외부효과

토지는 연속적이며 서로 인접되어 있다. 그 때문에 토지를 거래하거나 사용할 때에는 연접되어 있는 전체 토지를 인위적으로 분할하여 각 단위 토지 즉 필지를 대상으로 하게 된다. 그러나 인위적인 분할을 하더라도 연접되어 있다는 물리적 특성은 변하지 않으므로 하나의 토지를 사용하는 행위는 당해 토지 이외에 주변의 다른 토지에까지 영향을 미친다. 인간의 모든 행위가 다소의 외부효과를 가지기는 하지만 토지사용행위의 외부효과는 특히 강하다. 이 때문에 토지 사용의 공간적 조화 문제가 특별한 관심의 대상이 된다.

2) 이용결과의 경직성

토지이용결과는 경직성을 가진다. 토지를 사용함으로써 생기는 결과는 대체로 당해 토지와 강하게 결합하여 쉽게 분리되지 않는다는 결합성(結合性)을 가지며, 수명이 길어 상당한 기간 동안 지속된다는 내구성(耐久性)을 가지는 동시에, 그 결과를 조성하거나 제거하거나 이동시키는 데에 드는 금전적 및 시간적 비용이 크다는 고가성(高價性)을 가진다. 이 세 가지 성질을 묶어서 토지이용결과의 경직성이라고 부를 수 있겠다. 사용결과의 경직성은 토지의 용도에 따라 다르지만 대체로 높은 용도일수록 강하게 나타난다.

이러한 경직성으로 인해 어느 시점에 토지를 사용한 결과는 그 다음 시점의 토지 이용에까지 영향을 미치기 때문에 토지 이용의 시간적 조화 문제가 특별한 관심의 대상이 된다.

Ⅲ. 토지의 중요성

1. 물자의 중요성 판단 기준

창조주의 눈으로 볼 때에는 우주만물이 모두 나름대로의 당당한 존재 이유를 갖고 있겠지만 인간의 눈으로 볼 때에는 물자별로 소중한 정도에 차이가 있기 마련이다. 어느 물자가 인간에게 어느 정도 소중한가는 그 물자의 필요성, 대체 가능성, 상대적 희소성의 세 가지 기준에 의해 판단할 수 있다.

첫째로, 필요성 기준. 인간에게 있어서 물자의 중요성은 인간생활에서 그 물자의 필요성이 높을수록 크다. 물자에는 필요성의 정도에 따라 필수재, 편리재, 사치재로 나눌 수 있다. 필수재는 인간의 생존에 필수적인 물자로서 토지, 공기, 물, 햇빛 등의 자연과 기본적인 의식주에 필요한 품목, 의약품 및 이를 생산하기 위한 원료가 여기에 속한다. 편리재는 없어도 생존에 위협을 받지는 않지만 그것이 있음으로써 대부분의 사람이 안락한 생활, 문화적인 생활을 할 수 있는 물자를 말한다. 사치재는 그것이 없어도 대부분 사람의 생활에 별다른 불편함을 주지 않는 물자를 말한다. 이 세 가지 물자 중에서 당연히 필수재가 가장 중요하다.

둘째로, 대체 가능성 기준. 필요한 정도가 같은 물자라고 하더라도 다른 물자에 의해 대체될 수 있는지에 따라 대체 가능한 물자와 불가능한 물자로 나눌 수 있다. 둘 가운데 물론 대체가 불가능한 물자의 중요성이 높다.

셋째로, 상대적 희소성 기준. 상대적 희소성은 필요량에 대한 사용 가능한 양의 비율로 나타낼 수 있는데 그 비율이 낮을수록 상대적 희소성이 높다. 필요한 정도가 같고 대체 가능성 정도가 같은 물자라고 하더라도 그 상대적 희소성이 높으면 중요성도 높다.

2. 토지의 중요성 평가

물자의 중요성을 판단하는 위와 같은 세 가지 기준에 비추어 볼 때 토지는 최상급의 중요성을 갖고 있는 것이 분명하다.

우선 필요성 기준에 비추어 보면 토지는 모든 인간의 생존 그 자체를 가능하게 해 주는 필수적인 물자이다.

또 토지는 대체가 절대로 불가능한 물자이다. 여기에서 대체 불가능하다는 것은 토지와 다른 물자 사이에 대체성이 없다는 의미이며, 토지 간에 대체성이 없다는 의미는 아니다. 한편 여러 층으로 된 건물의 경우에 각 층의 바닥이 토지와 비슷하게 인간에게 활동 공간을 제공하지만 토지가 아예 없으면 건물도 존재할 수 없으므로 건물은 토지와 대체성이 있다고 하기보다는 토지를 보완한다고 봄이 좋을 것이다.

끝으로 토지는 총량의 면에서나 위치별·용도별 토지량의 면에서 상대적 희소성이 높다. 토지의 총량 면에서 보더라도 토지의 존재량은 거의 변동이 없는 반면에 인구와 활동량이 늘어남에 따라 필요량은 계속 증가하는 추세이기 때문에 토지의 상대적 희소성이 높아지고 있다.

토지 총량보다 더 중요한 것은 위치별·용도별 토지량이다. 토지는 위치가 이동하지 않기 때문에, 위치에 의해 크게 영향 받는 용도의 토지는 그 상대적 희소성이 더욱 높다. 예를 들어 인구가 도시에 집중하고 경제활동이 계속 증가하는 현대의 추세에서는 도시의 주거용과 상업용 토지에 대한 수요가 증가하는데, 이러한 토지는 위치가 매우 중요한 요소가 되는 토지이므로 상대적 희소성이 특히 높다.

토지와 함께 생존에 필수적이자 대체가 불가능한 물자인 식량, 물, 공기도 토지만큼 상대적 희소성이 높지는 않다. 식량은 증산을 할 수 있고, 식량과 물은 장소 간의 이동 또는 비축을 통해 수급을 조절할 수 있으며, 물과 공기는 비교적 존재량이 풍부하기 때문이다. 다만 환경오염이 심각해지고 있기 때문에 '깨끗한' 물과 공기의 상대적 희소성은 급속하게 높아지고 있으며, 특히 물은 사용량이 급증함에 따라 상대적 희소성이 더 높아지고 있는 점이 주목된다.

Ⅳ. 토지제도의 종류

위에서 보았듯이 토지는 어느 물자보다 인간에게 소중한 물자이므로 토지의 소유, 배분, 사용 등의 문제는 가장 중요한 관심 대상이며 이런 관계를 정하는 토지제도는 사회의 가장 기본적인 질서의 하나이다.

1. 토지소유제도

우리 민법에 의하면 소유권에는 세 가지 권능 즉 사용권, 수익권, 처분권이 있다. 각 권능 중 무엇을 사적 주체에게 귀속시킬 것인가에 따라 토지소유제도를 분류해 보자. 세 가지 권능을 두 주체에게 배분하는 경우의 수는 수학적으로 여덟 가지지만 토지소유제도로서 검토의 가치가 있는 것은 아래 표와 같은 네 가지다.

〈표 2.1〉 토지소유제도의 유형

소유권의 권능	토지사유제	토지가치공유제	토지공공임대제	토지공유제
사용권	사	사	사	공
처분권	사	사	공	공
가치수익권	사	공	공	공

오해를 피하기 위해, 이 책에서는 세 권능을 일반 민법학과는 다르게 정의하고 있다는 사실을 미리 지적해 둔다. 특히 수익권을 토지 가치 수익권 즉 지대 및 지가의 수취권으로 정의한다는 점에 유의할 필요가 있다. 이 책에서 다른 언급이 없으면 토지수익권은 토지

가치 수익권을 의미한다.

토지사유제는 토지소유권의 세 권능을 모두 사적 주체에게 부여하는 제도로서 오늘날 세계적으로 가장 많이 채택되고 있는 제도이다. 토지사유제에서는 일반적으로 토지 배분이 시장에 의해 이루어지고 각 토지의 이용을 토지소유자가 결정한다. 자본주의 사회의 토지제도와 유사하다. 토지공유제는 토지소유권의 세 권능을 모두 '사적 주체가 아닌 주체' 즉 공동체 또는 정부와 같은 공적 주체가 가지는 제도이다. 사회주의 사회의 토지제도와 유사하다.

토지사유제와 토지공유제의 양극단 사이에 토지가치공유제와 토지공공임대제가 있다. 토지가치공유제는 토지사유제처럼 토지의 이용과 처분은 사적 주체가 결정하되 토지 가치만은 정부가 징수하는 제도이다. 토지공공임대제는 토지공유제처럼 토지의 처분권과 가치수익권은 정부가 가지되 토지 이용은 토지사유제처럼 사적 주체에게 맡기는 제도이다. 사적 주체는 토지를 사용하는 동안 정부에 토지사용료를 납부하며 사용을 그만둘 때에는 원칙적으로 정부에 토지를 반납한다.

이상의 네 유형은 이념형일 뿐, 현실에서 위의 정의(定義)에 완전히 부합하는 제도를 채택하고 있는 국가는 없다. 토지사유제를 채택하는 국가에도 국공유지가 많으며 사유지에 대해서도 토지소유권에 상당한 공적 제한을 가하고 있다. 반면 토지공유제를 택하는 국가에서도 상당한 범위의 사적 자치를 인정하고 있다.

한편, 토지소유권의 구성요소를 다르게 나누면 토지소유제도를 다르게 분류할 수 있다. 예를 들어 영국은 1947년 도시농촌계획법에 의해 토지개발권을 공유화하여 토지소유자는 현재의 토지사용권만 가질 뿐 장래의 개발권은 국가가 갖게 한 사례가 있다. 미국에서는 개발권을 분리하여 타인에게 양도하거나 다른 장소로 이전하여 행사할 수 있도록 하는 이전 가능한 개발권(transferable development right) 제도가 있다. 프랑스에서는 1975년 토지개혁법에 의해 건축권의 일부를 분리하여 공유화할 수 있게 하였고 독일에서는 사용권과 처분권을 분리하려는 움직임이 있다. 이와 같이 토지소유권의 내용을 세분하는 경우에는 여덟 가지 유형 이외에 다양한 토지소유제도가 나오게 된다. 그 밖에도 주체를 사적 주체와 공적 주체 둘로 나누지 않고 다르게 분류하면 또 다른 토지소유제도가 나올 수 있다. 예를 들어 토지를 어느 특정 주체가 전유하지 않고 공동체에 속한 모든 사람이 공동으로 이용하는 경우도 역사상 많이 존재했었다.

참고 토지소유권 권능의 정의와 구분

소유권의 세 권능인 사용권, 수익권, 처분권이 모두 하나의 주체에 속할 경우에는 각 권능을 어떻게 정의하고 구분하든 별 문제가 되지 않는다. 그러나 이 책에서처럼 각 권능의 분리를 전제하고 권능의 귀속 주체를 기준으로 토지소유제도를 분류하는 경우에는 권능의 정의와 구분이 중요한 의미를 갖는다. 이 책에서는 이 세 가지 권능을 민법학과는 달리 경제적인 관점에서 정의하고 구분한다. 일반 독자의 경우는 이 점이 별 문제가 되지 않지만 민법학에 익숙한 독자는 관심을 가질 수가 있으므로 구체적으로 설명하려고 한다.

토지소유권의 권능에 관한 민법학의 구분과 이 책의 구분을 비교하면 아래 표와 같다.

〈표 2.2〉 토지소유권 권능의 구분 비교

<table>
<tr><th>민법학의 구분</th><th>권능에 의해 가능한 행위</th><th>이 책의 구분</th></tr>
<tr><td rowspan="2">사용권</td><td>단순 이용</td><td>사용권</td></tr>
<tr><td>용익물권 설정, 임대 등</td><td>처분권</td></tr>
<tr><td rowspan="2">수익권</td><td>토지사용이익 수취(법정과실 상당액 제외)</td><td>사용권</td></tr>
<tr><td>토지사용이익 중 법정과실 상당액 수취</td><td rowspan="2">가치수익권</td></tr>
<tr><td rowspan="3">처분권</td><td>매각대가 상당액 수취</td></tr>
<tr><td>법률적 처분(소유권 양도, 담보물권 설정)</td><td>처분권</td></tr>
<tr><td>사실적 처분(소비, 변형, 개조, 개발)</td><td>사용권</td></tr>
</table>

<table>
<tr><th>이 책의 구분</th><th>권능에 의해 가능한 행위</th><th>민법학의 구분</th></tr>
<tr><td rowspan="3">사용권</td><td>단순 이용</td><td>사용권</td></tr>
<tr><td>사실적 처분(소비, 변형, 개조, 개발)</td><td>처분권</td></tr>
<tr><td>토지사용이익 수취(법정과실 상당액 제외)</td><td rowspan="2">수익권</td></tr>
<tr><td rowspan="2">가치수익권</td><td>토지사용이익 중 법정과실 상당액 수취</td></tr>
<tr><td>매각대가 상당액 수취</td><td rowspan="2">처분권</td></tr>
<tr><td rowspan="2">처분권</td><td>법률적 처분(소유권 양도, 담보물권 설정)</td></tr>
<tr><td>용익물권 설정, 임대 등</td><td>사용권</td></tr>
</table>

위 표에 나타난 중요한 차이점을 지적해 보자. 첫째로, 이 책에서는 토지사용권을 토지를 물리적으로 사용하는 권능으로 정의한다. '물리적인 사용'에는 단순 사용만이 아니라 변형, 개발 등 흔히 '사실적 처분'이라고 하는 행위도 포함되며 또 사용 결과의 향유까지 포함된다. 그러나 임대 등 용익물권 설정은 배분권의 작용으로 보아 사용권에서 제외하여 처분권에 포함시켰다.

둘째로, 토지수익권은 토지 가치를 수취할 수 있는 권능으로 정의한다. 토지 가치는 지대로도 또 지가로도 표현되므로 토지수익권도 지대 수취권과 지가 수취권을 다 포함한다. 토지 사유에서 생기는 이익 중 토지 가치를 제외한 이익의 수취권은 사용권에 포함시켰다.

셋째로, 토지처분권은 토지를 법률적으로 처리하는 권능으로 정의한다. 즉 토지소유권이나 사용권을 처분하거나 담보물권을 설정하는 권능이다. 경제적으로 보면 토지에 관한 권리를 배분하는 권능이라고 표현할 수 있다.

지은이가 소유권의 권능을 민법학과 다르게 정의하는 데는 이유가 있다. 이 글에서는 토지수익권이 매우 중요한 의미를 가지므로 수익권을 새롭게 정의하는 이유부터 살펴본다.

토지를 사용하여 얻는 이익은 크게 지대와 그 밖의 이익이 있다. 예를 들어 농사를 지어 수확한 결과는 지대 부분과 그 외의 부분으로 구성된다는 것이다. 지대는 법정과실 상당액과 일치한다. 토지를 소유자가 직접 사용하지 않고 임대했다면 토지소유자는 지대를 받고 토지 사용자가 그 나머지를 취하게 된다. 이 점에 주목하여 지은이는 지대의 수취권은 수익권에 포함시키고 나머지 사용이익의 수취권은 수익권이 아닌 사용권에 포함시킨다. 왜 이런 구분을 하는가?

먼저, 사용이익 중 지대를 분리하여 지대 수취권을 수익권에 포함시키는 이유는 무엇인가? 이를 설명하기 위해서는 경제학적인 지대의 개념을 밝혀 둘 필요가 있다. 지대(rent)는 타인에게 토지 사용권을 설정해 줄 경우에 받을 수 있는 대가, 즉 토지의 임대가치를 말한다. 즉 지대는 소유자가 토지를 직접 사용하지 않더라도 얻을 수 있는 이익이다. 따라서 지대 수취권을 사용권에서 분리하여 수익권에 포함시킨다. 소유자 자신이 토지를 사용하는 경우에도 동일하다. 이 때는 지대가 거래를 통해 드러나지 않지만, 경제적인 관점에서는 역시 지대가 존재한다. 이와 같은 지대를 자가임료 또는 귀속지대(imputed rent)라고 한다. 지대와 귀속지대는 외면적 수수가 이루어지느냐 아니냐의 차이가 있을 뿐 동일한 성격의 동일한 가치다. 타인에게서 지대를 수취하는 권리가 수익권이라면 성격이 동일한 귀속지대 수취권도 수익권에 속한다. 지대는 법정과실 상당액과 같으므로 '법정과실 상당액의 수취권은 수익권에 속한다'고 표현해도 된다.

또, 매각대가 상당액 즉 지가의 수취권도 수익권에 포함시키고 있는데, 그 이유는 무엇인가? 앞서도 지적하였듯이 지가의 원천은 지대다. 그러므로 원천이 되는 지대의 수취권을 수익권에 포함시킨다면 지가의 수취권도 당연히 수익권에 포함시키는 것이 당연하다.

그리고 지대를 제외한 나머지 이익의 수취권을 수익권에서 분리하여 사용권에 포함시키는 이유는 무엇인가? 토지를 사용하여 얻은 결과를 사용권자가 향유할 수 없다면 그런 사용권은 무의미해지기 때문이다. 예를 들어 농지를 사용할 수는 있으나 수확물을 취할 수 없게 한다면 마치 노예노동과 같으므로, 이런 사용권을 권리라고 할 수 없다. 따라서 사용이익의 수취권은 사용권과 분리된 권능이 아니라 사용권에 당연히 내재하는 권능으로 보아야 한다. 이런 이유 때문에 소유권의 권능을 크게 사용·수익권과 처분권의 둘로 나누는 사례도 있다. 토지와 달리, 사용으로 인해 물자 자체가 소비되거나 가치가 하락하는 경우에는 이런 단순한 분류도 적절하다고 본다.

이 책의 이해를 위해서는 이 정도만 언급해도 족하다고 보지만, 소유권의 권능에 관한 이론적인 관심을 가진 독자를 위해 수익권 이외의 부분에 대해서도 간략히 설명해 둔다. 첫째로, 용익물권을 설정하거나 임대할 수 있는 권능은 일반 민법학에서 사용권의 일부로 간주하고 있지만 이 책처럼 사용권을 물리적 사용에 국한시키면 사용권에 속할 수 없다. 지은이는 물리적 사용을 사용으로, 법률적 처리를(경제적으로는 토지 배분을) 처분으로 보고 있으므로 용익물권 설정 또는 임대는 처분에 속하게 된다. 이러한 구분의 실익은, 독일에서 시도되고 있는 것처럼 토지처분권을 정부가 가지면서 토지사용권을 개인에게 배분하는 제도를 도입할 경우를 생각해 보면 이해할 수 있을 것이다.

우리 민법상으로는 사용권자가 일정한 범위 내에서 배분 권한을 행사할 수 있다. 지상권자는 타인에게 지상권을 양도하거나 권리의 존속기간 내에서 토지를 임대할 수 있고(민법 제282조), 전세권자는 설정행위에서 금지하지 않는 한 타인에게 전세권을 양도 또는 담보로 제공할 수 있고 권리의 존속기간 내에서 목적물을 타인에게 전전세 또는 임대할 수 있으며(민법 제306조), 임차권자는 임대인의 동의가 있으면 권리를 양도하거나 임차물을 전대할 수 있다(민법 제629조 제1항). 우리는 처분권을 배분 결정권이라고 보기 때문에 실정법상의 이러한 권한을 사용권의 작용으로 보기보다는 처분권의 일부가 사용권자에게 별도로 주어지는 것으로 본다.

둘째로, 일반적으로 처분권의 일부로 간주하고 있는 사실적 처분 즉 소비, 변형, 개조, 개발 등을 할 수 있는 권능을 지은이는 사용권에 포함시킨다. 사실적 처분 중 물자의 (또는 물자가 제공하는 서비스의) 소비는 사용 그 자체와 동의어이므로 이를 사용권에서 분리한다면 사용권이 무의미해진다. 또 지은이는, 처분권을 경제적 측면에서 파악하면 배분권이 된다고 보기 때문에, 경제적 배분이 아닌 권능은 처분권에서 제외해야 일관성을 유지할 수 있다. 다만 물자 그 자체를 변형, 개조, 개발하는 적극적 행위는 단순한 사용 내지 소비와는 다르다고 볼 수도 있는데, 이런 적극적 행위를 일반적인 사용권과 분리할 실익이 있다면 사용권을 세분하여 별도의 권능, 예를 들면 개발권을 신설하는 것도 좋다고 본다.

2. 토지배분제도

토지 배분이란 토지에 대한 사적 우선권의 배분을 말한다. 토지소유권을 사적 주체에게 배분하는 토지사유제에서는 토지 배분이 당연히 중요한 관심 대상이 된다. 뿐만 아니라 토지공유제에서도 모든 토지를 공동으로 이용하지 않는 한, 누군가에게 토지 이용에 관한 우선적인 권리를 인정할 수밖에 없으므로 토지 배분이 역시 중요한 관심 대상이 된다. 아래에서는 여러 가지 배분 방식 중에서 폭력과 속임수가 개재되지 않는 배분 방식에 국한하여 검토해 보자.

토지 배분은 배분 시기에 따라 기득권자가 없는 최초배분의 경우와 이미 누군가 사적 우선권을 가지고 있는 토지에 대한 재배분의 경우로 나눌 수 있다. 또 정부 개입 여부에 따라 방임형 배분과 개입형 배분으로도 나눌 수 있다.

최초배분의 경우에 적용할 수 있는 배분 방식 중 방임형으로는 평화로운 선점을 인정하는 방식이 있고 개입형으로는 추첨에 의한 배분, 입찰에 의한 배분, 정부의 심사를 통한 배분이 있다. 최초배분의 경우에는 기득권자 내지 구권리자가 없으므로, 신·구권리자 간의 거래를 통해 토지를 배분하게 되는 토지시장 방식은 적용되지 않는다.

재배분의 경우에 적용할 수 있는 배분 방식은 방임형으로는 토지시장이 있고 개입형으로는 최초배분의 경우와 같이 추첨, 입찰, 심사가 있다. 이들 토지 배분 방식을 배분 시기와 정부 개입 여부에 따라 정리하면 다음 표와 같다.

〈표 2.3〉토지 배분 방식

배분 시기 / 정부 개입 여부	최초배분	재배분
방임형	선점	시장
개입형	추첨, 입찰, 심사	

또 재배분을 실시하는 시점을 언제로 할 것인가를 기준으로 하여 여러 종류로 나눌 수 있다. 기득권자가 권리를 포기할 때 재배분하는 방법, 권리의 존속기간을 정해 두고 기간이

만료되었을 때 재배분하는 방법, 정기적으로 또는 사전에 합의된 어떤 사유가 발생하였을 때 재배분하는 방법 등이 있고, 세대 간의 기회균등을 철저히 보장하기 위해서는 토지취득 자격을 가진 새 주민이 발생할 때마다 재배분하는 극단적인 방법도 있을 수 있다. 그러나 토지이용결과의 경직성이 높은 사회에서는 재배분의 시간적 간격을 너무 짧게 정하면 토지이용의욕을 저해하게 된다는 점을 고려하지 않을 수 없다.

토지처분권을 사적 주체가 가지는 제도 즉 토지사유제와 토지가치공유제에서는 시장 배분이 토지 배분의 일반적인 방식이 되며, 토지처분권을 정부가 가지는 제도 즉 토지공유제와 토지공공임대제에서는 선점에 의한 우선권 취득이나 시장 배분이 있을 수 없다.

한편 기회의 균등보다는 결과적 평등을 더 중시할 수도 있을 것이다. 결과적 평등에도 각 주민이 동일한 면적 또는 가치의 토지를 가지는 평등, 또는 각 주민이 필요에 상응하는 토지를 가지는 평등 등 여러 가지 의미의 결과적 평등이 있는데, 어떤 평등을 의도하는가에 따라 배분 방식도 달라질 것이다.

3. 토지이용제도

토지이용제도는 사회가 토지 이용 주체에 대해 어느 정도의 간섭과 제한을 가할 것인가를 정하는 제도이다. 토지는 이용의 공간적·시간적 조화를 위해 다른 물자에 비해 특별한 제한이 필요한데 구체적인 내용은 제12장(토지배분정책과 토지이용정책)에서 다루기로 한다.

V. 토지사유제의 의의

위에서 토지소유제도를 네 유형으로 분류하였는데 우리나라를 비롯한 대부분의 국가에서는 토지사유제를 기반으로 하고 있기 때문에 토지사유제에 대해 좀 더 상세히 정의해 보자.

토지사유제는 토지의 사적 소유를 보편적으로 인정하는 제도로서 다음과 같은 세 가지 개념 요소가 있다. 첫째로 토지에 대한 우선권을 사적 주체에게 보편적으로 인정한다. 둘째로 사적 주체에게 인정하는 우선권의 내용은 소유권으로서 사용권, 처분권, 가치수익권의 세 가지 권리를 포함한다. 셋째로 소유권의 유효기간은 무기한이다. 아래에서는 이 세 가지 요소를 개별적으로 검토한다.

• 사적 주체가 토지에 대한 우선권을 갖는다.

동물의 세계를 보면 일정 구역의 토지를 자신이 차지하여 다른 동물 특히 같은 종의 다른 동물이 침입할 때 힘으로 이를 배제하는 종이 있다. 인간도 일정 구역의 토지를 배타적으로 이용하려는 경향이 있으나 동물과 다른 점은 이러한 배타적 이용을 각자의 힘에 의존하지 않고 제도를 통해 인정한다는 점이다. 토지사유제는 일정 구역의 토지에 대한 사적인 우선권을 인정하는 제도이며 또 이를 예외적 또는 부분적으로가 아니라 보편적으로 인정하는 제도이다.

• 우선권의 내용은 소유권이다.

토지사유제에서 사적 주체에게 인정하는 우선권의 내용은 소유권이며 소유권은 사용권, 처분권, 가치수익권으로 구성된다.

토지사용권은 토지에 대한 타인의 침입을 배제하며 타인의 간섭을 받지 않고 토지이용 방법을 선택할 수 있는 권리이다.

토지처분권은 토지소유권의 전부 또는 일부를 양도하거나 토지소유권을 제약하는 권리를 설정할 수 있는 권리이다. 예를 들면 토지의 매각, 임대, 저당권 설정 등을 할 수 있는 권리이다.

토지가치수익권은 토지 가치를 수취할 수 있는 권리이다. 토지 가치는 지대와 지가 두 가지로 표시되므로 토지가치수익권은 지대수익권과 지가수익권의 두 권리를 포함한다. 지대수익권은 지대 즉 토지의 임대가치를 토지소유자 자신의 소득으로 귀속시킬 수 있는 권리이다. 토지를 소유자가 직접 사용하는 경우에는 지대가 당연히 자신에게 귀속되며 타인에게 임대해 주었을 경우에는 지대를 임차인에게서 수취하게 된다. 지가수익권은 토지를 매각할 때 매입자가 지불하는 대가를 자신이 수취할 수 있는 권리이다.

• 소유권의 유효기간은 무기한이다.

토지사유제에서 토지소유권은 다른 물자에 대한 소유권과 마찬가지로 그 유효기간이 무기한이다. 그러나 일반 물자는 그 수명이 유한하기 때문에 그 소유권의 유효기간도 결국 물자의 수명에 국한되지만 토지는 수명이 무한한 동시에 권리의 유효기간도 무한하다.

제2부

토지정의

제3장

분배규칙과 지공주의

모든 존재 중에서 사적 소유의 대상으로 할 것인지에 관해 논란이 가장 많은 존재는 인간과 토지이다. 인간을 사유할 수 있는 제도는 노예제도이고 토지를 사유할 수 있는 제도는 토지사유제이다. 오늘날 노예제도가 부당하다는 데 대해서는 의견이 일치하지만 토지사유제에 대해서는 아직도 정설이 없는 채 사실상 토지사유제가 공인되고 보편화되어 있는 실정이다.

여기에서는 정의의 관점에서 토지사유제가 어떤 평가를 받을 것인지를 검토해 보기로 한다.

Ⅰ. 기회균등형 분배규칙

1. 분배의 원인과 결과

어느 사회에서든 분배 격차는 존재할 수밖에 없고 따라서 여러 가지 가능한 분배 격차 중에서 어떤 격차를 정당한 격차로 인정할 것인지에 대한 합의가 필요하다. 이런 합의 내용이 분배규칙이다.

분배규칙에는 여러 유형이 있는데 그 차이를 설명하기 위해 우선 분배의 원인과 결과의 관계를 보자. 분배 결과에 영향을 주는 원인에는 노력, 능력, 운의 세 가지가 있다. 능력에는 노력을 통해 형성되는 부분도 있고 노력과 무관하게 유전적으로 또는 생장환경에 의해 결정되는 능력도 부분도 있다. 이렇게 본다면 분배에 영향을 주는 원인이 속하는 영역을, 본인의 선택에 의해 좌우되는 선택의 영역과 본인의 선택과는 무관하게 주어지는 여건의 영역으로 나눌 수 있다. 노력은 선택의 영역에, 운은 여건의 영역에 속하며 능력은 선택과 여건의 두 영역에 걸쳐서 존재한다.

한편 사회가 정하는 분배규칙도 분배 결과에 큰 영향을 준다. 분배규칙과 같은 사회제도는 개인의 입장에서는 여건의 영역에 속하는 원인이지만 사회 전체의 관점에서는 선택의 영역에 속하는 원인이다.

분배의 원인과 결과의 관계를 그림으로 표시하면 〈그림 3.1〉과 같다.

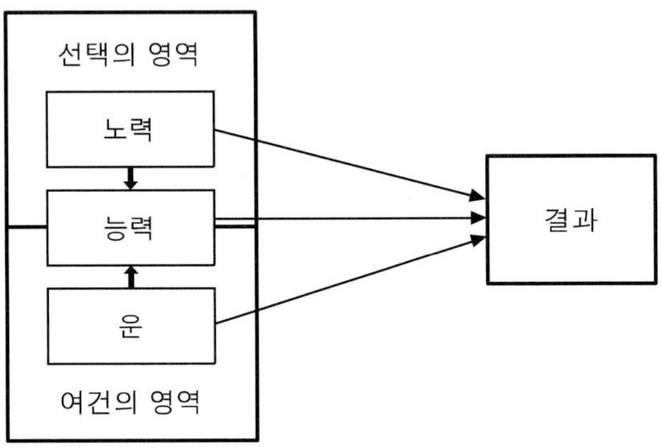

〈그림 3.1〉 분배의 원인과 결과

2. 의의와 유형

분배규칙을 크게 정글형, 기회균등형, 박애형의 세 가지 유형으로 나눌 수 있다. 오늘날 학문적으로나 실제적으로나 기회균등형 분배규칙이 가장 중요하므로 우선 이 분배규칙부터 설명한 다음 다른 두 유형의 분배규칙을 간략히 살펴보기로 한다.

1) 의의

인간을 자신의 선택에 대해 책임지는 존재로 보고, 모든 사람에게 선택의 기회를 균등하게 보장하는 가운데 선택의 결과를 선택자에게 귀속시키는 분배규칙이다. 기회균등형 분배규칙은 다른 분배규칙과 구별되는 두 가지 특징을 갖는다. 첫째로, 평등한 '자유'를, 그리고 '평등'한 자유만을 보장한다. 소득, 재산, 권력, 명예, 안전 등에서 사후적으로 차이가 나더라도 그러한 가치를 추구할 자유를 사전에 평등하게 보장했다면 그 결과에 개의치 않는다. 이 점에서 선택과 무관하게 각자에게 필요에 따라 분배하는 박애형 분배제도와 구별된다. 둘째로, 선택

영역의 영향력을 축소하거나 여건 영역의 영향력을 확대하는 제도를 허용하지 않는다. 개인의 선택을 중시하기 때문에 개인의 선택을 인위적으로 제약해서는 안 된다는 것이다. 이 점에서 제도의 내용을 불문하는 정글형 분배제도와 구별된다.

2) 유형

기회균등형 분배규칙도 여건 영역에 속하는 원인에 의한 분배 격차를 어느 정도 인정할 것인가를 기준으로 세 유형으로 나눌 수 있다. 순전히 선택에 의해 발생하는 분배 격차만을 인정하는 분배규칙이 있다. 이를 선택형이라고 부를 수 있겠다. 그 반대쪽에는 여건의 차이에 의해 발생하는 분배 격차까지도 인정하는 분배규칙이 있다. 이를 여건 차이 인정형 또는 줄여서 여건형이라고 부를 수 있겠다. 사회제도로 예방할 수 없는 여건의 차이는 주어진 것으로 보고 노력, 능력은 물론 운에 의한 분배 격차까지 모두 인정하는 분배규칙이다. 양자의 중간에 능력의 격차에 의해 발생하는 분배 격차까지 인정하는 분배규칙이 있다. 이를 능력 차이 인정형 또는 줄여서 능력형이라고 부를 수 있겠다. 이는 운의 영향은 사회제도를 통해 보정하는 가운데, 노력과 능력에 의한 분배 결과의 격차를 인정하는 분배규칙이다. 세 분배규칙의 내용을 정리하면 〈표 3.1〉과 같다.

〈표 3.1〉 기회균등형 분배규칙의 세부 유형

격차의 원인		원인별 분배 격차의 인정 여부		
		선택형	능력형	여건형
선택의 영역	노력	인정	인정	인정
	능력	인정	인정	인정
여건의 영역	능력	-	인정	인정
	운	-	-	인정

선택형 분배규칙을 채택하는 사회에서 정부는 여건의 차이를 줄여서 구성원이 동일한 출발선과 미래 전망을 가지도록 노력한다. 다만, 여건 중에서 선천적 재능, 생장환경, 운처럼 정부가 사전에 통제하기 어려운 여건에 의해 발생하는 분배 격차는 사후적 조정, 예를 들면 소득재분배정책 또는 복지정책을 실시하게 된다. 제15장(지공주의의 잠재력)에서 자세히 설명하겠지만, 여건에 의한 분배 격차를 예방하기 위해 사회보험제도를 두는 방안도 있다.

선택형 사회의 빈부격차 문제는 여건형보다 훨씬 덜하다. 그러나 선천적 능력에 의한 소득격차도 조정의 대상이 되므로 능력을 최대한 발휘하도록 하는 인센티브는 여건형보다 적다. 결과적 소득이 아니라 잠재적 소득능력에 따라 소득세를 부과한다면 인센티브 문제는 어느 정도 해소되지만, 이것은 직업선택의 자유 또는 소득을 얻지 않을 자유를 침해한다는 새로운 문제를 야기할 수 있다.

여건형 분배규칙을 채택하는 사회에서 정부는 사회제도가 여건의 차이를 조장하지 않는 한 여건의 차이에 관심을 두지 않고 개인의 선택을 존중할 뿐 그 이상의 적극적인 개입은 하지 않는다. 시장은 여건의 차이를 묻지 않고 가격만을 매개로 하여 참가자가 자발적으로 경제활동을 하는 기구이므로 여건형과 잘 어울린다. 또 정부는 재분배를 하지 않는다. 이런 사회에서는 각자 자신의 선천적 및 후천적 능력을 최대한 발휘하려고 하므로 효율성 면에서는 다른 유형보다 우수하며, 아래에서 제시하는 정글형 분배규칙이 적용되는 사회에 비해 부당한 대우를 받는다고 불평하는 국민도 적다. 그러나 여건의 차이에 따른 빈부격차는 그대로 존재하므로 장기적으로는 사회 불안정이 초래될 수 있다.

능력형 분배규칙은 여건 영역에 속하는 능력을 발휘하도록 하는 인센티브가 없다는 선택형의 문제를 보완하는 분배규칙이다. 능력 중 여건 영역에 속하는 부분의 차이에 의한 분배격차도 전부 또는 최소한 일부를 인정함으로써 인센티브를 준다는 것이다. 이 사회는 효율성과 빈부격차에서 선택형과 여건형의 중간에 속한다.

3. 다른 분배규칙

1) 정글형 분배규칙

정글형 분배규칙은 각자 환경에 적응하여 이룩한 분배 결과를 모두 당자에게 귀속시키는 분배규칙이다. 여건형 분배규칙과 비슷해 보이지만, 여건형 분배규칙에서는 여건의 차이를 조장하거나 여건영역의 영향을 확대하는 사회제도가 허용되지 않는 반면 정글형 사회에서는 사회제도의 내용을 불문하며 심지어 노예제도도 허용된다. 주민은 사회제도를 자신에게 유리하게 바꾸려고 투쟁하게 되고, 정부는 사회제도가 기회균등에 위배되더라도 시정하려고 노력하지 않는다. 이런 사회는 단기적으로는 효율적인 결과를 낳을 수도 있다. 그러나 단순한 경쟁비용 외에 투쟁비용이 추가되고 결국 사회정의가 무너지고 양극화로 인한 국민 갈등을 야기하여 효율성마저 떨어진다.

2) 박애형 분배규칙

여건은 물론이고 선택에 의한 결과도 행위자와 연결시키지 않고 각자에게 필요에 따라 분배하는 분배규칙이다. 모든 인간은 존엄한 존재로서 공생해야 한다는 박애주의 세계관에 기초를 두고 있다. "능력에 따라 일하고 필요에 따라 소비한다"는 공산주의 분배규칙이 여기에 속한다. 궁극적으로는 나의 이익과 타인의 이익을 구별하지 않으면서 모두 더불어 나누는 종교적 차원의 분배규칙, 예를 들면 "이웃을 네 자신처럼 사랑하라", "무주상 보시(無住相布施)"와 같은 분배규칙에 이른다.

정부는, 원인을 불문하고 필요에 비해 고소득을 얻은 자에게서 상당한 재원을 마련하여, 원인을 불문하고 불우하게 된 계층에게 나눠 주는 역할을 하게 된다. 이런 사회의 분배는 가장 평등하다. 빈부격차가 없거나 다소간 존재하더라도 문제될 정도는 아니다. 그러나 원인을 불문하고 모든 결과적 소득을 나누므로, 이기심이 앞서는 현 수준의 인류에게는 생산적 노력을 촉진하는 인센티브가 가장 낮다.

Ⅱ. 평등한 자유와 사적 우선권

1. 평등한 자유

위에서 보았듯이 기회균등형 분배규칙의 세 유형은 모두 평등한 자유를 중시한다는 점에서 공통된다. 가장 엄격한 의미의 평등한 자유는 동일한 내용과 크기의 자유를 말한다. 그러나 자원의 희소성으로 인해 그런 자유를 보장하기가 사실상 불가능한 경우도 적지 않다. 이런 경우에는 '동등한 자유' 또는 '타인을 불리하게 하지 않는 자유'로 완화시켜도 좋을 것이다.

이제 사회제도의 기본 원리로서 평등한 자유를 공리(公理)로 수용하기로 한다. 이 공리는 각 개인이 어느 정도의 자유를 누려야 하는가에 대해서는 언급하지 않는다. 자유의 범위는 사회 사정에 따라 또는 구성원의 합의에 따라 정해질 것으로 기대되며, 이 공리는 단지 그럴 경우에 모든 사람의 자유는 평등해야 한다는 것을 의미할 뿐이다. 또한 이 공리는 소득, 재산, 권력, 명예, 안전 등 다른 가치에서의 평등이 아니라 단지 '자유'에 관한 평등만을 언급할 뿐이다.

평등한 자유의 공리를 수용한다면 '자기의 심신 및 노동 결과에 대해서는 자기 자신이 우선권을 가진다'는 명제도 수용해야 한다. 갑이라는 사람이 자신의 심신 그 자체 및 심신을 사용하여 조성한 결과에 대해 갑이 아닌 을이 우선권을 가진다면 갑의 자유를 희생하여 을의 자유를 더 보장하는 불평등을 초래하여 평등한 자유의 공리에 어긋나는 결과가 되기 때문이다.

평등한 자유의 공리는 노동의 결과가 아닌 자연물에 대한 사적 우선권의 근거가 될 수는 없다. 그렇다면 자연물에 대한 사적 우선권을 부여할 경우의 원칙에 대해 생각해 보자. 이 세상에 존재하는 모든 물자는 자연 상태로 존재하거나 자연에 인공을 가미한 상태로 존재한다. 토지와 같은 자연물 그 자체 또는 인공물 중의 자연 부분에 사적 우선권을 부여할 것인가, 그리고 부여한다면 어떤 내용의 권리를 누구에게 부여할 것인가?

2. 자연물의 상태와 사적 우선권

우선 물자를 다음과 같이 분류할 수 있다. 먼저 천연 토지와 같은 자연 상태의 물자와 부동산, 도자기처럼 인공이 가미된 물자로 나눌 수 있다. 인공이 가미된 물자는 다시 부동산처럼 아직 자연에서 분리되지 않은 상태의 물자와, 도자기처럼 자연에서 분리된 물자로 나눌 수 있다. 인공을 가미하여 자연에서 분리된 물자를 생산물이라고 부르기로 한다. 생산물에도 인간의 생존을 위해서 개인별로 단기간에 소비할 수밖에 없는 물자와 그렇지 않은 물자가 있다. 전자를 필수적 소비품이라고 부르자. 이런 네 가지 종류별로 물자에 대한 우선권 인정 문제를 검토해 보자.

첫째로, 생산물 중에서 필수적 소비품부터 생각해 본다. 이 종류는 자연과 분리된 물자로서 생존에 필수적이고 또 개인별로 즉시 또는 단기간에 소비할 수밖에 없는 물자이며 그 예로는 식량, 기본적인 옷가지가 있다. 이런 물자에 대해서 인정할 우선권의 내용은 당연히 자연부분을 포함한 물자 전체를 지배하고 소비할 수 있는 권리가 될 수밖에 없다. 또 이러한 권리의 인정과 평등한 자유의 공리가 서로 어긋나지 않으려면 그 권리는 생산자에게 부여하여야 한다.

둘째로, 생산물 중에서 필수적 소비품이 아닌 물자로서, 필수적이 아닌 물자의 예로는 사치품과 편의품이 있고 단기간에 소모되지 않는 물자의 예로는 내구재가 있다. 이런 물자는 사적 우선권을 인정하지 않더라도 인간의 생존을 심각하게 위협하지는 않으므로 사적 우선권을 꼭 인정해야 하는 것은 아니다. 그러나 사회적 이익이 있을 경우에는 사적 우선권을 인정할 수도 있다. 그 권리의 내용은 사회적 이익에 비추어 판단하여야 하지만, 필수적 소비품에 대한 권리보다 강할 수는 없다. 자유의 범위가 넓은 사회일수록 필수적 소비품에 가까운 권리를 인정할 것이다. 이때에도 평등한 자유의 공리와 조화를 이루려면 역시 생산자에게 권리를 부여하여야 한다.

셋째로, 인간에 의해 사용되고 있으나 자연에서 분리되었다고는 볼 수 없는 물자로서, 그 대표적인 예로는 농지, 건물 부지 등이 있다. 이런 물자에도 사회 전체에 더 이익이 되는 경우라면 사회적 합의를 통해 사적 우선권을 인정할 수 있다. 그러나 그 권리의 내용은 위의 두 경우보다 강할 수 없다. 그리고 평등한 자유의 공리와 합치하는 권리자는 인공을 가미한 자 즉 사용자가 된다.

넷째로, 사람이 사용하지 않는 자연 상태의 물자로서, 예를 들어 발굴 전의 천연자원, 자연환경, 자연경관 등이 있다. 이 경우에는 인공이 가미된 자연물에 비해 사적 우선권을 인정할 이유가 훨씬 약하지만, 사회적 이익이 있는 경우에는 미분리 상태로 사용되는 자연물에 준하는 사적 우선권을 인정할 수도 있으나 권리의 내용은 위의 세 경우보다 강할 수 없다. 이런 자연물은 다른 물자와는 달리 평등한 자유의 공리에서 도출되는 필연적인 우선권자가 있는 것은 아니므로 우선권을 부여할 대상자도 사회적 이익에 비추어 판단하게 된다.

이상의 논의를 요약하면 아래 표와 같다.

〈표 3.2〉 자연물에 대한 사적 우선권의 인정

자연물의 상태		인정 근거	권리의 강도	우선권자
인공 가미	필수적 소비품	생존 위해 인정 불가피	강	생산자
	일반생산물	사회적 이익	중간	생산자
	미분리 사용물	사회적 이익	약	사용자
자연 상태		사회적 이익	최약	?

또한 자연물에 대한 사적 우선권은 정당한 교환행위가 있을 때 생산자 또는 사용자로부터 교환의 상대방에게 이전된다. 여기의 교환은 직접적인 교환 이외에 유통과정을 통한 간접 교환의 경우도 포함된다.

Ⅲ. 토지원리와 토지사유제 평가

1. 토지원리

기회균등형 분배규칙에서는 타인을 불리하게 하지 않는 방법으로 생산한 것에 대해서는 생산자가 그 생산물을 소유할 수 있도록 해 준다. 그 이유는, 첫째로 생산 활동 자체는 자유라고 해도 생산자가 생산물을 소유하지 못한다면 그러한 생산의 자유는 무의미하며, 둘째로 생산물을 생산자가 소유하지 못한다면 결국 비생산자인 누군가가 소유하게 되는데 이러한 생산의 자유는 불평등하기 때문이다. 이처럼 생산물을 생산자가 소유한다면, 마찬가지 이유에서, 생산자 간의 자발적 합의에 의해 서로의 생산물을 교환한다면 타인의 생산물이라고 해도 소유할 수 있다.

그런데 위와 같은 소유의 근거로는 토지 소유를 인정할 수 없다. 토지는 사람이 생산한 것이 아니기 때문이다. 그러므로 토지 등의 자연물에 대해서는 생산물과는 다른 특별한 고려가 필요하다.

기회균등형 분배규칙에 따르면 토지와 같은 주어진 자연환경에 대한 기회는 균등해야 한다. 예를 들어 누군가 토지를 사용하려면 타인에게도 동등한 사용 기회가 보장되어 있어야 한다. 타인에게 보장하지 않는 기회를 자신만이 누린다면 타인보다 더 큰 자유를 갖는 것이고 따라서 평등한 자유에 어긋난다. 그러면 기회균등형 분배규칙을 위반하지 않으면서 토지를 사용하려면 어떻게 해야 할 것인가?

토지를 모든 국민이 공동으로 사용하고 그 결과를 공유하는 것도 한 방법이 된다. 그러나 토지는 그 특성상 단독사용이 더 적절한 경우도 많다. 예컨대 주택 등 사적인 생활공간을 여러 가족이 공동으로 사용하기는 어렵고 농지도 공동으로 사용하기보다 단독으로 사용할 경우에 생산성이 훨씬 높아진다. 이런 이유로 사회가 토지의 단독사용을 인정할 경우에, 기회균등을 침해하지 않으려면 특수한 조건이 필요하게 된다.

특수 조건이란 다음 세 가지이다. 첫째로, 모든 국민이 토지를 취득할 수 있는 균등한 기회를 가져야 한다는 것이다.

그런데 이것만으로는 충분하지 못하다. 취득기회가 균등하다고 해도, 양질의 토지가 무한히 존재하지 않는 한 결과적으로 한 사람이 토지를 차지하면 다른 사람이 그와 대등한 토지를 차지할 수 없게 된다. 즉 토지 취득자와 타인 사이에 부당한 격차가 생긴다. 설령 토지를 공정한 추첨에 의해 배분하더라도, 당첨자는 아무 생산적 노력도 없이 토지를 취득하게 되고 낙첨자는 아무런 잘못 없이 토지 취득에서 배제된다. 토지를 이런 식으로 분배하는 규칙을 만든다면 선택과 결과의 연계를 약화시키고 여건 영역의 영향을 확대하는 셈이다. 이러한 문제를 해소하기 위해서는 토지 취득자가 상대적으로 불리해진 타인에게 보상하도록 하면 된다. 바꾸어 말하면 토지 취득자가 유리해지는 만큼을 타인을 위해 내놓도록 하면 된다. 이것이 두 번째 조건이다.

셋째로, 토지의 단독사용권은 생산자의 권리에 의해 당연히 발생하는 것이 아니라 필요한 경우 사회적 합의에 의해 인정되는 것이므로 토지 취득자의 권리는 그 취지의 범위 내에서만 인정된다. 즉 토지 취득자는 단독사용권을 인정하는 사회적 취지에 적합하게 토지를 사용해야 한다.

기회균등형 분배규칙에 맞는 원리 즉 토지원리를 정리하면 다음과 같다.

① (평등한 토지권) 모든 국민은 토지에 대해서 평등한 권리를 가진다.
② (합의에 의한 우선권 인정) 사회적 필요성이 있으면 사회적 합의에 의해 특정인에게 우선권을 인정할 수 있다.
③ (우선권 인정의 조건) 사회가 특정인에게 우선권을 인정하려면 다음 조건을 충족시켜야 한다.
  ㉮ (취득기회 균등) 모든 사람에게 우선권 취득기회를 균등하게 보장한다.
  ㉯ (특별이익 환수) 우선권에서 발생하는 특별이익을 환수한다.
  ㉰ (사회적 제약) 우선권 행사는 우선권을 인정하는 취지에 부합해야 한다.

위의 토지원리를 내용으로 하는 사상을 지공주의(地公主義)라고 한다.

2. 토지사유제 평가

위에서 보았듯이 기회균등형 분배규칙에는 공통적으로 평등한 자유가 전제되어 있고 평등한 자유를 존중한다면 필연적으로 토지원리가 도출된다.

기회균등형 분배규칙하에서는 노예제와 토지사유제가 허용되지 않는다. 노예제도가 기회균등에 어긋난다는 점은 새삼 지적할 필요가 없다. 노예제도는 한 사람이 다른 사람을 재산으로 소유할 수 있는 제도로서 소유주의 자유를 위해 노예의 자유가 희생되기 때문이다. 오늘날

이 점에 대해서 공식적으로 이의를 다는 사람은 없으며 실제로도 노예제는 지구에서, 적어도 명목상으로는 사라졌다.

그러나 토지사유제는 근대에 들어와 오히려 새롭게 발생하여 강화되어 왔다. 오늘날 토지사유제는 너무나 보편화되어 있어, 토지사유제가 기회균등을 보장하지 못하는 제도라는 사실을 제대로 인식하지 못하는 사람이 많다.

그렇다면 토지사유제는 토지원리에 부합하는지, 구체적으로는 토지에 대한 우선권을 인정하기 위한 세 가지 전제조건을 만족시키는지를 검토해 보기로 한다.

1) 취득기회 균등

토지사유제는 소유권 배분을 시장기구에 맡긴다. 토지시장에서의 취득기회가 균등한가에 대해서는 제3부(토지시장)에서 검토할 것이므로 여기에서는 간략히 언급하기로 한다.

토지시장에서는, 토지를 매각할 의사를 가진 토지소유자가 토지매매시장에 토지소유권을 내놓으면 수요자 중 가장 높은 지가를 지불하려는 의사를 가진 수요자가 그 토지소유권을 취득한다. 어떤 제도 또는 상태가 불평등하다고 판정하기 위해서는 보통 인종, 성별, 종교, 사회적 신분 등에 의한 차별이 존재하는가를 보게 되는데 지불의사에 따른 결과적 차등은 취득기회 균등의 조건에 어그러지지 않는다고 보는 것이 일반적이다.

토지 취득 희망자의 지불의사보다는 개인적 사정을 존중하여 – 예를 들면 필요성이 큰 사람부터 또는 사회적 약자부터 – 배분하는 것이 형평성이 있다는 등 다른 견해도 있으나 이는 가치관의 차이에서 생기는 것으로서 시장배분의 기회균등성을 부정할 수 있는 근거는 되지 못한다.

다만 토지를 취득하기 위해서는 고액의 지가를 지불해야 하는데 이런 목돈을 동원할 수 있는 사람이 많지 않기 때문에 취득기회의 균등성이 사실상 저해되는 경우가 많다. 더구나 토지투기로 인해 현실의 지가가 정상적인 지가보다 훨씬 높게 형성되는 경우에는 문제가 더 심각해진다. 그러나 토지 매입자가 토지 매입자금을 대출 받아 장기간 분할 상환할 수 있는 제도가 잘 구비된 사회라면 고액의 지가를 일시에 지불하는 데에서 비롯되는 취득기회 불균등은 별로 문제되지 않을 것이다.

2) 특별이익 환수

특별이익 환수 조건에 의해 평가해 보면 토지사유제는 낙제점을 받을 수밖에 없다. 토지

소유의 특별이익의 경제적 가치는 지대이다. 지대는 그 토지를 취득하기 위해 타인이 지불하려고 하는 가치이기 때문에 타인 배제의 대가인 특별이익과 일치한다. 그런데 토지사유제에서는 지대가 토지소유자에게 귀속된다. 이 경우에 지대를 지가로 바꾸어 표현하여도 결과는 같다. 지대는 일정기간 동안의 토지 사용의 대가이고 지가는 토지 소유 즉 영구적인 토지 사용의 대가이기 때문이다.

한편 특별이익이 사회에 환수되는 것은 아니지만 그렇다고 해서 그 이익이 토지소유자에게 귀속되는 것도 아니라는 반론도 있을 수 있는데, 이에 대해 생각해 보자.

우선 최초에 토지를 사유화한 자는 그에 상응하는 대가를 치르지 않았으므로 이런 토지소유자가 토지를 보유하고 매각하는 과정에서 얻은 모든 토지 가치는 자신의 노력 및 기여와는 무관한 특별이익이다.

한편 토지사유제가 성립된 후에 토지를 매입하여 소유자가 된 자도 특별이익을 얻는 경우가 많다. 매입을 통해 토지를 소유하는 자에게 특별이익이 발생하지 않으려면 토지매매시장이 완전경쟁조건을 갖추거나 사회변화가 극히 안정적이어야 한다. 완전경쟁 토지시장에서는 정보가 완전하여 모든 미래의 지대가 지가에 정확하게 반영되므로 토지를 매입하려면 미래에 발생할 모든 지대를 선불하여야 하고, 따라서 단순한 토지소유만으로 아무런 이익도 생길 수 없다. 또 완전한 정보가 존재하지 않는다고 하더라도 사회가 극히 안정적이어서 결과적으로 보아 예측이 심히 빗나가는 경우가 별로 없는 사회도 이에 준한다. 그러나 대부분의 사회에서, 특히 현대와 같이 급속하게 변화하는 사회에서는 사정이 그렇지 못하다는 점은 새삼스럽게 입증할 필요가 없을 것으로 생각된다.

3) 사회적 제약

이론상의 토지사유제는 토지에 관한 모든 권한이 사적 주체에게 귀속되는 제도이므로 토지소유권에 대한 사회적 제약과 어울리지 않는다. 그러나 현실에서 토지사유제를 취하는 모든 국가에서 공적인 필요에 의해 토지를 수용할 수도 있고 사적인 토시사용을 상당한 정도 제한하는 것을 당연하게 여긴다. 그러므로 현실의 토지사유제는 이 조건과 반드시 충돌하지는 않는다고 볼 수 있다.

제4장

사회정의 철학과 토지소유제도

노예사유제는 정의로운 제도인가? 이 질문에 대해서는 오늘날 영향력을 가진 어느 철학에서도 부정적인 답을 할 것이다. 그러나 역사상 노예사유제는 오랫동안 정의로운 제도라는, 아니면 적어도 정의에 적극적으로 위배되는 제도는 아니라는 평가 내지 묵인을 받아왔었다. 이처럼 어떤 대상의 사유를 인정하는 제도의 정당성에 대한 평가는 시대에 따라 그리고 입장에 따라 달랐다.

사회정의의 관점에서 사적 소유를 인정할 것인가를 놓고 문제가 되어 온 대상으로는 노예 이외에, 토지 등 천부된 자연물과 인공에 의해 생산한 생산수단인 자본이 있다. 이 중에서 오늘날 노예의 사유는 세계적으로 완전히 부정되고 있으나, 토지와 자본의 사유는 자본주의 사회에서는 모두 인정되고 사회주의 사회에서는 모두 부정된다. 이처럼 사적 소유를 인정하는 대상은 관점에 따라 상당한 편차가 있다. 이 글은 토지를 천부된 자연물을 대표하는 물자로 보고 토지소유제도의 여러 유형이 오늘날 대표적인 사회정의 철학과 철학자의 관점에서 어떤 평가를 받을 것인가를 검토한다.

사회정의 철학은 다음과 같은 기준으로 선정하였다. 우선, 마르크스주의는 제외하였다. 생산수단의 사유를 부정하는 마르크스주의는 토지사유제를 부정하고 토지공유제를 선호한다는 입장이 분명하여 더 논할 필요가 없기 때문이다. 사회주의와 토지정의에 대한 관계는 제5장(사회주의와 토지가치공유제)을 참고해 주기 바란다. 둘째로 시장경제를 부정하지 않으면서 현대사회에 많은 영향력을 미치고 있는 사회정의 철학을 검토 대상으로 하였는데 그러한 철학으로는 공리주의(utilitarianism), 계약주의(contractarianism), 최대자유주의(libertarianism)를 선정하였다. 또 각 철학의 대표적인 철학자로는 밀(John Stuart Mill), 롤즈(John Rawls), 나직(Robert Nozick)을 선정하였다.

먼저 각 철학자의 저서를 인용하여 각 철학의 일반적인 사회정의관을 살펴보고 사회정의의 한 특수 형태인 토지정의에 대한 견해를 요약한 다음 그러한 정의관에 따르면 각 토지소유제도의 각 유형을 어떻게 평가할 것인가를 추측하여 비교한다.

제2장(토지와 토지제도)에서 분류하였던 네 가지 토지소유제도를 아래에 다시 제시해 둔다.

토지소유제도의 유형

소유권의 권능	토지사유제	토지가치공유제	토지공공임대제	토지공유제
사용권	사	사	사	공
처분권	사	사	공	공
가치수익권	사	공	공	공

Ⅰ. 밀의 정의관

1. 밀의 사회정의

공리주의의 대표자로는 밀(John Stuart Mill, 1806~1873)을 선정하였다. 밀은 공리주의의 원조격인 벤담(Jeremy Bentham, 1748~1832)을 비판하기도 하였지만 그의 전 생애를 통해 볼 때 공리주의를 집대성한 학자로 볼 수 있으며, 특히 그는 경제학자로서 토지사유의 문제에 직접적인 관심을 표명한 바도 있기 때문에 선정하였다.

우선 공리주의가 무엇인지 밀의 저서 『공리주의』에 나오는 문구를 인용해 보자.

> 공리성 즉 최대행복의 원리를 도덕의 기초로 삼는 신조에 의하면 어떤 행위가 옳은 정도는 그 행위로 인해 생기는 행복의 정도에 따라 결정되고 그른 정도는 그 불행의 정도에 의해 결정된다. (Mill, 1998: 55)

위 인용문에서 "최대행복의 원리를 도덕의 기초로 삼는 신조"는 바로 공리주의를 말한다. 즉 공리주의에서는 행위가 행복을 증진시키느냐 불행을 증가시키느냐에 따라, 옳은 것과 그른 것으로 결정된다고 본다.

또 밀은 사람들이 가지고 있는 강한 정의감과 부당한 처벌에 대해 느끼는 의분 때문에 정의가 공리성의 일부라는 사실을 제대로 알지 못한다고 지적하면서, 정의는 독립적인 원리가 아니라 공리성의 일부라고 보았다. 그렇다고 해서 정의를 경시한 것은 아니다.

> 나는 공리에 근거를 두지 않고 가상적인 정의의 기준을 만들어 내는 어떤 이론도 허위라고 보며, 공리에 근거를 두는 정의야말로 모든 도덕 가운데 가장 중요하고 다른 것과 비교가 안 될 정도로 신성하고 구속력이 있다고 생각한다. 정의란 도덕법칙 중의 한 부분을 지칭하는 말로서, 인간 생활에 관한 기준 가운데 그 어느 것보다 인간 복지의 핵심에 근접해 있으며 따라서 보다 절대적인 의무라고 하겠다. (Mill, 1998: 103)

이와 같은 인식 위에서 밀이 도출하는 사회정의의 최고 원리는 동등한 자격을 갖춘 사람을 동등하게 대우하자는 것이다.

> 정의는 반드시 공정성을 갖추어야 한다. …… 모든 사람을 그 자격(desert)에 따라 대우한다면, 예를 들어 선에는 선으로 악에는 악으로 대우하는 것이 의무라고 하면, 우리는 우리 가운데 동등한 자격을 갖춘 사람을 모두 동등하게 대우해야 하며 또 사회도 사회 속에서 동등한 자격을 갖춘 사람을 모두 동등하게 대우해야 한다는 결론에 이르게 된다. 이것은 사회적·배분적 정의에 관한 최상급의 추상적 기준이며 모든 사회제도, 도덕성을 갖춘 모든 국민의 모든 행위는 이 기준에 최대한 부합하여야 한다. (Mill, 1998: 105)

또 『자유론』에서 자유의 의미와 사회에 대한 개인의 책임에 관해 언급하면서, 개인의 자유는 보장되어야 하며, 그러나 타인의 동등한 기회와 이익을 침해해서는 안 된다는 원칙을 제시하였다.

> 그 이름에 합당한 유일한 자유는, 다른 사람의 기회를 박탈하거나 노력을 방해하지 않는 한 자신의 방식으로 자신이 하고 싶은 일을 하는 자유이다. (Mill, 1955: 15)

> 다음의 원칙을 제시한다. 첫째로, 개인은 자신의 행위가 타인과는 무관하게 오로지 자기 자신의 이익에만 관련되는 경우에는 사회에 대해 책임을 질 필요가 없다. …… 둘째로,

개인의 행위가 타인의 이익을 침해하는 경우에는 사회의 보호를 위해 필요하다면 사회적·법적 제재를 가할 수 있다. (Mill, 1955: 119)

2. 밀의 토지정의

이제, 밀이 제시한 정의의 원리에 의하면 그가 토지소유제도에 대해서는 어떤 판단을 할 것인가를 추측해 볼 차례가 되었다. 그런데 다행스럽게도 철학자인 동시에 경제학자인 밀은 사유재산 및 토지문제에 대해 직접 언급을 하고 있어, 우리가 추측을 할 것도 없이 그의 견해를 알 수가 있다.

밀은 노력에 의해 생산하지 않은 순수한 토지에 대한 사유는 옳지 않다고 보았다.

사유재산제의 기본원리는 모든 사람에게 자신이 노동을 통해 생산한 것과 절제에 의해 축적한 것을 보장하자는 것인데, 이러한 원리는 노동의 생산물이 아닌 지구의 천연물자에 대해서는 적용될 수 없다. 만일 토지의 생산력이 사람의 노력과는 무관하게 순전히 자연으로부터 나온 것이고 또 이 두 가지를 구분할 수 있는 방법이 있다면 자연의 선물을 개인이 차지하도록 하는 제도는 부정의의 극치가 된다. (Mill, 1965: 227)

이처럼 밀은, 토지재산권은 다른 물자에 대한 재산권과는 다르다는 점을 분명히 하였으나, 공리주의자답게 사회적 편의성이 있으면 토지사유제를 채택할 수 있다고 하였다.

"사유재산의 신성함"을 이야기하지만 이러한 신성함이 토지재산권에도 같은 정도로 해당되는 것이 아님을 반드시 생각해야 한다. 토지는 사람이 만든 것이 아니다. 토지는 모든 생물이 생래적으로 물려받은 유산이다. 토지를 사적으로 차지할 수 있도록 할 것인가의 여부는 순전히 사회적 편의성이 있는가에 달려 있다. 토지의 사유에 사회적 편의성이 없다면 이는 부정의하다.…… 토지에 대한 지주의 권리는 정부의 일반 정책에 따라 결정된다. (Mill, 1965: 230)

위 인용문은 사회적 편의성이 없으면 토지사유제가 부정의하다고 했지만 이를 뒤집어서 생각하면 토지의 사유를 인정함으로써 공리성 내지 행복이 증진된다면 정부가 이를 인정할 수 있다는 말이 된다. 그러나 토지의 사유를 인정한다고 해도 다음과 같은 제한이 따른다는 점을 명백하게 밝히고 있다.

> 소유자의 노력이나 희생 없이 꾸준하게 증가하는 종류의 소득이 있다고 할 때 …… 정부가 이렇게 발생하는 부의 전부 또는 일부를 징수하는 것은 사유재산의 근거가 되는 원칙을 훼손하지 않는다. …… 지대도 이와 같다. …… 지주가 이와 같은 부의 증가에 대해 사회정의의 일반원리에 의해 무슨 주장을 할 수 있을 것인가? 설령 사회가 처음부터, 이와 같이 저절로 증가하는 지대에 대해서 재정적 필요에 따른 최대한의 금액을 과세할 수 있는 제도를 만들었다고 해도 토지소유자에게 부당한 처사가 되는 것은 아니다. (Mill, 1965: 819-820)

즉 토지의 사유를 인정한다고 해도 지주의 노력과 희생 없이 토지의 가치가 증가한다면 그 저절로 증가하는 지대는 정부가 징수할 수 있다는 것이다.

이상의 검토를 바탕으로 토지소유제도에 관한 밀의 정의의 원칙을 요약하면 아래와 같다.

- "재산권의 신성함"은 토지소유권에는 적용되지 않으며 토지제도는 정부가 사회적 편의성을 고려하여 정할 수 있다.
- 토지불로소득은 토지소유자의 정당한 몫이 아니다.

이와 같은 원칙에 의하면, 토지사유제는 밀이 선호하지 않을 것임을 알 수 있다. 토지사유제에서는 토지불로소득이 토지소유자에게 귀속되기 때문이다. 또 밀이 개인의 자유를 중시한 점을 감안한다면 개인의 토지사용권마저 인정하지 않는 토지공유제 역시 선호하지 않을 것으로 추측된다. 또 밀이 개인의 자유를 중시한 점을 감안하면 나머지 두 제도 중에서도 처분권이 사적 주체에 속하는 토지가치공유제를 더 선호할 것으로 기대된다.

한편 밀은 토지 가치를 징수하는 구체적인 방법 하나를 제시한 바 있다. 이 방법은 토지가치공유제와 가까우나 완전한 토지가치공유제와는 약간 다르다. 밀의 설명 가운데는 다소 불분명한 점이 있으나 그중 확실한 점은 다음 두 가지이다. 하나는 지대의 징수에서 기존의 지대는 징수대상에서 제외해야 한다는 것이다. 또 하나는 토지소유자의 투자와 노력에 의해 상승한 가치를 징수하지 않도록 조심해야 한다는 것이다. 밀은 이런 자신의 방법이 현실적으로 수용

가능한 유일한 방안이라고 하였는데 그 이유는 토지 자체와 토지개량물의 가치를 구분하기 어렵기 때문이라고 하였다(Mill, 1965: 820).

이와 같은 밀의 논리는 다소 이상하게 보인다. "처음부터 지대를 완전 징수하는 제도를 만들었다고 해도 부당하지 않다"고 해 놓고는 현재의 토지 가치는 제외하고 앞으로의 자연 상승분만을 과세대상으로 하자고 했기 때문이다. 밀이 이런 주장을 한 이유는, 과거의 지대에 관해서는 그 가운데 어느 만큼이 자연증가에 해당되며 어느 만큼이 지주의 노력에 의한 것인지를 구분하기 어렵기 때문이라고 하지만, 일부를 구분해 내기 어렵다고 해서 전체를 면제하자고 하는 것은 설득력이 없다.

밀이 토지와 개량물 가치를 토지 자체의 가치와 구분하기 어렵다는 점에 신경을 많이 쓴 이유는 당시의 토지문제는 주로 농지의 문제였기 때문일 것이다. 농지는 인간의 노력에 의해 변화된 토지의 형질이 천연상태의 토지에 혼입되어 있기 때문에 그 구분이 어려울 수 있다는 점이 이해된다. 그러나 오늘날의 토지문제는 주로 토지의 형질보다는 위치가 중요한 도시토지의 문제이고 도시토지의 경우에는 토지와 개량물의 가치를 구분하기가 그리 어렵지 않다. 아마도 밀이 현대에 다시 태어난다면 자신이 도출한 공리주의 정의관에 부합하는 다른 방법을 제시할 것으로 생각된다.

Ⅱ. 롤즈의 정의관

1. 롤즈의 사회정의

롤즈(John Rawls, 1921~2002)는 최근 수십 년간 사회정의에 관한 이론에서 세계적으로 큰 영향력을 행사해 왔으며 그의 대표작 『정의론』(Rawls, 1971, 1999)은 현대의 고전으로 꼽힐 정도이다. 롤즈는 "최대다수의 최대행복"으로 요약되는 공리주의 정의관의 문제를 극복하고, 다수를 위해 개인의 복지나 권리를 희생시키지 않는 이른바 "공정으로서의 정의"를 제시하였다. 롤즈의 정의론은 로크와 루소의 사회계약설과 칸트의 의무론에 뿌리를 두고 있다.

롤즈는 정의의 원칙으로 다음 두 가지를 제시한다.

첫째, 각자는 다른 사람들의 유사한 자유의 체계와 양립할 수 있는 평등한 기본적 자유의 가장 광범위한 체계에 대하여 평등한 권리를 가져야 한다.

둘째, 사회적·경제적 불평등은 다음과 같은 두 조건을 만족시키도록, 즉 (a) 모든 사람들의 이익이 되리라는 것이 합당하게 기대되고, (b) 모든 사람들에게 개방된 직위와 직책이 결부되게끔 편성되어야 한다. (Rawls, 1999: 53; 황경식 역, 2003: 105)

또한 롤즈는 위의 두 원칙을 아래와 같이 좀더 구체화하였는데, 제1원칙은 비슷하나 제2원칙은 사회 하층민을 적극적으로 배려하는 내용을 담고 있다.

[제1원칙]

각자는 모든 사람의 유사한 자유 체계와 양립할 수 있는 평등한 기본적 자유의 가장 광범위한 전체 체계에 대하여 평등한 권리를 가져야 한다.

[제2원칙]

사회적·경제적 불평등은 다음 두 가지 즉

(a) 그것이 정의로운 저축 원칙과 양립하면서 최소 수혜자에게 최대 이득이 되고

(b) 공정한 기회균등의 조건 아래 모든 사람들에게 개방된 직책과 직위가 결부되게끔 편성되어야 한다. (Rawls, 1999: 266; 황경식 역, 2003: 400)

위에서 정의로운 저축 원칙이란, 세대 간의 정의를 위해 앞 세대가 뒤 세대를 위해 적절한 저축을 해야 하는데 그 저축률에 관한 원칙이다. 또 공정한 기회균등의 원칙이란 천부적인 재능과 의욕이 동일하면, 각기 어떤 사회계층에 속하건 간에 성공의 가능성이 동일해야 한다는 원칙을 말한다. 또 비슷한 정도의 열의가 있는 사람에게는 교육을 받고 교양을 쌓을 기회를 비슷하게 보장하고, 업무와 관련된 자격과 노력 정도에 따라 직위와 직책을 모든 이에게 공개할 때 공정한 기회균등이라고 한다.

롤즈의 정의의 원칙을 요약하자면, 기본적인 자유는 우선적으로 또 평등하게 보장해야 하고(평등한 최대자유의 원칙), 그 밖의 가치는 모든 사람에게 이익이 되는 경우에 한하여, 더 구체적으로는 최소 수혜자에게 유리한 방향으로 불평등하게 분배할 수 있지만(차등원칙) 그런 가치를 취득할 기회가 실질적으로 균등하게 보장되어야 한다(공정한 기회균등의 원칙)는 것이다.

2. 롤즈의 토지정의

롤즈는 토지소유제도에 대해서는 명시적으로 판단하지는 않았다. 그러나 그가 제시한 사회정의에 관한 일반이론과 그가 든 사례를 통해 토지소유제도에 대한 그의 견해를 유추해 볼 수 있다.

우선 평등한 최대자유의 원칙에 의해 롤즈는 기본적인 자유는 우선적으로 또 평등하게 보장해야 한다고 하였는데 이러한 기본적인 자유로서 롤즈가 예시하는 항목은 다음과 같다.

> 그 가운데서도 중요한 것은 정치적 자유(선거권과 공무담임권)와 언론·집회의 자유, 양심의 자유와 사상의 자유, 심리적 억압과 물리적 폭행 및 상해로부터의 자유(신체의 온전성)를 포함하는 신체의 자유, 동산을 소유할 권리와 법치주의 개념이 정하는 무단 체포와 구금으로부터의 자유이다. 제1원칙에 따라 이들 자유는 평등해야 한다. (Rawls, 1999: 53)

위의 문장 가운데 이 논문의 관점에서 주목되는 부분은 "동산(personal property)을 소유할 권리"이다. 이 부분은 1971년에 나온『정의론』초판에는 "(personal) property"였는데 1999년의 수정판에는 괄호가 없어지고 "personal property"가 되었다. 이로 볼 때 롤즈가 기본적 자유의 범위를 동산 소유권에 한정시키려는 의도가 분명해 보인다. 아마도 롤즈는 추상적인 자유 이외에 일상생활물자에 대한 소유를 보장해야만 자유의 의미가 있다고 보았기 때문에 이런 표현이 나온 것이 아닌가 한다.

이런 사실로 볼 때 롤즈는, 동산 소유권은 우선적으로 또 평등하게 보장해야 하는 자유에 속하지만 부동산 소유권은 꼭 그렇지는 않다고 생각한 것으로 해석된다. 그렇다면 부동산, 그중에서도 토지의 사유에 대해 롤즈가 어떤 입장을 취할 것인지에 대해서는 제2원칙에 의해 추측해 보아야 할 것이다.

토지에 대한 직접적인 언급이 없는 상황에서 이를 유추하려면 토지와 비슷한 성질을 가진 다른 대상에 대한 롤즈의 견해를 살펴보는 것이 좋겠다. 롤즈가 토지처럼 소유자가 생산하지 않은 것에 대해 언급한 경우는 선천적 자질과 타고난 사회적 지위 그리고 상속재산이 있다. 먼저 토지처럼 천부된 것이라는 점에서 공통점을 가진 선천적 자질과 타고난 사회적 지위에 대해 어떻게 말하고 있는가를 보자.

> 차등의 원칙이란 결국, 천부적 재능을 어떤 측면에서는 공동의 자산으로 간주한다는 합의를 의미한다고 할 수 있다. …… 자연에 의해 혜택을 받은 자는 그렇지 못한 자의 상태를 향상시킨다는 조건하에서만 자신의 행운으로부터 이익을 얻을 수 있다. …… 아무도 자신의 우수한 천부적 능력을 당연시할 수 없고 사회적으로 유리한 출발 지점의 덕을 보아서는 안 된다. (Rawls, 1999: 87)
>
> 정당하지 않은 불평등에 대해서는 시정조치가 필요하다. 출생의 불평등, 천부된 자질의 불평등은 정당하지 않으므로 이런 불평등은 어떤 식으로든 보상을 하여야 한다. 그리하여, 모든 사람을 평등하게 대하고 진정한 기회균등을 실현하기 위해서는, 천연의 자산 또는 사회적 지위에서 불리하게 태어난 사람들을 위해 사회가 더 많은 배려를 하여야 한다는 원칙이 성립하게 된다. 즉 우연에 의해 발생한 편향을 평등의 방향으로 시정해야 한다는 것이다. (Rawls, 1999: 86)

위의 인용문에서 알 수 있듯이 롤즈는 선천적 자질은 "어떤 측면에서는 공동의 자산"이라고 보고 있으며, 따라서 천부적인 재능에서 나오는 이익을 그 소유자만이 차지할 수는 없다고 본다. 그리하여 생래적 불평등에 대해서는 어떤 보상조치가 필요하고, 천부적 재능이나 타고난 사회적 지위가 불리한 자에 대한 배려가 필요하다고 한다.

흔히 인간이 타고난 육체, 정신, 능력은 자기 자신의 고유의 영역이고 따라서 자신의 심신의 작용에 의한 결과물은 당연히 자신이 소유할 수 있다고 생각하는 경우가 많다. 그런데 롤즈는 천부적 재능을, "어떤 측면에서는"이라는 수식어가 있기는 하나, "공동의 자산"이라고 규정하고 생래적 불평등에 의한 결과적 불평등은, 예방은 못하더라도, 어떤 보상방법을 통해 시정되어야 한다고 생각한 점이 특이하다.

또한 토지처럼, 수혜자가 생산하지 않은 것이라는 점에서 공통점을 가진 상속재산에 대한 롤즈의 견해도 참고할 수 있다.

> 부의 불평등한 상속은 지능의 불평등한 상속과 마찬가지로 본질적으로 부정의한 것은 아니다. 부의 상속은 지능의 상속보다 사회적으로 더 쉽게 통제할 수 있겠지만, 어느 것에 의한 불평등이든지 차등의 원칙에 부합해야 한다는 점이 중요하다. 그리하여 상속으로 인한 불평등이 최소수혜 계층에게 이익이 되고 또 자유 및 공정한 기회균등에 위배되지 않을 경우에 국한하여 상속이 허용될 수 있다. (Rawls, 1999: 245)

위에서 알 수 있듯이 롤즈는 부를 불평등하게 물려받는 것이 그 자체로 정의롭지 못한 것은 아니지만, 부든 지능이든 상속은 차등의 원칙에 부합해야 한다고 하였다.

이상을 종합하면 롤즈는 선천적 자질, 타고난 사회적 지위, 상속재산을 수혜자가 아무런 시정조치 없이 차지하는 것은 대체로 부정의한 것으로 파악하며, 이를 허용한다면 모두 차등의 원칙에 부합할 것을 요구한다. 즉 그 "불평등이 최소수혜 계층에게 이익이 되고 또 자유 및 공정한 기회균등에 위배되지 않을 경우에 국한하여 허용"해야 한다는 것이다.

토지는 천부적 자질처럼 개인에게 체화된 것도 아니고 사회적 지위처럼 생장환경과 뗄 수 없는 관계를 가진 것도 아니며 상속재산처럼 누군가 사람의 정당한 노력에 의해 형성된 재산도 아니다. 그러므로 이런 선천적 자질, 지위, 상속재산이 차등의 원리에 부합해야 한다면 토지는 더 말할 것도 없다고 하겠다.

토지소유제도에 관한 롤즈의 정의의 원칙을 요약하면 다음과 같다.

- 천부된 것에 관한 불평등은 정당하지 않으므로 이런 불평등은 어떤 식으로든 보상해야 한다.
- 보상 방식은 최소 수혜자에게 이익이 되고 또 자유 및 공정한 기회균등에 위배되지 않아야 한다.

이러한 원칙을 근거로 하여 롤즈가 토지소유제도에 대해 어떤 태도를 취할 것인가를 생각해 보자. 우선 롤즈는 토지사유제에 반대할 것이다. 그 이유는 첫째로, 천부된 토지를 일부가 차지하면서 아무런 보상조치가 없다는 점 때문이다.

둘째로, 토지사유제는 최소 수혜자를 배려하는 제도가 아니라는 점 때문이다. 토지소유제도를, 사회 상류층에 이익이 되는 제도, 모든 사람에게 공정한 기회균등을 보장하는 중간적인 제도, 최소수혜 계층에 유리한 제도로 나눈다면, 위의 원칙에 비추어 볼 때 롤즈는 당연히 세 번째 제도를 택하려 할 것이고 첫 제도는 가장 기피하려고 할 것이다. 그런데 토지사유제는 첫 유형의 제도이다.

토지사유제에서는 토지가 시장에서 거래되며 토지를 소유하기 위해서는 지가를 지불하고 토지를 매입하는 것이 일반적이다. 토지시장에서는 누구나 지불의사와 지불능력만 있으면 토지를 자유롭게 취득할 수 있으므로 형식적으로는 기회가 균등하다. 그러나 다음과 같은 이유로 실질적 기회균등이 보장되지 못하는 경우가 많다.

지가는 모든 미래에 발생할 지대를 현재 시점으로 자본화한 금액이다. 따라서 지가는 그 금액이 매우 커서 빈곤계층에게는 토지시장에 대한 진입장벽으로 작용한다. 또 미래 예측능력의 한계로 인해 지가는 미래의 지대를 제대로 반영하지 못하므로 토지 소유에서 불로소득이 발생하는 경우가 많다. 토지불로소득의 발생이 보편화하면 토지는 가진 자에 의해 독과점되는 경향이 있고 그로 인해 다시 소득과 부의 불평등이 심화되는 악순환을 초래한다. 즉 토지시장에서는 토지 소유와 그로 인한 이익이 최소수혜 계층에 유리하게 배분되기를 기대하기 어려우며, 오히려 사회 상류계층에 유리한 제도라고 하겠다. 따라서 앞에서 제시한 토지소유제도의 네 유형 가운데 토지사유제는 여러 유형의 토지소유제도 중에서 롤즈가 가장 기피하려고 할 제도임이 분명하다.

그러나 롤즈는 나머지 세 유형의 토지소유제도 간에는 선호에서 특별한 차이를 두지 않을 것으로 추론된다. 세 유형의 제도는 모두 토지와 관련된 불평등을 보상할 수 있고, 최소수혜계층에 이익이 되고 자유 및 공정한 기회균등에 위배되지 않는 제도가 될 수 있기 때문이다.

한편 롤즈가 정의의 제1원리에서 기본적인 자유를 중시하였기 때문에 나머지 세 유형 중에서 개인적 자유를 더 보장하는 유형, 예를 들면 토지가치공유제를 선호하지 않을까 하는 생각도 해 볼 수 있다. 그러나 그가 들고 있는 중요한 자유 가운데 동산소유권은 들어 있지만 토지에 관한 권리는 명시되어 있지 않고, 또 열거된 자유 중에서 토지권과 밀접하게 연결되는 것도 없기 때문에 선호 정도를 단정할 수는 없다고 하겠다.

Ⅲ. 나직의 정의관

1. 나직의 사회정의

최소 수혜자에게 최대 이득이 되는 제도를 원하는 롤즈의 세계에서는 정부의 권한이 커질 가능성이 있다. 최대자유주의자(libertarian)인 나직(Robert Nozick, 1938~2002)은 이를 경계하면서 최소국가만이 정당하다고 주장하는 『아나키, 국가, 유토피아』(1974)를 출간하였다.

이 책에서 나직은 소유물을 올바른 절차를 통해 취득하고 이전할 경우에는 정당한 소유권리가 발생한다고 하였고 또 현실의 분배 상황이 이 두 원리에 의거하지 않을 경우에는 과거의 불의를 시정하는 원리가 필요하다고 하였다. 나직이 소유물 취득의 올바른 절차를 논하는 과정에서 로크가 『통치론』에서 전개한 재산권 이론을 출발점으로 삼았기 때문에 우선 로크의 이론을 간략하게 소개한다.

로크(John Locke, 1632~1704)는 인간의 평등을 전제하는 가운데 재산권의 근거를 마련한 철학자이다. 로크는 사유재산권(property)의 취득 근거에 대해 다음과 같이 기술하고 있다.

> 지구와 일체의 열등 피조물은 모든 인간의 공동의 것이지만, 인간의 경우는 누구나 자기 자신의 것이다. 자신에 대해서는 본인 이외에는 어떤 권리도 가질 수 없다. 또 신체의 노동과 손의 작업은 당연히 자기의 것이라고 해도 좋을 것이다. 그렇다면, 자연이 부여한 상태로부터 어떤 사람이 무엇인가를 분리(remove)한다면, 이는 자기의 노동을 가미(mix)한 결과가 되고, 이미 자기의 것인 무엇인가를 그것에 결합시킨 결과가 되며, 또 그렇게 함으로써 그것을 자기의 것으로 만든 결과가 된다. 자연이 제공한 공동의 상태로부터 그 사람에 의해 분리되었으므로, 다른 사람이 가진 공동의 권리를 배제하는 무엇이 그 노동에 의해 부착되었다는 것이다. 이와 같은 노동은 의문의 여지 없이 노동한 사람의 것이므로 일단 노동을 결합시킨 대상물에 대해서는, 적어도 그에 못지않은 질의 충분한 양이 다른 사람에게도 공동의 것으로 남아 있는 경우라면, 그 사람 이외에는 아무 권리도 가질 수 없다. (Locke, 1689, 섹션 27)
>
> 그러나 오늘날 재산권의 주 대상은 토지의 산물이나 토지 위에서 서식하는 짐승이 아니라 그 모든 것을 수용하는 토지 그 자체인데, 토지에 대한 재산권의 취득도 다른 물자의 경우와 분명히 같다고 생각한다. 어느 사람이 그 생산물을 사용할 수 있는 만큼의 토지를 개간, 파종, 개량, 재배했을 때 그 토지는 그 사람의 재산이 된다. 말하자면 그 사람은 자신의 노동에 의해 공동의 상태로부터 그 토지를 떼어낸(enclose) 것이다. (Locke, 1689, 섹션 32)
>
> 어느 토지를 개량함으로써 그 토지를 자신의 것으로 하는 행위는 다른 사람에게 아무런 피해를 주지 않는다. 동일한 질의 충분한 양의 토지가, 토지를 갖지 않은 사람이 사용할 수 있는 정도보다 더 많이 남아 있기 때문이다. (Locke, 1689, 섹션 33)

위 인용문에서 보듯이 로크는 인간의 자기 자신에 대한 소유권을 인정하고 자신의 행위의 결과에 대한 소유권도 인정한다. 그리하여 노동을 가미하여 자연 상태로부터 분리하게 되면 "적어도 그에 못지않은 질의 충분한 양이 다른 사람에게도 공동의 것으로 남아 있는 경우(at least where there is enough, and as good left in common for others)" 생산물은 물론이고 토지에 대해서도 재산권을 인정할 수 있고 또 인정해야 한다고 하였다. 로크가 재산권 인정의 조건으로 붙인 문구는 이후 재산권 이론에서 끊임없이 인용되어 왔으며 이를 '로크의 단서(Lockean proviso)'라고 부른다. 나직은 로크의 단서에 공감하되 다만 이를 "다른 사람을 불리하게 하지 않는 경우"를 의미하는 것으로 완화하였다(Nozick, 1974: 175).

나직은 인간의 자기소유권과 행위결과소유권을 인정한다는 점에서는 로크와 같은 입장이다. 이는, 천부적 재능을 공동의 자산으로 규정하고 생래적 불평등에 의한 결과적 불평등은, 예방은 못하더라도, 어떤 보상방법을 통해 시정되어야 한다고 한 롤즈의 입장과는 다르다.

한편 나직은 자연물에 인공을 가미했다고 해서 소유권을 인정할 수는 없다고 하였다. 소유권은 노동이 생산한 부가가치(added value) 이외에 물자 전체에는 미칠 수 없다는 것이다(Nozick, 1974: 175).

2. 나직의 토지정의

사회정의에 관한 나직의 기본 입장을 감안할 때 토지소유제도의 각 유형에 대해 어떤 평가를 할 것인가?

나직은 "시장체제의 자유로운 작용은 로크의 단서와 충돌하지 않을 것으로 믿는다"고 하였다(Nozick, 1974: 182). 여기의 시장체제를 오늘날의 자본주의 사회 현실을 의미하는 것으로 받아들이면 나직이 토지사유제를 정의로운 것으로 본다는 인상을 갖기 쉽지만 여기서 말하는 "시장체제"가 반드시 현실의 시장을 의미하는 것은 아니므로 이것만 가지고 나직이 토지사유제를 긍정했다고 볼 수는 없다.

로크의 단서에 따라 "적어도 그에 못지않은 질의 충분한 양이 다른 사람에게도 공동의 것으로 남아 있는 경우"에만 토지소유권의 취득을 인정한다면, 토지가 상대적으로 희소하여 그 취득에 대한 경쟁이 치열한 현대 사회에서는 분명히 토지사유제는 부정된다. 그러면 나직이 완화한 조건 즉 "다른 사람을 불리하게 하지 않는 경우"란 존재하는가? 존재한다면 어떤 경우인가?

나직은 여기에 대해 분명한 답을 하지 않지만 다음과 같은 구절을 통해 추측할 수 있을 것이다. 우선 나직은, "어느 땅에 울타리를 친 사람이 있다면 그는 울타리(그리고 울타리 바로 밑의 토지)만을 소유할 수 있을 뿐 울타리 안의 토지에 대해서는 소유할 이유가 없다"고 하였다(Nozick, 1974: 174). 즉 토지의 사유를 허용할 수 없는 것은 아니지만 로크의 단서를 적용할 때의 허용 범위는 극히 제한적이라는 것이다. 또 이런 예도 들고 있다.

> 사막에 샘이 하나밖에 없다면 이를 독차지해서는 안 된다. 또 샘이 여럿 있다고 해도 다른 샘은 다 말라 버리고 하나의 샘에서만 물이 나올 때 그 주인이 이를 독차지하고 마음대로 물 값을 받아서는 안 된다. 이런 불행한 상황이 샘 주인의 잘못으로 초래된 것은 아니지만 로크의 단서에 걸리기 때문에 재산권을 제한하게 된다. 또 어느 해역에 섬이 하나밖에 없다고 할 때 섬의 소유자는 해난 사고를 당한 자가 섬에 상륙하지 못하도록 막을 권리가 없다. 이 역시 로크의 단서에 어긋나기 때문이다. (Nozick, 1974: 180)

위의 예에서 볼 때 나직은 토지 내지 자연에 대한 독점은 명백하게 로크의 단서에 위배되는 것으로 보고 있다. 그러나 나직은 다음과 같은 의견도 내놓고 있다.

> 물자를 차지함으로써 로크의 단서에 위배되는 것처럼 보이는 경우에도 보상을 하여 다른 사람을 불리하게 만들지 않는다면 그 물자를 차지할 수 있다. 그러나 다른 사람들에게 보상하지 않고 물자를 차지한다면 이는 취득에서의 정의의 원리에 어긋나므로 부당한 취득이 된다(Nozick, 1974: 178).

따라서 토지소유제도에 관한 나직의 정의의 원칙은 다음과 같이 요약할 수 있다.

- 극단적인 독점이 아니라면 토지의 취득이 허용된다.
- 토지를 취득하지 못하는 다른 사람들을 불리하게 하지 않을 적절한 보상이 필요하다.

그렇다면 위의 원칙에 맞는 토지소유제도는 어떤 모습일까? 나직은 토지사유제는 분명히 인정하지 않을 것으로 보인다. 토지사유제는 위의 롤즈에 대한 설명에서도 언급하였듯이 토지의 극단적인 독점을 오히려 부추기는 경향을 갖는 제도인 데다가 일부의 토지 소유에 의해 다른 구성원이 불리하게 되더라도 이를 보상해 주는 장치가 없기 때문이다.

나머지 세 유형은 토지 가치를 환수한다는 점에서 일단 나직이 선호할 후보에 들어간다. 그 이유는 다음과 같다.

첫째로, 나직은 토지를 취득하지 못하는 사람을 불리하지 않게 할 적절한 보상이 필요하다고 했다. 토지 취득자와 비취득자 간의 유·불리의 차이는 토지소유자가 생산적 노력과 무관하게 단지 토지를 소유한다는 이유만으로 얻는 이익과 같다. 그런데 그 이익은 바로 토지개량물을 제외한 순수 토지의 가치이다. 따라서 토지 가치를 환수하여 같이 나누면 토지를 취득하지 못한 사람의 불리함이 해소되기 때문에 이 조건에 부합한다.

둘째로, 나직은 노동에 의해 획득한 것에 대한 과세는 강요된 노동의 일종이라고 본다 (Nozick, 1974: 169). 나직의 세계에는 노동생산물에 대한 조세, 예를 들면 소득세, 부가가치세는 허용되지 않는다. 따라서 토지 가치를 환수하여 정부수입으로 삼음으로써 그만큼 나직이 싫어하는 세금인 노동생산물에 대한 세금을 감면할 수 있다.

그런데 나직과 같은 최대자유주의자는 최소의 정부를 원하므로 토지사유제를 제외한 나머지 세 토지소유제도 중 정부의 간섭이 최소인 토지가치공유제를 지지할 것으로 추측된다.

Ⅳ. 종합

지금까지 시도한 작업은 다음과 같다. 오늘날 중시되고 있는 사회정의 철학 가운데 시장경제를 부정하지 않는 대표적인 철학 및 철학자로서 공리주의의 밀, 계약주의의 롤즈, 최대자유주의의 나직을 선정하였고, 각 철학자가 대표적인 저서에서 밝힌 정의의 원칙에 따라 또 때로는 그들이 직접 언급한 토지관에 따라, 그들이 토지소유제도를 평가한다면 어떤 결론에 도달할 것인지를 추론해 보았다.

검토 결과는 다음과 같다.

밀은 토지사유제를 제외한 나머지 세 유형의 토지소유제도 중에서 사회적 편의성을 고려하여 최선의 제도를 택할 것으로 기대되는데, 그가 자유를 중시한 점을 고려하면 토지공유제에는 반대할 것으로 보인다. 한편 그 자신이 앞으로 생기는 지대상승분 중에서 불로소득 부분을 징수하자고 제시한 것으로 보아 그와 근접한 토지가치공유제를 가장 선호할 것으로 추론되기도 하지만 그렇다고 해서 토지공공임대제에 대해 반대할 것이라 단정할 수는 없다.

롤즈는 토지사유제에는 반대할 것이지만 나머지 세 유형의 토지소유제도의 선호도에서 어떤 차이를 둘지 확실하지 않다. 세 유형의 제도는 모두 토지와 관련된 불평등을 보상할 수 있고, 최소수혜 계층에 이익이 되고 자유 및 공정한 기회균등에 위배되지 않는 제도가 될 수 있기 때문이다. 다만 롤즈도 기본적으로는 자유주의자이기 때문에 그중 자유의 폭이 넓은 토지가치공유제를 더 선호하고 자유의 폭이 좁은 토지공유제는 덜 선호하지 않을까 하는 생각을 해 볼 수는 있겠다.

나직은 최대자유주의자로서 정부의 간섭을 최소로 할 수 있고 토지소유자의 유리함을 해소하면서 노동생산물에 대한 세금을 최소화할 수 있는 토지가치공유제 이외의 유형에는 반대할 것으로 추론된다.

토지소유제도에 대한 세 철학자의 평가를 요약하면 다음 표와 같다.

〈표 4.1〉 토지소유제도에 대한 각 철학자의 평가

철학자	토지사유제	토지가치공유제	토지공공임대제	토지공유제
밀	×	○	○/△	×
롤즈	×	○	○/△	×/△
나직	×	○	×	×

*○표는 지지. ×표는 반대할 것으로 기대. △는 불확실.
○/△는 지지할 듯하나 불확실. ×/△는 반대할 듯하나 불확실.

이상의 검토를 바탕으로 하여 이들 철학자가 토지소유제도의 네 가지 유형을 놓고 찬반 투표를 한다면, 공통적으로 반대할 것으로 기대되는 제도는 토지사유제이고, 공통적으로 찬성 내지 용인할 것으로 기대되는 제도는 토지가치공유제이다. 이로써 알게 된 놀라운 사실은, 세 철학자가 토지소유제도에 관한 평가에서는 상당한 공통점을 보인다는 것이다. 롤즈는 공리주의에 대한 비판 위에서, 나직은 롤즈에 대한 비판 위에서 각자의 정의론을 구성함으로써 정의의 원리에 대한 기본 입장에서는 현격한 차이가 있음에도 불구하고 토지소유제도에 관해서는 상당한 공통분모가 있다는 사실은, 토지소유제도를 정의롭게 개혁해 나가는 데 시사하는 바가 매우 크다고 하겠다.

세 철학자가 공통적으로 지지할 것으로 보이는 토지가치공유제는 제3장(분배규칙과 지공주의)에서 도출했던 토지원리 중 특별이익 환수의 조건과 부합하는 제도다.

제5장

사회주의와 토지가치공유제

제4장(사회정의 철학과 토지소유제도)에서 사회주의는 검토 대상에서 제외하였다. 사회주의는 토지공유제를 확실하게 지향하기 때문이다. 그렇다면 사회주의는 토지가치공유제에 대해 어떤 태도를 가지고 있는지를 알아보는 것도 흥미 있는 일이다. 이를 위해 19세기 미국에서 토지가치공유 사상을 펴 세계적인 명성을 얻은 바 있는 헨리 조지에 대해 당시의 사회주의자들이 어떻게 평가했는지, 그리고 헨리 조지는 사회주의에 대해 어떤 견해를 가지고 있었는지 그 협력과 갈등의 역사를 살펴본다.

서구의 산업혁명 과정에서 빚어진 극심한 빈곤문제를 해결하기 위해 19세기에 많은 이론과 주장과 운동이 있었는데 그중 가장 유명한 것이 마르크스 사회주의라고 할 수 있다. 그러나 19세기 후반 마르크스주의보다 더 큰 사회적 관심을 끌었던 주장을 편 사람이 있었으니 바로 헨리 조지이다.

헨리 조지가 사회주의에 대해 가한 비판을 살펴보면서 이러한 견해차가 나게 된 배경적인 이유를 추측해 본다. 자본을 사회화하자는 사회주의의 제안과는 달리 헨리 조지의 주장대로 지대를 완전히 환수하면 빈곤 퇴치라는 목적을 어느 정도 달성할 수 있는지, 그리고 어떤 보완이 필요한지를 검토한다. 본격적인 논의를 시작하기에 앞서 헨리 조지와 사회주의와의 관계를 알 수 있는 당시의 중요 문헌을 정리해 보자.

첫째로, 헨리 조지의 저서가 있다. 예를 들면 『진보와 빈곤 *Progress and Poverty*』(1879), 『사회문제 *Social Problems*』(1883), 『보호냐 자유무역이냐 *Protection or Free Trade*』(1885), 『노동자의 상태 *The Condition of Labor*』(1891), 『정치경제학 *The Science of Political Economy*』(1898) 등에서 꾸준히 사회주의의 한계점을 지적하였다.

둘째로, 헨리 조지가 뉴욕 시장 선거 직후인 1887년 1월 8일에 창간한 주간지 『스탠다드

Standard』에 실린 기사가 있다. 헨리 조지는 이 잡지에 사회주의에 관한 자신의 입장을 몇 차례 발표하였다. 특히 사회주의자와 공식적으로 완전히 갈라서는 계기가 되었던 시라큐즈 전당대회 직전인 7월 30일과 8월 6일에 발표한 두 차례의 글을 보면 차별성을 분명히 하면서도 사회주의자의 동참을 호소했던 당시의 분위기를 생생하게 느낄 수 있다. 또 같은 해 12월 31일자에는 당시 경제학계의 떠오르는 신예학자였던 32세의 일라이(Richard T. Ely)가 사회주의적 입장에서 헨리 조지를 비판한 데 대해 응대한 글도 있다.

셋째로, 헨리 조지와 사회주의자 사이에 벌어진 공개토론이 있다. 헨리 조지는 영국의 대표적 사회주의 이론가인 하인드먼(Henry M. Hyndman)과 1885년 2월에는 잡지를 통해, 1889년 7월에는 런던의 공개집회에서 토론을 하였다. 또 미국의 사회주의자였던 쉐비치(Sergius E. Shevitch)와도 1887년 10월 뉴욕의 공개집회에서 토론을 하였다. 이런 토론 기록에는 상호간 견해차가 분명하게 부각되어 있다.

그 밖에 당시 미국의 대표적 사회주의 이론가였던 그론런드(Laurence Gronlund)의 헨리 조지 비판서도 있다(Gronlund, 1887a; 1887b).

Ⅰ. 협력과 갈등

1. 헨리 조지와 칼 마르크스

우선 헨리 조지(Henry George, 1839~1897)와 사회주의의 비조 칼 마르크스(Karl Marx, 1818~1883)를 간략히 소개한다. 마르크스는 헨리 조지보다 21세 연상으로서, 헨리 조지가 어렸을 때 이미 세계적 명성을 획득하였고 또 유럽 대륙에 커다란 사회적 영향을 미쳤기 때문에 헨리 조지도 마르크스와 사회주의에 대해 알고 있었다. 마르크스도 말년에 헨리 조지의 명성이 갑자기 떠오르는 것을 목격하였기 때문에 헨리 조지에 대해 얼마간 알고 있었던 것으로 보인다.

미국의 토지개혁가 헨리 조지와 사회주의의 비조인 마르크스는 둘 다 빈곤의 원인을 찾고 이를 해결하기 위해 일생을 바친 사람이라는 점, 그리고 빈곤을 퇴치하기 위해서는 사회제도를 근본적으로 개혁해야 한다고 본 점에서는 공통된다. 이런 공통점으로 인해 서로에게 힘이 되기도 했다. 그러나 빈곤의 원인과 그 해결책에서는 견해가 서로 달랐기 때문에 양자는 본질적으로 융합할 수가 없었다. 헨리 조지는 사회가 진보하는데도 불구하고 빈곤이 사라지지 않거나 더 심해지는 근본원인은 토지의 사유에 있다고 진단하고 그 해결책으로서 토지 지대의 환수를 주장하였다. 그러나 마르크스는 빈곤의 근본원인은 자본의 사유에 있다고 하면서 자본의 사회화를 주장하였다.

서로에 대한 평가도 부정적이었다. 헨리 조지는 영국의 대표적 사회주의자 하인드먼에게 보낸 한 편지에서 마르크스에 대해 이렇게 평했다. "마르크스는 분석력과 논리적 사고력이 결여되어 있습니다. 마르크스는 귀하가 생각하시는 것과 같은 과학적 인물이 아님이 확실합니다. …… 마르크스는 매우 피상적인 사상가이며 부정확하고 악의에 찬 용어에 빠져 있습니다"(Wenzer, 1997: 175-176).

한편 마르크스는 헨리 조지의 명저 『진보와 빈곤』이 출간된 후 대서양 양쪽에서 선풍적인 인기를 모으던 시기인 1881년, 한 편지에서 헨리 조지에 대해 이렇게 평가하였다. "헨리 조지는 잉여가치의 본질에 대해 전혀 이해하지 못합니다. …… [헨리 조지가 주장하는] 국가에 의한 지대의 환수는 우리도 과도기적 조치의 하나로 포함시키고 있습니다"(Marx, 1881).

2. 협력의 시기

헨리 조지는 자신이 의도한 것은 아니지만 사회주의 운동을 활성화하는 데 상당히 기여하였고 또 사회주의 진영에서도 한때 헨리 조지를 도운 밀월의 시기가 있었다.

헨리 조지는 영국의 사회주의 운동, 특히 1884년에 결성된 온건사회주의 단체인 페비언 협회의 출범에 상당한 영향을 미쳤다. 협회의 핵심 구성원이었던 쇼(George B. Shaw)는, 자신은 물론 당시 영국에서 부활한 사회주의 운동에 가담한 사람 가운데 6분의 5는 헨리 조지의 영향을 받은 사람이라고 표현한 바 있다(Barker, 1991: 376). 또 페비언 협회의 대표적 지성이었던 웹(Sidney Webb)도 1890년의 저서 『영국의 사회주의 *Socialism in England*』에서 헨리 조지의 저서 『진보와 빈곤』이 대량 보급됨으로써 대중적 사회주의 운동을 촉발하는 데 엄청난 영향력을 미쳤다고 지적하였고, 한 해 전인 1889년에는 헨리 조지에게 편지를 보내 사회주의자들이 심하게 공격하더라도 공통의 목표를 위해서는 사회주의와의 차별성을 강조하지 말도록 부탁하기도 하였다(Silagi, 2000: 43).

또 1886년 가을 헨리 조지가 중앙노동조합(Central Labor Union)의 추대로 뉴욕 시장에 출마했을 때 사회주의 진영에서 헨리 조지를 적극 지지한 일도 있다. 중앙노동조합은 1881년 말에 수많은 노동단체가 단결하여 만든 단체로서 뉴욕의 노동자를 대변하고 아일랜드의 토지개혁운동을 지지하였다.[1)]

당시 헨리 조지를 지지한 인사 중에서 이 글과 관련하여 주목되는 사람으로 마르크스의 막내딸 엘레아노 마르크스(Eleanor Marx)와 엘레아노의 연인이었던 아벨링(Edward Aveling)이 있다. 엘레아노는 마르크스가 '친구이자 동지'라고 부를 정도로 신뢰했던 딸이었고, 1883년 마르크스가 런던에서 타계하기 직전 병간호를 하기도 하였다. 엘레아노와 아벨링은 마르크스의 가족이기도 하지만 당시 사회주의 이론과 운동 양 면에서 활약이 많았던 인물이기도 하였다. 두 사람은 하인드먼이 이끈 사회민주연합(Social Democratic Federation)에 참여했고, 1884년부터는 사회주의자연맹(Socialist League)을 결성하여 활동하기도 하였다.

이처럼 헨리 조지는 1886년 시장 선거 당시에는 마르크스의 가족과 사회주의자를 포함하는 범노동계의 지지를 얻었다. 이런 여러 사실을 통해 볼 때 헨리 조지와 사회주의 진영 사이에는 한때나마 동지적인 관계가 있었음을 알 수 있다.

---

1) 노동조합의 정치화는 요즘 우리나라의 관심사이기도 하여, 그 경과를 조금 자세히 살펴보기로 한다. 중앙노동조합은 노동대중의 이익을 위해서 정치참여가 필요하다고 보고 1882년 가을 연방·주·지방 선거에 후보를 내었으나 노동단체의 정치참여에 대한 노동계 내부의 이견도 있고 해서 별다른 성과를 올리지 못하였다. 그 후 1886년이 되자 중앙노동조합은 8월 5일 대회를 열고 정치참여 문제를 다시 논의하였다. 이 대회에 참가한 단체는 165개, 참석한 대의원 수는 402명이었고, 전체 회원 수는 5만 명에 달하는 규모였다(Post and Leubuscher, 1961: 6). 열띤 토론 끝에 선거에 참여하기로 결정하고 8월 19일 다시 모여 7인 위원회를 구성하였다.
이런 과정에서 헨리 조지가 유력한 뉴욕 시장 후보로 거론되었다. 헨리 조지는 빈곤의 근본 원인이 토지 사유제라는 내용의 명저『진보와 빈곤』을 1879년에 출판하여 1880년대 초에 세계적 명성을 얻게 되었는데, 빈곤의 문제는 곧 노동자의 문제였기 때문에 노동계에서는 헨리 조지에 대해 상당한 호감을 가졌고 또 당시의 부패한 정치에 맞설 수 있는 개혁성향의 인물로서 그만 한 사람이 없었기 때문이다.
노동계에서 출마 의사를 타진하자 헨리 조지는 상당히 망설였다. 그전의 선거에서 노동단체 후보의 득표율이 좋지 않았다는 점도 고려하지 않을 수 없었고, 그러나 혹시라도 결과가 좋으면 자신이 추구해 온 이상을 현실에 뿌리내리는 계기가 될 수 있다는 기대도 가졌기 때문이다. 생각 끝에 헨리 조지는 유권자 3만 명의 지지를 확보하면 출마한다는 조건을 내세웠다. 실제 선거에서 당선된 후보의 득표수가 9만 표를 약간 상회하였음을 생각하면 선거 실시 전의 지지자 3만 명은 상당한 규모였고 어느 정도의 당선 가능성까지 기대할 수 있는 숫자라고 볼 수 있다.
한 달가량이 지난 후 중앙노동조합이 3만 4천여 명의 서명을 받아오자 헨리 조지는 약속대로 출마를 수락하였다. 민주당과 공화당의 구도 속에서 무소속 출마는 어려움이 많았고 뉴욕의 주요 언론도 그를 지지하지 않았다. 반면 노동계를 비롯하여 개혁을 열망하는 인사의 지지는 상당했으나 11월 3일 실시된 선거에서 헨리 조지는 약 6만 8천 표를 얻어 아깝게도 2위로 낙선하였다.

3. 갈등의 시기

그러나 뉴욕시장 선거가 끝나자마자 양자는 갈라서게 된다. 결별이 구체화된 사건은, 선거가 끝난 지 1년도 안 된 1887년 8월 17일, 뉴욕 주 시라큐즈(Syracuse) 시에서 열린 연합노동당(United Labor Party)의 전당대회였다. 연합노동당이란 중앙노동조합의 새로운 이름이다.

사회주의자는 연합노동당의 정강에 자본의 국유화를 명시하자고 주장했는데 이 주장이 수용되지 않자 당에서 철수하고 말았다. 이 시기를 전후하여 헨리 조지와 사회주의 진영 간에 치열한 이념 논쟁이 벌어진 바 있다. 연합노동당은 그해 뉴욕 주의 각급 선거에서 후보를 내었고 헨리 조지도 뉴욕 주의 외무장관(secretary of state)으로 출마하였으나 별다른 성과를 올리지 못하고 말았다. 선거 패배에는 사회주의자의 지지표가 사라졌다는 점도 하나의 원인으로 작용하였다.[2)]

Ⅱ. 사회주의에 대한 헨리 조지의 비판

헨리 조지는 사회주의의 목표와 이상을 높게 평가하면서도 사회주의 이론에 대해서는 비판적이었다. 헨리 조지가 비판한 내용을 요약하면, 용어가 부정확하다, 임금결정이론이 논리의 비약이다, 경쟁을 무조건 나쁘게 본다, 토지만이 아니라 자본까지 문제 삼는다, 정부에 너무 의존한다는 등이다. 아래에서 하나씩 살펴본다.

---

2) 선거결과에 영향을 미친 또 하나의 중요한 요인으로 '빈민 목회자'로 알려진 맥글린(Edward McGlynn) 신부의 파문 사건이 있다. 이 사건은 당시의 상황을 이해하는 데 도움이 되므로 소개해 둔다.
맥글린 신부는 뉴욕 시장 선거 때 헨리 조지를 열렬히 지지하였고 1887년 5월에는 헨리 조지와 함께 빈곤추방협회(Anti-Poverty Society)를 결성하여 스스로 회장을 맡기도 하였다. 그런데 당시 뉴욕의 코리건(Michael Corrigan) 대주교는 헨리 조지의 토지사상이 "부당, 위험하고 교회의 가르침에 어긋난다"고 비판하면서 맥글린 신부에게 "정치에 관여하지 말라"고 경고하였다. 맥글린 신부가 이에 불복하자 사제직을 정지시키고 그를 바티칸으로 소환하였다. 맥글린 신부는 소환에 응하지 않았고 그 때문에 7월에 파문되고 말았다.
헨리 조지의 사상은 어느 나라보다 토지문제로 심한 고통을 겪은 아일랜드 국민으로부터 큰 지지를 얻었었고 맥글린 신부 자신도 아일랜드 출신으로서, 대부분 가톨릭교도인 아일랜드계 미국인에게 큰 영향력이 있었다. 그래서 뉴욕 시장 선거에서는 아일랜드계가 헨리 조지를 지지했었으나, 맥글린 신부의 파문 이후에는 헨리 조지에 대한 지지가 상당히 감소하였다. 이 점도 헨리 조지가 1887년 선거에서 참패한 원인의 하나로 꼽힌다. 맥글린 신부는 5년 뒤인 1892년 크리스마스에 복권되었다.

1. 용어의 문제

헨리 조지는 사회주의 이론이 핵심 개념조차 제대로 정의하지 않고 사용한다고 비판하였다. 헨리 조지는 용어의 정의를 매우 중요하게 생각한 사람이었다.

> 언어를 마음속에서 정확하게 사용하지 않으면 생각도 정확하게 할 수 없다. …… 용어를 확실하게 정의하는 것이 모든 학문에서 중요하지만 경제학에서는 특히 중요하다. …… 부, 가치, 자본, 토지, 노동, 지대, 이자, 임금, 화폐 등의 용어에 정확한 의미를 부여하는 것이 절대로 필요하다. (George, 1898: xliii)

사실 헨리 조지만이 아니라 용어 정의의 중요성은 학문을 하는 사람이면 누구나 강조하는 바이다. 그런데 마르크스는 핵심용어를 정의하지 않고 사용한 경우가 많다. 예를 들어 마르크스의 이론은 자본주의 비판이고 그의 주된 저서의 제목이 『자본』인데도 '자본'의 개념부터 확실하게 정의되어 있지 않다. 『자본』 해설서에 이런 말이 나온다.

> 마르크스는 자본을 논의하면서 자본을 정의하지 않고 시작한다. …… 일반 경제학에서는 자본을 건물, 기계 등과 같은 특정의 상품, 즉 '생산된 생산수단'이라고 정의하는데 마르크스가 말하는 자본은 이와 전혀 다르다. 마르크스가 일정액의 자본(예를 들면 1백만 파운드의 자본)이라고 할 경우에는 화폐에서 상품으로, 그리고 다시 화폐로 계속해서 변형되는 일정액의 가치를 말한다. 또 단수명사 즉 'a capital'이라고도 표시할 때는 특정의 기업 또는 개인 자본가를 의미하는 수가 많다. (Brewer, 1984: 34-35)

또 하나의 예로 마르크스 이론의 핵심용어인 '착취'를 들 수 있다. "마르크스는 착취란 계급분화된 사회에서는 항상 존재하는 일상적이고 고질적인 현상이라고 보았다. 그러나 마르크스가 말하는 착취에 대해서는 학설이 구구할 정도로 그 개념이 그리 명확하지는 못하다"(이정전, 1993: 236). 또 하나의 핵심개념인 '임금'의 결정에 관해서도 역시 "노동력의 가치가 구체적으로 어떻게 결정되는지에 대해서는 한마디로 분명하게 언급하지 않은 채 자본론에서 몇 가지 다른 견해를 표명하고 있다"(이정전, 1993: 239).

이처럼 사회주의 이론에서 핵심용어를 정의하지 않았거나 일관되게 사용하지 않았기 때문에, 용어의 엄격한 정의를 중시하는 헨리 조지는 사회주의 이론에 대해 안 좋은 인상을 가졌던 것으로 보인다.

다만 같은 용어를 사회주의 이론과 일반 경제학에서 서로 다른 개념으로 사용하는 경우도 있는데 이 점이 상호 오해의 한 원인이 되기도 하였다. 예를 들어 '자본'이라는 용어를 사회주의 이론이 명확하게 정의해서 일관되게 사용했다고 하더라도 자본을 '생산된 생산수단'으로만 정의하는 일반 경제학에서는 오해할 수 있다는 것이다. 이런 오해는 물론 마르크스의 잘못이 아니다.

2. 임금결정이론의 논리적 비약

노동자층의 빈곤은 곧 저임금을 의미하므로 임금결정이론은 빈곤의 원인을 설명하는 데 중요한 역할을 한다. 그런데 헨리 조지는, 사회주의가 제시하는 임금결정이론은 문제의 궁극적 원인을 캐지 않고 논리적 비약을 통해 결론에 도달한다고 보았다. 헨리 조지의 말을 인용하여 보자.

> [사회주의 이론에 의하면] 고용주는 상품을 구매하듯이 노동을 구매하며 임금 역시 일반 상품의 가격 결정과 동일한 법칙의 지배를 받는다. 그래서 고용주는 이렇게 결정되는 임금을 지불해야 하며 노동자도 이런 임금을 요구할 수밖에 없다. 그 법칙이란 현재의 사회 상황에서 자신의 유지와 재생산을 위해 노동자가 동의하게 될 최저액으로 결정된다는 것이다. 사회주의 이론에서는 노동자 간의 취업경쟁으로 인해 임금이 이러한 최저선으로 내려가고 또 그 선에 머문다고 가정하며, 이를 일반법칙화 하여 임금철칙이라고 부른다. 노동자가 창조하는 가치 중 고용주가 노동자에게 임금으로 지급하지 않고 자신이 가지는 부분을 잉여가치라 하는데, 그 크기는 전체의 4분의 3 내지 절반 정도라고 한다. (Wenzer, 1997: 142).

이처럼 사회주의는 잉여가치의 발생과 자본가의 착취를 빈곤의 근본 원인으로 꼽고 있다. 그러나 헨리 조지는 이런 설명에 대해 "더 나아가서 그 이유를 찾아야 하는데도 사회주의는 이런 경향이 임금체계에 내재해 있다고 가정하고 자유경쟁에 따른 불가피한 결과라고 치부해 버린다"고 비판한다(Wenzer, 1997: 143).

사회주의는 임금 역시 노동가치설에 따라 결정된다고 하여, 노동자가 빈곤할 수밖에 없는 궁극적인 이유를 나름대로 제시하였다고 하겠지만, 헨리 조지가 보기에 그것은 이유가 아니라 하나의 가정이거나 또는 당시 비참했던 노동자의 처지를 단순히 묘사한 것에 불과하다. 헨리 조지는 바로 이런 점 때문에 사회주의를 미완성의 성급한 이론이라고 보았다.

3. 경쟁의 역할에 대한 오해

사회주의에서는 노동자 간의 경쟁이 빈곤의 원인이기 때문에 경쟁을 철폐해야 하고 그렇게 하려면 자본의 사회화가 불가피하다고 하였다. 그러나 헨리 조지의 견해는 다르다. 경쟁에 관한 헨리 조지의 견해를 직접 들어보자.

> 인간이 경쟁에 치여 극도로 비참해지는 모습을 보고 경쟁을 철폐해야 한다고 성급한 결론을 내리는 사람은, 집이 화재로 무너지는 것을 보고 불의 사용을 금지하려는 사람과 같다. 생활과 노동의 필수 요소에 대한 권리를 부정 당하는 계층이 있다면 경쟁은 일방적이 되고, 인구가 증가함에 따라 그런 최하계층은 사실상의 노예상태, 심지어는 굶주리는 상태에까지 몰린다. 그러나 모든 인간의 자연권이 보장된다면 경쟁은 모든 당사자에게 작용하여 피고용자 사이에서만이 아니라 고용주 사이에서도 경쟁이 있고, 판매자 사이에서만이 아니라 구매자 사이에서도 경쟁이 있게 되므로 아무도 해를 입지 않는다. 오히려 경쟁으로 인해 가장 단순하고 광범위하고 탄력적이고 세련된 협동 체제가 이룩된다. (George, 1885: 307)
>
> 소위 "임금 철칙"은 자연의 임금법칙이 아니라 단지 생활과 일에 필요한 물질이 박탈됨으로써 무기력하게 된 부자연스러운 상황의 임금법칙이다. 사회주의가 경쟁의 폐단이라고 하는 것은 실은 제한된 경쟁의 폐단이며 이는 토지의 박탈로 인해 야기되는 일방적인 경쟁의 결과이다. (George, 1891: 60-61)

이처럼, 헨리 조지는 토지가 개방되지 않은 상태에서 벌어지는 노동자 간의 일방적인 경쟁이 문제이지, 경쟁 그 자체는 사회에 이익이 된다고 반박하였다.

4. 지나친 정부 의존

사회주의는 계획경제를 주장한다. 예를 들어 헨리 조지 비판서를 출간했던 사회주의자

그론런드에 의하면 정부는 통계자, 관리자, 중재자의 세 가지 역할을 하는데, 통계자로서 얼마를 생산할 것인가를 결정하고, 관리자로서 작업 분배와 수행과정 감독을 담당하며, 중재자로서 사회 각 부분 간에 정의가 실현되는지를 살핀다고 하였다(Wenzer, 1997: 144).

그러나 이처럼 정부 역할이 커지는 데 대해 헨리 조지는 비판적이었다.

> 사회주의에도 진리가, 아주 중요한 진리가 있다. 문명이 발전하면 정부의 통제가 필요한 영역이 많아진다는 것이 바로 그 진리이다. 철도, 전보, 가스, 수도 등의 공공사업이 그 예가 된다. 그러나 바로 이런 점 때문에, 민간에 맡겨 두어야 할 일에 정부가 나서는 것을 조심스럽게 감시해야 한다. 현재 정부의 간섭이 너무 많은 분야가 있는가 하면 너무 적은 분야도 있다. 정부의 영역과 민간의 영역을 가르는 경계선은, 자유경쟁으로는 자유로운 행동과 자유로운 발전을 이룰 수 없는 그 지점에 그어야 한다. 우리가 추구해야 하는 위대한 목표는 자유의 보장이다. 다른 사람의 동일한 자유를 보장하는 범위 내에서 모든 사람의 자유를 최대한 보장해야 한다. (Wenzer, 1997: 141)

위의 인용문에서 보듯이, 헨리 조지도 정부가 나서야 하는 영역을 인정한다. 공공사업처럼 자연독점이 발생하여 자유경쟁이 불가능한 영역은 정부가 담당해야 한다고 본다. 그러나 그 외의 영역은 민간에 맡겨 자유를 보장해야 한다고 하였다.

5. 자본 사회화의 문제

헨리 조지는 사회주의가 토지를 포함한 자본 모두를 사회화해야 한다고 주장하는 점에 대해 비판적이다. 여기서 먼저 분명히 해두어야 할 점은, 사회주의가 사회화해야 한다고 말하는 자본은, 위에서도 지적하였듯이, 일반 경제학의 자본 즉 '생산된 생산수단'이 아니라, 노동의 대상인 토지와 원료 그리고 노동의 수단인 도구 일체를 포함한다는 점이다.

경쟁에 관한 위의 인용문에서도 보듯이 "생활과 노동의 필수 요소에 대한 권리를 부정당하는 계층은 사실상의 노예상태, 심지어는 굶주린 상태에까지 몰린다"고 보는 점에서 양자는 공통된다. 그런데 사회주의는 그 "필수 요소"를 자본으로 보는 반면 헨리 조지는 토지로 보는 점이 다르다.

사회주의는 잉여가치 발생과 그 착취를 자본주의 생산체제의 불가피한 결과로 보기 때문에 그러한 생산체제를 통째로 사회화해야 한다고 하였다. 반면, 헨리 조지는 일반적 의미의 자본은 자연에 노동을 가하여 얼마든지 생산할 수 있기 때문에 토지(즉 자연)의 독점을 막고 노동에 개방하면 그것으로 족하다고 또 그것으로 그쳐야 한다고 하였다.

이 문제는 빈곤 퇴치의 방법론으로서, 양자의 견해차 가운데 핵심적인 부분이므로 아래의 Ⅳ에서 자세히 논의하기로 한다.

Ⅲ. 견해차를 발생시킨 배경적 이유

위에서 헨리 조지가 사회주의에 대해 어떤 비판을 가했는지를 살펴보았다. 이런 견해차가 발생하는 데는 기본적으로는 학문상의 이유가 있을 것이다. 그러나 여기에서는 견해차를 야기한 배경적인 이유만을 생각해 보기로 한다. 이를 위해 헨리 조지 그리고 사회주의의 비조인 마르크스 두 사람이 처했던 사회 상황 및 개인의 특성을 검토한다.

1. 사회 상황의 차이

1) 경제 상황

헨리 조지가 살았던 사회와 마르크스가 살았던 사회의 경제 상황에는 차이가 있었다.

마르크스 등 사회주의자는, 생산수단 없이는 노동자가 일을 할 수 없고 생산수단은 자본가계급이 독점하고 있어 노동자는 일자리를 구걸할 수밖에 없는 처지에 놓인 사회를 상정하고 있다. 이런 사회에서는 임금이 노동력을 겨우 유지할 수 있는 최저액으로 결정될 것이고, 또 노동자가 임금 이상의 가치를 생산한다면 그런 잉여가치는 모두 고용주 즉 자본가에게 돌아간다고 보아도 무리가 없다.

반면 헨리 조지는, 생산은 근본적으로 토지와 노동만 있으면 가능하며 자본가와 노동자의 절대적 구별이 없는 사회를 상정하고 있다. 이런 사회에서는 토지가 개방되어 있으면 노동자는 쉽게 자기 일을 찾을 수 있으며, 사회의 최저임금은 지대가 발생하지 않는 한계토지에서 노동이 생산하는 전부가 된다. 노동자도 부지런히 노력하면 조금씩이나마 자본을 축적할 수 있으므로 자본가를 겸하게 되고 대자본가도 될 수 있다. 이런 사회에서는 경쟁이 노동자 간에만 존재하는 것이 아니라 자본가와 자본가, 자본가와 자가노동자 간에도 존재하기 때문에 자본가가 잉여가치를 일방적으로 착복하는 일은 있을 수 없게 된다.

대다수 주민이 자기 몸 하나밖에 믿을 것이 없는 무력한 노동자인 암담한 사회라면 사회주의 쪽의 사회관이 그럴듯하게 보인다. 그러나 토지만 개방되면 노동자도 어렵지 않게 자영업을 시작할 수 있어 남에게 일자리를 구걸할 필요가 없는 사회라면 헨리 조지의 말이 그럴듯하게 들린다. 따라서 두 사람의 견해차에는 당시 경제 상황의 차이가 작용했을 것이다.

유럽 대륙에는 오래전부터 토지가 독과점 되어 노동자가 토지를 쉽게 취득할 가능성은 거의 없었다. 그러므로 마르크스는 이런 희박한 가능성을 가지고 사회개혁안을 마련할 생각은 아예 하지 않는 것이 자연스러웠을 것이다. 반면 헨리 조지가 살았던 미국에서는 토지가 상당한 정도로 개방되어 있었다. 대표적인 사회주의 이론가였던 엥겔스(Friedrich Engels)도 『영국 노동계급의 조건』의 서문에서, 1885년까지 미국에는 서부 개척지의 값싼 토지가 있었기 때문에 유럽식의 무산계급이 존재하지 않았다는 것이 거의 일치된 견해라고 하였다(Harrison, 1979: 213). 이런 사회 환경에서 자란 헨리 조지는 토지만 개방되면 노동자도 충분히 잘살 수 있고 착취가 존재할 수 없다고 생각했을 것이다.

2) 국민의 정부관과 정부의 행정능력

두 사람이 살았던 나라의 국민 일반이 가진 정부관에도 차이가 있었다. 마르크스가 태어난 독일 등 유럽 대륙에서는 단체주의 전통이 강하여 국민은 정부가 공동체의 관리기구 내지 지도기구 역할을 하는 것을 당연시했고, 헨리 조지가 태어나 살았던 미국은 개인주의 전통에 의해 국민이 정부가 커지는 데 대해 경계심을 가지고 있었다.

또 정부가 발휘했던 행정능력의 차이도 양자의 견해차에 상당한 영향을 주었을 것으로 보인다. 미국 행정학의 비조로 일컬어지는 윌슨(Woodrow Wilson)이 당시 미국과 유럽의 행정능력에 대해 비교 평가한 부분을 인용해 보자.

> 우리 미국에서는 정부에 큰 어려움이 없었다. 모든 국민에게 여유와 풍족한 직업이 보장된 신흥 국가에서, 자유로운 정부원리가 있고 현실정치의 숙련된 기술이 무제한 발달한 곳에서, 우리는 오랫동안 행정에 필요한 계획이나 방법에 관해 주의를 기울일 필요가 없었다. 헌정의 발전이라는 면에서는 미국이 유럽국가에 앞섰지만, 신중한 행정적 조정 능력이라든지 보다 많은 행정적 지식이 필요한 이 시기에 우리는 유럽에 비해 훨씬 뒤떨어져 있다. ……
>
> [반면] 과거에 절대주의 지도자가 지배했다가 그 후 치자는 피치자의 하인이라는 사실이

> 누구에게나 명백해진 시기에 이르러서는 계몽된 나라로 바뀐 [유럽 각국의] 정부는 현재 행정능력이 앞서 있다. 이들 정부에서의 행정은 잘 조직화되어 마치 한 사람이 일을 처리하듯이 단순하고 효과적으로 국민의 복리를 증진시킨다. (Wilson, 1887)

마르크스도, 당시 유럽 각국 정부의 탄압을 받기는 했지만, 유럽의 정부가 능률적이라는 점에는 동의했을 것이고, 그렇다면 프롤레타리아가 장악하는 정부가 주도하여 사회 전반을 운용하자는 발상을 했을 법도 하다. 반면 마르크스가 헨리 조지처럼, 개인주의 전통이 강하고 더구나 정부가 능률적이지 못한 사회에서 살았다면, 정부의 권한을 강화하는 방안을 제시하기 어렵지 않았을까?

이 점에 관해 헨리 조지도 다음과 같이 언급한 바 있다.

> 영어권 국민의 사고에는 개인주의 전통이 강하게 배어 있고 또 미국에는 유럽 대륙과는 달리 정부가 지시하고 관리하는 능력이 발달되지 않았다. 독일식 사회주의가 미국에서는 유럽 대륙과 같은 영향을 미치지 못하는 이유가 여기에 있다. 국가사회주의는 정부의 지도와 지시에 익숙해져 있는 사회, 정부를 특별한 시혜자로 보고 기대를 거는 사회의 산물이다. (Wenzer, 1997: 141)[3)]

2. 개인적 특성의 차이

마르크스는 사회를 계급투쟁으로 인식하고 결국 자본가계급을 타도해야 한다고 하였다. 반면 헨리 조지는 모든 계층이 조화롭게 사는 세상을 이상으로 삼았다. 이런 차이점은 대인관계와 인생경험 등 개인적 특성에서 비롯되었을 가능성도 있다.

1) 대인관계

마르크스의 대인관계는 원만하지 못했으나 헨리 조지는 그렇지 않았다. 두 사람이 모두 잘 알고 지냈던 하인드먼과의 관계를 예로 들어 차이를 알아보자.

3) 연합노동당의 뉴욕 주 전당대회가 있기 직전, 즉 사회주의자와 공식적으로 결별하기 직전에 쓴 글인데, 이런 미묘한 시점에 사회주의 쪽과의 화해 가능성을 열어두려는 생각에서 "당신의 주장이 틀렸다는 것이 아니라 적어도 미국에는 안 맞는다"고 완곡하게 표현했을 수도 있겠으나, 그렇다고 해도 국가의 문화에 따라 주장의 타당성이 다를 수 있다는 점은 분명히 인정한 것으로 볼 수 있다.

하인드먼은 좋은 인품을 가진 사람으로 알려져 있다. 마르크스의 전기에 의하면 하인드먼은 성실하고 솔직했으며 우호적이고 비공격적이었다고 한다(Berlin, 신복룡 역, 1982: 311). 또 그는 헨리 조지와 의견이 다르면서도 헨리 조지 가족이 1881년 런던을 방문했을 때 몇 주간 자기 집에 묵도록 해 준 사실이 있는데 이를 보더라도 하인드먼의 인품을 짐작할 수 있다.

하인드먼은 마르크스를 19세기의 아리스토텔레스라고 불렀을 정도로 마르크스를 존경했고 마르크스가 사망하기 수년 전에 서로 아주 좋은 관계를 유지하고 있었다. 그러나 하인드먼이 사회주의를 소개하는 책 『만인을 위한 영국 *England for All*』을 출판하면서 마르크스에 대한 감사의 말을 넣지 않은 적이 있었는데, 이 때문에 두 사람의 사이가 틀어지고 말았다. 하인드먼은 마르크스에게 "영국인들은 외국인에게 배운다는 사실을 좋아하지 않고 당신의 이름이 이곳에서 너무 나쁘게 알려져 있기 때문"이라고 해명하였는데 이런 해명에 마르크스는 기분이 상해서 하인드먼이 표절했다고 공격하고 교류를 끊어 버렸다(Berlin, 신복룡 역, 1982: 312).

반면 헨리 조지는 이념이 서로 맞지 않는 상대에 대해서는 비판도 하고 행동을 달리하기도 하였지만, 인간적으로 무시하거나 인연을 끊은 일은 없었다. 예를 들면 헨리 조지는 하인드먼과 사회개혁에 관한 견해를 달리하였으나 두 사람은 좋은 관계를 유지하였다(Silagi, 2000: 40). 사회주의자와 공식적으로 결별한 이후인 1889년에 두 사람이 런던에서 가진 공개토론 기록에도, 서로의 입장을 양보하지 않으면서도 예의를 갖추는 모습이 나온다(Hyndman, 1889).

대인관계나 대사회관계가 원만하지 못한 사람은 타인, 사회, 기성제도를 적대시하고 타도의 대상으로 삼을 가능성이 많은 반면, 원만한 사람은 화해를 모색하고 건설적인 관계를 추구할 가능성이 많을 것이다. 이런 차이점이 사회개혁의 방법을 제시할 때에도 타도냐 공존이냐에 영향을 주지 않았을까 생각된다. 마르크스는 기존의 자본주의 체제를 폭력혁명의 방법을 써서라도 전복시켜야 한다고 하였다. 반면 헨리 조지는 "커다란 개혁은 과거의 형식을 통해서 가장 잘 이루어질 수 있다"고 하면서 특정 계층의 타도나 토지사유제의 전면 철폐를 부르짖지 않았고 단지 세제만 개편하자고 하였다(George, 김윤상 역, 1997: 391).

2) 인생 경험

헨리 조지는 어려서부터 극심한 빈곤을 겪으면서 맨손으로 자수성가한 사람이다. 또 미국의 서부개척기에 청소년 시절을 보내면서 토지만 있으면 자립하는 사람들을 많이 보았다. 그러나 마르크스는 부유한 가정에서 태어나 평생 자신의 손으로 가족의 생활비를 벌지 못한 채 동지 엥겔스로부터 경제적 도움을 받으며 살았던 사람이었다. 또 병약했기 때문에 맨손으로 자립하기도 어려웠다.

이런 차이가 사회 현실을 인식하는 데에도 작용하여, 마르크스는 개인의 생계를 국가가 책임져 주는 사회를 기대하게 되었고, 헨리 조지는 자립을 원칙으로 하는 사회를 기대하게 된 것으로 추측된다.

Ⅳ. 지대환수의 빈곤 퇴치 효과

지금까지 보았듯이 헨리 조지는 사회주의와 여러 면에서 견해 차이를 보인다. 그러나 양자는 모두 빈곤의 퇴치가 궁극적인 문제의식이므로 빈곤 퇴치 대책의 차이가 가장 중요하다고 하겠다. 빈곤 퇴치를 위해 헨리 조지는 지대의 환수로 충분하다고 보았고 사회주의는 자본의 사회화가 필요하다고 보았다. 아래에서는 이러한 핵심적인 차이점을 좀 더 자세히 검토하고, 헨리 조지의 임금이론을 현대 상황에 맞게 수정하여 지대환수는 빈곤 퇴치에 어떻게 기여할 수 있는가를 살펴보고 아울러 추가로 필요한 정책은 무엇인가를 생각해 보자.

1. 지대환수에 대한 사회주의의 입장

사회주의는 지대환수만으로는 빈곤을 퇴치할 수 없다고 보았다. 지대환수에 대한 사회주의의 입장을 이해하기 위해 우선, 토지문제를 다룬 마르크스의 『자본』 제3권을 읽어 보자.

> 자본의 이윤(기업이득 + 이자)과 지대는 잉여가치의 특수한 구성부분으로서 이 잉여가치가 자본에 귀속되는가 아니면 토지소유자에게 귀속되는가에 따라 구별되는 범주에 불과하며, 잉여가치의 본질을 변경시키지는 않는다.
>
> 토지 소유는 현실적인 생산과정과는 아무런 관련도 없다. 토지 소유의 역할은 생산된 잉여가치의 일부를 자본의 주머니로부터 자기 자신의 주머니로 이전시키는 일에 한정되어 있다. (Marx, 김수행 역, 1991: 1012)

이처럼 마르크스는 지대를 잉여가치의 일부로 보면서 토지 소유는 생산과정과 무관하다고 하였다. 또 대토지소유는 노동자로부터 노동조건을 수탈하는 전제이고 조건이라고 보았다

(Marx, 김수행 역, 1991: 1012). 이런 관점을 가진 마르크스는 지대의 사회화가 필요하다는 점에는 당연히 동의하였다.

그러나 이는 어디까지나 과도기적 조치일 뿐이고, 빈곤의 원흉인 잉여가치의 착취현상을 없애려면 그가 말하는 '자본'의 사회화가 필요하다고 주장한다. 이런 견해는 헨리 조지와 논쟁을 벌였던 하인드먼이나 쉐비치도 동조하였고 헨리 조지 비판서를 낸 그론런드도 마찬가지였다. 그 하나의 예로서, 1889년 런던에서 열린 헨리 조지와의 공개토론에서 하인드먼이 지적한 핵심적인 비판을 인용해 본다.

> 공장이나 부두에 가서 일자리를 구걸하던 사람은, 지대를 완전히 징수하는 제도가 실시된다고 하더라도 역시 공장 문 앞에 가서 구걸을 할 것입니다. 이 비참한 임금노예는 그런 제도를 실시하고 10년이 지나더라도 지금과 똑같은 상태에 놓여 있을 것입니다. 덕 보는 사람은 현재 노동자 덕분에 거대한 재산을 축적하고 있는 부자들뿐일 것입니다. (Hyndman, 1889)

또 쉐비치는 1887년의 공개토론에서, 토지가 개방되면 노동자의 생활이 나아진다고 하는 헨리 조지의 주장을 이렇게 반박하였다.

> 토지가 있다고 해도 노동자들이 집을 어떻게 짓겠습니까? 맨손으로, 손톱으로, 맨발로? 노동의 수단을 구입할 돈이 어디 있습니까? 생산의 엔진인 자본이 어디 있습니까? 노동자에게는 없습니다. 토지가 자본을 줍니까? 토지 생산에서 생기는 물자로 살아가려면 기계가 필요한데 기계를 어디에서 구합니까? (Wenzer, 1997: 150)

이들의 견해를 종합하면, 결국 지대를 환수하거나 토지를 국유화한다고 해도 노동자에게 필요한 자본이 독점되어 있는 상황에서는 노동자는 역시 가난하게 살 수밖에 없기 때문에 헨리 조지의 주장은 매우 불충분하다는 것이다.

2. 헨리 조지의 반론

이런 비판에 대해 헨리 조지가 토론 상대방에게 직접적으로 제시했거나 여러 문헌을 통해 간접적으로 제시한 반론을 보자.

우선, 헨리 조지는 우선 토지의 독점이 없어지지 않는 한 노동자의 생활이 개선되지 않는다고 하였다.

> 노동을 투입해서 부를 생산하려면 토지가 필요하기 때문에 노동에 필요한 토지를 장악하면 노동의 열매 중에서 노동자의 생존에 필요한 부분을 제외한 나머지를 전부 장악하게 된다.
>
> 토지가 독점되면 물질적 진보가 극도로 이루어지더라도 임금이 오르지 않으며 노동밖에 가진 것이 없는 계층의 생활은 나아지지 않는다. (George, 김윤상 역, 1997: 281, 282)

그러나 이 점은 사회주의 쪽에서도 동의하는 내용이다. 그러므로 양자의 차이점은 토지 독점의 철폐 이외에 필요한 조치가 무엇인가에 있다.

다음으로, 위에서 인용한 쉐비치와의 공개 토론에서 헨리 조지가 직접 응수한 대목을 보자.

> 쉐비치 씨는 "땅이 있다 한들 맨손으로 무엇을 하겠는가?"라고 질문하였습니다. 극빈층이 땅을 가지고 무엇을 할 수 있는지를 보여 주는 여러 사례가 이 도시[뉴욕]에도 있습니다. 스퀘터타운(Squattertown)에 가 보십시오.[4] 거기에는 사람들이 빈 땅에, 볼품은 없어도, 집을 짓고 살고 있습니다. 다른 곳에서도 땅만 주면 누구나 어떻게든 그 땅을 활용하게 됩니다. (Wenzer, 1997: 155)

이처럼, 헨리 조지는 특별한 자본이 없어도 공지에서 집을 짓고 사는 빈민층의 예를 들면서, 자본이 없으면 노동자가 아무것도 할 수 없다는 쉐비치의 주장을 반박하였다. 그러나 이러한 반박은 쉐비치의 극단적 비판론을 잠재울 수는 있어도 아직 충분하다고는 할 수 없다. 볼품없는 집을 짓고 산다는 사례만으로는 노동자의 빈곤 철폐라는 목표를 달성한 증거가 되지 못하기 때문이다. 그러므로 지대환수와 노동자 임금 간의 관계에 관한 헨리 조지의 주장을 전반적으로 살펴볼 필요가 있다.

---

4) 스퀘터타운은 섄티타운(Shantytown)이라고도 하며, 당시 가난한 아일랜드 계통의 이민자들이 많이 살던 맨해튼 북부의 빈민지역이었다. 땅값이 매우 비싼 지역이었지만 거의 방치되어 있어 지역 주민들은 상당 기간 그 땅을 무상으로 사용하고 있었다.

헨리 조지는 지대를 환수하면 다음과 같은 효과를 통해 빈곤이 해소된다고 하였다.

첫째로, 가장 이해하기 쉬운 것으로서, 지대환수에 따라 다른 세금을 감면함으로써 직접적으로 나타나는 효과이다. 노동자 임금에 대해 직접 부과되는 소득세나 사회보장세를 감면하면 세후 소득이 올라간다는 사실은 가장 직접적이고 가시적인 효과로서 더 이상 설명이 필요 없을 것이다. 또 소득세 외에도 부가가치세나 관세 등을 감면하면 그 만큼 물가가 하락하므로 노동자의 실질소득이 올라간다.

둘째로, 지대가 정상화됨으로써 임금을 높이는 효과이다. 분배 국민소득은 지대, 임금, 이자로 구성되는데, 토지투기가 만연되어 지대가 부풀려져 있는 사회에서는 그만큼 지대가 임금과 이자를 잠식한다. 그런데 지대를 환수하면 토지투기가 사라지고 지대가 부풀려지는 일이 없으므로 임금이 잠식되지 않는다.

헨리 조지는 이처럼 눈에 쉽게 드러나는 직접적인 효과 외에도 다음과 같은 간접적인 효과 및 근원적인 효과가 있다고 본다.

첫째로, 헨리 조지의 독특한 임금결정이론이 있다. 지대를 환수하면, 투기 목적으로 소유하면서 제대로 사용하지 않던 땅이 개방되므로 한계토지의 위치가 생산성이 더 높은 쪽으로 이동하거나 자가노동의 기회가 늘어나고 그에 따라 임금이 정상 수준으로 회복된다는 이론이다. 이것이 사실이라면 지대환수는 임금 상승에 매우 크게 기여할 것이다. 이 부분은 매우 중요한 의미를 가지므로 아래에서 좀 더 자세히 살펴보기로 한다.

둘째로, 조세 감면으로 인한 경제활성화 효과이다. 대가관계가 없는 강제징수금으로서의 조세는 반드시 경제에 부담이 되므로 지대를 환수함으로써 이런 조세를 감면한다면 그만큼 경제가 좋아진다는 것이다. 조세가 경제에 초과부담을 야기한다는 사실은 학계의 통설이므로 상론이 필요하지 않다고 본다. 이 부분도 아래에서 더 자세히 검토한다.

셋째로, 지대환수가 토지투기로 인해 발생하는 경제불황을 방지하기 때문에 빈곤을 예방한다고 본다. 그에 의하면 토지투기는 빈곤의 중요 원인인 주기적인 경제불황을 야기하는데, 지대를 환수하면 토지투기가 사라지므로 경제불황도 방지된다는 주장이다. 헨리 조지의 주장대로 토지투기가 경제불황의 주요 원인이 된다면, 지대환수는 빈곤의 퇴치에 크게 기여할 것으로 보인다. 그런데 지대환수가 토지투기를 근절한다는 점에 대해서는 이설이 없으나 토지투기가 경제불황의 중요원인이 되는가에 대해서는 논란이 있고, 또 이 글의 공간적 제약이 있으므로 상론을 피하기로 한다.

3. 헨리 조지의 임금결정이론

헨리 조지의 임금결정이론은 "임금은 생산의 한계 즉 지대를 지불할 필요 없이 개방된 자연의 최고생산점에서 노동이 얻을 수 있는 생산물에 의존한다"고 요약할 수 있다. "자가노동을 하여 벌 수 있는 것보다 더 적게 받고 고용주를 위해 일하려고 하지 않을 것"이기 때문에 지대를 지불할 필요가 없는 한계토지의 생산이 사회의 최저임금이 된다는 것이다. 그러나 "자연의 기회가 독점된 경우의 임금은 노동자 간의 경쟁에 의해 노동의 재생산을 위해 필요한 최소한으로 내려갈 수 있다"고 하였다(George, 김윤상 역, 1997: 203, 204).

이 이론에는 두 가지 의미가 있다. 하나는 한계토지의 생산성이 높아지면 임금이 상승한다는 것이고, 또 하나는 자가노동의 기회가 많으면 임금이 상승한다는 것이다.

첫 번째 의미를 생각해 보자. 지대를 환수하면 토지투기가 사라지므로, 종래 투기 목적으로 소유하면서 제대로 활용하지 않던 토지가 개방된다. 따라서 사회의 토지 사용 수요가 일정하다면, 한계토지는 종전보다 생산성이 높은 토지로 이동하게 된다. 사회의 최저임금은 한계토지의 생산과 일치하므로, 한계토지의 생산성이 높아지면 노동자의 임금도 상승한다.

두 번째 의미를 생각해 보자. 지대를 환수하면 투기적 동기로 퇴장되어 있던 토지가 개방되어 노동자가 자가노동을 할 기회가 늘어난다. 자가노동의 기회가 없을 때에는 노동자가 사업주로부터 일자리를 얻기 위해 일방적으로 경쟁을 해야 하지만 자가노동의 기회가 많아지면 사업주도 필요한 노동력을 구하기 위해 경쟁을 벌이게 된다. 이와 같은 쌍방적 경쟁이 존재하면 사업주에 의한 임금의 착취현상이 사라지거나 최소한 줄어든다. 이처럼, 토지의 개방이 빈곤을 억제하는 효과가 있다는 헨리 조지의 주장은 사회주의에서도 인정하였다. 앞에서도 지적하였듯이 엥겔스는 토지가 개방되어 있던 미국에서는 유럽식의 무산계급이 존재하지 않았다는 점을 인정하였는데, 이것은 개방된 자연의 기회는 무산계급 형성을 막아주는 안전판이 된다는 사실을 인정한 것이다.

그러나 엥겔스는 또 "광활한 미개척지가 거의 사라지고 토지가 사유화되면서 영구적인 무산계급의 형성을 억제하고 있던 안전판이 사실상 작동하지 않게 되었다"고 하였다(Harrison, 1979: 213). 이것은, 자연이 무한하지 않으므로 그 기회가 사유화되어 노동자가 활용할 수가 없게 되어 버리면 무산계급이 발생하게 된다는 점을 지적한 것이다. 헨리 조지 역시 비슷하게 인식하고 있었다. 즉 "미국은 새로운 시대에 접어들어 이제 토지의 독점이 가속적으로 영향을 미칠 것이다. 미국이 가지고 있던 강한 매력은 이제 사라지고 있다. 공공토지는 거의 바닥이

나서 그 영향력이 지금도 하락하고 있으며, 몇 년 내로는 없어질 것이다"라고 하였다(George, 1879, 김윤상 역: 376-377).

이러한 사정을 감안한다면, 헨리 조지는 토지가 개방되더라도 가용토지 전체가 충분하지 않아서 독자적인 영농의 기회가 부족한 경우에 어떻게 할 것인가에 대해 답을 내놓아야 한다. 지대를 환수하면 재산증식 목적이나 투기 목적으로 토지를 소유하는 경우가 없어지므로 지금보다는 토지의 공급이 훨씬 늘어날 것은 분명하지만, 그렇다고 해도 누구나 충분한 농지를 획득할 수 있을 정도로 토지가 존재한다는 보장은 없기 때문이다.

이런 맥락에서, 위에서 소개한 헨리 조지의 임금결정이론에서 '자연의 기회'를 일반화하여 '창업의 기회'로 대치하면 이렇게 수정할 수 있다. "임금은 누구나 쉽게 창업할 수 있는 자영업에서 노동이 얻을 수 있는 생산물에 의존한다. 자영업을 창업하기 어려운 경우에 임금은 노동자 간의 경쟁에 의해, 노동의 재생산을 위해 필요한 최소한으로 내려갈 수 있다."

노동자는 스스로 자영업을 해서 벌 수 있는 것보다 더 적게 받고 고용주를 위해 일하려고 하지 않을 것이고 자영업을 하기 어려운 경우에는 어쩔 수 없이 고용주의 요구에 응해야 하기 때문에 위의 주장은 자명해 보인다. 따라서 토지가 물리적으로 충분하지 않은 경우에도 헨리 조지의 기대대로 노동자 간의 일방적 경쟁이 사라지고 정상적인 임금이 보장되려면 자영업 창업의 용이성이 핵심 과제가 된다. 사실 농업의 비중이 극히 미미하게 된 현대에는 농업만이 아니라 일반적인 업종을 어느 정도 용이하게 시작할 수 있는가가 임금수준 정상화에 비교할 수 없이 더 큰 영향을 미친다.

그렇다면 지대의 환수는 자영업의 창업에 어느 정도 좋은 영향을 미칠 수 있나? 이 질문에 대해서는 아래에서 검토해 보자.

4. 지대환수가 창업에 미치는 영향

지대를 환수하면 일반적인 창업에 어떤 영향을 미칠 것인가? 그것은, 창업이 성공하기 위한 조건이 무엇이며 지대환수는 이러한 조건을 구비하는 데 어떤 도움을 줄 수 있는지에 달려 있다.

창업을 하기 위해서는 노하우와 목돈과 창업이 성공할 수 있는 경제 여건이 필요하다. 이 중에서 정보, 기술, 영업력 등으로 구성되는 노하우는 지대의 환수와는 별 관련이 없다. 그러나 지대환수는 직접적으로는 창업에 필요한 토지의 공급을 늘려주고 토지취득비용을 줄여 준다. 또 간접적으로는 좋은 경제 여건을 조성하여 창업의 실패 위험을 줄여 준다.

첫째로, 직접적인 효과를 보자. 지대를 환수하면 창업에 필요한 목돈이 대폭 줄어든다. 창업을 위해서는 공장, 점포 등 부동산을 마련해야 하는 경우가 많은데, 지대를 환수하면 부동산 중 (건물이 아닌) 토지의 매매가격이 대폭 하락하고 지대를 완전히 환수하면 가격이 0이 된다. 따라서 부동산 취득을 위해서는 토지분을 제외한 건물분 취득비용만 마련하면 된다. 물론, 토지 취득비용이 0이라고 해서 모든 토지비용이 0이라는 말은 아니다. 목돈을 내는 대신 취득 후 지대를 납부하기 때문이다. 그러나 현재는 한꺼번에 목돈으로 지불해야 하는 매매가격, 더구나 현재의 토지사용가치에 비해 부풀려진 토지매매가격이 0이 되고 정상적인 수준의 지대를 분납하게 되므로 창업자의 부담은 크게 줄어든다.

둘째로, 간접적인 효과 즉 지대환수가 경제 여건을 좋게 만드는 점에 대해 보자. 이 효과는 세 가지로 나눌 수 있다. 하나는 창업자가 토지를 구하기 쉬워지는 효과이고, 또 다른 하나는 지대환수로 인해 부동산 개발이 활발하게 일어나는 효과이며, 세 번째는 경제 전반이 좋아지는 효과이다. 이에 대해 자세히 살펴보자.

지대를 환수하면 우선 창업에 필요한 토지를 구하기가 쉬워진다. 지대를 환수하면 토지의 사용 정도와 무관하게 같은 금액의 지대를 납부해야 하므로 실수요자가 아니면 토지를 소유할 이유가 없어진다. 따라서 토지의 공급이 늘어나고 창업자는 필요한 토지를 구하기가 쉬워진다. 이를 토지개방효과라고 부를 수 있다.

둘째로, 지대환수는 부동산 개발을 촉진하는 효과가 있다. 이에 관해서는 베커가 잘 요약하고 있으므로 그의 견해를 인용한다(Becker, 1969: 24-30).

베커는 부동산 재산세 과세 대상을 건물에서 토지로 이전하면 다음과 같은 네 가지 효과를 통해 부동산 개발이 활발해진다고 하였다. (1) 지대세로 인해 지가가 낮아지는 효과(capitalization effect). 지대세를 부과하면 조세가 자본화되어 지가가 하락하게 되므로 토지 개발 희망자가 토지를 쉽게 취득할 수 있고 그로 인해 토지 개발이 촉진된다. (2) 유휴토지 소유자의 보유비용이 높아지는 효과(holding-cost effect). 토지를 저사용 내지 방치하는 경우 지대세가 부과되어 토지보유비용이 늘어나면 토지소유자가 토지이용도를 높이는 방향으로 행동하게 된다. (3) 토지개량 정도와 관계없이 지대세액이 일정해지는 효과(fixed-cost effect). 세액이 일정하면 토지개량 단위당 평균세율은 개량도가 높을수록 낮아지므로 이것은 토지를 최대한 개발하도록 하는 유인이 된다. (4) 토지개량물에 대한 조세가 감면되는 효과(unburdening effect). 일반 재산세 구조는 토지를 개량할수록 세 부담을 늘리지만 지대조세제는 그렇지 않으므로 개량을 저해하지 않는다.

이러한 베커의 견해는 학계에서 널리 수용되는 이론을 잘 정리한 것이라고 할 수 있다. 이처럼 토지가 적정하게 사용되고 부동산 개발이 활발하게 이루어지면 창업에 유리한 여건이 조성된다.

셋째로, 지대를 환수하면 부동산만이 아니라 경제 전체에 좋은 효과를 낳는다. 앞에서도 지적하였듯이 거의 모든 조세가 초과부담을 야기하는데 지대를 환수하면서 경제에 부담을 주는 조세를 감면하면 당연히 경제가 좋아지고 창업도 쉬워진다. 티드먼과 플래스먼의 연구에 따르면, 노동과 자본에서 조세를 감면하고 토지 등 자연의 기회를 독점적으로 사용하는 데 대한 대가를 징수하여 대체할 경우에 다음과 같은 네 가지 경로를 통해 경제적 효율성이 향상된다고 한다(Tideman and Plassmann, 1998: 157). (1) 노력과 기여의 대가를 완전하게 차지할 수 있으므로 생산을 증진시킨다. (2) 자본과 자본소득에 대한 조세를 감면함으로써 저축과 투자를 촉진한다. (3) 토지 기타 자연의 기회에 대한 사용대가를 징수함으로써 적정 사용을 촉진한다. (4) 토지 기타 자연의 기회에 대한 투기를 근절하여 효율성을 높이고 투기로 인한 자원의 저사용을 막는다. 이런 여러 가지 이유로 경제 여건이 좋아진다면 창업에도 좋은 영향을 미칠 것임에 분명하다.

5. 지대환수 외에 필요한 추가정책

위에서 본 것처럼 지대환수가 창업에 도움을 주는 것은 분명하다. 그러나 창업에 필요한 노하우와 목돈과 유리한 경제 여건 가운데 노하우에는 지대환수가 특별한 도움이 되지 않는다. 오늘날은 농경사회에 비해 정보, 기술, 영업력과 같은 노하우의 중요성이 높기 때문에 개방적인 창업 기회를 보장하려면 지대환수 외에도 창업에 필요한 노하우 지원정책이 더 필요하다.

또한 창업 시에 필요한 목돈 가운데 토지 취득비 이외의 창업자금 즉 건물 취득비용과 그 밖의 자본도 필요한데, 이에 대해서도 창업자금을 쉽게 구할 수 있도록 지원해 주는 정책이 필요하다. 그래야만 앞서 인용했듯이 “토지가 있다고 해도 노동자들이 노동 수단을 구입할 돈이 어디 있습니까?”라는 쉐비치의 소박한 질문에 충분한 답을 할 수가 있다.

여기서 중요한 것은 노하우 지원과 창업자금 지원만으로는 불충분한가, 그리고 사회주의에서 주장하듯이 자본의 국유화가 필요한가의 문제이다. 인간이 이미 노력과 기여를 통해 생산하고 취득한 자본을 국유화하는 것은 그 자체로 정의롭지 않다는 문제가 있다. 그렇다고 해서 기존의 자본이 아닌 미래의 자본을 국유화하기로 한다면 자본을 생산하고 축적하려는 인센티브를 주지 못하기 때문에 경제효율을 해친다. 또 자본을 사회화하면 국민에 대한 정부의 간섭이 커져서 개인의 자유가 제약되고 효율의 문제가 더 크게 발생할 것으로 보인다.

또한 창업이 쉬워진다고 해도 모든 사람이 빈곤에서 탈출할 수 있는 것은 아니다. 정신적·신체적인 장애로 인해 창업의 의욕 또는 능력이 현저히 뒤지거나, 일반인 가운데서도 창업에 실패하거나, 일시적 또는 구조적 실업에 처하여 빈곤에 빠진 사람은 늘 있기 때문이다. 이런 계층을 위해서는 추가로 복지정책이 필요하다. 다만, 지대를 환수하고 능력 있는 자들이 쉽게 창업을 할 수 있게 하여 극빈층의 발생을 원초적으로 방지하게 되면 복지정책의 필요성도 대폭 줄어들 것으로 전망된다. 토지 가치의 공유를 기반으로 하고 시장친화적 사회보장 방법을 제15장(지공주의의 잠재력)에서 제시한다.

Ⅴ. 종합

지금까지 헨리 조지와 사회주의 진영 간에 있었던 협력과 갈등의 역사를 보고, 사회주의에 대한 헨리 조지의 비판을 소개하였으며, 양자 간의 견해차가 발생하는 배경적인 이유를 살펴보았다. 또 지대환수가 빈곤 퇴치에 어떤 도움을 줄 수 있는가에 대해 검토하였다.

지대를 환수하고 다른 조세를 감면하면 직접적으로는 소득세, 부가가치세 등이 감면되고 또 투기로 인해 지나치게 높게 형성되어 있는 토지가격이 정상화되기 때문에 노동자 및 기업의 실질소득이 높아진다. 그러나 헨리 조지는 이보다도 더 근본적인 효과를 논하였다. 즉 토지가 개방되어 자가노동의 기회가 많아지기 때문에 고용주에 의한 일방적 노동착취가 사라지고, 한계토지의 생산성이 높아져 지대가 내려감으로써 임금이 (그리고 이자도) 높아진다는 것이다.

빈곤의 원인을 설명하는 이론으로서 가장 핵심적이라고 할 수 있는 헨리 조지의 임금결정이론에 관해서는, 이 이론의 핵심은 살리면서도 농업의 중요성이 줄어든 현대적 상황에 맞게 좀 더 일반화하여 보았다. 즉 "임금은 누구나 쉽게 창업할 수 있는 자영업에서 노동이 얻을 수 있는 생산물에 의존한다. 자영업을 창업하기 어려운 경우에 임금은 노동자 간의 경쟁에 의해, 노동의 재생산을 위해 필요한 최소한으로 내려갈 수 있다."

지대를 환수하면 지가가 0이 되고 경제 여건이 좋아지므로 창업이 용이해지는 것은 분명하다. 그러나 오늘날 대부분 업종에서(심지어 농업에서도) 창업 시에 노하우가 필요하고 또 토지 취득 이외의 용도에 충당할 목돈을 필요로 하므로 창업을 쉽게 하기 위해서는 지대환수의 바탕 위에 노하우와 창업자금을 지원하는 정책이 필요하다. 뿐만 아니라, 창업의 기회를 제대로 활용할 수 없는 계층에 대한 추가적인 복지정책도 필요하다.

헨리 조지의 주장대로 지대의 완전 환수를 바탕으로 하고, 추가로 창업 지원 및 복지 정책을 마련한다면 빈곤 퇴치라는 목적은 상당 부분 달성할 수 있을 것으로 전망된다. 사회주의의 처방대로 자본까지 사회화한다면 그 자체로 정의롭지 않을 뿐 아니라, 자본을 생산하고 축적하려는 인센티브를 주지 못하기 때문에 경제효율을 해친다. 또 자본을 사회화하면 국민에 대한 정부의 간섭이 커져서 개인의 자유가 제약되고 효율의 문제가 더 크게 발생할 것으로 예상된다.

제6장

토지가치 공유사상의 선구자

지공주의의 핵심인 토지가치공유사상을 세상에 널리 전파한 공로자는 헨리 조지다. 그러나 토지가치공유사상의 뿌리는 그보다 깊다. 아래에서는 헨리 조지에 이르기까지 토지가치공유 사상가 몇 사람을 소개하고 그들의 대표작을 발췌하여 번역하였다.

Ⅰ. 토마스 스펜스

1. 해제

1) 인물

스펜스(Thomas Spence, 1750~1814)는 영국의 뉴캐슬에서 태어났다. 학교 교사였으나 42세 되던 1792년에 런던으로 이사하여, 노점에서 서적과 잡화를 팔며 토지공유를 비롯한 사회개혁을 실현하기 위한 운동가로 활약하였다.

스펜스는 사후에까지 영향력이 커서 지지자들이 스펜스 박애협회(Society of Spencean Philanthropists)를 결성하여 활약하다가 반역죄로 몰려 체포되기도 하고, 당국에서는 스펜스라는 이름이 들어가는 모임을 금지하는 법률을 제정하기까지 하였다.

스펜스는 언어에도 깊은 관심을 보여, 영어 철자 개혁운동을 벌이기도 했다. 영어는 발음과 철자가 너무 달라 서민이 영어를 제대로 배우기 어렵다는 점에 착안하여 새로운 철자법을 개발하였다. 하층민의 독서 능력 자체를 불온시하던 당시로 볼 때 이는 매우 급진적인 작업이었다. 그는 이런 철자법을 학생들에게 가르치다가 학부모의 거센 항의를 받은 적도 있었다.

2) 연설문

"뉴캐슬 철학회 연설문(A Lecture Delivered at the Philosophical Society in Newcastle)"**(1775)**

25세 때인 1775년에 뉴캐슬 철학회에서 행한 강연으로서, 핵심 내용은 지대공유론이다. 이는 헨리 조지의 『진보와 빈곤』(1879)보다 100년 이상 앞섰으며 뒤에 소개하는 오글비의 저서(1782)보다도 7년이나 앞선 강연이다. 내용을 요약하면 교구 단위의 공동체를 결성하여 모든 토지를 교구가 소유하도록 하고, 교구는 지대를 징수하여 공공비용에 충당하자는 것이다. 대체로 토지개혁론자들이 토지의 균등한 분배를 주장한 데 비해 보면, 토지의 면적보다 지대에 착안하여 아마도 사상 최초로 지대공유론을 주장한 점에 역사적 의의가 크다. 이러한 주장이 당시로 봐서는 너무 급진적이었는지 스펜스는 철학회에서 제명당하고 말았다.

스펜스는 "토지와 그 부속물은 단체 즉 교구의 공동재산이 되도 단체는 현재의 지주처럼 그 재산을 세놓고 개량하고 변경할 수 있는 권한을 가진다"고 하였기 때문에 엄밀하게 보면 토지가치 만이 아니라 토지와 함께 그 부속물을 교구별로 공동소유하자는 주장이다.

아래에 전문을 번역한다.

2. 원문 번역

회장님, 오늘 제가 강연할 차례가 되어 중요한 문제 하나를 생각해 보기를 청합니다. 토지와 자유에 대한 자연적이고 평등한 권리에서 나오는 이익을 인류가 충분히 거두어야 할 것으로 기대하는데, 과연 그렇게 되고 있는가 하는 문제입니다. 회장님 이하 청중 여러분께서는 진리의 친구이시므로 제가 자유와 진리를 옹호한다고 해서 무례하다고 생각하지는 않으실 것으로 희망합니다.

자연 상태에서 인간이 토지와 자유에 대해 가지는 권리는 평등해야 한다는 사실을 부정하는 사람은 거의 없을 것입니다. 소박한 단계의 국가에서는 이런 사실이 당연하게 생각되어, 국토는 국민의 공동 소유이고 모든 사람은 국토에서 나오는 동식물로 자신과 가족을 부양할 자유를 누리는 가운데, 국토에 대해 평등한 권리를 가집니다. 이런 나라의 국민은 국가와 마을의 모든 이익을 공동으로 거두며, 어떤 이기적이고 사악한 자도 이 권리에 대해 이의를 제기하지 못합니다. 자신이 거주하는 국토의 생산물을 취하지 않으면 다른 어떤 생존 방법이 있겠습니까? 이런 권리를 부정한다면 생존권을 부정하는 것과 다름없습니다. 그러나 자신과 후손이 영구히 소유해야 할 국토 또는 공동 토지 전체를 매각하는 것이 적법한지 합리적인지

정당한지에 대해 의문을 제기하실 분도 계실 것입니다.

여기에 대해 저는 이렇게 답합니다. 마치 공기처럼, 후손의 생활에 필요한 물자의 양이 지금과 같다면 선조가 토지 분할권을 가지는 데 대해 이의를 제기해서는 안 될 것입니다. 선조가 소유한 토지가 후손에게 필요하지는 않기 때문입니다. 만일 후손이 선조보다 더 많은 물자가 있어야 살아갈 수 있다면 후손이 필요한 양의 물자를 남겨 주어야 할 것입니다. 생계수단을 박탈하는 권리란 생명을 박탈하는 권리와 같고, 선조라고 해서 후손에 대해 이런 권리를 가질 수 있는 것은 아니기 때문입니다.

그러므로 어느 나라, 어느 마을의 토지 그리고 그 토지 위의 자연물은 당연히 그 지역 주민 모두에게 동등하게 귀속됩니다. 앞에서 언급했듯이 토지와 그 생산물이 아니면 생존이 불가능하며, 따라서 이에 대한 권리는 자신의 생명에 대한 권리와 같아야 하기 때문입니다.

올바른 사회는 주민이 자신의 자연권을 국내외의 적으로부터 지키기 위해 상호 간에 체결하는 협약에 의해 이루어지는데, 그런 사회에서는 꼭 필요한 경우가 아니라면 현재의 상태 이상으로 토지에 대한 권리를 규제해서는 안 된다고 생각하기 쉽습니다. 그러나 그런 생각은 잘못입니다. 이 문제에 관한 진실은 매우 중요한데도 잘 알려져 있지 않으므로 과감하게 나서서 밝힐 필요가 있습니다. 그러기 위해서는 현 토지소유제도의 기원을 추적해 보는 것이 좋겠습니다.

현존하는 각국의 역사를 거슬러 올라가 보면 소수의 국민이 토지와 그 부속물을 마치 스스로 제조한 생산물인 양 나누어 가졌음을 알게 됩니다. 이런 부당한 취득에 대해 이의 제기도 없었고 또 책임 추궁도 없는 가운데 이들 소수는, 아니 대부분의 인류도, 토지가 마치 그들을 위해 창조된 것처럼 생각하는 습관이 붙었습니다. 또 토지는 당연히 그들의 재산이라고 여겨 이 세상의 다른 피조물에 대한 고려 없이 자기 마음대로 처분하게 되었습니다. 누구든 자신이 굶어 죽을 지경이 되어도 소위 토지소유자라는 사람의 허락이 없으면 풀 한 포기, 밤 한 톨, 물고기 한 마리, 새 한 마리 등 자연의 생산물 일체에 대해 손을 댈 수 없게 되었습니다. 지주가 따로 있는 곳은 한 뼘의 땅이든 개울이든 돌맹이든 수풀이든 건드릴 수 없습니다. 그래서 인간을 포함한 모든 생물은 모두 지주의 재산에 생명을 의지했고, 그 결과 인간도 토지에 의해 유지되는 숲이나 약초처럼 지주의 처분에 매이게 되었습니다. 이 사람들은 오로지 지주를 위해서 생존하고 출산하고 노동하고 전쟁하였습니다. 지주는 이 모든 것을 당연한 것으로 생각하였습니다. 생활수단을 마련해 주는 것은 생명을 주는 것과 다름없기 때문에 지주는 자신이 생명을 준 사람들이 하는 일과 그 이익은 모두 자신의 것이라고 생각하였습니다.

사정이 이러하므로 위대한 지주에게는 신의 칭호를 부여할 만합니다. 엄청남 힘을 가지고 모든 것이 풍족한 지주에게 불쌍한 농민이 무한 봉사를 하는 것은 당연하게 생각되었습니다. 농민은 지주의 도움으로만 생활하고 또 존재할 수 있으니까요. 그리하여 최초로 토지를 소유한 자는 고리대금업자 겸 난폭자가 되었습니다. 이후 그로부터 땅을 물려받은 자도 상속자 또는 매수자로서의 권리를 들어 같은 지위를 누렸습니다. 현재의 지주 역시 선조처럼 자랑스럽게 토지를 소유하고 있으며 아무런 제약 없이 자기 토지에서 다른 사람을 배제할 수 있습니다. 지주는 스스로 제정한 법을 통해 모든 생물을 자신의 토지에서 내쫓을 수 있으며 실제로 그런 일이 빈번히 일어나서 인류를 멍들게 하고 있습니다. 모든 지주가 단결하여 마치 한 사람인 듯 자신의 재산권을 마음대로 행사한다면 다른 사람들은 이 세상에서 차지할 땅이 없게 되어, 갈 수만 있다면 천국으로 가고 싶을 것입니다. 그 결과 사람들은 자신이 태어난 곳에서조차 살 수 없고 오직 토지소유자의 허락을 얻어서 나그네처럼 살 수 밖에 없을 것입니다. 더구나 그 허락을 받으려면 생활에 쪼들리면서도 엄청난 대가를 지불해야 하는데 이런 식으로 가면 결국 농민이 모두 사라질까 염려될 정도입니다. 그리고 '토지생산자' 즉 지주는, 다른 생산자가 생산물을 모두 차지하는 관행을 들어 자신을 정당화합니다. 누구나 자기 사업의 이익을 먹고 살듯이 '토지생산자' 역시 그렇게 생각합니다. 앞에서 인간은 자유, 공기, 햇빛처럼 토지에 대해서도 평등한 권리를 가진다고 말씀드렸고 또 자연의 공동 선물을 향유하기 위한 확고한 조건도 살펴보았습니다만, 인류는 자신이 기대할 수 있는 또는 기대해야 하는 모든 이익으로부터 너무 멀리 벗어나 있습니다.

그러나 인류에게 더 많은 이익을 주면서도 사회의 본성과 일치하는 제도는 수립하기 어려울 것이라는 의견도 없지 않을 것이므로, 그런 제도의 윤곽이라도 그려 보려고 합니다. 예를 들어 보겠습니다. 모든 국민이 심사숙고한 끝에, 누구나 각자 살고 있는 지역의 토지에 대해 평등한 권리를 가진다는 결론을 내리고, 따라서 이 사회의 주민이 되려는 사람은 누구나 자연권으로부터 생기는 모든 이익을 갖는다는 원칙에 동의하여야 한다고 결정한 나라가 있습니다. 어느 날 교구별로 주민이 모여, 장기간 실종되었던 권리를 되찾고 단체를 결성하였습니다. 이렇게 해서 각 교구는 하나의 단체가 되고 주민은 단체의 구성원이 되었습니다. 토지와 그 부속물은 단체 즉 교구의 공동재산이 되고 단체는 현재의 지주처럼 그 재산을 세놓고 개량하고 변경할 수 있는 권한을 가집니다. 그러나 교구는 토지의 일부라도 양도할 권한을 갖지 않는 것으로 하였습니다. 교구의 토지를 조금이라도 매각하는 경우에는 자기

자식을 노예로 팔아치우거나 학살하는 자처럼 취급하기로 온 국민이 엄숙하게 결의하였기 때문입니다. 교구 이외의 지주는 존재하지 않고 각 교구는 관할 지역의 완전한 지주가 되었습니다.

이런 나라에서 국민은 교구에 지대를 지불하며 교구는 이 수입을 다음과 같은 용도로 사용합니다. 의회가 승인한 정부 비용으로 배정합니다. 극빈자나 실업자를 구제합니다. 공무원 봉급을 줍니다. 가옥, 교량 기타 시설을 건축, 개수, 장식합니다. 편리하고 깨끗한 시내·외 도로와 인도를 조성하고 유지합니다. 무역과 항해를 위한 운하 등의 시설을 건설하고 유지합니다. 버려진 땅에 대해 조림을 하거나 매입합니다. 외침(外侵)을 막기 위해 충분한 탄약과 무기 등을 확보합니다. 농업이나 기타 산업을 장려하기 위한 보조금으로 사용합니다. 요약하자면, 국민이 필요하다고 판단하는 용도에 사용하는 것입니다. 그러나 종전과는 달리 사치와 허영과 방탕을 지원하는 데는 사용하지 않습니다. 여기에 선거 부정은 존재하지 않습니다. 모든 중요한 일은 주민회의나 위원회나 대의기구에서 표결로 결정합니다. 표결이나 선거에서 어느 편에 투표를 하였는지 밝혀지지 않도록 하여 갈등이 발생하지 않습니다. 그러므로 과반수 득표를 위해서 할 수 있는 일은 말이나 글로 장점을 드러내는 방법뿐입니다. 정부가 사소한 일에 간섭하는 법도 없고 각 교구가 모든 일을 알아서 처리하도록 합니다. 명백히 반사회적인 활동을 하거나 헌법과 법률에 규정된 인류의 권리와 자유를 침해하는 교구에 대해서만 정부가 간섭합니다. 각 교구의 결정은 상원의 결정과 다름없이 존중됩니다. 교구도 상원처럼 발언이나 투표에서 두려워할 게 없기 때문입니다.

도시처럼 여러 교구가 소속되어 있는 경우에는 의회 등의 대표를 선출할 때 각 교구가 동등한 투표권을 행사하고 그 유지를 위한 비용도 균등하게 부담합니다. 대표는 이렇게 선출합니다. 모든 후보가 모든 교구에 같은 날 출마하고 혼잡을 막기 위해 교구별로 분산하여 투표를 시작합니다. 검표를 거쳐 합산한 결과 다수표를 획득한 사람을 당선 공고하고 대표로 선출합니다.

교구 주민 또는 단체의 구성원 자격은 교구에 연중 거주하는 사람으로 합니다. 그리고 다른 교구로 옮겨서 만 1년을 거주하면 그쪽 주민이 되고 원래 교구에서는 완전히 자격이 말소됩니다. 물론 다시 원래 교구로 옮겨 1년을 거주하면 자격을 회복할 수 있습니다. 따라서 동시에 두 교구 구성원이 될 수는 없으며 이사를 자주 한다고 해도 언제나 한 교구에만 속하게 됩니다.

외국 또는 먼 지방에서 와 질병이나 부상으로 교구에 머무는 사람의 경우, 거주기간이

1년이 안 되어 아직 영주권을 취득하지 못했더라도 교구에서는 즉시 인간적인 보호 조치를 취해야 합니다. 교구가 자기 교구민 이외의 빈민을 돌보는 데 드는 비용은 교구가 국가에 납부하는 납부금에서 우선 지출합니다. 이렇게 하면 불쌍한 나그네는 국가의 비용으로 돌보게 되므로, 교구에서는 부담스럽게 생각하지 않아도 됩니다. 곤경에, 심지어는 사경에 처한 나그네가 교구의 이익 때문에 배척 받거나 위협 받는 일이 사라집니다.

각 교구의 모든 주민은 자신이 선택하는 시기에 장교의 인솔하에 연병장에 나가 무기와 깃발과 군대 음악을 익힙니다. 이렇게 해서 교구민은 동시에 군인이 됩니다. 그러나 도발하지 않는 이웃을 침공하기 위해서가 아니라 정당한 권리를 침해 받을 때 이를 지키기 위해 훈련하는 것입니다. 이런 일을 야기하는 도발자에게 화 있을진저! 이런 자가 권력을 잡는다면 강도나 해적보다 못한 결과가 생길 것입니다.

평화 시에는 보수를 받는 군대가 존재하지 않습니다. 국민 모두가 재산을 가지고 있기 때문에 조국이 위기에 처하면 이를 지키기 위해 달려갑니다. 군대를 외국에 파견할 필요가 생기면 자원 또는 추첨의 방식을 통해 평소에 잘 훈련된 군대가 즉시 편성됩니다.

또한, 모든 교구민은 교구 내의 일에 대해 투표권을 가지며 또 자신을 위해서라도 사회가 잘 되기를 희망하도록 해야 합니다. 이를 위해 토지는 소규모 농지로 임대됩니다. 그렇게 하면 일하는 사람 수가 많아지고 각종 곡물이 풍부하게 생산될 것입니다.

내·외국인을 막론하고 세금은 일절 납부하지 않고 주민은 자신이 차지하는 토지의 양, 질, 편의성, 주택 등에 따라 지대만 교구에 납부합니다. 정부, 빈민, 도로 등 일체의 공적 비용은 교구가 지대로 충당합니다. 모든 수공품, 공산품, 기타 불법이 아닌 직업 및 활동에 대해서는 완전히 면세합니다. 자유에는 조건이 없습니다. 절도나 강도 같은 범죄는 완전히 금지하되 자유는 세금이나 대가없이 완전히 보장해야 합니다. 모든 정부 비용을 지대로 충당해도 지대 징수액은 과거에 거만하고 감사할 줄 모르는 소수의 배를 불리던 때만큼 높지 않을 것입니다. 그 이유는 가장 큰 비용을 지출하는 정부에서 내국세와 관세 공무원이 없어지고, 상비군, 연금생활자, 뇌물이 사라지며, 그 밖에 기생충 같은 존재가 사라짐에 따라 비용이 줄어들기 때문입니다. 또 정부든 교구든 꼭 필요한 인원을 제외하고는 공무원 수도 줄어들며 봉급도 업무에 합당한 만큼만 책정되기 때문입니다. 기타 수수료는 액수가 크지 않으므로 형편에 따라 인상하기도 하고 인하하기도 합니다.

지대를 인상해야 할 필요성이 생기면 어떻게 하면 되겠습니까? 필요한 공공비용을 제하고도 토지의 이익은 많습니다. 다른 나라에서는 지대 이외에 세금까지 징수하기 때문에 부담이

다른 나라 수준에 이르려면 여유가 상당히 많습니다. 조금씩 이런저런 세금을 징수하는 것이나 지대를 인상하여 이 금액을 한꺼번에 징수하는 것이나 다를 바 없습니다. 오히려 이렇게 하는 것이 수고와 불편을 덜고 또 정부의 비용도 절약됩니다.

이런 제도가 한층 더 빛나는 이유는 일단 시행하는 나라는 영원히 흥성하기 때문입니다. 이 나라를 무너뜨리려고 하는 세력과 부패는 모두 좌절할 것이고 이 나라의 행복과 안정에 놀라 찬탄하는 다른 나라는 모두 이 제도를 도입하게 될 것입니다. 그리하여 마침내 지구 전체가 행복해지고 형제처럼 살게 될 것입니다.

Ⅱ. 윌리엄 오글비

1. 해제

1) 인물

오글비(William Ogilvie, 1736~1819)는 스코틀랜드 엘진(Elgin)의 귀족 가문에서 출생하였다. 1759년 애버딘(Aberdeen)에 있는 킹스 칼리지(King's College)를 졸업한 후 1760~61년에 글라스고 대학교(Glasgow University)에서 학생들을 가르쳤고 잠시 에든버러 대학교(Edinburgh University)에서 근무하다가 1761년에 자신의 모교인 킹스 칼리지에 조교수로 부임하였고 1764년에 정식 교수가 되었다.

2) 책

『토지에 대한 생래의 권리 *Birthright in Land: An Essay on the Right of Property in Land: With respect to its Foundation in the Law of Nature: Its present Establishment by the Municipal Laws of Europe and the Regulations by which it might be rendered more beneficial to the lower Ranks of Mankind*』(1782)

이 책은 『토지재산권론 *An Essay on the Right of Property in Land*』이라고 제목을 줄여서 부르기도 하는데, 당시 사회 분위기에 비해 내용이 과격하다고 생각했는지 익명으로 출판하였다.

이 책의 요지를 정리하면 다음과 같다. 재산권의 근거는 점유 아니면 노동이다. 각 국민이 일반적인 점유권으로부터 도출할 수 있는 권리는 국가 전체 토지에 대한 균등한 지분 이상이 될 수 없다. 어느 국민이 실제로 그 이상을 차지하고 있다고 해도 균등한 지분만큼 차지하지 못하는 다른 사람의 지분을 배제할 권리를 갖는 것은 아니다. 국민이 독립적인 경작자가 되면 사회가 행복해진다. 이를 위해 40에이커 이내의 균등한 토지를 모든 성인에게 할당해야 한다. 또 토지매매가격은 천연가치, 개량가치, 미래개량가치로 구성되는데, 균등 지분 이상으로 소유한 토지의 가치 중에서 개량가치를 제외한 가치는 사유 대상이 아니다.

토지 가치에 대한 그의 주장을 공식으로 표시하면 다음과 같다.

- 토지 가치 = 천연가치 + 개량가치 + 미래개량가치
- 지주가 가질 수 있는 가치 = 지분 내 소유토지의 모든 가치 + 지분 이상 소유토지의 개량가치
- 사회에 귀속되어야 할 가치 = 지분 이상 소유토지의 천연가치와 미래개량가치

이 책은 모든 인간에게 점유를 근거로 하여 일정한 면적의 토지에 대한 평등한 권리를 인정하였다는 점에서 높이 평가된다. 다만 토지를 균등하게 나누는 데 중점을 두었고 사회가치의 환수 문제에 대해서는 구체적인 제안이 없다는 점이 아쉽다(아래 번역 제1부의 제1장 13절과 14절 참조).

총 2부, 10장, 75절로 이루어진 책인데, 아래에 제1부 제1, 2장과 제2부 제7장을 번역하였다.

2. 원문 번역

[제1부 제1장] 자연법으로부터 도출되는 토지재산권

1

모든 재산권의 근거는 점유 아니면 노동이다. 토지는 인류가 공동으로 점유하도록 주어진 것이므로 모든 사람은 동일한 몫의 토지를 차지하고 경작할 권리를 자연으로부터 부여받았다. 이 권리는 공기와 물을 자유롭게 사용할 권리와 다를 바 없다. 공기나 물은 잠시도 없어서는 생존이 불가능할 만큼 필수적이다. 토지는 그렇지는 않지만 전 생애에 걸친 복지와 정상적인 생활이라는 관점으로 보면 그에 못지않게 필수적인 존재이다.

2

각 국민이 이러한 일반적인 점유권으로부터 도출할 수 있는 권리는 국가 전체 토지에

대한 균등한 지분 이상이 될 수 없다. 어느 국민이 실제로 그 이상을 차지하고 있다고 해도 균등한 지분만큼 차지하지 못하는 다른 사람의 지분을 배제할 권리를 갖는 것은 아니다.

3

균등한 토지 지분에 대한 권리는 원초적이고 생래적이며 다른 사람의 행위나 결정에 의해 취소될 수 없고 단지 본인에 의해 양도될 수 있을 뿐이다. 이는 생래적인 권리로서 모든 국민이 지금도 가지고 있다. 사회의 일원으로서 혜택을 누리게 되면 공동의 선을 위해 자신의 자연권도 규제된다는 점을 용인하는 셈이지만, 그렇다고 해서 자연권을 묵시적으로 완전히 포기하는 것으로 이해해서는 안 된다. 이러한 자연권은 성인이 되어 명시적인 의사표시를 통해서만 포기할 수 있으며 또 그 사람이 균등한 토지 지분을 실제로 차지했거나 아니면 이를 차지할 수 있는 자유로운 기회를 가졌거나 해야만 가능하다.

4

모든 국가 내지 공동체는, 구성원 누구든 원할 경우에는 이러한 생래의 권리이자 자연적인 직업을 취득, 회복, 재취득할 수 있는 기회를 보장해 주어야 정의롭다.

이런 보장을 하면 여러 가지 불편이 따른다고 생각할 수도 있지만 그 때문에 본질적인 정의를 가로막아서는 안 된다.

이러한 보장이 기성의 사회질서 및 장기적인 토지경작과 어긋나는 것처럼 보일 수도 있다. 그러나 또 한편으로는, 분명히 인간의 자연권에 근거를 두고 있다면, 적어도 최상의 사회질서와 번영 그리고 농업의 발전에 어긋나지 않는, 그리하여 질서에도 매우 도움이 되고 농업도 최고도로 장려하는 현명한 정책을 마련할 수 있다고 생각하지 않을 수 없다.

5

소박한 사회에서는 이 원초적 권리가 존중되고 그에 맞는 사회제도가 확립되어 매년 내지 몇 년에 한 번씩 토지를 분할하는 예가 많았다. 고대 게르만 사회에서 그랬고 또 스펜서 시대의 아일랜드에서도 그랬다.[5)]

그러나 정복이 발생하면서 공통적으로 이 권리가 뒤집어지고 희미해졌다.

5) 스펜서(Edmund Spenser, 1552?-1599). 영국 시인. 1580년부터 아일랜드 총독의 비서로 일함.

또 상업과 기술이 발달함에 따라 이 권리는 불확실해지고 무시되었다.

6

존 로크 및 그 후학들은 토지재산권은 상급의 원초적 권리에 관한 법과는 무관하다고 하였으며, 그들의 정치적 반대파가 주장했던 신성한 왕권과 성질상 거의 비슷한 것이라고 하였다.[6] 그러나 로크가 말하는 토지재산권은 균등한 토지에 대한 원초적인 권리, 즉 국민 모두가 국토 전체에 대해 가지는 일반적인 점유권에 근거를 두고 있는 권리에 국한된다. 이러한 평등권은 진실로 실정법에 우선하며 실정법에 의해 폐지될 수 없다. 그러나 이러한 신성하고 무시될 수 없는 성질을 실정법에 의해 설정되는 토지재산권과 같은 종류로 본다면 잘못이다. 실정법적 토지재산권의 근거는 노동에서 생기는 권리이다. 이런 재산은 사람마다 취득하는 양이 매우 다를 수 있고 또 많이 축적하더라도 어느 국가에서나 제한을 가하기 어려운 대상이다.

7

원초적 지분의 1천 배나 되는 토지를 소유하는 자의 권리는 일반적인 점유권에 근거를 두는 것이 아니라, 자신에게 물려주거나 매도한 사람이 토지를 개량하거나 비옥하게 만든 노동에 근거를 둔다. 이런 권리는 정당한 권리이지만, 노동에 근거를 둔 권리가 다른 999명이 원초적으로 가지고 있는 평등한 토지점유권에 우선하는 것은 아니다. 노동에 근거를 둔 권리가 개개인의 이의 제기를 막을 수 있을지는 몰라도 사회 전체의 수탁자요 보호자인 입법부의 권리마저 배제하는 것은 아니다.

8

농업이 상당한 정도로 발전한 국가에서는 이 두 가지 권리가 섞여서 노동에 근거를 둔 권리가 점유에 근거를 둔 권리를 압도하는 형편이다. 두 권리는 위치에 따라 분리되는 것이 아니라 토지 전체에 동시에 영향을 주며 또 동일한 토지에 두 권리가 같이 존재하기 때문에 사람들은 두 권리의 영향과 범위를 구분하는 경계가 있다는 생각을 쉽게 하지 못한다. 또

6) 로크(John Locke, 1632~1704). 영국의 철학자. 사회계약설의 입장에서 전제적인 왕권에 앞서는 국민의 자연권이 있다고 하였으며 1683년에는 반역죄로 몰려 망명을 하기도 하였다. 토지재산권은 토지에 인공을 가함으로써 취득할 수 있다고 하였는데, 오글비는 인공 여부와 관계없이 토지에 대한 지분권을 가진다고 보는 점에서 견해가 다르다.

경계를 분명하게 알 수 있다고 하더라도 실제로 두 권리의 주체를 분리할 수 있는 구체적인 방법을 제시하기는 한층 더 어려워 보인다.

9

모든 사람이 원초적 상태의 토지에 대해 평등한 권리를 가진다는 사실은 자연법의 공리라고 할 수 있다. 또 노동을 통해 토양을 비옥하게 개량하여 생산이나 가치를 증가시키는 사람은 그에 대해 권리를 가지며 또 권리를 다른 사람에게 이전할 수 있다는 것도 역시 자연법의 공리이다. 하층민의 자유와 생활수준은 첫째 공리에 달려 있다. 농업기술의 발달 그리고 사회 전체의 생산과 부의 증대는 둘째 공리에 달려 있다. 두 공리가 서로 방해되지 않으면서 각기 효과를 발휘하도록 양자를 등등하게 배려하는 법제를 만든다면 그 나라는 양자의 결합을 통해 최고도로 번영할 수 있을 것이다.

10

이러한 결합을 제도화한 사례가 있다고 보기 어려우며 또 그런 노력조차 별로 없었다는 점을 인정할 수밖에 없다. 이런 목표를 가진 제도를 실제로 시행하거나 시도를 한 국가는 거의 없었다. 공공의 이익이라는 큰 관점에서 이런 제도의 연구와 실천을 시도한 역사를 가진 국가도 그리 많지 않다.

소박한 국가에서는 첫째 공리를 지키는 반면, 둘째 공리를 외면했다. 산업과 기술이 발달한 국가에서는 둘째 공리를 지키는 반면, 첫째 공리를 외면했다.

부유한 산업국가에서 두 공리를 결합하는 제도를 도입하자고 제안을 하면 소수의 권력집단이 자신의 이익을 지키기 위해(그러나 실제로는 자신의 이익에 도움이 안 되는데도) 반대할 것이다.

11

토지법은 다음과 같은 목적을 가져야 한다. 건국 초기 단계에 있는 국가에서는 그 기본구조 내지 헌법에 두 공리를 적절히 결합하는 제도를 도입하고, 그 이후 단계의 국가에서는 사회 각 계층의 기존의 소유상태와 기존의 권리 내지 이해관계를 되도록 적게 침해하는 제도를 도입하는 것이다. 이런 목적을 분명하게 인식한 후에 현명하고 자비로운 사람이 이 문제에 관심을 갖는다면 여러 방식의 비교 또는 시험적 실시 결과를 통해 매우 실제적인 도입 방안을 조만간에 찾을 수 있다는 사실에는 의문의 여지가 없다.

12

토지가 매매될 경우 매입자가 지불하는 가격은 세 부분으로 나눌 수 있다. 각 부분은 서로 다른 주체의 가치를 반영하고 금액도 다르지만, 이런 차이는 어느 나라에서든 농업을 전문으로 하는 사람이나 토지에 익숙한 사람이면 정확하게 구분해 낼 수 있을 것이다.

각 부분은 아래와 같다.

첫째, 천연가치. 경작이 있기 전 천연 상태에서의 토지의 가치.

둘째, 개량가치. 과거의 토지 사용자가 토지에 가한 개량이나 경작을 통해 획득한 가치.

셋째, 미래개량가치. 미래의 경작이나 개량을 통해 그 비용 이상으로 상승할 가치. 이는 미래에 토지를 개량할 수 있는 권리의 가치라고 표현할 수도 있다.

예를 들어, 잉글랜드에서 경작 가능한 토지 100에이커가 1,500파운드로 거래되지만 그 미래개량가치는 500파운드이고, 담보용으로서의 이익과 토지소유자의 관리 비용은 대체로 상쇄된다고 보자. 차액 1,000파운드 가운데 천연가치는 인근 공동토지의 특성에 비추어 판단하자면 200파운드(내지 300파운드) 정도이고, 나머지 800파운드(내지 700파운드)는 개량가치라고 할 수 있다. 이 예에서 천연가치, 개량가치, 미래개량가치의 비율은 2대 8대 5 정도가 된다. 벵골이나 이집트에 소재하는 토지 100에이커라면 10대 4대 1쯤 될 것이다. 아일랜드나 잉글랜드 북부에 소재하는 경작되지 않은 황무지 100에이커라면 1대 0대 14쯤 될 것이다.

13

토지가 거래되지 않는 보유 상태에서도 토지 가치는 세 부분으로 분석될 수 있다. 각각의 가치가 어떤 형평성 있는 방법을 통해(예를 들면, 법원의 결정에 의해) 확인된다면, 토지소유자가 법제의 보호하에 소유하고 있는 토지에서도 사적인 권리의 성격과 범위 및 사회에 속하는 권리의 성격과 범위를 정하는 것은 어렵지 않다. 토지를 전국의 국민에게 균등하게 분배한다고 할 때 각자에게 돌아갈 몫에 대해서는 천연가치, 개량가치, 미래개량가치 모두 토지소유자의 것으로 인정해야 한다. 그 이상의 토지의 경우 개량가치에 대해서는, 본인이 개량했건 앞사람이 개량한 결과를 승계 내지 매입했건 간에, 현 토지소유자가 완전한 권리를 가진다.

그러나 초과분 토지의 천연가치와 미래개량가치에 대해서는 완전한 권리를 가질 수 없다. 그 부분은 사회 전체의 것이며, 현재는 올바른 인식이 없어 포기한 것처럼 보이지만 사회의 수탁자 역할을 하는 입법부나 사법부에서 언제라도 되찾을 수 있다.

14

이러한 사회 환수가 지금까지 제대로 안 된 것은, 서로 다른 가치임을 인식하기도 어렵고 또 인식이 있다고 해도 실제로 가치를 분리하기가 어렵기 때문이라고 생각하는 견해도 있었다. 천연가치와 개량가치를 구분하는 일은 특히 어려운 데다가 또 정부수입의 대종이 토지세이고 다른 재산에 대해서는 세금이 부과되지 않는 국가에서는 이들 가치가 대토지소유자의 수중에 같이 있더라도 사회에 큰 해가 없기도 하다. 이런 국가에서 토지의 천연가치는 국가의 자금원으로서 단지 대토지소유자의 수중에 맡겨져 있을 뿐 토지세로 징수하여 서서히 공공의 용도에 충당될 것이고 공적인 필요성이 생기면 추출하여 결국은 모두 소진될 것으로 사실상 취급되고 있다. 그러나 형평성의 기준으로 본다면, 자연적인 지분을 초과하지 않는 토지를 가진 소규모 토지소유자에 대해서는 토지세를 면제해야 한다. 미래개량가치를 나머지 두 가치와 분리하는 것은 어려움이 적은 반면 그 중요성은 더 크다. 두 가치를 분리하지 않고 토지개량권을 전적으로 소수 대지주의 수중에 맡길 경우에 국민이 입는 손실, 즉 농업의 발전과 하층민의 독립적 생계유지라는 두 측면에서 생기는 희생이 훨씬 크기 때문이다.

[제1부 제2장] 사회적 효용에 근거를 두는 토지재산권

15

모든 국가가 추구해야 하는 1차적인 목표는 국민의 행복 증진이다. 이를 위해서는 모든 국민이 국가가 보장하는 행복의 공통 수준을 높여야 하며 또 공통 수준의 행복을 누리는 국민의 수를 증가시켜야 한다. 화려함이나 영토의 크기는 부차적인 목표이며 이런 것은 행복을 증진시키거나 행복한 국민의 수를 늘리는 데 도움이 될 경우에만 추구해야 한다. 어떤 경우에는 도움이 안 되는 수가 있다.

16

개별 국민이 누리는 행복의 공통 수준을 높이는 정책은 인구를 증가시키는 경향이 있다.

그러나 인구를 증가시키는 정책이 꼭 행복의 공통 수준을 높이지는 않는다. 상황에 따라서는 오히려 낮추는 수도 있다. 그러므로 두 가지 정책이 상충되면 전자를 우선하여야 한다.

17

개인 또는 사회의 행복은 대체로 덕성 내지 자긍심에 비례한다. 그러므로 국민의 행복을 위해서는 덕성을 기르는 데 가장 유리한 생활방식을 입법부가 권장하고 촉진하여야 한다. 상당히 독립적인 상태에서 농사를 짓고 그 생산물의 정당한 부분을 가질 수 있는 농민은 다른 계층에 비해 소박하고 덕성스러우며 정직한 성품을 가진다. 이 점에서는 시대와 국가를 막론하고 모든 사람의 의견이 일치한다. 그 이유는 일과 그 대가의 특성 때문인 것으로 보인다. 농민의 일은 공장노동자의 노동과는 달리 획일적이 아니고 다양하다. 부지런하게 일해야 하지만 진이 빠지지는 않는다. 또 일을 하면 그 대가로, 사치스럽고 세련된 것은 아니지만, 일상생활에 충분한 물품이 생긴다.

18

이런 상태에서는, 건전한 직업에 종사하면서 안락한 독립성을 유지하는 가구가 늘어난다.

19

노동력을 토지 경작에 투입하면 다른 데 투입하는 것보다 사회의 부를 더 많이 증가시킨다. 진정한 부를 구성하는 생활물자를 더 많이 생산하기 때문이다. 국가가 경작의 기회를 마련해 줄 수 있는데도 노동력이 상업적인 기술이나 기예에 투입되면 낭비라고 할 수 있다. 다만, 순수예술에 종사하는 것은 그렇지 않다. 예술 작품은 인간의 정신과 정서에 좋은 작용을 하기 때문이다.

20

번영과 행복의 가장 확실하고 분명한 증거는 국민이 활기차고 말쑥해 보이는 것이다.

21

농민이, 명령에 의해서 농사를 짓는 것이 아니라 충분한 독립성을 유지하면서 농촌의 풍요로움을 즐긴다면, 그리고 무절제한 생활에 물들지 않는다면, 문명국가의 다른 어떤 계층보다

활기차고 말쑥하고 건강하다는 사실은 잘 알려져 있다. (한 문장 번역 생략)

22

이런 모든 점을 고려하면, 국민의 행복과 인구를 증가시키기 위해 정부가 취할 가장 효과적인 정책은 독립적인 경작자의 수를 늘리고 그들이 잘 정착할 수 있게 해 주는 것, 그리고 영토가 허용하는 한 최대의 인구를 그런 유리한 상태에서 살도록 하는 것이다. 영토와 인구가 동일한 두 국가가 있다고 할 때 독립적인 경작자가 더 많은 쪽이 더 행복하다고 할 수 있다.

23

성인이 된 국민 모두가 토지에 대한 균등한 지분을 가질 때 독립적인 경작자의 수도 최대가 된다. 이런 경우에 행복의 공통 수준도 최고에 달할 것이다.

그러므로 인간의 자연권과 특권이라는 측면에서 보든지, 최대 다수의 이익이라는 관점에서 검토하든지, 토지재산권에 관해서는 실제적으로 동일한 정책이 도출되는 것으로 보인다.

24

부와 행복과 인구를 증가시키기 위해 경작의 자유와 독립성을 보장하는 것 이외의 내용을 가진 정책은 의문의 여지가 있다. 이런 정책은, 여기에 제시된 최선의 정책을 완벽하게 실시한 후로 미루어도 좋을 것이다.

25

공업과 상업은 부와 인구의 증가에 기여할 수 있다. 농업의 발전을 위해서 이런 산업이 필요하기도 하다. 그러나 어떤 경우에도 독립적인 농업을 희생시키면서 장려해서는 안 된다. 모든 사람에게 자유로운 선택의 기회를 주고 직업에 관한 장애나 독점을 완전히 철폐하면 산업 간의 균형이 어렵지 않게 이루어질 수 있다. 자본을 가진 사람에게는 선택의 자유를 주어 상업이든 공업이든 농업이든 마음대로 투입하도록 하라. 농업 선택자에게는 경작할 토지에 대한 완전한 재산권을 취득할 수 있게 해 주고 공업 선택자에게는 가공할 원료에 대한 완전한 재산권을 취득할 수 있게 하라.

26

농업과 경작을 위해서는, 농지의 소유자가 직접 경작하는 것이 최선이다. 농업 선택자는 농지를 소유하면서 경작하는 것이 행복과 덕성에 가장 유리하다. 이런 경우에 국민과 국가의 최대 번영을 기약할 수 있다. 이것이야말로 보편적 토지 사용에 관한 원초적 권리와 노동에 의해 발생하는 권리를 조화시키는 최상의 정책이다.

[제2부 제7장] 토지재산권 개혁의 기본이 되는 토지법

71

서유럽의 어느 국가에서든, 자연 정의에도 완전히 부합하고 최대다수 국민의 최대행복에도 기여할 수 있는 토지재산권 제도의 도입을 열망하는 통치자가 있다면, 또 그 과정에서 기존 토지소유자 기타 어떤 계층의 편견과 이익도 고려하지 않기로 한다면, 독립적인 경작인의 수를 증가시키고 또 영토가 허용하는 한 최대다수의 국민이 그와 같은 유리한 지위를 누릴 수 있도록 하는 것을 주된 목표로 삼게 될 것이다. 이런 목적을 달성하기 위해 법률을 제정하게 될 텐데 그 내용은 아래에서 제시하는 계획과 크게 다르지 않을 것이다.

1) 21세 이상의 국민 중 토지를 소유하고 있지 않은 사람은 40에이커를 넘지 않는 범위 내의 일정 토지를 주거용 및 경작용으로 아래에서 정하는 방식에 따라 사회로부터 획득할 권리가 있다.
2) 이 사람은 자신에게 할당될 토지의 위치를, 이 법의 다른 규정에 의해 할당이 금지되어 있는 토지가 아니라면 자기 교구 내의 어느 농장, 사유지, 미경작 공유지에서든 선택할 권리가 있다. 자기 교구 내에 금지되지 않은 토지가 없을 경우에는 인접한 교구에서 선택할 권리가 있고 여기에도 금지되지 않은 토지가 없으면 모든 지역 내지 전국에서 선택할 권리가 있다.
3) 할당된 토지는 분필하여 판사나 토지공무원이나 당사자가 선임한 대리인이 경계를 정해 준다. 토지의 경계는 신·구 소유자 모두에게 가장 편리한 방식으로 표시한다. 필지는 정사각형 내지 단순한 형태로 하고 한 변은 구농장의 경계와 접하도록 하며 기존의 도로에서 출입이 가능해야 한다. 이런 조건은 양 당사자의 동의가 없으면 생략할 수 없다.
4) 토지공무원 또는 당사자가 선임한 대리인은 할당된 토지를 검사하여 새 획득자가 지주에

게 영구히 지불해야 하는 지대가 얼마인지 그리고 전 경작자에게 지불할 금액이 있다면 얼마가 되는지를 판정한다.

5) 다음과 같은 농장은 할당 대상에서 제외한다. (1) 할당을 하고 나면 기존의 경작자에게 40에이커가 돌아가지 않는 농장, (2) 영주의 농장 또는 정원 등 (3) 현 경작자가 10년간 사용하지 않은 모든 농장, (4) 이 법에 의한 할당으로 경작 가능한 부분이 반으로 줄어든 모든 농장은 현 경작자가 원하면 향후 20년간 제외된다. (5) 개량하기 위해 취득한 미개간 토지로 이루어진 모든 농장. 단, 이 경우 이 법을 벗어나기 위해 공모할 가능성이 없도록 형태와 제한을 가한다는 조건이 필요하다.

Ⅲ. 토마스 페인

1. 해제

1) 인물

페인(Thomas Paine, 1737~1809)은 영국 텟포드(Thetford)에서 출생하여 살다가 37세 때인 1774년에 벤자민 프랭클린의 소개로 미국 필라델피아로 이주하였다. 1776년에 유명한 『상식론 *Common Sense*』를 출판하여 미국인의 독립정신을 고취하는 데 큰 역할을 하였다.

그 후 1787년에는 자신이 설계한 교량을 건설하기 위한 자금을 구하러 프랑스로 이주하였으며 1791년에는 프랑스 대혁명을 지지하는 내용의 『인간의 권리 *Rights of Man*』를 출판하였다가 1794년에 반역죄로 몰려 사형선고를 받았다. 그러나 당시 프랑스 대사로 재직하던 제임스 먼로(James Monroe, 후일 미국 대통령)의 도움으로 목숨을 구했다.

1796년에 아래에서 번역 소개하는 『토지정의 *Agrarian Justice*』를 출판하였다. 그 밖에도 1793년에는 종교를 이성적으로 바라보는 『이성의 시대 *The Age of Reason*』를 출판했는데, 지금 시각으로 보면 특별한 내용이 아님에도 불구하고 당시의 종교계부터 격렬하게 비판 받았다. 1802년 미국으로 돌아가 뉴욕 주에 정착하였으나 무절제한 삶을 살다가 세간의 냉대 속에 1809년 사망하였다. 시신이 영국으로 옮겨졌으나 묘지의 위치도 알려지지 않았다.

그는 격변의 시대를 살면서 사상적으로 커다란 영향력을 행사하였으나 삶이 순탄치 않았던 풍운아라고 할 수 있다.

2) 책

『**토지정의** *Agrarian Justice*』(1796)

페인은 이 책에서 토지 가치를 천연가치와 개량가치로 구분하고 토지소유자 사망 시에 천연가치를 징수하자고 제안하였다. 그런데 천연가치가 일정하다고 하면 현 토지소유자 사망 시에 한 번 토지의 천연가치를 징수하고 나면 다음 토지소유자 사망 시에는 더 징수할 것이 없게 될 것이고 그러면 결국 기금이 고갈될 것이다.

그러므로 페인이 천연가치라고 표현한 가치 속에 순수한 천연가치 외에 사회가치가 포함되는 것으로 보아야 할 것이다. 그러면 천연가치를 한 번 징수하더라도 사회발전에 따라 다시 사회가치가 불어나므로 추가 징수가 가능하게 된다. 그러나 페인이 그렇게 생각했는지는 알 수 없다.

또 천연가치를 토지소유자 사망 시에 징수한다면, 토지소유자가 사망 전에 계속 매각해 버린다면 천연가치조차 영원히 징수하지 못하는 수도 있다. 따라서 징수 시기도 사망 시점이 아닌 매각 시점으로 해야 한다.

2. 원문 번역

(전략. 저자의 짧은 서문이 나온 후, 인류 문명이 발달하였으나 극심한 빈곤은 전보다 더 심하다는 점을 지적함.)

경작되지 않은 천연상태의 토지는 인류의 공동재산이었고 앞으로도 그럴 것이라는 점에 대해서는 이론이 있을 수 없다. 모든 사람은 이런 상태의 토지에 대한 재산권을 타고 난다. 사람은 토지재산 그리고 토지의 자연적인 산물과 동식물에 관해서 다른 사람과 함께 공동의 소유자가 된다.

그러나 앞에서도 언급했듯이 천연상태의 토지는 경작된 상태에 비해서 부양할 수 있는 인구가 아주 적다. 그리고 경작이 이루어진 경우에는 토지개량의 결과와 개량의 대상인 토지 자체를 구분하는 것이 불가능하기 때문에, 그 불가분성 때문에 토지재산권(landed property)이라는 개념이 발생하였다. 그러나 그럼에도 불구하고 사적인 재산은 토지 자체가 아니라 개량물의 가치에 국한된다.

따라서 모든 경작된 토지의 소유자는 자기 토지에 관해서 사회에 지대(더 적당한 용어를 찾기 어렵다.)를 빚지고 있는 셈이다. 이 책에서 저자가 제시하게 될 정책의 재원은 바로 지대에서 나온다.

자연의 이치로 보나 지금까지의 역사를 통해서 보나, 토지재산권이라는 관념은 경작에서 비롯되었고 그 이전에는 그런 관념이 없었다는 사실을 추론할 수 있다. 인류 역사의 제1기인 수렵시대에는 토지재산권 개념이 없었다. 목축시대라고 할 수 있는 제2기에도 없었다. 성경의 사실성이 인정된다면 아브라함도 이삭도 야곱도 욥도 토지소유자가 아니었다.

그들의 재산은 언제나 가축의 수로 이루어졌고 가축을 이끌고 여기저기 돌아다녔다. 당시 그들이 살았던 아라비아의 기후가 건조해서 우물의 사용을 두고 분쟁이 있었는데 이 점 역시 토지사사유권은 존재하지 않았다는 사실을 보여 준다. 토지가 사유재산이 될 수 있다는 생각은 인정되지 않았다.

원래부터 토지재산권이란 존재할 수 없다. 인간이 토지를 만들지 않았고, 토지를 점유할 자연권은 있으나, 토지의 어느 부분도 영원히 자신의 재산으로 차지할 권리는 없다. 하나님이 토지사무소를 개설하여 최초의 권리 증서를 발행한 것도 아니다. 그러면 토지재산권이라는 관념은 어디에서 비롯되었나? 앞에서도 답했듯이 경작이 시작되었을 때 시작되었다. 이 경우에는 경작에 의해 생긴 토지개량 결과와 개량의 대상인 토지 자체를 구분하기가 불가능하기 때문이다.

당시에는 토지개량 결과의 가치가 천연토지의 가치를 훨씬 능가하여 흡수할 정도였다. 그래서 결국에는 인류 공동의 권리가 개인의 경작으로 생긴 권리와 섞여 버렸다. 그렇지만 토지가 존재하는 한 두 권리는 엄연히 종류가 다르다.

사물에 관한 합당한 관념을 얻기 위해서는 그 기원을 추적해 보아야 하며, 이런 관념을 통해서만 옳고 그름을 판별하고 사람들의 자기 이해를 돕는 경계를 찾을 수 있다. 이 글의 제목을 토지 정의라고 붙인 이유도 소위 '토지법'과 구분하기 위해서이다.

경작에 의해 토지가 개량된 국가에서 [현재 프랑스에서 거론되고 있는] 토지법은 극히 부정의하다. 지구상의 거주민으로서 모든 사람이 천연토지에 대해서는 공동의 소유자이지만 그렇다고 해서 경작된 토지에 대해서 공동 소유가 인정되는 것은 아니기 때문이다. 경작으로 인해 추가된 가치는 토지사유제도가 확립된 후부터 경작을 한 본인 또는 그로부터 상속 또는 매입한 사람의 재산이 되었다. 원래는 누구의 재산도 아니었다. 그러므로 지은이는 토지사유제가 도입됨에 따라 자연권을 박탈당한 사람들의 권리를 옹호하고 곤경을 이해하지만 동시에 토지소유자에게 속하는 권리도 동등하게 존중한다.

경작은 인간이 자연에 가한 가장 중요한 개량의 하나이다. 창조된 토지의 가치가 경작으로 인해 10배나 증가하였다. 그러나 그로 인해 발생한 토지의 독점은 최대의 악을 야기하였다. 모든 국가에서 국민의 반 이상으로부터 자연의 유산을 박탈하였고 그 손실에 대한 정당한 보상도 없었다. 그리하여 과거와 달리 빈곤과 비참 속에 빠진 국민이 나타나게 되었다.

지은이의 제안은 이렇게 내쫓긴 인간을 위한 것이다. 이것은 자선이 아니라 권리의 문제이다. 그러나 이 권리는 한 번 무시된 후에는, 하늘이 정부체제의 혁명을 통해 길을 열어 줄 때까지 나타나지 않았다. 이제 정의의 이름으로 혁명에 영예를 부여하고 축복의 이름으로 혁명의 원칙을 관철시키자.

지금까지 몇 마디 말로 이 문제의 정당성을 이야기하였는데, 이제는 지은이가 제안하는 정책을 보자. 요약하면 다음과 같다.

> 국가 기금을 창설하고 모든 국민이 21세에 달하면 이 기금으로부터 15파운드를 받는다. 이 돈은 토지사유제의 도입으로 인해 자연의 유산을 상실한 데 대한 보상의 일부이다. 또한 50세 이상의 주민 또는 앞으로 50세가 되는 주민은 매년 10파운드를 받는다.

(이하 내용 요약)

현 토지소유자 사망 시에 토지 가치 중 천연가치를 환수한다. 21세 이후 평균 30년 생존한다고 보면 매년 30분의 1씩 사망하고 따라서 전 국토의 30분의 1이 상속된다. 천연가치는 토지가격의 10분의 1로 추정된다. 장애자에게도 50세 이상과 같은 대우를 한다.

Ⅳ. 패트릭 도브

1. 해제

1) 인물

도브(Patrick Edward Dove, 1815~1873)는 스코틀랜드 에든버러(Edinburgh) 부근 라스웨이드(Lasswade)에서 출생하였다. 스코틀랜드의 명문 가문 출신으로서, 여행을 많이 하고 파리와 런던에서도 거주하였다. 1840년경 스코틀랜드 아이셔(Ayrshire) 가문 소유의 토지에 정착하여 유복한 생활을 하였으나 1848년 투자에 실패하여 재산을 날렸다. 그 직후 결혼하여 독일 담스타트(Darmstadt)에 거주하면서 연구와 저술 활동을 하였다. 1850년에 아래 번역하는 『인간 진보론』을 출간하였는데, 칼라일 등 저명인사의 찬사를 받았으나 대중적인 반향은 없었다. 1860년 마비증세가 생겨 요양하였으나 끝내 회복하지 못하고 1873년 사망하였다. 저서는 사후인 1895년 뉴욕에서 다시 출간되었다.

2) 책

『인간 진보론 ***The Theory of Human Progression*****』(1850)**

사회에 적용할 일반원리를 도출한 정치 서적이다. 토지문제에 상당한 정도로 주목하였는데 핵심은 다음 세 가지이다.

- 토지는 창조주가 모든 인간에게 부여한 것이므로 개인의 재산이 아니라 공동재산이 되어야 한다.
- 토지를 사람 수만큼 등분하여 소유하는 것은 공동의 재산권을 구현하기 위한 적절한 방법이 되지 못한다.
- 진정한 해결책은 매년 토지 가치인 지대에 과세하는 것이다. 모든 조세를 토지 지대에서 징수하고 다른 조세를 전부 철폐하면 된다.

도브는 다른 지공주의자에 비해 비교적 덜 알려져 있지만 책 내용은 20여 년 뒤에 헨리 조지가 주창한 것과 차이가 없을 정도로 뛰어나다.

책의 일부를 아래에 번역한다.

2. 원문 번역

"창조주가 인류 전체를 위해 마련해 준 자연의 이익을 모든 인간에게 동등하게 보장하는 제도는 어떤 것인가? 또 동시에, 모든 인간이 방해를 받지 않고 자신의 노동과 근면과 능력을 자신을 위해 발휘할 수 있는 완전한 기회를 보장하려면 어떤 제도가 필요한가?"

이에 대해서는 오직 하나의 일반 해법이 있다고 본다. 또 과학적 발견에서 유추해 볼 때, 이 문제에 대한 해법은 언젠가는 나타나 인정을 받게 될 것이고 또 학계의 이론에 그치지 않고 구체적으로 법제화되어, 마침내 이성을 통해 도출한 명제가 옳았다는 사실이 현실에서 입증될 것이다.

아래에 우리의 해법을 제시한다. 비록 이 해법이 어느 나라에서건 즉각 실시될 것으로 기대하기는 어렵겠지만 앞으로 이에 대한 더 일반적인 논의가 있기를 희망한다.

1

인류를 구성하는 각 개인의 원초적인 권리에 차이가 없음을 인간 이성으로 인정할 수 있다.

2

한 세대가 만든 제도가 다른 세대에게도 그대로 적용된다면 이는 권리의 평등성을 희생하는 것이다. 인간 이성에 의해 도출된 평등의 원리가 시대에 따라 달라지지 않는 한 권리의 평등성은 영속적이다.

설령 개인 간의 권리가 평등하지 않다고 하더라도 누구의 권리가 더 많아야 하고 누구의 권리가 더 적어야 하는지를 정하기는 불가능하다. 권리의 불평등은 미신에 근거를 둘 수밖에 없고 정치학에서 (자연과학에서도 그랬듯이) 이성이 미신으로 대치되는 순간 권리의 불평등성에 근거를 제시할 수 있는 수단도 사라진다는 사실을 인정해야 한다. 또 설령 귀족제도와 노예제도의 존재가 옳다고 하더라도 누가 귀족이 되고 누가 노예가 되어야 하는지를 정할 방법이 없다.

3

잉글랜드라는 영구적인 토지(토지 자체 외에 광산, 산림, 어장 등을 포함하며 잉글랜드라고 부르는 자연의 토지)로 구성되지만 인구는 세대별로 교체된다.

4

그렇다면 문제는 이렇게 정의된다. “잉글랜드가 가진 자연의 이익에 관해 각 세대, 각 개인에게 자신의 몫을 보장하는 제도는 어떤 것인가?” 이 문제에 대한 해법은 하나뿐이라고 본다.

5

이성이 직관적으로 이해할 수 있는 명제 가운데, “생산자가 물자를 소유한다”는 명제보다 더 절대적으로 확실한 진리는 있을 수 없다. 개인이 재산권을 취득할 수 있는 유일한 방법은 생산이라는 것이다. 토지는 어느 개인 어느 세대의 생산물이 아니므로 모든 주민에게 동등하게 속하고 누구도 다른 사람보다 더 많은 특별 권리를 갖지 못한다.

6

객체로서의 토지와 함께 주체로서의 인간 즉 인간의 노동도 같이 고려해야 한다.

7

객체인 토지는 모든 사람의 공동재산이며 누구라도 토지에 대해 자신이 권원을 가진다는 점을 증명하지 못한다. 사유재산이 될 수 있는 것은 개인의 노동에 의해 생산된 가치뿐이다. 토지는 영구적인 토지부분과, 일시적이고 시간이 지나면 사라질 생산부분으로 이루어진다. 영구적인 토지부분은 절대로 사유재산이 될 수 없다. 토지를 사유재산으로 취급하는 제도는 필연적으로 부정의하다. 토지에 대한 사유재산권을 설명할 수 있는 합리적인 근거는 지금껏 한 번도 제시된 적이 없다.

8

영구적인 토지부분은 (비록 실정법에서는 토지를 사유재산이라고 부르고 또 그렇게 다루고 있지만) 사유재산이 될 수 없다. 그러나 경작을 하거나 필요한 천연 물자를 얻기 위해서는 개인이 토지를 소유할 필요가 있다.

9

그렇다면 문제는 이렇게 정의된다. “지구의 표면에 잇달아 태어나는 각 세대가 토지를 소유하려면 어떤 조건, 어떤 제도가 필요한가?” 조건은 다음과 같다. 첫째, 토지는 인류의 공동재산이다. 둘째, 각종 재료를 가공하여 만든 새로운 물자든 노동에 의해 형태나 위치를 변화시켜 조성한 새로운 가치든, 개인이 자신의 노동으로 생산한 것은 생산자의 사유재산이며 이것은 다른 사람에게 방해가 되지 않는 한 생산자가 자기 마음대로 처분할 수 있다. 셋째, 토지는 인류의 영구적인 공동재산이고 각 세대는 자유토지에 대해 완전한 권원을 가진다.

위의 조건은, 어느 세대에 속하든 모든 사람에게 공동재산에 대한 동등한 지분을 보장하고 또 타인을 침해하지 않는 한 자신의 기술과 근면과 노력으로 생산한 것을 모두 사유재산으로 할 기회를 보장하는 제도라야 한다는 의미이다.

이를 위해서는 우선 토지를 균등하게 나누어 사람 수에 따라 배분하는 방식이 자연스럽게 떠오르며 대부분의 사람들은 이런 방식이 유일한 것이라고 생각하게 된다. (중략)

그러나 이런 분할 방식은 유용하지도 가능하지도 않다. 그러나 더 큰 문제는 정의롭지 않다는 점이다. 현재의 소위 토지소유자라는 자에 대해서 정의롭지 않을 뿐 아니라, 미래 세대 즉 선대와 다름없는 자연권을 가지고 계속해서 세상에 태어날 사람들에 대해서도 정의롭지 않다. 예를 들어 10만 에이커의 땅을 1천 등분하여 재산권을 설정한 후 1천 명에게 나누어 준다고 하자. 얼른 보기에는 이 방식이 형평성이 있는 것처럼 보인다. 인간의 수명이 영구적이고 자손을 낳지 않는다면 이 방식을 반대할 이유가 없다. 그러나 토지에 재산권을 설정하면 양도를 할 수 있게 되는데, 1천 명 지주 중 한 사람이 자기 몫인 100에이커를 다른 사람에게 매각하여 새 주인이 200에이커를 소유한다고 해 보자. 이 결과는 두 사람 사이에서는 형평성이 있다. 그러나 이런 거래에 이해관계를 가진 다른 사람이 있고 이들의 권리도 무시되어서는 안 된다. 몇 년이 지나 성인 인구가 1,050명으로 증가한다고 할 때 추가된 50명 역시 기존의 1천 명과 동등한 권리를 가진다. 출생의 시간적인 순서는 자연으로서의 지구에 대한 인간의 권리에 아무런 차이를 주지 않는다. 인구 증가 후에는 어떻게 될 것인가? 가능성은 두 가지이다. 하나는, 기존의 소유권을 유지하고 추가된 50명에게는 아무런 권리도 주지 않는 것이고, 또 하나는 토지를 새로 분할하여 1,050 등분을 하는 것이다. 두 번째 방식은 물론 기존 토지소유자의 특권을 파괴하며, 실제로 토지를 새로 분할하면 1천 명 전체의 농지와 재산이 새로 편성된다. 인구 증가에 따른 토지 분할 때마다 모든 사람의 토지 경계가 달라진다. 이런 제도는 토지 경작에 해롭다. 이런 제도는, 가능은 하겠지만, 너무나 불편하여 실제로 채택하기가 곤란하다.

토지 분할은 기대할 필요도 없고 분할된 토지가 사유재산이 된다면(도덕적으로는 그렇게 될 수 없지만 법률적으로는 가능하므로) 정의롭지도 않다.

각 세대가 구체적인 토지(광산 등도 포함)에 대해 자신의 몫을 가질 수 없다면 자연적인 토지의 이익 분할은 어떻게 실현될 수 있을까?

연간 지대를 분할하면 된다. 즉 토지의 지대를 국민의 공동재산으로 하면 된다. (조세는 국가의 공동재산이므로) 모든 조세를 토지 지대에서 징수하고 다른 조세를 전부 철폐하면 된다. 이렇게 하면 모든 근면은 일체의 부담에서 벗어나게 된다. 모든 사람은 자신의 기술과 근면과 노력으로 생산한 것을 자유경쟁의 자연법에 의해 정당하게 자신의 것으로 함으로써 자연적인 보상을 얻게 된다. 우리는 이것이야말로, 자연적인 재산의 문제에 대한 요구 조건을 충족시킬 수 있는 유일한 이론이라고 생각한다.

Ⅴ. 허버트 스펜서

1. 해제

1) 인물

스펜서(Herbert Spencer, 1820~1903)는 영국의 더비(Derby)에서 출생하였다. 학교 교육에 의문을 품고 독학하였으며 철도기사, 신문기자를 거쳐 1848년 경제지 『이코노미스트 *Economist*』의 편집차장으로 재직하였다. 1853년 백부의 유산을 상속받게 되어 퇴직하고 저술에 몰두하였다. 대학 강단에 서지 않고 민간학자로 시종하였고 대학·학회에서 주는 명예 칭호도 모두 거절하였으며 평생 독신으로 지냈다.

젊은 시절인 1851년에 아래에 번역하는 『사회정학 *Social Statics*』을 출간하였다. 1860년에 『종합철학체계 *The Synthetic Philosophy*』의 개요를 공표한 이후 1896년까지 36년간에 걸쳐 제1권 『제1원리 *First Principles*』(1862), 제2, 3권 『생물학 원리 *Principles of Biology*』(1864~1867), 제4, 5권 『심리학 원리 *Principles of Psychology*』(1870~1872), 제6, 7, 8권 『사회학 원리 *Principles of Sociology*』(1876~1896), 제9, 10권 『윤리학 원리 *Principles of Ethics*』(1879~1893)를 순차적으로 간행하였다. 이 전집은 성운(星雲)의 생성에서부터 인간사회의 도덕원리 전개에 이르기까지 모든 것을 진화의 원리에 따라 조직적으로 서술한 것으로서, 다윈의 『종의 기원』(1859)의 생물 진화론을 중심으로 하는 다윈주의 운동과 결합하여 1870년대 이후 커다란 영향을 미쳤다.

2) 책

『사회정학 *Social Statics*』(1851)

"모든 인간은 타인의 동등한 자유를 침해하지 않는 한 자신이 원하는 대로 행동할 자유를 가진다(Every man has freedom to do all that he wills, provided he infringes not the equal freedom of any other man.).”는 명제를 제1원리(First Principle)라고 부르고 이 원리를 각 분야에 적용하는 내용이다. 이 원리를 토지제도에 적용한 결과, 토지사유제를 부정하고 그 해결책으로서 지대를 환수하여 공공의 이익을 위해 사용해야 한다는 결론에 도달했다. 그러나 후일 토지에 대한 자신의 입장을 바꾸었는데, 이에 대해 헨리 조지가 『갈피를 잃은 철학자 *A Perplexed Philosopher*』(1892)를 집필하여 강력하게 비판한 바 있다.

이 책은 긴 서문에 이어 5부(32장)로 구성되어 있는데 아래에 제2부의 제8장에서 제10장까지 번역한다.

2. 원문 번역

[제8장] 생명과 개인적 자유에 대한 권리

1

제1원리를 인정한다면 생명권과 개인적 자유권은 당연히 인정된다. 타인의 동등한 자유를 침해하지 않는 한 자신이 원하는 대로 행동할 자유를 가진다고 하면 인간이 자신의 생명에 대해 권리를 갖는 것은 명백하다. 생명권이 없다면 자신이 원하는 어떤 행위도 할 수 없기 때문이다. 개인적 자유권도 이와 같다. 자유권의 전부는 고사하고 일부라도 유보된다면 그만큼 각자 원하는 바를 달성하는 데 제약이 생기기 때문이다. 마찬가지로 다른 사람의 생명과 자유를 침해해서는 안 된다는 점도 분명하다. 제1원리 즉 다른 사람의 동등한 자유를 침해해서는 안 된다는 법칙에 어긋나기 때문이다. 예를 들어 피살자와 살해자, 노예와 노예주는 절대로 동등하게 자유롭다고 볼 수 없다.

2

이런 결론을 입증하기 위해 그 장점을 예시할 필요는 없겠다. 모든 사람이 마음속으로부터 동의하고 있기 때문이다. 논리를 동원하지 않더라도 도덕심만으로도 명백하게 수긍할 수 있는 진리가 있는데 이들 권리가 바로 여기에 해당한다. 인류가 충분히 발달하지 못했던 시대에는 이런 진리에 반응하는 감정이 성숙하지 못하여 이를 제대로 인식하지 못하기도 했었다. 예를 들어 고대 아시리아 시대에는 국민이 왕의 사유재산이었다. 고대 아테네나 로마에서는 문지기에게 사슬을 매어 개처럼 끌고 다닌 일도 있었다. 인간을 신에게 제물로 바치는 사례도 있었고 관중 앞에서 포로를 찢어 죽이기도 했다. 이런 시대에는 생명과 개인적 자유에 대한 권리의 장점을 납득시키고 이를 강제할 필요가 있었을 것이다. 그러나 다행히 우리가 살고 있는 이 시대는 문명이 높아져서 이런 권리를 당연시하는 수준이 되어 있으므로 그 장점을 새삼 납득시킬 필요가 없다.

3

범죄인에 대한 사형이나 무기징역형 등의 문제는 여기에서 다루지 않겠다. 이런 제도는 제1원리에 대한 고래의 위반사례라고 하겠지만, 도덕이 상실된 사회에서 교정수단으로 사용된다는 점에서 '교정 윤리'라는 별도의 분야에서 다루기로 한다.

[제9장] 토지 사용에 대한 권리

1

어떤 종(種)을 구성하는 개체가 각자 원하는 것을 동등하게 추구할 자격이 있고, 욕구를 충족시킬 수 있는 대상으로서 지구가 존재하며, 각 개체가 동등하게 지구에 태어났다고 하자. 그러면 각 개체가 지구를 사용할 권리는 평등하다는 결론이 필연적으로 도출된다. "타인의 동등한 자유를 침해하지 않는 한 자신이 원하는 대로 행동할 자유를 가진다"는 제1원리를 인정한다면, 누구나 타인의 동일한 자유를 허용하는 한 자신의 만족을 위해 지구를 자유롭게 사용할 수 있어야 하기 때문이다. 뒤집어 이야기하면, 타인이 자신과 유사하게 지구를 사용하는 것을 막는 방식으로 지구를 사용해서는 안 된다는 것이다. 타인에게 금하는 것을 자신이 행한다면 타인보다 더 큰 자유를 갖는 것이고, 따라서 제1원리를 위반하는 결과가 되기 때문이다.

2

그러므로 형평성에 비추어 보면 토지재산권은 인정되지 않는다. 지구 표면의 어느 일부를 특정인이 소유하거나 배타적 권리의 대상으로서 혼자서만 사용하고 향유하도록 허용한다면 지구 표면의 다른 부분도 그렇게 될 수 있고 결국에는 지구 표면 전체가 그렇게 될 수 있으므로 우리가 사는 이 행성은 개인의 수중에 들어갈 수 있다. 그 결과 나타날 딜레마를 생각해 보자. 지구상의 거주 가능한 지역 전부가 개인의 수중에 들어간다고 하면 토지소유자는 지구 표면에 대한 정당한 권리를 가지는 반면, 토지를 소유하지 않은 사람은 아무런 권리도 갖지 못하게 된다. 그럴 경우 토지를 소유하지 못한 사람은 토지소유자의 승인이 있어야만 지구상에 존재할 수 있다. 토지를 소유하지 못한 사람은 모두 무단침입자가 된다. 지주의 허락이 없으면 발 디딜 곳조차 없다. 토지소유자의 허가를 받지 못하면 토지가 없는 사람들은 지구에서 모두 쫓겨나도 할 말이 없어진다. 토지를 사유재산으로 함으로써 지구 전체가 일부 주민의 소유가 될 수 있고 그 결과 다른 주민은 토지소유자의 동의가 있어야만 자신의 역할을 할 수 있거나 심지어 존재할 수 있다고 하면, 토지의 배타적 소유는 필연적으로 평등한 자유의 법칙을 위반하게 됨이 명백하다. 다른 사람의 동의 없이는 살 수도 움직일 수도 존재할 수도 없다면 다른 사람과 동등하게 자유로울 수 없기 때문이다.

3

한편 가상적인 논리를 떠나 현실을 보더라도, 토지재산권의 정당성을 부정할 수 있는 근거가 있다. 법적으로 보더라도 현존하는 토지재산권은 옳지 않다는 점이다. 토지재산권이 적법하다고 생각하는 사람이 있다면 토지가 사유화된 과정을 생각해 보기 바란다. 토지소유권을 거슬러 올라가면 폭력, 사기, 힘에 의한 특권, 교활한 자의 술수 등에 이르게 된다. 최초의 토지 권리증서를 작성한 도구는 펜이 아니라 칼이었다. 집행인은 법률가가 아니라 군인이었다. 대금은 화폐가 아니라 주먹이었다. 도장은 인주가 아니라 피를 묻혀 찍었다. 이런 식으로 정당한 권리가 성립될 수 있을까? 아니다. 그렇게 취득한 토지를 물려받은 그 이후의 소유자는 어떻게 되나? 이전에 존재하지 않았던 권리가 매매나 유증으로 인해 생겨나는가? 훔친 토지의 경우 주인이 바뀐다고 해서 원래의 권리자가 이성의 법정에서 패소할 것인가? 분명히 아니다. 양도가 한 번 이루어질 때 발생하지 않는 권리가 여러 번 이루어진다고 해서 발생하나? 아니다. 0은 아무리 여러 번 곱해도 1이 되지 않는다. 법률에서도 이런 원리가 인정된다. 재산을 매입하거나 상속한 사람은, 다른 사람의 이의가 있으면 원주인의 권리의 정당성을 입증해야 한다. 원래의 권리증서에 흠이 발견되면, 그 중간에 아무리 많은 사람에게 이전되었더라도 권리는 무효가 된다.

그러나 이렇게 말하는 사람도 있을 것이다. "시간에는 위대한 합법화 효과가 있다. 오랜 세월 동안 소유한 경우에는 적법한 권리가 생긴다. 여러 세대에 걸쳐 사유재산으로서 매매가 이루어진 것은 이제는 회복할 수 없이 개인의 것이 되었다고 보아야 한다." 이런 주장의 의미를 명확하게 할 수 있다면 동의해 줄 수도 있겠다. 그러나 그 이전에 다음 질문에 분명한 답을 제시해야 한다. 원래 옳지 않은 것이 옳은 것으로 변환되려면 시간이 얼마나 필요한가? 연간 얼마의 비율로 권리가 무효에서 유효로 전환되는가? 권리가 1천 년이 지나 완전해진다면 2천 년이 지나면 얼마나 더 완전해지는가? 등등. 이런 질문에 대답하려면 신종 수학이 필요할 것이다.

특정한 시점의 상황을 정당한 것으로 인정함에 사회적 편의성이 있는가라는 질문은 별개의 것이다. 여기에서는 관습적인 특권이나 입법상의 편의성에 대해서는 논하지 않고, 단지 순수한 형평법에 의한다면 어떤 판결이 나올 것인가를 논한다. 토지의 사적 소유에 관한 기존의 소위 '권리'에 대해 이의가 제기된다면, 어떠한 권리증서, 관습, 실정법이 있다고 해도 판결에서는, 이의를 받아들여 지구 표면에 대한 인류 일반의 권리는 유효하다는 결론을 내릴 것이다.

4

이처럼 현 토지제도는 출발에서부터 정당하지 못할 뿐 아니라, 출발 후에도 토지가 사유재산이 될 수 있는 방법은 없다. 흔히 경작이 적법한 소유의 근거라고들 한다. 원초적인 야생 상태에서 토지를 개간한 사람은 그 토지를 소유하게 된다고들 한다. 그러나 이 사람의 권리에 이의가 제기될 경우 무슨 논리로 방어할 수 있을까? 다음 변론을 들어 보자.

> 개척지 통나무집 문 앞에서 담배를 피우고 있는 집주인에게 묻는다. "보시오, 주인장. 댁이 이 땅을 개척하고 울타리를 치고 통나무집도 지었군요. 그렇지만 이 땅을 소유하는 근거는 무엇인가요?"
>
> "근거라니요? 내가 여기에 자리를 잡은 것은, 안 된다고 한 사람이 아무도 없었기 때문이지요. 나도 다른 사람만큼 자유가 있다는 거지요. 게다가 내가 나무를 베고 땅을 갈아 농사를 지었으니 이제 이 농지는 댁이나 다른 사람이 아닌 나의 것이 되었습니다. 그러니 내가 소유하는 겁니다."
>
> "그래요? 그 말만으로는 권리의 근거가 충분한 것 같지 않은데요. 댁에서 처음 여기에 왔을 때 사탕단풍나무가 있었지요. 아니면 목초와 딸기가 있었거나. 이런 걸 없애고 밀, 옥수수, 담배를 심었군요. 원래의 것을 없애고 다른 것을 심었다고 해서 그때부터 계속해서 이 땅의 주인이 된다는 말을 이해하기 어렵군요."
>
> "아니, 내가 없애 버린 자생 식물은 별로 가치가 없는 것이지만 새로 심은 것은 식용으로

적당한 거지요. 생명과 행복을 주는 식품이지요."

"댁이 변화를 주었다고 해서 이 땅이 댁의 것으로 되는 이유는 아직도 설명하지 못했군요. 댁에서 한 일은 무엇입니까? 표면의 흙을 삽이나 쟁기로 약간 갈아엎고 씨앗을 뿌렸지요. 그리고는 햇빛과 비와 바람의 도움으로 얻은 열매를 거두어들였지요. 이런 행위가 무슨 조화로 저 커다란 땅 덩어리를 표면에서 지구 중심까지 댁의 단독 소유로 바꾼다는 말입니까? 그걸 영원히 댁과 자손의 것으로 만들다니요."

"아, 그게 내 것이 아니라면 누구의 것이란 말인가요? 내가 누구에게서 뺏은 것도 아니고. 내가 미시시피 강을 건너 여기까지 왔을 때는 숲만이 있었지요. 누구라도 여기에 먼저 정착해서 개간을 했었다면 그 사람이 나처럼 땅 주인이 되었을 겁니다. 누구라도 나보다 먼저 온 사람이 했을 행위를 나도 했을 뿐입니다. 주인이 없었을 때 이 땅은 모든 사람의 것이었습니다. 그러나 내가 먼저 발견해서 개량했기 때문에 이제는 내 땅이 된 겁니다."

"방금 '주인이 없었을 때 이 땅은 모든 사람의 것'이라고 말했지요? 옳은 말입니다. 그러나 저는 이 땅은 지금도 모든 사람의 것이라고 말씀드릴 수밖에 없습니다. 댁이 개량했다고 해서 다른 사람의 권리가 사라지는 것은 아닙니다. 댁이 쟁기질과 써레질을 하고, 씨 뿌려 거두고, 여러 번 땅을 갈아엎었지요? 그러나 애초에 댁의 것이 아니었던 땅이 그런 일만으로 댁의 것이 되는 것은 아닙니다. 예를 들어 봅시다. 댁이 여기저기를 다니던 중 빈집 한 채를 보았는데, 낡기는 했지만 그런대로 마음에 들었고 그래서 시간과 수고를 들여 잘 수리했다고 합시다. 페인트칠도 하고 벽지도 바르고 깨끗하게 청소를 하는 등 상당한 비용을 들여서 사람이 살 만하게 만들었다고 칩시다. 그런데 어느 재수 없는 날 나그네가 찾아와서는 자기가 그 집을 물려받은 사람이라고 하고는 온갖 증빙서류를 제시했다고 하면 개량한 집은 어떻게 될까요? 댁이 집의 정당한 소유자라고 할 수 있나요? 개량 결과가 원주인의 권리를 무효로 할 수 있나요?"

"그건 아니지요."

"그렇다면 댁이 여기에 와서 한 개척 행위 역시 토지소유권을 창출하지 못합니다. 원주인인 인류 전체의 권리를 무효화할 수도 없고요. 세상은 하나님이 인류에게 물려준 것이고 모든 사람은 세상의 공동 상속인입니다. 댁도 인류의 한 사람이고요. 댁이 세상의 한 부분을 차지하여 거주하면서 그곳을 개간하고 경작하고 꾸몄다고 해도, 즉 개량했다고 해도, 그것만으로는 땅을 사유재산으로 할 근거가 되지 않습니다. 댁이 땅까지 모두 차지하려고 한다고 해도 법적인 소유자 즉 사회가 댁을 내쫓을 수 있습니다."

"그렇더라도, 황무지를 옥토로 바꾸어 이 땅에 추가한 가치를 보상해 주지 않고 나를 내쫓지는 않겠지요. 오랜 세월 내가 이 땅을 지금처럼 바꾸어 온 노력의 덕을 무시하고 날 떠돌이 신세로 전락시키지는 않겠지요."

"물론입니다. 집의 경우에 댁이 그간 수리하고 새로운 시설을 한 데 대해 집주인으로부터 보상을 받을 권리가 있듯이, 댁이 이룩한 것에 대해 보상을 하지 않고 사회가 모두 차지할 수는 없지요. 댁이 노동을 통해 추가한 가치는 댁의 것입니다. 그러나 사회의 것에 대해서는, 댁이 쉬지도 않고 열심히 개량을 했다고 해도, 사회는 당연히 댁의 권리를 부정할 것입니다. 개량의 가치를 인정하는 것과 토지 자체의 소유를 인정하는 것은 별개의 문제입니다. 이 땅에 가한 개량의 가치를 보상받을 권리가 있다는 말도 맞지만, 어떤 행위와 절차와 형식을 거치더라도 땅 자체가 사유재산이 되지 않는다는 말 또한 맞습니다."

5

얼른 생각하면, 형평성을 갖춘 어떤 분배 과정을 통하면 토지를 개인의 배타적 소유로 할 수 있을 것 같기도 하다. "공평한 분배에 합의하면 왜 안 되는가? 우리가 모두 공동상속인이라면 토지를 균등하게 나누고 그때부터는 자기 몫에 대해 전면적인 지배자가 되는 것이 무엇이 나쁜가?" 이렇게 질문할 수 있다는 것이다.

이 질문에 대해는, 각자가 분배 받을 토지의 가치를 정하기 어렵다는 이유로 반대한다고 우선 대답할 수 있다. 토지마다 생산성에 차이가 있고 접근성, 기후조건, 문명 중심지와의 거리도 각기 다르다. 이런 여러 가지 차이점을 고려하면 문제가 단순 측량의 범위를 벗어나 불가능의 영역으로 가 버린다.

그러나 이 문제는 제쳐 두고, 분배 대상자가 누구인지를 생각해 보자. 특정일에 21세 이상인 모든 남성에게 분배할 것인가? 그렇다면 그 다음 날에 21세가 되는 사람은 어떻게 하나? 모든 남녀와 어린이에게까지 분배할 것인가? 그 다음 해에 태어나는 아기는 어떻게 할 것인가? 아버지가 토지를 팔아 치우고 대금을 소비해 버린 경우에 자식의 운명은 어떻게 되는가? 이런 사정으로 자기 몫을 못 받는 사람들은, 앞서도 이야기했듯이 지구상에 쉴 곳 하나 없는 신세가 되어 오직 다른 사람의 승인에 의해서만 생존할 수 있다. 사실상 노예가 되는 것이다.

그러므로, 우리가 정당한 위임에 의해 분배의 권한을 가지지 않는다면, 하나님이 토지 특권을 한 세대에게는 부여하면서 다른 세대에게는 부여하지 않는다고 입증하지 못한다면, 또 특정한 시점 이후에 태어난 인류는 불행해질 수밖에 없는 운명을 타고났다는 증거를 대지 못한다면, 이러한 토지 분배는 허용되지 않는다.

6

토지의 사유에 내재하는 이러한 난점은, 적당한 범위 내에서만 적용할 수 있는 원리를 너무 극단으로 몰아가기 때문에 생긴다고 보는 사람도 있다. 이런 사고방식을 가진 사람은 꼭 있기 마련이다. 이런 사람은 딱 부러지는 결론을 싫어하는 부류이다. 진리란 언제나 극단이 아니라 양극단의 중간쯤에 존재한다고 보는 사람들이다. 언제나 긍정과 부정의 중간을 취하려고 하며 갖가지 가정과 예외를 두는 데 재미를 느끼는 사람들이다. 이들은 소위 "중용"이라는 것에 너무 매달려서, 완전한 원리를 담은 것이라면 신탁(神託)도 믿지 않으려 한다. 지구가 동에서 서로 회전하는가 아니면 서에서 동으로 회전하는가에 대해 물어본다면 "조금씩 양방향으로 회전한다"거나 "딱히 어느 쪽도 아니다"라고 대답할 사람들이다. 전체는 부분보다 크다는 공리도 유보조건 없이 믿을지 의문스럽다. 이들은 열심히 타협을 추구한다. 이들의 구미에 맞추려면 언제나 진리에 오류라는 양념을 섞어야 한다. 이들은 순수하고 절대적이고 완전하고 무제한적인 법칙을 인정하지 못한다. 그러므로 우리의 논의에 대해서도 무언가 제한을 가하고 싶어 하고 원리를 완화하고 수정하려고 한다. 원리를 끝까지 철저하게 추구하는 데 대해 언제나 저항한다.

그러나 윤리적인 진리는 물리적인 진리처럼 절대적이라는 점을 상기해야 한다. 토지소유제도의 경우에도 도덕의 판결은 긍정 아니면 부정일 뿐이다. 인간이 토지를 사유재산으로 소유할 권리가 있거나 없거나 둘 중 하나이다. 그 중간이란 있을 수 없다. 우리는 둘 중 하나를 선택해야 한다. 그 중간적인 의견이란 존재할 수 없다. 성질상 이것 아니면 저것의 문제다.

인간이 토지에 대해 이런 권리를 갖지 않는다고 하면 앞서 지적한 여러 가지 문제는 즉시 해소된다. 반면 인간이 이런 권리를 갖는다고 하면 절대적이고 신성하고 순수한 어떤 권리가 훼손되고 만다. 토지소유자가 다른 사람을 배제하는 온갖 횡포가 다 정당화되고 만다. 인간이 이런 권리를 갖는다고 하면 한 나라의 소유자는 그 주민에게 자기 마음대로 규제를 가할 수 있게 된다. 자신의 땅에 사는 조건으로서 특정 종교를 믿으라든지, 특정 언어를 사용하라든지, 자기에게 특별한 경의를 표하라든지, 입는 옷을 지정한다든지, 기타 자기가 원하는 온갖 조건을 제시할 수 있게 된다. 인간이 이런 권리를 갖는다면 토지소유자만이 국가의 유일한 지배계층이라는 토리당의 신념이 진리가 된다. 국민 일반은 토지소유자의 허락이 있어야만 그 땅에 존재할 수 있고, 토지소유자의 지배를 감수해야 하며, 토지소유자가 만든 모든 제도에 순종해야 한다는 것이다. 이런 추론은 필연이다. 지구가 개인의 사유재산이 될 수 있다고 하는 이론을 인정한다면 이런 결론은 필연적이다. 이 결론을 부정하려면 그 전제가 되는 이론을 부정할 수밖에 없다.

7

그러나 토지 사유가 절대적이라고 믿는 사람은 없다. 토지는 왕이나 국가가 사회의 이익을 위해 신탁 형식으로 가지고 있다고 한다. 즉 명목상의 소유자가 절대적으로 소유하는 것이 아니라는 의미이다. 더구나 법률에 의해 토지사유제를 부정하는 사례는 비일비재하다. 운하나 철도나 도로를 개설할 경우에, 토지소유자가 지출한 자본 투자를 보상하는 조건하에 당연히 토지를 수용할 수 있다. 이때 토지소유자의 동의는 필요하지 않다. 의회의 입법은 토지소유권에 우선하며, 소유자에게 그 의사와 관계없이 토지에서 퇴출할 것을 요구한다. 이런 조치는 형평성이 있거나 없거나 둘 중 하나이다. 사회가 필요할 경우에 지구 표면의 일부를 자유롭게 다시 수용할 수 있거나, 아니면 토지소유자의 권리가 절대적이므로 지주가 토지를 기꺼이 내놓지 않는 한 모든 공공사업이 불가능해지거나 둘 중 하나이다. 이 경우에 개인 소유권이 양보해야 한다면, 국민 일반의 토지권이 우위에 있고 개인은 국민 일반의 동의하에서만 토지를 가질 수 있음을 의미한다. 사회가 동의를 철회하면 개인은 토지를 가질 수 없게 된다. 즉 개인의 토지 소유는 전혀 권리가 아니라는 것이다.

8

그러나 누구나 토지를 평등하게 사용할 자격이 있다면 그 결과는 무엇인가? 구획되지 않은 야생의 토지에서 뿌리와 열매를 얻거나 사냥을 하면서 연명하던 과거로 돌아가자는 것인가? 아니면 푸리에(Charles Fourrier, 1772~1837), 오언(Robert Owen, 1771~1858), 루이 블랑(Louis Blanc, 1811~1882)과 같이 공산주의적 공동체 생활을 하자는 것인가?

그 어느 쪽도 아니다. 이것은 최고의 문명상태와 합치하며 경제에 별다른 영향을 미치지도 않고 현 사회체제에 혁명을 일으키지도 않는다. 필요한 변화는 단지 지주를 바꾸는 것뿐이다. 개별 소유권이 주식회사와 같은 국민의 공동소유권으로 통합된다. 국토는 개인의 소유가 되는 것이 아니라 사회라는 통합체의 소유가 된다. 농민은 토지를 개별 지주에게서 빌리는 것이 아니라 국가로부터 빌린다. 지대는 귀족 지주의 집사에게 지불하는 것이 아니라 공동체의 담당자에게 납부한다. 감독자는 개인이 아니라 공무원이 되며 토지에 관해서는 임대차 관계만 존재하게 된다. 이러한 질서는 도덕법칙과 완전히 화합된다. 이 제도하에서는 모든 사람이 동등한 지주인 동시에 자유로운 토지임차인이다.

이러한 제도는 도덕법칙과 완전히 조화된다. 이 제도에서는 모든 사람이 평등한 지주이며, 모든 사람이 꼭 같이 자유롭게 임차인이 될 수 있다. 어느 농지에 주인이 없다고 하면 갑, 을, 병 등 국민은 누구나 지금과 다름없이 경쟁을 하고 그중 한 사람이 농지를 취득하게 된다. 여기에는 순수한 형평의 원리에 위배되는 점이 전혀 없다. 토지에 대한 청약은 누구든 꼭 같이 자유롭게 할 수 있고 또 누구든 꼭 같이 자유롭게 안 할 수 있다. 농지가 국민 중 갑, 을, 병에게 돌아간다고 할 때 이 결과는 각 국민이 원하는 대로 된 것이다. 토지를 차지하는 사람은 다른 국민에게 일정한 금액을 지불한다는 조건하에 선택하는 것이고 그 금액을 지불하고 싶지 않은 사람은 토지를 임차하지 않게 된다. 그러므로 이러한 체제에서는 모든 토지가 평등과 자유의 법칙에 완벽하게 부응하여 구획되고 점유되고 경작된다.

9

물론 인류 일반이 토지권을 되찾는 과정에는 어려움이 따른다. 기존의 소유자에 대한 보상 문제가 복잡하다. 엄격하게 형평성에 입각하여 해결하기 어려운 점이 있다. 현 토지소유자가 인류 공동의 터전을 도둑질한 당자라고 하면 일은 간단하다. 그러나 불행하게도 현 토지소유자 대부분은 직·간접으로, 자신이 또는 조상이, 정직하게 벌어들인 부를 대가로 지불하고 취득하였다. 또 그들은 자신의 저축을 적법하게 투자한다고 믿었다. 이러한 토지소유자의 요구를 적절히 평가하고 해소하는 문제는 매우 까다롭다. 그러나 사회는 언젠가는 이 문제를 해결하지 않을 수 없다. 문제가 복잡하고 해결이 어렵다고 해도 추상적인 도덕 원리는 변함이 없다. 인간이 근본 법칙에 복종하지 않아서 문제를 만들었으므로 어떻게 해서든 이 문제에서 벗어나야 하고 가능한 한 토지소유자의 피해가 최소가 되는 방법으로 해결해야 한다.

한편, 토지소유자 외에도 고려해야 하는 계층이 있다는 점을 잊지 말아야 한다. 소수의 기득권을 침해하지 않도록 배려하는 가운데, 지금껏 다수의 권리가 정지되어 왔다는 사실 그리고 토지를 개인이 독점하고 있는 한 그들의 권리는 계속 정지된 상태에 놓인다는 사실을 잊어서는 안 된다. 뿐만 아니라, 대다수 인류에 대한 이러한 부정의는 매우 중대한 부정의라는 점을 기억하자. 사회적 인식이 이와 다르다고 해서 사실이 달라지는 것은 아니다. 문명의 초기 단계에는 살인도 가볍게 생각되었다. 인도에서는 남편이 죽으면 아내도 같이 순장하였고 다른 지역에서도 지도자가 죽으면 산 사람을 같이 묻는 풍습이 있었다. 식인종은 "전쟁의 행운"이 가져다준 포로를 살해하는 것은 전적으로 정당하다고 생각하는 것 같다. 또 노예제도 역시 한때는 자연스럽고 적법한 제도라는 보편적인 인식이 있었다. 신의 뜻에 의해서 그렇게 태어났기 때문에 순종해야 한다고들 생각했다. 아니, 아직도 상당수의 사람들은 이런 생각을 하고 있다. 그러나 사회 발전에 따라 수준 높은 신념이 생겨서 이제는 상당한 정도로 인권을 존중하게 되었다. 그러나 우리 문명에는 아직도 부족한 부분이 많다. 시간이 흐르면서 형평의 원리가 내리는 명령을 우리가 따르지 않았다는 사실을 인식하게 될 것이고 그때에는, 다른 사람의 토지사용권을 박탈하는 것은 목숨이나 자유를 빼앗는 것 다음의 중한 범죄라는 사실을 깨닫게 될 것이다.

10

이상의 논의를 간략하게 돌이켜 보자. 각 개인의 지구 사용권은 다른 사람의 동일한 권리에 의해서만 제약될 뿐이라는 점이 평등한 자유의 법칙으로부터 직접 도출된다. 이 권리를 유지하면 필연적으로 토지의 사유는 금지된다. 세밀하게 검토해 보면 현존하는 모든 토지소유권은 무효임이 밝혀진다. 개간한 토지 역시 마찬가지이다. 균등하게 토지를 분배하는 것도 적법한 토지소유권을 발생시키지 못한다. 토지의 배타적 소유가 극단적으로 이루어지면 토지소유자에 의한 독재 상태가 된다. 또 토지의 사유가 법률에 의해 부인되는 사례도 많다. 끝으로 모든 인간이 토지를 공동으로 물려받았다는 이론은 고도의 문명과 부합한다. 그 이론을 구체화하는 데 어려움이 있다고 해도 형평의 원리는 그 실현을 엄격하게 요구한다.

[제10장] 재산권

1

도덕법칙은 사회의 산물이므로 사회 형성 이전의 상태와는 전혀 무관하다. 완벽한 인간의 행동규범인 순수 도덕원리는, 아무리 극단적인 경우라도 문명화 이전의 인간 행동에 맞추어 변질시키거나 미개인의 사정을 감안하여 훼손해서는 안 된다. 윤리의 제1원리를 정립하려는 사상가들은 흔히 이런 점을 간과해 왔다. 이들은 미래의 이상적인 문명 대신 상상 속의 원시 세계를 언급하는 경우가 많다. 그 때문에 윤리적인 원리와 논의의 전제가 서로 맞지 않는다는 문제점이 발생한다. 그들이 정립한 재산권 이론의 모호성은 바로 이런 사정에 기인한다. 그들의 이론은, 일부 그럴듯한 측면도 있지만, 각종 의문과 반대에 대해 명료한 답을 제시하지 못한다. 사례 하나를 들고 그 문제점을 검토해 보자.

로크(John Locke, 1632~1704)는 이렇게 주장했다. "지구와 일체의 열등 피조물은 모든 인간의 공동의 것이지만, 인간은 누구나 자기 자신의 것이다. 자신에 대해서는 본인 이외에는 그 누구도 어떤 권리도 가질 수 없다. 또 신체의 노동과 손의 작업은 당연히 자기의 것이라고 해도 좋을 것이다. 그렇다면, 자연이 부여한 상태로부터 어떤 사람이 무엇인가를 분리한다면, 이는 자기의 노동을 가미한 결과가 되고, 이미 자기의 것인 무엇인가를 그것에 결합시킨 결과가 되며, 또 그렇게 함으로써 그것을 자기의 것으로 만든 결과가 된다. 자연이 제공한 공동의 상태로부터 그 사람에 의해 분리되었으므로, 다른 사람이 가진 공동의 권리를 배제하는 무엇이 그 노동에 의해 부착되었다는 것이다. 이와 같은 노동은 의문의 여지 없이 노동한 사람의 것이므로 일단 노동을 결합시킨 대상물에 대해서는, 적어도 그에 못지않은 질의 충분한 양이 다른 사람에게도 공동의 것으로 남아 있는 경우라면, 그 사람 이외에는 아무 권리도 가질 수 없다."

이 주장을 비판해 보자. 우선, "지구와 일체의 열등 피조물" 즉 지구가 제공하는 모든 사물이 "모든 인간의 공동의 것"이라고 한다면, "자연이 부여한 상태로부터 어떤 사람이 무엇인가를 분리"하려면 당연히 사전에 모든 사람의 동의가 필요하다. 이보다 더 큰 문제도 있다. 자연의 산물을 채취함으로써 "자기의 노동을 가미한 결과가 되고, 이미 자기의 것인 무엇인가를 그것에 결합시킨 결과가 되며, 또 그렇게 함으로써 그것을 자기의 것으로 만든 결과가 된다"고 하였다. 그러나 도대체 그 사람에게 채취할 권리 즉 인류 일반에 속한 것에 대해 자신의 노동을 가미할 권리가 있었나 하는 점이다. 제9장의 논리 즉 지구 표면의 일부에 개인이 아무리 많은 노동을 가미하더라도 그 부분에 대한 사회의 권리가 무효화되지 않는다는 논리를 여기에 적용하면, 어떤 사람이 야생 상태의 주인 없는 동식물을 취했다고 하더라도 그것만으로는 그 동식물에 대해 다른 사람이 가지고 있는 공동의 권리에 우선할 수 없다는 결론이 나온다. 그 사람이 사냥이나 채취라는 노동을 투입했으므로 다른 개인에 비해 대상물에 대한 우선권을 가진다는 말은 맞다. 그러나 문제는 그런 노동으로 인해, 사냥 또는 채취한 대상물에 대한 그 사람의 권리가 다른 모든 사람이 가지고 있는 권리에 비해 더 커졌는가 하는 점이다. 그렇다는 것을 입증하지 못한다면 그 사람은 대상물에 대한 정당한 권리자로 인정받을 수 없다. 단지 사회적 편의성이라는 이유에서 용인될 수 있을 뿐이다.

문제가 또 있다. 재산권을 취득하려면 "적어도 그에 못지않은 질의 충분한 양이 다른 사람에게도 공동의 것으로 남아 있는 경우"라야 한다는 단서에서 생기는 문제이다. 이런 조건은 엄청난 의문과 제약을 초래하여 실제에 있어 명제 전체를 무의미하게 만든다. 예를 들면 "다른 사람에게도 공동의 것으로 남아 있는" 상태인지 어떻게 알 수 있나? 남아 있는 것이 "못지않은 질"을 가지는지 어떻게 알 수 있나? 남아 있는 것의 접근성이 떨어지면 어떻게 되나? "다른 사람에게도 공동의 것으로" 남아 있는 양이 충분하지 않다면 소유권은 어떻게 행사할 수 있나? 이런 경우에는 노동을 가미해도 "다른 사람이 가진 공동의 권리를 배제"하지 못하는 이유는 무엇인가? 양은 충분하지만 질이 동일하지 않다면 어떤 기준에 따를 것인가? 로크가 말하는 권리는 이런 의문에서 벗어날 수 없으며, 따라서 윤리적인 관점에서 보면 결국 무의미해지고 만다.

앞서도 지적하였듯이 원시적인 상황에서 나온 추상적인 도덕 원리는 현실 적용이 불가능하다. 사회 형성 이전의 조건에서는 각 당사자의 자유의 크기를 측정하여 특정 행위의 선악을 판단할 수 없기 때문이다. 그러므로 재산권의 근거는 현재와 같은 상태를 수용하는 전제에 기반을 두어야만 만족스러운 것이 될 수 있다.

2

모든 사람이 지구를 사용할 동등한 자격을 갖는다는 사실과 부합하는 유일한 토지제도를 제9장에서 제시한 바 있는데, 이 토지제도에는 위에서 본 문제점이 없으며 재산권은 적법한 근거를 갖는다. 개인이 사회로부터 토지를 임차하고 그 대신 토지생산물의 일부를 지불하기로 약정하기 때문에 평등한 자유의 법칙을 전혀 침해하지 않는다. 토지를 임차하는 행위는 다른 사람도 역시 자유롭게 할 수 있는 행위일 뿐이다. 모든 사람은 동등하게 토지를 임차할 권능이 있다. 지불하는 지대도 누구든 동일하다. 정해진 기간, 정해진 목적, 정해진 조건에 따라 토지를 사회의 다른 구성원으로부터 임차한다. 이처럼 확실한 합의 위에 한정된 기간 동안 토지를 진정한 소유자로부터 임차하기 때문에 타인의 권리를 침해하지도 않는다. 생산물 가운데 약정된 지대를 인류에게 지불하고 남은 몫은 자신이 차지한다. 이제 이 사람은 로크의 표현처럼 지구의 생산물에 "노동을 가미"하게 되는데, 사전에 사회의 승낙을 얻었기 때문에 생산물에 대한 권리는 유효하다. 이 사람은 사회가 제시한 계약조건 즉 지대를 지불한다는 조건을 충족시켰기 때문에 사회도 지대 지불 후 남은 몫에 대해서는 합의에 따라 그의 권리를 인정해야 한다. "귀하가 이 땅을 경작해서 얻는 생산물의 일정 부분을 지불한다면 우리는 귀하에게 생산물의 나머지 부분에 대한 배타적 사용을 인정한다." 이것이 계약의 내용이다. 토지임차인은 이 계약에 의해, 나머지 생산물을 자신의 사유재산으로 할 수 있다. 평등한 자유의 법칙을 훼손하지 않고도 사유재산으로 할 수 있으므로 정당하게 차지할 권리를 가지게 된다.

모든 인간은 타인의 동등한 자유를 침해하지 않는 한 자신이 원하는 대로 행동할 자유를 가진다고 하는 우리의 제1원리로부터 이런 결론이 도출되는 과정에 의심이 있는 경우에는, 토지임차인의 자유와 그가 계약을 맺은 사회의 다른 구성원의 자유의 크기를 비교해 보면 된다. 제9장에서도 보았듯이, 사회가 그 구성원 누구에게서든 지구 사용 기회를 박탈한다면 그 사람에게는 자유를 덜 부여하는 것이고 평등한 자유의 법칙을 위반하는 잘못을 범하는 것이다. 그 반대로, 모든 사람이 동일한 권리를 가지고 있는 지구에 대해 그 일부를 어느 개인이 무단히 자기 것으로 하는 경우에도, 이 사람이 다른 사람보다 더 큰 자유를 누리는 것이므로, 그 법칙을 위반하게 된다. 그러나 개인이 사회의 임차인으로서 토지를 취득한다면 양극단 간의 균형이 이루어지고 양 당사자 모두의 권리가 존중된다. 한쪽에서는 특권을 부여하고 상대방은 그 가격을 지불한다. 특권과 가격 간에는 합의에 의한 상응관계가 유지된다. 임대인과 임차인은 일정한 범위 내에서 각기 원하는 결과를 얻게 된다. 한쪽에서는 일정한 대가를 받고 토지를 임대하고 상대방은 그 금액을 지불하기로 동의한다. 이러한 계약이 존속하는 한 평등한 자유의 법칙은 제대로 준수된다. 그러나 조건이 충족되지 않으면 법칙이 무시될 수밖에 없고 당사자 중 어느 한쪽은 위에서 지적한 것과 같은 곤란한 처지에 놓이게 된다. 임차인이 지대를 지불하지 않는다면, 자신이 차지한 땅의 사용권과 이익은 전적으로 자기 것이고 생산물도 모두 자기 것이라고 주장하는 것과 같고, 그 결과 이 사람의 자유가 다른 사람보다 더 크게 되므로 법칙에 위반된다. 반면에 임차인이 농사를 지어 얻은 수확 가운데 지대를 지불하고 난 나머지마저 사회가 가져간다면, 지구의 사용이란 곧 그 생산물의 사용을 의미하므로 사실상 지구의 사용을 전적으로 부정하는 것과 같고, 그 결과 이 사람의 자유보다 타인의 자유가 더 크게 되므로 역시 법칙 위반이다. 그러므로 나머지 생산물은 당연히 임차인의 것이고 사회가 나머지를 취한다면 자유를 침범하게 된다. 그러나 이 사람이 나머지를 가진다고 해서 사회의 자유를 침범하는 것은 아니다. 우리가 인정한 법칙에 의하면, 타인의 동등한 자유를 침해하지 않는 한 원하는 것은 무엇이든 할 수 있기 때문에 나머지는 자기 재산으로서 소유할 수 있다.

3

사회가 토지를 개별 구성원에게 임대하지 않고 그대로 유지하면서 주식회사 형태로 공동

경작하고 생산물을 같이 나누는 체제, 흔히 사회주의 또는 공산주의라고 하는 체제도 있다. 얼른 생각하면, 위에서 우리가 사유재산권을 도출할 때 상정한 사회와 다르기는 하지만, 이런 체제에서도 모든 사람이 평등한 지구사용권을 가진다는 원리가 적용될 수 있을 것으로 보인다.

그러나 이런 체제는, 장점도 있지만, 도덕법칙에 엄격하게 부합하는 모습으로 구현될 수 없다. 이 체제의 구체적인 형태는 두 가지로 나타날 수 있는데, 하나는 윤리적으로 불완전하고 다른 하나는 이론은 맞지만 현실 적용이 되지 않는다.

지구의 생산물을, 생산에 기여한 노동의 양이나 질과 무관하게 모든 사람에게 균등하게 분배한다면 평등이 침해된다. 우리의 제1원리는 욕구 충족에 필요한 물자를 균등하게 분배하는 것이 아니라 그 물자를 추구할 동일한 자유를 보장하는 것이다. 즉 모든 사람의 행동의 범위가 같다는 것이다. 원하는 물자를 취득할 기회를 주는 것과, 물자를 얻기 위한 노력과는 관계없이 물자 자체를 주는 것은 서로 아주 많이 다르다. 전자는 하나님의 계획 가운데 제1법칙이다. 후자는 하나님이 설정한 욕구와 만족 간의 연관성에 간섭하는 것으로서 필연적으로 하나님의 계획에 어긋난다. 아니, 그 이상이다. 평등한 자유의 원리에 분명히 위배된다. 타인에게 같은 자유를 허용하는 범위 내에서 각인이 완전한 자유를 가진다는 말은, 일정한 제약 속에서 각자 자신이 희망하는 일을 자유롭게 할 수 있다는 뜻이고 그 제약 속에서는 자신이 얻을 수 있는 모든 만족과 보상을 자유롭게 차지할 수 있다는 뜻이다. 즉 이웃의 영역을 침범하지 않는 한 모든 만족과 보상을 자기 것으로 할 수 있다는 것이다. 그러므로 다양한 활동 영역에서 남보다 더 열심히 일하고 창의력을 더 발휘하여 더 많은 만족과 보상을 얻는다면, 그리고 그 과정에서 다른 사람의 평등한 자유를 침해한 사실이 없다면, 이 사람은 도덕법칙에 따라 그 초과분에 대한 배타적인 권리를 갖는다. 타인이 이 사람의 것을 취한다면 이는 타인이 더 많은 자유를 가지는 것을 의미하고, 따라서 법칙을 위반하게 된다. 지구의 산물을 균등하게 분배하는 체제는, 이런 이유에서, 순수한 정의에 위배된다.

한편 생산에 기여한 만큼 분배하는 체제는 추상적으로는 정당하지만 현실에 적용할 수 없다. 모든 사람이 땅을 경작한다면 각자의 몫을 대충이나마 추정할 수도 있을 것이다. 그러나 생활물자의 생산에 다양한 정신노동과 육체노동이 관련될 경우, 각자의 기여도를 정하기는 전적으로 불가능하다. 수요공급의 법칙에 맡기는 외에 이런 구분을 할 방법이 없는데 이 체제는 수요공급의 법칙과는 어울리지 않는다.

4

공산주의 이론의 결정적인 흠은, 재산에 대한 욕구가 인간의 본성이라는 사실을 무시한다는 점이다. 취득 본능은 초합리적인 충동으로서, 재산을 통해 충족하려고 하는 욕구의 수준을 넘어서며 심지어 욕구 그 자체를 희생시키기까지 한다는 견해이다. 개인이 무언가를 취득하려고 하는 성향이 진실로 인간의 본성이라고 하면 이런 본성을 수용하지 못하는 체제는 올바른 체제가 아니다. 사회주의자는, 사유화는 이런 성향을 남용하는 것이며 정상적으로는 이런 성향이 사회 전체의 이익을 위한 축적을 촉진한다고 한다. 그러나 이렇게 설명하면 다른 함정에 빠지고 만다. 어떤 성향의 사용과 남용은 정도의 문제인데도 사회주의자들은 정도가 아니라 종류가 다르다고 본다. 식탐은 식욕의 남용이다. 소심은 신중이 지나친 결과이다. 비굴은 존경심을 낳는 감정이 지나친 모습이다. 완고는 신념이 너무 강한 결과이다. 적당한 수준이냐 아니냐 하는 것은 양의 차이일 뿐이지 질의 차이가 아니다. 축적의 본능도 마찬가지이다. 축적의 본능이 과거나 지금이나 지나칠 정도로 발휘된다는 말은 맞겠지만, 사회상태가 변화한다고 해서 그 본성과 역할이 변화하는 것은 아니다. 정도가 완화된다고 해도, 개인적인 취득을 추구하는 본성이라는 점에는 변함이 없다. 그러므로 이런 본성의 작용을 수용하는 체제가 유지되어야 한다. 즉 사유재산제가 필요하다는 것이고 그러려면 사유재산에 대한 권리가 전제되어야 한다. 권리란 하나님이 부여한 인간의 본성에 부합함을 의미하기 때문이다.

5

프루동(Pierre Joseph Proudhon, 1809~1865) 등이 제기한 주장은 더욱 문제이다. 그들이 주장하듯이, "모든 재산은 장물"이므로 어떤 물건에 대해서도 배타적으로 소유할 수 없다고 하면, 또는 (우리 식으로 표현하자면) 권리를 가질 수 없다고 하면, 자신이 먹는 음식에 대해서조차 권리가 없다는 말이 된다. 먹기 전의 음식이 자기 것이 아니라면 어떤 과정을 통해 그 음식이 자기 것이 될 수 있나? 로크가 질문했듯이 "음식은 언제 자신의 것이 되는가? 소화될 때? 먹을 때? 아니면 요리할 때? 아니면 재료를 집으로 가져올 때?" 이전의 행동으로 사유재산이 되지 못한다면 다른 어떤 행위로도 안 된다. 음식을 체내에 흡수하더라도 안 된다. 그러므로 그들의 의견을 밀고 나가면 이상한 결론에 도달하고 만다. 사람의 뼈도, 근육도 모두 자기 것이 아닌 음식으로 유지되었기 때문에 인간은 자신의 피와 살에 대한 권리도 없고 자기 자신에 대한 권리도 없다. 다른 사람의 수족에 대해서 권리가 없듯이 자신의 수족에 대해서도 권리가 없다! 인간이 하나의 생체에 붙어 기생하는 여러 개체처럼 살아간다면 이런 이론도 일리가 있다. 그러나 그 정도로 극단적인 공산주의가 나타나지 않는다면 기존의 원리를 지지하는 것이 최선이다.

6

이제 더 이상 논할 필요가 없을 것으로 보인다. 지금까지 재산권은 평등한 자유의 법칙으로부터 도출할 수 있다는 것, 재산권은 인간의 본성에 부합한다는 것, 재산권을 부정하면 불합리한 결론에 도달한다는 것을 보았다.

그런데 앞으로 자주 거론하게 될 사실 하나를 더 지적해 두기로 한다. 타인의 재산을 취하는 것은 평등한 자유의 법칙에 대한 위반이고, 따라서 잘못이라는 사실이다. 만일 갑이라는 사람이 을이라는 사람의 물건을 취한다면 두 가지 가능성이 생긴다. 을도 갑의 재산에 대해 같은 행위를 하거나 그렇게 하지 않거나 둘 중 하나이다. 을이 갑의 재산 중 같은 가치의 물자를 취할 수 있어야 갑과 평등한 자유를 행사할 텐데, 만일 갑에게 재산이 없거나 을의 접근이 불가능한 상태라면, 을은 그런 기회를 갖지 못한다. 그 결과 갑의 자유는 을에게 허용하는 자유보다 더 커지므로 법칙에 위배된다. 한편, 갑이 재산을 을에게 개방하고 을은 갑으로부터 동등한 가치를 취함으로써 갑과 같은 정도의 자유를 행사할 수 있다고 하면, 즉 사실상 물물교환과 같은 상태가 된다면, 법칙 위반이 아니다. 그러나 이런 일은 이론상으로만 존재할 뿐이다. 갑이 을의 재산을 취할 때, 을도 갑 자신의 재산 중 동등한 가치를 취하도록 해 주겠다고 생각할 리가 없기 때문이다. 을이 동등한 가치라고 판단하는 것을 갑으로부터 가져갈 수 있다면, 갑의 입장에서는 차라리 보통의 방식대로 상호 합의에 의한 교환을 선호할 것이다. 입장을 바꾸어 갑이 을의 어떤 재산을 취하려고 하는데 을로서는 도저히 그에 응하고 싶지 않을 경우, 즉 을로서는 갑의 재산 가운데 동등한 가치를 가진 것이 없다고 판단할 경우를 생각해 보자. 어떤 재산에 대해 을이 부여하는 가치는 그로부터 얻는 만족의 크기이다. 그러므로 을이 만족할 만한 재산 즉 동등한 가치가 있다고 판단하는 재산이 갑에게 없다면, 갑은 자신이 만족하는 재산은 을로부터 취하면서 을이 만족할 정도로 갚지는 못한다. 이는 갑이 더 큰 자유를 갖는 결과가 되어 법칙에 위배된다. 이를 통해, 누구도 타인의 의사에 반하여 재산을 취해서는 안 된다는 결론이 평등한 자유의 법칙으로부터 논리적으로 도출됨을 알 수 있다.

Ⅵ. 헨리 조지

1. 해제

1) 인물

헨리 조지(Henry George, 1839~1897)는 필라델피아의 가난한 집안에서 태어나 만 14세가 되기도 전에 학교를 그만두고 갖가지 직업을 전전하면서 독학하였다. 언론인으로서 상당한 명성을 쌓았으며 노동 단체의 추대로 뉴욕 시장에 출마하기도 했던 입지전(立志傳)적 인물이다.

헨리 조지가 만 40세 되는 해에 출간한 『진보와 빈곤』(1879)은 당시 구미와 호주의 독서계를 휩쓸어 성서 다음으로 많이 보급되었다는 평가를 받았으며, 지금까지도 경제학 서적으로는 가장 많이 보급된 책이라 알려져 있다. 그 외에도 무역 장벽의 철폐를 주장한 『보호와 자유무역』(1886), 자신의 경제이론을 체계화한 『정치경제학』(1898, 사후 출판) 등 많은 저서를 남겼다. 헨리 조지의 사상은 톨스토이를 비롯한 많은 이상주의자들의 열렬한 지지를 받았고 오늘날에도 우리나라를 포함하여 세계 각국에서 헨리 조지 사상을 보급·실천하는 운동이 맥을 잇고 있다.

2) 책

『진보와 빈곤 *Progress and Poverty*』(1879)

헨리 조지의 대표작인 동시에 그의 사상을 감동적으로 제시하고 있는 『진보와 빈곤』의 내용은 다음과 같다.

① 산업혁명에 의해 사회가 눈부시게 진보함에도 불구하고 극심한 빈곤이 사라지지 않는 이유를, 흔히 임금기금설과 맬서스의 인구론으로 설명하지만 이는 옳지 않다.

② 빈곤의 진정한 원인은 생산에 아무런 기여도 하지 않는 지주가 토지 가치를 차지한다는 데 있다. 사회의 진보가 이룩됨에 따라 지대의 총액이 증가함은 물론이고 총생산 중 지대가 차지하는 비중도 커져서 진보의 혜택이 노동과 자본에 돌아가지 못한다는 것이다. 이 문제는 토지사유제 하에서 불가피하게 발생하는 토지투기로 인해 더욱 심각하게 된다.

③ 그러므로 진보의 혜택을 정의롭게 배분하여 빈곤을 타파하려면 토지사유제를 철폐하여야 한다. 그러나 이미 토지사유제에 익숙한 나라에서는 토지를 환수할 필요까지는 없고,

단지 매년 토지의 연간 임대가치를 정부가 환수하고 그 금액만큼 다른 조세를 면제하면 된다. 헨리 조지는 이런 제도를 지대조세제(land value taxation)라고 하였다.

④ 토지가치세제를 실시하면 빈곤이 사라지는 것은 물론이고 사회정의와 경제능률이 함께 살아난다. 반면 이 제도를 실시하지 않는다면 현대 문명도 쇠퇴하고 말 것이다.

이 책은 서문, 10부(40장), 결어로 구성되어 있는데 아래에 제8권의 제1장과 제2장을 번역한다.

2. 원문 번역

[제8권 제1장] 토지사유제는 토지의 최선사용에 어긋난다

우연과 본질을 혼동하여 생긴 착각이 하나 있다. 법률가가 이 착각을 애써 확대하였고 정치경제학자도 이를 파헤치지 않고 대체로 묵인해 왔다. 그 착각이란, 토지를 적절히 사용하기 위해서는 토지사유제가 필요하며, 토지를 공유화하면 문명이 파괴되고 야만상태로 회귀할 것이라는 생각이다.

이 착각은 찰스 램(Charles Lamb, 1775~1834)의 이야기와 비슷한 점이 있다. 옛날 어느 중국인의 집에 불이 나서 몽땅 타 버렸다. 그런데 불에 그슬린 돼지를 먹어 보니 맛이 좋았다. 그때부터 돼지고기를 요리하려면 집에 불을 질러야 한다는 말이 중국에 오랫동안 내려왔다는 이야기이다. 찰스 램의 이야기는 현인이 나서서 집을 불태우지 않고 돼지를 익혀 먹는 방법을 가르치는 것으로 되어 있지만, 토지개량을 위해 필요한 것은 토지의 절대소유권이 아니라 개량물에 대한 보장이라는 사실은 굳이 현인이 나타나서 가르칠 필요가 없다. 누구든 주위를 돌아보면 이 사실을 알 수 있다. 돼지고기를 요리하기 위해 집을 불태울 필요가 없듯이 토지를 개량하기 위해 토지의 절대적·배타적 소유자가 될 필요는 없다. 돼지고기를 굽기 위해 집을 불태우는 것이 부적절하고 낭비적이며 불확실한 수단이듯이, 토지사유제는 토지개량물의 보장이라는 목적에는 부적절하고 낭비적이며 불확실한 수단이다. 그러므로 찰스 램의 이야기에 나오는 중국 사람이 요리법을 고집할 이유가 없듯이 우리도 토지사유제를 고집할 이유가 없다. 현자가 나타나서 석쇠를 발명하기 전까지는 – 찰스 램은 고기 굽는 꼬챙이가 달린 오븐보다 석쇠가 먼저 사용되었다고 말한다. – 집에 불이 나지 않아도 돼지고기가 익을 수 있다는 사실을

아무도 알지 못했고 듣지도 못했다. 그러나 토지가 소유자 아닌 사람에 의해서도 개량될 수 있다는 것은 엄연한 사실이다. 영국 토지의 반 이상을 소작인이 경작하고, 런던 건물의 반 이상을 토지임차인이 건축하며, 미국에서도 정도의 차이는 있을지라도 이런 현상이 일반적이다. 이처럼 토지의 소유와 사용의 분리는 아주 흔하게 나타난다.

지대가 국가나 시 정부에 귀속되어도 지대가 개인에게 귀속되는 지금과 다름없이 토지가 경작되고 개량될 것인가? 토지의 사적 소유를 인정하지 않고 국가나 시 정부가 모든 토지를 소유하면서 점유자 또는 사용자에게 지대를 징수하더라도 토지의 사용과 개량은 지금과 다름없이 이루어질 것인가? 그 대답은 오직 하나, '물론 그렇다'이다. 토지를 공유로 하더라도 토지의 적절한 사용과 개량에는 아무 지장을 주지 않을 것이다.

토지 사용에 필요한 것은 토지의 사적 소유가 아니라 개량물에 대한 보장이다. 토지의 경작과 개량을 유도하기 위해서 "이 땅은 당신의 것"이라고 할 필요가 없다. 단지 "이 땅에서 당신이 노동과 자본을 들여 생산한 것은 당신의 것"이라고 하면 족하다. 수확을 보장해 주면 씨를 뿌릴 것이고, 주택을 소유할 수 있도록 보장해 주면 집을 지을 것이다. 수확이나 주택은 노동에 대한 자연스러운 보상이다. 사람이 씨를 뿌리는 것은 수확하기 위해서이고 집을 짓는 것은 주택을 소유하기 위해서이다. 토지의 소유 여부는 이와 아무 관계가 없다.

봉건시대 초기에 많은 소규모 토지소유자들이 자신의 토지를 군대 사령관에게 넘기면서 봉토 내지 위탁토지로(in fief or trust) 그 사용권을 되돌려 받았으며, 모자를 벗고 두 손을 모아 영주 앞에 무릎을 꿇으면서 생명, 신체 및 일체의 명예를 걸고 충성할 것을 맹세하였는데, 그 이유는 바로 이러한 보장을 얻기 위해서였다. 토지 사용을 보장받기 위해 토지 소유를 포기한 예는 터키에도 있다. 터키에서는 바쿠프(vakouf)라고 하는 사원(寺院)토지에 대해서는 조세와 징발이 면제되었기 때문에 토지소유자가 명목적인 대가만을 받고 자신의 토지를 사원에 매각하고 자신이 일정액의 지대를 납부하는 소작인이 되는 사례가 많았다.

아서 영(Arthur Young, 1741~1820)이 지적하였듯이 플랑드르의 모래땅이 비옥한 농지로 변한 것은 소유권의 마술이 아니다. 그것은 노동의 결과를 보장한 데서 생긴 마술이다. 돼지를 익히는 데 필요한 열이 집을 불태워야만 나오는 것이 아니듯이 토지개량도 토지를 사유재산으로 해야만 얻을 수 있는 것이 아니다. 아일랜드에서는 토지소유자가 20년 동안 수확을 보장하고 지대를 받지 않겠다고 약속한 결과, 농민들이 황무지였던 산을 옥토로 바꾸어 놓은 일이 있다. 일정 기간 지대를 올리지 않는다는 보장에 의해 런던과 뉴욕 대부분의 고급 건물이 임차된 대지 위에 건축되었다. 토지개량자에게 이러한 보장만 해준다면 토지사유제를 철폐해도 아무런 문제가 없다.

토지에 대한 사회의 공동권을 완전히 인정하더라도 토지개량물 내지 토지생산물에 대한 개인의 권리를 인정하는 데 조금도 지장이 없다. 선박을 반으로 쪼개지 않더라도 두 사람이 한 척을 소유할 수 있다. 철도가 수십만의 소유지분으로 나뉘어 있더라도 한 사람이 소유하는 것과 마찬가지로 기차는 체계적이고 정확하게 운행된다. 런던에서는 토지를 보유하고 관리하기 위해 주식회사가 설립된 경우도 있다. 지대를 징수하여 공동의 이익을 위해 사용하면 토지에 대한 공동의 권리가 완전하게 존중될 뿐 모든 것이 현재와 같다. 샌프란시스코 중심가에는 아직 법적으로 주민이 공동의 권리를 가지고 있는 땅이 있는데, 미세한 필지로 분할되지도 않고 사용이 안 된 채 방치되지도 않는다. 이 땅에는 개인의 사유재산으로 완전한 보장을 받는 고급 빌딩이 있다. 이 땅과 주변의 다른 땅 사이에 차이가 있다면 이 땅의 지대는 학교용 공동기금으로 들어가는데, 다른 땅의 지대는 개인 주머니로 들어간다는 점뿐이다. 전국의 토지가 이런 식으로 모든 국민의 소유가 되는 것을 막는 원인은 무엇일까?

미국의 어느 곳을 보더라도 성베드로 섬과 성바울 섬만큼 토지사유화의 필요성이 큰 곳을 찾기 어렵다. 이 두 섬은 러시아에서 미국이 사들인 알래스카의 알류샨 열도(Aleutian Archipelago)에 있는 작은 섬으로서, 모피용 물개 서식지이다. 물개는 아주 겁이 많고 조심스러운 짐승이라 조금이라도 놀라게 하면 살던 곳을 떠난 후 돌아오지 않는다. 이 섬은 물개잡이 외에는 사람에게 아무 소용이 안 되는 곳으로서, 그나마 이 섬의 용도를 완전히 파괴하지 않으려면 암놈과 새끼를 잡지 않는 정도가 아니라 총소리나 개 짖는 소리도 피해야 한다. 물개를 사냥하는 사람은 서둘러서는 안 되고 우선 바위 해안에 줄지어 있는 물개 근처를 조용히 걸어 다녀야 한다. 바다에서는 날렵하지만 육지에서는 둔한 이 겁 많은 동물도 결국에는 두려움을 느끼지 않고 이리저리 돌아다니게 된다. 그러면 미래의 물개 마리 수를 줄이지 않을 만큼의 사냥감을 조심스럽게 분리하여 육지 쪽으로 몰아가다가 다른 무리가 보지도 듣지도 못하는 지점에 이르면 곤봉으로 해치운다. 만일 이러한 사냥터를 모든 사람에게 개방한다면, 미래야 어떻게 되든 잡을 수 있는 만큼 한꺼번에 다 잡으려는 사람들이 눈독을 들일 것이고, 그러면 몇 년 안 가서 사냥터는 완전히 없어지고 말 것이다. 이런 불상사가 다른 지역에 더러 있었다. 그러나 그렇다고 해도 이 섬을 사유지로 할 필요는 없다. 미국의 공공토지(public domain)가 별로 합당치 않은 이유로 급속히 민간에게 불하되는 가운데도, 이 섬만은 연간 317,500달러로 임대되어 있다.[7] 이 금액은 알래스카를 구입할 당시라면 섬을 매입할 수 있었던 금액이다.

7) 알래스카 모피회사에 연간 55,000달러로 임대되어 있고 모피 한 장당 2.625달러를 징수한다. 따라서 연간

임대로 인한 국고수입이 이미 2백5십만 달러를 넘었고, 알래스카 모피회사의 세심한 관리에 힘입어 물개 수는 오히려 증가하였으며, 토지는 개량되지 않은 상태에서 높은 가치를 유지하고 있고, 아직도 미국 국민의 공동소유로 되어 있다.

토지사유제를 인정해야 토지를 적절하게 사용할 수 있는 것이 아니라 실은 그 반대이다. 토지를 사유재산으로 하면 적절한 사용에 오히려 방해가 된다. 토지를 공공재산으로 하면 필요할 때 즉시 사용 내지 개량할 수 있다. 그러나 토지를 사유재산으로 하면 토지소유자 스스로 사용 내지 개량할 능력이나 의사가 없는 경우에도 타인의 사용 내지 개량을 못하게 할 수 있는 권리를 토지소유자가 갖는다. 소유권에 관한 다툼이 있을 때에는 값비싼 토지가 몇 년간 놀게 된다. 영국 도처에서 토지개량자에 대한 보장이 없어서 개량이 중지되어 있다. 토지가 공공재산이었다면 빌딩과 작물로 뒤덮일 수 있는 넓은 땅이 소유자의 변덕 때문에 놀고 있다. 미국의 경우에 이미 정착이 많이 이루어진 지역에도 지금보다 서너 배의 인구를 수용할 수 있는 땅이 있지만 소유자가 가격이 오르기를 기다리면서 사용하지 않기 때문에 이민 온 사람들은 이런 땅을 지나 노동생산성이 훨씬 떨어지는 곳으로 가서 정착할 수밖에 없다. 귀중한 땅이 이런 이유로 유휴화되어 있는 모습은 모든 도시에서 볼 수 있다. 토지사유제는 다른 기준으로도 그렇지만, 토지의 최선사용이라는 기준으로 보더라도 불합격이다. 토지사유제는 적절한 토지 사용의 확보라는 면에서는, 돼지고기를 익히기 위해 집을 불태우는 것처럼 낭비적이고 불확실한 방법이다.

[제8권 제2장] 토지에 대한 평등한 권리를 확립하고 보장하는 방법

도처에서 노동자 계층이 겪는 빈곤과 고통, 불황이라는 반복적인 마비 현상, 일자리 부족, 자본 불경기, 기아선상의 임금 등의 현상이 물질적 진보가 진행될수록 더 뚜렷이 나타나는데, 그 원인은 우리 모두의 생존과 생활 터전인 토지가 일부 사람의 배타적인 사유재산이 되어 버렸다는 사실에 있음을 지금까지 밝혀내었다.

또 이러한 악을 물리치기 위해서는 그 원인을 제거하는 수밖에 없다는 사실도 알게 되었다. 토지사유제는 정의롭지 못하며 자연권을 부정하는 악한 제도이고 자연법에 반하는 제도로서, 사회발전에 따라 수많은 사람을 고되고 미천한 노예로 전락시킨다는 사실도 알게 되었다.

각종의 반대 의견도 검토하였지만 형평성의 기준으로나 능률성의 기준으로나 토지를 공유

허용한도인 모피 10만 장을 생산한다고 보면 그 금액이 262,500달러이고 총계는 317,500달러가 된다.

화하는 것을 막을 아무 근거가 없다는 점을 보았다.

그러나 방법의 문제는 아직도 남아 있다. 어떤 방법으로 공유화할 것인가?

우리는 일거에 토지의 사적 소유권을 철폐하고 토지의 공유를 선언한 후 토지개량물에 대한 사적 권리를 완전히 보호한다는 조건하에 각 필지마다 최고가격 청약자에게 임대한다면, 정의의 법칙도 만족시키고 경제성도 충족시킬 수 있다.

아주 단순한 사회에서 토지를 균등하게 분배할 때와 같은 권리의 평등성을 복잡한 현대사회에서도 구현할 수 있고, 토지를 가장 잘 이용할 수 있는 사람에게 사용권을 주어 최대의 생산을 확보할 수 있다.

이런 방법은 허황하고 현실성 없는 공상이 아니다. 허버트 스펜서(Herbert Spencer, 1820~1903)와 같은 뛰어난 사상가도 이를 지지하여(다만 스펜서는 현 토지소유자에게 보상을 해주어야 한다고 했지만 다시 생각해 보면 분명히 틀린 양보임을 알 것이다.) 다음과 같이 기술하고 있다(『사회 정학 *Social Statics*』, 제9장 제8절).

> "이것은 최고의 문명 상태와 합치하며 경제에 별다른 영향을 미치지도 않고 현 사회체제에 혁명을 일으키지도 않는다. 필요한 변화는 단지 지주를 바꾸는 것뿐이다. 개별 소유권이 주식회사와 같은 국민의 공동소유권으로 통합된다. 국토는 개인의 소유가 되는 것이 아니라 사회라는 통합체의 소유가 된다. 농민은 토지를 개별 지주에게서 빌리는 것이 아니라 국가로부터 빌린다. 지대는 귀족 지주의 집사에게 지불하는 것이 아니라 공동체의 담당자에게 납부한다. 감독자는 개인이 아니라 공무원이 되며 토지에 관해서는 임대차 관계만 존재하게 된다. 이러한 질서는 도덕법칙과 완전히 화합된다. 이 제도하에서는 모든 사람이 동등한 지주인 동시에 자유로운 토지임차인이다. …… 그러므로 이러한 체제에서는 모든 토지가 평등한 자유의 법칙에 완벽하게 부응하여 구획되고 점유되고 경작된다."

그러나 이 방법은, 실현은 가능하지만, 최선의 방법이라고 생각되지 않는다. 모든 토지를 환수하여 최고액 청약자에게 임대하는 형식적인 방법보다는 좀 더 단순하고 쉽고 조용한 방식으로 같은 목적을 달성할 수 있다고 본다.

이 방법을 실시하면 현재의 관습이나 사고방식에 필요 이상의 충격을 주게 되는데 이것은 피하는 것이 좋다.

이 방법을 실시하면 정부기구가 쓸데없이 확대되는데, 이것도 피하는 것이 좋다.

커다란 개혁은 과거의 형식을 통해서 가장 잘 이루어질 수 있다고 하는 것은 국가 통치에 있어서 하나의 공리이다. 이 공리는 독재체제를 구축한 자들이 잘 알고 이용했으며, 인간을 자유롭게 하려는 우리 역시 따르지 않을 수 없는 진리이다. 또 이것은 자연의 방법이다. 자연이 고등 생물을 창조하려고 하면 하등 생물에서 발전시킨다. 이것은 사회발전의 경우에도 역시 적용되는 법칙이다. 이러한 원리에 충실하게 따라 보자. 물결을 타면 빨리, 멀리 미끄러져 갈 수 있지만 물결을 거스르면 힘도 많이 들고 속도도 더딘 법이다.

내가 주장하는 것은 사유토지의 매수도 환수도 아니다. 매수는 정의롭지 못한 방법이고 환수는 지나친 방법이다. 현재 토지를 보유하고 있는 사람은 그대로 토지를 가지게 한다. 각자 보유하는 토지를 지금처럼 자기 땅이라고 불러도 좋다. 토지 매매도 허용하고 유증, 상속도 하도록 한다. 알맹이만 얻으면 껍질은 지주에게 주어도 좋다. 토지를 환수할 필요는 없고 단지 지대만 환수하면 된다.

이 제도는 지대를 징수하여 공공경비에 충당하면 그만이므로 정부가 토지임대 문제에 신경 쓸 필요가 없다. 이와 관련된 특혜, 결탁, 부패의 위험성도 없다. 또 이 제도를 위해 새로운 정부기구를 만들 필요가 없으며 기존의 기구만으로도 충분하다. 기존의 기구를 확장할 필요도 없으며 오히려 이를 단순화하고 감축해야 할 것이다. 토지소유자에게 지대의 적은 부분만 남겨 두고 – 이 금액은 정부기관이 토지를 임대하는 데 드는 비용과 손실보다 훨씬 적을 것이다. – 기존의 기구를 활용해서 지대를 징수하여 공공경비에 충당한다면 잡음이나 충격 없이 토지에 관한 공동의 권리를 확립할 수 있다.

이미 우리는 지대의 일부를 조세로 걷고 있다. 그러므로 단지 조세의 방법만 약간 바꾸어 지대 전체를 걷으면 된다.

그러므로 지은이는 지대를 모두 조세로 징수하자고 제안한다. 이것은 단순하지만 최상의 해결책이다. 임금을 올려 주고 자본소득도 높여 준다. 빈민층을 소멸시키고 빈곤도 추방한다. 원하는 사람에게는 높은 보수의 일자리를 주고 인간의 힘을 자유롭게 발휘할 수 있도록 해 준다. 범죄를 줄이고 도덕과 취향과 지성을 고양시키며 정부를 깨끗하게 하고 문명을 보다 높은 차원으로 승화시킨다.

이 방법을 통해 국가는 스스로 지주라고 부르지도 않고 일이 늘어나지도 않는 가운데 국토의 지주가 된다. 형식상 토지소유권은 지금처럼 개인의 수중에 그대로 있다. 아무도 토지소유권을 박탈당하지 않으며 토지소유량에 대한 제한도 없다. 그러나 국가가 지대를 조세로 걷기 때문에 토지 소유가 누구의 명의로 되어 있건, 토지소유량이 얼마가 되건 간에 토지는 실질적으로 공동재산이 되며 사회의 모든 구성원이 토지 소유의 이익을 공유할 수 있다.

다른 조세를 철폐하는 만큼 지대 또는 토지 가치의 과세액을 반드시 증가시킨다고 보면 이 제안을 다음과 같은 실천적 형태로 표현할 수도 있다.

토지 가치 이외의 대상에 부과하는 모든 조세를 철폐하자.
(*To abolish all taxation save that upon land values.*)

앞에서 보았듯이 사회가 처음 시작할 때 토지 가치는 0이지만 인구 증가와 기술향상으로 사회가 발전함에 따라 토지 가치는 점점 커진다. 모든 문명국가는, 역사가 가장 짧은 국가라고 해도, 토지 가치 총액이 정부의 총경비를 감당하기에 충분하다. 발전이 더 이루어진 국가에서는 충분하고도 남는다. 따라서 단순히 모든 조세를 토지 가치에서 조달하는 정도에 그쳐서는 안 된다. 지대액이 현재의 정부수입을 초과하는 국가에서는 거기에 맞추어 조세액도 늘려야 하고 사회가 발전하고 지대가 상승하면 조세액을 계속 증가시켜 나가야 한다. 그러나 이 점은 너무 자연스럽고도 당연하기 때문에 모든 조세를 토지 가치에 부과하자는 제안 속에 포함되어 있거나 적어도 그렇게 이해된다고 볼 수 있다. 조세를 토지 가치에서 충당하는 것은 모든 토지 가치를 징수하기 위한 실질적 투쟁의 첫걸음이다. 토끼를 사냥하고 나면 당연히 요리하는 일이 뒤따른다. 토지에 대한 공동권이 충분히 인식되어 지대 이외에 부과되는 모든 조세를 철폐한다고 할 때의 위험성은, 개별 지주가 차지하는 공공수입을 조세로 징수하는 제도를 도입할 때의 위험성보다 특별히 더 크지 않다.

내가 수년간 이 제안을 널리 이해시키려고 노력한 경험에 의하면, 모든 조세를 토지 가치에 집중시켜야 한다는 견해를 진지하게 고려할 수 있는 바탕이 일단 마련된 곳에서는 예외 없이 상당한 진전을 본다. 그러나 이 제도에 의해 혜택을 많이 보게 될 계층도 이 제도의 중요성과 효력을, 처음에는 물론이고 상당한 기간이 지나서까지, 제대로 이해하지 못하는 경우가 많다. 노동자 계층은 자본과 노동이 상호 대립적인 관계라는 생각을 넘어서기 어렵다. 소농과 자가(自家)소유자 계층도 모든 조세를 토지 가치에 매기면 부당한 세금을 내게 되지 않을까 하는 생각을 극복하기 어렵다. 또 이 두 계층 모두, 자본에 대한 조세를 없애면 부익부 빈익빈의 결과를 낳을 것이라는 생각을 극복하기 어렵다. 이러한 생각들은 사고의 혼란에서 나온다. 그러나 무지와 편견의 뒤에는 지금까지 저술, 교육, 여론을 지배해 온 강력한 이해관계가 숨어 있다. 거대한 악은 쉽게 사라지지 않는다. 모든 문명국가에서 수많은 사람들을 빈곤과 궁핍으로 몰아넣고 있는 거대한 악은 처절한 투쟁 없이는 사라지지 않을 것이다.

나는 여기까지 책을 읽어 온 독자들이 내가 말하는 내용을 선뜻 받아들일 것이라 생각하지 않는다. 그러나 많은 사람이 관심을 갖는 주제에 관한 토론은 추상적인 내용보다는 구체적인 내용을 다루어야 하므로, 널리 인정되는 조세의 원칙에 비추어 내가 제시한 해결책을 검토하려고 하니 독자께서는 좀 더 읽어 주시기 바란다. 그렇게 하는 과정에서 여러 가지 부수적인 사항도 알 수 있게 될 것이다.

제3부

토지시장

제7장

토지시장의 유형과 공급의 특수성

토지시장은 토지가격을 매개로 토지의 배분이 이루어지는 장소 또는 기구이다. 토지사유제처럼 토지처분권이 사적 주체에게 귀속되는 사회에서 토지 배분은 토지시장을 통해 이루어진다. 그러므로 토지사유제를 이해하기 위해서는 토지시장에 대한 이해가 필요하다. 우선 토지시장을 분류하고 토지 공급의 특수성에 대해서 언급해 둔다.

Ⅰ. 토지시장의 유형

토지시장은 여러 기준에 의해 분류할 수 있으나 이 책의 논의를 위해서는 거래품목과 시장의 범위를 기준으로 한 분류가 중요하다.

1. 거래품목에 의한 분류

토지시장은 거래품목 즉 거래되는 권리를 기준으로 하여, 토지소유권이 거래되는 토지매매시장과 토지사용권이 거래되는 토지임대차시장으로 구분할 수 있다.

1) 토지매매시장

토지매매시장은 지가(地價)를 매개로 토지소유권의 거래가 이루어지는 장소 또는 기구이다. 토지매매시장에서의 공급자는 토지소유자이다.

2) 토지임대차시장

토지임대차시장은 지대(地代)를 매개로 토지사용권의 배분이 이루어지는 장소 또는 기구이다. 토지사용권은 토지소유권의 일부이지만 토지소유자는 일정 기간의 토지사용권을 토지소유권에서 분리하여 타인과 거래할 수 있다. 토지임대차시장은 이와 같은 토지사용권이 거래되는 시장이다.

현행법상 타인의 토지를 사용할 수 있는 권리에는 지상권(민법 제279조), 전세권(민법 제303조), 임차권(민법 제618조)이 있다. 그러나 이 책에서는 설명을 단순하게 하기 위해 토지임차권이라는 용어로 이들 권리를 통칭하기로 한다.

토지임대차시장에는 법 제도에 따라 여러 형태의 공급자가 존재한다. 현행법상 토지소유자 이외에 공급자가 될 수 있는 사람은 지상권자, 전세권자, 임차권자이다. 지상권자는 지상권을 타인에게 양도하거나 그 토지를 임대할 수 있는 권리를 당연히 가지며(민법 제282조), 전세권자는 전세권을 타인에게 양도, 전전세 또는 임대할 수 있고(민법 제306조), 또 토지임차인은 임대인의 동의가 있을 때 임차권을 양도하거나 그 토지를 전대할 수 있다(민법 제629조). 그러나 이 책에서는 설명을 단순화하기 위해 토지소유자만을 공급자로 간주한다.

참고 민법

제279조 (지상권의 내용) 지상권자는 타인의 토지에 건물 기타 공작물이나 수목을 소유하기 위하여 그 토지를 사용하는 권리가 있다.

제282조 (지상권의 양도, 임대) 지상권자는 타인에게 그 권리를 양도하거나 그 권리의 존속기간 내에서 그 토지를 임대할 수 있다.

제303조 (전세권의 내용) ① 전세권자는 전세금을 지급하고 타인의 부동산을 점유하여 그 부동산의 용도에 좇아 사용·수익하며, 그 부동산 전부에 대하여 후순위권리자 기타 채권자보다 전세금의 우선변제를 받을 권리가 있다.

제306조 (전세권의 양도, 임대 등) 전세권자는 전세권을 타인에게 양도 또는 담보로 제공할 수 있고 그 존속기간 내에서 그 목적물을 타인에게 전전세 또는 임대할 수 있다. 그러나 설정행위로 이를 금지한 때에는 그러하지 아니하다.

제618조 (임대차의 의의) 임대차는 당사자 일방이 상대방에게 목적물을 사용, 수익하게 할 것을 약정하고 상대방이 이에 대하여 차임을 지급할 것을 약정함으로써 그 효력이

생긴다.

제629조 (임차권의 양도, 전대의 제한) ① 임차인은 임대인의 동의 없이 그 권리를 양도하거나 임차물을 전대하지 못한다.

2. 시장의 범위에 의한 분류

토지시장은 시장의 범위를 기준으로 개별토지시장과 전체토지시장, 그리고 그 중간 범위의 부분토지시장으로 구분할 수 있다.

1) 개별토지시장

개별토지시장은 특정한 위치와 면적을 가지고 독립적인 소유의 객체가 되는 토지 즉 개별필지마다 형성되는 토지시장이다. 보통은 개별토지마다 시장이 존재한다고 보지 않지만, 토지는 저마다 독특한 자연적 및 사회·경제적 특징을 갖고 있어 토지별로 상이한 가격이 형성되기 때문에 개별토지시장을 구분하는 의미가 있다.

2) 전체토지시장

전체토지시장은 관심 대상이 되는 지역 내의 개별토지시장의 총합계라고 할 수 있다. 토지는 비록 개별토지마다 독자적인 특성을 갖기는 하지만 토지라는 공통성도 있으므로 동일한 생활권 또는 경제활동권 내의 토지는 상호 대체성을 갖는 수가 많다. 따라서 이들을 모두 포괄하는 범위의 토지시장을 구분할 필요가 있다.

3) 부분토지시장

부분토지시장은 상호 대체성을 가진 개별토지시장의 합계로서, 개별토지시장과 전체토지시장의 중간 범위의 토지시장이다. 전체토지시장은 모든 토지를 범위로 하지만 토지는 용도와 거리 등에 의해 대체성에 커다란 차이가 생기기 때문에 이를 용도별 부분토지시장 또는 지역별 부분토지시장 등으로 나누어 분석함으로써 토지시장에 대한 이해를 높일 수 있다. 예를 들어 용도지역제 하에서 생산용 토지와 주거용 토지는 상호 대체성이 적기 때문에 생산용 토지시장과 주거용 토지시장은 별개의 부분토지시장을 형성한다.

Ⅱ. 토지공급의 특수성

토지는 생산도 소멸도 되지 않고 이동도 되지 않는 고정성을 가지고 있기 때문에 토지의 공급이라는 용어는 양의 증감이 가능한 일반 상품의 공급이라는 용어와 의미가 다르다. 즉 토지의 공급이라는 용어는 때로는 토지의 존재량을 의미하기도 하고 때로는 일반 상품에서처럼 매각 또는 임대를 목적으로 시장에 출품되는 출시량을 의미하기도 한다.

1. 존재량으로서의 공급

존재량으로서의 공급의 특성은 토지시장의 유형에 따라 다음과 같이 다르다. 이는 완전경쟁 토지시장에서나 현실 토지시장에서나 똑같이 적용된다.

개별토지시장에서는 시장의 범위가 특정한 개별토지로 제한되어 있으므로 공급이 고정적이며, 공급자는 토지소유자이므로 공급이 독점적이다.

전체토지시장의 공급은 관심 대상이 되는 지역의 총토지 면적이므로 관심 지역의 범위가 일정한 한 공급도 일정하다. 그런데 장기적으로 보면 관심권의 범위에 변화가 생기므로 그에 따라 공급도 변한다. 예를 들어 교통·통신의 발달로 상호 영향을 주는 지역의 범위가 넓어지면 관심권도 달라져서 전체토지시장의 범위도 넓어지며 그에 따라 공급도 늘어나게 된다. 그러나 전체토지시장의 범위를 나라 전체 또는 지구 전체의 토지로 한다면 그 공급이 고정되어 있다고 보아도 좋을 것이다. 그리고 전체토지시장의 공급자는 시장 내의 토지에 대한 독과점이 없는 한 무수히 많다고 볼 수 있다.

부분토지시장의 공급은 다른 토지시장에 비해 가변적이다. 특히 토지는 용도가 다양하여 용도 간에 경쟁이 발생하기 때문에 용도별 부분토지시장의 공급은 상당히 가변적이다. 다만 단기적으로는 이것도 일정하다고 할 수 있을 것이다. 그리고 총토지량이 고정되어 있는 만큼, 어느 용도의 부분토지시장의 공급이 증가한다고 하면 다른 용도의 부분토지시장의 공급은 반드시 그만큼 줄어든다.

2. 출시량으로서의 공급

출시란 토지의 소유권 또는 사용권을 처분하기 위해 시장에 내놓는 것을 말한다. 부동산

시장에 매물이 늘어나거나 줄어드는 경우에 공급이 증가 또는 감소한다고 표현하는데, 이때의 공급이 출시량으로서의 공급이다.

완전경쟁 토지시장에서는 토지소유자가 토지가격 변화에 매우 민감하여 자신이 평가하는 가격보다 단 1원이라도 더 높은 청약가격을 제시하는 사람이 있으면 토지사용권 또는 토지소유권을 그 제시자에게 넘겨준다. 이와 같이 모든 토지가 항상 매각 또는 임대의 대상으로서 시장에 출품되어 있는 상태에서는 존재량으로서의 공급과 출시량으로서의 공급은 항상 일치하고, 따라서 크기도 변화하지 않는다.

그러나 현실에서는 모든 토지가 항상 시장에 출품되어 있는 것이 아니며, 오히려 매각 또는 임대의 목적으로 출시된 토지는 전체 토지에 비해 매우 작은 비율에 불과하고 그 비율도 때에 따라 달라진다. 즉 현실에서 출시량으로서의 공급은 존재량으로서의 공급보다 적고 또 가변적이다.

출시량으로서의 공급은 가변적이지만 공급과 수요는 반대 방향으로 움직인다. 토지시장에서 어떤 거래가 일어나건 토지의 존재량은 일정하므로 거래 결과는 단순히 당사자 간의 자리바꿈에 불과하다. 따라서 토지의 매각 또는 임대를 위해 시장에 출품되는 공급이 증가한다는 말은 곧 매입 또는 임차에 대한 수요가 그만큼 감소함을 의미한다. 토지매매시장에서 토지소유자가 소유를 포기하려고 할 때 즉 토지 소유 수요가 감소할 때 매각 목적의 공급이 생기며, 토지임대차시장에서 토지소유자가 사용을 포기하거나 기존 임차인이 임차를 포기할 때(즉 임차 수요가 감소할 때) 그만큼 임대 목적의 공급이 발생한다. 마찬가지로 출시량으로서의 공급의 감소는 수요의 증가를 의미한다.

이 점은 일반 상품시장과 매우 다른 토지시장의 특징이다. 일반 상품은 수요가 늘면 공급도 늘어 수요를 충족시키고 가격을 안정시키지만, 토지는 수요가 늘면 오히려 출시량으로서의 공급이 줄고 가격이 불안정하게 될 수 있다. 예를 들어 땅값이 오를 것이라는 전망이 있으면 매입 수요가 많아지는 반면 매각 목적의 공급은 줄어든다. 그 결과 수요와 공급의 괴리가 커지고 가격이 더 올라가게 된다. 반대로 땅값이 내릴 것이라는 전망이 있으면 매각 희망자는 많아지는 반면 매입수요는 줄어들어 가격이 더 내려간다.

제8장

완전경쟁 토지시장

우리 사회는 시장경제와 토지사유제를 바탕으로, 토지의 배분과 이용을 원칙적으로 토지시장에 맡기고 있다. 그러므로 우리 사회의 토지 현상을 이해하려면 토지시장에 대한 이해가 반드시 필요하다. 토지시장에는 완전경쟁 토지시장과 현실 토지시장이 있는데 이 장에서는 우선 완전경쟁 토지시장의 모습을 살펴보고 다음 장에서 현실 토지시장에 대해 살펴본다.

완전경쟁시장은 현실에는 존재하지 않고 단지 교과서에만 존재한다. 그러나 완전경쟁시장에 대한 이해는 다음과 같은 점에서 유용하다. 첫째로, 완전경쟁시장은 일정한 가정 속의 세계이므로 완벽한 논리적 추론이 가능하다. 둘째로, 완전경쟁시장이 현실과 매우 다르지 않다면 일부 가정을 현실에 가깝게 조금씩 완화하는 방법을 통해, 현실을 이해하고 현실 문제를 해결하는 데에 완전경쟁시장에 관한 지식을 활용할 수 있다. 셋째로, 완전경쟁시장은, 이 장의 끝 부분에서도 보듯이, 상당히 바람직한 시장이므로 현실이 지향해 나가야 할 하나의 이상이 될 수 있다. 넷째로, 이상과 같은 이유로 학계에서는 이미 완전경쟁시장을 바탕으로 하는 연구가 많이 축적되어 있고 지금도 대부분의 학자가 이를 바탕으로 연구를 하고 있으므로 기성학계와의 대화를 위해서도 공부해 둘 필요가 있다.

Ⅰ. 완전경쟁 토지시장의 조건과 특징

일반적인 시장의 완전경쟁조건으로는 흔히 다음과 같은 네 가지를 든다. 첫째로, 거래품목이 동질적일 것. 둘째로, 수많은 수요자와 공급자가 있어 그 누구도 가격을 조작할 수 없을 것. 셋째로, 모든 시장참가자는 시장에 대한 완전정보를 가지고 있을 것. 넷째로, 모든 당사자는 자유롭게 시장에 진입하고 퇴장할 수 있을 것. 이러한 조건의 기본 정신은 완전경쟁 토지시장에도 그대로 적용된다. 다만 토지의 특성 즉 개별성이 있고 공급 측면에서도 특수성을 가지고 있다는 특성을 감안하여 경쟁에 관한 조건, 가격에 관한 조건, 취득에 관한 조건으로 나누어 살펴보기로 한다. 그 후에 이런 조건을 갖춘 토지시장은 일반 상품시장과는 매우 다른 특징을 갖는다는 점을 지적한다.

1. 경쟁에 관한 조건

1) 충분한 공급경쟁

완전경쟁 토지시장은 토지 소유의 독과점이 없고 토지마다 대체토지가 풍부하게 존재하며 모든 토지는 토지시장에 출품되어 있다고 가정한다. 이런 시장에서는 공급경쟁이 치열하여 어느 개인 또는 소수인이 토지시장의 공급을 좌우하지 못한다.

다만 개별토지시장은 단 하나의 필지로 이루어지는 시장이므로 정의에 의해 공급이 독점되어 있지만, 비슷한 위치와 형질의 토지가 풍부히 존재한다면 한 사람의 공급자가 독점의 영향력을 발휘할 수 없다. 따라서 공급자가 토지가격과 토지 취득자의 결정에 영향을 주지 않으므로 개별토지시장에서도 실질적으로 경쟁조건이 성립한다고 보아도 무방하다. 다만 특정의 위치와 형질이 결정적으로 중요하게 작용하여 비슷한 토지가 존재하지 않는 토지의 경우에는 공급경쟁조건이 성립될 수 없다.

2) 충분한 수요경쟁

완전경쟁 토지시장에서는 수요경쟁이 치열하여 어느 개인 또는 소수인이 토지시장의 수요를 좌우하지 못한다. 시장 내의 모든 당사자는 시장 내의 모든 토지를 취득의 대상으로 고려하며 그중 자신의 이용 목적에 맞는 모든 토지에 대해 아무런 진입장벽 없이 수요자가 된다고 가정하기 때문이다.

2. 가격에 관한 조건

1) 정확한 평가

완전경쟁 토지시장의 참가자는 토지에 대한 완전한 정보를 갖고 각자의 토지 이용 목적 및 능력에 따라 토지를 이용 또는 소유할 때 얻을 수 있는 이익과 비용을 정확하게 평가한다.

2) 평가액과 일치하는 청약액 제시

토지시장 참가자는 평가액에 아무런 가감 없이 그것을 그대로 청약액으로 제시한다.

수요자는 자신의 평가액을 상한선으로 하여 가급적 낮은 가격을 지불하고 싶어 한다. 그러나 수요경쟁이 치열한 경우에는 자기와 비슷한 많은 경쟁자가 존재하기 때문에 토지를 확실하게 취득하려면 청약액을 자신의 평가액에 일치시키지 않을 수 없다.

공급자는 자신의 평가액을 하한선으로 하여 가급적 높은 대가를 받기를 원한다. 그러나 공급자 역시 치열한 경쟁을 벌이므로 자신보다 높게 평가하는 수요자에게 토지를 매각 또는 임대하려면 자신의 제시액을 평가액과 일치시키지 않을 수 없다. 이때 공급자가 제시하는 하한선도 수요자 청약액의 하나라고 볼 수 있다. 완전경쟁 토지시장은 공급자도 단지 한 사람의 수요자와 다름없는 시장이기 때문이다.

3. 취득에 관한 조건

토지사용권 또는 토지소유권은 최고 청약액을 제시한 자에게 흥정의 여지 없이 자동적으로 귀속된다. 이때 토지의 거래가격은 최고 청약액이 된다.

현 토지소유자도 자신이 토지소유권에 대한 최고액 청약자인 경우에는 계속해서 소유자가 되나, 자신보다 더 높은 금액을 청약액으로 제시하는 수요자가 있으면 토지소유권을 그 수요자에게 넘긴다. 마찬가지로 현 토지 사용자가 토지사용권에 대한 최고액 청약자인 경우에는 계속해서 사용자가 되나, 자신보다 더 높은 금액을 청약액으로 제시하는 수요자가 있으면 토지사용권을 그 수요자에게 넘긴다.

4. 완전경쟁 토지시장은 수요자시장

일반 상품의 공급자는 자신의 결정에 따라 공급량을 증감시킬 수 있으므로 수요자와는 다른 독자적인 역할을 한다. 그러나 출시량으로서의 공급이 존재량으로서의 공급과 일치하는 완전경쟁 토지시장에서는 공급자의 의사와 무관하게 공급이 일정하기 때문에 토지 공급자는 수요자와 구별되는 독자적인 역할을 담당하지 않는다. 공급자는 청약액으로 경쟁한다는 점에서 다른 수요자와 다르지 않으며 토지 배분에 특별한 영향을 주지도 않는다. 토지의 가격, 용도, 취득자의 결정은 오로지 (공급자를 포함한) 수요자 간의 경쟁에 의해서만 결정된다. 이런 의미에서 완전경쟁 토지시장은 '수요자시장'이다.

따라서 수요자 간의 가격경쟁이 존재하고 최고액 청약자에게 토지가 배분되도록 하는 장치만 있으면 완전경쟁 토지시장에서와 같은 토지 배분이 이루어진다. 토지 배분을 위해서 통상적인 의미의 공급자 즉 수요자가 지불하려는 가격을 수취하는 자가 꼭 필요한 것이 아니라는 말이다. 지불된 토지가격을 공탁하거나 심지어 불에 태워 없앤다고 해도 토지배분 결과에는 차이가 없다.

Ⅱ. 토지임대차시장의 모습

1. 지대결정 방식의 특징

토지임대차시장에서 각 수요자는 토지사용권이 가져다 줄 것으로 예상하는 순이익 즉 토지를 이용하여 얻을 수 있는 산출의 총액에서 그러한 산출을 얻기 위해 들어가야 할 투입비용을 공제한 나머지를 토지 이용의 대가로 지불할 수 있다. 따라서 청약지대의 상한은 지대평가액이다. 그 이상으로 지불한다면 토지 이용의 순이익이 없어지기 때문이다. 그런데 수요경쟁이 치열한 토지임대차시장에서 토지사용권을 획득하려면 수요자가 청약지대를 낮출 여지가 별로 없기 때문에 청약지대는 그 상한과 거의 일치하게 된다. 이런 관계를 식으로 표시하면 다음과 같다.

청약지대(의 상한) = 지대평가액
= 예상 토지이용순이익
= 예상 산출 − 예상 투입비용

토지임대차시장에서 토지사용권은 수요자 중에서 최고 지대를 제시하면서 계약을 원하는 사람이 취득하며, 토지사용권의 가격 즉 지대는 취득자가 제시한 청약지대로 결정된다.

구체적인 예를 들어 보자. 어느 토지를 임차하려고 하는 수많은 경쟁자 중 국수가게를 하려는 갑이라는 사람이 있다고 하자. 이 일대에서 동질의 국수가 한 그릇에 2천 원에 판매되고 있다. 갑의 예상 판매량이 월 5천 그릇이라고 하면 예상 매출액은 월 1천만 원이 된다. 반면 이런 매출을 위해 자신 및 종업원의 인건비, 투입자본에 대한 이자, 원료비 등 월 8백만 원의 비용이 소요될 것으로 예상한다. 이런 경우에 갑의 청약지대의 상한액은, 매출 예상액 1천만 원에서 투입비용 예상액 8백만 원을 뺀 순수입 즉 월 2백만 원이 된다. 갑은 200만 원을 상한으로 하되 다른 경쟁자의 청약액을 약간 상회하는 금액으로 청약하는 것이 가장 유리하겠지만, 다른 경쟁자에 대한 정보를 충분하게 가지고 있지 못하다면 청약액은 200만 원 또는 그에 육박하는 금액이 될 것이다. 다른 사람과의 경쟁 결과 마침 갑의 청약액이 가장 높다고 하면 당해 토지를 갑이 임차하여 국수가게를 하게 되고 지대는 갑의 청약액으로 결정된다.

이런 지대결정 방식을 일반 상품시장과 비교하면 수요결정성과 잔여결정성이라는 뚜렷한 특징이 있다.

1) 수요결정성

앞서도 지적하였듯이 완전경쟁 토지시장은 수요자시장이다. 토지공급자는 가장 높은 청약지대를 제시하는 사람에게 토지사용권을 반드시 넘기게 된다. 토지소유자라고 하더라도 자신의 지대평가액이 다른 수요자의 청약지대보다 더 높을 경우에만 토지 이용을 계속할 수 있다. 즉 지대, 용도, 임차인은 수요자 간의 경쟁에 의해서만 결정될 뿐 공급자는 아무런 영향력을 행사하지 못한다는 것이다. 그러므로 토지가격이 수요와 공급에 의해 결정된다는 표현은 완전경쟁 토지시장에서는 맞지 않다. 오직 수요에 의해서만 결정된다.

이런 토지시장은 경매시장과 흡사하다. 경매의 경우에 소유자는 단지 최저가격을 정하여 물품을 시장에 내어놓을 뿐 최저가격 이상의 청약자가 있다면 낙찰가격과 낙찰자는 오로지 수요자 간의 경쟁에 의해서만 결정되기 때문이다.

2) 잔여결정성

지대는 토지산출에서 투입비용을 뺀 나머지에 의해서 결정된다는 특징이 잔여결정성이다. 위의 국수가게 예의 경우를 본다면, 월 2백만 원이라는 지대액은 총 매출액에서 임금, 이자, 원료비 등 투입비용을 뺀 잔여라는 것이다. 이것은 토지 이용을 위해 투입되는 요소는 생산비용이 들고 공급이 가변적인 반면 토지는 생산원가가 0이고 위치와 면적이 고정되어 있기 때문에 생기는 특징이다. 생산용 토지의 경우, 토지 수요자는 생산비가 0이고 고정되어 있는 토지에,

생산비가 들고 양도 가변적인 생산요소를 투입하여 나름대로 최선의 결과를 얻으려고 경쟁한다. 따라서 지대로 지불할 수 있는 금액은 각자 올릴 수 있는 수입에서 가변적 생산요소의 대가를 공제한 나머지가 된다. 결국 토지를 취득하는 자는 경쟁을 통해 가장 높은 지대를 지불할 수 있는 사람이고 그때 형성되는 가격이 지대가 된다.

이처럼 지대가 총수입에서 투입비용을 제외한 나머지에 의해 결정되는 특성을 잔여결정성이라고 한다. 가변적 생산요소의 투입비용은 상품 가격에 영향을 주지만, 잔여에 의해 결정되는 지대는 상품의 원가의 일부가 아니고 오히려 상품 가격과 투입비용에 의해 영향을 받는 종속변수일 뿐이다.

개별 기업의 관점에서 보면 지대가 상품의 원가를 구성하는 것으로 오해할 수 있다. 지대를 지불하는 국수가게 주인에게는 지대가 비용이 되므로 이를 원가로 산입하여 국수값을 책정한다는 것이다. 그러나 경제 전체의 관점에서 보면 상품의 가격이 먼저 결정되고 지대는 그 나머지에 의해 결정된다. 때로는 같은 상품인데도 지대가 비싼 중심지의 가격이 지대가 싼 변두리의 가격보다 높은 경우가 있다. 예를 들어 커피 가격이 있다. 중심지의 커피 가격이 높은 것은 높은 가격을 받아도 수요가 있기 때문이지 지대가 높아서 가격이 높아지는 것은 아니다.

3) 비교결정성

지대결정방식의 특징으로는 위의 두 가지만으로 충분하지만, 아래에서 보는 리카도의 차액지대설과의 연계를 위해 비교결정성이라는 특징에 대해 언급해 둔다. 차액지대설은 어느 토지의 지대는 그 토지의 생산성이 한계토지의 생산성보다 우등한 정도 즉 두 토지의 생산성 차이에 해당된다는 설명이다. 즉 어느 토지의 지대는 한계토지와의 생산성 '비교'에 의해 결정된다는 것이다. 한계토지란 잔여가 0인 토지 즉 지대를 지불할 수 없는 토지를 말한다.

잔여결정성과 차액지대설은 동일한 내용을 다른 식으로 표현한 것에 불과하다. 왜냐하면 한계토지에서는 잔여가 0이므로, 어느 토지가 한계토지보다 우등한 정도는 그 토지의 잔여 전체이며, 따라서 잔여총액이 곧 그 토지의 지대가 되기 때문이다.

2. 차액지대

1) 차액지대의 의의

지대가 결정되는 과정을 차액지대설로도 설명할 수 있다. 차액지대설은 리카도(David Ricardo,

1772~1823)가 제시한 지대결정이론이며, 공급이 고정되어 있고 효용에 차이가 나는 재화의 가격결정을 설명하는 일반원리로 인정받고 있다.

리카도의 설명 중 가장 단순한 경우는 모든 토지에 대한 투입이 동일한 경우이다. 토지는 위치에 따라 비옥도에 차이가 있다. 여기서 비옥도라는 용어는 농업생산에만 국한되지 않고 일반적인 생산성이라는 의미로 이해하면 된다. 그러면 비옥도가 높은 토지부터 순차적으로 이용되어 나간다. 이런 경우에, 이용되는 토지 중에서 비옥도가 가장 낮은 토지가 존재하게 되는데 이 토지를 한계토지라고 한다. 이런 한계를 외연적(外延的) 한계(extensive margin) 혹은 조방적(粗放的) 한계라고도 한다. 한계토지에서는 투입비용을 겨우 보상받을 수 있으나 한계토지보다 비옥도가 높은 우등토지에서는 투입비용에 대한 단순 보상을 초과하는 잉여가 생기게 된다. 우등토지에서 생기는 잉여가 곧 그 토지의 지대이다. 마르크스(Karl Marx, 1818~1883)는 이렇게 발생하는 지대를 제1형태의 지대라고 하였다.

투입이 모든 토지에서 동일하다는 가정을 완화하면 좀 더 현실감 있는 설명이 된다. 비옥도가 높은 토지에서는 한계토지에서보다 투입이 더 많이 이루어지는 것이 보통이다. 우등토지에 투입을 늘림으로써, 이를 열등토지에 투입하는 것보다 더 많은 산출을 얻는다면 추가자원을 우등토지에 먼저 투입하게 될 것이기 때문이다. 우등토지에 대한 추가 투입은 그에 의한 산출이 한계토지에서의 산출과 맞먹을 때까지 이루어진다. 이때 어느 토지에 대한 마지막 투입을 한계투입이라고 한다. 또 한계를 집약적(集約的) 한계(intensive margin)라고도 한다. 한계투입의 경우에는 한계토지에서처럼 투입비용을 겨우 보상받을 수 있으나 그 앞 순위의 투입에서는 투입비용에 대한 단순 보상 이상의 잉여가 발생한다. 이 한계투입보다 먼저 이루어지는 투입에서 생기는 잉여가 곧 지대이다. 마르크스는 이렇게 발생하는 지대를 제2형태의 지대라고 하였다.

이상에서 어느 토지의 지대는 한계토지에서 동일한 투입을 했다고 할 때의 산출을, 당해 토지에서의 산출에서 뺀 나머지가 된다는 것을 알 수 있다.

2) 차액지대 결정의 예

차액지대가 결정되는 과정을 구체적으로 이해하기 위해 수치적인 예를 들어 보자. 토지의 비옥도에 차이가 있고 각 등급의 토지에 1단위씩 투입할 때 생기는 산출이 아래 표와 같은 경우가 있다고 하자.

〈표 8.1〉 토지등급-투입단위별 산출

투입순서 \ 토지등급	1등급 토지	2등급 토지	3등급 토지	4등급 토지
제1단위	12톤	11톤	10톤	9톤
제2단위	11톤	10톤	9톤	8톤
제3단위	10톤	9톤	8톤	7톤
제4단위	9톤	8톤	7톤	6톤

위 표를 보면 각 등급 토지에는 면적이 동일한 한 개씩의 필지만 존재하고, 1등급 토지에 1, 2, 3, 4단위를 차례로 투입하면 산출이 각기 12톤, 11톤, 10톤, 9톤씩 발생하고 2등급 토지에서는 1, 2, 3, 4단위를 차례로 투입할 때 산출이 각기 11톤, 10톤, 9톤, 8톤이 발생한다.

최초의 한 단위는 당연히 생산성이 가장 높은 제1등급 토지에 투입될 것이고 제2, 제3의 단위는 제1등급 토지와 제2등급 토지에 각각 1단위씩 투입될 것이다. 이런 방식으로 진행될 때 사회 전체의 총 투입량이 6단위라고 하면 결국 한계생산이 동일하게 되도록 1, 2, 3등급 토지에 각기 3단위, 2단위, 1단위가 투입될 것이다. 그리하여 1, 2, 3등급 토지에서 각기 33톤, 21톤, 10톤의 생산이 이루어진다. 1등급 토지에 투입된 3단위 중 제1, 제2의 투입단위는 이들이 한계토지에 또는 한계투입으로 투입되었다고 할 경우보다 각기 2톤, 1톤씩 산출이 많다. 즉 1등급 토지의 잉여 곧 지대는 3톤이 된다. 마찬가지로 하여 제2등급 토지의 지대는 1톤이 된다. 이를 요약하면 아래 표와 같다.

〈표 8.2〉 차액지대의 발생(실물 기준)

토지등급	1등급 토지	2등급 토지	3등급 토지	4등급 토지
투입	3단위	2단위	1단위	0단위
산출	33톤	21톤	10톤	0톤
지대(실물)	3톤	1톤	0톤	0톤

3) 그림으로 본 지대 결정

차액지대의 결정 방식을 그림으로 표시하면 아래 그림과 같다. 이 그림에서 가로축은 토지를 산출 크기에 따라 최우등토지로부터 차례로 배열한 것이고, 세로축은 토지별 투입과 산출의 가치이며, 두 곡선은 각각 개별토지에 대한 적정투입과 그에 따른 산출을 나타낸다.

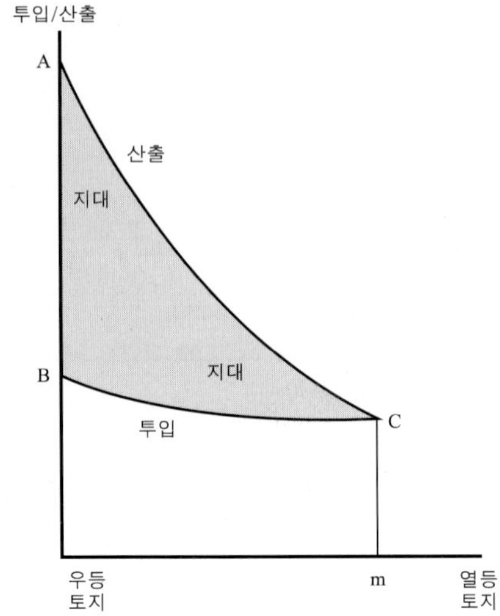

〈그림 8.1〉 지대 결정 방식

토지를 산출 크기에 따라 배열하였으므로 산출곡선은 당연히 우하향이 된다. 우등토지에서는 집약적 한계에 이를 때까지 투입이 추가되므로 우등토지의 투입은 열등토지의 투입보다 많다. 따라서 투입곡선도 우하향이다.

그러나 투입곡선이 우하향인 것은 농지의 경우처럼 모든 토지가 하나의 용도로만 이용될 경우에 타당하다. 토지의 용도가 균일하지 않을 경우에도 투입곡선이 대체로 우하향이기는 하지만, 반드시 그런 것은 아니다.

이 그림에서, 산출에서 투입비용을 뺀 나머지 즉 산출곡선과 투입비용곡선 사이의 거리가 개별토지의 지대이며, 그 사이 △ABC의 면적이 사회 전체의 지대총액이다. 투입과 산출의 가치가 일치하는 지점인 m을 한계토지라고 하며, 여기에서부터 오른쪽에 있는 토지에서는 지대가 발생하지 않는다.

4) 지대 공식

이상의 설명을 일반화하여 지대 공식을 도출해 보자.

차액지대는 당해 토지와 한계토지 간의 생산성 차이이므로 아래의 식으로 표시할 수 있다.

지대 = 산출 − 같은 양을 한계토지에 투입했을 경우의 산출

　　= 산출 − 투입 × (한계토지의 산출 / 한계토지의 투입)

위의 식에는 한계토지는 충분히 존재하며 한계토지에서의 산출은 투입에 비례한다는 가정이 필요하다.

또한 한계토지에서의 투입은 우등토지에서의 한계투입과 동일하고 한계토지에서의 산출은 우등토지에서의 한계투입에 의한 산출과 동일하므로 이를 각각 한계투입, 한계산출이라는 용어로 통일해서 부르기로 한다. 그러면 위의 식은 다음과 같이 나타낼 수 있다.

지대 = 산출 − 투입 × (한계산출 / 한계투입)

투입비용과 산출을 곡물 또는 화폐 등 동일한 단위로 측정한다면 한계투입비용과 한계산출은 동일한 값을 가지게 되므로 위 식에서 (한계산출 / 한계투입)을 제거할 수 있다.

지대는 화폐단위로 나타낼 수도 있다. 산출액과 투입액은 각각 산출량과 생산물 단가를 곱한 것, 투입량과 투입 단가를 곱한 것이므로 다음과 같은 식이 된다.

화폐지대 = 산출액 − 투입액

= 산출량 × 생산물 단가 − 투입량 × 투입 단가

한계투입에 의해서는 그 투입비용을 겨우 보상받는 정도의 산출이 이루어진다. 생산물의 가격이 이보다 더 높으면 추가투입에서 이윤이 발생할 것이므로 한계토지가 열등토지로 외향 이동하거나 우등토지에서의 투입이 증가할 것이고, 생산물 가격이 이보다 낮으면 지금의 한계토지에서 또는 한계투입에 의해 손실을 입게 되므로 그 반대 현상이 일어날 것이기 때문이다. 따라서 생산물 1단위의 가격은 다음과 같이 나타낼 수 있다.

생산물 단가 = 한계투입액 / 한계산출량

위의 식은, 생산물 가격은 한계토지의 생산성에 반비례한다는 의미가 된다.

5) 화폐지대의 예

예를 들어, 투입 1단위의 금액이 10억 원이라고 하면, 한계토지의 투입 또는 한계투입에 의해 10톤이 생산되므로 생산물 가격은 톤당 1억 원이고 1, 2, 3등급 토지의 투입액은 각각

30억 원, 20억 원, 10억 원이다. 생산물 단가에 각 등급 토지의 산출량 즉 33톤, 21톤, 10톤을 곱하면 산출액이 각각 33억 원, 21억 원, 10억 원이 된다. 즉 1등급 토지에서는 한계토지인 3등급 토지에 비해 3억 원의 잉여가 생기고 2등급 토지에서는 1억 원의 잉여가 발생하는데 이 잉여는 바로 그 토지를 이용함으로써 얻는 이익 즉 지대가 된다.

이런 관계가 아래 표에 요약되어 있다.

〈표 8.3〉 화폐지대의 예

	1등급 토지	2등급 토지	3등급 토지	4등급 토지
투입액	30억 원	20억 원	10억 원	0원
산출액	33억 원	21억 원	10억 원	0원
지대(화폐)	3억 원	1억 원	0원	0원

3. 여러 가지 지대

1) 절대지대

마르크스는 차액지대설을 수용하면서도, 토지의 사유가 인정되는 사회에서는 토지소유권이라는 장애요인에 의해 차액지대 이상의 지대가 발생한다고 보며 이를 절대지대라고 부른다. 토지가 독과점되는 등 토지소유자가 토지시장의 지배력을 갖는 경우에는 토지 임차인이 정상적인 지대 즉 차액지대 이상의 지대를 지불하는 수가 적지 않으므로 절대지대가 존재한다고 하겠다. 그러나 완전경쟁 토지시장에서는 토지소유자가 아무런 영향력을 행사하지 않는다고 하였으므로 절대지대가 발생하지 않는다.

2) 독점지대

독점지대는 토지의 독점에 의해 정상적인 차액지대보다 높게 형성되는 지대를 말한다. 독점지대는 토지소유자의 시장지배력에 의해 생긴다는 점에서 개념상 절대지대의 한 종류라고 할 수 있겠다. 토지시장이 완전경쟁조건을 갖추면, 전체토지시장과 부분토지시장에서는 토지의 독점이 없고 독점이 불가피한 개별토지시장에서도 대체토지가 많이 있으므로 독점지대는 발생하지 않는다.

3) 준지대

공장, 기계설비 등 토지에 정착된 시설물도 규모가 크면 단기적으로 볼 때 위치와 공급 등이 고정되어 있다는 점에서 토지와 비슷한 성질을 갖는데 이러한 경우에 그 가격은 지대와 비슷한 방식으로 결정될 것이다. 이렇게 결정되는 토지시설물의 임대가격을 준지대(準地代, quasi-rent)라고 한다. 준지대는 마샬(Alfred Marshall, 1842~1924)이 정립한 개념이다.

Ⅲ. 토지매매시장의 모습

1. 지가와 매입자의 결정

1) 시장지가

토지매매시장에서는 수요자 간의 경쟁에 의해 지가와 매입자가 결정되므로 각 수요자가 제시할 청약지가가 어떻게 결정되는지를 보자.

토지매매시장에서 거래되는 토지소유권은 토지를 영구적으로 이용할 수 있는 권리이다. 따라서 지가도 이 권리의 무기한성을 바탕으로 하여 형성된다. 토지소유자는 특별한 사정이 없는 한 평생 동안 토지를 소유할 수 있으며, 인간의 수명은 유한하지만 토지소유권을 타인에게 양도함으로써 그 이후의 수익을 매각지가로 실현시킬 수 있기 때문이다. 그러므로 수요자는 토지를 영구히 이용하여 얻을 수 있는 모든 지대 예상액의 합을 평가하여 청약지가의 상한으로 정할 것이다. 그런데 수요경쟁이 치열한 토지시장에서는 청약지가가 지가평가액과 거의 일치하게 된다. 즉 다음과 같은 관계가 성립한다.

청약지가 ≤ 지가평가액

지가평가액 = 토지소유이익 예상액 = 모든 미래지대 예상액

토지 소유 부수비용이 있다면 위 식에서 그 비용을 빼주어야 한다. 토지 소유 부수비용이란 토지 소유에 부수하는 비용, 예를 들어 토지소유자가 부담하는 조세, 토지매매중개사 소개비, 정보수집비용 등이다.

청약지가 ≤ 모든 미래 지대 예상액 − 토지 소유 부수비용 예상액

실제로 토지소유자가 얻는 지대수입은 토지의 이용도에 따라 달라진다. 예를 들어 토지를 유휴 상태로 방치하면 실제 지대수입은 0이다. 그러나 수요경쟁이 치열한 시장에서 토지를 취득하려면 토지를 자신의 용도와 능력에 따라 최선으로 이용할 경우의 지대수입을 청약지가에 반영하지 않을 수 없다.

토지소유권은 최고액의 청약지가를 제시하는 수요자에게 귀속되며 그 청약액이 당해 토지의 시장지가가 된다.

한편 토지소유자는 영구히 토지를 소유하는 것이 아니라 어느 정도의 기간 동안 토지를 보유하다가 매각하는 것이 보통이다. 그렇다면 지가평가액은, 토지 소유 부수비용을 무시한다면, 다음과 같이 된다.

매입지가 평가액 = 토지보유기간의 지대 예상액 + 매각지가 예상액

그런데 매각지가 예상액은 매각시점 이후에 발생할 지대에 대한 예상액의 합이므로 위 식의 우변은 결국 모든 미래의 지대 예상액의 합과 다름없다.

2) 근본지가

모든 미래지대를 안다고 할 때 형성될 지가 또는 완전경쟁시장에서 형성될 지가는, 토지소유 부수비용을 무시할 때, 다음과 같다.

지가 = 모든 미래지대의 합

위의 식에서 지가와 미래지대는 동일 시점의 가치가 아니므로 시점 조정이 필요하다. 지대, 매입지가, 매각지가를 동일한 시점의 가치로 환산하여야 한다.

매입지가 = 미래지대의 현재가치

= 토지보유기간 동안의 지대의 현재가치 + 매각지가의 현재가치

위의 식에서 '현재'는 토지 매입 시점이다. 또 현재시점을 매각시점으로 잡으면 다음 식이 성립한다.

매각지가 = 매입지가의 원리금 합계 - 토지보유기간 동안의 지대의 현재가치

이 식은 토지를 매입했다가 보유·매각해도 매입지가의 상당금액을 다른 곳에 투자(예컨대 금융기관에 저축)한 것과 동일한 소득이 생긴다는 의미이다.

토지 소유 부수비용을 감안한다면 근본지가는 다음과 같이 비용만큼 줄어든다.

지가 = 모든 미래지대의 합 - 토지 소유 부수비용

근본지가와 시장지가는 그 결정 과정이 다르기 때문에 반드시 서로 일치하지는 않을 것이다. 그러나 완전경쟁 토지시장에서는 양자가 대체로 비슷하다고 보아도 무방할 것이므로 이 책에서는 특별한 단서가 없는 한 양자가 일치하는 것으로 보고 설명을 해 나가기로 한다.

2. 지가결정 방식의 특징

지가는 모든 미래지대의 합이므로 곧 지대의 함수이다. 그러므로 토지임대차시장의 두 특징인 수요결정성과 잔여결정성이 토지매매시장의 경우에도 타당하다.

또 지가는 미래의 지대와 토지 소유 부수비용 이외에 이자율도 영향을 받는다. 청약지가는 매매시점의 가치이고 지대와 비용은 매매시점 및 그 이후에 발생하는 가치이므로 미래 가치를 매매시점의 가치로 할인하여 합산하는 절차 즉 자본화(資本化, capitalization)가 필요하다. 자본화에 사용되는 할인율은 매매시점의 이자율이다.

이렇게 결정되는 지가는 다음과 같은 특징을 가진다.

① 지가는 미래의 지대 또는 지대상승률과 현재의 이자율의 함수로서, 지대상승률이 높을수록 그리고 이자율이 낮을수록 큰 금액이 된다.

② 지대상승률이 이자율보다 높거나 같으면 지가는 무한대가 된다. 즉 이런 경우에 토지소유

자는 어떠한 금액에도 토지를 매각하지 않으려고 하여 극히 예외적인 경우가 아니면 토지 거래는 중단된다.

③ 토지 소유 부수비용이 높으면 지가는 낮아진다. 극단적으로, 토지 소유 부수비용이 지대와 일치하면 지가는 0이 된다.

Ⅳ. 완전경쟁 토지시장의 평가와 한계

1. 완전경쟁 토지시장의 평가

완전경쟁 토지시장이 토지배분기구로서 어느 정도 바람직한가를 평가해 보자. 평가는 형평성과 효율성의 두 측면에서 한다. 두 측면의 기준을 구체화하면 다음과 같다.

형평성 기준

- 주민의 토지취득기회를 어느 정도 균등하게 보장하는가?
- 토지불로소득이 어느 정도 방지되는가?

효율성 기준

- 토지의 최선이용에 어느 정도 기여하는가?
- 토지를 배분하는 데 비용이 어느 정도 드는가?

1) 형평성 평가

가. 취득기회 균등 기준

완전경쟁 토지시장은 모든 수요자에게 토지를 취득할 기회를 균등하게 부여한다. 물론 토지사용권 또는 토지소유권은 많은 수요자 중에서 단 한 사람에게만 귀속된다는 결과적 불평등이 발생하기는 하지만, 이러한 불평등은 각 수요자의 토지이용능력의 차이에 의해서 발생할 뿐 그 밖의 어떤 신분적 또는 사회경제적 지위에 의해 생기는 것이 아니기 때문에 기회균등에 어긋난다고 할 수는 없다.

어떠한 상태가 정의로운가에 대해서는 여러 가지 다양한 입장이 존재하는데 그중 어떤 입장을 취하는가에 따라 토지시장의 기능에 대한 결론도 달라질 수 있다. 예를 들어 사전적 평등보다 사후적 결과의 평등을 더 중요시하는 입장에서는 토지시장에 대한 평가가 달라질 것이다. 또 사전적 평등이 기회균등 이외에 각자의 활동 여건의 - 예를 들면 선천적 능력의 차이, 가정환경의 차이, 교육의 차이 등의 - 평등을 포함해야 하는 것으로 본다면 역시 토지시장에 대한 평가가 달라진다.

나. 토지불로소득 기준

토지불로소득이란 토지를 이용함으로써 얻는 근로소득 내지 사업소득이 아니라 단순히 토지소유자라는 자격만으로 얻는 이익, 즉 토지소유자가 토지를 매매 또는 보유함으로써 얻는 평균 이상의 소득을 말한다. 완전한 정보가 존재하는 완전경쟁 토지시장에서는 토지에 관한 모든 이익과 비용이 지가에 다 반영되므로 불로소득은 0이다. 토지불로소득에 대한 자세한 내용은 제11장(토지불로소득)에서 다룬다.

2) 효율성 평가

가. 토지이용도 기준

토지임대차시장에서는 최고의 지대청약액을 제시하는 자가 토지사용권을 획득하며, 지대청약액은 수요자가 예상하는 토지이용순이익이 높을수록 큰 액수가 된다. 그러므로 토지사용권은 토지이용기간 중 가장 많은 이익을 얻을 수 있다고 예상하는 자에게 돌아간다. 다만 시장에 완전정보가 존재하는 경우에도 각 수요자가 청약액을 가늠할 때에는 객관적인 정보 이외에 자신의 토지 이용 능력이나 계획에 대한 주관적 판단도 작용하므로, 가장 많은 이익을 얻을 수 있다고 예상하는 자가 결과적으로도 가장 많은 이익을 얻게 된다는 보장은 없다. 그러나 양자가 대체로 근접한다면 토지임대차시장은 임대차기간 중 토지의 최선이용을 유도하는 기능을 갖는다고 해도 무리가 없다.

토지매매시장에서 토지소유권은 최고의 지가청약액을 제시하는 자에게 귀속되고 지가청약액은 수요자가 미래에 획득할 수 있다고 예상하는 토지이용순이익이 높을수록 큰 액수가 된다. 그러므로 토지소유권은 그 토지로부터 미래에 가장 많은 토지이용순이익을 얻을 수 있다고 예상하는 자에게 돌아간다. 이 경우에도 예상이 완전정보를 바탕으로 하여 완벽하게 이루어진다고 한다면 토지매매시장은 토지의 영구적 또는 장기적 최선이용을 유도하는 기능을 가진다고 보아도 좋겠다.

나. 배분비용 기준

토지 배분 방식으로는 선착순, 시장, 추첨, 입찰, 정부심사 등이 있는데 이러한 각 방식의 비용을 비교해 보자. 어떤 배분제도에 드는 비용에는 제도의 유지를 위해 정부가 부담하는 비용과, 제도에 적응하기 위해 주민이 부담하는 비용이 있으므로 이를 나누어 검토해 보자.

정부비용은 선착순, 시장과 같은 방임형 배분에서 가장 적게 들고, 추첨, 입찰, 정부심사의 순으로 - 즉 정부의 개입도가 높은 순으로 - 점점 많이 든다. 토지시장을 유지하기 위해서 정부는 단지 토지시장의 질서를 유지해 주기만 하면 된다. 질서유지는 토지 배분 목적이 아니더라도 정부가 당연히 수행해야 하는 기능이므로 시장을 통한 배분에 정부가 특별한 배분비용을 지출하지 않는다.

주민비용으로는 토지에 관한 정보를 수집하는 비용, 다른 공급자 또는 취득 희망자와 경쟁하는 데 드는 비용 등이 있다. 토지정보를 수집하는 비용은 모든 배분방식에 공통된다. 추첨 이외의 방식 즉 선착순, 시장, 입찰, 정부심사의 경우에는 다른 취득 희망자와 경쟁하는 비용이 든다. 정부심사의 경우에는 토지 취득 희망자가 자신이 적임자임을 심사 당국에 입증하기 위한 비용이 더 든다. 시장에서는 공급자 간의 경쟁이 있으므로 공급 측의 경쟁비용이 더 든다.

이상과 같은 점을 고려하면 배분비용은 추첨이 가장 적고 정부심사가 가장 많이 들며 선착순, 시장, 입찰은 그 중간이라고 할 수 있다. 이렇게 볼 때 토지시장은 운영비용 면에서 별다른 문제가 없다고 하겠다.

3) 지가의 문제

위와 같은 평가를 본다면 완전경쟁 토지시장은 형평성과 효율성의 양 측면에서 무난한 시장이라고 하겠다. 그러나 토지매매시장에서 지가를 기준으로 하여 토지가 배분된다는 사실에서 비롯되는 다음과 같은 문제가 있음을 지적해 두는 것이 좋겠다.

첫째로, 지가는 모든 미래지대의 합이므로 일반인이 일시에 감당하기 어려운 큰 금액이 되는 수가 많다는 문제이다. 고액의 지가는 진입장벽이 되어 기회균등을 저해할 수 있고 그로 인해 토지가 유능한 자에게 배분되지 못함으로써 효율성의 문제를 낳기도 한다. 다만, 매입자금의 차입에 큰 어려움이 없는 상황이라면 이 문제는 별로 심각하지 않을 것이다. 이 문제는 토지 임대차시장에서 전세금 또는 보증금이 고액일 경우에도 나타난다.

둘째로, 토지보유비용과 토지이용순이익의 불일치 문제이다. 토지를 보유하는 동안 매입지가에 대한 이자가 비용으로 지출된다. 매입자 자신이 소유한 자금으로 토지를 매입할 경우라고 해도 매입 금액에 대한 이자가 기회비용이 된다. 한편 토지 이용을 통해 얻는 이익은, 토지를 적정하게 이용한다고 할 때, 지대가 된다. 지대상승률이 0보다 클 경우에 지가, 이자, 지대의 관계를 그림으로 표시하면 아래와 같다.

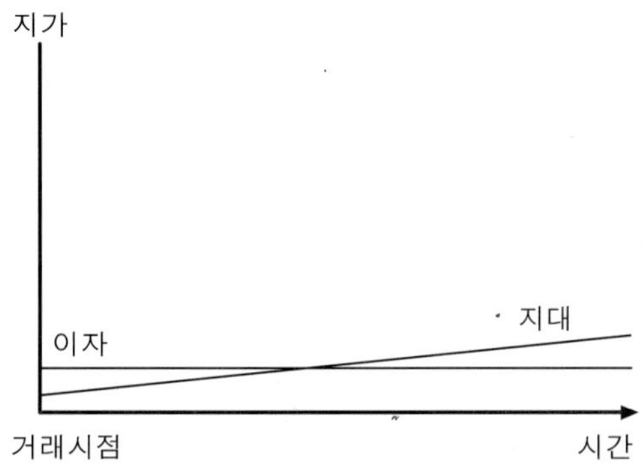

〈그림 8.2〉 지가, 이자, 지대의 관계

위 그림에서 보듯이 앞으로 지대가 상승할 것으로 예상되는 토지는 매입 후 상당 기간 동안 이자가 지대보다 높다. 토지를 보유하기 위한 비용 즉 이자가, 토지 이용에서 얻는 이익 즉 지대보다 높다는 것이다. 비용이 이익보다 높다면 그 차액은 기업의 부담이 되므로 정상적인 경영을 압박하는 요인이 된다.

물론 토지 소유의 전 기간을 통해서 본다면 이자가 지대보다 크다는 점은 별 문제가 되지 않는다. 토지소유자가 부담하는 매입지가 및 그 이자는 토지를 소유하는 기간의 지대와 토지매각수입으로 보전되기 때문이다. 그러나 적어도 토지 매입 초기에는 이 점이 문제된다.

셋째로, 지가가 현재의 토지 가치 이외의 요인에 의해서 결정된다는 문제이다. 즉 지가는 미래의 지대, 이자율, 토지 소유 부수비용에 의해 결정된다. 이 때문에 지가는 현재의 지대와 괴리되어, 특별한 경우를 제외하면, 토지세의 과표로 삼는 것은 적절하지 않을 뿐 아니라, 특히 이자율에 의해 영향을 받는다는 점에서 금융상의 문제를 발생시킬 수 있다. 토지가 금융 대출의 담보로 많이 활용되는 사회에서 어떤 원인에 의해서건 이자율이 상승하면 토지의 매매가격이 담보액 이하로 떨어질 수 있다. 이렇게 되면 대출금을 제대로 회수하지 못하는 금융기관을 선두로 연쇄적인 도산이 일어날 수 있다.

이상과 같은 지가의 문제는 현실 토지시장에서는 더욱 심각해진다. 다음의 제9장(현실 토지시장)과 제11장(토지불로소득)에서 보겠지만, 현실 토지시장에서 토지불로소득을 노리는 투기적 가수요가 발생하여 지가가 근본지가 이상으로 치솟고 쏠림 현상이 발생하여 지가는 더욱 불안정해진다.

2. 완전경쟁 토지시장의 한계

위에서 보았듯이 지가 문제를 제외하면 완전경쟁 토지시장은 상당히 바람직한 토지배분 장치이다. 그러나 한계도 있다. 그 한계를 어느 시장이든 간에 시장 자체가 가지는 본질적인 한계, 토지시장에서 더 두드러지게 나타나는 한계, 현실적인 한계로 나누어 살펴보자.

1) 시장의 본질적인 한계

모든 시장은 본질적으로 다음과 같은 결함을 가지고 있다.

첫째로, 사회에는 다양한 가치가 존재하나 가격을 매개로 자원을 배분하는 시장은 경제가치로 환산되지 않는 가치의 배분에 관해서는 무력하다. 이러한 시장의 한계는 결국 국민의 정치적인 선택에 의해 해결될 수밖에 없다. '경제는 경제논리로 풀어야 한다'는 주장이 있고 또 상당히 설득력을 발휘하기도 하는데, 이는 정치권에서 파당적 이해관계를 위해 압력을 행사하거나 정부에서 단기적인 전시효과만을 노리는 등 잘못된 정치와 관치로 인해 경제가 왜곡된 사례가 많았기 때문이다. 그러나 이것이 경제지상주의 내지 경제논리 우선주의를 정당화하는 근거가 되어서는 안 된다. 경제현상은 사회현상의 일부이고 경제현상은 다양한 다른 현상과 연결되어 있으므로 경제현상을 다룸에 있어 경제논리 외에도 올바른 정치논리, 올바른 도덕논리, 올바른 환경논리 등의 간섭은 당연히 필요하며 올바른 경제논리는 다른 분야의 논리와 조화를 이루어야 한다.

둘째로, 경제가치로 환산되는 것 중에도 가격이 반영하는 것은 공급자 또는 수요자 자신에게 귀착되는 사적인 이익과 비용일 뿐이다. 따라서 가격을 기준으로 자원이 배분되는 시장은 공급자와 수요자 이외의 타인, 나아가서는 사회 전체의 이익과 비용을 감안한 최적의 배분은 이루지 못한다. 예를 들어 오염물질을 배출하는 생산방식은 사회 전체에는 해가 되지만 배출 방지 내지 오염 제거 비용이 가격에 반영되지 않는 경우에는 시장을 통해 오염을 막을 수 없다.

셋째로, 가격에는 시장에 참가하는 자만의 선호와 지불능력과 예측이 작용할 뿐 시장에 참가하지 않는 사회구성원의 이해관계는 반영되지 않는다. 시장에 참여하지 못하는 큰 이유로는 공간적·시간적 제약을 들 수 있다. 특히 이 세상에 태어나지 않은 세대의 이해관계는 조상의 시장 외적인 배려가 아니면 가격에 반영될 길이 없다. 예를 들어 배출 방지 내지 오염 제거 비용이 가격에 반영된다고 해도 그 가격에는 현재의 세대가 환경에 매기는 가치가 반영될 뿐이다. 오염이 심해지는 추세를 감안할 때 미래 세대는 깨끗한 환경에 높은 가격을 매길 것임에도 불구하고 미래 세대의 이해관계는 현재의 가격에 반영되지 않는다.

2) 토지시장의 독특한 한계

가. 공간적 부조화

토지시장은 거래의 단위가 되는 개별 필지마다의 최선이용을 유도하기는 한다. 그러나 이는 이미 구획된 개별필지마다의 최선이용을 의미할 뿐이며, 개별토지가 각각 최선으로 이용된다고 해도 이를 합한 것이 더 넓은 범위의 토지 내지 사회 전체의 입장에서는 반드시 최선이용이 되는 것이 아니다. 이를 토지 이용의 공간적 부조화 문제라고 부를 수 있다.

이 한계는 위에서 지적한 시장의 본질적 한계 중 두 번째 한계와도 관련되는 것이지만 토지시장에서 더 두드러지게 나타난다. 토지는 상호 연접되어 있어 개별토지의 이용 효과는 다른 토지에까지 영향을 미칠 수밖에 없으며, 따라서 토지 이용은 다른 어떤 물자를 이용하는 행위보다 외부효과가 크기 때문이다.

나. 시간적 부조화

모든 토지시장이 나름대로 완전하다고 해도 토지임대차시장에서는 임대기간 중 토지를 최선으로 이용할 사람에게, 토지매매시장에서는 영구적 내지 장기적으로 토지를 최선으로 이용할 사람에게 각각 토지가 배분되는데, 두 시장에 의한 토지 이용이 서로 일치한다는 보장이 없다. 즉 토지시장을 통해 각 시점마다 토지의 최선이용이 이룩된다고 해도 단기적으로 최선의 이용 결과를 합한 것이 장기적인 관점에서 반드시 최선의 이용으로 평가될 수는 없다는 것이다. 이를 토지 이용의 시간적 부조화 문제라고 부를 수 있다.

이러한 한계가 생기는 이유는, 토지는 수명이 영구적인 데다가 토지이용결과가 경직성을 가지기 때문이다. 토지이용결과의 경직성은, 제2장(토지와 토지제도)에서도 언급하였듯이 다음과 같은 세 가지 특성에 기인한다. 첫째, 토지이용 결과가 대체로 당해 토지와 강하게 결합하여 쉽게 분리되지 않는다는 결합성, 둘째, 토지이용결과는 대체로 수명이 길어 상당

기간 동안 지속된다는 내구성, 셋째, 토지이용결과는 그 결과를 조성하거나 제거 내지 원상복구하거나 이동시키는 데에 드는 금전적 및 시간적 비용이 크다는 고가성이 그것이다.

3) 현실적인 한계

완전경쟁 토지시장이 되기 위해 필요한 조건은 현실에서 충족되기 매우 어렵다는 한계가 있다. 이 점에 대해서는 제9장(현실 토지시장)에서 다룬다.

[제8장의 부록] 사회 전체의 지대

제8장의 본문에서 개별 토지의 지대에 대해 검토하였다. 그런데 지대란 생산적 노력 및 기여와 무관하게 발생하는 불로소득이므로 사회 전체 지대총액의 크기와 변화는 사회정의 및 경제효율의 관점에서 중요한 변수다. 그런 의미에서 사회 전체의 지대를 고찰해 보자.

아래 설명에서는 본문과 달리 수식을 사용하는 데다가 이 부분을 분리하여도 본문의 이해에 지장이 없으므로 부록에서 다룬다. 논의를 단순하게 하기 위해 모든 토지가 생산용 토지라고 가정하고 사회 전체의 지대총액과 지대비중 그리고 그 변화에 대해 생각해 본다.

검토 결과를 미리 요약하자면 다음과 같다. 첫째로, 사회가 발전하면 지대총액은 커지는 경향을 보인다. 사회가 발전하면 토지이용량이 많아지기 때문에 한계토지가 바깥으로 밀려나가고 또 중심지 토지와 변두리 토지 간의 생산성 차이가 커지는 경향이 있는데 이런 경우에는 지대총액이 커지게 된다. 둘째로, 지대비중 즉 지대총액이 사회의 총생산 중에서 차지하는 비중은, 지대총액만큼 뚜렷한 경향성이 있다고는 할 수 없으나, 사회발전에 따라 커질 수 있다.

1. 지대총액과 지대비중

〈그림 8.3〉에서 산출곡선, 투입곡선이 수직축과 만나는 점을 각각 a, b라 하고 산출곡선과 투입곡선의 식을 $a-ux$, 투입곡선의 식을 $b-vx$라고 하자. 여기에서 x는 사회 전체의 토지이용량을 나타내는 변수이고 m은 한계토지까지의 토지이용량이다. 또 한계토지의 산출을 c라고 하자.

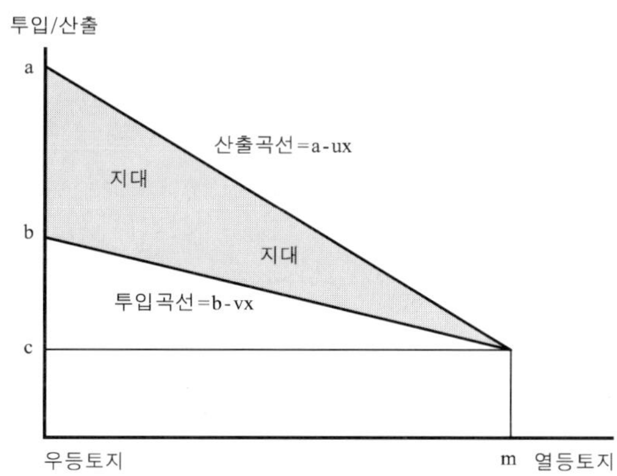

〈그림 8.3〉 사회 전체의 지대

그러면 사회 전체의 산출총액, 투입총액, 지대총액은 각각 다음과 같다.

$$\text{산출총액} = \frac{(a+c)m}{2}$$
$$\text{투입총액} = \frac{(b+c)m}{2}$$
$$\text{지대총액} = \frac{(a-b)m}{2}$$

여기에서 산출총액은 국민총생산보다 훨씬 큰 금액이다. 산출총액은 생산용 토지에서 나오는 생산총액을 의미하므로 국민총생산 외에 중간생산물의 가치가 들어 있기 때문이다. 또 여기에서의 지대총액은 생산용 토지의 지대만을 포함하므로 주거용 등 비생산용 토지의 지대를 다 포함시켜야 사회 전체의 모든 지대총액이 계산된다.

한편 산출총액에 대한 지대총액의 비율 즉 지대비중은 다음과 같다.

$$\text{지대비중} = \frac{\text{지대총액}}{\text{산출총액}} = \frac{a-b}{a+c}$$

한계토지에서는 투입과 생산물 판매액이 같으므로 다음의 관계가 성립한다는 점도 지적해 둔다.

$$a-um=b-vm=c \quad \text{또는} \quad a-b=(u-v)m$$

2. 사회 전체 지대의 변화

사회상황의 변화가 생겨 산출곡선은 $a'-u'x$, 투입곡선은 $b'-v'x$로 변화할 경우에 위의 여러 등식에서 a, b, c, u, v, m 대신 a', b', c', u', v', m'를 각각 대입한 등식이 역시 성립한다.

사회상황의 변화에 따른 지대총액의 증감 여부를 알기 위해 두 총액을 비교해 볼 수 있다.

$$\frac{\text{변화 후 지대총액}}{\text{변화 전 지대총액}} = \frac{(a'-b')m'}{(a-b)m} = \frac{(u'-v')m'^2}{(u-v)m^2}$$

위의 식에서 알 수 있는 것은 산출곡선과 투입곡선의 기울기 차이(즉 $u'-v'$와 $u-v$)와 한계토지까지의 토지이용량(즉 m'와 m)에 의해 지대총액의 증감이 결정된다는 점이다.

그리고 사회상황의 변화에 따라 총산출에서 지대가 차지하는 비중의 증감 여부를 알아보기 위해 두 비중을 다음과 같이 비교해 볼 수 있다.

$$\frac{\text{변화 후 지대비중}}{\text{변화 전 지대비중}} = \frac{(a'-b')/(a'+c')}{(a-b)/(a+c)}$$

$$= \frac{(a'-b')(a+c)}{(a-b)(a'+c')}$$

$$= \frac{(u'-v')m'(a+c)}{(u-v)m(a'+c')}$$

지대비중은 지대총액/산출총액의 비율이다. 산출총액과 국민총생산은 대체로 같은 방향으로 변화할 것으로 추측되며, 또 경제가 성장할수록 분업이 많이 이루어지고 우회생산의 정도가 커질 것이므로 산출총액/국민총생산의 비율은 커질 것으로 추측된다. 따라서 국민총생산 중 지대비중의 변화는 위의 공식으로 계산한 지대비중의 변화와 비교할 때 그 방향은 같고 변화폭은 훨씬 클 것으로 추측된다.

3. 각 토지에 동일한 투입을 할 경우

계산의 편의를 위해 모든 토지의 투입비용이 동일한 단순한 상황에서 지대총액과 지대비중이 어떻게 나타나는지를 보자.

투입비용이 모든 토지에서 동일하면 아래와 같은 등식이 성립한다.

$$v = v' = 0$$

$$b = c = a - um = b - vm$$

$$b' = c' = a' - u'm' = b' - v'm'$$

위의 등식을 앞에서 구한 지대총액과 지대비중에 대입하여 상황변화에 따라 그 값이 어떻게 달라지는지를 보고 그 의미를 해석하여 보자.

1) 지대총액의 변화

먼저 변화 전후의 지대총액을 대비해 보면 다음과 같다.

$$\frac{\text{변화 후 지대총액}}{\text{변화 전 지대총액}} = \frac{(a'-b')m'}{(a-b)m} = \frac{u'm'^2}{um^2}$$

위 식으로부터 다음과 같은 점을 알 수 있다.

① 산출곡선의 기울기가 일정하면(즉 $u=u'$이면) 지대총액비율은 사회의 토지 이용 총량(즉 m과 m')에 의해 다음과 같이 달라진다.

$$\text{지대총액의 비율} \begin{cases} >1, & m'>m \\ =1, & m'=m \\ <1, & m'<m \end{cases}$$

② 사회의 토지 이용 총량이 동일하다면(즉 $m=m'$이면) 지대총액비율은 산출곡선의 기울기의 변화에 의해 다음과 같이 달라진다.

$$\text{지대총액의 비율} \begin{cases} >1, & u'>u \\ =1, & u'=u \\ <1, & u'<u \end{cases}$$

③ 산출곡선의 기울기가 급해지고(즉 $u'>u$이고) 사회 전체의 토지 이용 총량이 늘어나면(즉 $m'>m$이면) 지대총액의 비율은 언제나 1보다 크다.

이상의 세 가지 관찰 결과로부터, 사회발전과 더불어 지대총액이 커진다는 사실을 짐작할 수 있다. 토지 간 산출의 차이가 커진다든지 사회의 토지이용량이 많아진다는 것은 대부분 사회발전에 병행하는 현상이기 때문이다.

2) 지대비중의 변화

지대총액이 산출총액에서 차지하는 비중을 대비해 보면 다음과 같다.

$$\frac{\text{변화 후 지대비중}}{\text{변화 전 지대비중}} = \frac{u'm'(a+c)}{um(a'+c')}$$

$$= \frac{u'm'(2a - um)}{um(2a' - u'm')}$$

$$= \frac{2au'm' - uu'mm'}{2a'um - uu'mm'}$$

이 식에서 보듯이 지대비중의 비율은 $au'm'$와 $a'um$의 크기에 의해 다음과 같이 달라진다.

$$\text{지대비중의 비율}\begin{cases} > 1, au'm' > a'um \\ = 1, au'm' = a'um \\ < 1, au'm' < a'um \end{cases}$$

위의 두 식으로부터 다음과 같은 점을 알 수 있다.

① 산출곡선이 변화하지 않고(즉 $a = a'$, $u = u'$이고) 다만 한계토지까지의 토지량만 변화한다면 다음과 같은 관계가 성립한다.

$$\text{지대비중의 비율}\begin{cases} > 1, m' > m \\ = 1, m' = m \\ < 1, m' < m \end{cases}$$

② 한계토지에서의 산출이 변화하지 않고(즉 $a-um=a'-u'm'$ 또는 $a'-a=u'm'-um$이고) 산출곡선만 변화하면

$$\begin{aligned} au'm' - a'um &= au'm' - a'(a - a' + u'm') \\ &= (a' - a)(a' - u'm') \\ &= (u'm' - um)(a - um) \end{aligned}$$

이 된다. 여기에서 $a-um$ 또는 $a'-u'm'$는 한계토지에서의 산출로서 양의 상수이므로 $au'm'$와 $a'um$과의 크기 관계는 a와 a'의 크기 관계 또는 um과 $u'm'$의 크기 관계에 의해 다음과 같이 정해진다.

$$au'm'\begin{cases} > a'um, a' > a \text{ 또는 } u'm' > um \\ = a'um, a' = a \text{ 또는 } u'm' = um \\ < a'um, a' < a \text{ 또는 } u'm' < um \end{cases}$$

따라서 다음의 관계가 성립한다.

$$\text{지대비중의 비율}\begin{cases} > 1, a' > a \text{ 또는 } u'm' > um \\ = 1, a' = a \text{ 또는 } u'm' = um \\ < 1, a' < a \text{ 또는 } u'm' < um \end{cases}$$

③ 사회가 발전함에 따라 $a'>a$, $u'>u$, $m'>m$의 현상이 동시에 나타날 것으로 추측되는데 이럴 경우에는 그 결과가 어떻게 나타날지는 불분명하다. $a'>a$일 때 지대비중은 낮아지는 반면 $u'>u$, $m'>m$일 때는 지대비중이 높아지기 때문이다.

제9장

현실 토지시장

앞에서 우리는 완전경쟁 토지시장의 모습을 보았다. 그런데 현실에서 발생하는 문제를 정확하게 진단하고 이를 해결하기 위한 적절한 정책을 수립하려면 당연히 현실 토지시장에 대한 이해가 필요하다. 정책은 초현실적 가상세계에서 집행되는 것이 아니라 현실에서 집행되기 때문이다. 이 장에서는 완전경쟁 토지시장과 다른, 현실시장의 모습에 대해 살펴본다.

Ⅰ. 현실 토지매매시장의 모습

완전경쟁 토지시장에서는 공급경쟁과 수요경쟁이 충분하고, 시장참가자는 완벽한 정보를 가지고 각자의 토지 이용 의도에 맞추어 토지 가치를 평가한 금액을 정한 다음 평가액을 그대로 청약액으로 제시하며, 그중 가장 높은 청약액을 제시하는 사람이 토지를 취득한다고 하였다. 그런데 현실 토지시장은 이러한 모습과 매우 다르다는 사실을 우리는 잘 알고 있다. 현실 토지매매시장에서 이와 같은 완전경쟁조건이 어느 정도 제약되는지를 살펴보자.

1. 경쟁에 관한 조건

1) 공급 경쟁의 제약

현실 토지매매시장에서는 토지 소유의 독과점 내지 집중 현상으로 인해 공급 경쟁이 제한되는 경우가 많다. 일반적으로 토지 소유가 집중되는 이유는 토지 소유에서 생기는 이익이 클 뿐 아니라 토지 소유 집중을 가능하게 하는 거대한 정치적·경제적 힘이 존재하기 때문이다.

전통적인 농경사회에서는 토지가 거의 유일한 생산기반이었으며 토지 소유가 부, 권력, 신분을 유지할 수 있는 중요한 수단이었다. 그에 따라 토지를 많이 가진 계층이 사회의 상류층을 형성하고 사회의 상류층은 다시 그들의 지위를 이용하여 토지를 더욱 많이 가지게 되었다. 농경의 중요성이 줄어든 근대 이후에 와서는 공업화·도시화가 진척되면서 토지 가치가 계속 상승하여 토지 소유로부터 막대한 토지불로소득이 발생하였다. 이로 인해 농경시대와 마찬가지로 토지 소유→사회적 지위 상승→토지 소유 집중으로 이어지는 악순환이 계속되었다.

2) 수요 경쟁의 제약

현실 토지매매시장에서는 상당한 진입 장벽이 존재하여 수요 경쟁이 제한된다. 수요자의 자유로운 진입을 막는 가장 큰 장벽은 지가이다. 지가는 대체로 매우 큰 금액이고 매입 시점에 목돈으로 소요되는 것이 보통인 반면 토지를 이용하여 얻는 수입은 이용기간 동안 분산되어 발생한다. 따라서 목돈을 동원할 능력이 부족한 계층은 토지매매시장의 수요자가 되지 못한다.

3) 토지불로소득의 영향

토지불로소득의 영향으로 인해 공급이 왜곡된다. 토지 소유에서 불로소득이 많이 발생할 것으로 예상되면 토지 소유 희망자는 늘어나는 동시에 기존 토지소유자는 토지를 매각하지 않으려고 한다. 즉 수요는 비정상적으로 늘고 공급은 비정상적으로 줄어든다. 이처럼 토지를 이용 목적이 아니라 투기 목적으로 취득하려는 수요를 가수요 또는 투기적 가수요라고 한다. 투기적 가수요가 존재하면 지가는 비정상적으로 폭등한다. 반면에 토지 경기의 전망이 어두우면 토지를 매각하려는 사람은 늘어나는 반면 매입하려는 사람은 줄어든다. 즉 공급은 비정상적으로 줄고 수요는 비정상적으로 늘어난다. 이럴 경우에 지가는 비정상적으로 폭락한다.

2. 가격에 관한 조건

현실 토지매매시장에서는 지가를 정확하게 평가하기 어렵다. 그 중요한 이유는 다음과 같다.

첫째로, 미래정보가 부족하다. 현실시장에서의 정보, 특히 지가를 평가하는 데 필요한 미래정보가 극히 불확실하다. 토지의 수명은 영구적이고 소유권은 존속기간이 정해지지 않은 무기한의 권리이므로, 토지소유권의 대가인 지가는 토지를 소유하는 기간 중에 토지 소유로 인해 발생할 수익을 - 조세 등 토지 소유 부수비용이 없다면 미래의 모든 지대소득을 - 합산한 금액이다. 따라서 지가를 옳게 평가하려면 영구적·무기한적 미래에 발생할 모든 지대소득에 대한 정보가 필요하다. 그런데 대부분의 인간은 미래에 대해 극히 제한된 범위 내에서만 알 수 있을 뿐 미래 정보가 극히 제한되어 있고 또 시간적으로 현재로부터 멀리 떨어진 미래일수록 그에 관한 믿을 수 있는 정보가 적다. 완전경쟁시장에서와 같은 정보의 완전성은 현실시장에서는 허구적인 희망 사항에 불과하다. 그러므로 현실시장에서는 지가평가가 정확하게 이루어지지 않는다.

둘째로, 재매매지가가 영향이다. 정보가 매우 불확실한 현실 토지매매시장에서는 지가를 평가함에 있어서 미래의 모든 지대소득 이외에 추후에 토지를 팔 경우에 받을 수 있는 재매매가격 즉 다른 사람이 이 토지를 어떻게 평가할 것인가를 감안하게 된다. 즉 현재의 지가평가액은 토지 매입 후 보유기간 동안 얻을 지대와 매각 시의 지가를 감안하여 정하는데, 그중에서도 금액이 큰 재매매가격이 더 큰 요소가 되기도 한다. 이러한 현상은 단기적인 토지 전매를 통해 이익을 남기려고 하는 토지투기가 성행하는 국면에서 더욱 두드러지게 나타난다. 이런 국면에서는 미래의 지대소득보다는 앞으로 토지를 사려는 사람에게 얼마를 받고 매각할 수 있는가에 대한 예상에 따라 지가평가액을 결정하게 된다. 그리하여 어떤 이유로든 시장참가자 사이에 '지가는 상승하기 마련이다' 또는 '누군가 나보다 더 비싼 값을 치르려는 사람이 있다'는 믿음이 형성된다면 지가는 완전경쟁시장에서 형성될 근본지가와의 연관성이 희박해지고 지가 상승이 증폭되어 토지는 투기 대상으로 전락해 버린다. 또한 그 반대의 경우에는 지가가 단기간에 폭락할 수도 있다.

3. 취득에 관한 조건

완전경쟁 토지시장에서는 경쟁이 치열하므로 모든 당사자가 자신의 평가액과 청약액을 일치시키고 또 청약액을 상대방에게 노출시키지 않을 수 없다. 따라서 거래는 당사자 간 흥정의 여지가 없이 자동적으로 성립한다. 그러나 현실 토지매매시장에서는 수요자와 공급자의 수가 많지 않기 때문에 거래는 치열한 경쟁 속에서 자동적으로 성립되는 것이 아니라 대체로 소수의 당사자 간에 밀고 당기는 흥정에 의해 거래가 매듭지어진다.

토지를 매각할 의사를 가진 공급자는 매각에 합의할 수 있는 최저액 즉 매각하한액을 정한다. 토지를 매입하려는 의사를 가진 수요자도 나름대로의 최고액 즉 매입상한액을 정한다.

그러므로 토지 거래가 이루어지려면 다음과 같은 조건이 필요하다.

매각하한액 ≤ 거래지가 ≤ 매입상한액

특별한 사정이 없으면 매입상한액과 매각하한액 간의 간격 즉 흥정폭이 클수록 거래가 성립할 가능성이 높다.

거래지가가 흥정폭 내의 어느 지점에서 결정될 것인가는 수요 공급의 탄력성과 수요자와 공급자 개인 내지 계층의 흥정력에 달려 있다. 현실시장의 실제 거래가격은 토지소유자인 공급자 측에 유리하도록 결정될 가능성이 높다. 토지소유자는 대체로 경제적 여력이 충분한 계층이고 토지 소유를 계속하면 후술하는 토지불로소득을 얻을 가능성도 높으므로 토지 매각을 서두를 이유가 없다. 반면 토지는 생활과 생산에 필수적인 요소이므로 토지 수요자는 토지 매입을 거부하고 오래 버틸 수 없다. 즉 일반적으로 토지소유자가 토지 수요자보다 유리하다는 것이다. 따라서 거래지가도 매입상한액 쪽에 가까운 금액으로 결정되기 쉽다.

4. 다른 비용의 영향

완전경쟁 토지시장에서는 토지 자체의 가치 이외의 다른 비용이 들지 않는 것으로 흔히 가정하는 데 비해 현실에서는 그 밖의 다른 비용이 거래에 영향을 미친다. 매각하한액과 매입상한액을 결정할 때 그 토지를 이용하여 얻을 수 있을 것으로 예상하는 이익 즉 정상적인 평가액 이외에 영향을 미치는 다른 비용 중 중요한 것은 다음 두 가지이다.

첫째로, 토지가격 이외에 토지 거래에 부수하는 각종의 비용이 영향을 미친다. 예를 들면 토지를 매매하기 위해 거래상대를 물색하고 계약하는 데에 드는 비용, 매매 이후에 이사와 정착에 드는 비용, 매매에 따른 각종 공과금, 광고비, 소개비 등이다. 이러한 부수비용은 매각하한액은 높이고 매입상한액은 낮춘다.

둘째로, 거래를 성립시키지 못할 때 입을 특별한 손실이 있다면 그 손실액도 영향을 미친다. 매각자가 토지를 처분하지 못할 때 입을 손실액만큼 매각하한액이 낮아지고 매입자가 토지를 취득하지 못할 때 입을 손실액만큼 매입상한액이 높아진다.

이러한 관계를 수식으로 표시하면 다음과 같다.

매각하한액 = 매각자 평가액 + 매각자 거래비용 − 매각하지 못할 때의 손실액

매입상한액 = 매입자 평가액 − 매입자 거래비용 + 매입하지 못할 때의 손실액

Ⅱ. 현실 토지매매시장 참가자의 행태

근본적으로 인간은 미래를 잘 예측하지 못한다. 이런 현실에서, 미래 정보가 필요한 토지매매시장에 참가하는 사람들의 행동은 다음과 같은 특징을 나타낸다. 이런 특징은 불확실성이 높은 다른 시장에도 적용된다.

1. 예측의 단기성

미래예측 능력이 제약되어 있기 때문에 먼 미래의 상황에 비해 현재 및 가까운 미래의 상황이 지가에 많이 반영된다. 다른 식으로 말하자면 먼 미래에 발생할 가치일수록 높은 할인율이 적용된다는 것이다. 이 때문에 지가평가액은 시간의 흐름에 따라 수정된다.

예를 들면 수년 후 개발사업이 예정되어 있는 토지의 경우 개발사업에 의해 상승할 것으로 예상되는 토지 가치가 현재의 지가에 어느 정도 반영되기는 하지만 반영도가 충분하지 못하고 시간이 흐름에 따라 개발사업이 더욱 가까운 미래의 일로 닥쳐오면서 지가에 반영되는 정도가 높아진다.

2. 행동의 소극성

토지매매시장에서는 참가자들이 변화를 기피하고 행동을 꺼리는 소극적·모험기피적(risk aversive) 모습을 보인다.

토지매매시장에 필요한 미래 정보는 매우 불확실하다. 지가는 일반인의 경제적 능력에 비해 매우 큰 금액이다. 또 토지는 환금성(換金性)이 낮다. 즉 일단 토지를 매입하면 매각하는 데 시간과 비용이 많이 든다. 더구나 토지는 토지만으로 매매되기도 하지만 건물 등 토지개량물과 결합된 부동산으로 매매되는 경우가 많으므로 관련되는 금액은 더욱 커진다.

이처럼 불확실하고, 환금성도 낮으면서 부담이 큰 금액이 관련되는 투자의 경우에는 사람들

의 행동이 합리적인 수준보다 위축된 모습을 보이게 된다. 그 결과, 현실 토지매매시장의 공급자 즉 토지소유자는, 소유를 계속하는 것이 특별한 부담으로 작용하지 않는 한 토지를 매각하지 않으려고 하며 토지 수요자는 청약지가를 결정할 때 투자의 안전을 고려하여 토지의 미래에 대해 객관적 기대치보다 지가를 낮춰서 평가하는 경향을 가진다.

그러나 아래에서 지적하는 '눈치 보기'라는 특성으로 인해 시장이 한번 움직이기 시작하면 소극성과는 반대로 급격한 '쏠림' 현상이 나타나기도 한다는 점에 유의할 필요가 있다.

3. 눈치 보기

불확실성이 높은 토지매매시장에서 대부분의 시장참가자는 정보 부족으로 인한 불안감을 갖기 때문에 타인이 어떻게 판단하고 행동하는가에 대해 많은 신경을 쓰게 된다.

모든 사람이 서로에 대해 눈치를 보게 되면 다른 사람들이 변화하지 않는 한 자신도 변화하지 않으려고 하여 소극성이 강화된다. 다른 한편으로는 사람들이 어떤 방향으로 움직이려 한다거나 이미 움직이고 있다고 믿을 만한 어떤 신호가 나타나면 다른 사람의 움직임에 편승 또는 부화뇌동하여 한쪽으로 쏠리는 경향을 보이기도 한다.

이 때문에 토지시장은 투기장으로 변하기 쉽다. 지가가 지속적으로 상승할 것이라고 생각하는 사람이 많다고 믿는 사람이 토지시장 내에 다수 존재하면 그 믿음이 근거가 있는 것인지의 여부를 떠나 토지 매입 수요는 늘고 매각하려는 사람은 줄어든다. 그러면 지가상승이 사실로 나타난다. 소위 '자기 실현적 예상(self-fulfilling prophesy)'이 흔히 나타난다는 것이다. 이럴 경우에 거래지가는 근본가치에서 급속하게 괴리되어 거품이 발생한다. 투기적 토지시장은 지가상승을 유발할 수 있는 미세한 자극에도 민감하게 반응하며 심지어는 허위정보가 먹혀들기도 한다. 반면 지가가 하락할 것이라 생각하는 사람이 많다고 믿는 사람이 다수 존재하면 지가하락이 사실로 나타나는 경향이 있고 또 토지를 빨리 매각해 버리려는 사람이 늘어나는 동시에 토지를 매입하려는 사람은 급감하므로 단기간에 지가가 급락하기도 한다.

그러나 소극적이고 남의 눈치를 살피는 일반적인 시장참가자와는 달리 적극적·자주적으로 행동하는 사람도 없지는 않다. 예를 들면 자신의 예측력이 타인보다 우수하다고 자신하여 자주적으로 행동하기도 하고, 토지를 통해 큰 이익이 실현될 확률은 불분명해도 실현될 경우의 이익이 크므로 모험을 하는 사람도 있으며, 대부분의 시장참가자가 확신이 없이 다른 사람의 눈치를 본다는 사실을 적극적으로 이용하는 사람도 있다.

Ⅲ. 현실 토지매매시장의 특이 현상

위에서 현실 토지매매시장이 완전경쟁조건을 갖추지 못한다는 점과 그러한 시장에 참가하는 자의 행태를 살펴보았다. 이로 인해 현실 토지시장에서는 완전경쟁 토지시장에서는 볼 수 없는 특이한 현상이 나타난다. 몇 가지 중요한 특이 현상을 아래에서 살펴본다.

1. 토지불로소득과 가수요

토지불로소득이란 토지의 매매·보유에서 생기는 평균 이상의 이익 즉 매입지가의 원리금을 초과하는 순이익을 말한다. 완전경쟁 토지시장에서는 토지불로소득이 발생하지 않는다. 그러나 현실 토지시장에서의 토지불로소득은 기대치이든 실현치의 평균이든 0보다 큰 것이 보통이며 그 금액도 막대한 경우가 많다.

토지불로소득은 토지 가수요를 촉발한다. 가수요란 토지 이용을 목적으로 하는 수요 즉 실수요가 아니라 불로소득을 얻기 위한 수요를 말한다. 가수요로 인해 아래에서 보듯이 토지가 저이용되기도 하고 지가가 급격하게 변하기도 하며 근본지가 이상으로 치솟기도 한다. 한편 토지불로소득이 마이너스가 될 것으로 예상되는 경우에는 가수요도 마이너스가 되어 토지수요가 실수요 수준 이하로 떨어질 수 있다.

토지불로소득에 관한 자세한 내용은 제11장(토지불로소득)에서 검토하기로 한다.

2. 토지소유자의 영향력

완전경쟁 토지시장에서 토지공급자는 단지 한 사람의 수요자로서 작용할 뿐 독자적인 역할을 하지 않고 특별한 영향력도 없는 반면, 현실 토지시장에서 토지를 공급하는 소유자는 그렇지 않다.

토지소유자의 영향력이 생기는 주요한 이유는 다음과 같다. 첫째로, 현실 토지매매시장에서는 공급경쟁이 제한되어 있는 반면 토지는 필수물자로서 수요자는 절박하게 토지를 필요로 하는 경우가 많기 때문에 토지소유자가 영향력을 발휘할 수 있다. 둘째로, 토지소유자 계층은 다른 계층에 비해 경제적 여유를 가진 계층이고 또 지가 등 진입장벽으로 인해 아무나 토지소유자가 되기 어려우므로 토지소유자 계층은 어느 정도의 폐쇄성을 가진 특권계층을 형성하고 있다. 셋째로, 토지불로소득이 만성적으로 발생하는 현실에서는 토지소유자의 지위가 더욱 유리해지므로 영향력도 커진다.

토지는 모든 생산과 생활의 필수적인 요소이므로 토지시장에 대한 영향력 내지 지배력은 토지시장 이외에 경제 전반, 나아가서는 정치 등 등 다른 분야에서의 영향력 내지 지배력으로 연결된다.

3. 토지의 저이용

완전경쟁 토지시장에서 토지는 효율적으로 이용된다고 볼 수 있다. 토지소유자가 지대소득을 극대화하기 위해 토지를 가장 효율적으로 이용하기 때문이다.

그러나 완전경쟁시장에서도 관점에 따라서는 토지가 저이용되는 것으로 비치는 경우도 있다. 우선 토지매매시장은 장기적인 관점에서, 토지임대차시장에서는 단기적인 관점에서 토지가 최적이용되는데 두 용도에서 차이가 생길 때 저이용으로 비칠 수 있다. 장기적인 관점에서 고용도의 토지 개발 여건이 성숙하기를 기다리는 동안에는 단기적으로 볼 때 저이용되는 것으로 비친다는 것이다. 또 토지를 개발하거나 기존의 이용상태를 변경하는 재개발에는 상당한 시간이 필요한 경우가 많은데 이 기간 동안에는 일시적으로 토지가 저이용된다. 소위 마찰적 원인에 의한 일시적 저이용이 존재할 수 있다.

이에 비하여 현실 토지시장에서는 토지불로소득의 영향을 받아, 그리고 토지의 독과점으로 인해 토지가 저이용 내지 방치되는 수가 있다.

1) 토지불로소득의 영향

토지 매매차액을 극대화하기 위해 토지를 저이용하는 경우가 있다. 토지 매매차액을 많이 얻으려는 소유자는 토지를 매각이 용이한 상태로 유지하고 싶어 한다. 토지는 대체로 나대지일 때 매각이 용이하므로 토지를 가급적 저용도로 유지하는 경우가 많다.

또 현실시장에서는 토지를 방치하여 지대소득을 올리지 않더라도 상당한 토지불로소득을 얻을 수 있다. 위험성이 따르는 토지개량을 하지 않더라도 이처럼 상당한 수익을 얻을 수 있다면 토지소유자는 보다 안전하게 토지의 저이용을 선호하는 경우가 적지 않다. 특히 토지보유세가 낮거나 저이용에 대한 부담 내지 제재가 크지 않을 때에는 토지의 저이용을 더욱 선호한다. 이 문제는 제11장(토지불로소득)에서 더 자세하게 언급한다.

2) 토지 독과점의 영향

토지가 독과점되어 있는 현실시장에서는 일부 토지를 저이용함으로써 오히려 토지소유자의 총지대소득을 극대화할 수도 있다.

조방적 한계 내의 일부 토지가 유휴화될 때 그 토지에 투입되었던 생산요소가 그보다 열등한 다른 토지로 이전·투입된다면 한계 내의 각 토지의 지대는 상승한다. 어느 토지의 지대는 그 생산성과 한계토지 생산성과의 격차이기 때문에 한계토지가 종전보다 생산성이 낮은 곳으로 이동하면 한계 내 다른 토지의 지대가 올라가게 된다.

물론 개별 토지의 지대가 모두 상승한다고 해서 전체 토지의 지대소득이 반드시 커지는 것은 아니다. 유휴화되는 토지에서는 지대소득이 발생하지 않기 때문이다. 그러나 유휴화되는 토지의 생산성이 특별히 높지 않은 한 지대소득의 총액은 대체로 커진다고 보아도 좋다. 따라서 토지가 독과점되어 있다면 독과점지주는 일부 토지를 고의적으로 유휴화 내지 저이용함으로써 총지대소득을 극대화할 수 있다.

이를 쉽게 이해하기 위해 예를 들어 설명해 보자. 각 등급의 토지에서 단위 투입에 의한 생산이 제8장(완전경쟁 토지시장)의 〈표 8.1〉, 〈표 8.3〉에서 보듯이 1, 2, 3등급의 토지에서 지대가 각각 3억 원, 1억 원, 0원이 발생하며 사회의 지대총액은 4억 원이 되는 경우에 대해 보자.

이제 제1등급 토지를 유휴화하면 사회 전체의 총투입량인 6단위는 아래 표처럼 그 아래 등급의 토지에 투입될 것이다. 이때도 역시 한계생산이 동일하게 되도록 제2, 3, 4등급 토지에 각각 3, 2, 1단위씩 투입되면 실물지대는 종전처럼 각각 3톤, 1톤, 0톤이 된다.

〈표 9.1〉 토지등급-투입단위별 산출(1등급 토지가 유휴화될 때)

투입순서 \ 토지등급	1등급 토지	2등급 토지	3등급 토지	4등급 토지
제1단위	12톤(유휴)	11톤	10톤	9톤
제2단위	11톤(유휴)	10톤	9톤	8톤
제3단위	10톤(유휴)	9톤	8톤	7톤
제4단위	9톤	8톤	7톤	6톤

그러나 이를 화폐지대로 보면 지대가 불어난다. 아래 표에 이러한 모습을 요약하였다.

〈표 9.2〉 1등급 토지가 유휴화될 때의 지대

	2등급 토지	3등급 토지	4등급 토지
투입	3단위	2단위	1단위
산출	30톤	19톤	9톤
투입액	30억 원	20억 원	10억 원
산출액	33억 3천만 원	21억 1천만 원	10억 원
지대액	3억 3천만 원	1억 1천만 원	0원

투입 단위당 가격이 10억 원이라고 하였으므로 투입액은 각각 30억 원, 20억 원, 10억 원이 된다. 한계토지에서 10억 원 상당의 투입을 하고 9톤이 생산되므로 생산물 톤당 가격은 약 1억 1,111만 원이 되어 산출액은 각각 33억 3천만 원, 21억 1천만 원, 10억 원이 된다. 그러면 2등급 토지에서 발생하는 지대액은 3억 3천만 원, 3등급 토지에서 발생하는 지대는 1억 1천만 원이 된다. 즉 지대총액은 종전의 4억 원에서 4억 4천만 원으로 불어난다.

이처럼, 1등급 토지를 유휴화하면 사회의 총산출이 64톤에서 58톤으로 줄고 생산물 톤당 가격도 1억 원에서 1억 1,111만 원으로 높아지는 등 사회의 경제상황은 전보다 못해지지만, 지대만은 4천만 원 이상이 늘어나는 모습을 보이고 있다. 그러므로 1등급에서 4등급까지의 토지를 독점하고 있는 계층이 있다면 지대소득의 극대화를 위해 1등급 토지를 유휴화하는 전략을 구사할 가능성이 있다.

4. 급격한 지가 변동

완전경쟁 토지시장에서는 모든 미래의 지대변화가 모두 지가에 앞당겨 반영되기 때문에 지대는 급격하게 변하더라도 지가와 지가상승률은 완만하게 변동한다. 혹시 도로개설 등 토지 개발에 의해 토지의 사용가치 즉 지대가 단기간에 급격히 상승하면 지가와 지가상승률도 급상승한다고 오해할 수도 있을 것이므로 예를 들어 계산해 보기로 한다.

지대가 매년 5%씩 상승하며 6차년도에서 10차년도까지의 5년간은 예외적으로 매년 50%씩 급격하게 상승하는 경우에, 연간 이자율 15%인 완전경쟁 토지시장에서 지가가 어떻게 변화하는지를 계산한 결과가 아래 표에 요약되어 있다.

〈표 9.3〉 완전경쟁 토지시장에서의 지가 변동 예

시점	지대상승률	지대	지가	지가상승률(%/년)
0	–	1.00	36.5	–
1	5	1.05	41.0	12.1
2	5	1.10	46.0	12.3
3	5	1.16	51.8	12.5
4	5	1.22	58.3	12.7
5	5	1.28	65.8	12.8
6	50	1.91	73.7	12.1
7	50	2.87	81.9	11.1
8	50	4.31	89.9	9.7
9	50	6.46	96.9	7.8
10	50	9.69	101.8	5.0
11 이후	5	10.18	106.9	5.0

注: 시점 t의 지대는 시점 (t-1)에서 시점 t까지 1년간의 지대. 상승률은 시점 (t-1)에서 시점 t까지의 상승률. 연간이자율은 15%라고 가정.

이 표에서 보듯이 지대가 급변하더라도 지가는 매우 완만하게 변화하며 지대가 급상승하는 기간에는 지가상승률이 그 직전보다 오히려 낮아질 수도 있음을 알 수 있다. 그런데도 현실 토지시장에서는 지가가 급격하게 변동하는 수가 많다. 그 이유는 다음과 같다.

첫째로, 앞서도 지적하였듯이 현실 토지매매시장 참가자는 예측의 단기성, 행동의 소극성, 눈치 보기라는 행태적 특징을 가지기 때문이다. 다소간의 지가 변화 요인이 있더라도 소극적인 수요자와 공급자들은 움직이지 않고 있다가 어떤 계기가 생길 때 경쟁적으로 움직여 단기간에 반영시키기 때문에 지가가 급속히 변한다. 또 참가자들이 부화뇌동하는 토지시장에서 지가가 상승한다고(또는 자신보다 더 높은 지가로 토지를 매입할 사람이 있다고) 믿을 만한 신호가 있을 때 토지 매입 수요가 급속히 늘고 지가는 급상승하게 된다. 더구나 자신은 냉정하게 행동하더라도 많은 사람이 부화뇌동한다는 사실을 알고 있는 사람은 부화뇌동성을 활용하거나 부추김으로써 지가의 급속한 상승을 더 심하게 하기도 한다.

토지시장이 과열되다가 급랭하는 현상에 대해서도 이에 준하여 설명할 수 있다. 현실시장에서 거래지가의 급속한 상승은 균형에 이르는 시간을 단축한다는 면도 있지만 시장의 불안정 요인으로 작용하는 경우가 많다. 특히 정보가 매우 제약된 상황에서 시장참가자들이 단기적 매매차액을 노림에 따라 현실시장은 소위 투기시장으로 타락하기도 한다.

둘째로, 토지의 경우 수요의 증감이 생산의 증감으로 연결되지 않고 매매는 단지 토지소유자의 자리바꿈에 불과하다는 점을 들 수 있다.

일반시장에서는 수요가 증가하면 가격이 상승하고, 그에 따라 공급증가와 수요감소가 이루어져 가격이 하락한다. 또 수요가 감소하면 가격이 하락하고, 그에 따라 공급감소와 수요증가가 이루어져 가격이 상승한다. 즉 수요의 증감이 있으면 가격을 매개로 하여 공급의 증감이 같은 방향으로 움직여 수요를 충족시킨다.

그러나 토지시장에서 어떤 이유에서든지 토지 소유가 유리하다고 인식되는 국면에서는 토지를 매입하려는 사람이 많아져서 수요는 늘고 토지소유자는 매각을 기피하므로 공급이 줄어든다. 수요증가와 공급감소라는 이중 요인에 의해 거래지가는 급속히 상승한다. 매입지가가 어느 수준 이상으로 상승하면 토지를 취득해서 얻을 수 있는 손익이 점차 불리한 쪽으로 반전하므로 수요가 감소하고 공급이 증가하여 거래지가 상승세가 수그러든다.

반면, 토지 소유가 불리하다고 인식되는 국면에서는 토지를 매입하려는 사람이 줄어 수요가 감소하고 토지를 매각하려는 소유자가 늘어 공급이 증가한다. 수요감소와 공급증가라는 이중의 요인에 의해 거래지가는 급속히 하락한다. 매입지가가 어느 수준 이하로 하락하면 토지를 취득해서 얻을 수 있는 손익이 점차 유리한 쪽으로 반전하므로 수요가 증가하고 공급이 감소하여 거래지가의 하락세가 약해진다. 다만, 최근 우리나라에서는 토지 가치가 계속 상승할 것이라는 믿음인 소위 '토지신화'가 존재하기 때문에 지가의 급락현상은 별로 나타나지 않았다.

5. 이자율보다 높은 지가상승률

완전경쟁 토지시장에서의 지가상승률은 이자율보다 낮다. 매입지가는 매입 후 토지를 소유하는 동안 얻게 될 지대수입과 토지를 매각하여 얻게 될 매각소득을 합한 금액인데 금액을 비교하려면 모든 금액을 동일한 시점의 가치로 환산해야 한다. 매입지가를 매각시점의 가치로 환산하면 매입지가의 원리금에 해당된다. 따라서 매각시점에서 본다면 매입지가의 원리금 합계는 매각지가에다 토지소유기간의 지대수입을 합한 금액이 된다. 즉 매각지가는 매입지가의 원리금 합계액보다 작다. 다른 말로 표현하면 지가상승률은 이자율보다 작다.

그러나 현실 토지시장에서는 지가상승률이 이자율보다 높은 경우가 적지 않게 생긴다. 이런 특이한 결과는 지가를 평가하기 위해 필요한 미래 예측이 현실에서는 매우 부실하기 때문에 발생한다. 앞에서 지적하였듯이 현실 토지매매시장 참가자는 예측의 단기성, 행동의 소극성을 띤다. 따라서 미래의 지대를 기대치보다 낮게 예측하여 지가를 결정하다가 시간이 지남에 따라 예상을 상향 수정하게 된다. 인구와 경제가 급속하게 발전하는 사회에서는 이와 같은 예상의 상향 수정이 자주 일어나게 되며 그 수정폭이 클 경우에는 거래지가 상승률이 이자율을 초과할 수 있다.

완전경쟁 토지시장에서 지가상승률이 이자율보다 낮은 이유 그리고 현실에서는 지가상승률이 이자율보다 높아질 수 있는 이유에 대한 수리적 설명은 [제3부의 부록](수식을 이용한 설명)을 참고하기 바란다.

Ⅳ. 현실 토지임대차시장의 모습

1. 완전경쟁조건의 제약

1) 공급경쟁의 제약

현실에서 토지임대차시장의 공급경쟁이 제한된다. 그 이유는 대체로 토지독과점, 임대 대상으로서의 공급의 제한 등 토지매매시장과 비슷하다. 다만 임대 대상으로서의 공급의 가격탄력성이 낮은 이유는 다른데 이를 예시하면 다음과 같다. 첫째로, 계약에 의해 토지사용권을 이미 토지소유자가 아닌 타인이 행사하고 있을 때에는 원칙적으로 계약기간 중의 가격변화가 토지공급에 영향을 주기 어렵다. 둘째로, 토지소유자는 지대와 지가를 모두 고려하여 토지공급 여부를 결정하므로 지대수입이 토지매매차액에 비해 미미한 경우에는 토지임대차시장의 임대 대상으로서의 공급이 지대변화에 민감하게 반응하지 않는다.

2) 수요경쟁의 제약

현실에서 토지임대차시장의 수요경쟁이 제한된다. 그 이유는 대체로 진입장벽의 존재, 추가적 토지수요의 어려움 등 현실 토지매매시장의 경우와 비슷하다. 다만 시장의 진입장벽이 지가가 아니라 전세금 또는 보증금이 된다는 차이가 있다. 토지임차를 위해 고액의 전세금 또는 보증금을 지불해야 할 경우에는, 목돈을 마련하기가 쉽지 않은 현실에서 진입장벽이 된다. 다만 전세금이든 보증금이든 지가보다는 낮기 때문에 토지임대차시장의 진입장벽이 토지매매시장만큼 높지 않다고 하겠다.

3) 취득에 관한 조건의 제약

완전경쟁 토지시장에서는 최고액 청약가격을 제시하는 자에게 토지가 귀속됨으로써 효율적인 이용을 유도하게 되는데 현실 토지임대차시장에서는 최고액지대 제시자에게 토지사용권이 귀속되지 않는 경우가 많다. 그 이유로는 토지불로소득의 문제와 정서상의 문제 등을 들 수 있다.

토지불로소득이 상당한 정도로 발생하는 경우에 토지소유자는 토지의 최선이용에 매우 둔감하게 된다. 또 토지를 일단 개발하면 토지를 적기에 매각하는 데 장애가 될 수도 있으므로, 토지의 전매차익에 주된 관심을 갖는 토지소유자는 토지의 최선이용을 고의적으로 기피하는 경우도 생긴다. 이러한 상황에서는 토지임대차시장에서 최고액 청약자에게 토지사용권이 귀속되기 어렵고 토지소유자가 토지를 유휴화하거나 토지를 저이용 상태로 방치하게 된다.

또 특정 토지에 대한 정서적 애착심 등 경제 외적인 원인에 의해 청약가격의 고저를 막론하고 토지를 타인에게 배분하기를 기피하는 경우에도 이 조건이 충족되지 않는다. 그러나 요즈음에는 경제적 이유의 개입 없이 순전히 정서적 이유만으로 토지를 움켜쥐고 놓지 않는 경우가 그리 많지 않을 것이므로 이것이 토지시장기능에 대한 큰 장애가 되지는 않을 것이다.

한편 토지의 최선이용 방법이 장·단기 간에 불일치하기 때문에 최고액 청약지대 제시자에게 토지사용권이 귀속되지 않는다는 문제도 있다. 이는 토지이용결과의 경직성에서 비롯된다. 가령 30년을 내다보고 토지의 최선이용을 의도하는 경우와 3년을 내다보고 토지의 최선이용을 의도하는 경우에 양자의 최선이용 방법이 다른데, 토지이용결과는 경직성을 갖기 때문에, 단기간 토지를 이용하려는 수요자가 최고액 지대를 제시하더라도 토지소유자가 반드시 그에게 토지사용권을 귀속시킨다고 볼 수 없다는 것이다. 그런데 이것은 현실 토지시장에서만의 문제가 아니라 완전경쟁시장에서도 역시 같은 문제가 발생한다.

4) 다른 비용의 영향

현실 토지임대차시장에서는 거래비용 및 거래 불성립 시의 손실 역시 청약지대에 영향을 준다. 예를 들면 토지 임차인이 임차 이후에 식당을 잘 운영하여 고객 인지도를 높였는데 계약기간이 만료되었다고 생각해 보자. 이럴 때 계약기간이 연장되지 않으면 임차인이 애써 일궈 낸 결과에 대한 충분한 보상을 받기가 어렵다고 한다면 객관적인 지대보다 다소 높은 금액이라 하더라도 부득이 감수하는 경우가 생길 것이다.

2. 토지매매시장에 의한 교란

토지가 재산 증식의 수단으로 인식되는 현실에서는 토지임대차시장의 임대 대상으로서의 공급량과 수요량의 증감이 반대 방향으로 나타난다. 즉 토지 경기가 좋을 것으로 예상되는 경우에는 토지가 필요한 사람은 토지를 임차하기보다는 매입하려고 하고 토지소유자는 토지를 매각하기보다는 임대하려고 하므로, 임차수요는 줄고 임대공급은 늘어난다. 반면 토지 경기가 나빠질 것으로 예상되는 경우에는 토지소유자는 임대보다는 매각을 원하고 수요자는 가급적 토지를 매입하지 않고 임차해서 이용하려고 하므로 임대공급은 줄고 임차수요는 늘어난다.

이러한 이유로, 현실에서는 토지임대차시장이 토지매매시장에 의해 교란되며 이런 문제는 토지가 투기 대상이 될 때 더욱 심해진다.

V. 현실 토지시장에 대한 평가

앞에서 완전경쟁 토지시장이 토지배분기구로서 어느 정도 바람직한가를 평가할 때 다음과 같은 기준을 적용하였다.

형평성 기준
- 주민의 토지취득기회를 어느 정도 균등하게 보장하는가?
- 토지불로소득이 어느 정도 방지되는가?

효율성 기준
- 토지의 최선이용에 어느 정도 기여하는가?
- 토지를 배분하는 비용이 어느 정도 드는가?

현실 토지시장도 같은 기준에 의해 평가해 보자.

1. 현실 토지매매시장에 대한 평가

1) 형평성 기준

현실 토지매매시장에서 토지취득기회의 형평성은 상당히 제약된다. 토지를 취득하려면 고액의 지가를 지불하여야 하고 현실적으로 이러한 큰 금액을 마련할 수 있는 계층은 제한되어 있기 때문이다. 더구나 토지투기가 성행하면 지가는 더욱 고액으로 치솟기 때문에 이 문제는 더욱 악화된다.

또한 현실 토지매매시장에서는 토지불로소득이 막대하게 발생하는 수가 많다. 토지불로소득은 토지시장이 가진 최대의 문제점이므로 제11장(토지불로소득)에서 자세히 다루기로 한다.

2) 효율성 기준

현실 토지매매시장에서는 토지의 최적배분이 이루어지기 어렵다. 그 이유는 지가가 고액이고 토지불로소득이 발생하기 때문에 토지가 이용능력보다는 자금능력, 투자(투기)능력이 우수한 사람에게 배분되는 경향이 있기 때문이다. 토지불로소득은 제11장(토지불로소득)에서 보게 되듯이 그 밖에도 효율성에 여러 가지 나쁜 영향을 미친다.

그러나 현실 토지매매시장도 다른 토지배분제도에 비해 제도를 운영하는 비용은 문제가 되지 않는다.

2. 현실 토지임대차시장에 대한 평가

1) 형평성 기준

토지취득기회는 토지매매시장보다 균등하다고 할 수 있다. 그러나 전세금의 형태로 지대를 지불하는 관행이 있는 사회에서는 역시 고액의 전세금이 기회균등을 제약하기도 한다.

토지를 임차하여 이용하는 사람이 지대에 비해 낮은 임차료를 지불하지 않은 한 토지불로소득을 취할 여지가 없으므로 토지임대차시장은 토지불로소득의 발생을 야기하지 않는다.

2) 효율성 기준

현실 토지임대차시장에서도 임차인은 대체로 그 토지를 잘 이용할 사람으로 낙착된다고 볼 수 있다.

또한 시장의 일반적인 특성상 토지임대차시장 역시 제도운영비용이 별로 크지 않다.

지금까지 제8장과 제9장에서 검토한 내용을 바탕으로 하여 토지시장을 종합적으로 평가하면 아래 표와 같다.

〈표 9.4〉 토지시장에 대한 종합적인 평가

	평가기준	완전경쟁시장	현실시장
매매시장	토지취득기회	○/△	×
	토지불로소득	○	×
	토 지 사 용	○/△	×
	배 분 비 용	○	○
임대차시장	토지취득기회	○/△	△
	토지불로소득	○	○
	토 지 사 용	○	○
	배 분 비 용	○	○

○: 상당히 좋음 △: 다소 문제 있음 ×: 문제 많음

[제9장의 부록] 우리나라 지가 변동의 예

현실 토지매매시장의 특이현상 중 급격한 지가 변동 및 지가상승률과 이자율 간의 관계에 관한 우리나라 사례를 보면 아래 표와 같다.

〈표 9.5〉 지가상승률과 회사채수익률(괄호 속은 지수)

(단위: %)

연도	서울	대구	전국	회사채수익률
1974	− (100)	− (100)	− (100)	− (100)
1975	31.6 (132)	13.6 (114)	27.0 (127)	20.1 (120)
1976	16.1 (153)	21.2 (138)	26.6 (161)	20.4 (145)
1977	31.7 (201)	33.0 (183)	33.6 (215)	20.1 (174)
1978	135.7 (474)	51.5 (277)	49.0 (320)	21.1 (210)
1979	6.4 (505)	82.6 (507)	16.6 (373)	26.7 (266)
1980	13.4 (572)	12.6 (570)	11.7 (417)	30.1 (347)
1981	3.6 (593)	4.1 (594)	7.5 (448)	24.5 (432)
1982	8.7 (644)	1.3 (602)	5.4 (472)	17.3 (506)
1983	57.7 (1016)	7.0 (644)	18.5 (560)	14.2 (578)
1984	23.3 (1253)	6.9 (688)	13.2 (634)	14.1 (660)
1985	8.1 (1355)	6.6 (733)	7.0 (678)	14.2 (753)
1986	3.7 (1405)	5.4 (773)	7.3 (727)	12.8 (850)
1987	6.3 (1493)	57.7 (1219)	14.7 (834)	12.8 (959)
1988	28.1 (1913)	38.2 (1685)	27.5 (1064)	14.5 (1098)
1989	33.5 (2554)	35.3 (2278)	32.0 (1404)	15.2 (1264)
1990	31.2 (3350)	27.4 (2902)	20.6 (1693)	16.4 (1472)
1991	11.2 (3725)	13,7 (3300)	12.8 (1910)	18.8 (1748)
1992	−2.8 (3621)	−2.6 (3214)	−1.3 (1885)	16.2 (2032)
1993	−8.7 (3306)	−7.8 (2963)	−7.4 (1746)	12.6 (2288)
1994	−1.4 (3261)	0.9 (2989)	−0.6 (1736)	12.0 (2563)
1995	0.2 (3267)	1.3 (3027)	0.6 (1746)	14.9 (2944)
1996	0.9 (3298)	1.1 (3060)	1.0 (1762)	12.0 (3297)
1997	0.3 (3307)	−0.7 (3038)	0.3 (1768)	12.2 (3698)
1998	−16.3 (2770)	−15.2 (2575)	−13.6 (1527)	23.4 (4562)
1999	2.7 (2843)	1.9 (2625)	2.9 (1572)	7.9 (4922)
2000	0.1 (2845)	−1.1 (2597)	0.7 (1583)	10.3 (5426)
2001	1.9 (2899)	0.4 (2608)	1.3 (1604)	7.8 (5847)
2002	15.8 (3357)	2.1 (2663)	9.0 (1748)	7.1 (6261)
2003	5.2 (3532)	1.5 (2704)	3.4 (1808)	5.5 (6604)
2004	4.1 (3677)	1.6 (2746)	3.9 (1877)	5.7 (6978)
2005	6.6 (3918)	3.3 (2837)	5.0 (1971)	4.1 (7265)
2006	9.2 (4278)	4.2 (2956)	5.6 (2082)	5.5 (7665)

주: 지가상승률 기준일은 1986년까지는 10월 1일, 그 후는 1월 1일.
  회사채수익률은 1994년부터는 장외 3년, AA−등급 1월 금리.
자료: 건설부, 지가동향, 각년도. 한국은행, 경제통계연보 및 한국은행경제통계시스템.

위와 같은 통계를 통해 다음과 같은 사실을 알 수 있다.

1. 지가의 간헐적 급등락

완전경쟁 토지시장에서는 지가가 완만하게 변화하는 데 비해, 〈표 9.5〉에서 보면 지가가 단기간에 급상승하는 현상이 간헐적으로 나타난다. 〈표 9.5〉에서 1970년대 말과 1980년대 말 두 차례에 걸쳐 지가가 폭등하였음을 알 수 있고, 표에는 없지만 1960년대 말에 최초의 폭등 현상이 있었기 때문에 대체로 10년 주기로 지가폭등 현상이 발생하였다고 할 수 있다. 특히 1978년에 서울 지가는 135.7% 폭등하였고, 대구는 1979년에 82.6%, 1987년에 57.7%라는 믿기 어려운 지가상승률을 보였다. 반면 IMF 사태 직후였던 1998년에는 지가가 15% 정도 급락하였다는 점도 주목된다.

위 표는 서울, 대구, 전국의 평균적 변화를 나타내고 있는바, 지역 내 모든 토지의 지가가 동시에 등락하는 것이 아니라 등락의 시차가 있다는 점을 감안한다면 개별 토지의 지가는 더 극적인 변화를 보여 왔을 것으로 추측된다.

2. 이자율을 상회한 지가상승율

1990년대 초까지는 지가상승률이 이자율을 초과하였고, 따라서 지가는 당해 토지를 매입할 때 지불했던 매입지가의 원리금을 상회하였음을 알 수 있다. 1975년 초(엄밀하게 말하자면, 1975년도 연간 지가상승률을 측정한 기간의 시작시점)의 지가를 100으로 하여 1993년 말의 지가지수를 구하면 서울, 대구, 전국이 각각 3,306, 2,963, 1,746인 반면 같은 기간 동안 회사채수익의 지수는 2,288이다. 서울과 대구의 지가상승률은 장기적으로도 회사채수익률보다 높다. 지가가 하락세를 보이기 이전인 1991년까지의 지수를 비교하면 서울, 대구, 전국의 지가지수가 각각 3,725, 3,300, 1,910인 데 비해 같은 기간의 회사채수익 지수는 1,748이다. 즉 1991년 전까지는 전국의 평균 지가상승률마저 회사채수익률을 상회했다는 의미가 된다. 또 이들 지수를 연간 변화율로 대응시켜 지가상승률과 회사채수익률의 평균(기하평균)을 구한 것이 〈표 9.6〉에 나와 있다. 여기에서도 역시, 1975년 초~1993년 기간을 제외하고는 연평균 지가상승률이 연평균 회사채수익률보다 높았음을 알 수 있다

〈표 9.6〉 지가상승률과 회사채수익률의 평균

(단위: %/년)

기간	서울	대구	전국	평균 회사채수익률
1975년 초~1991년	23.7	22.8	18.9	18.3
1975년 초~1993년	20.2	19.5	16.2	17.9

제10장

토지세

토지는 농경사회에서 가장 중요한, 때로는 유일한 과세대상이었다. 생산에 있어 자본과 기술의 중요성이 과거보다 더 커지고 있는 오늘날에도 토지의 가치는 더욱 높아지고 있어 역시 중요한 과세대상이 되고 있다. 뿐만 아니라 토지세는 토지가격, 토지 배분, 토지 이용, 토지불로소득에 상당한 영향을 주고 이를 통해 경제 전반에도 상당한 영향을 주기 때문에 토지정책 및 경제정책의 중요한 수단이 된다. 따라서 토지문제를 올바로 다루기 위해서는 토지세에 대한 이해를 생략할 수 없다. 여기에서 다루는 토지세는 토지소유자에게 부과하는 일체의 공과금을 의미하며 그 명칭이 '조세'가 아닌 것도 포함한다.

Ⅰ. 토지세의 유형

토지세는 분류기준에 따라 여러 유형으로 나눌 수 있으나 여기에서는 과세대상행위와 과세표준을 기준으로 하여 분류해 보자. 아래의 분류는 토지의 사적 소유가 인정되는 사회에서의 분류인데, 토지사유가 인정되지 않는 사회에서는 토지 매매가 이루어지지 않으므로 후술하는 바와 같은 여러 유형의 토지세 중 토지 매매를 전제로 하는 조세는 무의미하게 된다.

1. 과세대상행위에 의한 분류

토지소유자는 토지를 취득, 보유, 처분하게 되는데 이런 행위에 부과하는 조세를 각각 토지취득세, 토지보유세, 토지처분세라고 부를 수 있다. 이들 조세는 각각 토지의 취득자,

보유자, 처분자에게 부과되므로 이를 과세대상자 또는 납세의무자에 의한 분류라고 할 수도 있다.

토지의 취득과 처분의 대표적인 경우는 매입 및 매각이므로 아래에서는 토지취득세를 토지매입세, 토지처분세를 토지매각세라고 부르기로 한다.

또 이 장에서는 토지소유자에게 부과하는 토지세만을 다루는데, 토지소유자 아닌 사람도 토지를 이용할 수 있기 때문에 토지이용세는 검토 대상에서 제외한다.

2. 과세표준에 의한 분류

토지세의 과세표준에는 지대, 지가, 지가차액 등이 있는데 이에 따라 토지세를 지대세, 지가세, 지가차액세 등으로 나눌 수 있다. 주의할 점은 토지세의 과세표준이 되는 토지 가치는 인공이 가미되지 않은 나대지라고 가정할 경우의 지대 또는 지가이다. 즉 지역사회와 주변 환경이 주어진 상태에서 당해 필지에서만 화재 등으로 개발 결과가 모두 없어졌다고 가정할 경우의 토지 가치다. 다만 실무적으로는 상하수도, 가스, 전기 등 공급처리시설을 포함한 토지 가치를 과표로 삼을 수도 있을 것이다.

토지세 중 보유세의 과표는 지가보다 지대로 하는 것이 바람직하다. 어느 시점에 토지에서 얻을 수 있는 이익은 그 시점의 지대이기 때문이다. 반면 지가는 미래의 지대를 현재가치로 할인한 금액이므로 지가를 과표로 삼으면 두 가지 문제가 있다.

하나는 발생하지도 않은 미래의 지대에 미리 과세한다는 문제이다. 예를 들어 도시 근교의 농지는 멀지 않은 장래에 도시용 토지로 용도전환이 될 것으로 예상하여 현재의 용도에 비해 매우 높은 지가가 형성된다. 이러한 토지에 지가를 기준으로 하여 보유세를 부과하면 농업 소출을 반영하는 현재의 지대에 비해 상당히 높은 세액이 부과된다.

또 하나는, 지가는 할인율에 의해서도 영향을 받기 때문에 지대와 세율이 변하지 않더라도 할인율이 달라지면 세액이 달라진다는 문제이다. 지가/지대 비율은 토지에 따라 그리고 시점에 따라 상당히 차이가 날 수 있다는 점을 [제3부의 부록](수식을 이용한 설명)에 수식으로 설명해 놓았으니 참고 바란다.

한편 토지매입세와 토지매각세는 조세의 의도 자체가 매매행위에 대해 부과하는 것이기 때문에 그 과세표준은 매매시점의 지가 내지 지가차액이 될 수밖에 없다.

3. 이 장에서 다루는 토지세

이 장에서는 토지매입세, 토지매각세, 토지보유세의 영향을 다룬다. 토지매입세와 토지매각세는 거래지가를 과세표준으로 하고 토지보유세는 지대를 과세표준으로 하는 것으로 본다. 한편 지가차액세는 지가를 과세표준으로 하는 경우와 영향 면에서 거의 같으므로 별도의 검토를 생략한다.

Ⅱ. 완전경쟁 토지시장의 토지세

1. 토지가격에 대한 영향

토지가격은 다음과 같다.

지대 = 토지 이용에 의한 산출액 – 토지 이용을 위한 투입비용

지가 = 모든 미래지대의 합 – 토지 소유 부수비용

세 유형의 토지세는 모두 토지소유자에게 부과하는 조세로서, 토지 소유 부수비용이 되므로 위의 식에서 볼 때 지가를 하락시킨다. 그러나 이들 조세가 토지 이용과는 무관하기 때문에 지대에는 영향을 주지 않는다. 이를 조세 전가의 관점에서 보면, 토지매입세는 매입자가 납부하지만 지가 하락으로 매각자가 사실상 부담하므로 후방전가되고, 토지매각세와 토지보유세는 전가되지 않고 토지소유자가 부담하게 된다.

토지세로 인한 지가 하락액은 미래의 모든 토지세액을 현재가치로 환산한 금액에 해당한다. 토지보유세는 거래가 몇 차례 이루어지건 관계없이 총세액이 일정하므로, 토지보유세의 세율만 확정되면 그로 인한 지가 하락액이 얼마인지를 부과시점에 예측할 수 있다. 신설 또는 인상되는 지대세가 지대를 과표로 하고 세율이 t인 조세라면 시점 0의 지가 P_0는 $(1-t)P_0$로 하락한다. 그러나 토지매입세와 토지매각세는 토지 매매 횟수가 많으면 총세액이 많아지고 매매 횟수가 적으면 총세액이 적어지므로 이들 조세의 신설 또는 인상에 따른 하락액은 매매 횟수에 따라 달라진다.

2. 현재의 토지 이용에 대한 영향

일반적으로 토지세는 현 토지소유자의 토지 이용에 영향을 주지 않는다. 완전경쟁 토지시장에서 각 토지는 각 토지 이용자의 입장에서 볼 때 최선으로 이용되고 있기 때문이다.

그러나 토지세가 이용 방법에 따라 차별적으로 부과된다면 영향을 준다. 예를 들어 토지가 용도에 따라 차등과세 된다면 세 부담이 적은 용도의 토지가 늘어나고 세 부담이 많은 용도의 토지가 줄어들 것이다.

3. 토지 거래에 대한 영향

토지 매매에 부수하는 비용이나 매매가 이루어지지 않을 때 발생할 손실이 없다면 매매가 이루어질 조건은 다음과 같다.

매각자 평가액 ≤ 거래지가 ≤ 매입자 평가액

따라서 토지 거래가 이루어지기 위한 최소한의 필요조건은 다음과 같다.

매각자 평가액 ≤ 매입자 평가액

또 이 조건이 성립하기만 하면 토지 매매가 이루어지는 것이 바람직하다. 대체로 보아 토지를 더 잘 쓸 수 있는 사람의 토지평가액이 높을 것이기 때문이다.

토지세 부과로 인해 이러한 조건에 어떤 변화가 발생하는지에 대해 검토해 보자.

1) 토지매입세와 토지매각세

매입희망자는 지가를 지불하고 또 토지매입세를 납부하고도 이익이 되어야 토지를 매입하게 된다. 즉 토지 매매가 성립하려면 최소한 다음과 같은 조건이 충족되어야 한다.

매각자 평가액 ≤ 매입자 평가액 − 토지매입세

그런데 토지매입세가 부과되면, 토지를 매입할 수 있는 사람의 수가 줄어들기 때문에 거래가 성립되기 어려워진다. 즉 토지를 더 잘 쓸 수 있는 사람에게로 토지가 이전될 가능성이 그만큼 줄어든다.

한편, 토지 매각 희망자는 매각지가 중에서 토지매각세를 부담하고도 이익이 되어야 토지를 매각하게 된다. 즉 토지 매매가 성립하려면 최소한 다음과 같은 조건이 충족되어야 한다.

매각자 평가액 + 토지매각세 ≤ 매입자 평가액

따라서 토지매입세의 경우와 마찬가지로 토지매각세가 부과되면 토지를 더 잘 쓸 수 있는 사람에게로 토지가 이전될 기회가 그만큼 줄어든다. 이처럼 토지매입세, 토지매각세와 같은 거래세는 토지 매매를 위축시킨다.

이상의 설명은 토지 매매가 1회 이루어지고 그 후에는 매입자가 토지를 계속 소유하는 상황을 전제로 한 것이다. 토지 매매가 그 이상으로 이루어진다면 위에서 설명한 것보다 토지 거래가 더욱 제한된다.

토지 매입자는, 자신이 추후에 토지를 매각할 때 토지매각세를 부담하게 된다는 점을 예상할 뿐만 아니라 추후 자신의 토지를 매입할 사람도 토지매입세와 토지매각세를 부담하게 된다는 점을 감안하여, 1회 매매의 경우보다 세 부담액을 더 크게 잡게 된다. 그러면 그만큼 토지 거래가 더 제한된다.

2) 토지보유세

현 토지소유자든 토지를 앞으로 매입할 사람이든 모든 토지소유자는 동일한 금액의 토지보유세를 납부해야 하므로 양측의 토지평가액은 모두 세액만큼 줄어든다. 따라서 토지 매매가 성립하기 위한 최소한의 필요조건은 다음과 같다.

매각자 평가액 − 토지보유세 ≤ 매입자 평가액 − 토지보유세

위 식의 양변에 토지보유세가 동일하게 들어간 것은, 토지보유세는 소유자가 누구이든 동일하기 때문이다. 위 식에서 토지보유세를 제거하면 토지보유세가 부과되지 않을 때의 조건과 동일하게 된다.

즉 토지보유세는 토지 거래에 아무런 영향을 주지 않는다는 것이다. 다만 토지보유세액이 지대액을 초과한다면 아무도 토지를 소유하지 않으려고 할 것이므로 토지 거래에 영향을 주게 된다.

Ⅲ. 현실 토지시장의 토지세

현실 토지시장에서는 토지세의 영향이 위의 설명과는 다르게 나타나는 경우가 적지 않다. 현실에는 여러 가지 유형의 토지시장이 존재하지만 아래에서는 그중 우리 현실과 유사한 시장을 대상으로 하여, 완전경쟁 토지시장에서와 다르게 나타날 수 있는 토지세의 영향에 대해 검토한다.

1. 현실 토지시장의 특징

여기에서 검토하려고 하는 현실 토지시장은 완전경쟁 토지시장과 비교해 볼 때 다음과 같은 특징을 갖는 것으로 가정한다. 첫째, 토지 소유에서 불로소득이 발생하고, 둘째, 토지소유자가 토지시장에서 시장지배력 내지 영향력을 가지며, 셋째, 토지가 적정수준 이하로 저이용되고 있다. 이러한 현실에서 토지세가 부과될 때 나타나는 영향을 검토해 보자.

2. 토지가격에 대한 영향

1) 거래지대에 대한 영향

토지매입세와 토지매각세는 실제로 거래되는 지대에 별 영향을 주지 않는다. 두 토지세는 토지 매매의 경우에만 부과되므로 토지 이용의 대가인 지대와는 무관하기 때문이다.

그러나 다음과 같은 경우에는 토지보유세로 인해 현실의 거래지대가 상승하기도 한다. 첫째로, 지가차액 수입에 주로 관심을 두는 토지소유자가 토지를 저이용하고 있는 경우에는 토지보유세 부과를 계기로 토지이용도를 높임으로써 거래지대가 오를 수 있다. 이것은 토지이용이 정상화되고 그에 따라 현실 지대액이 정상적인 지대액에 가까워지는 것이므로 바람직한 현상이다. 둘째로, 토지를 임대하는 토지소유자가 토지보유세를 구실 삼아 토지임대료를 인상하는 경우가 있다. 현재 토지를 임차하여 이용하는 사람은 지주의 임대료 인상 압력에 대항하여 당장 이사하기가 어려우며, 또 다른 위치의 토지소유자도 비슷한 요구를 한다고 하면 이사를 해도 같은 입장이 된다. 따라서 토지소유자와 어느 정도 타협할 수밖에 없고 거래지대는 상승한다. 이 두 번째 경우는 토지소유자가 시장지배력을 가질 경우에 해당되는 것으로서, 토지보유세가 계속 부과되어 시장지배력이 줄어들면 나타나지 않는다.

2) 거래지가에 대한 영향

현실에서도 토지세는 토지 소유 부수비용이 되므로 거래지가를 하락시키는 작용을 한다. 그러나 완전경쟁시장과 다른 다음과 같은 결과가 나타난다.

첫째, 토지매입세. 현실 토지시장에서는 토지소유자 즉 토지 매각자가 영향력을 가지므로 토지매입세가 부과될 때 실제로 거래되는 지가의 하락폭은 완전경쟁시장에서의 하락폭보다 작다.

둘째, 토지매각세. 현실에서 토지소유자는 불로소득을 얻을 수 있고 또 시장지배력도 가지고 있기 때문에 토지매각세가 부과된다면 매각을 적극 기피할 것이므로 그에 따라 거래지가의 하락폭은 완전경쟁시장에서의 하락폭보다 작아진다. 또 토지소유자가, 토지 매입자가 토지매각세의 전부 또는 일부를 부담한다는 조건으로 흥정을 할 수도 있는데 이럴 때에는 거래지가 하락폭이 더욱 작아질 것이고 때로는 오히려 토지매각세가 부과되지 않을 때보다 거래지가가 더 높아질 가능성도 있다.

셋째, 토지보유세. 토지가 저이용되고 있는 현실에서 토지보유세가 부과되면 저이용 토지의 소유자 중 토지 매각을 원하는 사람이 많아지므로, 적어도 단기적으로는 공급이 늘어나서 거래지가 하락폭이 더욱 커지게 된다.

3) 조세 전가

위의 설명을 조세 전가의 관점에서 보자. 토지매입세는 완전경쟁시장에서는 세액이 모두 지가 하락으로 이어져 토지 매각자가 부담하지만 현실에서는 그만큼 지가가 하락하지 않으므로 일부를 매입자가 부담하게 된다. 즉 현실에서는 후방전가액이 줄어든다. 토지매각세는 완전경쟁시장에서는 세액이 모두 지가 하락으로 이어지지만 현실에서는 그만큼 지가가 하락하지는 않고 때로는 오히려 거래지가를 올리기도 한다. 즉 현실에서는 일부 세액이 토지 매입자에게 전방으로 전가된다.

현실에서 토지보유세는 임대료 인상 또는 토지생산물 가격 인상을 통해 일부 세액이 전방으로 전가될 수 있다. 자세한 것은 제6부 제20장(지대조세제에 대한 의문과 해명)의 의문 6(지대세가 전가되지 않나?)을 참고하기 바란다.

3. 현재의 토지 이용에 대한 영향

토지매입세와 토지매각세는 토지 매매의 경우에만 부과되므로 현재의 토지 이용과 무관하다. 그러나 토지가 저이용되고 있는 현실에서 토지보유세는 현재의 토지이용도를 높이는 효과를 낼 수 있다. 지대수입이 적은 저이용 토지에 토지보유세가 부과되면 지대수입에 비해 세액이 큰 금액이 될 수 있고 심지어는 세액이 지대수입을 초과할 수도 있다. 이로 인해 토지소유자가 부담을 무겁게 느끼면 토지를 매각하거나 지대수입을 많이 올릴 수 있는 고용도로 전환하는, 둘 중의 한 방법을 택할 것이다. 어느 경우이든 토지의 이용도는 높아진다. 토지를 매각할 경우에도 이를 매입하는 자는 매각하는 자보다 토지를 더 높은 용도로 이용할 사람이기 때문이다.

4. 토지 거래에 대한 영향

토지매입세와 토지매각세는 완전경쟁 토지시장에서와 같이 토지 매매를 제약함으로써 토지의 적정이용에 지장을 준다. 또 토지소유자가 강세를 보이는 현실에서는 토지매각세의 동결효과가 더욱 강화된다.

그러나 토지보유세는 저이용 토지의 경우에 토지이용도가 높은 사람에게로의 매매와 임대를 촉진하는 영향이 있다. 토지소유자의 상당수가 실수요자가 아닌 현실에서 토지보유세가 부과되면 매각을 원하는 토지소유자가 늘어나서 토지를 적절하게 이용할 사람에게로 토지가 이전될 기회가 넓어진다.

Ⅳ. 토지세 종합 평가

이상의 설명을 종합해 보자. 우선 완전경쟁 토지시장에서 토지세의 영향을 요약하면 다음 표와 같다.

〈표 10.1〉 완전경쟁 토지시장에서의 토지세의 영향

유형	지대	지가	현 토지 이용	토지 매매
토지매입세	무영향	하락	무영향	저해
토지매각세	무영향	하락	무영향	저해
토지보유세	무영향	하락	무영향	무영향

그리고 현실 토지시장에서 나타나는 토지세의 영향을 종합하면 다음 표와 같다.

〈표 10.2〉 현실 토지시장에서의 토지세의 영향

유형	거래지대	거래지가	현 토지 이용	토지 매매
토지매입세	무영향	하락 약화	무영향	저해
토지매각세	무영향	하락 약화, 상승	무영향	저해
토지보유세	상승	하락 강화	촉진	촉진

위의 두 표를 보면 세 유형의 토지세 중에서 토지보유세가 가장 바람직한 토지세임을 알 수 있다. 토지매입세와 토지매각세는 토지 매매를 저해하는 문제를 가지고 있으며 그중에서도 토지매각세는 현실 토지시장에서 지가를 부당하게 올릴 가능성까지 있어 가장 나쁜 조세임을 알 수 있다.

반면 토지보유세는 완전경쟁시장에서는 토지의 이용과 매매에 아무런 영향을 주지 않는 중립적인 조세이며, 현실에서는 오히려 토지 이용과 매매를 촉진하는 매우 바람직한 조세이다. 다만 이러한 바람직한 성질은 토지보유세가 지대를 과표로 하여 모든 토지에 대해 같은 세율로 적용되며 세율이 100% 또는 그 이하일 때 나타난다.

토지보유세의 한 유형으로서 용도·이용도·면적 등에 따른 아무런 차별 없이, 지대를 과표로 삼아 세율 100%로 부과하는 조세를 지대세라고 한다. 지대세는 토지불로소득을 일소하고 토지소유자의 시장지배력을 약화시키고 저이용 토지를 줄이는 등 현실 토지매매시장의 불완전성을 치유하는 효과가 있으며, 그 밖의 여러 장점으로 인해 가장 우수한 토지세로 꼽힌다. 한편 토지사유제 사회에서 지대세를 도입하면 지가가 0으로 하락하기 때문에 이를 막기 위해 매입지가의 이자를 세액에서 공제하는 지대이자차액세도 있는데 이것도 지대세와 동일한 장점을 가진다. 자세한 논의는 다음의 제11장(토지불로소득)과 제14장(지대조세제)을 참조하기 바란다.

제11장

토지 불로소득

앞에서 보았듯이 토지사유제 사회에서는 주로 토지매매시장에서 지가를 매개로 하여 토지를 배분하게 되는데 현실 토지매매시장에서는 토지불로소득이 불가피하게 발생한다. 토지불로소득이 경제 규모에 비해 상당한 크기가 되면 사회에 극심한 해를 끼치게 된다.

Ⅰ. 토지불로소득의 정의와 발생 이유

1. 토지불로소득의 정의

토지불로소득이란 토지소유자의 생산적 노력이나 사회적 기여와 무관하게 단순히 토지를 소유한다는 사실만으로 얻는 이익을 의미한다. 토지불로소득은 토지 매입 시에 매입지가를 결정하는 데 반영된 미래지대의 예상액보다 매입 후에 실제로 형성된 지대가 높을 때 발생한다(낮을 때는 마이너스 불로소득이 발생한다). 토지 매입자는 매입시점에서 예상하는 미래지대의 합에 해당하는 매입지가를 지불하고 토지를 매입할 것이므로, 매입 후의 실제지대가 예상지대와 차이가 나야만 그 차액만큼을 불로소득으로 얻을 수 있다. 즉 토지불로소득을 다음과 같은 식으로 나타낼 수 있다.

토지불로소득 = 매입 후의 실제 지대 − 매입시점에 예상한 지대

그런데 보통의 토지소유자는 영구히 토지를 보유하기로 작정하기보다는 일정기간 토지를

보유한 후 매각할 작정을 하는 것이 보통이므로 토지소유자가 토지의 매입-보유-매각 과정에서 얻는 불로소득으로 표시하는 것이 현실적으로 더 이해하기 쉬울 것이다. 토지불로소득은 매입-보유-매각 과정에서 얻는 수입에서 비용을 뺀 금액과 같다. 토지소유자는 매입지가를 지불하고 매입하여 보유기간 동안 매입지가에 대한 이자를 부담하는 반면, 보유기간 동안 지대를 취하고 매각지가를 최종수입으로 얻는다. 예를 들어 자금을 빌려서 토지를 매입한 후 그 토지를 임대하고 있다가 일정 기간 후 매각하고 빌린 돈을 갚는 경우를 생각해 보자. 그러면 토지소유자는 토지를 소유하고 있는 동안 임대료 수입을 얻고 토지를 매각할 때 매각지가 수입을 얻는다. 한편 토지소유자는 토지소유기간 동안 이자를 물다가 토지를 매각한 후 원금을 상환하므로 이자와 매입지가가 비용이 된다.

이런 사실을 식으로 정리하면 아래와 같다. 토지임대료 수입은 지대라는 용어로 바꾸어 표시하기로 한다.

토지불로소득 = 토지소유자의 수입 - 토지소유자의 비용

토지소유자의 수입 = 지대 + 매각지가

토지소유자의 비용 = 매입지가 + 매입지가에 대한 이자

위의 식을 아래와 같이 약간 변형해 보자.

토지불로소득 = (지대 + 매각지가) - (매입지가 + 이자)

= (지대 - 이자) + (매각지가 - 매입지가)

= 지대이자차액 + 매매차액

한편 토지취득비용이 들지 않는 경우, 예를 들면 토지를 증여, 상속 등에 의해 무상으로 취득하는 경우 또는 토지를 선점하거나 타인에게서 강탈하는 경우 등의 토지불로소득은 위 식에서 매입지가에 0을 대입하면 된다. 즉 다음과 같이 된다.

토지불로소득 = 토지보유기간의 지대 + 매각지가

이런 관계를 그림으로 표시하면 아래와 같다.

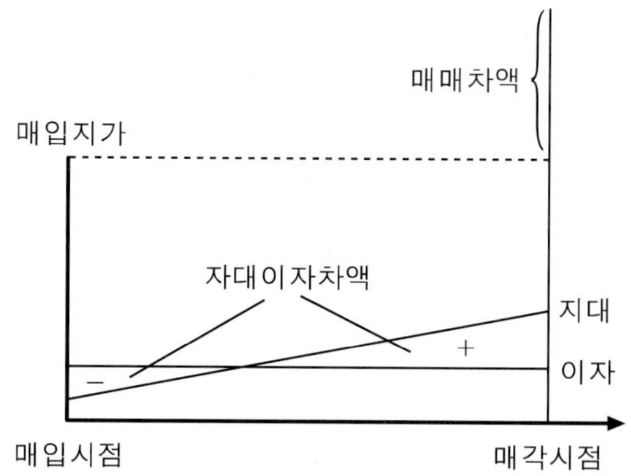

〈그림 11.1〉 토지불로소득의 예시

위의 식과 그림에서 보듯이 토지불로소득은 토지를 보유하는 동안 지대와 이자의 차액만큼 실현되고 토지를 매각할 때 매매차액만큼 실현된다. 예를 들어 1억 원을 빌려서 토지를 매입하여 임대한 후 5년 후에 1억 5천만 원에 판다고 하자. 또 이 사회의 이자율은 연간 5%로서 매년 500만 원의 이자를 무는 반면 토지를 보유하는 5년간 매년 말에 400만 원, 500만 원, 600만 원, 700만 원, 800만 원의 임대료 수입이 생긴다고 하자. 그러면 토지를 보유하는 동안 매년 말에 -100만 원, 0원, 100만 원, 200만 원, 300만 원의 지대이자차액이 생기고 토지를 매각한 후 원금 1억 원을 갚음으로써 매매차액 5천만 원이 발생한다. 이런 상황을 아래 표에 요약하였다.

〈표 11.1〉 토지소유자의 수입, 비용, 토지불로소득

수입과 비용		1년 후	2년 후	3년 후	4년 후	매각시점
수입	매각지가					1억 5천만
	지대	400만	500만	600만	700만	800만
비용	매입지가(상환액)					1억
	이자	500만	500만	500만	500만	500만
토지불로소득 (수입-비용)	매매차액					5,000만
	지대이자차액	-100만	0	100만	200만	300만

위의 상황은, 토지불로소득은 양도소득 즉 매매차액뿐이라고 생각하는 상식과 비교해 볼 때 지대이자차액이 추가되어 있다는 점에서 차이가 있다. 매매차액은 자본이득(capital gains)의 하나이다. 자본이득이란 토지, 공사채, 주식 등의 가격상승으로 생기는 차익을 말한다. 매매차

액과 같은 자본이득은 일시에 큰 금액이 실현되는 경우가 많아 쉽게 주목의 대상이 되지만 지대이자차액은 보통 계속해서 조금씩 실현되기 때문에 별로 눈에 띄지 않는다. 위의 예에서 보더라도 매매차액은 5천만 원이나 되는데 토지를 보유한 5년간의 지대이자차액은 불과 500만 원밖에 안 된다. 그러나 토지를 오랜 기간 보유하면 지대이자차액도 엄청난 금액이 될 수 있으므로 결코 무시해서는 안 된다. 우리나라 알부자들의 소득 중 가장 큰 비중을 차지하고 있는 항목이 바로 부동산 임대소득이라는 사실에 주목해야 한다.

위의 예에서는 돈을 빌려서 토지를 매입하고 그 토지를 임대한다고 하였지만 토지를 자기 돈으로 매입하고 소유자 자신이 이용하더라도 결과는 같다. 자기 돈으로 매입하더라도 그 돈을 다른 용도로 사용할 경우에 얻을 수 있는 금액 즉 이자만큼은 기회비용으로서 역시 비용이 된다. 또 토지를 자신이 이용하더라도 지대만큼의 이익이 생기는데 이런 이익은 귀속지대로서 역시 수입이 된다.

기회비용(opportunity cost)이란 한 가지 용도로 사용함으로써 포기할 수밖에 없는 다른 용도의 가치를 의미한다. 예를 들어 1억 원으로 토지를 살까 예금을 할까 생각하다가 토지를 샀다면 이자수입은 포기해야 한다. 따라서 예금했을 때의 수입 즉 이자 500만 원은 1년간의 기회비용이 된다. 또 토지를 다른 사람에게 임대하지 않고 자기가 사용할 때의 지대를 귀속지대(imputed rent)라고 한다. 예를 들어, 임대를 하면 연간 400만 원의 수입이 생길 토지를 지주가 직접 사용한다고 하면, 임대료 400만 원을 포기하는 것 같지만 실은 그 땅이 다른 사람 소유라고 할 때 지불해야 할 비용인 400만 원이 절약되므로 손해가 아니다. 다른 식으로 표현하면 지주가 자기 자신에게 임대하고 자기 자신에게서 지대를 받는 것과 같다. 이때의 지대를 귀속지대라고 한다.

위와 같은 토지불로소득의 정의에서 지대를 어느 범위까지 포함시킬 것인가에 대해 여러 의견이 있을 수 있다. 첫째로, 토지소유자 기타 특정인의 행위와 인과관계가 있는 지대 변화액을 공제한 나머지 지대만을 포함시킬 것인가, 아니면 원인을 묻지 않고 모든 지대를 포함시킬 것인가의 문제이다. 지은이는 모든 지대를 포함시키는 입장이다. 이 문제에 대해서는 제14장(지대조세제)에서 자세히 논의한다.

둘째로, 실현된 지대소득만 포함시킬 것인가 아니면 실현 여부와 관계없이 토지를 제대로 활용한다면 발생할 수 있는 지대 즉 잠재지대를 모두 포함시킬 것인가의 문제이다. 지은이는 지대가 소득으로 실현되는가의 여부와 무관하게 잠재지대 모두를 포함시키는 입장이다. 토지소유자는 토지로부터 얻을 수 있는 소득을 자신의 자발적인 의사로 포기하고 있기 때문이다.

이러한 지은이의 입장에 따라 이 책에서 토지불로소득에 포함되는 지대는 원인과 관계없이 모든 경제지대 또는 잠재지대를 의미한다.

2. 토지불로소득이 발생하는 이유

근본적으로 토지불로소득은 토지시장이 불완전하기 때문에, 더 구체적으로는 토지 매입 시점에서 예상한 미래 상황과 그 후에 실현되는 현실과 괴리가 있기 때문에 생긴다.

완전한 정보가 존재하는 완전경쟁 토지시장에서는 토지에 관한 모든 수입과 비용이 지가에 다 반영되기 때문에 토지불로소득은 0으로 수렴된다. 토지불로소득이 0보다 클 것으로 전망되면 매입수요가 많아져서 매입지가가 오르는 동시에, 토지보유기간의 매입지가에 대한 이자비용도 높아져서 토지불로소득은 내려가고, 반면에 음(−)의 토지불로소득이 생길 것으로 전망될 경우에는 그 반대 방향의 움직임이 나타나므로 결국 토지불로소득은 0으로 수렴한다.

그러나 완전경쟁조건을 갖추지 못하는 현실 토지시장에서는 토지불로소득이 발생한다. 토지불로소득을 구성하는 두 요소 즉 매매차액과 지대이자차액 중에서 매매차액이 토지불로소득에서 압도적인 비중을 차지하는 것이 보통이므로 아래에서는 현실시장에서 매매차액이 크게 발생하는 이유를 들어 보자.

1) 시장 참가자의 특성

제9장(현실 토지시장)에서, 현실 토지매매시장 참가자들은 예측이 단기적이라는 점, 토지에 대한 투자는 불확실하고 환금성이 낮고 금액이 커서 시장 참가자가 소극적으로 행동한다는 점, 시장 참가자가 서로 눈치를 본다는 점을 지적하였다. 이런 특성 때문에 토지불로소득이 발생한다.

거래 당사자가 모두 예측을 단기적으로만 하고 소극적으로 대처한다면 거래지가는 합리적인 근본지가보다 낮게 결정되기 쉽다. 그러나 거래 후 시간이 흐름에 따라 먼 미래의 일이었던 토지 가치 상승요인이 점점 가까운 미래의 일로 다가오기 때문에 지가는 매입 당시의 거래지가에 비해 상당히 높은 금액으로 변화한다. 이런 경우에는 매매차액이 크게 발생할 수 있다.

또 현실 토지매매시장 참가자는 서로 눈치를 본다고 하였다. 이 때문에 투기 분위기가 형성되기 쉽다. 토지에서 상당한 금액의 불로소득이 상당한 기간 동안 발생하였거나 혹은 다른 이유로, 높은 가격에 토지를 매입하여도 그보다 더 높은 가격으로 되팔아 넘길 수 있다고 믿는 분위기가 형성되면 토지 매입 수요는 늘어나는 반면 기존 소유자는 매각을 기피하게 된다. 이 때문에 거래지가는 근본지가 즉 미래지대를 현재가치로 할인하여 합한 금액과 상당한 정도로 괴리되어 막대한 불로소득이 발생할 수 있다.

그러나 근본지가에서 크게 이탈한 투기지가 내지 거품지가가 형성되는 곳에서는 언젠가는 그 거품이 꺼지거나, 토지 거래가 잘 이루어지지 않는 가운데 지가가 오랫동안 보합 상태로 유지된다. 때로는, 지가가 내려갈 것이라고 생각하기 시작하면 빨리 팔아 치우려는 사람들이 일시에 많아지는 반면에 매입하려는 사람은 대폭 줄어들기 때문에 거품지가가 갑작스레 꺼질 수도 있다.

이런 과정 속에서 지가 상승기에는 일부 투기자가 막대한 불로소득을 얻는가 하면 지가 하강기 직전에 토지를 매입한 사람은 막대한 음(-)의 불로소득 즉 커다란 손실을 입기도 한다.

2) 정보의 편중

토지 개발 등 커다란 이권이 걸린 문제에 관한 정보는 편중되어 있다. 이를 흔히 정보의 비대칭성이라고 하며 시장 기능에 대한 중요한 저해요인으로 꼽는다. 토지의 미래에 대한 정보를 일부 계층이 선점하고 또 그 전파속도가 완만하면 정보를 선점한 일부 토지소유자가 막대한 토지불로소득을 얻을 수 있다. 토지 가치는 토지의 형질과 같은 물리적 특성과 위치나 개발 정도, 법적 제약 등 사회적 특성에 의해 결정되는데 이러한 특성에 영향을 주어 토지 가치를 급상승시킬 수 있는 행위, 예를 들어 정부의 개발계획에 대한 정보를 일부가 독과점할 경우에는 이들이 토지불로소득을 얻을 수 있다.

토지불로소득의 사유화가 인정되는 사회에서 정부가 개발계획을 공개하면 지가가 급상승하고 토지투기가 발생하기 때문에 개발계획의 세부적인 내용과 일정을 비밀에 부치는 수가 많다. 그러나 비밀이라고 해도 이러한 정책결정에 직접 참여하는 사람은 있게 마련이고 이들이 엄격한 공직윤리를 지키지 않는 한 이러한 정보를 사용한 토지불로소득의 추구가 있게 된다. 또 정보가 반드시 비밀이 아니라고 하더라도 정보의 전파속도가 완만하여 정보 불균형 양상이 있을 때 정보를 선점하는 자가 토지불로소득을 얻을 수 있다.

우리나라처럼 사회변동이 심하고 특히 정부 주도의 토지 개발이 급속하게 일어나는 사회에서는, 정보의 편중에 의해 발생하는 토지불로소득이 적지 않다.

Ⅱ. 토지불로소득의 크기

토지불로소득은 [제3부의 부록](수식을 이용한 설명)의 수식을 이용하여 계산해 볼 수 있다.

예를 들어 현재의 연간 지대를 1, 현재의 연간 이자율을 15%, 토지 매입 당시에 예상한 미래의 연간 지대상승률을 10%라고 할 때 계산식을 사용하여 구한 토지불로소득이 아래 표에 정리되어 있다.

〈표 11.2〉 토지불로소득의 크기 1

(이자율: 15%, 예상지대상승률: 10%)

실제 지대상승률	토지소유기간	토지불로소득의 크기		
		토지 방치	50% 이용	완전 이용
연 10%	5년	-4.4	-2.2	0
	10년	-7.9	-3.9	0
	영구 소유	-22.0	-11.0	0
연 12%	5년	10.7	13.0	15.3
	10년	6.7	11.0	15.3
	영구 소유	-22.0	-3.3	15.3
연 14%	5년	87.1	89.6	92.0
	10년	82.5	87.2	92.0
	영구 소유	-22.0	35.0	92.0
연 15% 이상	모든 기간	무한대	무한대	무한대

위의 표에서 보듯이 토지를 매입할 당시 예상했던 지대상승률보다 실제 지대상승률이 높고 그 값이 이자율에 근접하는 경우에는 토지 이용 정도와 별 관계없이 막대한 불로소득이 발생함을 알 수 있다. 예를 들면 토지 매입 후 실제 지대상승률이 14%일 때 5년 내지 10년 정도 토지를 보유하다가 매각하면 매입 당시 1년간의 지대의 80배 이상의 토지불로소득이 발생한다는 것이다.

또 예를 들어 현재의 연간 지대를 1, 현재의 연간 이자율을 10%, 토지 매입 당시에 예상한 미래의 연간 지대상승률을 5%라고 할 때의 토지불로소득이 아래 표에 정리되어 있다.

〈표 11.3〉 토지불로소득의 크기 2

(이자율: 10%, 예상지대상승률: 5%)

실제 지대상승률	토지소유기간	토지불로소득의 크기		
		토지 방치	50% 이용	완전 이용
연 5%	5년	-4.4	-2.2	0
	10년	-7.8	-3.9	0
	영구 소유	-21.0	-10.5	0
연 7%	5년	10.1	12.4	14.7
	10년	6.1	10.4	14.7
	영구 소유	-21.0	-3.2	14.7
연 9%	5년	83.1	85.6	88.0
	10년	78.5	83.2	88.0
	영구 소유	-21.0	33.5	88.0
연 10% 이상	모든 기간	무한대	무한대	무한대

Ⅲ. 토지불로소득의 폐해

토지불로소득이 야기하는 각종 폐해 중 대표적인 몇 가지를 지적해 보자.

1. 분배에 미치는 폐해

토지불로소득을 인정하는 제도는 기회균등형 분배규칙에 위배된다. 그로 인해 '성실한 사람이 잘사는 사회', '노력과 기여에 따라 소득을 얻는 사회'와 같은 보편적인 정의감을 해치고 건전한 사회를 건설할 수 있는 도덕적 기반을 무너뜨린다.

또한 토지불로소득 그 자체로 분배를 왜곡할 뿐 아니라 분배의 왜곡을 강화한다. 큰 규모의 토지불로소득이 만성적으로 발생하는 사회의 주민은 서로 토지를 많이 취득하려고 한다. 그런데 이미 토지를 많이 취득하고 있는 계층이 자금의 여력도 있고 또 새로운 자금을 동원하기도 유리하므로 더 많은 토지를 취득하게 된다. 토지 소유의 편중이 토지불로소득 귀속의 편중을 낳고 다시 토지 소유의 편중을 가속화하는 악순환이 이어진다.

2. 토지의 이용과 개발에 미치는 폐해

1) 토지의 부적정 이용

토지불로소득은 토지의 이용과 개발이 적정하게 이루지지 못하도록 한다.

첫째로, 토지가 정상보다 낮은 용도로 이용되거나 방치된다. 토지불로소득은 매매차액과 지대이자차액으로 구성되는데 이 중에서 매매차액이 큰 비중을 차지하는 경우에는 토지를 매각하기 쉬운 상태인 나대지로 유지하는 경향이 생긴다.

또 토지의 효율적 이용을 통해 지대소득을 높이지 않아도 충분한 불로소득이 나오는 경우에도 토지가 낮은 용도로 이용되거나 방치되는 수가 많다. 토지 매입 시에 예상한 지대상승률보다 실제 지대상승률이 높을 때에는 토지를 효율적으로 이용하도록 하는 유인이 매우 작다. 예를 들어 〈표 11.2〉와 같은 경우에 토지를 10년간 소유하면서 토지를 완전하게 이용한 후 매각할 때 발생할 토지불로소득을 100으로 두고, 토지를 방치할 때와 토지를 50% 정도 이용할 때 실현되는 토지불로소득의 상대적 크기를 아래 표에 요약하였다.

〈표 11.4〉 토지불로소득 실현치의 상대적 크기

(완전 이용 대비 비율, 단위: %)

실제 지대상승률	토지 방치 시	토지 50% 이용 시
11.0	-43.9	28.1
12.0	43.4	71.7
13.0	73.6	86.8
14.0	89.6	94.8
15.0	100	100

이 표에서 다음과 같은 사실을 알 수 있다. 실제 지대상승률이 토지 매입 시에 예상한 지대상승률보다 크면 토지소유기간이 극히 장기적이지 않은 한 토지불로소득은 토지이용도에 관계없이 0보다 크며, 특히 실제 지대상승률이 이자율에 근접하면 토지이용도가 낮아도 매우 큰 토지불로소득이 발생한다. 예컨대 토지 매입 시에 예상한 지대상승률이 연 10%이고 매입 후의 실제 지대상승률이 연 14%일 경우, 토지를 10년 소유하다가 매각한다고 가정해 보자. 이 때 토지소유기간 동안 토지를 전혀 사용하지 않더라도 토지불로소득이 토지매입시점의 연간지대의 82.5배나 된다. 토지를 가장 효율적으로 이용하여 토지불로소득이 최대가 되는 경우에 토지매입시점의 연간지대의 92배가 되므로, 토지를 전혀 이용하지 않아도 가장 효율적

으로 이용할 경우의 89.6%에 달하는 소득이 실현된다.

물론 토지소유자가 토지를 효율적으로 이용하여 완전한 지대소득을 올리게 되면 토지불로소득이 더 커지기 때문에 다소의 유인이 있기는 하다. 그러나 토지의 효율적인 이용을 위해서는 토지 개발이 필요한 것이 보통이고 토지 개발에는 실패의 위험성이 내포되어 있는 데다가 일단 개발이 이루어진 토지는 그렇지 않은 토지에 비해서 매각에 따른 부담이 커질 가능성도 있다. 따라서 모험회피적인 토지소유자는 토지불로소득이 어느 정도 수준이 되기만 하면 토지의 효율적 이용을 의도적으로 기피하는 수도 흔히 발생한다. 더구나 토지를 보유하는 데에 드는 비용, 예를 들어 토지보유세와 같은 비용이 그리 많지 않으면 토지를 저이용 내지 방치하더라도 별다른 부담이 되지 않으므로 이렇게 될 가능성이 더욱 높다.

둘째로, 토지불로소득은 과잉 개발을 야기하기도 하며 그 결과 환경 파괴를 초래한다. 경제적 관점에서 고용도의 잠재력이 있는 토지가 다른 관점에 의해 저용도로 묶여 있는 경우에 이런 토지를 고용도로 변경하거나 개발하게 되면 소유자가 불로소득을 얻게 된다. 이 때문에 고용도 변경 및 개발 압력이 상시적으로 발생한다. 그에 따라 과잉 개발과 환경 파괴를 초래하게 된다. 반면 토지 가치를 하락시키는 용도 변경 내지 개발은 기피하게 되어 오히려 과소 개발을 초래하기도 한다.

2) 개발 갈등 유발

토지불로소득은 개발을 둘러싼 갈등의 중요한 원인이 된다.

개발 사업에서는 개발이익 분배와 개발손실 부담을 둘러싸고 정부, 사업지구 및 그 주변의 토지권리자 간에 이해관계가 대립되어 조정이 어려우며 때로는 심각한 집단민원으로까지 발전되어 사업을 지연시키는 경우가 적지 않다. 개발이익과 개발손실의 문제가 개발사업 과정에서 야기되는 갈등의 유일한 원인은 아니지만 그 핵심적인 원인이 됨은 분명하다.

토지수용 보상 문제를 예로 들어 보자. 수용의 원인이 되는 공공사업이 지가를 상승시키는 사업이라고 해 보자. 이때 수용 대상인 사업지구 내의 토지에 대해 종전의 가격으로 보상하면 그 보상금으로는 인근에 이미 올라 버린 다른 토지를 종전의 면적만큼 구할 수 없다. 또 인근 토지소유자는 땅값이 상승하여 피수용자보다 유리해진다. 그렇다고 해서 사업의 영향을 받아 오른 땅값으로 보상한다면 엄청난 불로소득을 보상해야 하므로 일반 국민의 부담이 부당하게 늘어난다. 따라서 수용대상 토지소유자는 극한적인 저항을 하게 된다. 이것은 토지사유제의 근본적인 딜레마의 하나이다.

이런 사정으로 인해 토지불로소득은 개발 과정을 비민주적으로 만든다. 개발주체가 개발계획을 사전에 발표하면 지가가 급등하고 토지투기가 발생하며 개발이익과 개발손실을 둘러싼 집단민원으로 번질 것을 우려하여, 중요한 개발계획은 비밀리에 준비하여 기습적으로 시행하는 경우가 많다. 이렇게 되면 많은 사람의 생활에 중대한 영향을 주는 개발계획이 주민의 의사를 제대로 수렴하지 못한 졸속계획이 될 뿐만 아니라, 개발계획의 비밀이 계획당국과 줄이 닿는 소수에게 유출되어 또 다른 불평등과 민원을 야기한다.

3) 주택문제 악화

토지불로소득은 주택문제 해결도 어렵게 만든다.

토지불로소득을 얻을 수 있는 사회에서는 재산 증식을 위해 필요한 면적 이상의 주택을 소유하거나 여러 채의 주택을 소유하는 사람이 많아지는 등 주택에 대한 가수요가 존재한다. 그로 인해, 주택보급률이 높아져도 자가 보유율은 높아지지 않으며 또 주택가격이 부당하게 상승한다. 또 토지불로소득으로 인해 투기 목적으로 토지를 보유하면서 저용도로 방치하는 일이 많아 적절한 택지 공급이 이루어지지 않기 때문에 신규 주택 건설에도 애로가 발생한다.

3. 경제 전반에 미치는 폐해

토지불로소득은 토지의 이용과 개발만이 아니라 경제 전체에 악영향을 미친다. 대표적인 폐해를 두 가지만 들어 보자.

1) 생산과 소비 위축

토지불로소득은 생산과 소비를 위축시킨다.

우선 경제주체의 관심이 생산적인 방향으로 집중되지 않는다. 기업은 생산에 의한 이익만이 아니라 토지불로소득을 포함한 전체 이익의 극대화를 추구하게 되므로 동원 가능한 자금의 상당 부분을 생산과 무관한 토지를 매입하고 보유하는 데 사용한다. 또 토지 매입을 위한 자금 수요가 늘어나면 이자율이 비정상적으로 높아진다. 따라서 생산적인 투자가 줄어든다. 가계도 소비 대신 토지를 매입하려고 하며 자금을 대출받아 토지를 매입할 경우 이자 부담으로 인해 소비 여력이 줄어든다.

노동자도 불로소득으로 재산을 형성할 기회가 있으면 생산적 노동을 통해 생활하려는 근로의욕이 저하된다. 또 노사분규의 한 원인이 되어 기업을 어렵게 할 수 있다. 불로소득을 노리는 투기적 가수요로 인해 지가와 주거비용이 비정상적으로 높아지면 노동자들은 주거비용을 충당하기 위해 임금 인상을 요구한다. 노동생산성이 개선되지 않은 채 임금을 인상하면 기업의 경쟁력이 약해지고 임금을 인상하지 않으면 노사분규로 인해 역시 기업의 경쟁력이 약해진다.

2) 지가의 문제 증폭

토지불로소득은 제8장(완전경쟁 토지시장)에서 지적했던 지가의 문제를 증폭시킨다. 지가의 문제는 다음 세 가지다. 첫째, 고액의 지가가 진입장벽이 되어 토지를 매입해야 하는 사업에 지장을 준다는 점이다. 둘째, 토지보유비용과 토지이용순이익이 불일치한다는 점이다. 셋째, 지가가 토지 가치 이외의 요인에 의해 변화한다는 점이다. 토지불로소득은 이런 지가의 문제를 증폭시킨다.

첫째로, 고액의 지가는 더욱 고액이 된다. 토지불로소득을 노리는 투기적 가수요가 발생하면 지가는 근본지가 이상으로 치솟는다. 특히 토지시장에서 쏠림 현상이 발생하면 지가는 더욱 치솟게 된다. 둘째, 같은 이유로 토지보유비용 즉 매입지가에 대한 이자와 토지이용순이익 즉 지대 사이의 괴리가 더욱 커진다.

셋째로, 지가가 토지 가치 이외의 요인에 의해 결정됨으로써 생기는 문제를 확대한다. 특히 금융과 결합하면 경기변동의 진폭을 확대하여 경제 전체의 파탄을 초래하기도 한다. 하나의 시나리오를 제시해 보자.

경제가 호황에 접어들면 지가가 상승하고 앞으로도 계속 호황과 지가 상승이 이어질 것이라는 낙관적인 기대가 형성된다. 금융기관도 이자율을 낮추고 대출을 늘린다. 지가 상승 전망과 풍부한 유동성을 배경으로 토지투기가 발생하고 그로 인해 지가는 더욱 부풀려져서 현재 지대에 비해 훨씬 높은 금액이 된다. 가격이 부풀려진 토지를 담보로 하는 금융대출도 많아진다. 기업은 투자를 확대하고 소비자는 소유 부동산 가격의 상승에 고무되어 일시적으로 소비 지출을 늘린다. 경제는 매우 활발한 모습을 띠게 된다. 그러나 토지보유비용이 토지이용순이익에 비해 지나치게 높아지면 마침내 기업에 대한 중대한 애로로 작용한다. 늘어난 자금 수요 때문에 이자율도 높아지기 시작한다. 지가 상승에 자극받아 부동산을 무리해서 구입한 가계도 소비를 줄일 수밖에 없다. 경기가 둔화되고 부풀려진 지가의 거품이 제거되기 시작한다. 낙관적인 기대는 사라지고 비관적인 전망이 지배한다. 금융기관은 대출 회수를 서두른다.

또 채무가가 대출금 상환을 위해 담보 토지를 처분하는 사례가 늘어나면 지가 하락을 더욱 부채질한다. 도산하는 기업이 늘어나고 대출금을 제대로 회수하지 못하여 부실에 빠지는 금융기관이 늘어난다. 이것이 다른 부문으로 파급되면서 경제 전체가 위기를 맞게 된다.

부동산 투기와 금융이 결합하여 불황을 야기하는 이러한 사례는 각국에서 수없이 일어났으며 최근의 유명한 사례로는 1990년 이후 약 15년간 경제 침체기를 맞은 일본과, 2007년 이후 비우량주택담보대출(subprime mortgage loan) 부실로 인한 경제 침체를 겪는 미국이 있다.

Ⅳ. 토지불로소득의 환수

현실 토지시장의 한계로 인해 토지불로소득 발생이 불가피한 상황에서는 토지불로소득을 환수하여 심각한 폐해를 막아야 한다. 토지불로소득은 토지를 보유하는 동안의 지대이자차액과 특정 시점 간의 지가차액 또는 매입지가와 매각지가 간의 매매차액이라는 두 요소로 구성되므로 이를 모두 환수하면 된다. 두 요소의 징수에 대해 살펴보자.

1. 지가차액 징수

토지불로소득을 줄이기 위해 지가차액을 징수하는 방법이 널리 이용된다. 토지투기 이익 중 지대이자차액은 소액이 분산되어 실현되지만 지가차액은 고액이 일시에 발생되어 쉽게 주목의 대상이 되기 때문이다. 이 방법에도 지가차액을 징수하는 시기에 따라 토지 매각 시점에 징수하는 방식과, 매각을 하지 않더라도 보유하는 동안 정기적으로 또는 특별한 사유가 있을 때 징수하는 방식이 있다. 예를 들면 양도소득세는 전자의 유형에 속하고 개발부담금은 후자의 유형에 속한다. 이 방법도 토지불로소득의 상당 부분을 징수하는 것은 사실이지만 다음과 같은 단점을 갖고 있다.

두 가지 유형 모두 지가차액만을 징수 대상으로 할 뿐 지대이자차액에 대해 전혀 고려하지 않는다는 점에서, 세율을 지가차액의 100%로 한다고 하더라도, 이자와 지대소득이 비슷한 금액인 경우를 제외하고는, 토지불로소득을 완전히 징수하는 방법이 되지 못한다. 또 두 유형 모두, 토지보유기간 동안 토지를 제대로 이용하지 않고 방치하더라도 조세상의 손실이 발생하지 않는다는 점에서 토지의 효율적 이용을 적극적으로 촉진하는 기능이 없다.

토지 매각 시점에 지가차액을 징수하는 유형은 토지매물이 시장에 잘 나오지 않는, 소위 '동결효과(lock-in effect)'의 원인이 되어 토지의 원활한 유통을 저해한다. 동결효과가 발생하는 이유로 다음 세 가지를 들 수 있다. 첫째, 토지소유자가 매매차액을 납부한 후의 나머지 지가로는 동질의 토지를 매입할 수 없기 때문에 이사, 이전 등 이용토지의 교체를 기피한다. 둘째, 납부세액에 대한 이자를 고려하지 않는 보통의 세제에서는 가급적 토지 매각을 늦게 함으로써 이자를 감안한 세액을 줄일 수 있다. 셋째, 토지 매입 후의 지대상승률이 거래시점의 예상보다 높으면 지대이자차액도 상당한 금액이 되므로 토지소유자는 토지 소유를 계속함으로써 이익을 극대화하려고 하게 된다.

한편 지가차액을 토지매매시점이 아닌 토지보유기간 중에 징수하는 유형은, 발생하기는 했지만 실현되지 않은 소득에 대해 과세하므로 토지소유자에게 자금압박을 가할 위험이 있다.

2. 지대이자차액 징수

토지불로소득을 완전히 환수하는 최상의 방법은 토지보유기간 동안 매년 토지소유자에게서 지대와 이자 차액을 징수하는 것이다. 토지불로소득을 위와 같이 징수하면 토지소유자의 소득은 매년 이자액이 되므로 지가는 이자소득에 상응하는 원금이 된다. 따라서 지가는 항상 일정하게 유지되고 매매차액이 0이 되므로 매매차액을 별도로 징수할 필요가 없어진다.

지대이자차액을 징수하면 토지매매차액이 0이 된다는 사실이 얼른 와 닿지 않을지 모르겠다. 이해를 돕기 위해 간단한 퀴즈를 먼저 풀어 보자. 첫 번째 퀴즈. 예금 이자율이 연 10%인 사회에서 연간 1천만 원의 이자가 생기는 통장이 있다. 이 통장에 들어 있는 원금은 얼마일까? 답은 물론 1억 원이다. 이자율 연 10%인 경우에 1억 원이 예금되어 있어야 연간 1천만 원의 이자가 생길 것은 당연하다.

이와 비슷한 또 하나의 퀴즈를 풀어 보자. 이자율이 연 10%인 사회에서 어느 증서의 소지자에게 연간 1천만 원의 수입이 생긴다고 하면 이 증서는 얼마에 거래될까? 답은 약 1억 원이다. '약' 1억 원이라고 한 것은 수입이 발생하는 시기에 따라 답이 약간 다를 수 있기 때문이다. 수입이 연 1회 발생한다고 하면 증서 가격은 1억 원과 1억 1천만 원 사이가 된다. 수입 발생 직전에는 증서 가격이 1억 1천만 원에 육박할 것이고, 수입이 발생하고 나면 즉시 1억 원으로 떨어진다. 그러나 수입이 매일 조금씩 나누어 발생한다면 1억 원을 약간 상회하는 일정한 금액으로 매일 동일하게 유지될 것이다.

이제, 증서 대신 토지를 대입해 보자. 어느 토지의 가격이 등기부에 1억 원으로 기재되어 있고 정부가 매년 토지소유자로부터 1억 원에 대한 이자를 제외한 지대를 징수한다고 하면 이 토지는 얼마에 거래될까? 이 경우 토지 소유를 통해 얻을 수 있는 수입은 이자뿐이므로 지가는 당연히 그 이자에 상응하는 원금, 즉 등기부에 기재된 1억 원으로 거의 고정된다. 물론 이 경우에도 1년에 한 번 납부하는지, 같은 세액을 여러 차례 나누어 납부하는지에 따라 결과가 약간 다르겠지만 그 정도는 무시해도 좋을 것이다.

이상에서 알 수 있는 사실은, 토지소유자에게 특정 금액에 대한 이자만큼의 수입만 보장하면 지가는 그 특정 금액으로 거의 고정되며, 따라서 매매차액도 거의 0이 된다는 것이다. 그러므로 매매차액은 건드리지 않고 지대이자차액만 징수하여도 토지불로소득을 없앨 수 있게 된다. 또 지대이자차액세는 토지보유세라는 점에서, 제10장(토지세)에서도 보았듯이 부작용이 없는 가장 이상적인 조세이기도 하다.

그러나 현실적으로 매년의 지대소득과 적정이자를 정확하게 평가하지 못하거나 토지소유자가 징수액을 전가시키는 등의 이유가 있으면 매매차액이 생길 수 있으므로 이를 징수하여야 할 경우도 있다. 우리나라는 2006년부터 실거래가 신고가 의무화되었고 실거래가를 등기부에 기재하고 있기 때문에 매매차액을 파악하는 데 별 어려움이 없으나, 실거래가를 파악하기 어려운 경우에도 지가를 별도로 평가할 필요는 없다. 토지 거래 당사자 쌍방이 합의한 거래가격을 신고하도록 하고 이 자료를 다음 거래 시 매매차액 징수에 그대로 반영하면 된다. 매매차액을 줄이기 위해 토지 매각자는 가능한 한 낮게, 토지 매입자는 가능한 한 높게 거래가격을 신고하고 싶을 것이므로 실제 거래가격이 신고될 것으로 기대할 수 있다. 다만 이 경우에 신고가격에 비례하는 다른 조세나 비용을 전액 면제한다는 조건이 필요하다. 그렇지 않으면 거래 쌍방은 모두 거래가격을 낮게 신고하려고 할 경우도 생기기 때문이다.

지대이자차액세 중 이자를 원초적인 지가에 대한 이자로 하고 – 원초적으로는 지가가 0이었으므로 그 이자도 0임 – 매년 지대 전액을 징수하는 조세를 지대세라고도 한다. 한편 지대이자차액세는 이자 공제형 지대세라고도 하고 '국토보유세'라고도 한다. 지대세와 지대이자차액세에 대해서는 제17장(지대조세제로 가는 전략)에서도 다룬다.

[제11장의 부록] 한국의 토지불로소득과 토지 소유 편중도

우리나라에는 이 책의 정의에 따른 토지불로소득을 직접 계산할 수 있는 공식 자료가 없기 때문에 토지의 자본이득(capital gains)에 대한 기존의 연구를 통해 토지불로소득의 크기를 짐작해 보자.

자본이득의 크기에 관한 실증적 연구로서 주목할 만한 것은, 실현된 자본이득을 추정한 이정우(1991)의 연구와 발생한 자본이득을 추정한 김흥린(1993)의 연구를 들 수 있다. 이정우(1991)의 연구에서는 실현된 자본이득을 세 가지 자료를 가지고 추정하였다. 등기부 자료, 『토지거래통계월보』, 양도소득세 자료가 그것인데 어느 자료를 사용하느냐에 따라, 또 같은 자료를 사용하더라도 어떤 가정을 하느냐에 따라 금액이 다르게 나타난다. 〈표 11.5〉에 인용된 금액은 『토지거래통계월보』에 의해 추정한 자본이득의 크기이다. 이때 계산에 사용된 공식은, 예컨대 1980년에 구입한 토지를 1985년에 매각한 경우 거기서 실현된 자본이득을 구할 때 그 5년간의 물가상승을 감안하여, 다음과 같다.

실현된 자본이득 = 토지매각가액(A) − 토지구입비용의 현재가치(B)

A = 1985년의 지가

B = 1980년의 지가 × (1 + 1980년에서 1985년 사이의 소비자물가상승률)

이 추정치는 앞서 정의한 토지불로소득과 내용이 다르다. 토지보유기간의 지대액이 들어 있지 않고 토지구입비용의 현재가치는 매입지가의 원리금보다 크지 않을 것이기 때문이다.

김흥린(1993)의 연구는 실제로 매매가 이루어졌건 이루어지지 않았건 간에 1년간 발생한 지가차액 즉 당해 연도 전국 지가총액에서 전년도 전국 지가총액을 뺀 금액을 제시하고 있다. 이 금액도 앞서 정의한 토지불로소득과는 차이가 있다.

이상의 두 연구에서 나타난 금액이 아래 표에 요약되어 있다. 이들 금액이 앞서 정의한 토지불로소득과는 다르지만 대체적인 크기를 짐작하는 데는 도움이 될 것이다.

이 표에서 보듯이 어떤 해에는 실현된 자본이득이 그해 국민총생산의 4분의 1에 이를 정도로 크고 또 발생한 자본이득은 그보다 더 엄청난 규모임을 알 수 있다. 또 이 책에서 정의하는 토지불로소득은 자본이득 외에 지대이자차액이 추가되므로 토지불로소득의 규모는 위 연구 결과보다 더 크다.

〈표 11.5〉 지가 변화에 의한 자본이득의 크기

(단위: 1조 원, GNP 대비 %)

연도	실현된 자본이득	발생한 자본이득
1955	-	0.1(126.0)
1960	-	0.1 (29.5)
1965	-	0.4 (48.0)
1970	-	1.9 (68.7)
1975	-	5.3 (52.8)
1980	7.0 (19.0)	10.1 (20.5)
1981	2.5 (5.5)	7.2 (15.8)
1982	-0.2 (-0.4)	5.5 (10.6)
1983	2.5 (4.1)	21.9 (35.4)
1984	6.0 (8.6)	18.1 (25.8)
1985	8.3 (10.6)	10.7 (13.7)
1986	6.3 (7.0)	12.1 (13.3)
1987	11.3 (10.7)	27.3 (25.7)
1988	25.7 (20.4)	63.8 (50.6)
1989	37.9 (26.7)	101.0 (71.3)
1990	43.4 (25.8)	85.1 (49.6)

자료: 실현된 자본이득은 이정우(1991).
발생한 자본이득은 김홍린(1993).

토지불로소득의 규모와 함께 관심을 가져야 할 사항은 그 토지불로소득의 귀속이 일부 계층에 편중되느냐 전 국민이 대체로 골고루 나눠 가지느냐 하는 점이다. 토지불로소득은 토지소유자에게 귀속되므로 토지 소유의 편중도를 통해 토지불로소득 귀속의 편중도를 짐작할 수 있다.

우리나라의 토지 소유는 심하게 편중되어 있다. 2006년 토지 소유 현황에 관한 정부 자료 중 토지 소유 세대 10분위 통계에 의하면, 면적 기준으로 민유토지(사유지 중 법인 아닌 개인 명의의 토지를 말함) 소유 세대 중 상위 10%가 76.3%를 소유하고 있으며, 이 자료로 지니계수를 계산하면 0.82 정도가 된다. 우리나라 소득분포의 지니계수가 0.3 전후이고, 금융자산 소유분포의 지니계수가 0.6 전후라는 사실과 비교하면 토지 소유 분포의 편중도가 매우 높다는 것을 알 수 있다.

종합토지세 자료를 통해 추산한 전강수(2005)의 연구 결과를 보더라도 우리나라 토지 소유 편중도는 다음과 같이 심하다.

〈표 11.6〉 토지 소유 편중도 1

	지니계수	종합토지세 고액 납세자 토지 소유 비율		
		상위 1%	상위 5%	상위 10%
1991	.819	48.4%	67.2%	75.8%
1996	.787	45.5%	60.9%	73.9%
2001	.764	45.3%	59.1%	72.0%

자료: 전강수(2005), 174쪽.

이런 사실은 종합토지세 자료를 이용한 현진권(1996)의 연구에 의해서도 확인된다. 우리나라 사유지 중 개인소유 토지와 법인소유 토지를 면적이 아닌 지가를 기준으로 하여 분포상태를 볼 때 아래 표와 같이 극심한 편중 상태를 보인다.

〈표 11.7〉 토지 소유 편중도 2

	개인소유 토지	법인소유 토지
상위 1%	27.9%	68.4%
상위 5%	50.6%	85.9%
상위 10%	63.4%	92.1%
상위 20%	78.6%	96.5%
지니계수	0.86	0.96

제12장

토지배분정책과 토지이용정책

지금까지 토지시장을 검토하면서 현실 토지시장은 완전경쟁 토지시장과 거리가 있다는 점, 또 완전경쟁 토지시장이라고 해도 효율적인 토지 배분과 이용을 이룩하는 데 한계가 있다는 점을 지적하였다. 이제 이런 문제를 해결하기 위해서는 어떤 정책이 필요한지 검토해 보자.

먼저 토지 배분에 관해 현실 토지시장의 불완전성을 보완하기 위해 필요한 정책을 살펴본다. 토지 배분이란 토지의 소유권 또는 임차권이 구체적으로 어느 특정 주체에게 귀속되는 과정을 말한다. 현실 토지시장의 흠을 보완하는 정책을 먼저 살펴보고 토지 배분을 시장에 맡기는 것이 적절하지 않을 경우에 필요한 정부 개입의 유형을 검토한다.

다음으로 토지 이용에 관해 토지시장의 불완전성을 치유 또는 보완하기 위해 필요한 정책을 살펴본다. 토지 이용이란 소유권 또는 임차권을 취득한 사람이 토지에 대해 가하는 행위다. 토지의 개간·개발 등 유형적인 결과를 발생시키는 행위뿐만 아니라 토지의 분할·합병·방치 등과 같은 무형적 행위까지도 포함한다.

Ⅰ. 토지시장 보완정책

제3부(토지시장)에서 토지시장을 평가한 결과, 현실 토지시장은 문제가 많지만 완전경쟁 토지시장은 형평성과 효율성 양면에서 상당히 좋은 평가를 받았다. 그렇다면 현실 토지시장을 완전경쟁 토지시장에 가깝게 보완할 필요가 있다. 제9장(현실 토지시장)에서 현실 토지시장이 완전경쟁 토지시장에 비해 경쟁조건, 가격조건, 취득조건에서 부족한 점을 지적했는데 이에

대한 정책을 살펴본다.

1. 경쟁조건에 관한 정책

1) 공급 경쟁

현실 토지시장의 공급 경쟁이 제약되는 이유로 토지의 독과점을 들었다. 토지의 독과점은 토지 소유로부터 막대한 불로소득이 발생하고 또 토지 소유의 집중을 가능하게 하는 정치·경제력의 집중이 존재하기 때문에 생긴다. 지대조세제를 실시하면 이 문제는 해소된다. 거대한 정치적·경제적 힘의 분산은 사회의 민주화를 통해 이룩해 나가는 수밖에 없다. 그러나 지대조세제를 통해 토지불로소득이 소멸하면 토지를 독과점해도 불로소득을 얻을 수 없기 때문에 정치·경제력이 집중되어 있다고 해도 토지를 독과점하기 위해 이 힘을 쓰는 일은 거의 없거나 훨씬 줄어들 것이다.

토지독과점을 일거에 해소하기 위한 방안으로 토지개혁이 흔히 이용되어 왔다. 전통적인 농업사회에서 형성된 독과점 또는 토지불로소득을 오랫동안 방치함으로써 형성된 독과점을 시정하기 위해서 토지개혁을 통해 대지주의 토지를 실수요자에게 강제로 분배해 주는 방식이다. 토지 소유의 극심한 집중현상이 돌이킬 수 없는 역사적 현실로 존재하고 이러한 기존 체제를 유지하려고 하는 강력한 이해관계가 존재할 경우에는 부득이 토지개혁을 실시하지 않을 수 없는 경우가 생긴다. 그러나 면적 또는 특정 시점의 가치를 기준으로 토지를 물리적으로 배분하는 토지개혁은 일시적으로는 효과가 있으나, 시간이 지남에 따라 토지 가치의 격차가 발생하면 다시 불평등하게 될 수밖에 없다는 한계가 있다.

2) 수요 경쟁

현실 토지시장의 수요 경쟁이 제약되는 이유는 진입장벽의 존재라고 하였다. 토지매매시장의 진입을 막는 요인 중 가장 중요한 것은 매입자가 높은 지가를 일시에 지불해야 한다는 점인데 이 문제를 극복하려면 지가 자체를 대폭 낮추거나 지가를 분할 지불할 수 있도록 해 주어야 한다. 지대조세제를 실시하면 지가가 0으로 하락하므로 진입 장벽이 사라진다.

지대이자차액세의 경우 등록지가가 높거나, 토지임대차시장에서 전세금 또는 임대보증금이 높을 때도 장벽으로 작용할 수 있다. 등록지가 문제는 앞의 제17장(지대조세제로 가는 전략)에서 보았듯이 등록지가 선택제를 두면 되고 다른 문제는 융자기회를 확충하여 해결해야 한다.

3) 토지불로소득의 영향

토지불로소득이 존재하는 현실 토지시장에서는 수요와 공급의 경쟁이 왜곡된다. 특히 토지불로소득에 의해 영향을 받는 가수요로 인해 시장의 수요가 이용 목적의 수요 즉 실수요와 일치하지 않는 현상이 발생하고 그에 따라 지가가 폭등 또는 폭락할 수 있다. 지대조세제를 실시하면 이 문제는 당연히 해소된다.

2. 가격조건에 관한 정책

1) 미래 정보

토지가격 특히 지가의 평가가 어려운 근본적인 이유는 미래정보가 부족한 데 있다. 이 문제는 일반인이 미래의 토지정보를 가능한 한 정확하게 파악할 수 있도록 정보를 수집·제공하는 공적 제도를 통해 완화해야 한다. 그러나 공적 제도가 갖추어진다고 하더라도 미래의 정보를 완전하게 제공하지 못함은 자명하므로 토지매매시장의 기능은 극히 제약된다. 따라서 토지매매시장의 기능에 대한 기대를 아예 포기하고 토지임대차시장만으로 토지 배분을 기하는 정책을 고려하는 것이 좋겠다. 지대조세제에서는 지가는 변하지 않고 토지소유자의 부담액은 지대의 변화와 일치하므로 토지임대차시장의 임차인과 다름없는 상태가 되어 이 문제가 해소된다.

2) 청약가격

토지가격의 평가액과 청약액의 불일치 현상은 토지임대차시장에서 두드러지게 나타난다. 토지소유자가 무리한 지대를 요구할 때 임차인이 그 토지를 피해 다른 토지로 이전하기가 쉽지 않기 때문에 부득이 청약지대를 지대평가액보다 높일 수밖에 없게 되는 것이다. 토지임차인이 이와 같이 덫에 걸린 것처럼 행동하는 이유는 주로 이용결과를 쉽게 이전하기 어렵기 때문이다. 이에 대해서는 두 가지 대책이 있다. 하나는 토지임대차의 재계약 시 토지이용결과의 객관적 가치를 정당하게 평가하여 당사자 간의 손익을 합리적으로 조정해 줄 수 있는 제도를 마련하는 것이다. 또 하나는 토지이용결과의 수명을 감안하여 토지이용계약 기간을 장기로 하는 방법도 있다.

또 임차인이 이용할 수 있는 대체 토지가 공급독과점이 되어 있어도 같은 문제가 발생한다. 토지독과점 대책은 위에서 언급하였다.

3. 취득조건에 관한 정책

최고액 청약가격을 제시하는 자에게 토지가 귀속된다면 토지의 효율적인 이용을 유도할 수 있으나 토지임대차시장에서는 최고액지대 제시자에게 토지사용권이 귀속되지 않는 경우가 많다. 그 주된 이유로는 토지불로소득이 존재한다는 점, 토지 이용 기간에 따라 최선이용방법이 다를 수 있다는 점을 들 수 있다. 토지불로소득 문제는 지대조세제를 실시하면 해소된다. 토지를 이용할 때 이용기간에 따라 최선이용방법이 달라지는 것은 아래의 토지 이용의 시간적 조화를 위한 정책 부분을 참고하기 바란다.

Ⅱ. 토지 배분에 대한 직접적인 개입

토지시장에 의한 토지 배분을 통해서는 토지 이용의 형평성과 효율성을 도저히 달성할 수 없는 경우 토지 배분에 정부가 직접 개입할 필요가 있다. 시장경제를 중시하는 사회에서의 정부의 직접적인 개입은 토지시장의 완전경쟁조건을 갖추려는 성의 있는 노력을 하여도 도저히 해결되지 않는 문제가 있을 때에 한하여 정당화되므로, 매우 신중하게 적용해야 하는 정책이라고 하겠다.

아래에서는 정부 개입의 내용 내지 강도에 따라, 일정한 토지를 사유 대상에서 제외하는 경우, 토지 배분에 공권력을 개입시켜 토지를 강제로 배분하는 경우, 토지의 사적 취득한도를 정하거나 취득자격을 제한하는 경우, 토지의 배분을 토지시장에 맡기되 그 내용에 대해 공적인 심사를 거치도록 하는 경우 등으로 구분할 수 있다.

1. 토지 사유의 금지

토지 중 공공성이 강하여 사유를 허용하면 공공의 이용편리 등 공익에 막대한 지장을 초래하는 토지는 사유의 대상에서 배제할 필요가 있다. 예를 들면 공공이 자유롭게 이용하여야 할 도로, 하천, 공원 등을 국·공유로 하는 경우가 여기에 해당된다.

2. 토지의 강제적 배분

토지의 사유를 전면적으로 금지하는 것은 아니지만 일정한 요건에 해당되는 토지를 강제로 배분하는 정책이 필요한 경우가 있다. 토지시장에 의한 토지 배분으로는 공익사업 등에 필요한 토지를 취득할 수 없거나 공익적 토지 이용에 심한 장애가 생길 때에는 토지소유권 또는 토지사용권의 배분에 공권력을 개입시켜 강제로 배분할 필요가 있다. 이를 토지소유권과 토지사용권의 강제배분으로 나누어 검토해 보자.

1) 토지소유권의 강제적 배분

토지소유권을 강제로 배분하는 방법에는 강제성의 정도에 따라 토지소유자의 의사를 완전히 배제하는 가운데 토지소유권 이전이 바로 일어나도록 하는 방법도 있고 토지소유자에게 토지 매각의 의무를 부과하는 정도의 다소 약한 방법도 있다.

2) 토지사용권의 강제적 배분

토지를 적절하게 이용하지 않고 방치하는 등 토지임대차시장에 의한 토지 배분이 공익에 심히 위배될 때 토지소유권은 그대로 두고 토지사용권만 강제로 배분하는 방법도 때로는 필요하다. 그러나 토지시장이 완전경쟁조건을 갖춘다면 토지방치 등 부적절한 토지 이용 현상이 별로 없을 것이라는 점에 유의하여야 한다.

3. 토지 취득 제한

토지 배분을 토지시장에만 맡길 경우 토지의 소유가 집중되어 추후의 토지시장을 왜곡할 염려가 있다든지, 토지시장의 불완전성으로 인해 비적격자에게 토지가 배분된다든지 하여 토지의 효율성과 정의성을 심각하게 침해할 경우에는 토지 취득을 제한하는 정책이 필요하다. 예를 들어, 토지이용능력이 매우 우수한 소수가 있어 완전경쟁 토지시장을 통해 토지를 독과점하게 되면 이로 인해 토지시장의 경쟁조건에 문제가 생길 수 있고, 자본능력의 차이에 의해 또는 토지투기의 목적으로 토지가 실수요자가 아닌 사람에게 배분되어 결과적으로 실수요자의 토지 이용을 배제하거나 생산성을 하락시킬 수 있으므로 이를 막기 위해 토지 취득의 면적 또는 토지 취득자의 자격을 제한하는 정책이 필요하게 되는 것이다. 그런데 완전경쟁 토지시장에서 토지 소유의 집중 형상이 발생한다든지 토지가 비적격자에게 배분된다는 것은 흔한 일이 아니라는 점에 유의할 필요가 있다.

4. 토지 배분 심사

토지 배분을 토지시장에 맡기되 토지 거래의 내용이 공익을 심각하게 침해할 우려가 있을 때에는 이를 정부가 심사할 필요도 있을 것이다. 이 방법은 토지 취득 제한보다는 대체로 약한 방법이지만 토지시장에 의한 토지 배분을 유명무실하게 할 우려가 있다는 점에 유의해야 한다.

Ⅲ. 토지 이용의 공간적 조화를 위한 정책

1. 공간적 부조화의 문제

토지 이용의 공간적 부조화의 문제란 개별토지의 입장에서 보는 효율적 이용과 전체토지 입장에서 보는 효율적 이용이 다른 경우가 많다는 문제이다. 즉 개별토지가 각각 효율적으로 이용된다고 해도 이를 합한 것이 전체토지의 효율적 이용이 되는 것은 아니라고 하는 공간적인 '구성의 오류'가 존재한다는 것이다.

2. 공간적 부조화가 생기는 이유

공간적 부조화의 문제는 토지 이용의 외부효과에 기인한다. 토지는 위치가 고정되어 있고 상호 연접되어 있기 때문에 개별토지의 이용 효과는 다른 토지에까지 물리적 및 경제적 영향을 미친다. 이로 인해, 개별토지의 관점에서는 가장 효율적이라고 판단되는 이용 방법이 전체토지의 관점에서는 그렇지 못한 경우가 생긴다.

다만 개별토지의 이용효과가 다른 토지에 미치더라도 그것이 경제적으로 원 이용행위자에게 귀속된다면 - 즉 그 효과가 내부화된다면 - 토지의 효율적 이용이 토지시장을 통해 이루어질 것이라 기대할 수 있다. 어떤 토지 이용이 사회적으로 바람직한 효과를 발생시킬 때 그 사회적 이익이 토지 이용자의 이익으로 귀속되거나, 그 반대의 경우에 생기는 사회비용이 토지 이용자의 비용으로 귀속된다면 시장기구를 통해 토지 이용의 공간적 조화를 기대할 수 있다는 것이다.

아래에서는 토지 이용의 공간적 부조화가 생기는 상황을 예를 들어 살펴보고, 이 문제를 해결하기 위한 공공개입에 대해 검토한다. 이를 위해 사회가 토지1, 토지2의 두 토지로 구성되어 있고 각 토지의 소유자와 이용자가 같은 사람인 경우를 상정한다.

1) 외부효과로 인해 다른 토지의 효용이 변화하는 경우

첫 번째 예로서 토지 이용으로 인한 외부효과가 다른 토지의 효용을 변화시키는 경우를 생각해 보자. 설명의 편의상 토지1의 용도만 변화하고 토지2는 그에 의해 일방적으로 영향을 받아 아래 표와 같은 결과가 생긴다고 하자.

〈표 12.1〉 토지1의 용도에 따른 토지의 효용

토지1의 용도		토지1의 효용	토지2의 효용	전체토지의 효용
현재 용도		100	100	200
다른 용도	(가)	150	150	300
	(나)	150	75	225
	(다)	150	25	175
	(라)	50	300	350
	(마)	50	175	225
	(바)	50	50	100

위의 표와 같은 상황에서 토지1의 소유자, 토지2의 소유자 그리고 사회의 입장에서 본 이해관계를 정리하면 다음과 같다.

① 토지1의 소유자는 (가), (나), (다) 중의 하나를 원한다.
② 토지2의 소유자는 (가), (라), (마) 외에는 원하지 않는다.
③ 사회의 입장에서는 (라)가 가장 바람직하며 (가), (나), (마)도 나쁘지 않다.

이와 같은 이해관계로 인해 다음과 같은 결과가 생긴다.

① 각 토지소유자와 사회, 어느 입장에서 보든지 모두 불만이 없는 경우는 (가)이지만 시장에서는 토지1의 이용은 그 소유자가 결정하기 때문에 (나), (다)가 될 가능성도 배제할 수 없다.
② 사회의 입장에서는 (라)가 가장 바람직하지만 시장기구를 통해서는 그런 결과가 나타날 수 없다.

이 예에서 보듯이 외부효과가 발생할 때 토지소유자 간의 이해관계를 조정하기 어렵고 사회 전체의 효율적 이용이 이루어지기도 어렵다.

그런데 토지 이용의 외부효과가 내부화된다면, 즉 토지1의 이용에 의한 외부효과로 토지2의 효용이 변할 때 그 손익이 토지1의 소유자에게 되돌아간다면 어떻게 될까? 그 결과는 아래 표와 같다.

〈표 12.2〉 외부효과가 내부화될 때의 결과

토지1의 용도		토지1의 효용	토지1 소유자의 효용	토지2 소유자의 효용	전체토지의 효용
현재 용도		100	100	100	200
다른 용도	(가)	150	200(150+50)	100(150−50)	300
	(나)	150	125(150−25)	100(75+25)	225
	(다)	150	75(150−75)	100(25+75)	175
	(라)	50	250(50+200)	100(300−200)	350
	(마)	50	125(50+75)	100(175−75)	225
	(바)	50	0(50−50)	100(50+50)	100

주: 외부효과가 내부화되면 토지2의 효용변화가 토지1 소유자에게 되돌아가므로 토지2의 순효용 즉 토지2의 소유자에게 돌아가는 효용은 언제나 100이다.

위의 표에서 보듯이 토지1의 소유자는 (라)에서 최대 이익을 얻으며 그때 전체토지도 가장 효율적으로 이용된다. 즉 외부효과가 내부화 되면 개인의 이해관계와 사회의 이해관계가 일치한다.

2) 외부효과가 사회비용을 야기하는 경우

다음에는 토지 이용에 의한 외부효과가 사회비용으로 나타나며 다른 토지의 효용에 직접 영향을 주지는 않는 경우를 생각해 보자.

아래의 표는 각 토지를 적정, 과밀이라는 두 가지 방법으로 이용함에 따라 생기는 결과 즉 각 토지의 효용, 그때의 사회비용, 사회적 총효용에서 사회비용을 뺀 사회적 순효용을 표시한다. 토지의 과밀이용에 따른 사회비용의 예로는 화재, 교통혼잡, 환경오염, 범죄, 전염병 등에 의한 피해 또는 그런 문제를 해결하기 위한 비용을 들 수 있다.

〈표 12.3〉 개별토지의 효용, 사회비용, 사회적 순효용

토지1 \ 토지2	적정이용		과밀이용	
적정이용	100 \ 100	(0, 200)	100 \ 120	(30, 190)
과밀이용	120 \ 100	(30, 190)	120 \ 120	(70, 170)

표시: 토지1의 효용 \ 토지2의 효용, (사회비용, 사회적 순효용)

위의 표와 같은 상황에서 사회적 최선은 사회적 순효용이 최대가 되는 토지 이용 즉 두 토지를 모두 적정하게 이용하는 것이다. 그러나 사회비용을 고려하지 않는다면 두 토지의 소유자는 모두 자신의 토지를 과밀하게 이용하게 된다. 토지1의 소유자는 자기 토지를 적정이용하면 100의 효용을 얻고 과밀이용하면 120의 효용을 얻기 때문에 당연히 과밀이용을 택하게 되고, 토지2의 소유자도 역시 같은 생각을 하기 때문이다.

그러나 사회비용은 어차피 주민이 부담하게 되는데 그 부담방식에 따라 토지 이용에 차이가 난다. 먼저 사회비용을 비용 발생의 원인자 즉 과밀이용자에게 부담시키는 경우에 대해 생각해 보자. 이때 각 토지소유자가 얻는 효용이 아래 표에 요약되어 있다. 두 토지 모두 과밀이용될 경우의 사회비용 70은 두 토지소유자가 균등하게 35씩 부담하는 것으로 가정한다.

〈표 12.4〉 사회비용을 원인자에게 부담시킬 경우

토지1 \ 토지2	적정이용	과밀이용
적정이용	100 \ 100	100 \ 90
과밀이용	90 \ 100	85 \ 85

표시: 토지1 소유자의 효용 \ 토지2 소유자의 효용

위의 표와 같이 과밀이용으로 인해 생기는 토지효용의 합보다 사회비용이 더 크고 그 사회비용을 원인자에게 부담시키는 상황에서는, 두 토지소유자는 모두 토지를 적정이용하게 된다. 토지1의 소유자는 적정이용하면 100의 효용을 얻고 과밀이용하면 90 또는 85의 효용을 얻기 때문에 적정이용을 택하게 되고, 토지2의 소유자도 역시 마찬가지 선택을 할 것이기 때문이다. 즉 외부효과를 내부화하면 개인의 이해관계와 사회의 이해관계가 일치하게 된다.

그러나 외부효과의 원인자를 밝히기 어려운 현실에서 사회비용을 주민에게 균등하게 부담시킨다면 아래 표와 같은 결과가 된다.

〈표 12.5〉 사회비용을 균등 부담시킬 경우

토지1 \ 토지2	적정이용	과밀이용
적정이용	100 \ 100	85 \ 105
과밀이용	105 \ 85	85 \ 85

표시: 토지1 소유자의 효용 \ 토지2 소유자의 효용

위의 표와 같은 경우에 두 토지소유자는 모두 토지를 과밀이용하게 된다. 토지1의 소유자는 적정이용하면 100 또는 85의 효용을 얻고 과밀이용하면 105 또는 85의 효용을 얻기 때문에 과밀이용을 택하게 되고, 토지2의 소유자도 역시 같은 선택을 할 것이기 때문이다. 즉 사회비용을 원인행위와 무관하게 부담시키는 제도하에서는 개인의 이해관계와 사회의 이해관계가 일치하지 않는다.

3. 공간적 조화를 위한 공공개입

1) 외부효과의 내부화

위에서 보았듯이 토지 이용에 있어 외부효과가 내부화된다면 개인의 이해관계와 사회의 이해관계가 일치한다. 즉 개별적 토지 이용이 조성하는 외부경제와 외부불경제가 각각 그 조성자 또는 원인자에게 돌아가지 않는다는 데 문제가 있다. 따라서 외부경제를 조성하는 토지 이용자가 외부경제에 상응하는 경제적 이익을 얻도록 해 주는 정책과, 외부불경제를 조성하는 토지 이용자가 그에 상응하는 경제적 부담을 지도록 하는 정책이 필요하다.

또 이러한 이익과 부담도 정부가 직접 공적으로 보상 또는 징수하는 방법(예: 환경오염에 따른 부담금)이 있고, 민사법적으로 당사자에게 권리와 의무를 과함으로써 민사적인 손해배상 등에 의해 그와 같은 결과가 나오도록 하는 방법(예: 민법상의 상린관계)이 있다.

그러나 외부효과의 내부화 정책은 외부효과를 누가 얼마 만큼 발생시키고 그로 인해 누가 얼마 만큼 혜택 또는 손해를 보았는지를 파악하기 어렵다는 문제를 안고 있다.

2) 공간적 토지이용계획

공간적 토지이용계획은 사회 전체의 관점에서 최선의 토지 이용을 이룩하기 위해 정부가 토지 이용을 공간적으로 배치하는 공공계획이다. 보통 '토지이용계획'이라고 하면 공간적 토지이용계획을 말한다.

내용은 대체로, 토지의 용도를 지정하고, 다수의 토지에 영향을 미치는 공공시설 등의 위치를 지정하며, 각 용도 및 시설 간의 망(교통통신망, 공급처리시설망)을 배치하는 등 거시적인 내용으로 되어 있다.

이러한 계획은 개별적 토지 이용의 준거를 세우는 효과가 있다. 토지의 용도를 정하면 용도별로 행위제한이 있게 되며 공공시설계획, 망계획이 개별토지에 미치는 영향이 크므로 개별토지의 소유자 또는 이용자는 이 계획을 중요한 준거로 삼지 않을 수 없게 된다.

때로는 지구의 세부적인 개발행위를 공적으로 주도할 필요가 있을 때 지구상세계획으로 개입하기도 한다.

3) 대단위 토지개발사업

대단위 토지 개발은 외부효과가 매우 크고 영향 범위가 넓으며 이해관계자가 많아 토지시장을 통해서는 외부효과를 조절하고 다수 주민 간의 합의에 도달하기 어려운 경우가 많기 때문에 공적인 지원 내지 규제가 흔히 이루어진다.

대단위 토지 개발을 지원하는 방법으로는 다음과 같은 것이 있다. 첫째로, 사업지구 내 토지소유자 등 권리자 전원의 동의가 없더라도 일정한 요건에 해당되면 그에 갈음할 수 있도록 하는 방법이다. 예를 들면 토지소유자 등 권리자의 일정 비율의 동의만 얻으면 사업시행이 가능하도록 한다든지, 사업수행 및 결과처리에 있어 사업시행자가 처분계획서를 인가받으면 당사자의 합의에 갈음할 수 있도록 하는 방법 등이다. 둘째로, 사업수행에 필요한 타인의 토지를 강제로 이용 내지 취득할 수 있는 방법도 있다.

한편 대단위 토지 개발의 부작용을 막기 위한 규제도 필요하다. 예를 들면, 사업은 사업지구지정, 사업시행자의 자격, 사업계획서 작성, 주민과의 의견조정 등에 관한 엄격한 법규에 근거를 두어야 하며 사업시행자가 민간인일 때에는 정부의 허가, 인가, 감독 등 공적인 통제를 받도록 하는 것이다.

4) 기타

그 밖에 위의 정책보다는 범위가 좁지만 개별토지의 이용에 대해서 공적인 개입을 하기도 한다.

정부는 개별필지의 구획에 개입한다. 필지구획은 개별토지 및 전체토지의 효용과 밀접한 관련이 있으며, 적절한 구획방법은 개별토지 및 그 토지가 속한 일대의 물리적·사회경제적 상황에 따라 달라진다. 그러나 토지시장을 통해서는 전체적인 관점에서 필지가 적절하게 구획되기를 기대하기 어렵기 때문에 정부 개입이 필요하다. 우리나라의 예를 들어 보면 토지구획에 대해서 대지의 최소면적, 인접도로에 따른 대지 형태 등을 규제한다.

개별토지의 건축·개발도 다른 토지에 영향을 주는 범위 내에서는 정부 개입의 대상이 될 수 있다. 그 예로 건축상의 각종 제한 등을 들 수 있다.

또 외부효과와 무관한 토지 이용에 대해서도 토지가 저이용 내지 부적격 이용되는 경우에 정부가 개입할 수 있다. 저이용, 부적격 이용이 그 자체로 다른 토지에는 영향이 없다고 해도 사회 전체의 경제활동을 저해하는 수가 있기 때문이다.

Ⅳ. 토지 이용의 시간적 조화를 위한 정책

1. 시간적 부조화의 문제

토지의 효율적 이용 방법은 시간이 흐름에 따라 변화하므로 어느 토지가 일시적으로 효율적 이용이 되었다고 해도 그 토지이용결과가 다음 시기의 효율적 이용에 오히려 지장을 주는 수가 있다는 것이 바로 시간적 부조화의 문제이다.

2. 시간적 부조화가 생기는 이유

1) 토지의 특성

첫째로, 토지는 수명이 영구적이고 그 용도가 단일하게 고정된 것이 아니다. 어느 재화의 수명이 짧거나 그 용도가 고정되어 있다면 시간적 조화라는 문제가 생기지 않는다.

둘째로, 토지의 효율적 이용 방법은 토지 이용의 외부효과로 인해 당해 토지의 성질뿐만 아니라 그 주변의 물리적·사회경제적 여건에 의해 영향을 받으며 그러한 여건이 달라지면 효율적 이용 방법도 달라진다. 따라서 일시적으로 토지의 효율적 이용이 이루어졌다 하더라도 여건이 변하면 그것이 더 이상 효율적 이용이 되지 못한다.

2) 토지이용결과의 경직성

위와 같은 토지의 특성이 있더라도 토지 이용을 여건의 변화에 맞추어 탄력적으로 변경할 수 있다면 문제가 없겠으나 토지이용결과는 그렇게 쉽게 바꾸기 어려운 성질 즉 경직성을 갖기 때문에 토지 이용의 시간적 조화가 특별히 문제로 대두되는 것이다.

토지이용결과의 경직성은 다음과 같은 세 가지 특성을 의미한다. 첫째, 토지 이용의 결과가 대체로 당해 토지와 강하게 결합하여 쉽게 분리되지 않는다는 결합성, 둘째, 토지이용결과는 대체로 수명이 길어 상당한 기간 동안 지속된다는 내구성, 셋째, 토지이용결과는 그 결과를 조성하거나 제거하거나 이동시키는 데 드는 금전적 및 시간적 비용이 크다는 고가성이 그것이다. 여기에서 말하는 토지 이용의 결과에는 토지 이용의 유형적·무형적 결과는 물론이고 토지 이용에 의해 발생하는 환경조성, 오염, 주민의 인식 내지 평판 등도 포함된다.

토지이용결과가 경직적인데도 불구하고 인간의 장기예측 능력이 매우 제한되어 있는 현실에서는 토지 이용이 대체로 단기적인 관점에서 이루어짐으로써 장기적인 효율적 이용을 저해하는 경우가 많다. 따라서 토지 이용이 좀 더 장기적인 관점에서 이루어지도록 하기 위해서 정부 개입이 필요하게 된다.

3) 또 다른 이유

그 밖에 시간적 조화를 위해 공공개입이 필요한 또 하나의 이유가 있다. 그것은 앞서도 보았듯이 공간적 조화를 위한 공공개입이 존재한다는 사실이다. 정부가 공간적 조화를 위해 토지 이용에 개입하면 토지이용결과 역시 다음 기간의 토지 이용에 영향을 미친다. 따라서 공간적 토지 이용에 대한 공적 개입이 있는 한 그 시간적인 조화를 위한 공공개입도 필요하게 된다.

3. 시간적 조화를 위한 공공개입

시간적 조화를 위해서는 장기적인 관점에서 토지 이용이 이루어질 수 있도록 하는 공공개입이 필요하다.

토지 이용의 '장기적인 관점'과 관련하여 다음과 같은 점을 고려해야 한다. 첫째로, 장기란 어느 정도의 기간을 의미하느냐의 문제이다. 기간을 수백 년 이상의 장기로 잡아 그 기간 전체의 효용극대화를 추구하면 현 세대에게 극히 불리한 결과가 나올 수 있으며, 기간을 수년 정도로 짧게 잡으면 현 세대의 이익을 도모할 수는 있겠지만 후손의 이익에 반한다. 그러나 인간은 단기적인 이익을 추구하는 것이 보통이라는 점을 감안한다면, 대체로 이 기간은 장기일수록 좋다.

둘째로, 미래예측의 문제이다. '장기적인 관점'이 성립하려면 당연히 장기적인 미래예측이 필요한데 정부라고 해서 인간의 미래예측 능력의 한계를 뛰어넘을 수는 없다. 그러나 정부는 주민의 의사를 폭넓게 수렴하거나 관계 전문가의 지혜를 빌리는 데에 있어 개인보다 유리하다. 또 정부의 '장기적인 관점'이 정확하지는 않다 하더라도 각 토지 이용자가 이를 준거로 행동한다면 적어도 개별 주민의 예측이 서로 충돌함으로써 생기는 낭비는 방지할 수 있다. 이런 점에서 공공개입의 실익이 있다.

시간적 조화를 위해 필요한 공공개입의 내용을 살펴보자.

1) 시간적 토지이용계획

시간적 토지이용계획은 공간적 토지이용계획에 시간변수를 첨가한 계획이다.

이 계획에는 다음과 같은 내용이 들어가야 한다. 첫째로, 사회발전의 방향과 속도에 관한 기본구상. 이 기본구상은 미래의 이상적인 목표나 단순한 예측이 아니며 정부가 의지를 가지고 그에 부합하는 상태를 실현시키도록 노력해야 하는 기준이다. 한편 주민의 입장에서 본다면 이 전망은 자신의 토지 이용을 결정할 때 참고할 수 있는 가장 유력한 기준이 된다. 이 기본구상은 결국 주민이 어떤 가치관을 갖느냐에 의해 결정되겠으나 정부는 현재 주민의 의견 수렴과 아울러 그것이 현 세대의 이기적 욕구 수준에 머물지 않도록 하는 배려가 필요하다.

둘째로, 미래의 시간대별 토지이용계획. 위에서와 같은 기본구상이 정해진 후 그에 맞는 공간적 토지이용계획을 시간대별로 수립한다. 시간대별 계획이란, 예를 들어 미래의 시간을 5년 단위로 구분한다면 첫 5년간 적용할 계획, 차기 5년간 적용할 계획, 차차기 5년간 적용할 계획, 등을 말한다. 또 5개년 계획을 매년 수정해 가는 소위 연동계획(rolling plan)을 수립할 수 있다면 더욱 좋을 것이다. 이런 계획은 가까운 미래의 계획일수록 내용이 구체적이고 실현가능성이 높은 반면, 먼 미래의 계획일수록 내용이 추상적이고 수정가능성이 높다.

2) 기타

그 밖에 토지 이용의 시간적 조화를 위해 정부가 할 수 있는 일을 세 가지만 더 들어 보자.

첫째로, 토지임대기간을 예측이 가능한 범위 내에서 장기화하도록 유도하여 장기적인 효율적 이용을 유도하는 정책이 있다. 예를 들면 현재 민법에 정해져 있는 지상권(地上權)과 같은 제도가 널리 통용될 수 있도록 정부가 노력하는 것이다. 지상권은 타인의 토지에 건물 기타 공작물이나 수목을 소유하기 위해 그 토지를 사용하는 권리인데(민법 제279조) 소유 대상이 견고한 건물이나 수목인 경우에는 최단 존속기간이 30년, 보통의 건물인 경우에는 15년, 건물 이외의 공작물인 경우에는 5년으로 되어 있다(민법 제280조).

참고 **민법**

제279조 (지상권의 내용) 지상권자는 타인의 토지에 건물 기타 공작물이나 수목을 소유하기 위하여 그 토지를 사용하는 권리가 있다.

제280조 (존속기간을 약정한 지상권) ① 계약으로 지상권의 존속기간을 정하는 경우에는 그 기간은 다음 연한보다 단축하지 못한다.

1. 석조, 석회조, 연와조 또는 이와 유사한 견고한 건물이나 수목의 소유를 목적으로 하는 때에는 30년
2. 전호 이외의 건물의 소유를 목적으로 하는 때에는 15년
3. 건물 이외의 공작물의 소유를 목적으로 하는 때에는 5년

② 전항의 기간보다 단축한 기간을 정한 때에는 전항의 기간까지 연장한다

둘째로, 정부의 미래 개발사업의 공표. 정부가 개발사업을 시행할 계획이 있을 때 그 시행의 구체적인 내용과 시기를 상당한 시간 전에 밝힐 필요가 있다. 정부의 조치는 오늘날 토지의 여건 변화에 가장 큰 영향을 미치는 요소이므로 정부는 미래에 취할 토지관련 조치에 대해 가능한 한 사전에 세부적으로 공표하는 것이 바람직하다.

셋째로, 지대조세제를 실시할 경우에는 시간적 토지이용계획에 상응하는 미래의 지대를 평가하여 장기에 걸쳐 예고함으로써 토지소유자 또는 토지 이용자가 이에 맞는 토지 이용을 자율적으로 결정할 수 있도록 하는 정책도 필요하다.

V. 토지불로소득과 토지 이용

단순한 토지 소유만으로도 막대한 토지불로소득이 발생할 수 있다면 토지를 이용하기 위해서가 아니라 토지불로소득을 얻기 위해 매입·보유하는 경우가 생길 것이다. 개별 토지소유자가 토지의 효율적 이용에 둔감한 사회에서는 정부가 아무리 노력을 하더라도 좋은 결과를 얻을 수 없다. 그러므로 토지불로소득에 대한 공공개입이 필요하다. 토지불로소득에 대해서는 이미 검토하였으므로 자세한 논의를 생략한다.

[제3부의 부록] 수식을 이용한 설명

수식의 간결성과 명확성을 더 좋아하는 독자를 위해 앞에서 다룬 몇 가지 사항에 관해 수식을 사용하여 설명하기로 한다.

Ⅰ. 기호의 정의

우선 수식에 사용할 기호를 정의한다. 아래 그림과 같이 시간을 동일한 간격으로 나누고 시점 간의 간격은 예를 들어 1년으로 하기로 하자.

시점	0	1	2	…………	n-1	n	n+1
지대	R_0	R_1	R_2		R_{n-1}	R_n	R_{n+1}
지가	P_0	P_1	P_2		P_{n-1}	P_n	P_{n+1}
이자율	i_0	i_1	i_2		i_{n-1}	i_n	i_{n+1}

〈그림 3부.1〉 각 시점의 지대, 지가, 이자율

위 그림의 각 기호는 다음과 같이 정의된다.

R_t : t년의 지대. 시점 t에 발생하는 지대로서 시점 $(t-1)$에서 시점 t 사이 1년간의 지대.

P_t : 시점 t의 지가.

i_t : 시점 t의 이자율. 이자율은 다른 시점의 가치를 시점 t의 가치로 환산하는 데 사용된다.

g : 연간 지대상승률.

$E_t(X)$: X에 대한 시점 t에서의 예상치.

$E_0(R_t)$: 시점 0에서 예상하는 t년의 지대.

$E_n(R_{n+u})$: 시점 n에서 예상하는 $(n+u)$년의 지대.

$E_0(P_t)$: 시점 0에서 예상하는 시점 t의 지가.

$E_n(P_t)$: 시점 n에서 예상하는 시점 t의 지가.

$E_0(g)$: 시점 0에서 예상하는 시점 0 이후의 연간 지대상승률.

$E_n(g)$: 시점 n에서 예상하는 시점 n 이후의 연간 지대상승률.

Ⅱ. 지가의 결정

제8장(완전경쟁 토지시장)에서 본 지가 결정 원리를 수식으로 설명해 보자.

1. 근본지가

근본지가는 미래의 지대를 모두 안다고 할 때 결정되는 지가를 말한다. 토지 소유 부수비용이 없다고 가정하면 근본지가는 모든 미래지대의 합이므로 다음과 같이 표현된다.

$$(1)\ \ P_0 = \sum_{t=1}^{\infty} \frac{R_t}{(1+i_0)^t}$$

만일 지대가 매년 g의 비율로 상승한다고 하면

$$(2)\ \ R_t = R_0(1+g)^t$$

이므로 근본지가를 다음과 같이 표시할 수도 있다.

$$(3)\ \ P_0 = \sum_{t=1}^{\infty} R_0\left(\frac{1+g}{1+i_0}\right)^t$$

$$= \begin{cases} R_0 \dfrac{1+g}{i_0 - g} = \dfrac{R_1}{i_0 - g} & ,\ g < i_0 \\ \infty & ,\ g \geq i_0 \end{cases}$$

위 식에서부터 다음과 같은 사실을 알 수 있다.

① 지가는 미래의 지대상승률과 현재 이자율의 함수로서, 지대상승률이 높을수록 그리고

현재의 이자율이 낮을수록 큰 금액이 된다.

② 지대상승률이 이자율보다 높거나 같으면 지가는 무한대가 된다. 즉 이런 경우에 토지소유자는 어떠한 금액에도 토지를 매각하지 않으려고 하여 극히 예외적인 경우가 아니면 토지 거래는 중단된다.

또 토지를 시점 0에 매입하여 n년 동안 소유한 후 매각한다면 시점 0의 지가는 다음과 같이 표현할 수도 있다.

$$(4)\ \ P_0 = \sum_{t=1}^{n} \frac{R_t}{(1+i_0)^t} + \frac{P_n}{(1+i_0)^n}$$

2. 시장지가

토지시장에서 토지 수요자는 자신의 계획 및 능력에 따라 토지를 이용한다고 할 때 발생할 미래의 지대를 예상하여 지가를 평가할 것이므로, 토지 소유 부수비용이 없다고 가정할 때 지가평가액은 다음과 같다.

$$(5)\ \ P_0 = \sum_{t=1}^{\infty} \frac{E_0(R_t)}{(1+i_o)^t}$$

또 연간 지대상승률도 나름대로 예상한다고 하면 시점 t에 발생할 지대를 다음과 같이 예상할 것이다.

$$(6)\ \ E_0(R_t) = R_0[1+E_0(g)]^t$$

그러면 위의 두 식으로부터 각 수요자가 평가하는 시점 0의 지가는 다음과 같이 도출된다.

$$(7)\ \ P_0 = \sum_{t=1}^{\infty} R_0 \left(\frac{1+E_0(g)}{1+i_0} \right)^t = \begin{cases} R_0 \dfrac{1+E_0(g)}{i_0 - E_0(g)}, & E_0(g) < i_0 \\ \infty, & E_0(g) \geq i_0 \end{cases}$$

이와 같은 지가평가액은 평가자마다 다를 것이다.

한편 토지를 n년 동안 소유하다가 매각한다고 하면 토지 수요자는 n년 후의 지가를 고려하여 현재의 지가를 결정할 것이므로 다음과 같이 표현할 수 있다.

$$(8)\quad P_0 = \sum_{t=1}^{n} \frac{E_0(R_t)}{(1+i_0)^t} + \frac{E_0(P_n)}{(1+i_0)^n}$$

시장에서는 여러 수요자 가운데 가장 높은 청약지가를 제시하는 사람이 토지를 매입하게 되는데, 완전경쟁시장에서처럼 지가평가액과 지가청약액이 일치한다면 가장 높은 지가평가액이 곧 시장에서 실현되는 거래지가가 된다.

3. 토지 소유 부수비용의 영향

토지 소유 부수비용이 있으면 지가도 토지 소유 부수비용의 현재가치만큼 줄어든다. 예를 들어 t년의 토지 소유 부수비용이 그해의 지대에 비례한다고 가정하고 이를 kR_t라고 할 때의 근본지가는 다음과 같다.

$$(9)\quad P_0 = \sum_{t=1}^{\infty} \frac{R_t}{(1+i_0)^t} - \sum_{t=1}^{\infty} \frac{kR_t}{(1+i)^t} = (1-k)\sum_{t=1}^{\infty} \frac{R_t}{(1+i_0)^t}$$

위 식에서 $k=1$이면, 즉 지대와 토지 소유 부수비용이 일치하면 지가는 0이 된다.

Ⅲ. 지가, 지대, 이자

1. 지가에 대한 이자와 지대와의 크기 비교

제8장(완전경쟁 토지시장)에서, 지대가 상승할 것으로 예상되면 지가에 대한 이자는 같은 시점의 지대보다 크다고 하였다. 이 사실을 수식을 통해 증명하여 보자.

식 (3)을 변형하면 다음과 같은 식을 얻을 수 있다.

(10) $R_0 = P_0 \frac{i_0 - g}{1 + g}, \ g < i_0$

또 지대상승률(g)이 0보다 크면 다음과 같은 관계가 성립한다.

(11) $\frac{i_0 - g}{1 + g} < i_0, \ \ g > 0$

위의 두 식을 결합하면 다음과 같이 된다.

(12) $R_0 < P_0 \, i_0, \ \ g > 0$

위 식의 우변은 시점 0의 지가와 이자율을 곱한 것 즉 지가에 대한 이자이므로 위의 식은 이자가 지대보다 높다는 것을 의미한다.

이상의 검토를 일반화하면, 지대상승률이 0보다 클 것으로 예상되면 지가에 대한 이자는 당시의 지대보다 높다는 결론에 이르게 된다.

2. 지가상승률과 이자율의 크기 비교

제9장(현실 토지시장)에서 지가상승률과 이자율의 크기에 대해 언급한 바 있다. 이를 수식으로 설명해 보자.

1) 완전경쟁 토지시장

완전경쟁 토지시장에서는 지가상승률이 이자율보다 낮다. 그 이유를 보자.

토지를 시점 0에 매입하여 n년간 소유한 후 매각한다면 시점 0의 지가는 식 (4)와 같다.

이 식을 변형하면 다음과 같은 식을 얻는다.

(13) $P_n = P_0 (1 + i_0)^n - \sum_{t=1}^{n} R_t (1 + i_0)^{n-t}$

위의 식에서 지대가 0보다 크고 지가가 유한한 금액이라고 하면 다음과 같은 부등식이 성립한다.

$$(14)\quad P_n < P_0\ (1+i_0)^n \quad \text{또는} \quad \frac{P_n}{P_0} < (1+i_0)^n$$

식 (13)의 의미는 'n년 후의 지가는 초기지가의 복리 원리금보다 작다'는 것이고 둘째 식의 의미는 'n년간의 평균적인 지가상승률은 이자율보다 낮다'는 것이다. 여기에서 n은 임의의 자연수이므로, 이 두 식은 '지가는 이자율 이상으로 오르지 않는다'는 것을 의미한다.

2) 현실시장

완전경쟁 토지시장과는 달리 현실 토지시장에서는 지가상승률이 이자율보다 높아질 수 있다. 그 이유를 수식으로 설명해 보자.

위의 식 (7)에서 보았듯이 시점 t에서 시장에서 결정되는 지가는 다음과 같다.

$$(15)\quad P_t = R_t\,\frac{1+E_t(g)}{i_t - E_t(g)}\,, \quad E_t(g) < i_t$$

의 식에 t 대신 n 또는 0을 대입하여 시점 n의 지가와 시점 0의 지가를 구하여 비교해 보면 다음과 같다.

$$(16)\quad \frac{P_n}{P_0} = \frac{R_n\ [1+E_n(g)][i_0 - E_0(g)]}{R_0\,[1+E_0(g)][i_n - E_n(g)]}$$

지가상승률이 이자율보다 커질 정도로 시점 n의 지가가 시점 0의 지가에 비해 엄청나게 상승하려면, 즉 위 식의 값이 매우 커지려면 다음 세 가지 경우 중 적어도 하나가 되어야 한다.

첫째, 시점 n에 발생하는 지대 즉 R_n이 시점 0에서 예상했던 것보다 매우 큰 경우이다.

둘째, 시점 n에서 예상하는 미래의 지대상승률 즉 $E_n(g)$이 시점 0에 예상했던 미래의 지대상승률 즉 $E_0(g)$보다 매우 높은 경우이다.

위의 두 경우는, 예를 들면 당초의 예상치보다 실현치가 더 커지고 이에 따라 시장 참가자들이 예상치를 종전의 예상치보다 더 높이는 경우에 해당된다. 인구와 경제가 급속하게 발전하는 사회에서는 이와 같은 예상의 상향수정이 자주 일어나게 되며 그 수정폭이 클 경우에는 거래지가가 이자율 이상의 비율로 상승할 수 있다. 20세기 후반에 우리나라에서 흔히 나타났던 경우이다.

셋째, 시점 n의 이자율 즉 i_n이 시점 0의 이자율 즉 i_0보다 매우 낮아지는 경우이다. 그런데 이자율이 낮아짐으로 인해 지가가 이자율 이상으로 상승하는 사례는 우리나라에서는 없었던 것으로 보인다. 〈표 9.5〉에서 보듯이 지가상승률과 회사채수익률은 전혀 반비례 관계를 갖지 않는다.

3. 지대세와 지가세를 구분하는 이유

제10장(토지세)에서 지대를 과표로 하는 지대세와 지가를 과표로 하는 지가세는 구분할 필요가 있다고 하였다. 어느 것을 과표로 사용하느냐에 따라 세액이 달라질 수 있기 때문이다. 그 이유를 수식으로 설명해 보자.

식 (3)을 변형하면 다음과 같은 관계가 성립한다.

$$(17)\quad \frac{P_0}{R_0} = \frac{1+g}{i_0 - g}, \quad g < i_0$$

위의 식으로부터 지가/지대의 비율은 고정되어 있지 않고 이자율과 지대상승률에 따라 달라짐을 알 수 있다.

지가/지대 비율이 모든 토지에서 동일하려면 평균적 지대상승률과 이자율이 모든 토지에서 동일하여야 하는데, 이자율은 토지에 따라 다르지 않으나 미래의 지대상승률은 토지에 따라 상당한 편차를 보이는 것이 보통이므로 이 비율은 토지마다 다르게 된다.

지가/지대의 비율이 모든 토지에 걸쳐 동일하다면 지대를 과표로 하는 토지세와 지가를 과표로 하는 토지세를 구별할 필요가 없다. 과표액은 다를지라도 세율을 조정하면 세액을 같게 할 수 있기 때문이다. 그러나 위에서 보듯이 이 비율이 일정하지 않으므로 지대세와 지가세의 구분이 의미를 가진다.

Ⅳ. 토지불로소득의 계산

제11장(토지불로소득)에서 토지불로소득을 계산한 수식은 다음과 같다.

우선, Ⅰ에서 정의되지 않은 기호를 다음과 같이 정의한다.

a: 토지소유기간의 토지이용도. a의 값은 0에서 1 사이로서 예를 들면,
토지를 가장 효율적으로 이용할 때 1, 토지를 전혀 이용하지 않고 방치할 때 0이 됨.
따라서 시점 (t-1)에서 시점 t까지 1년간의 실제 지대소득은 aR_t임.
U_0: 토지 소유에서 생기는 토지불로소득을 토지매입시점의 가치로 환산한 금액.

토지 소유 부수비용이 없다면 토지불로소득은 (매매차액 + 지대이자차액)이다. 먼저 토지매매차액을 토지매입시점의 가치로 표시하면 다음과 같다.

$$(18) \quad \frac{P_n - P_0}{(1+i_0)^n}$$

위의 식에서 시점 0의 지가와 시점 n의 지가는 아래 두 식과 같다.

$$(19) \quad P_0 = \sum_{t=1}^{\infty} \frac{E_0(R_t)}{(1+i_0)^t}$$

$$= \sum_{t=1}^{\infty} \frac{R_0[1+E_0(g)]^t}{(1+i_0)^t}$$

$$= \begin{cases} R_0 \dfrac{1+E_0(g)}{i_0 - E_0(g)} & , \ E_0(g) < i_0 \\ \infty & , \ E_0(g) \geq i_0 \end{cases}$$

$$(20) \quad P_n = \sum_{u=1}^{\infty} \frac{E_n(R_{n+u})}{(1+i_n)^u}$$

$$= \sum_{u=1}^{\infty} \frac{R_n[1+E_n(g)]^u}{(1+i_n)^u}$$

$$= \begin{cases} R_0 \dfrac{1+E_0(g)}{i_0 - E_0(g)} & , \ E_0(g) < i_0 \\ \infty & , \ E_0(g) \geq i_0 \end{cases}$$

다음, 지대이자차액 즉 토지소유기간 동안 매입지가에 대한 이자를 초과하는 실제의 지대소득은 매년 아래와 같다.

$$(21)\quad aR_t - P_0 i_t$$

n년간의 합계를 토지매입시점의 가치로 표시하면 다음과 같다.

$$(22)\quad \sum_{t=1}^{n} \frac{aR_t - P_0 i_t}{(1+i_0)^t} = \sum_{t=1}^{n} \frac{a\ R_0\ (1+g)^t - P_0 i_t}{(1+i_0)^t}$$

토지불로소득은 위의 식 (18)과 식 (22)의 합계이다.

$$(23)\quad U_0 = \frac{P_n - P_0}{(1+i_0)^n} + \sum_{t=1}^{n} \frac{aR_t - P_0 i_t}{(1+i_0)^t}$$

이와 같은 계산식을 사용하여 토지소유기간 n, n년 동안의 토지이용도 a, n년간의 실제 지대상승률 g의 여러 조합에 따른 토지불로소득을 계산한 결과가 제11장의 〈표 11.2〉, 〈표 11.3〉에 정리되어 있다. 이 계산에서는 다음과 같은 값을 사용하였다.

$$R_0 = 1$$
$$R_n = R_0(1+g)^n$$
$$E_0(g) = 0.1$$
$$E_n(g) = g$$
$$i_0 = i_n = 0.15$$

또 토지불로소득은 다음과 같이 계산할 수도 있다.

토지불로소득 = 매각지가 – 매입지가의 원리금 + 지대소득

매입지가의 원리금을 매각지가에서 빼면 매입지가에 대한 이자는 이미 비용으로 들어갔으므로 지대이자차액 대신 지대소득만 보태면 된다. 이를 기호로 표시하면 아래와 같다.

$$(24)\quad \frac{P_n - P_0(1+i_0)^n}{(1+i_0)^n} + \sum_{t=1}^{n} \frac{aR_t}{(1+i_0)^t} = \frac{P_n}{(1+i_0)^n} - P_0 + \sum_{t=1}^{n} \frac{a\ R_0\ (1+g)^t}{(1+i_0)^t}$$

제4부

지공주의

제13장

새로운 토지 패러다임을 찾아서

Ⅰ. 토지사유제 평가

지금까지의 논의를 바탕으로 토지사유제에 대한 평가를 정리해 보자. 토지정의 측면의 평가와 토지시장 측면의 평가로 나누어 살펴본다.

1. 토지정의 측면의 평가

제2부(토지정의)의 논의를 바탕으로 토지사유제를 평가하면 다음과 같다.

여러 가지 분배규칙 가운데 기회균등형 분배규칙을 지지한다면 모든 사람에게 평등한 자유를 보장해야 하며 평등한 자유를 전제한다면 필연적으로 다음과 같은 토지원리가 도출된다.

① 모든 국민은 토지에 대해서 평등한 권리를 가진다.

② 사회적 필요성이 있으면 사회적 합의에 의해 특정인에게 우선권을 인정할 수 있다.

③ 사회가 특정인에게 우선권을 인정하려면 다음 조건을 충족시켜야 한다.

　㉮ (취득기회 균등) 모든 사람에게 우선권 취득기회를 균등하게 보장한다.

　㉯ (특별이익 환수) 우선권에서 발생하는 특별이익을 환수한다.

　㉰ (사회적 제약) 우선권 행사는 우선권을 인정하는 취지에 부합해야 한다.

이러한 토지원리를 내용으로 하는 사상을 지공주의(地公主義)라고 한다.

토지사유제는 토지원리에 부합하지 않는다. 첫째로, 토지 취득 비용이 매우 클 경우에는 취득기회의 균등성이 저해될 수 있다. 그러나 이 문제는 금융대출 기회 확대를 통해 어느 정도 해결할 수 있다. 둘째로, 토지사유제는 토지 소유의 특별이익을 환수하지 않는다. 토지세 등을 통해 특별이익의 일부가 환수되기도 하지만 완전히 환수 하지는 않는다. 셋째로, 토지 우선권 행사에 대한 사회적 제약은 토지사유제 국가에서 상당히 이루어지고 있다. 이렇게 볼 때 토지사유제가 토지원리에 심하게 어긋나는 부분은 토지 소유의 특별이익이 환수되지 않고 사유화된다는 점이다.

2. 토지시장 측면의 평가

토지사유제에서는 토지의 배분과 이용을 토지시장에 맡긴다. 따라서 토지시장의 기능이 토지사유제의 성패와 직결된다. 제3부(토지시장)에서 완전경쟁 토지시장과 현실 토지시장에 대해 검토하였는데, 토지시장에 대해 종합적으로 평가한 표를 다시 보자.

〈표 9.4〉 토지시장에 대한 평가 종합

	평가기준	완전경쟁시장	현실시장
매매시장	토지취득기회	○/△	×/△
	토지불로소득	○	×
	토 지 사 용	○/△	×/△
	배 분 비 용	○	○
임대차시장	토지취득기회	○/△	△
	토지불로소득	○	○
	토 지 사 용	○	○
	배 분 비 용	○	○

○: 상당히 좋음 △: 다소 문제 있음 ×: 문제 많음

위 표에서 나타나듯이 완전경쟁 토지시장은 문제가 없지는 않지만 기여하는 바가 더 많은 반면 현실 토지매매시장은 제대로 작동하지 않으며 폐해가 크다. 현실 토지매매시장에서 토지불로소득이 발생한다는 점이 가장 심각한 결함이며, 아울러 지가에 의해 토지가 배분된다는 사실에서 생기는 문제도 있다. 제3부(토지시장)에서 살펴본 문제를 요약하면 다음과 같다.

1) 토지불로소득의 문제

토지불로소득의 사적 귀속을 허용함으로써 다음과 같은 폐해를 낳는다.

첫째, 분배에 미치는 폐해가 있다. 보편적 정의감과 도덕심이 무너지고, 사회 양극화 현상이 강화된다.

둘째, 토지의 이용과 개발에 미치는 폐해가 있다. 토지가 부적정하게 이용되고 개발을 둘러싼 갈등이 발생하며 주택문제가 악화된다.

셋째, 경제 전반에 미치는 폐해가 있다. 생산과 소비가 위축되고 아래와 같은 지가의 문제가 증폭되다.

2) 지가의 문제

토지의 매매가격 즉 지가에 내재하는 문제를 제8장(완전경쟁 토지시장)에서 '지가의 문제'라고 하였다. 고액의 지가가 진입장벽으로 작용하고, 토지보유비용과 토지이용순이익이 일치하지 않으며, 지가가 토지 가치 이외의 요인에 의해서도 영향을 받는다는 것이다.

이러한 지가의 문제는 불로소득이 발생하는 현실 토지매매시장에서는 더욱 심해진다. 토지불로소득을 얻으려는 투기로 인해 현실지가는 근본지가 이상으로 치솟아 진입장벽이 더 높아지고 토지보유비용과 토지이용순이익의 격차가 더욱 커진다. 뿐만 아니라 토지와 금융이 결합하여 경제위기를 야기할 수 있다.

Ⅱ. 토지사유제 지지론

이상에서 보았듯이 토지사유제는 토지정의 측면에서나 토지시장 측면에서 커다란 결함을 가진 제도이다. 토지 배분을 시장에 맡기는 토지사유제에서 토지매매시장은 매우 불완전하여 토지불로소득의 문제와 지가의 문제가 발생함으로써 사회에 커다란 폐해를 일으킨다. 그러나 우리 사회에는 토지사유제에 대한 기대와 믿음이 팽배해 있다. 따라서 토지사유제를 개혁해야 할 것인지를 판정하려면 토지사유제에 대한 기대와 믿음을 가진 사람들이 제시하는 근거 즉 토지사유제 지지론에 일리가 있는지를 검토하여야 한다. 이를 위해 우선 토지사유제와 닮은꼴인 노예제 지지론을 보고, 이어 토지사유제 지지론을 검토해 보기로 한다.

1. 노예제 지지론

토지사유제와 노예제는 닮은꼴이다. 두 제도는 기회균등에 어긋나는 제도임에도 불구하고 오랜 관습으로 존재해 오면서 사회생활 깊숙이 뿌리를 내렸고 적어도 한때는 합법적인 제도로 수용되었던 제도이다.

미국이 혹독한 내전을 치르면서 노예제를 청산하기 전에는 노예제를 둘러싸고 여러 찬반 의견이 있었다. 처음에는 남부에서조차 노예제 자체는 비도덕적이고 비기독교적이라고 생각하는 사람이 많았다. 속으로는 다르게 생각하는 사람도 원칙적으로 노예제가 옳지 않다는 것에 대해서는 공개적으로 반론을 제기하지 못했다(유종선, 2004: 130).

그러나 습관에 의해 감수성이 마비되어 가면서 도덕적인 자기변명을 손쉽게 꾸며내게 된다. 남부의 농장주들은 노예제도에 대하여, 북부의 공장주들이 어린아이들에게 일을 시키는 정도 이상은 아니라고 생각하게 되었다. 동시에 타 지방에서 남부의 '특수 제도'에 대하여 비난하는 것에 대해서는 분격을 금치 못하였다. 시간이 지남에 따라 남부에서는 드러내놓고 노예제를 지지하는 사람까지 생겨났다. 제퍼슨(Thomas Jefferson, 1743~1826, 1800년부터 8년간 미국 3대 대통령) 시대에는 노예제도가 묵인되었으나 칼훈(John C. Calhoun, 1782~1850, 남부의 대변자로서 1825년부터 4년간 미국 부통령) 시대에 와서는 찬양을 받게 되었다(Mauroi, 1943: 321-324).

이런 배경에서 나온 노예제 지지론에는 관습과 현실을 이유로 묵인하는 유형에서, 노예제의 정당성을 적극적으로 역설하는 유형까지 있었고, 경제적 이유에서부터 인종적·종교적 이유까지 다양한 이유가 있었다. 지지론을 몇 가지 유형으로 분류해 보자.

1) 관습론

노예제도는 유럽에서 전통적으로 내려오던 관습을 이어받은 것으로서 현재의 노예 소유자에게는 잘못이 없다. 따라서 노예제를 없애서 현재의 노예 소유자에게 불이익을 주어서는 안 된다.

2) 현실론

현재 열등한 처지에 놓여 있는 흑인을 해방한들 그들이 잘살게 되는 것이 아니며 노예들은 북부의 공장 노동자들보다 더 잘 먹고 잘 입고, 더 좋은 집에서 살고, 더 안전하다. 노예제가 도덕적이냐 아니냐를 떠나 현실을 감안할 때 노예제는 두 인종이 평화롭게 함께 살 수 있는 유일한 길이기 때문에 남부 전체에 좋은 것이며, 노예제를 토대로 한 남부 경제는 국가 번영의 열쇠이기 때문에 국가 전체에도 좋다(Brinkley, 1993, 2권: 60-61).

또 노예제를 둘러싼 사회갈등이 너무 심각하기 때문에 차라리 덮어 두는 것이 좋다는 현실론도 있었다. 미국 연방의회에서는 한때 발언금지규칙(gag rule, 1836~1844)을 제정하여 노예제에 대한 발언 자체를 금지하기도 하였다.

3) 사유재산론

그 기원이 정당하건 부당하건 노예는 합법적인 '사유재산'이기 때문에 보호할 수밖에 없다. 사유재산론은 당시 미국에서 노예제 존속의 가장 강력한 근거가 되었다. 예를 들어 미국 연방대법원의 유명한 판례 드레드 스콧 판결(Dred Scott vs. Sanford 1857)에 의하면, 노예는 재산이고 미국 헌법 수정조항 제5조는 연방의회가 정당한 법 절차(due process of law) 없이 시민의 재산을 빼앗는 것을 금지하고 있으므로 연방의회는 준주(準州, territory)에서 노예를 빼앗는 법을 통과시킬 권한이 없다고 하였다.

4) 열등 인종론

흑인은 인종적으로 미개한 종족이므로 개화된 백인의 지배를 받는 것이 당연하다. 윌리엄 메리 대학의 철학과 교수였던 토마스 듀(Thomas R. Dew, 1802~1846, 노예제를 지지한 대표적 이론가)는 "동물 간에는 약육강식이 법칙이듯이 인간이 인간을 노예로 삼는 것 역시 자연의 섭리"라는 주장을 폈다.

또한 성서 어디를 뒤져 봐도 노예제를 없애라는 말이 없으며 심지어 하나님이 노예의 표시로 흑인의 피부 색깔을 검게 만들었다고 주장하는 목사들도 있었다(유종선, 2004: 131).

5) 문화 창달론

노예제도는 인류문화 창달을 위해 필요한 제도이다. 칼훈은 고대 아테네의 민주주의가 노예제 때문에 가능했다고 하면서 노예제 없이는 부유하고 문명한 사회는 존재할 수 없다고 하였다.

2. 토지사유제 지지론

토지사유제 지지론은 노예제 지지론에 비해 더욱 당당하고 강력하다. 노예제의 경우 사람을 재산처럼 소유하는 것 자체는 정당하지 못하다는 생각이 미국의 노예 소유주 사이에도 있었지만 오늘날 토지 사유에 대해서는 별다른 죄의식이 없다. 또 노예 소유자는 소유 자체에서 이익이 생기는 것이 아니고 주인이 노예의 건강을 돌보면서 일을 시켜야 이익이 생기지만 토지는 소유자가 그저 방치해 두어도 막대한 불로소득을 챙길 수 있다. 즉 토지 소유의 경우는 양심의 거리낌도 없고 소유의 이익은 더 크기 때문에 토지사유제 지지론은 더욱 당당하고 강력하다.

토지사유제 지지론을 위에서 든 노예제 지지론과 비교해 보면, 열등 인종론을 제외하고는 서로 닮은꼴이다. 즉 관습론, 현실론, 사유재산론은 공통적이며, 문화 창달론과 유사한 것으로는 토지사유제가 경제 번영을 위해 필요하다는 주장이 있다.

이 중에서 관습론, 현실론, 사유재산론은 모두 소극적인 주장으로서 진지한 검토 대상이 되기는 어렵다. 관습론이란 토지사유제라고 하는 오랜 관습을 존중하자거나 토지사유제라는 관습에 맞추어 살아온 현재의 토지소유자에게 잘못이 없다는 것으로서, 토지사유제가 옳다는 말은 아니다. 현실론이란 토지사유제가 보편화되어 버린 지금에 와서는 어쩔 수 없다거나 토지사유제도 현실적으로 기여하는 바가 없지 않다는 정도이므로 이 역시 토지사유제의 정당성을 입증하는 것은 아니다. 사유재산론 역시 토지가 어떤 이유에서건 사유재산이 되어 버렸고 그에 따라 현 토지소유자는 정당한 다른 사유재산을 대가로 주고 구입하였으므로 이런 사유재산을 침해할 수 없다는 저항의 의미가 있을 뿐 토지사유제가 본질적으로 정당하다는 말과는 거리가 있다. 따라서 문화창달론 즉 토지사유제가 경제 번영에 기여한다는 적극적인 주장이 검토의 대상으로 남는다.

아래에서는 토지사유제가 사회적으로 이익이 되는 제도라고 보는 견해에 대해 검토해 보기로 한다.

1) 토지의 효율적 배분

오늘날 시장경제의 효율성에 대한 신뢰가 사회 전반에 널리 퍼져 있고 그에 따라 시장에서 토지를 배분하는 토지사유제가 효율적이라는 믿음이 있다. 즉 토지사유제에서는 토지시장에서 경쟁을 통해 형성된 가격을 지불하는 자가 토지를 취득하는데, 가격 지불자는 대체로 그

가격에 상응하는 토지 이용 능력을 가진 자이므로 토지의 효율적 배분을 유도한다는 것이다.

이런 견해에는 일리가 있기는 하지만, 이와 같은 토지사유제의 장점은 토지 취득자가 토지의 효용 내지 생산성에 따른 우열을 반영하는 가격을 지불한다는 점에서 생길 뿐, 지불된 대가가 누구에게 귀속되느냐의 문제와는 아무 관련이 없다. 그러므로 토지 취득자가 토지의 우열을 반영하는 대가를 지불하는 제도라면 반드시 토지사유제가 아니라도 된다. 즉 토지자원의 효율적 배분을 위해서는 토지소유권의 내용에 토지가치수익권이 포함될 필요는 없다는 것이다. 더구나 토지시장은 토지불로소득과 지가의 문제를 발생시킨다는 점에서 적극적으로 자원배분을 저해하기도 한다.

2) 공유지의 비극

공유지의 비극(the tragedy of the commons)을 막기 위해서 토지사유제가 필요하다는 견해가 있다. 공유지의 비극이란 누구나 가축을 방목할 수 있는 목초지에서는 주민이 저마다 방목하는 가축 수를 늘릴 것이고 그 결과 목초지에 비해 전체 가축 수가 너무 많아져서 결국 목초지가 황폐하게 되는 문제를 말한다. 환경오염도 이러한 비극의 한 예가 된다(Hardin, 1968). 공유지의 비극을 막으려면 각자 자신의 행위에 책임을 지도록 하거나 남용을 못 하도록 하면 되는데, 땅을 공유지 상태로 두지 않고 사유화하면 이런 비극을 막을 수 있다고 한다. 그러나 토지사유제는 공유지의 비극을 막기 위한 유일한 수단도 아니고 적절한 수단도 아니다.

토지에 관한 사적 우선권을 설정하여 그 권리자가 타인을 배제할 수 있다면 주인 없는 공유지에서 경쟁적으로 토지를 남용하는 것을 막을 수 있다. 그러나 이때 필요한 사적 우선권은 소유권의 권능 중 사용권만으로 충분하다. 토지가치수익권까지 사유화하면 불로소득이 발생한다. 추상적으로 표현하자면 '공유지'는 '대가 없이 이익을 얻을 수 있는 기회' 즉 불로소득 기회이며 '공유지의 비극'은 불로소득을 취하려는 경쟁으로 인해 사회 체제의 질이 저하되는 문제라고 할 수 있다. 공유지의 비극을 막기 위해 토지사유제를 도입하면 토지불로소득이라는 다른 형태의 '공유지'가 발생한다. 제11장(토지불로소득)에서 검토한 것처럼 토지불로소득은 심각한 폐단을 야기하여 사회 체제의 질을 저하시킨다. 이처럼 토지사유제는 공유지의 비극을 막는 것처럼 보이지만 토지소유권은 목적에 비해 너무 큰 권리이기 때문에 다른 모습의 비극을 야기한다.

토지에 대한 사적 우선권을 설정하지 않고 공유지의 비극을 막는 방법도 있다. 공유지 상태로 두더라도 주민의 협약에 의해 또는 정부가 적절한 관리제도를 마련하면 남용을 막을 수 있다. 실제로도 역사상 이런 사례는 많았다(Andelson, 1991).

3) 코스 정리

코스 정리(Coase Theorem)를 근거로 하여 정부 규제 완화와 함께 재산권 설정의 필요성을 주장하는 경우도 많다. 그 연장선에서, 인간이 생산하지 않는 토지에 대해서도 재산권을 설정해야 한다고 주장한다.

코스 정리를 요약하면, 외부효과가 발생하는 경우에도 거래비용이 0이고 재산권이 명확하게 설정되어 있으면 당사자의 자발적인 교환에 의해 자원배분의 효율성이 달성될 수 있다는 것이다. 종래에는 외부효과가 없는 경우에 한하여 시장을 통해 자원배분의 효율성이 달성될 수 있으며 외부효과가 있으면 정부의 개입이 불가피하다고 보았으나, 코스는 외부효과가 있는 경우에도 재산권만 확실하게 설정하면 정부가 개입하지 않더라도 시장을 통해 자원이 효율적으로 배분될 수 있다는 것이다.

그런데 코스 정리에서는 재산권의 내용이 무엇인지에 대해서는 명확한 언급이 없다. 그 때문에, 코스가 말하는 재산권은 소유권과 같다고 간주하여 토지를 포함한 모든 대상에 대해 동일한 내용의 사적 소유를 인정해야 한다고 생각하는 경우가 많다.

코스 정리를 설명할 때 흔히 제시되는 예는 공해 사례다. 마을에 공장이 들어서서 환경을 오염시킨다고 할 때, 마을 주민에게 환경권을 주든 공장주에게 오염권을 주든 효율성이라는 관점에서 볼 때 결과는 동일하다는 것인데 여기서 환경권, 오염권을 재산권이라고 부른다. 이 예에서 보더라도 코스 정리의 재산권을 소유권과 동일하다고 간주하는 것은 논리적 비약이다. 코스 정리의 재산권은 어떤 행위를 할 수 있는 배타적인 권리이면 족하다. 즉 환경권은 방해받지 않고 오염을 금지할 수 있는 권리이며, 오염권은 방해받지 않고 오염물질을 배출할 수 있는 권리다. 권리 행사가 방해를 받으면 손해배상 문제가 발생한다.

그러므로 토지를 효율적으로 배분하기 위해 토지 재산권이 필요하다고 해도 재산권의 내용은 토지를 배타적으로 이용할 수 있는 권리로 충분하다. 그럼에도 불구하고 사용권 외에 처분권과 가치수익권까지 포함하는 소유권을 토지에도 인정해야 한다고 주장한다면 역시 논리적 비약의 오류를 범하게 된다.

4) 개인 보호

토지사유제는 사유재산제와 더불어 자유 및 인권 보장의 필수장치라는 견해가 있다. 개인의 자유와 인권을 보장하려면 다른 사람 또는 공권력으로부터 각 개인의 프라이버시와 재산을 보호해야 한다. 특히 안정된 물질적 토대가 없는 자유는 공허하기 때문에 자유를 위해 재산보호가 반드시 필요하며 토지는 재산 가운데 가장 중요한 위치를 차지하므로 진정한 자유 보장을 위해서는 토지사유제가 반드시 필요하다고 한다. 이런 견해에도 일리는 있으나 다음과 같은 단서가 필요하다.

첫째로, 토지사유제가 배타적인 생활근거를 마련해 줌으로써 프라이버시 보호 기능을 갖는 것은 사실이지만, 이런 기능을 위해 토지소유권의 모든 요소가 필요한 것은 아니다. 토지이용에 관해 타인 또는 정부의 부당한 간섭을 막을 수 있는 권리 즉 토지의 배타적 사용권을 보장하는 것으로 충분하다.

둘째로, 자유 보장을 위해 재산 보호가 필요하다고 해도 그 재산이 꼭 토지로 구성되어야 할 이유는 없다. 재산 총액이 같고 재산의 보호 정도가 같으면 재산의 구성 내용이 무엇인지는 문제되지 않는다. 뿐만 아니라 개인 재산을 보호한다는 명분으로 토지사유제를 유지함으로써, 토지불로소득을 방치하고 노력소득 중에서 조세를 징수한다면 토지불로소득자의 재산과 자유는 과보호하고 노력소득자의 재산과 자유는 그만큼 침해하는 결과가 된다.

이와 상통하는 견해로서, 토지사유제는 토지소유자가 토지를 기반으로 한 경제활동을 안심하고 수행할 수 있게 해 준다는 견해가 있다.

이것도 토지사유제의 장점이 되기는 하지만, 이 장점은 토지의 이용을 보장하는 동시에 건물 등 토지개량물의 이용과 처분을 보장하는 데에서 나올 뿐 토지처분권이나 토지가치수익권과는 무관하다. 즉 토지에 관한 사용권만 보장하더라도 충분히 동일한 효과를 얻을 수 있다. 다만 건물과 같은 토지개량물은 토지와 밀접하게 결합되어 있으므로 토지개량물의 처분권을 확실하게 보장하기 위해서 그와 결합된 토지의 처분권도 토지 이용자에게 보장하는 것이 – 유일하고 불가피한 방법은 아닐지라도 – 좋다고 볼 수도 있다. 그렇다고 해도 경제활동 보호를 위해 필요한 권리는 토지의 사용권과 처분권이 최대한이며 토지가치수익권은 필요하지 않다.

이상에서 본 것처럼 토지사유제의 사회적 이익은 주로 토지소유권의 일부인 토지사용권에서 나오고 때로는 토지처분권에서도 나오는 것으로서 토지가치수익권과 무관하다. 그럼에도 불구하고 토지 가치를 공유하면 시장 기능이 저해된다는 오해가 적지 않다. 이런 오해에 대한 해명은 제20장 Ⅱ절에 나와 있다.

Ⅲ. 토지 패러다임의 전환

1. 패러다임

패러다임이란 미국의 과학사학자이자 철학자인 쿤(Thomas Kuhn)이 제시한 개념으로서, 특정한 시기에 누구나 인정하는 모범적인 사고의 틀을 말한다. 사람들이 당연하게 받아들이는 기본 인식, 기본 관점이라고 할 수도 있다. 쿤에 의하면 학문의 패러다임은 이렇게 변화해 간다고 한다. 일단 하나의 패러다임이 성립하면 이를 기반으로 하여 많은 연구가 이루어져 하나의 학문 체계 즉 정상과학(normal science)이 형성된다. 그러나 시간이 지나면서 그런 패러다임으로 설명하기 어려운 변이현상(anomaly)이 속속 발견되면서 기존의 패러다임은 차츰 부정되고 경쟁적인 새로운 패러다임이 나타난다(Kuhn, 1962).

패러다임에 관한 이러한 설명은 학문 이외의 영역에도 적용할 수 있다. 지금까지 우리 사회는 토지사유제라는 패러다임을 기반으로 하면서 토지사유제는 효율적일 뿐 아니라 정의에도 위배되지 않는다고 믿어 왔다. 그러나 당연한 것으로 생각해 왔던 토지사유제 패러다임으로는 설명하기 어려운 폐해가 수없이 나타나고 있다. 토지사유제는 기회균등에 위배될 뿐 아니라, 효율 면에서도 문제를 일으키고 있다는 것이다. 지지자들이 기대하는 장점을 얻기 위해 반드시 현재와 같은 토지사유제를 필요로 하는 것은 아니며, 더구나 현실의 토지사유제는 지지자들의 기대를 저버리고 갖가지 심각한 사회문제까지 야기한다는 사실이 밝혀지고 있다. 그렇다면 이제 낡은 패러다임을 버리고 새로운 패러다임을 찾아야 할 시점이 되지 않았을까?

2. 개혁 대안의 모색

1) 개혁 대안 모색의 원칙

사회제도의 대안을 모색할 때, 역사가 없는 원초적인 상태에서 선택을 하는 경우와 이미 어떤 제도가 시행되고 있는 상태에서 개혁을 하는 경우는 고려 사항이 다를 수밖에 없다. 원초적인 선택을 할 경우에는 아무런 제약조건 없이 각 대안을 동일한 기준에 의해 판단하여 최선의 대안을 선택하면 되지만 기존 제도가 있는 가운데 개혁을 하는 경우에는 그와는 달리 다음과 같은 점을 고려할 필요가 있다.

첫째, 기존 제도의 문제점을 해소한다.

둘째, 기존 제도의 장점을 살린다.

셋째, 새로운 문제를 야기하지 않는다.

넷째, 기존 제도와의 차이를 가능한 한 적게 한다.

위의 네 원칙을 동시에 만족시키는 대안이 있다면 그 대안의 우수함에 의문이 없을 것이다. 그러나 이들 조건을 부분적으로만 만족시킬 때는 비교형량의 문제가 남는다. 예를 들어 어느 대안이 기존 제도의 문제를 해소하기는 하지만 기존 제도의 장점을 일부 희생시키게 된다면 해결되는 문제와 희생되는 장점을 비교하여 판단하게 된다는 것이다. 또 위의 네 번째 원칙은 위의 세 원칙과 동일한 위상을 가진 원칙이라기보다는 첫 세 원칙에 비추어 비슷하다고 판단되는 대안이 여러 개일 경우에 적용하는 부차적·실무적인 원칙이라고 하겠다.

우리는 이미 토지사유제라는 제도를 오래 시행해 온 상태에서 새로운 제도로 이행해야 한다는 점에서 우선 위 네 원칙에 비추어 바람직한 개혁안을 모색해 보기로 한다. 설명의 편의상 두 번째 기준을 우선 적용하여, 토지사유제의 장점을 살리는 토지제도를 골라내고 이렇게 압축된 대안에 대해 다른 기준을 적용해서 검토해 보기로 한다.

2) 토지사유제의 장점을 살릴 수 있는 제도

토지사유제 옹호론자가 내세우는 토지사유제의 장점은 앞에서 본 것처럼 주로 토지사용권의 보장에서 나오며 견해에 따라서는 토지처분권의 보장도 도움이 된다. 네 가지 토지제도 중에서 토지사유제를 제외한 나머지 제도 가운데 토지사유제의 장점 즉 토지사용권과 토지처분권을 사적 주체에게 부여하는 제도는 토지가치공유제이다.

이에 대해 토지처분권을 정부가 가지는 토지공공임대제도 대안이 될 수 있다고 이의를 제기할 수도 있을 것이다. 예를 들어 현재 우리나라에서 실시하고 있는 전화가입제에서는 가입자에게 처분권을 부여하지 않지만 그렇다고 해서 전화를 사용하는 데 불편이 있는 것은 아닌 것처럼 토지처분권이 토지 이용을 보호하는 데 반드시 필요한 것이 아니라고 볼 수 있다. 지은이는 이런 주장에도 일리가 있다고 생각한다. 다만 토지가치공유제는 토지공공임대제보다 토지사유제에 더 가까우므로 개혁의 넷째 원칙에 더 합치하며 토지공공임대제는 필연적으로 토지임대 업무를 담당하는 기관이 필요하다는 점에서 제도 운영비용 면에서 불리하다고 보아 일단 고려 대상에서 제외하기로 한다. 다만, 토지공유제의 전통을 가진 사회에서라면 토지공공임대제로의 전환이 쉽기 때문에 개혁의 넷째 원칙에 비추어 토지공공임대제가 유력한 대안이 된다.

한편 토지 가치를 환수하려면 정부가 토지 가치를 평가해야 한다는 점에서 토지가치공유제의 제도비용이 토지사유제보다 더 들지 않는가 하는 의문이 있을 수 있다. 그러나 토지사유제에서도 조세 목적의 토지 가치 평가는 정부의 일상 업무 범위 내에 속하므로 지대 평가를 위해 별도의 비용이 드는 것은 아니라고 하겠다.

3) 토지사유제의 문제점을 해소할 수 있는 제도

토지사유제는 토지가치수익권을 사적 주체에게 준다는 점과 지가를 매개로 하여 토지를 배분한다는 점에서 문제가 발생한다고 하였다. 토지사유제와 장점을 공유하는 토지가치공유제가 토지사유제의 이런 문제에서 벗어나려면 어떤 조건이 필요한지를 생각해 보자.

토지사용권과 토지처분권을 사적 주체에게 인정한다면 토지 가치는 이용과 거래를 통해 일단 사적 주체에게 귀속된다. 그러므로 이 경우에 토지가치수익권을 무의미하게 만들려면 사적 주체에게 귀속된 토지 가치를 환수하면 된다. 토지 가치를 환수하는 방법은 다음과 같은 세 가지로 나눌 수 있다.

① 토지 취득 시 한꺼번에 지가(토지의 매매가치)를 납부토록 하는 방법
② 토지 취득 후 매년 지대(연간 임대가치)를 납부토록 하는 방법
③ 그 중간적 방법으로서 토지 취득 시에 보증금을 예치시키고 매년 연간 지대에서 보증금 이자를 공제한 금액을 징수하는 방법

위의 세 방법 중에서 첫째 방법은 좋은 방법이 못 된다. 지가를 매개로 토지를 배분하는 것은 토지사유제의 문제점 중의 하나이기 때문이다. 따라서 나머지 두 방법 중 하나를 사회 상황에 맞게 선택하는 것이 좋을 것이다.

둘째 방법에서는 토지소유자가 토지를 취득한 후 매년 지대를 납부하면 되므로 지가라는 진입장벽 문제도 해소되고 지가의 불안정성 및 불확실성으로 인한 문제도 사라지며 토지소유자의 비용인 이자와 토지 이용의 이익인 지대가 일치하지 않는다는 문제도 없다. 이 방법이 바로 이 책의 중요 내용인 '지대조세제'이다. 위에서 매년 '연간 지대'를 징수한다고 하였으나 현재 각국의 정부예산이 1년을 단위로 운영되는 관행을 감안한 것일 뿐 시간적 단위가 반드시

1년이어야 하는 것은 아니다.

셋째 방법도 보증금이 지나치게 많지 않다면 하나의 대안으로 삼을 수 있다. 지대이자차액세가 그 하나의 방법이 된다.

4) 다른 고려 사항

위의 두 고려 사항 이외에, 기존 제도에서 생기지 않는 새로운 문제를 야기하지는 않는지, 새로운 제도로 이행하는 데 따른 변화를 최소한으로 하는지에 대해서도 고려하는 것이 좋다고 하였다. 그런데 토지사유제의 장점을 살릴 수 있는 대안 중에서 토지공공임대제보다는 토지가치공유제가 토지사유제에 가장 가까우며 운영비용 면에서도 더 낫다고 하였다. 또한 토지가치공유제 중에서도 지대조세제가 낫다고 하였다. 그러므로 지대조세제가 토지사유제에서 생기지 않는 다른 문제를 야기하지는 않는지를 검토해 보고 만일 별다른 새로운 문제를 야기하지 않는다는 판정이 난다면 토지사유제를 대치할 최선의 개혁안은 지대조세제라는 점이 입증될 것이다.

지대조세제가 다른 문제점을 야기하지 않는지에 대한 검토는 제20장(지대조세제에 대한 의문과 해명)에서 다루기로 한다.

3. 지공주의: 새로운 토지 패러다임

토지원리에 어긋나는 토지사유제를 대체하는 새로운 패러다임, 즉 토지원리를 내용으로 하는 토지사상을 지은이는 ‘지공주의(地公主義)’라고 부른다. 지공주의의 내용 중에서 현재의 토지사유제가 가장 심각하게 위반하고 있는 부분은 ‘특별이익 환수’ 조건이므로 아래에서는 특별이익을 환수하는 최적의 방안인 지대조세제를 검토한다.

제14장

지대조세제

지금까지 토지사유제는 토지원리에 어긋날 뿐 아니라 경제효율에도 심각한 폐해를 낳는다는 사실을 보았다. 그중에서도 단지 토지를 소유한다는 이유만으로 토지소유자가 얻게 되는 특별이익 즉 지대를 사유화한다는 점이 토지사유제의 가장 큰 문제라고 하였다. 제14장에서는 특별이익 사유화라는 문제를 해결하기 위한 최적의 방안으로서 지대조세제를 제시하려고 한다.

Ⅰ. 지대조세제의 의의

1. 지대조세제의 특징

지대조세제는 지대세를 가장 우선적인 정부 수입으로 삼는 제도로서, 이상적인 조세제도이자 토지제도이다. 지대조세제의 개념을 명확하게 하기 위해 지대조세제의 특징을 살펴보자.

첫째로, 지대조세제는 토지가치공유제의 하나다. 즉 부동산 중 건물을 제외한 토지만을 대상으로 하며, 또 현재의 토지 소유를 그대로 인정하고 토지의 사용권과 처분권을 현 소유자가 행사하는 가운데 단지 토지 가치만 정부가 징수한다.

둘째로, 토지 가치 분납제이다. 지대조세제는 토지 가치를 징수하는 방법 중에서 지가를 일시에 징수하는 것이 아니라 토지소유자에게서 매년 지대액만큼 분할하여 징수하는 방법이다. 이러한 조세를 지대세라고 하며 토지 소유가 이전되면 지대세는 새로운 소유자가 납부하게 된다.

셋째로, 잠재지대 징수이다. 지대세액은 토지의 실제 이용도나 실제 지대소득과는 무관한 토지의 잠재적 이용가치이다. 즉 토지를 이용하지 않아 소득이 없더라도, 토지를 충분히 이용할 경우에 얻을 수 있는 임대가치 내지 사용가치를 징수한다는 것이다.

넷째로, 지대세 최우선 징수제이다. 지대조세제는 모든 조세 가운데 지대세를 최우선적으로 징수하는 세제이다. 따라서 완전한 지대조세제 하에서는 지대세율이 거의 100%가 되고 다른 조세는 대폭 감면된다. 만일 지대세만으로 정부세입이 충분히 조달된다면 다른 조세는 일체 면제되고 지대세만의 단일세제가 될 수도 있다.

지대를 100%가 아니라 '거의' 100% 징수한다고 하는 이유는 우등토지부터 이용되도록 하는 약간의 유인을 남겨둘 수 있기 때문이다.

이해를 돕기 위해 현행 조세체계와 지대조세제를 비교해 보면 〈그림 14.1〉과 같다.

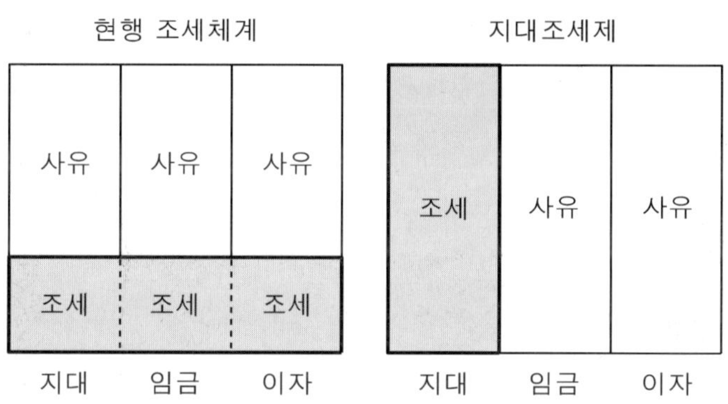

〈그림 14.1〉 현행 조세체계와 지대조세제의 비교

현행 세제에서는 생산의 3요소인 토지, 노동, 자본의 대가인 지대, 임금, 이자에서 조금씩 조세를 징수하지만 지대조세제에서는 임금, 이자에 앞서 지대부터 우선적으로 징수한다.

2. 지대조세제에 의한 변화

지대조세제를 실시하면 조세와 토지 두 분야에서 커다란 변화가 일어난다. 먼저 지대조세제로 인해 토지와 관련하여 나타나게 되는 중요한 변화와 그 효과를 보자.

1) 토지불로소득의 소멸

지대조세제를 실시하면 토지불로소득이 0이 된다. 그 이유는 다음과 같다.

토지불로소득은 두 가지로 구성된다. 하나는 토지 매매에서 생기는 매매차액 즉 (매각지가 - 매입지가)이고 다른 하나는 토지소유기간의 지대이자차액 즉 토지소유기간의 (지대 - 매입지가에 대한 이자)이다. 지대조세제를 실시하면 지가는 언제나 0이므로 매입지가와 매각지가도 0이고 따라서 지가차액도 0이다. 또 지가가 0이므로 매입지가에 대한 이자도 당연히 0이다. 따라서 토지불로소득의 구성요소로는 지대만 남는데 지대세를 내고 나면 그것도 사라지고 만다.

물론 지대의 '거의' 100%를 징수하면 토지불로소득도 '완전히'가 아니라 '거의' 사라지게 되지만 현재에 비해서는 0이나 다름없는 금액이 된다고 해도 좋을 것이다.

만일 토지소유자가 토지의 객관적인 사용가치에 어울리는 이용을 하지 않아서 지대 소득이 지대세액에 미치지 못하면 토지불로소득은 오히려 마이너스가 된다.

2) 지가의 소멸

지대세를 부과하면 지가 즉 토지의 매매가격은 0이 된다. 어느 시점의 지가는, 토지 소유에 부수하는 다른 비용이 없다고 하면, 토지소유자가 그 시점 이후 얻게 될 모든 지대를 그 시점의 가치로 표현한 금액이다. 그런데 지대를 모두 징수한다면 토지소유자에게 돌아갈 지대가 없으므로 지가는 0이 된다. 다만, 지대를 100%가 아닌 '거의' 100%를 징수한다면 지가가 완전히 0이 되지 않고 '거의' 0이 되겠지만 현재에 비해서는 0이나 다름없는 금액이 된다고 해도 좋을 것이다.

지가가 엄청나게 높은 현실에 오래 젖어 온 독자는 지가가 0이 된다는 말이 선뜻 수긍되지 않을지 모르겠다. 앞서 제11장(토지불로소득) 부분에서 풀었던 퀴즈를 다시 생각해 보자. "이자율이 연 10%인 사회에서 어느 증서의 소지자에게 연간 1천만 원의 수입이 생긴다고 하면 이 증서는 얼마에 거래될까?" 그 답은 약 1억 원이었다.

같은 이치로, "어느 증서의 소지자에게 연간 0원의 수입이 생긴다고 하면 이 증서는 얼마에 거래될까?"라는 퀴즈를 풀어 보자. 그 답은 당연히 0원이다. 이처럼, 지대세를 징수하면 단순히 토지를 소유해서는 아무런 이익이 없기 때문에, 즉 토지는 수입이 0인 증서와 다름없기 때문에, 토지의 매매가격은 0이 된다.

또 이렇게도 생각해 보자. 현재 부동산을 임차할 경우에 목돈을 보증금으로 먼저 내고 입주한 후 매월 월세를 내는 방식이 많은데 보증금이 높으면 월세는 낮아지고, 월세가 높으면 보증금은 낮아진다. 그런데 지대조세제는 월세를 매우 높게 받는 방식에 해당되므로 보증금은 없거나 매우 낮아지게 된다.

지가가 단기간에 0으로 곤두박질 치면 경제에 큰 충격을 주게 된다. 그러므로 지대조세제는 시간을 두고 서서히 도입할 수밖에 없다. 자세한 것은 제17장(지대조세제로 가는 전략)을 참고하기 바란다.

Ⅱ. 지대조세제의 효과

지대조세제는 토지원리 중 '특별이익 환수' 조건을 완벽하게 충족시키는 제도라는 이유만으로도 깊은 관심의 대상이 되지만 그 밖에도 다음과 같은 여러 바람직한 효과가 있어 토지사유제의 개혁 대안으로서 최상이라고 본다.

1. 토지불로소득 소멸의 효과

지대조세제로 인해 토지불로소득이 소멸되면 제11장(토지불로소득)에서 언급했던 여러 폐해가 사라진다. 중요한 점만 간략히 지적해 둔다.

첫째로, 분배가 개선된다.

지대조세제로 인해 토지불로소득이 사라져서 각자의 노력과 기여에 따라 대가가 돌아가는 사회가 되기 때문이다. 달리 말하면 제2부(토지정의)에서 제시한 기회균등형 분배규칙이 존중된다는 것이다. 또 토지 독과점은 극히 예외적인 경우가 아니면 나타나지 않게 된다. 지대세를 부과하면 토지불로소득이 생기지 않고 토지를 소유하면서 제대로 이용하지 않으면 손해를 보며, 따라서 토지가 실제로 필요한 사람이 아니면 토지를 소유하지 않게 되기 때문이다. 또 지대세를 부과하면 토지 가치가 상승 또는 하락해도 그 이익이 토지소유자에게 귀속되지 않고 조세로 모두 징수되므로 소득과 부의 분배가 토지불로소득에 의해 악화되는 것을 막을 수 있다. 소득과 부의 분배의 불평등을 심화시키는 원인 중, 토지가 차지하는 비중이 매우 크다는 점을 생각하면, 분배의 평등화에 큰 도움이 될 것으로 보인다. 한편 아래에서 보겠지만 지대세로 인해 새 기업의 창업이 쉬워지면 부수적으로 임금노동자의 지위가 향상된다. 임금노동자가 쉽게 창업의 기회를 가질 수 있다면 일자리를 얻기 위해 불리한 조건을 받아들일 필요가 없기 때문이다. 노동자의 지위가 평등하게 되면 역시 빈부격차가 완화된다.

둘째로, 토지불로소득으로 인해 토지가 적정하지 않게 이용 또는 개발되는 일이 사라진다.

우선 저이용 토지의 이용도가 높아져서 경제 활성화에 기여한다. 지대세가 부과되는 상황에서 지대소득이 지대세액에 미달하면, 즉 토지를 제대로 활용하지 않으면 손해를 본다. 그러므로 토지소유자는 토지를 최선의 용도에 맞게 직접 이용하거나 타인에게 임대하여, 지대세를 납부하고도 손해를 보지 않을 정도로 소득을 올려야 하며 그렇지 못하면 토지 소유를 포기하게 된다. 즉 토지를 직·간접으로 최선의 용도로 이용하거나 토지를 처분한다. 이때 처분되는 토지를 매입하는 사람도 매각자와 같은 입장에 처하므로 결국 토지 이용은 적정하게 올라간다. 또 이런 과정을 통해 토지소유자와 실수요자가 일치하는 경향이 나타나므로 토지 이용이 더욱 알뜰해지게 된다.

토지불로소득을 얻기 위한 부당한 개발 압력이 발생하지 않을 것이므로, 과잉 개발과 그로 인한 환경 파괴도 막을 수 있다. 지가 하락을 초래할 수 있는 사업에 대한 반대도 없을 것이다.

개발을 둘러싼 갈등과 절차의 비민주성이 대폭 줄어든다. 지대세를 부과하면 공공사업이 효율적으로 수행될 수 있다. 공공사업 집행에 큰 장애로 대두되고 있는 두 가지는 개발을 둘러싼 집단민원과 엄청난 토지보상액이다. 공공사업에서는 개발이익의 분배와 개발손실의 부담을 둘러싸고 정부, 사업지구 및 그 주변의 토지권리자 간에 이해관계가 대립되어 그 조정이 어려우며 때로는 심각한 집단민원으로까지 발전되어 공공사업을 지연시키는 경우가 적지 않다. 개발이익과 개발손실의 문제가 공공사업 과정에서 야기되는 갈등의 유일한 원인은 아니지만 그 핵심적인 원인이 된다는 점은 분명하다. 토지불로소득이 사유화되면 모든 당사자를 만족시키는 보상이 불가능하다. 하지만 지대조세제 하에서는 개발에 의해 지대가 상승하면 세액이 인상되어 개발이익이 저절로 환수되고 지대가 하락하면 세액이 낮아져 개발손실이 저절로 보상된다. 그 결과 개발을 둘러싼 갈등의 소지가 크게 줄어든다. 토지보상 문제에 대해서는 제16장(토지보상의 딜레마와 지대조세제)에서 자세히 논의하려고 한다.

지대조세제는 토지 개발 절차의 민주성을 높여 준다. 지대세를 부과하면 토지투기의 우려가 없고 개발이익 환수와 개발손실 보상이 저절로 이루어지므로 개발계획을 사전에 충분히 공개하고 주민의 여론을 수렴하여 수립, 집행할 수 있다. 주택문제도 개선된다. 지대조세제가 실시되면 주택과 토지에 대한 가수요가 사라지므로 주택 과소비와 그로 인한 주택가격 상승이 없어지고 택지 공급도 늘어난다.

셋째로, 토지불로소득으로 인해 경제가 타격을 받는 일도 사라진다.

지대세를 부과하면 단순한 토지 소유로 인한 불로소득기회는 완전히 봉쇄되므로 생산

부분에 자금이 더 많이 배분되고 기업과 근로자의 생산 의욕이 높아진다. 부동산 투기로 인해 주거비용이 높아지는 일이 없으므로 노사분규가 줄어든다. 또 아래에서 보듯이, 지가의 문제도 사라질 뿐 아니라 경제에 부담을 주는 조세가 지대세로 이동하여 생산을 더 자극하게 된다. 아울러 토지불로소득이 지가의 문제를 증폭시켜 경제를 저해하는 일도 당연히 사라진다. 이 점에 대해서는 아래 '지가 소멸의 효과' 부분에서 다루기로 한다.

2. 지가 소멸의 효과

지대조세제로 인해 지가가 0이 되면, 제8장(완전경쟁 토지시장)과 제11장(토지불로소득)에서 언급했던 지가의 문제가 해소된다. 지가의 문제는 다음 세 가지다. 첫째로, 고액의 지가가 진입장벽이 된다는 점이다. 둘째로, 토지보유비용과 토지이용순이익이 불일치한다는 점이다. 셋째로, 지가는 불안정하게 변화할 수 있고 이는 금융 위기를 촉발할 수 있다는 점이다. 더구나 토지불로소득은 지가의 문제를 증폭시킨다고 하였다.

지가가 소멸함으로써 생기는 효과를 몇 가지 들어 보자. 첫째로, 토지를 취득할 때 고액의 지가를 지불하지 않는다는 점에서 생기는 효과가 있다. 새로 기업을 창업하기 위해서는 토지를 매입해야 하는 경우가 많은데 높은 지가는 창업을 막는 큰 경제적 장애라고 할 수 있다. 하지만 지대세로 인해 지가가 0이 되면 지가라는 장애가 사라져 새로운 기업의 시장진입이 쉬워진다. 주택을 구입하는 경우에도 목돈이 들지 않기 때문에 그만큼 자가 소유가 쉬워진다. 또 공공개발을 위한 토지보상비가 들지 않으므로 사업이 그만큼 쉬워진다. 물론 토지보상비가 들지 않는다고 해서 비용이 들지 않는다는 말은 아니다. 토지 이외에 건물에 대한 보상도 필요하고 주민의 이주 및 생활재건 대책을 수립해야 하는 등 직접비용이 발생하며, 또 토지를 정부가 취득하면 이후 지대세 수입이 그만큼 줄어드는 것도 간접비용이 된다.

둘째로, 토지보유비용과 토지이용순이익이 일치한다. 지가는 미래의 지대를 자본화한 가치인 반면 지대는 현재 사용가치를 나타낸다. 따라서 지대가 상승할 것으로 예상되는 시기에는 지가에 대한 이자가 토지이용순이익을 나타내는 지대를 상회한다. 지대조세제는 지가를 0으로 만들면서 지대세를 징수하므로 토지보유비용과 토지이용순이익을 항상 일치시킨다. 그러므로 토지 매입 후 어느 정도 기간 동안 기업이 지대 이상으로 지불해야 하는 이자 부담을 덜어준다.

셋째로, 토지 가치 이외의 요인에 의해 지가가 결정됨으로써 생길 수 있는 문제로부터 자유로

워진다. 지대세를 징수하면 지가가 언제나 일정하기 때문이다. 또한 지가가 0인 경우에는 토지가 금융 담보로 아예 활용되지도 않으므로 금융과 결합해서 경제를 파탄시키는 일도 없다.

3. 조세 대체의 효과

지대조세제로 인해 세수가 늘어나면 그만큼 다른 조세를 감면할 수 있는 여력이 발생한다. 일반적인 조세는 생산, 유통, 소비, 노동 및 소득, 부와 같은 생산적 경제활동 및 그 결과에 부과하므로 기회균등형 분배규칙에 어긋날 뿐 아니라 초과부담(excess burden)을 야기하여 경제활동을 위축시킨다. 조세는 재화와 용역의 상대가격을 변화시키고 그로 인해 민간 경제주체의 사적 선택에 영향을 주게 되는데, 이로 인해 조세가 없을 경우에 비해 자원배분의 효율이 줄어드는 부분을 초과부담이라고 한다. 즉 납세자가 내는 세액 이상으로 경제에 부담을 줄 경우 그 초과부분을 말한다. 국민이 100조 원 조세를 납부할 경우에 단순히 100조 원이 민간에서 정부로 이전할 뿐 경제에 변화가 없다면 초과부담도 없다. 그러나 조세로 인해 경제규모가 30조 원만큼 축소된다면 그 30조 원은 초과부담이 된다. 대부분의 조세는 이런 초과부담을 야기한다. 그러므로 조세의 초과부담이 줄어든다는 것은 그만큼 자원배분이 효율적으로 이루어진다는 뜻이다.

반면 천부된 토지에 부과하는 보유세는 기회균등형 분배규칙에 부합할 뿐 아니라 위치와 양이 고정된 토지에 부과하는 보유세는 토지의 공급에 영향을 주지 않기 때문에 경제활동에 대해 초과부담을 야기하지 않는다. 또 토지보유세는 전가되지도 않는다. 따라서 정부 수입원을 지대세로 대체함으로써 사회정의를 증진하고 경제효율을 높일 수 있다.

지대세의 조세로서의 장점에 대해서는 제19장(지대조세제와 세제 개편)에서 더 자세히 언급한다.

Ⅲ. 환수 대상 지대의 범위

1. 특정인에 의한 지대 변화

특정 토지의 지대는 그 토지를 이용하여 얻을 수 있는 이익, 예를 들면 수확, 생산, 수입,

주거효용 등을 모두 포괄하는 이익과 한계토지를 이용하여 얻을 수 있는 이익의 차이에 의해 결정된다. 각 토지의 이익에 영향을 주는 원인은 크게 자연적인 원인과 인위적 원인으로 나눌 수 있다.

자연적 원인의 예로는 당해 토지의 형질, 토양의 비옥도 그리고 토지 주변의 기후, 경관 등이 있다. 인위적 원인은 사회적 원인, 정부적 원인, 개인적 원인으로 나눌 수 있다. 사회적 원인이란 불특정 다수인이 조성하는 원인으로서, 예를 들면 당해 토지에서 발생하는 통행, 소비 그리고 토지 주변의 인구·시설의 분포와 접근성, 사회 전체의 토지이용량, 토지이용도, 기술수준, 주민의 취향 등이다. 정부적 원인의 예로는 정부의 용도지정, 공공개발, 공공시설의 입지, 치안 등을 들 수 있다. 개인적 원인은 특정인의 토지 이용 또는 개발과 같은 행위를 말하며, 특정인에는 자연인 이외에 기업 등 특정할 수 있는 단체도 포함된다.

지대 중에서 자연적 원인, 사회적 원인, 정부적 원인에 의해 형성되는 부분을 특정인이 수취할 경우에 이는 특정인의 노력이나 기여와 무관하다는 점에서 명백하게 불로소득이 된다. 따라서 이 세 요인에 의해 지대가 발생하거나 증감할 경우에, 이를 사회가 환수 또는 보상하여야 한다는 결론에 쉽게 도달할 수 있다. 그러나 지대 중에서 개인의 행위에 의해 영향을 받는 부분에 관해서는 의견이 다를 수 있다.

세부적인 논의에 앞서, 특정인의 행위로 인해 환수 대상인 지대가 변화하는 일은 생각보다 적다는 사실을 지적해 둔다. 우선 환수 대상이 되는 지대는 토지개량물을 제외한 나대지라는 점을 분명히 해야 한다. 현실 거래의 토지임대료에는 인공 개량물 가치가 포함되는 수가 적지 않다. 택지는 주택을 지을 수 있을 정도로 정지(整地)작업이 이루어지고 상하수도 등 기반시설이 가미된 상태에서 거래되는 것이 보통이다. 이런 인공 개량물이 토지소유자에 의해 설치된 것이라면 당연히 환수 대상에서 제외된다.

그러나 그 밖에도 오해하기 쉬운 경우가 있다. 하나는, 특정인의 행위에 의해 지대가 변화하는 것처럼 보이지만 실은 다른 데 원인이 있는 경우이다. 예를 들어, 아파트를 건설하면 건설 전후의 지대에 큰 차이가 있지만 이때 지대 상승은 용도 변경 등 아파트를 지을 수 있도록 한 정부의 조치로 인한 것이지, 개발 행위로 인한 것은 아니다. 개발 행위가 시작되기 전에도 용도 변경만 되면 지대는 상승한다. 이런 변화액은 특정인의 행위와 무관하므로 당연히 환수 대상이 된다.

또 하나는, 개인의 행위로 인해 지대가 상승한 것처럼 보이지만 실은 지대가 그대로인 경우다. 환수 대상이 되는 지대는 지역사회 또는 주변 환경이 주어진 상태에서 당해 토지만 인공이 가미되지 않은 나대지라고 가정할 경우의 임대가치이다. 그 토지가 이미 개발된 경우에는 화재 등으로 개발 결과가 모두 없어진다고 가정하면 된다. 예를 들어 개발 전의 라스베이거스처럼 애초에 사막이었던 곳에 카지노를 건설하여 지금은 지대가 매우 높은 지역이 된 경우를 보자. 사막에 최초의 카지노만 들어선다면 지대는 상승하지 않는다. 이런 시설이 불타 버린다면 다시 사막만 남으므로 그 부지의 지대는 사막 지대와 다르지 않다. 다만 다른 카지노가 더 들어서서 카지노촌이 형성된다면 주변 환경의 변화에 따라 첫 카지노 부지의 지대도 상승하게 된다.

그럼에도 불구하고 특정인의 행위에 의해 지대가 변화하는 경우도 없지 않으므로 이 변화액을 누구에게 귀속시키는 것이 좋을지는 이론적으로 매우 흥미 있는 주제다.

2. 네 가지 견해

예를 들어서 갑의 행위에 의해 갑 소유의 토지 및 을 소유의 토지에서 지대가 변화했을 경우를 생각해 보자. 이러한 지대 증감액을 누구에게 귀속시킬 것인가에 관해 다음과 같은 네 가지 견해가 있을 수 있다.

첫째로, 사회귀속설. 모든 지대 증감액은 사회에 귀속된다는 견해이다. 토지는 본래 사회의 것이고 개인은 토지를 사회로부터 빌려 쓸 뿐이라는 철학을 가진 사람이 취할 수 있는 입장이다.

둘째로, 지주귀속설. 행위자가 누구든 지대 증감액은 각 토지소유자에게 귀속된다는 견해이다. 토지사유를 엄격하게 보호해야 한다고 생각하는 사람이 취할 수 있는 입장이다. 즉 갑 소유 토지의 지대는 모두 갑에게, 을 소유 토지의 지대는 모두 을에게 귀속된다는 견해다.

셋째로 행위자귀속설. 모든 지대 증감액은 그 변화를 야기한 행위자 즉 갑에게 귀속된다는 견해다. 개인의 행위와 상당한 인과관계가 있는 결과는 행위자에게 귀속되어야 한다는 철학을 가진 사람이 취할 수 있는 입장이다.

넷째로 절충설. 토지소유자의 행위에 의해 소유 토지의 지대가 증감한 경우에는 지대 증감액이 소유자 겸 행위자인 갑에게 귀속되고 다른 경우의 지대 증감액은 사회에 귀속된다는 견해이다. 이는 각 설의 중간적인 입장이며 토지 가치의 공유를 지지하는 사람 중에도 이 절충설을 지지하는 경우가 적지 않다.

이런 네 가지 견해를 표로 정리하면 〈표 14.1〉과 같다.

〈표 14.1〉 갑의 행위에 의한 지대 증감액의 귀속

귀속에 관한 견해	갑 소유 토지의 지대 증감액	을 소유 토지의 지대 증감액
사회귀속설	사회	사회
지주귀속설	갑	을
행위자귀속설	갑	갑
절충설	갑	사회

네 가지 견해 중 어느 것이 더 나은지를 형평성과 효율성의 두 기준을 적용하여 평가해 보자.

3. 형평성 평가

지주귀속설은 형평성에 명백히 위배된다. 예를 들어, 갑의 행위에 의해 갑 소유 토지와 을 소유 토지 모두에서 토지 가치가 변화하는 경우에, 을에게 귀속되는 지대 증감액은 을의 노력이나 기여와 무관하게 '단지 토지를 소유한다는 사실만으로 얻는 손익'이기 때문이다. 그러나 나머지 세 견해에 대해서는 그처럼 명백한 판단을 하기 어렵다. 토지의 본질을 어떻게 보느냐와 불로소득을 어떻게 정의하느냐에 따라 평가가 달라질 수 있다.

사회귀속설과 행위자귀속설은 나름대로 일리가 있다. 토지는 본래 사회의 것이고 개인은 토지를 사회로부터 빌려 쓸 뿐이라는 철학에 의하면 사회귀속설이 옳다. 행위와 결과를 연결시켜야 한다고 보는 철학에서는 행위자 귀속설이 옳다. 이 경우, 갑의 행위에 의해 을 소유의 토지 가치가 변화한다면 그 손익이 갑에게 귀속된다. 양자의 중간 입장인 절충설에 의하면 갑의 행위에 의해 변화한 갑 소유 토지의 가치만 갑에게 귀속시키고 을의 행위와 무관한 을 소유 토지의 지대 증감액은 사회에 귀속된다. 일관성이 없다는 약점이 있기는 하지만 부분적으로 일리는 있다. 그렇다면 각 설의 우열은 효율성 평가에 의해 갈릴 것으로 기대된다.

4. 효율성 평가

네 가지 설을 효율성 측면에서 비교하기 위해서는 두 가지 기준이 필요하다. 하나의 기준은 '어느 설을 취할 때 자원 배분이 효율적으로 이루어지는가'이고 또 하나는 '어느 설을 취할 때 제도를 운영하는 비용이 가장 적게 드는가'이다.

1) 자원 배분

토지와 관련된 자원으로는 토지 자체와 토지 이용에 들어가는 자원이 있다. 어떻게 하는 것이 전체 자원을 효율적으로 배분할 수 있는지를 검토하기 위해 토지를 개발하는 경우를 예로 들어 보자. 토지 개발에 관련된 당사자로는 토지소유자, 토지 개발자, 개발 결과 이용자라는 3자가 있다. 3자가 각기 다른 사람일 수도 있고 둘 이상이 같은 사람일 수도 있지만, 효율적인 자원배분 방법은 객관적으로 정해져 있으므로 3자가 동일인이든 각기 다른 사람이든 결과는 같다.

그럼 3자가 모두 다른 사람인 경우를 보자. 정상적인 토지 시장에서의 토지 배분은 토지 수요자끼리의 경쟁에 의해 결정될 뿐, 공급자 즉 토지소유자는 아무런 기능도 하지 않는다. 토지는 소유자의 행위와는 무관하게 존재하며 위치와 면적이 일정하기 때문이다. 일반 상품의 공급자와는 달리 자원의 최적 배분을 위해 아무런 역할을 하지 못하는 것이다. 이런 특성을 지은이는 토지시장의 '수요 결정성'이라고 부르는데, 자세한 설명은 제8장(완전경쟁 토지시장)을 참고하기 바란다. 따라서 토지 수요자가 지대를 지불하도록만 하면 수요자 간의 경쟁을 통해 토지가 효율적으로 배분되며, 지대가 누구에게 귀속되는지는 효율적 배분과 무관하다. 또 개발 결과의 이용자도 고려 대상에서 제외해도 된다. 개발 결과의 이용자는 개발 후의 지대를 치르는 것이 당연하고 또 그래야만 자원의 효율적 배분이 이루어지기 때문이다.

그렇다면 지대 증감액을 행위자 즉 개발자에게 귀속시켜야 할까? 토지소유자가 아닌 개발자는 토지를 임차하여 노동과 자본을 투입하여 토지를 가공한다. 그런 점에서 토지 개발자는 고령토를 사서 가공하여 도자기를 만드는 도자기 생산자와 다를 바 없다. 특정 도자기 생산자가 고령토의 가격에 영향을 주지 않는 것이 보통이지만 영향을 준다고 해도 생산자는 고령토를 포함한 생산요소 가격을 비용으로 보고 도자기 생산의 부가가치만으로 사업의 타당성을 판단해야만 자원 배분이 효율적으로 이루어진다.

이런 사정을 종합하면 자원의 효율적 배분을 위해서는 개발 전후의 지대 증감액을 3자 누구에게도 귀속시킬 이유가 없다는 결론이 도출된다. 즉 사회귀속설이 옳다는 것이다. 그럼에도 불구하고, 지대 변화를 특정인에게 귀속시킨다면 어떤 문제가 생기는가? 이 문제는 토지소유자, 개발자, 이용자가 동일인일 경우를 가정하면 설명이 쉽다. 지대 변화를 개인에게 귀속시킨다면 사업 자체로서는 수익성이 없는 경우에도 사업을 수행할 수 있다. 사업자는 전체적으로 흑자이므로 나쁠 것이 없겠지만 사회적으로는 자원이 낭비된다. 반대의 경우도 마찬가지다. 지대 하락액을 사업자 또는 토지소유자가 부담해야 한다면 자체 수익성이 있는 사업도 수행되지 않을 수 있다. 그 결과 사업이 그 자체의 타당성과 무관한 다른 요인에 의해 영향을 받아 효율적인 자원 배분을 저해한다.

다만, 지대 변화의 사회 귀속은 적법한 개발일 경우에 한정되며, 산업폐기물을 매립하는 등 불법한 개발 행위로 인해 지대가 하락했다면 당연히 개발자가 원상회복시킴은 물론이고 하락한 지대에 대해 책임을 져야 한다.

사회귀속설 즉 적법한 개발행위로 인한 지대 변화는 사회에 귀속시켜야 자원의 효율적 배분이 이루어진다는 의견에 대해서 제기될 수 있는 반론을 생각해 보자.

첫째로, 지대를 개발자에게 귀속시키지 않으면, 사회적으로 필요한 공급이 시장에서 이루어지기 어렵다는 반론이 있다. 참고로, 제20장의 의문3(누가 토지를 소유하고 개발하려 하겠는가?)에서도 이와 관련된 문제를 다루고 있다.

반론자가 제시할 수 있는 예를 들어 보면, 대규모 개발에서는 사회기반시설을 개발자가 부담하는 경우가 있는데 이때 개발자가 상승한 지대를 얻지 못한다면 필요한 시설이 공급되지 못할 것이라는 반론이다. 그러나 사회기반시설은 불특정 다수에게 큰 외부 효과를 발휘하는 시설이므로 정부가 공급을 담당하는 것이 원칙이다. 정부가 부담해야 할 사회기반시설 비용을 개인이 부담했다면 개발자에게 지대를 귀속시키기보다는 그 비용을 보상하면 된다.
또 다른 예로, 도시계획상 아파트를 지을 수 있는 땅이라고 해도 다수의 소유자가 분할 소유하고 있다면 공사가 어렵다는 반론이다. 이런 경우에 여러 소유자의 합의를 도출한다든가 분산된 필지를 누군가 사 모아 큰 필지를 이루어낸다면 지대가 상승하게 된다. 이럴 경우에도 지대 상승분을 사회에 귀속시킨다면 아파트 용지의 조성을 유도하는 유인이 없다는 반론이 있다. 이처럼 여러 당사자가 관여되어 상당한 거래 비용이 발생하는 사업의 경우에는 정부나 공사가 나서서 주선하는 것이 원칙이다. 또 이런 경우에 대비하여 공익사업의 주체가 일정한 요건이 충족되면 토지 수용 등 사업을 용이하게 추진할 수 있는 권한을 행사할 수 있도록 마련해 두고 있다. 다만, 민간의 참여를 유도할 필요가 있다면 보조금의 수단으로 해결하면 된다. 이런 예외적인 경우를 위해 지대를 개인에게 귀속시킬 필요는 없다.

또 다른 예로 석유 탐사처럼 초기 비용이 많이 들면서도 위험요소가 큰 사업에서 석유가 발견될 경우에 상승하는 지대를 사회에 귀속시킨다면 누가 이런 사업을 하려고 할 것인가하는 반론도 있다. 이러한 경우도 특정 개발사업을 촉진해야 할 사회적 필요성이 있다면 보조금 방식으로 해결하면 된다. 때로는 사업 성공 시의 지대를 개발자에게 보장하겠다는 식으로 유인을 줄 수도 있겠지만, 이것은 어디까지나 보조금 지급의 한 방법이라고 보아야 한다.

둘째로, 어떤 유능한 사람이 보통 사람에게는 평범하게 보이는 토지의 감춰진 장점을 발견하여 놀라운 수익을 낳는 용도로 개발하는 수도 있는데, 이런 경우에는 통상적인 지대와 그 개발자에 의해 새로 인식된 지대의 차이를 개발자에게 주어야 한다는 반론도 예상된다.

그러나 지대는 토지의 객관적 가치이므로, 다른 사람이 모르는 특수한 용도를 찾아낸 경우라면 지대는 변화하지 않는다. 즉 이 유능한 사람이 지대를 더 무는 것은 아니다. 한편 유능한 사람이 특수 용도를 발견한 후 다른 사람이 그 노하우를 모방하여 새로운 용법이 보편화된 경우에는 지대가 상승하게 되는데, 그 지대는 당연히 환수의 대상이 된다.

이때, 최초의 발견자를 보호할 필요가 있다면 그 올바른 해법은 특허다. 새로운 발명, 의장, 실용신안 등에 대해 특허를 인정하듯, 토지 개발의 경우에도 일정 기간 통상의 지대로 그 토지를 이용할 수 있는 특허제도를 만들면 된다. 이런 예외적인 사례 때문에 사회귀속이라는 원칙을 훼손하는 것은 옳지 않다.

2) 제도운영 비용

한편, 제도운영 비용이라는 측면에서 일견 가장 우수한 견해는 지주귀속설이다. 지대에 대해 아무 조치도 없이 그냥 두자는 견해이기 때문이다. 사회귀속설의 경우는 지대를 평가하고 징수하는 비용이 들지만, 지대세 수입만큼 다른 조세를 감면한다면 다른 조세의 과표 평가 및 징수를 위한 비용이 절약되기 때문에 비용이 지주귀속설보다 더 드는 것은 아니다. 행위자귀속설의 경우에는 모든 토지의 지대 증감액 중에서 어느 만큼이 특정인의 행위와 인과관계를 가진 부분인가를 판정해야 하는 어려움이 있어 제도운영 비용이 가장 많이 들 것으로 보인다. 절충설의 경우에는 행위자가 소유하는 토지에서만 그 인과관계를 판정하면 되므로 행위자귀속설보다는 비용이 훨씬 적게 든다.

5. 종합

이상의 논의를 종합하면 다음 표와 같다.

〈표 14.2〉 각 귀속설의 평가

귀속설	형평성	효율성	
		자원배분	제도비용
사회귀속설	○	○	○/△
지주귀속설	×	×	○
행위자귀속설	○	×	×
절충성	△	×	△

○: 적절　×: 곤란　△: 중간

위 표에서 볼 때 사회귀속설은 모든 기준에서 우수한 반면 나머지 세 귀속설은 결정적인 흠이 있음을 알 수 있다.

그런데 현실에서는 토지소유자의 행위에 의해 자기 토지의 지대가 상승할 경우에는 상승액을 토지소유자가 차지하는 것이 당연하다고 생각하는 사람이 적지 않다. 만일 이런 이유 때문에 지대조세제 도입이 지연된다면 전략적인 관점에서 토지소유자의 행위에 의해 소유 토지의 지대가 상승하는 경우에는 상승액을 지대세 과표에서 공제해 주어도 좋다고 본다. 특정인의 행위에 의해 지대가 변화하는 경우는 그리 많지 않고 금액도 지대총액에 비해 크지 않을 것이기 때문이다. 다만 이렇게 할 때 자원의 효율적 배분에 지장을 주는 부작용은 감수해야 한다.

제15장

지공주의의 잠재력

지금까지 토지사유제의 폐해를 극복하는 새로운 토지 패러다임인 지공주의를 제시하고 그 핵심 수단인 지대조세제가 이상적인 토지제도인 동시에 조세제도라는 점을 입증하였다. 그러나 지공주의는 그 이상의 잠재력을 가지고 있다.

아래에서 잠재력의 예를 네 가지 들어 보인다. 첫째로, 지공주의의 내용인 토지원리를 확대하면 생태주의와 조화를 이루는 사회, 특권 없는 사회를 이룰 수 있다는 점이다. 둘째로, 지공주의는 자본주의와 사회주의의 장점을 갖춘 제3의 이데올로기이며 통일한국의 이념이 될 수 있다는 점이다. 셋째로, 지대조세제는 진정한 시장경제의 토대가 된다는 점이다. 넷째로, 지공주의는 시장친화적 사회보장을 마련함으로써 시장경제와 사회복지를 아우를 수 있다는 점이다. 다섯째로, 지대조세제를 통해 시장 영역과 정부 영역이 대립적이 아니라 상보적인 조화를 이룰 수 있다는 점이다.

이어서 다음 장에서 토지사유제에 내재하는 토지보상의 딜레마를 지대조세제가 해결할 수 있다는 점을 보여 또 다른 잠재력을 제시한다.

Ⅰ. 토지원리의 확대

토지원리를 확대하면 친생태, 반특권 사회를 이룩할 수 있다.

1. 자연조세제

지공주의는 토지원리를 내용으로 하는 사상이다. 토지원리는 토지가 천부된 것이라는 사실에서 도출되었으므로 이를 자연 전반으로 확대하면 자연원리가 된다. 이때 지대조세제는 자연조세제가 된다. 자연조세제는 무분별한 천연자원 고갈과 환경 파괴를 시장친화적으로 막아 생태주의와 조화를 이룰 수 있다.

자연원리란 제3장(분배규칙과 지공주의)에서 도출한 토지원리의 토지를 자연으로 바꾼 것에 불과하다. 정리하면 다음과 같다.

① (평등한 자연권) 모든 국민은 자연에 대해서 평등한 권리를 가진다.
② (합의에 의한 우선권 인정) 사회적 필요성이 있으면 사회적 합의에 의해 특정인에게 우선권을 인정할 수 있다.
③ (우선권 인정의 조건) 사회가 특정인에게 우선권을 인정하려면 다음 조건을 충족시켜야 한다.
㉮ (취득기회 균등) 모든 사람에게 우선권 취득기회를 균등하게 보장한다.
㉯ (특별이익 환수) 우선권에서 발생하는 특별이익을 환수한다.
㉰ (사회적 제약) 우선권 행사는 우선권을 인정하는 취지에 부합해야 한다.

자연은 다음과 같은 세 가지 종류로 나누어 볼 수 있다.

첫째로, 넓은 의미의 토지가 있다. 여기에는 좁은 의미의 토지 이외에 토지처럼 위치와 존재량이 고정되어 있는 자연이 포함된다. 고정되어 있는 자연에 대한 사용 수요가 늘어나면 혼잡이 발생하고 그에 따라 지대가 발생한다. 오늘날 혼잡이 발생하는 새로운 예로는 전파대역, 위성궤도 등을 들 수 있다. 전파대역은 라디오, 텔레비전, 이동통신 등의 전파를 실어 나르는 통로이기 때문에 오늘날 수요가 급속히 늘어나고 있어 주목된다. 이런 종류의 자연을 특정인이 단독으로 사용하면 타인을 배제하는 결과가 생긴다는 점에서 토지와 공통된다. 따라서 환수의 대상은 배제의 대가인 지대가 된다.

둘째로, 토지 이외의 천연자원이 있다. 예를 들면 광물, 석유, 천연 동식물, 오존층 등이다. 이 종류의 공통성은 특정인의 사용이 타인을 배제한다는 점 이외에 사용에 의해 존재량이 줄어들기 때문에 후손도 배제한다는 점이다. 따라서 환수액은 지대 이외에 고갈피해액 내지 자원대체비용이 된다. 오존층의 파괴는 아래에서 언급하는 오염 대상의 하나이기도 하지만 고갈될 뿐 회복이 되지 않는다는 점에서 천연자원의 하나로 포함시켰다.

셋째로, 오염 대상으로서의 환경이 있다. 예를 들면 공기, 물 등이다. 이 종류의 공통성은 특정인의 사용이 타인을 배제한다는 점 이외에 사용에 의해 오염되기 때문에 후손을 배제한다는 점이다. 따라서 환수의 대상은 지대 이외에 오염 피해 내지 환경회복비용이 된다.

토지, 천연자원, 환경을 비교하면 다음 표와 같다.

〈표 15.1〉 토지, 천연자원, 환경의 비교

대상	사용 결과	형평 비교 대상	환수액의 내용
토지	배제	타인	지대
천연자원	배재+고갈	타인+후손	지대+고갈 피해/자원대체비용
환경	배재+오염	타인+후손	지대+오염 피해/환경회복비용

이처럼 토지 외에 천연자원과 환경에까지 토지원리를 확대하면 토지에서처럼 천연자원의 낭비와 유휴화, 환경의 오염과 파괴를 효과적으로 그리고 시장친화적으로 방지할 수 있다.

2. 배출권 거래제의 문제

위에서 환경에 지대세를 부과하고 오염 피해액과 환경회복 비용을 부과하자고 하였는데, 최근 환경오염을 통제하기 위한 수단의 하나로서 배출권 거래제가 활발히 논의되고 있으며, 온실가스 배출을 줄이기 위한 도쿄의정서에도 이 방식이 채택되어 있다. 권리를 시장에서 거래하도록 하는 제도이기 때문에 일견 가장 시장친화적인 것처럼 보인다.

그러나 배출권 거래제는, 오염자에게 비용을 부담시키자는 취지는 좋지만 두 가지 문제가 있다. 무엇보다 중요한 문제는 배출권이 환경소유권처럼 오인될 수 있다는 점이다. 이렇게 되면 배출권거래제로 인해 사실상 환경사유제가 확립되어 토지사유제의 문제를 환경에까지 확대시키게 된다. 또 하나는 배출권을 배분하는 경우에 기회균등의 문제가 제기될 수 있다는 점이다. 모든 사람에게 동등한 취득기회를 부여하는 것이 아니라 도쿄의정서에서처럼 기존의 오염량 등을 감안한 다른 기준을 적용한다면 자연원리에 어긋난다.

3. 특권 없는 세상

토지원리는 자연 이외에, 개인의 노력에 의해서가 아니라 사회가 공동으로 창출한 공동의 자원에까지 확대 적용할 수 있다. 그 좋은 예로서 정부 권력이 있다. 정부는 국민전체의 이익을 위해 존재하고 정부의 권력은 국민이 각자의 자유를 유보하는 데 동의함으로써 정당화된다. 따라서 모든 국민은 토지에 대해서처럼 정부 및 정부 권력에 대해서도 평등한 권리를 가진다. 정부가 권력을 배경으로 특정 주체에게 노력과 기여와는 무관한 우선권을 부여한다면 이는 토지에 대한 단독사용을 인정하는 것과 같다. 우선권의 예로는 특정 기업을 위해 독점권을 부여하는 등 타 업체에 대한 진입장벽을 설정하는 경우, 국민의 세금으로 특정 산업에 차별적 지원을 하는 경우 등을 들 수 있다.

그러므로 정부가 특권을 설정하려면 토지에 대한 단독사용을 인정할 경우와 동일한 다음과 같은 조건을 충족시켜야 한다. 첫째로, 모든 국민은 우선권을 취득할 균등한 기회를 가져야 한다. 둘째로, 우선권으로 인해 특별한 이익이 발생한다면 이를 환수해야 한다. 이런 특별이익을 경제학에서는 지대와 성격이 같다는 의미에서 '렌트(rent)'라고 하며 특별이익을 추구하는 행위를 '렌트추구행위(rent-seeking)' 또는 '이권추구행위'라고 부른다. 셋째로, 우선권자는 우선권을 인정하는 사회적 취지에 적합하게 이를 활용하여야 한다.

Ⅱ. 제3의 이데올로기

1. 합(合)으로서의 지공주의

지공주의는 자본주의와 사회주의를 지양하는 제3의 이데올로기이다. 자본주의는 토지와 자본의 사유를 원칙으로 하고 사회주의는 양자의 공유를 원칙으로 하지만 이는 모두 인간의 상식에 어긋난다. 자본주의가 토지의 사유를 인정하는 것은 그것이 옳기 때문이 아니라 어쩔 수 없이 현실을 긍정한 것이다. 이러한 자본주의 체제에서는 토지의 사유로 인한 빈부격차, 토지투기 등의 문제가 그칠 수 없다. 반면 사회주의는 자본을 사회화하는데 이것은 인간의 이기적인 본성을 외면하는 지나친 이상주의이다. 자본의 사유화를 막는다면 극히 일부의 이타적인 사람을 제외한 대부분의 인간은 자본을 생산하려고 하지 않을 것이기 때문이다.

반면 지공주의는 자본의 사유와 토지의 공유를 바탕으로 한다. 즉 노력에 의해 생산한 것에 대해서는 생산자의 사유를 인정하여 효율성을 달성하고 사람의 노력과 무관하게 천부된 토지는 사유의 대상에서 제외함으로써 형평성을 달성하자는 것이다. 이렇게 본다면 지공주의는 자본주의라는 정(正), 사회주의라는 반(反)을 지양하는 합(合)에 해당된다. 지공주의는 양대 이데올로기의 단순한 절충이 아니라 장점만을 아우르는 우수한 체제이다. 자본주의를 견제하는 역할을 해 온 사회주의가 퇴조해 버림으로써 자본주의의 병폐가 더욱 심해지지 않을까 염려되고 있는 이 시점에, 이와 같은 제3의 체제는 주목 대상이 된다. 세 체제를 비교하면 〈표 15.2〉와 같다.

〈표 15.2〉 세 체제의 비교

체제	토지	자본
자본주의	사유	사유
사회주의	공유	공유
지공주의	공유	사유

2. 통일한국의 이념

지공주의는 다음과 같은 이유에서 남북한 통일에 대비한 가장 적절한 이념이 될 수 있다.

첫째로, 무엇보다도 자존심의 문제다. 수십 년간 서로 다른 두 체제를 고수하던 남북한이 어느 한 쪽의 체제로 흡수 통합을 시도한다면 그 체제의 장단점 여부를 떠나서 감정적으로 수용하기가 어려워 통일에 지장을 줄 수 있다. 서로 자존심을 건드리지 않으면서 변화에 쉽게 적응할 수 있는 제3의 체제를 지향한다면 통일로 나아가는 길이 좀 더 쉬워질 것이다.

둘째로, 지공주의가 현재 남북한이 취하고 있는 체제보다 우수하다는 점이다. 남한의 토지사유제의 문제는 제13장(새로운 토지 패러다임을 찾아서)에서 충분히 검토한 바와 같다. 북한의 토지공유제는 지대를 징수하지 않기 때문에 역시 형평성과 효율성 모두 문제가 있다. 이런 문제를 극복하는 방법이 바로 지공주의다.

셋째로, 지공주의는 남북한의 현 토지제도를 크게 바꾸지 않고도 도입할 수 있다는 점이다. 토지사유제를 취해 온 남한에서는 토지의 사유를 그대로 유지하면서 지대세를 징수하면 된다. 토지공유제를 취해 온 북한에서는 토지의 국유를 그대로 유지하면서 개인의 토지 사용을 확실하게 보장하고 임대료도 확실하게 징수하는 토지공공임대제를 실시하면 된다.

3. 북한에 적용할 토지공공임대제

통일 후 북한지역에 토지공공임대제를 실시하는 것이 좋다고 하였다. 남한의 상당수 국민은 통일한국에는 당연히 토지사유제가 적용된다고 전제하는 사람이 많은 상황에서 이 제안은 다소 엉뚱해 보인다. 북한에 적용할 토지공공임대제에 있어 흔히 제기될 의문에 대해 생각해 보자. 토지사유제에 익숙한 사람에게 가장 먼저 떠오르는 의문은 '토지사유제를 북한에도 적용하면 안 되는가?'일 것이다. 그러나 토지사유제는 정의롭지도 효율적이지도 않은 제도이므로 설명을 생략한다. 그 밖에 제기될 다른 의문을 생각해 보자.

1) 토지공유제보다 토지공공임대제가 더 나은가?

토지공유제에 익숙해 있는 북한지역 주민에게는 당연히 떠오르는 의문이다. 토지공공임대제와 토지공유제는 정부가 토지 가치를 수취하고 토지를 처분하는 권한을 가진다는 점에서는 동일하다. 차이점은, 토지공공임대제는 토지의 용도와 개발 내용 등 토지 사용을 사용자가 결정하는 반면 토지공유제는 토지 사용을 정부가 결정한다는 점이다.

두 제도를 비교 평가하기에 앞서 두 가지 점을 지적해 둘 필요가 있다. 첫째로, 토지공유제에서는 토지를 모두 공동으로 사용한다고 오해하기 쉽지만 그렇지 않다는 점이다. 국토 중 상당한 비율은 누군가의 단독사용에 맡길 수밖에 없다. 철저한 토지국유제와 사회주의를 고수하는 북한의 경우에도 전국의 토지를 국민이 공동으로 사용하는 것이 아니라, 생산용 토지는 국영기업소 또는 집단농장이(부분적으로는 뙈기밭 형태로 개인이) 단독으로 사용하고 주택의 부지도 개인이 단독사용한다.

둘째로, 토지공유제만이 아니라 어떤 토지소유제도에서든 정부가 토지 사용의 결정에 관여한다는 점이다. 토지의 사용은 공간적으로 다른 토지에, 그리고 시간적으로 다음 시점의 토지에 큰 영향을 미치게 된다. 그래서 토지소유자의 권리를 가장 철저히 보호하는 토지사유제에서도, 특히 도시용 토지에 대해서는 그 사용을 토지소유자에게 일임하지 않고 정부가 공간적·시간적 조화를 위해 상당한 정도로 간섭한다.

이런 점을 감안하면 토지공공임대제와 토지공유제의 실질적 차이는 토지 사용에 관한 결정권이 누구에게 있느냐의 문제라기보다는 누구의 '주도'로 이루어지느냐에서 생긴다. 정부가 주도하면 토지공유제에 가깝고, 사용 주체가 주도하면 토지공공임대제에 가깝다고 하겠다.

이런 이해를 바탕으로 두 제도를 평가하면 우선, 인간의 생산물이 아닌데도 토지에 대한 절대적인 권리를 부여하는 토지사유제가 아니라는 점에서, 둘 다 정의로운 제도라고 할 수 있다. 그러나 효율성 측면에서는 다음과 같은 두 가지 이유로 토지공유제보다 토지공공임대제가 더 낫다.

첫째로, 정부 주도의 토지공유제에서는 대체로 집권적 결정이 이루어진다는 점이다. 사회는 인위적으로 되는 것이 아니라 자연스럽게 성장해야 하며, 사회는 유기체이지 기계가 아니다. 따라서 지나치게 집권적인 결정은 개별 토지 사용자의 창의를 적절히 활용하기 어렵고 현실 적합성이 낮다.

둘째로, 토지공유제를 취하면, 사회주의 국가에서 많이 보듯이, 단독 사용자로부터 토지 가치를 제대로 환수하지 않는 경우가 많다는 점이다. 단독 사용자가 토지의 생산성에 상응하는 대가를 지불하지 않으면 가격기구가 작동하지 않으므로 토지가 효율적으로 배분되지 않는다.

다만, 토지공유제라고 해도 토지 사용에 관한 결정을 분권화하고 토지 가치를 적절히 환수하면 경제효율을 높일 수 있다. 그러나 분권적 결정과 토지 가치 환수가 결합한 토지공유제는 토지공공임대제와 거의 같은 제도라고 해도 좋을 것이다.

2) 토지 외에 건물까지 공공임대로 하는 것은 어떤가?

건물을 공공임대한다면, 정부가 모든 건물의 공급을 전담하고 이를 공공임대하는 경우도 있고, 민간에서도 건물을 공급할 수 있도록 하는 가운데 건물을 정부가 공급할 경우에만 토지와 함께 공공임대하는 경우도 있다. 두 경우 모두 비효율의 문제가 발생한다.

첫째로, 모든 건물의 공급을 정부가 전담하는 경우. 건물 공급을 민간에서도 하려고 하며 또 충분히 할 능력이 있는데도 정부가 전담한다면 민간 부문을 활용하지 않는 만큼 비효율이 생긴다.

둘째로, 민간의 건물 공급을 허용하는 가운데 정부가 공급한 건물은 토지와 함께 공공임대하는 경우. 이런 경우에도 비효율의 문제가 생긴다. 정부가 공급하는 건물을 시공하는 업체는 결국 건물을 정부에 납품하므로 건물 수요자보다는 공사 발주처인 정부 측에 신경을 쓴다. 건물 입주자도 자기 집이 아니므로 알뜰하게 사용하지 않게 되고, 이로 인한 입주자의 오용을 막으려면 관리당국은 감시 업무를 추가로 떠맡아야 한다. 그러므로 토지는 정부가 임대하되 건물은 누가 시공을 하건 분양하는 것이 좋다. 그러나 민간 사업자가 건물을 임대하고 싶어 한다면 허용해서 나쁠 것이 없다.

한편, 토지와 건물이 결합하여 부동산을 이루므로 부동산을 하나의 단위로 취급하는 것이 편리할 것으로 생각할 수도 있다. 물론, 토지는 국유로 두어 임대하고 건물은 사유로 하여 분양하더라도 토지와 건물이 결합된 부동산을 하나의 단위로 사용하고 거래하는 경우가 많을 것이다. 그렇다면 사용과 거래는 결합된 상태로 하면 된다. 예를 들어, 건물이 거래되면 그 부속토지의 임차권은 당연히 새로운 건물소유자에게 이전되는 것으로 하면 된다. 그러나 당사자가 원할 경우에 토지와 건물을 분리해서 사용 또는 거래할 수 있게 하더라도, 이는 당사자의 필요에 따라 하는 것이므로 효율성에 별 문제가 없다.

참고 북한법제와 토지공공임대제

2006년 말 현재 북한법제 하에서 토지공공임대제가 허용되는지를 살펴보자.

북한법상 토지는 국가와 협동단체만 소유할 수 있으며 모든 토지는 인민의 공동소유로서 누구도 팔고사거나 개인의 것으로 만들 수 없다(토지법 제9조). 북한에서 소유권을 가진 자는 법이 정하는 범위 안에서 자기의 소유재산을 차지하거나 이용, 처분할 수 있다.

남한법과 비교하면, 남한에서는 토지를 개인이 소유할 수 있으나 북한에서는 안 되며, 남한의 소유권은 사용, 수익, 처분할 수 있는 권리인 데 반해 북한의 소유권에는 '수익권'이 빠져 있다는 점에서 차이가 난다.

국가와 협동단체는 토지소유자로서 당연히 토지를 이용할 수 있다. 또 협동농장을 비롯한 기관, 기업소, 단체 및 공민이 토지를 이용할 수 있다(토지법 제13조).

이 가운데 공민 즉 개인은 원칙적으로 토지를 단독 이용할 수 없다. 개인 자격으로서 토지를 이용하는 경우는 살림집의(따라서 살림집 대지의) 이용과 협동농장원으로서 터밭 이용에 국한된다. 국가 소유 살림집의 이용은 지방정권기관과 해당 기관의 이용 허가를 받아야 하며, 터밭 이용은 협동농장의 규약에 따른다(도시경영법 제11조, 토지법 제13조).

기관, 기업소, 단체는 원칙적으로 허가를 받아 토지를 이용할 수 있다. 북한의 토지는 이용 목적에 따라 농업토지, 주민지구토지, 산림토지, 산업토지, 수역토지, 특수토지로 나누어진다(토지법 제7조). 농업토지, 주민지구토지, 산림토지, 수역토지 등을 이용하려면 허가를 받아야 한다(토지법 제65조에서 제74조).

산업토지의 경우는 토지법에 이용 허가에 대한 직접적인 언급이 없으나, 북한에서는 모든 생산수단이 국가와 협동단체의 소유이므로(헌법 제20조) 산업체에 대해서는 따로 토지이용 허가를 할 필요가 없기 때문인 것으로 보인다.

요약하면 국가와 협동단체는 토지를 소유할 수 있고 기관, 기업소, 단체는 허가를 받아 토지를 이용할 수 있으며 개인은 살림집과 터밭만 이용할 수 있다.

그런데 토지이용료에 대해서는 헌법과 법에 직접적인 언급이 없다. 북한에서는 생산수단이 국가와 사회협동단체 소유이고 생산물도 대부분 사회에 귀속되므로 구태여 토지이용료를 따로 정할 필요가 없기 때문으로 추측된다.

그런데 2002년 7월 북한은 경제에 시장요소를 도입하는 소위 "7.1경제관리개선조치"를 내놓고 그 후속 조치의 하나로 농지에 대한 토지사용료를 명시하는 "토지사용료 납부 규정"(2002.7.31.)을 제정하였다. 이 규정은 토지사용료로 농업생산물의 일부를 돈으로 국가에 납부하도록 하며 토지사용료는 토지의 부류별·지목별·등급별로 정하도록 되어 있다. 농지에 국한된 것이기는 하지만 토지사용료를 징수한다는 점, 그리고 생산성에 따라 토지사용료에 차등을 둔다는 점이 주목된다.

이상의 검토를 바탕으로 해서 보면, 현행 북한법상 살림집과 터밭과 같은 특수한 경우를 제외하면 개인이 토지 사용 주체가 되는 것은 불가능하지만 기관, 기업소, 단체가 사용주체로서 허가를 받아 토지를 사용하는 방식은 가능하다. 또 사용자로부터 토지사용료를 징수하는 것도 법적으로 금지된 것은 아니며 또 7.1 조치에서도 나타나듯이 토지사용료를 토지의 등급에 따라 차등 징수하는 것도 위법이 아님을 알 수 있다. 따라서 개인이 사용 주체가 되는 경우만 아니라면 토지공공임대제는 북한법에 위배되지 않는다.

그러나 북한에서 '사용허가제'라는 용어는 자연스러우나, '임대제'라는 용어는 개인이 토지 사용권을 가진다는 의미로 오해될 수 있으므로 이 점에 유의할 필요가 있을 것이다.

Ⅲ. 시장친화적 사회보장

1. 시장경제와 사회보장

사회보장이 시장친화적이 되려면 최소한 두 조건이 필요하다. 첫째, 사회보장의 재원이 정당한 사유재산을 침해하는 방식으로 조성되어서는 안 된다는 조건이다. 시장경제에서도 개인이 선택에 의해 자발적으로 내놓는 기금으로 사회보장을 한다면 충돌이 있을 수 없다. 이 경우 사회보장은 자선이 된다. 그러나 사회보장을 국가의 의무이자 수급자의 권리로 본다면 그 비용을 충당하기 위해 개인의 선택과는 무관하게 사유재산을 강제로 징수하게 된다. 그러면 시장경제와 사회보장이 충돌하게 된다. 지금까지 이 조건을 갖춘 사례도 없었고 또 상식적으로는 앞으로도 불가능해 보인다. 그래서 시장경제와 사회보장은 충돌된다는 견해가 지배적이다. 하지만 지공주의에서는 이런 조건을 충족시키는 사회보장제도를 설계할 수 있다.

둘째로, 사회보장을 위해 지불하는 금액과 그 반대급부 사이에 대가관계가 존재해야 한다는 조건이다. 이 조건을 지키려면 부득이한 사정으로 지불액보다 반대급부가 일시적으로 더 많을 경우에는 상환의무가 부과되어야 한다. 다만, 상환의무는 수령자가 일정한 소득 수준을 넘어설 경우에 이행하는 것이 사회보장의 취지에 맞을 것이다. 그 밖에, 필요조건은 아니지만, 사회보장이 민간화되고 경쟁적으로 이루어질 수 있다면 시장친화성이 더 높아진다.

아래에서 이러한 특성을 구비하는 하나의 사례를 설계해 보자. 이 설계안은 생존권보험을 기초로 하고 부담 경감 제도와 빈곤층 자활 지원 제도를 추가한다.

2. 생존권보험

지대기금을 재원으로 하여 모든 사람에게 인간다운 최저생활을 보장하기 위한 사회보험으로서 생존권보험을 둔다. 보험의 요소인 보험료, 보험사고, 보험금을 하나씩 살펴보자.

우선, 생존권보험의 보험료는 모든 국민이 출생 전에 자신의 지대 지분으로 지불한 것으로 간주한다. 실제로는 지대를 징수하여 관리하는 정부가 대납한다. 선천적으로는 누구나 불우하게 될 확률이 동일하기 때문에 보험료는 같다. 보험료의 구체적인 금액은 지대 기금의 크기, 사회보장 이외의 재정 수요, 국민의 평균적인 생활수준 등을 종합적으로 고려하여 사회적 합의를 통해 정한다.

보험사고는 소득이 인간다운 생활에 필요한 비용에 미달하는 상태를 말한다. 보험사고가 발생하면 보험 가입자가 보험금을 수령한다. 인간다운 생활비는 사람마다 다를 수 있다. 예를 들어 건강한 사람과 고액 의료비가 필요한 사람은 인간답게 생활하기 위한 비용이 다르기 때문이다. 보험금은 인간다운 생활비와 실소득 간의 차액이 된다.

스스로 선택에 의해 빈곤층이 된 사람에게 보험금을 지급할 것인지에 대해서는 두 가지 안이 있다. 일반 보험처럼 보험사고를 고의로 일으킨 가입자에게 보험금을 지급하지 않을 수도 있고, 인간의 인생 선택권을 중시하여 본인이 원한다면 보험금을 지급하되 상환 의무를 부과하여 균형을 잡을 수도 있다. 자동차 보험에도 후자와 비슷한 예가 있다. 자동차를 소유하면 반드시 가입해야 하는 강제책임보험 중 대인배상은, 가입자가 고의적으로 사고를 낸 경우에도 피해자가 보험금을 청구하면 지급해야 하지만, 사고를 일으킨 자는 보험회사에 배상해야 할 의무가 있다.

생존권보험은 민간 회사가 운영할 수도 있다. 보험료가 사회적 합의에 의해 일정하게 정해진 가운데 민간 보험회사는 가입자를 유치하기 위해 보험 혜택, 서비스 등에서 경쟁할 수 있다. 정부는 가입자 수에 따라 지대 기금에서 보험료를 회사에 주면 된다. 여러 보험회사가 경쟁한다면 그만큼 국민의 선택 폭이 넓어진다.

생존권보험은 시장경제에서 나타날 수 있는 보험과 다르지 않다. 다만, 출생 전에 보험에 자동으로 가입시키는 것은 시장경제와 어긋난다는 지적이 있을 수 있다. 그러나 출생 전의 인간을 위한 합리적인 대리인이 자발적으로 선택할 내용을 제도화한 것으로 보면 된다. 태아보험은 신생아의 선천성 질환이나 인큐베이터 이용, 성장 과정에서 발생하는 질병이나 재해사고 등에 대해 보험금을 지급하는 상품인데, 태아의 의사와는 무관하게 부모가 태아를 위해 가입하며 자동차 보험 중 강제책임보험도 가입이 강제되지만, 그렇다고 해서 시장원리에 어긋난다는 비판은 없다.

3. 추가적 사회보장

생존권보험 외에 지대기금을 재원으로 운영할 만한 추가적 사회보장제도를 두 가지만 제시해 둔다.

1) 부담 경감

특정한 교육비, 의료비, 주거비 등이 생존권보험의 급여 범위를 초과하지만 이를 지원할 사회적 필요가 있는 경우에는 초과비용에 대해 당사자의 부담을 경감해 주는 제도를 만들 수 있다. 다만, 이 경우에는 생존권보험금 범위를 초과하는 급여가 이루어지므로 사후 상환의무가 부과되어야 한다.

부담 경감 방식에는 필요한 재화와 서비스 가격을 직접 할인하여 공급하는 방식도 있고 바우처(voucher)를 활용하는 방식도 있다. 바우처란 특정 재화와 서비스에 대한 구매권을 나타내는 증서다. 바우처는 민간부문이 공급하는 재화와 서비스를 구입할 수 있게 한다는 점에서 융통성이 많고 더욱 시장친화적이다. 바우처 방식에는 크게 세 가지 유형이 있다. 푸드 스탬프(food stamp)나 문화상품권과 같이 소비자에게 직접 쿠폰으로 제공하는 방식, 주택바우처와 같이 주택소유자에게 정부가 임대료를 대신 지불하는 방식, 소비자가 직접비용을 1차적으로 지불하지만 구매 이후 정부가 세액공제 등을 통해 환급해 주는 환급 방식이 있다.

2) 빈곤층 자활 지원

사회보장의 목적이 인간다운 생활의 보장이고 이 목표는 개인이 스스로 노력하여 달성하는 것이 가장 바람직하므로 자활을 지원하는 제도가 필요하다. 절대적 빈곤층이 빈곤에서 벗어나도록 하는 방식과 차상위계층이 절대적 빈곤으로 추락하는 것을 예방하여 실질적인 자립·자활을 돕는 방식이 있다.

빈곤층 자활 지원은 자활사업프로그램과 창업지원의 두 가지 형태가 있다. 자활사업프로그램은 대상자의 노동능력 정도에 따라, 노동능력이 있는 대상자에게는 취업 관련 교육 및 훈련, 취업 알선 등을 제공하여 시장에 진입하도록 돕고, 상대적으로 노동능력이 취약한 대상자에게는 사회적응 및 지역봉사프로그램, 사회적 일자리 등을 제공한다.

창업지원은 창업을 원하는 저소득층을 대상으로 장기 저리로 대출을 해 주고 사업 노하우를 제공한다. 가장 대표적인 예는 그라민 은행 등이 벌이는 마이크로크레디트 사업이다.

위에서 제시한 시장친화적 사회보장 설계를 정리하면 〈표 15.3〉과 같다.

〈표 15.3〉 복지부문의 분배 설계

구분	생존권보험	부담 경감	빈곤층 자활 지원
목적	인간다운 최저생활 보장	특정 영역에 대한 적정 수준의 복지 보장	노동 연계 복지를 통한 탈빈곤 및 자립생활
급여대상	절대적 빈곤층	상대적 빈곤층 중 특정 영역의 욕구가 있는 자	절대적 빈곤층 및 차상위계층 중의 노동능력자
상환의무	선택에 의한 빈곤자에 한해 있음	있음	창업지원 프로그램에 한해 있음

Ⅳ. 진정한 시장경제의 토대

1. 시장경제의 3요소

지공주의는 진정한 시장경제의 토대가 된다. 진정한 시장경제란 자유롭고 자발적인 선택에 의해 형성되는 경제를 말한다. 이러한 시장경제가 되려면 다음과 같은 세 요소를 필수적으로 갖추어야 한다.

첫째로, 평등한 자유가 필요하다. 자유롭고 자발적인 선택이 가능하려면 단순한 자유가 아니라 모든 사람이 자유를 평등하게 향유해야 한다. 예를 들어 노예의 경제적 선택은 자유롭지도 자발적이도 않으므로 노예제도에 기반을 둔 경제는 진정한 시장경제가 아니다.

평등한 자유를 시장경제의 조건으로 제시한 사상가는 많다. 예를 들어 시장경제 사상의 대부인 프리드먼(Milton Friedman)도 여기에 속한다. 그의 표현을 인용해 보자. "평등은 기회의 평등이며 이는 각자 목적을 추구하는 능력의 활용을 가로막아서는 안 된다는 뜻이다. 기회의 평등은 인격의 평등과 마찬가지로 자유와 충돌되지 않는다. 오히려 자유의 본질적 요소이다"(Friedman, 1980: 132). 제4장(사회정의 철학과 토지소유제도)에서 소개했던 최대자유주의자 나직(Robert Nozick)도 평등한 자유와 시장경제의 상호 부합성을 지적했다. 그는 로크의 단서를 "다른 사람을 불리하게 하지 않는 경우"(Nozick, 1974: 175)라고 완화한 다음 "시장체제의 자유로운 작용은 로크의 단서와 충돌되지 않을 것으로 믿는다"(Nozick, 1974: 182)라고 하였다.

둘째로, 재산권이 필요하다. 인간이 주로 이기적인 동기에 의해 경제행위를 한다고 보면, 재산권에 대한 보장이 없을 경우에는 자발적인 생산과 교환이 이루어지지 않을 것이다. 따라서 시장이 성립되려면 재산권 보장이 필요하다. 다만, 시장경제의 재산권은 그 내용이 평등한 자유에 부합하여야 한다.

셋째로, 정부가 필요하다. 시장경제에서 정부가 필요하다는 말은 다소 역설적으로 들리지만 평등한 자유와 재산권을 보장하려면 정부가 존재해야 한다. 평등한 자유와 재산권에 대한 부당한 침해를 막으려면 강제력을 가진 주체가 필요한데 이런 강제력을 일부 구성원에게 맡긴다면 구성원 간의 자유가 불평등하게 되기 때문이다. 정부가 구성원의 자유롭고 자발적인 선택에 의해 성립한다면 시장경제와 더 잘 조화된다.

2. 시장경제와 토지 가치 공유

위에서 진정한 시장경제는 평등한 자유와 이에 부합하는 재산권을 보장해야 하고 이러한 보장을 위해 정부가 필요하다고 하였다.

제3장(분배규칙과 지공주의)에서 보았듯이 토지가치수익권은 평등한 자유에 부합하는 재산권이 아니다. 따라서 평등한 자유를 요소로 하는 시장경제에서 토지 가치 공유는 논리적 필연이다.

또 정부가 필요하다면 당연히 정부 비용도 필요하다. 정부와 시장이 충돌하지 않으려면 정부 비용도 국민의 자유롭고 자발적인 지불금으로 충당해야 한다. 현실에서 정부 비용은 조세로 조달하고 있다. 일반적으로 정부서비스와 납세액 사이에는 개별적인 대가 관계가 없기 때문에 조세는 납세자가 자유롭고 자발적인 선택에 의해 지불하는 금액이 아니다. 뿐만 아니라 조세는 초과부담을 발생시켜 시장경제에 짐을 지운다. 이처럼 조세는 진정한 시장경제와 어울리지 않는다. 그래서 조세는 시장경제의 필요악으로 취급된다.

그렇다면 시장경제와 어긋나지 않는 방식으로 정부 비용을 조달할 수는 없을까? 토지원리에 따라 토지우선권의 특별이익 즉 지대를 징수하면 된다. 지대는 토지를 소유하기로 자유롭고 자발적으로 선택한 자가 지불하는 대가다. 또 토지는 위치와 면적이 일정하기 때문에, 토지보유세는 다른 세금과는 달리 초과부담을 낳지 않고 경제에 짐을 지우지 않는다. 따라서 지대를 보유세의 방식으로 징수하여 정부수입으로 삼으면 시장친화적으로 정부 비용을 조달할 수 있다.

또 지대를 징수하면 완전경쟁 토지시장처럼 토지불로소득이 발생하지 않고 가수요도 존재하지 않는다. 토지 배분 결과는 완전경쟁 토지임대차시장에서 나타날 결과와 같아진다. 이처럼 지대 징수는 시장친화적이다. 지대세의 시장친화성에 관해서는 제19장(지대조세제와 세제개편)과 제20장의 의문 1(사유재산제와 시장경제에 위배되지 않나?)도 참고하기 바란다.

3. 시장과 정부의 조화

시장과 정부의 역할을 상호 대립적인 것으로 보는 견해가 지배적이기 때문에 시장의 역할을 강조하는 시장주의와 정부의 역할을 강조하는 개입주의는 평행선을 긋고 있다. 개입주의자의 눈에 비치는 시장주의자는 경제제일주의와 무한경쟁을 추구하며 양극화, 불로소득 사유화

등을 불가피하다고, 심지어 바람직하다고까지 생각하는 사람이다. 반면 시장주의자의 눈에 비친 개입주의자는 정부의 능력과 도덕성에 대한 환상을 가진 순진한 사람, 부유층의 정당한 재산을 약자에게 퍼 주어 그들의 버릇을 나쁘게 들이는 사람이다. 이렇게 대립된 시각은 학계에도 역시 존재한다. 오히려 학자들은 나름대로 이론적인 근거를 갖추고 있다고 자부하기 때문에 설득과 화해가 더 안 된다.

그런데 양자의 긴장관계는 상당 부분 '진정한 시장경제'에 대한 오해에 기인한다. 진정한 시장경제에서는 시장주의와 개입주의의 소통이 가능하고 그 긴장관계가 상당히 해소될 수 있다. 지공주의를 핵심요소로 하는 진정한 시장경제에서는 시장과 정부의 영역이 상호보완적 관계 속에 조화롭게 자리 매김할 수 있다. 두 영역의 역할을 정의하는 기준을 제시하면 다음과 같다.

첫째로, 정부는 진정한 시장경제의 필수요소 즉 평등한 자유와 그에 부합하는 재산권을 보장한다. 현실의 시장경제와 비교하여 가장 두드러지는 차이는 토지 가치를 공유한다는 점이다.

둘째로, 현실 시장이 완전경쟁조건을 제대로 구비하지 못하면 정부가 이를 충족시키기 위해 지원한다. 이는 시장을 대체하기 위한 개입이 아니라 시장을 보완하기 위한 개입이다.

셋째로, 이런 기초 위에 경제 문제는 우선적으로 시장을 통해 해결하도록 한다. 시장을 우선하는 가장 중요한 이유는 불가피론이다. 현재 인류는 이기심에서 벗어나지 못하는 수준인데 시장은 이런 수준의 인간이 자연스럽게 형성하는 질서이므로 시장을 거스르는 정책은 실효를 거두기 어렵기 때문이다. 불가피론 외에 시장이 가진 적극적인 장점도 이유가 된다. 공권력의 간섭이 줄어드는 만큼 개인적인 자유와 자율의 크기가 늘어난다. 또 일정한 조건을 갖춘 시장은 자원을 효율적으로 배분하면서 제도 비용이 적게 든다.

넷째로, 시장이 적절하게 해결하기 어려운 문제에 대해서는 정부가 공동체의 지혜를 모아 해결책을 모색한다. '시장이 적절하게 해결하기 어려운 문제'는 다음과 같은 시장의 한계에서 발생한다. 제8장(완전경쟁 토지시장)에서 검토하였던 부분을 요약해 보자.

> 완전경쟁 시장이 되기 위해 필요한 조건은 현실에서 충족되기가 매우 어렵다. 뿐만 아니라, 완전경쟁 시장이라고 해도 시장은 본질적으로 다음과 같은 결함을 가지고 있다.
>
> 첫째로, 사회에는 다양한 가치가 존재하나 가격을 매개로 자원을 배분하는 시장은 경제가치로 환산되지 않는 가치의 배분에 관해서는 무력하다. 이러한 시장의 한계는 결국 국민의

정치적인 선택에 의해 해결될 수밖에 없다. 경제현상은 사회현상의 일부이고 경제현상은 다양한 다른 현상과 연결되어 있으므로 경제현상을 다룸에 있어 경제논리 외에도 올바른 정치논리, 올바른 도덕논리, 올바른 환경논리 등의 간섭은 당연히 필요하며 올바른 경제논리는 다른 분야의 논리와 조화를 이루어야 한다.

둘째로, 경제 가치로 환산되는 것 중에도 가격이 반영하는 것은 공급자 또는 수요자 자신에게 귀착되는 사적인 이익과 비용일 뿐이다. 따라서 가격을 기준으로 자원이 배분되는 시장은 공급자와 수요자 이외의 타인, 나아가서는 사회 전체의 이익과 비용을 감안한 최적의 배분은 이루지 못한다.

셋째로, 가격에는 시장에 참가하는 자만의 선호와 지불능력과 예측이 작용할 뿐 시장에 참가하지 않는 사회구성원의 이해관계는 반영되지 않는다. 시장에 참여하지 못하는 큰 이유는 공간적·시간적 제약을 들 수 있다. 특히 이 세상에 태어나지 않은 세대의 이해관계는 조상의 시장 외적인 배려가 아니면 가격에 반영될 길이 없다.

다섯째, 시장처럼 정부도 한계를 가지고 있으므로 정부가 특정 사안에 대해 개입하려면 개입을 통해 공익을 더 증진시킬 수 있음을 입증할 수 있어야 한다.

여기서 주목할 것은, 지공주의는 시장경제를 위한 필수조건일 뿐 아니라 지공주의를 통해 시장과 정부 간의 갈등이 줄어든다는 점이다. 갈등이 감소하는 이유를 세 가지로 정리해 보자. 첫째로, 지공주의는 종래 정부 개입을 통해 해결해온 중요 문제를 시장친화적으로 해결한다. 토지 가치를 공유하면 토지불로소득으로 인한 부당한 빈부격차가 발생하지 않는다. 또 위에서 보았듯이 토지 가치를 공유하면 시장친화적인 사회보장까지 설계할 수 있다.

둘째로, 토지불로소득을 완전히 환수하면 투기를 막기 위한 부동산 규제는 필요 없게 된다. 현실에서는 토지불로소득의 사유화를 허용하기 때문에 투기적 가수요가 작용하여 부동산시장을 왜곡하고 이를 시정하기 위해 여러 가지 땜질식 규제를 가하게 된다. 그런데 토지불로소득을 없앤다면 이런 규제는 일절 필요 없게 되므로 부동산 문제에 대한 정부의 간섭이 대폭 줄어든다.

셋째로, 토지 가치를 공유하면 정부 수입을 시장친화적으로 조달할 수 있기 때문에 정부재정으로 인해 시장경제가 받는 부담이 그만큼 줄어든다. 자세한 설명은 제19장(지대조세제와 세제 개편)을 참고하기 바란다.

제16장

토지보상의 딜레마와 지대조세제

앞에서 지대조세제의 잠재력 네 가지를 보았다. 여기에서는 이에 추가하여 지대조세제가 토지사유제 사회의 토지보상 문제에 내재해 있는 딜레마를 해결할 수 있다는 점을 보이려고 한다.

Ⅰ. 이상적인 보상제도의 조건

공익 목적의 정부 조치로 인해 개인이 손실을 입을 때 이를 보상해 주는 제도가 다음 두 가지 조건을 충족시킨다면 이상적이라고 할 수 있다.

하나는 영향최소화 조건이다. 공익을 증진하기 위한 정부 조치로 인해 귀책사유 없는 특정 개인이 손실을 입을 경우에는 손실자의 생활에 주는 영향이 없도록 또는 영향이 가장 적도록 보상을 하여야 한다는 조건이다. 즉 정부 조치가 없었다고 할 때의 생활, 정부 조치가 있기 전의 생활에 가장 근접하는 상태를 유지시켜 주어야 한다는 것이다.

다른 하나는 일관성 조건이다. 손실보상에 적용되는 보상제도의 원리는 모든 종류의 손실보상에 일관되게 적용해야 하며 아울러 같은 성격의 정부 조치로 개인이 이익을 얻는 경우에도 마찬가지로 적용해야 한다는 조건이다.

그런데 우리나라의 토지보상 제도는 이런 조건을 충족시키지 못한다. 이는 단지 우리나라만의 문제가 아니라, 아래에서 보듯이 토지사유제를 채택하고 있는 모든 나라에 공통된 현상이다.

보상의 문제는 토지수용의 경우에 뚜렷하므로 토지수용 보상에 국한하여 두 조건의 충족여부를 검토하고 문제의 해결 방안을 모색해 보자.

1. 영향최소화 조건

영향최소화를 위해서는 토지보상 이외에도 이주비용, 생활·생업 재건비용 등의 보상이 필요하지만 여기에서는 토지보상만을 대상으로 하고 기타의 보상은 논외로 한다. 보상을 통해 피수용지주가 종전과 다름없는 생활을 하자면 '대토(代土)가능성'과 '토지불로소득 부재' 라는 조건이 충족되어야 한다. '대토가능성' 조건은 보상금으로 토지수용의 원인이 된 사업이 없었다고 할 때의 토지 또는 사업 전의 토지와 대등한 토지를 취득할 수 있어야 한다는 조건이다. '토지불로소득 부재' 조건은 보상액을 통해 피수용지주가 불로소득을 얻어서는 안 된다는 조건이다.

토지불로소득에 대해서는 제11장(토지불로소득)에서 다루었으므로 요점만 정리해 보자. 토지불로소득을 다음과 같은 식으로 나타낼 수 있다.

(1) 토지불로소득 = 매입 후의 실제 지대 − 매입시점에 예상한 지대

(2) 토지불로소득 = (지대 + 매각지가) − (매입지가 + 이자)
= (지대 − 이자) + (매각지가 − 매입지가)
= 지대이자차액 + 매매차액

위 식에서 (지대−이자)는 토지 매입시점에서 매각시점까지 또는 매입시점에서 가격시점까지의 지대와 이자를 말한다. 위와 같은 정의를 토지수용의 경우에 적용하면, 매각지가 대신 토지보상액을 대입하면 된다.

(3) 토지불로소득 = 토지보상액 − 매입지가 원리금 + 보유기간의 지대

토지 소유 부수비용 즉 제세공과금 등 토지 소유로 인한 토지소유자의 지출이 있으면 각각 식(1), (2), (3)의 우변에서 이를 공제해 주어야 한다.

2. 제도 간 일관성 조건

토지수용 보상의 원칙은 토지수용 이외의 원인에 대해서도 똑같이 적용되어야 한다.

즉, 공익 목적의 사업을 위해 수용된 토지의 소유자에게 손실을 보상한다면 다른 공익 목적의 정부 조치에 의해 손실을 입은 토지소유자에 대해서도 같은 내용의 보상을 해주어야 한다.

또 공익 목적의 정부 조치에 의해 귀책사유 없이 손실을 입은 토지소유자에게 보상한다면 같은 정부 조치에 의해 자신의 노력과 무관하게 이익을 얻은 토지소유자에게서는 그 이익을 환수해야 한다.

Ⅱ. 각종 보상액에 대한 평가

위의 두 조건 중 영향최소화 조건에 대해 먼저 검토한다. 이것은 결국 보상액을 얼마로 할 것인가의 문제이므로 보상액에 관한 여러 대안을 비교하려고 한다. 영향최소화 조건을 충족시키는 보상액이 있다면 제도 간 일관성 조건도 충족시키는지 추가로 검토할 것이고, 어떤 보상액도 영향최소화 조건을 통과하지 못한다면 기존의 보상제도 내지 토지제도에 근본적인 문제점은 없는지 검토하려고 한다.

먼저 공익사업으로 인해 지가가 변화하는 모습을 살펴보고, 토지보상액으로 삼을 수 있는 여러 가능한 대안을 선정하여 영향최소화 여부의 판정기준인 대토가능성과 토지불로소득 부재라는 두 기준에 비추어 검토한다.

1. 지가 변화의 가상적인 모습

현실의 지가 변화는 공익사업의 성격에 따라서, 또 토지시장의 상황에 따라서 매우 다양하게 나타날 수 있지만 그 하나의 예로서 최근 수십 년간 우리나라에서 많이 나타났던 상황과 비슷한 상황을 가정하기로 한다. 토지는 공익사업을 위해 수용되는 토지, 그와 연접되어 있는 주변토지, 공익사업과 무관한 일반토지로 구분하고 지가가 다음과 같이 변화한다고 가정한다.

① 일반토지의 지가는 꾸준히 상승하며 금액은 매입지가 원리금을 초과한다.

② 피수용토지의 지가도 당해 사업이 아니라면 일반토지의 지가와 같은 비율로 변화한다.

③ 어떤 공익사업이 실시될 것이라는 사실이 예견되면 사업예정지 및 그 주변토지의 지가는 사업시행 전에 미리 변화하기 시작한다. 공익사업 중에는 지가를 하락시키는 종류도 있으나 설명의 간략화를 위해 지가를 상승시키는 사업이라 가정한다.
④ 사업에 관한 비밀이 완벽하게 유지되지 않는 한, 사업자가 당국으로부터 사업인정을 받는 시점에는 사업지구의 지가가 이미 상당히 상승해 있다.
⑤ 사업인정을 받기 직전의 지가공시 시점에도 지가는 상당히 상승해 있다.

이러한 상황을 그림으로 표시한 것이 아래에 있다. 이 그림에서 가격시점이란 토지보상액을 산정하는 기준시점을 말한다.

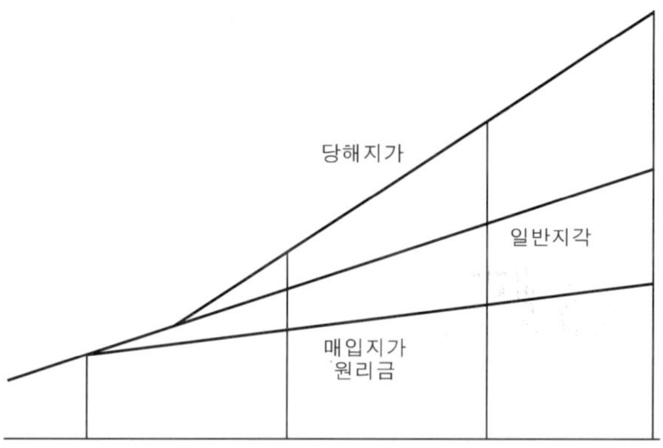

〈그림 16.1〉 가상적인 지가 변화

2. 각종 보상액의 검토

위의 그림은 모든 가능한 경우를 망라한 것이 아니라 우리나라에서 흔히 나타났던 하나의 특수한 경우에 불과하다. 그러나 위의 그림과 같은 상황에서 각 보상액 대안이 영향최소화 조건을 충족시키는지를 판단해 보고 만일 이를 충족시키는 대안이 있으면 다른 상황에서도 그 조건을 충족시키는지를 추가로 고려하기로 한다.

피수용토지에 대한 보상액은 위의 그림에서 보듯이 당해지가, 일반지가, 매입지가 원리금의 세 가지 대안이 있고 그 밖에 피수용지주의 주관적 손실평가액, 토지에 관해 피수용지주가 부담한 원가도 대안으로 검토해 볼 수 있으며 심지어 무보상도 하나의 대안으로 검토해 볼 수 있다. 일단 가능한 경우를 망라해 본다는 의미에서 여섯 가지 모두를 대안으로 삼고 평가해 보기로 한다. 위의 그림과 같은 상황에서 대체로 금액이 많을 것으로 추정되는 보상액 대안부터 순서대로 검토해 본다.

1) 주관적 손실총액

주관적 손실총액이란 피수용지주가 토지수용으로 인해 입었다고 스스로 인식하는 손실액 전체를 말한다. 피수용지주는 최소한 인근지주와의 형평성은 보장되기를 희망할 것이고 나아가서는 토지가 수용됨으로써 겪는 자신의 심리적 부담 등 개인적인 특수사정까지도 보상받기를 원할 경우가 적지 않을 것이다.

- 대토가능성: 이 보상액은 일반지역은 물론 사업영향지역 내에서도 대토가 충분히 되고도 남는다.
- 토지불로소득 부재: 이 보상액에는 일반원인에 의한 불로소득과, 당해 사업으로 인한 불로소득 외에도 상당한 불로소득이 포함되는 경우가 많다.

2) 당해지가

피수용토지는 수용되어 버리므로 그 가치를 직접 평가할 수 없기 때문에 당해지가는 사업이 바로 인근에 시행되었다고 할 경우에 형성되었을 당해 토지의 지가를 말하며, 이 지가는 대체로 사업지구 바로 인근 토지의 지가와 같다고 볼 수 있다. 당해지가 보상은 흔히 시가보상이라고도 한다.

이 보상액으로 지가에 관한 한 인근지주와의 형평성이 이루어진다.

- 대토가능성: 당해지가는 일반지가보다 높으므로 이 보상액으로 일반지역은 물론이고 당해 사업에 의해 영향을 받는 지역 내에서도 대토를 할 수 있다.
- 토지불로소득 부재: 당해지가 보상액에는 일반토지에서 발생하는 토지불로소득은 물론이고 당해 사업으로 인한 토지불로소득도 포함되어 있다.

3) 일반지가

당해 공익사업과 무관한 지역의 일반토지의 지가를 말한다. 당해지가에서 당해 사업으로 인한 지가 변화를 공제한 금액이다.

이 보상액으로 지가에 관한 한 일반지주와의 형평성이 이루어진다.

- 대토가능성: 이 보상액은 사업의 영향이 없는 일반지역에서는 대토가 가능하나 당해 사업에 의해 영향을 받아 지가가 상승한 지역 내에서는 대토를 할 수 없다.
- 토지불로소득 부재: 또 이 보상액에는 당해 사업을 원인으로 하는 토지불로소득은 포함되지 않으나 일반토지에서 발생하는 정도의 토지불로소득은 포함된다.

4) 매입지가 원리금

토지를 매입할 시점에 형성되었던 지가를 토지 매입에 사용하지 않고 다른 곳에 투자하여 사회적 평균수익을 올렸다고 할 때의 원금과 수익금을 합한 금액이다.

- 대토가능성: 대토가 되려면 보상액이 일반지가 이상이어야 하는데 매입지가 원리금이 일반지가를 하회하는 경우에는 사업영향권 내외의 어느 위치에서도 대토가 불가능하다.
- 토지불로소득 부재: 이 보상액에는 당해 사업으로 인한 토지불로소득은 포함되지 않으나 식 (3)에서 볼 때 토지보유기간의 지대만큼의 토지불로소득이 포함되어 있음을 알 수 있다.

5) 원가

피수용지주의 원가란 토지에 관해 피수용지주가 부담한 순비용을 말한다. 피수용지주는 매입지가와 그에 대한 이자를 비용으로 부담하였고 반면에 토지를 보유하는 기간 동안 지대수입을 얻었으므로 토지소유자의 순비용 즉 원가는 다음과 같다.

(4) 원가 = 매입지가 + 매입지가에 대한 이자 − 보유기간의 지대
= 매입지가 원리금 − 보유기간의 지대

원가로 보상액을 정하면 피수용지주와 토지를 소유하지 않은 일반국민과의 형평이 이루어진다.

- 대토가능성: 식 (4)에서 보듯이 원가는 매입지가 원리금보다 적은 액수이므로 이 원가 보상액으로는 사업영향권 내외의 어느 위치에서도 대토가 불가능하다.
- 토지불로소득 부재: 식 (4)에서의 지대를, 실현된 지대수입이 아니라 얻을 수 있었으나 고의 또는 과실로 얻지 못한 지대수입으로 간주한다면 원가 보상액은 토지불로소득 부재의 기준을 통과한다. 이 점은 식 (3), (4)를 이용하여 다음과 같이 증명할 수 있다.

(5) 토지불로소득 = 토지보상액 - (매입지가 원리금 - 보유기간의 지대)
　　　　　　　　= 토지보상액 - 원가

즉 원가를 토지보상액으로 정하면 토지불로소득이 0이 된다.

6) 무보상

피수용지주에게 아무런 보상도 해 주지 않는 것을 말한다. 토지를 불법적인 원인에 의해 사유화된 장물(臟物)로 보거나 토지수용에 의한 손실이 '특별한 희생'이 아니라 보상을 요하지 않는 '내재적 내지 사회적 제약'의 범위 내에 든다고 볼 때 주장할 수 있는 대안이다.

토지를 장물로 보는 견해는 토지사유제 사회에서는 매우 기이하게 들리지만 나름대로의 철학적인 근거가 있다. 자연법적으로 볼 때 인간이 사유할 수 있는 대상은 자신의 노력으로 생산한 것과 그런 것끼리 타인과 교환한 것뿐이다. 이러한 철학에 비추어 보면 토지는 어느 누구도 생산하지 않았고 원초적인 토지사유화는 반드시 폭력 내지 배임과 같은 부당한 원인에 의해 이루어졌을 것이므로 이러한 소유자로부터 토지를 인수한 사람은 대가를 지불하였다고 해도 역시 장물을 취득한 데 지나지 않는다. 따라서 장물을 회수하는 데 보상이 있을 수 없다.

무보상의 경우에는 원초적 토지사유화라는 부당이득을 누리지 못한 사람과의 형평이 이루어진다.

- 대토가능성: 다른 토지를 취득하기 위해서 지가를 지불해야 하는 사회에서 무보상은 대토가 전혀 불가능하다.
- 토지불로소득 부재: 식 (5)에서 볼 때 토지보상액이 0이면 토지의 원가만큼 마이너스 토지불로소득이 발생한다.

3. 새로운 대책 모색의 필요성

이상의 여섯 가지 대안의 검토 결과를 요약하면 아래 표와 같다.

〈표 16.1〉 각종 보상액에 대한 평가 종합

보상액 \ 판단기준	대토가능성		토지불로소득 부재	
	사업영향지역	일반지역	당해사업원인	일반원인
주관적 손실총액	○	○	×	×
당해지가	○	○	×	×
일반지가	×	○	○	×
매입지가 원리금	×	×	○	×
원가	×	×	○	×
무보상	×	×	○	마이너스

위의 표에서 보듯이 대토가능성과 토지불로소득 부재라는 두 기준을 모두 통과하는 보상액은 존재하지 않는다. 대토가능성 기준을 통과하려면 일반지가와 (또는 사업영향지역 내에 대토를 하려면 당해지가와) 같아야 하고 토지불로소득 부재라는 기준을 통과하려면 보상액이, 피수용토지의 소유자가 토지와 관련하여 부담한 원가와 같아야 한다. 그런데 일반지가 내지 당해지가만큼 보상하면 보상액에 토지불로소득이 포함되지 않을 수 없고, 보상액에 토지불로소득을 포함시키지 않으면 대토가 불가능하다는 딜레마가 발생한다.

여기에서 알 수 있는 것은, 토지 일반에서 토지불로소득이 발생하는 상황에서는, 대토가 되는 동시에 토지불로소득이 포함되지 않도록 보상하는 것은 불가능하다는 사실이다. 즉 모든 토지에서 토지불로소득이 존재하지 않는 상황이라야 토지불로소득이 포함되지 않은 보상액을 가지고도 다른 토지를 구할 수 있다.

Ⅲ. 딜레마의 해결

1. 완전경쟁 토지시장

완전경쟁시장에서는 모든 당사자가 완벽한 정보를 가지며 투자 대상 간의 이동도 완전히 자유롭다. 이러한 시장에서는 어떠한 공익사업이 언제 시행될지에 대한 정보를 모든 사람이 공유하고 있다. 즉 모든 당사자는 당해 사업으로 인한 지대 변화를 예상하고 있다. 따라서 다음과 같은 관계가 성립한다. 아래 식에서 보유기간은 매입시점에서 가격시점까지이며 식 속의 모든 값은 동일시점의 가치로 환산한 금액이다.

(6) 매입지가 = 매입 이후 모든 지대의 합
= 보유기간의 지대 + 가격시점의 지가

위의 식은 다음과 같이 쓸 수도 있다.

(7) 가격시점의 지가 = 매입지가 − 보유기간의 지대

또 매입지가를 가격시점의 가치로 환산하면 다음과 같다.

(8) 매입지가의 가격시점 가치 = 가격시점에서의 매입지가 원리금

식 (7)과 식 (8)로부터, 모든 토지의 가격시점의 지가는 아래와 같이 도출할 수 있다. 이 식의 모든 값은 가격시점의 가치로 환산한 금액이다.

(9) 가격시점의 지가 = 매입지가의 가격시점의 가치 − 보유기간의 지대
= 매입지가 원리금 − 보유기간의 지대
= 원가

이 식에서 다음과 같은 사실을 알 수 있다. 완전경쟁시장에서는 가격시점의 지가는 항상 원가와 일치하므로 당해지가를 보상하여도 토지불로소득이 발생하지 않는다. 그리고 가격시점은 임의의 시점이므로, 완전경쟁시장에서는 어느 시점의 지가는 그 시점의 가치로 환산한 원가와 일치한다고 일반화할 수 있다. 다시 말하면, 완전경쟁 토지시장에서는 토지보상의 영향최소화 조건이 충족된다는 것이다.

2. 현실 토지시장

그러나 현실의 시장은 매우 불완전하기 때문에 위와 같은 결과를 기대할 수 없다. 현실 시장에서 가장 문제가 되는 결함은 정보의 불완전이고 그중에서도 미래정보의 불완전 문제는 심각하다. 토지의 수명과 토지소유권의 기한은 무한이기 때문에 토지소유권의 가격인 지가는 무한한 미래지대의 합이며 따라서 지가가 정확하게 형성되려면 모든 미래의 지대변화가 정확히 예측되어야 한다. 그런데 인간의 미래예측 능력은 극히 제약되어 있으므로 지가는 극히 불완전한 지표일 수밖에 없고, 그로 인해 토지매매시장도 토지 배분의 기능을 제대로 수행하지 못한다.

토지매매시장이 불완전한 현실에서, 토지 가치가 상승하는 국면에서는 대체로

(10) 일반지가 > 원가

의 관계가 성립되며 당해 사업이 토지 가치를 상승시키는 유형일 때에는 대체로

(11) 당해지가 > 일반지가 > 원가

의 관계가 성립한다.

이러한 현실에서 원가를 보상액으로 삼으면 대토가능성의 기준에 들지 못하고 당해지가 내지 일반지가를 보상액으로 삼으면 토지불로소득 부재라는 기준에 들지 못한다. 즉 어떠한 보상액도 영향최소화 조건을 충족시키지 못한다.

이와 같이 토지의 미래에 대한 완전한 정보를 얻을 수 없는 현실에서는 지가와 원가를 일치시킬 수 없는 것일까? 위에서 완전경쟁시장에서는 토지불로소득이 발생하지 않고 또 모든 지가와 원가가 일치한다는 점을 보았다. 그렇다면 현실 시장에서도 모든 토지소유자에게 토지의 매매·보유로부터 불로소득을 얻지 못하게 한다면 완전경쟁시장의 균형 상태에서와 같이 모든 지가와 원가가 일치하지는 않을까 하는 생각을 해 볼 수 있다.

제11장(토지불로소득)에서, 현실 토지시장에서 토지불로소득을 없애려면 지대이자차액세를 부과하면 된다고 하였다. 아래에서 지대이자차액세로 토지불로소득을 환수하면 토지보상의 이상적인 조건이 충족되는지를 검토하고 아울러 그 특수한 경우인 지대세에 대해서도

살펴본다.

1) 지대이자차액세

지대이자차액세를 징수하면 지가는 등록지가로 일정하게 유지되므로 매매차액은 (거의) 0이 된다. 이 경우의 토지보상액은 등록지가다. 이 토지보상액이 영향최소화 조건을 충족시키는지를 보자.

지대이자차액세 또는 일명 국토보유세는 식 (2)의 지대이자차액을 징수하는 조세다. 이조세가 토지불로소득을 제거한다는 점은 이미 제11장(토지불로소득)에서 보았으므로 대토가능성이 있는지만 검토하면 된다. 대토가능성에 영향을 주는 요인은 수용 토지에 대체하여 새로 매입할 토지 즉 대토의 매입지가인데, 제17장(지대조세제로 가는 전략)에서 언급하겠지만, 신규 매입지가를 매입자가 선택할 수 있게 해 준다면 매입지가는 대토에 장애가 되지 않는다. 따라서 대토가능성도 충족시킨다. 오해를 피하기 위해 지적해 둘 점은, 매입지가를 선택한다고 해서 매입자의 부담이 적어지는 것은 아니다. 매입지가에 대한 이자가 추후 내게 되는 국토보유세액에서 공제되기 때문에 매입지가 높으면 세액이 줄고 매입지가가 낮으면 세액이 늘어난다.

또 모든 토지에 있어 지대가 높아지면 지대이자차액이 늘어나고 지대가 낮아지면 지대이자차액이 줄어든다. 즉 토지 가치 변화의 원인이 공익사업이건 계획제한이건 관계없이 모든 위치의 토지에서 그 가치변화에 따라 보상과 환수가 자동적으로 이루어진다. 그러므로 일관성 조건도 예외 없이 통과한다.

2) 지대세

한편, 지대이자차액세의 등록지가를 0으로 정하면 지대의 100%를 징수하는 지대세가 된다. 이때 지가는 언제나 0으로 고정되고 지가차액은 발생하지 않는다. 이 경우에도 영향최소화 조건과 일관성 조건이 모두 충족된다. 모든 토지의 지가는 0이므로 대토가능성 기준은 당연히 통과한다. 토지불로소득은 물론 존재하지 않는다. 모든 토지에 대해 지대변화의 사유를 불문하고 지대 전체를 징수하므로 일관성 조건도 예외 없이 충족된다.

[제16장의 부록]

1. 우리나라 토지보상제도 평가

헌법은 제23조 제3항에서 "공공필요에 의해 재산권의 수용 [중략] 에 대한 보상은 법률로써 하되 정당한 보상을 지급하여야 한다"고 규정하고 있으며 토지수용 및 보상에 관한 기본적인 법률로서 2003년부터 시행한 '공익사업을 위한 토지 등의 취득 및 보상에 관한 법률'(이하 토지보상법으로 약칭)이 있다. 이 법률은 종전의 '토지수용법'과 '공공용지의 취득 및 손실보상에 관한 특례법'(이하 특례법으로 약칭)을 통합하고 절차와 기준을 체계화한 법률이다. 우리 제도를 본문에서 검토한 기준에 따라 평가해 보자.

1) 영향최소화 조건의 충족 여부

토지보상액의 산정은 협의에 의한 경우에는 협의성립 당시의 가격을, 재결에 의한 경우에는 수용 재결 당시의 지가를 기준으로 하며(토지보상법 제67조 제1항, 구 토지수용법 제46조) 보상액의 산정에 있어서 당해 공익사업으로 인하여 지가 변동은 고려하지 않는다(토지보상법 제67조 제2항). 이 경우 사업인정고시일 직전의 공시지가를 기준으로 하여 보상하되, 그 공시기준일부터 가격시점까지의 일반 지가변동률, 물가상승률 등을 참작하여 평가한 적정가격으로 보상한다(토지보상법 제70조 제1항, 구 특례법 제4조). 즉 우리나라의 토지보상액은 당해지가를 기준으로 삼되 당해지가 전체가 아니라 당해 사업으로 인한 개발이익의 일부를 공제한 금액을 보상액으로 한다는 것이다.

이러한 보상액은 영향최소화 조건을 충족시키지 못한다. 첫째로, 대토가능성 기준을 부분적으로만 통과한다. 보상액으로 당해 사업과 무관한 일반토지를 구할 수는 있으나 사업지구 인근의 토지는 구할 수 없기 때문이다. 둘째로, 토지불로소득 부재라는 기준에도 들지 못한다. 이 보상액에는 일반토지의 토지불로소득이 포함되어 있으며 또한 사업인정고시일 직전의 지가공시일까지 당해 사업으로 인해 이미 발생한 토지불로소득이 포함되어 있기 때문이다.

2) 일관성 조건의 충족 여부

우리나라 토지보상제도는 일관성 조건을 충족시키지 못한다.

첫째로, 수용 이외의 공익 목적의 정부 조치를 원인으로 하는 지가하락분에 대해서는 전혀 보상을 해주지 않는다. 예외적으로, 동일한 토지소유자에 속하는 일단의 토지 일부를 수용 또는 사용함으로 인하여 잔여지의 가격이 감소되거나 기타의 손실이 있는 등의 경우에 그 손실을 보상하는 제도를 두고 있을 뿐이다(토지보상법 제73조, 구 토지수용법 제47조).

토지소유자의 손실 중 계획제한으로 인한 손실이 현재 상당한 논란의 대상이 되고 있다. 이러한 계획제한의 예로는 개발제한구역의 행위제한과 도시계획의 장기 미집행을 들 수 있다. 이런 경우에 해당하는 토지의 소유자는 피수용지주에 버금가는 손실을 입고 있음에도 불구하고 재산권의 박탈에 이르는 특별한 희생이 아니라는 이유로 보상이 부인되고 있기 때문에 토지소유자의 심각한 민원사항이 되고 있다. 이에 관해 보상의 폭을 넓혀 수용유사침해 또는 수용적 침해의 경우에도 보상을 인정하자는 학설과 판례가 나오고 있다(류해웅, 2006. 635-638).

둘째로, 공익을 목적으로 하는 정부 조치로 인해 토지소유자가 불로소득 내지 소위 '개발이익'을 얻는 경우에도 손실보상의 경우와 동일한 원칙을 적용하여 이를 환수해야 하는데 우리나라에서는 손실보상과 개발이익환수는 전혀 별개의 제도로 다루고 있으며 논리적 연관성을 발견할 수 없다. 심지어 피수용토지 소유자의 잔여토지에서 발생하는 개발이익과도 상계하지 못하게 되어 있다(토지보상법 제66조, 구 토지수용법 제53조).

공익사업을 위한 토지 등의 취득 및 보상에 관한 법률

제66조 (사업시행 이익과의 상계금지)

사업시행자는 동일한 토지소유자에 속하는 일단의 토지의 일부를 취득 또는 사용하는 경우 당해 공익사업의 시행으로 인하여 잔여지의 가격이 증가하거나 그 밖의 이익이 발생한 때에도 그 이익을 그 취득 또는 사용으로 인한 손실과 상계할 수 없다.

제67조 (보상액의 가격시점 등)

① 보상액의 산정은 협의에 의한 경우에는 협의성립 당시의 가격을, 재결에 의한 경우에는 수용 또는 사용의 재결 당시의 가격을 기준으로 한다.

② 보상액의 산정에 있어서 당해 공익사업으로 인하여 토지 등의 가격에 변동이 있는 때에는 이를 고려하지 아니한다.

제70조 (취득하는 토지의 보상)

① 협의 또는 재결에 의하여 취득하는 토지에 대하여는 「부동산 가격공시 및 감정평가에 관한 법률」에 의한 공시지가를 기준으로 하여 보상하되, 그 공시기준일부터 가격시점까지의 관계 법령에 의한 당해 토지의 이용계획, 당해 공익사업으로 인한 지가의 영향을 받지

아니하는 지역의 대통령령이 정하는 지가변동률, 생산자물가상승률(「한국은행법」 제86조의 규정에 의하여 한국은행이 조사·발표하는 생산자물가지수에 의하여 산정된 비율을 말한다) 그 밖에 당해 토지의 위치 · 형상 · 환경 · 이용상황 등을 참작하여 평가한 적정가격으로 보상하여야 한다. 〈개정 2005.1.14. 2007.10.17.〉

② 토지에 대한 보상액은 가격시점에 있어서의 현실적인 이용상황과 일반적인 이용 방법에 의한 객관적 상황을 고려하여 산정하되, 일시적인 이용상황과 토지소유자 또는 관계인이 갖는 주관적 가치 및 특별한 용도에 사용할 것을 전제로 한 경우 등은 이를 고려하지 아니한다.

③ 사업인정전의 협의에 의한 취득에 있어서 제1항의 규정에 의한 공시지가는 당해 토지의 가격시점 당시 공시된 공시지가 중 가격시점에 가장 가까운 시점에 공시된 공시지가로 한다. 〈개정 2007.10.17.〉

④ 사업인정후의 취득에 있어서 제1항의 규정에 의한 공시지가는 사업인정고시일전의 시점을 공시기준일로 하는 공시지가로서, 당해 토지에 관한 협의의 성립 또는 재결 당시 공시된 공시지가 중 당해 사업인정 고시일에 가장 가까운 시점에 공시된 공시지가로 한다.

⑤ 제3항 및 제4항에도 불구하고 공익사업의 계획 또는 시행이 공고 또는 고시됨으로 인하여 취득하여야 할 토지의 가격이 변동되었다고 인정되는 경우에는 제1항에 따른 공시지가는 당해 공고일 또는 고시일 전의 시점을 공시기준일로 하는 공시지가로서 당해 토지의 가격시점 당시 공시된 공시지가 중 당해 공익사업의 공고일 또는 고시일에 가장 가까운 시점에 공시된 공시지가로 한다. 〈신설 2007.10.17.〉

⑥ 취득하는 토지와 이에 관한 소유권외의 권리에 대한 구체적인 보상액 산정 및 평가방법은 투자비용·예상수익 및 거래가격 등을 고려하여 건설교통부령으로 정한다. 〈개정 2007.10.17.〉

제73조 (잔여지의 손실과 공사비 보상)

① 사업시행자는 동일한 토지소유자에 속하는 일단의 토지의 일부가 취득 또는 사용됨으로 인하여 잔여지의 가격이 감소하거나 그 밖의 손실이 있는 때 또는 잔여지에 통로 · 도랑 · 담장 등의 신설 그 밖의 공사가 필요한 때에는 건설교통부령이 정하는 바에 따라 그 손실이나 공사의 비용을 보상하여야 한다. 다만, 잔여지의 가격 감소분과 잔여지에 대한 공사의 비용을 합한 금액이 잔여지의 가격보다 큰 경우에는 사업시행자는 그 잔여지를 매수할 수 있다. 〈개정 2007.10.17.〉

② 제1항 본문에 따른 손실 또는 비용의 보상은 해당 사업의 공사완료일부터 1년이 지난

후에는 청구할 수 없다. 〈신설 2007.10.17.〉

③ 사업인정고시가 있은 후 제1항 단서에 따라 사업시행자가 잔여지를 매수하는 경우 그 잔여지에 대하여는 제20조에 따른 사업인정 및 제22조에 따른 사업인정 고시가 있는 것으로 본다. 〈신설 2007.10.17.〉

④ 제9조 제6항 및 제7항은 제1항에 따른 손실 또는 비용의 보상이나 토지의 취득에 관하여 준용한다. 〈신설 2007.10.17.〉

⑤ 제1항 단서에 따라 매수하는 잔여지 및 잔여지에 있는 물건에 대한 구체적인 보상액 산정 및 평가방법 등에 대하여는 제70조 · 제75조 · 제76조 · 제77조 · 제78조 제4항부터 제6항까지의 규정을 준용한다. 〈신설 2007.10.17.〉

토지수용법 (구법)

제46조 (산정의 시기 및 방법)

① 손실액의 산정은 제25조 제1항의 규정에 의한 협의의 경우에는 협의성립 당시의 가격을 기준으로 하고 제29조의 규정에 의한 재결의 경우에는 수용 또는 사용의 재결 당시의 가격을 기준으로 한다.

② 제1항의 규정에 의한 보상액의 산정방법은 다음 각 호와 같다.

1. 협의취득 또는 수용하여야 할 토지에 대하여는 지가공시및토지등의평가에관한법률에 의한 공시지가를 기준으로 하되, 그 공시기준일부터 협의성립시 또는 재결시까지의 관계법령에 의한 당해 토지의 이용계획, 당해 공익사업으로 인한 지가의 변동이 없는 지역의 대통령령이 정하는 지가변동률, 도매물가상승률 기타 당해 토지의 위치 · 형상 · 환경 · 이용상황 등을 참작하여 평가한 적정가격으로 보상액을 정한다.
2. 사용하여야 할 토지에 대하여는 그 토지 및 인근토지의 지료 · 임대료 등을 참작한 적정가격으로 보상액을 정한다.

③ 제2항의 규정에 의한 공시지가는 제16조의 규정에 의한 사업인정고시일 전의 시점을 공시기준일로 하는 공시지가로서 당해 토지의 협의성립 또는 재결 당시 공시된 공시지가 중 당해 사업인정고시일에 가장 근접한 시점에 공시된 공시지가로 한다. [전문개정 1991.12.31]

제47조 (잔여지의 손실과 공사비보상)

동일한 토지소유자에 속하는 일단의 토지의 일부를 수용 또는 사용함으로 인하여 잔여지의 가격이 감소되거나 기타의 손실이 있을 때 또는 잔여지에 통로, 구거, 장책 등의 신설 기타의 공사가 필요한 때에는 그 손실이나 공사의 비용을 보상하여야 한다.

제53조 (기업이익과의 상계금지) 동일한 토지소유자에 속하는 일단의 토지의 일부를 수용 또는 사용하는 경우에 당해 토지를 수용 또는 사용하는 사업의 시행으로 인하여 잔여지의 가격이 증가되었거나 기타의 이익을 가져온 경우에도 그 이익을 수용 또는 사용으로 인한 손실과 상계하지 못한다.

공공용지 취득 및 손실보상에 관한 특례법 (구법)

제4조 (산정시기·방법 및 기준)

① 보상액은 토지 등을 취득 또는 사용할 수 있는 계약체결 당시의 가격을 기준으로 이를 산정한다. 다만, 다른 법률에 보상액의 산정시기 및 방법에 관하여 특별한 규정이 있는 경우에는 그러하지 아니하다.

② 제1항의 규정에 의한 보상액의 산정방법은 다음 각 호와 같다.

1. 취득하여야 할 토지에 대하여는 지가공시및토지등의평가에관한법률에 의한 공시지가를 기준으로 하되, 그 공시기준일부터 가격시점까지의 관계법령에 의한 당해 토지의 이용계획, 당해 공공사업으로 인한 지가의 변동이 없는 지역의 지가변동률, 도매물가상승률 기타 당해 토지의 위치·형상·환경·이용상황 등을 참작하여 평가한 적정가격으로 보상액을 정한다.
2. 사용하여야 할 토지에 대하여는 그 토지 및 인근유사토지의 지료·임대료 등을 참작한 적정가격으로 보상액을 정한다.
3. 건물·입목·토지에 정착한 물건과 이에 관한 소유권 외의 권리, 광업권, 어업권, 물의 사용에 관한 권리(용수시설을 포함한다)와 토지에 속한 토석 및 모래·자갈 등에 대하여는 거래가격·원가·수익성 등을 참작한 적정가격으로 보상액을 정한다.

③ 제2항의 규정에 의한 공시지가는 당해 토지의 가격시점 당시 공시된 공시지가 중 가격시점에 가장 근접한 시점에 공시된 공시지가로 한다. 다만, 공공사업의 계획 또는 시행이 공고 또는 고시됨으로 인하여 취득하여야 할 토지의 가격이 변동되었다고 인정되는 경우에는 당해 공고일 또는 고시일전의 시점을 공시기준일로 하는 공시지가로서 당해 토지의 가격시점 당시 공시된 공시지가 중 당해 공공사업의 공고일 또는 고시일에 가장 근접한 시점에 공시된 공시지가로 한다.

④ 제2항 각 호의 규정에 의한 토지 등의 평가방법, 손실액의 산정방법 및 기준 등은 대통령령으로 정한다.

⑤ 농작물·묘포장·잠업·이사비·이농비 등에 대하여는 수익성·투자비용·소요경비 등을 참작하여 건설교통부령으로 정한다. [개정 1996.12.30]

⑥ 동일한 토지 등의 소유자에 속하는 토지의 일부가 취득됨으로 인하여 잔여지를 종래의 목적대로 사용함이 현저히 곤란할 때에는 토지 등의 소유자의 청구에 의하여 이를 취득할 수 있으며, 이 경우에는 제2항 내지 제5항의 규정에 준용한다.

⑦ 토지 등의 취득 또는 사용에 관련된 보상업무에 관한 사항을 심의하기 위하여 대통령령이 정하는 바에 의하여 지방자치단체에 보상심의위원회를 둘 수 있으며, 그 구성에는 토지 등의 소유자가 3할 이상이 포함되어야 한다.

[전문개정 1991.12.31]

2. 본문 수식의 수학적 표현

제16장에서 제시된 수식을 엄밀성을 위해 수학적 기호로 표기해 둔다. 제3부(토지시장)의 부록에서 정의되지 않은 기호를 아래와 같이 추가로 정의한다.

Q_n : 토지보상액의 시점 n의 가치.

R_t : 시점$(t-1)$부터 시점 t 사이의 실제지대.

U : 토지불로소득. U_0는 시점 0의 가치로 표시한 토지불로소득. U_n은 시점 n의 가치로 표시한 토지불로소득.

C_n : 피수용지주가 토지를 매입하여 보유하는 과정에서 부담한 토지원가를 시점 n의 가치로 표시한 금액.

i : 이자율. 이자율은 항상 일정한 것으로 본다.

본문 식 (1)의 각 값을 시점 0의 가치로 표시하면 다음과 같다.

$$U_0 = \sum_{t=1}^{\infty} \frac{R_t - E_0(R_t)}{(1+i)^t}$$

본문 식 (2)를 시점 0의 가치로 표시하면 다음과 같다.

$$U_0 = \frac{P_n - P_0}{(1+i)^n} + \sum_{t=1}^{n} \frac{R_t - P_0\, i}{(1+i)^t}$$

$$= \frac{P_n}{(1+i)^n} - [\frac{P_0}{(1+i)^n} + \sum_{t=1}^{n} \frac{P_0\, i}{(1+i)^t}] + \sum_{t=1}^{n} \frac{R_t}{(1+i)^t}$$

$$= \frac{P_n}{(1+i)^n} - P_0 + \sum_{t=1}^{n} \frac{R_t}{(1+i)^t}$$

위의 토지불로소득을 시점 n의 가치로 환산하려면 $(1+i)^n$을 곱해 주면 된다.

$$U_n = P_n - P_0 + \sum_{t=1}^{n} (R_t - P_0\, i)(1+i)^{n-t}$$

$$= P_n - [P_0 + \sum_{t=1}^{n} P_0\, i\,(1+i)^{n-t}] + \sum_{t=1}^{n} R_t\,(1+i)^{n-t}$$

$$= P_n - P_0(1+i)^n + \sum_{t=1}^{n} R_t\,(1+i)^{n-t}$$

본문 식 (3)은 위의 식에서 P_n 대신 Q_n을 대입하면 된다.

본문 식 (4)를 시점 n의 가치로 표현하면 다음과 같다.

$$C_n = P_0 + \sum_{t=1}^{n} P_0\, i\,(1+i)^{n-t} - \sum_{t=1}^{n} R_t\,(1+i)^{n-t}$$

$$= P_0(1+i)^n - \sum_{t=1}^{n} R_t\,(1+i)^{n-t}$$

본문 식 (5)를 시점 n의 가치로 표시하면 다음과 같다.

$$U_n = Q_n - [P_0(1+i)^n - \sum_{t=1}^{n} R_t\,(1+i)^{n-t}]$$

$$= Q_n - C_n$$

본문 식 (6)을 시점 0의 가치로 표시하면 다음과 같다.

$$P_0 = \sum_{t=1}^{\infty} \frac{R_t}{(1+i)^t}$$

$$= \sum_{t=1}^{n} \frac{R_t}{(1+i)^t} + \frac{P_n}{(1+i)^n}$$

본문 식 (7)을 시점 n의 가치로 표시하면 다음과 같다.

$$P_n = P_0(1+i)^n - \sum_{t=1}^{n} R_t(1+i)^{n-t}$$

본문 식 (8)의 좌우변은 모두 다음과 같다.

$$P_0(1+i)^n$$

본문 식 (9)를 시점 n의 가치로 표시하면 다음과 같다.

$$P_n = P_0(1+i)^n - \sum_{t=1}^{n} R_t(1+i)^{n-t}$$

$$= C_n$$

제5부

지대조세제의 현실 도입

제17장

지대조세제로 가는 전략

Ⅰ. 국토보유세 전략과 지대세 전략

지대조세제에는 두 가지 목표가 있다. 하나는 일단 토지불로소득을 완전히 환수하여 토지투기를 근절하는 것이고(목표 1: 토지불로소득 환수), 또 하나는 나쁜 세금을 좋은 세금으로 대체하여 조세의 부작용을 줄이는 것이다(목표 2: 조세 대체). 그런 의미에서 지대조세제는 사회정의와 경제효율이라는 두 마리 토끼를 동시에 잡을 수 있는 이상적인 토지제도이자 이상적인 조세제도다.

지대조세제로 나아가는 방법 가운데는, 우선 목표 1을 달성한 다음 목표 2를 향해 나아가는 2단계 전략도 있고, 두 목표를 동시에 추구해 나가는 전략도 있다. 전자의 활용수단은 '국토보유세'다. '국토보유세'란 제11장(토지불로소득)에서 언급한 지대이자차액세와 같다. 이 조세는 지대에서 이자를 공제한 나머지를 징수한다는 점에서 '이자공제형 지대세'이기도 하다. 그런데 이런 용어는 글자 수가 많기도 하고 느낌이 딱딱하기 때문에 조금이라도 친근하게 들리도록 '국토보유세'라고 부르기로 한다.

〈표 17.1〉 지대조세제로 가는 두 전략

전략	방법	진행
국토보유세 전략	국토보유세 도입	목표 1 달성 후 목표 2로 나아감
지대세 전략	점진적 세율 인상	두 목표를 동시에 추구함

반면 두 목표를 동시에 추구하는 전략은 제18장(지대세 전략과 지가 보상)에서 자세히

다루겠지만 여기서는 그중 점진적으로 나아가는 방법만을 검토 대상으로 삼기로 한다. 지대세율을 조금씩 높여 완전한 지대세로 나아가는 것이다.

두 전략의 방법과 진행을 비교하면 앞의 표와 같다.

Ⅱ. 국토보유세 전략

국토보유세 전략을 사용하기 위해 먼저 결정해 두어야 할 구체적인 사항을 살펴보자.

1. 등록지가

국토보유세를 부과하려면 지대에서 매입지가에 대한 이자를 공제해야 한다. 그러므로 특정 시점의 지가를 확정해 두어야 하며 확정된 지가를 모든 사람이 알 수 있게 하려면 등기부에 등록해 두는 것이 가장 좋다. 이때 등기부에 등록하는 '매입지가'를 실제 매입한 시점의 지가로 할 것인가 아니면 다른 시점의 지가로 할 것인가에 관해 세 가지 방식을 생각해 볼 수 있다.

1) 매입 시점의 지가(방식 1)

토지불로소득의 정의에 충실하게, 등록지가를 현 토지소유자가 매입한 당시의 지가로 하는 방식이다.

등록지가 = 현 토지소유자가 매입한 시점의 지가

이런 방식을 채택할 때 현 토지소유자가 과거에 매입한 시점의 지가를 어떻게 알 수 있는가라는 의문이 생길 수 있다. 이 점에 관해서는 현행 양도소득세에도 같은 문제가 있기 때문에 실무적인 해결책을 마련해 두고 있다. 지가공시제가 시작된 시점 즉 1990년 8월 30일 이후 거래된 토지의 기준시가는 개별공시지가를 적용하고 그 전에 거래된 토지의 기준시가는 토지등급가액을 고려하여 적절한 공식으로 계산한다.

또 이런 방식으로 국토보유세를 실시한다는 사실이 알려지면 세액을 줄이기 위한 위장매매가 일어날 가능성을 고려해 두는 것이 좋겠다. 위장매매를 통해 매입지가를 높여서 등록해 두면 등록지가에 대한 이자가 커져 세액이 줄어들기 때문. 이런 경우에도 양도소득세율이 매매차액의 100%라면 결과가 동일하지만 세율이 100%에 훨씬 미달하는 현실에서는 위장매매가 발생할 가능성이 매우 높다.

물론 실제로 거래가 이루어진 매입지가가 아니라 매입 시점의 객관적인 지가(예를 들면 공시지가)를 등록지가로 삼는다면 위장매매를 한다고 해도 세액이 줄어들지 않는다. 그러나 위장매매가 보편화될 경우에는, 그 자체로 사회문제가 되기도 하고 또 공시지가가 시세를 반영하지 않는다는 시비가 널리 일어날 수도 있다. 따라서 〈방식 1〉을 택하더라도 등록지가는 위장매매와 무관한 지가로 해야 한다는 점을 사전에 명시할 필요가 있다.

2) 실시 시점의 지가(방식 2)

과거 매입 시점 이후에 지가가 상승한 경우가 많은 현실에서, 등록지가는 다음과 같이 국토보유세를 도입하는 시점의 지가가 되어야 한다는 압력이 생길 수 있다.

등록지가 = 도입하는 시점의 지가

매입 시점이 아닌 도입 시점의 지가를 등록지가로 삼는 것은 토지불로소득의 정의에 맞지 않다. 그러나 매입 시점 이후에 지가가 상당히 상승한 경우에는 〈방식 1〉을 둘러싸고 '재산권을 침해한다'는 시비가 일어날 가능성이 없지 않으므로 〈방식 2〉를 예비적으로 고려해 둔다.

3) 절충안(방식 3)

〈방식 1〉과 〈방식 2〉의 절충안도 있다.

예를 들면 다음과 같이 할 수 있다.

등록지가 = 도입 시점의 지가의 x%와 과거 매입 시점의 지가 중 큰 금액

위 식에서 x는 100보다 작아야 한다. 이 방식은 국토보유세 논의 과정에서 〈방식 1〉과 〈방식 2〉가 맞설 경우에 타협점이 될 수 있다. 또 〈방식 1〉이 금융 부실을 야기할 가능성이 있는 경우에도 이 방식을 활용할 수 있다. 금융 대출의 상당 부분에서 토지 담보 대출액이 매입지가를 초과한다면 대출 회수가 어려워져서 금융발 경제 침체로 이어질 수 있기 때문이다.

이때에는 위 식에서 x를 담보가치 대비 대출금액(LTV: loan to value) 비율 밑으로 내려가지 않도록 배려하면 된다.

또 하나의 절충안으로는 토지 매입 후의 인플레이션을 감안하여 등록지가를 매입지가의 현재가치로 하는 방법도 있다.

4) 등록지가 선택제

국토보유세를 처음 도입할 때의 등록지가는 위의 세 방식 중 하나가 되겠지만 일단 도입하고 난 뒤부터는 새로운 매입자가 자신의 형편에 맞게 등록지가를 선택하도록 해주어도 된다. 예를 들어 등록지가가 3억 원인 토지를 매입하려는 사람의 가용자금이 2억 원밖에 안 된다면 정부가 그 차액 1억 원을 매각자에게 지불하고 등록지가를 2억 원으로 바꾼 다음, 추후 지대이자차액세액에서는 2억 원에 대한 이자를 공제하는 것이다.

정부 재정 능력이 한정되어 있기 때문에, 등록지가를 낮추려고 하는 사람이 너무 많을 경우에는 모든 신청을 다 받아 줄 수는 없을 것이다. 그러나 등록지가가 낮을수록 목돈을 동원하기 어려운 사람의 토지 취득 기회가 더 넓어진다는 점에서, 재정 능력의 범위 내에서라면 가급적 하향 선택 기회를 확대하는 것이 바람직하다. 다만 등록지가를 낮추더라도, 토지소유자가 국토보유세를 체납하거나 경제가치가 없는 이용 결과를 남긴 채 토지를 포기할 경우에 대비하여, 보증금 정도의 금액은 유지하는 것이 좋겠다.

등록지가 변경을 희망하는 사람 가운데에는 더 높은 금액으로 올리고 싶은 사람도 있겠지만, 등록지가를 올려놓으면 추후 목돈을 마련하기 어려운 토지 수요자에게 불리하게 작용할 수 있고 미래의 정부 수입을 줄이므로 특별한 경우에 한해서만 상향 선택을 인정하거나 아예 인정하지 않아도 좋다고 본다.

2. 공시지대와 이자율

1) 공시지대

우리나라에 공시지가는 있지만 공시지대는 없으므로 공시지대제도를 도입할 필요가 있다. 토지보유세의 과표로는 미래 가치를 반영하는 지가보다 현재 가치를 반영하는 지대가 더 적절하므로 처음부터 지가보다는 지대를 공시하는 제도를 두었으면 좋았을 것이다.

동일 시점의 지가와 지대는 비례관계를 갖지 않는다. 지가는 이자율이 낮을수록 그리고 현재의 용도에 비해 장래의 개발 전망이 좋을수록 커지므로 지대 대비 지가의 비율도 커진다. 따라서 단순히 공시지가에 특정 비율을 곱하여 지대를 구할 수는 없다. 다만 공시지대 평가가 정착되기 전까지는 한국감정평가협회가 마련한 '토지보상평가지침'에 의해 공시지가를 기준으로 지대를 추정할 수 있을 것이다.

지대는 특별한 경우가 아니면 단기간에 급변하지 않으므로 지대 평가의 주기는 3년 정도로 해도 좋을 것이다. 그러나 대규모 개발, 사회기반시설 확충, 용도변경 등 특별한 요인이 작용하는 지역에서는 주기와 무관하게 새로 평가해야 한다. 토지소유자가 장기적인 관점에서 토지를 이용하도록 배려해 주려면 취득 후 첫 10년 정도의 지대를 예고하고 이 기간 동안 소유자와 토지 용도에 변동이 없는 한 지대이자차액세액을 변화시키지 않는 것도 한 방법이다.

지대이자차액세가 정착되고 공시지대가 평가되면 지가공시제도는 필요 없어진다. 현재 지가공시제도를 두는 것은 과세 또는 보상의 기준으로 삼기 위해서인데 이 경우 모두 지가를 평가할 필요가 없어진다. 국세의 경우, 국토보유세는 당연히 공시지대를 이용하면 되고, 뒤에서 언급하듯이, 양도소득세를 유지할 경우에는 당사자가 신고하는 거래가격을 이용하면 된다. 지방세로서 토지에 부과하는 조세에는 재산세, 취득세, 등록세가 있다. 재산세 중 토지에 대한 부분은 공시지대를 이용하면 된다. 취득세와 등록세는 거래세인데 거래세는 부동산 거래를 저해하는 부작용이 있으므로 아예 이를 폐지하고 재산세를 올려서 세수입을 맞추는 것이 좋다고 보지만, 이런 세목을 그대로 둔다고 하더라도 양도소득세 신고 가격을 이용하면 된다. 보상의 경우에도, 실제 지가는 등록된 지가와 비슷하게 유지되므로 지가를 따로 평가할 필요가 없다. 따라서 전국 토지를 대상으로 하는 지가공시제도는 없애도 된다. 다만, 등록지가와 실제 지가 간에 괴리가 크게 생긴다면 국토보유세 집행에 문제가 있는 것이므로 이를 점검하기 위한 지가를 파악해 볼 필요는 있을 것이다.

2) 이자율

또 이자율도 정해야 한다. 국토보유세에서 매입지가에 대한 이자를 공제하는 것은 토지 보유 비용을 인정해 주기 위해서다. 비용에는 기회비용과 실비용이 있다. 자기 자금으로 토지를 매입한 사람의 보유 비용은 매입자금의 기회비용이 된다. 즉 예금 이자 내지 평균 투자수익이 보유 비용이다. 한편, 자금을 빌려서 토지를 매입한 사람은 실제 지불하는 이자가 보유 비용이 된다. 즉 대출이자율이 보유 비용이다. 그러므로 기회비용과 실비용 사이의 적절한 선에서 이자율을 결정하면 된다.

등록지가 선택제와 관련해서 생각해 보면, 이자율이 높으면 국토보유세 공제액이 커지므로 등록지가를 높이려는 사람이 많을 것이고 이자율이 낮으면 그 반대가 될 것이다. 등록지가가 낮을수록 토지 취득기회가 공평해지고 또 완전한 지대조세제에 가까워진다는 점을 생각하면 이자율을 다소간 낮게 유지하는 것이 더 나을 것으로 보인다.

정부의 입장에서는 국토보유세 공제용 이자율을 정부 차입금 이자율과 일치시키는 것도 좋다고 본다. 위의 예에서 정부가 토지 매각자에게 1억 원을 지불한다면 그 1억 원에 대한 정부 비용 즉 정부 차입금 이자율과 지대이자차액세의 이자율을 일치시키면 정부로서는 손익이 없다. 등록지가가 1억 원 낮아지면 국토보유세액이 그 이자액만큼 많아지므로 이렇게 증가한 세수입으로 차입금 이자를 갚으면 되기 때문이다. 그 과정에 약간의 비용이 든다면 정부 차입금 이자율보다 약간 높은 수준으로 정하면 된다.

3. 징수를 시작하는 시점

우리나라처럼 지대가 상승하는 추세의 사회에서 지가에 대한 이자는 같은 시점의 지대보다 대체로 크다. 그러므로 등록지가를 정하는 방식 중 〈방식 2〉를 채택한다면 국토보유세를 도입하는 초기에는 전국 토지의 이자총액이 지대총액보다 클 것으로 예상된다. 〈방식 1〉이나 〈방식 3〉을 택한다고 해도 그럴 가능성이 전혀 없지는 않다.

이럴 경우에는 개별 적용과 일괄 적용의 두 방법 및 절충적인 방법을 생각할 수 있다. 개별 적용이란, 국토보유세 적용을 유예하다가 지대가 이자를 초과하는 토지부터 개별적으로 국토보유세를 징수하기 시작하는 방법이다. 일괄 적용이란, 전국의 지대총액이 이자총액을 상회할 때까지 기다려서 전국의 토지에 일괄적으로 국토보유세 징수를 시작하는 방법이다. 양자를 절충하는 제3의 방법으로, 일정한 유예기간을 둔 후 일괄 적용하되 그 시점에도 지대보다 이자가 높은 토지에 대해서만 지대와 이자가 같아질 때가지 유예기간을 연장하는 방법도 있다. 일괄 적용의 편의성을 살리면서, 첫 단계부터 정부가 조세를 환급해야 하는 문제를 방지하려면 제3의 방법이 좋을 것 같다.

어느 방법을 쓰든지 등록지가는 빠른 시일 내에 확정해 두어야 한다. 시행 당시의 첫 토지소유자는 지가를 높여서 등록할수록 이익이 되므로, 등록지가가 미정인 상태에서는 투기 또는 위장매매가 생길 가능성이 있기 때문이다.

국토보유세 징수를 개시한 이후에, 특정 토지의 소유자에게 책임이 없는 사유로(예를 들면 주거지역이 개발제한구역으로 지정되어) 지대가 이자 아래로 하락하면 어떻게 할 것인가? 물론 그 차액을 토지소유자에게 내주어야 한다. 국민이 토지를 국가로부터 빌려 쓴다는 개념으로 보더라도 지대가 하락하면 임대료가 내려가는 것이 당연하다. 이렇게 하면 국토보유세라는 하나의 간단한 장치로 개발이익과 개발손실의 조화가 완벽하게 이루어진다.

한편, 이론상으로는 토지불로소득 대책으로는 국토보유세 하나면 충분하고 양도소득세는 필요 없지만 세율이 100%에 미달하거나 실무가 불완전할 경우에는 매매차액이 생길 수 있다. 매매차액의 규모가 커져서 그대로 방치하기 어려운 정도가 된다면, 한편으로는 국토보유세의 집행에 문제가 있는지를 점검하는 동시에 양도소득세도 같이 적용할 필요가 있다. 이런 경우의 지가는 굳이 정부가 평가할 필요 없이 당사자에게 실거래 가격을 신고하도록 하고 신고가격을 근거로 과세하면 된다. 거래가격 신고액이 낮을수록 매각자의 양도소득세액이 줄어들고, 높을수록 매입자가 나중에 매각할 때 낼 양도소득세가 줄어들기 때문에 정확한 실거래 가격이 신고될 것으로 기대할 수 있다.

Ⅲ. 모의실험

1. 국토보유세 전략의 모의실험

앞에서 지대조세제로 나아가는 두 전략을 제시하면서 이론적인 장단점을 비교하였고, 국토보유세를 활용하는 전략을 채택할 경우에 필요한 실무적인 준비 사항에 대해 생각해 보았다. 이곳에서는 구체적인 이해도를 높이기 위해 모의실험을 실시하여 각 전략을 채택할 경우에 전개될 토지 상황을 예상해 보기로 한다.

먼저 앞서 제시한 두 전략에 관한 모의실험을 실시한다. 그 다음, 국토보유세를 좀 더 강화하는 전략을 쓸 경우에는 토지 상황이 어떤 추이를 보일 것인가에 대해서도 모의실험을 실시해 본다. 아울러 지대세 전략의 하나인 폴드배리 구상에 따른 추이도 검토해 본다.

모의실험에서 사용한 값은 등록지가 20, 초기의 연간 지대 1, 이자율 연 5%, 지대상승률 연 5%로 하였다.

우선, 국토보유세를 도입하면 토지 상황이 어떻게 변화해갈 것인가를 짐작해 보기 위해 실시한 모의실험의 결과를 요약하면 〈표 17.2〉와 같다.

〈표 17.2〉 국토보유세를 도입할 경우의 추이 예시

시점	지대	공제액*	세액*	지대환수율(%)	지가
0	1.000	1	0.000	0.0	20
5	1.276	1	0.276	21.6	20
10	1.629	1	0.629	38.6	20
15	2.079	1	1.079	51.9	20
20	2.653	1	1.653	62.3	20
25	3.386	1	2.386	70.5	20
30	4.322	1	3.322	76.9	20
35	5.516	1	4.516	81.9	20
40	7.040	1	6.040	85.8	20
45	8.985	1	7.985	88.9	20
50	11.467	1	10.467	91.3	20

*공제액 = 등록지가 × 이자율, 세액 = 지대-공제액.

〈표 17.2〉를 보면, 국토보유세 징수를 시작한 후 30년이 지나면 지대의 4분의 3 수준인 76.9%가 환수된다. 그러나 지대상승률이 연 5%보다 높으면 지대환수율 증가 속도는 더 빠를 것이고 5%에 미달하면 더 늦을 것이다. 예를 들어 지대환수율이 지대의 4분의 3 수준에 도달하는 데 걸리는 시간을 보면 지대상승률이 연 7%일 경우 20년(74.2%), 연 3%일 경우 50년(77.2%) 정도가 된다.

지가는 등록지가와 같은 20으로 일정하게 유지된다.

2. 지대세 전략의 모의실험

지대세를 점진적으로 인상해 가면 토지 상황이 어떻게 변화해 갈 것인가를 짐작해 보자. 지대세율은 50년에 걸쳐 매년 균등하게 인상해 가는 것으로 한다. 즉 매년 50분의 1씩 즉 2%포인트씩 인상해 갈 경우의 추이가 〈표 17.3〉에 요약되어 있다.

〈표 17.3〉을 보면, 지대환수율은 세율과 같은데 40년이 지나면 지대의 대부분인 80%에 이름을 알 수 있다.

지가는 초기의 24.5에서 일시적으로 약간 상승하다가 곧 감소하기 시작하여 마침내 0에 이르게 된다. 한편, 인상 기간을 줄이면 지대환수율이 증가하는 속도가 빨라지며, 초기의 지가는 더 낮게 형성되고 지가의 하락 속도도 빨라진다.

〈표 17.3〉 지대세를 점진적으로 인상할 경우의 추이 예시

(인상 기간 = 50년)

시점	지대	세율(%)	세액	지대환수율(%)	지가
0	1.000	0	0.000	0	24.5
5	1.276	10	0.128	10	25.3
10	1.629	20	0.326	20	25.4
15	2.079	30	0.624	30	24.7
20	2.653	40	1.061	40	23.1
25	3.386	50	1.693	50	20.3
30	4.322	60	2.593	60	16.4
35	5.516	70	3,861	70	11.6
40	7.040	80	5.632	80	6.3
45	8.985	90	8.087	90	1.8
50	11.467	100	11.467	100	0.0

두 전략의 모의실험 결과를 그래프로 나타내면 다음 두 그림과 같다.

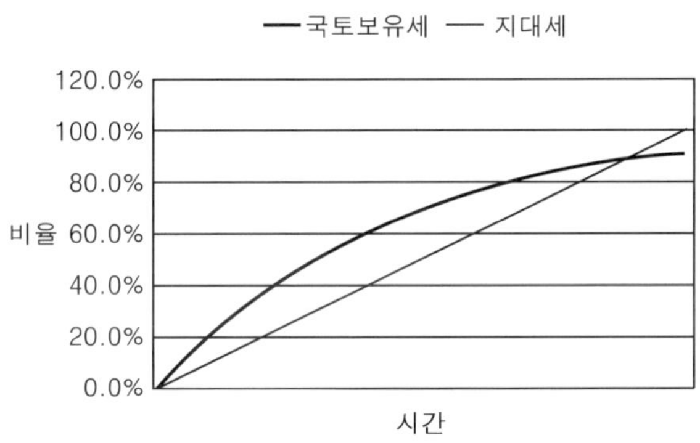

〈그림 17.1〉 지대환수율의 추이

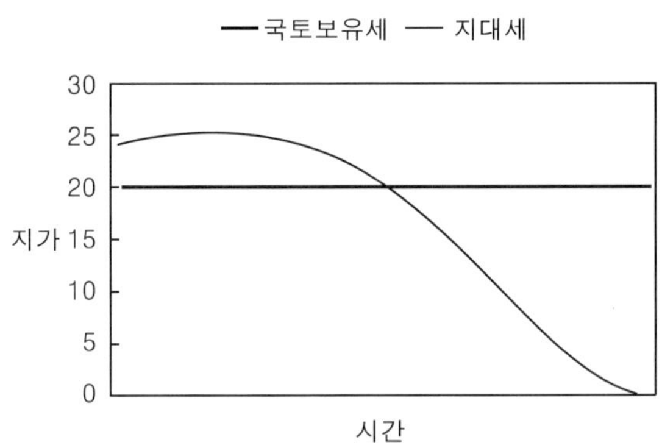

〈그림 17.2〉 지가의 추이

3. 국토보유세 가속화 전략의 모의실험

국토보유세 전략을 기본으로 하더라도 지대조세제에 근접하는 속도를 높이려고 희망하는 수도 있을 것이다. 여기에는 두 가지 방식이 있을 수 있는데, 하나는 이자 공제를 한시적으로만 인정하다가 일정 기간이 지나면 공제 없이 지대 전체를 환수하는 방식이고, 또 하나는 공제액을 조금씩 줄여 나가는 방식이다. 두 방식에 관한 모의실험을 통해 토지 상황의 추이를 보기로 한다.

1) 공제를 한시적으로만 인정하는 방법

국토보유세를 도입하되 매입지가에 다한 이자의 공제를 50년만 인정한다고 할 때 전개될 토지상황의 추이를 보자. 다른 가정은 국토보유세의 경우와 동일하다고 하면 다음 표와 같은 결과가 나온다.

〈표 17.4〉 공제를 한시적으로 인정할 경우의 추이 예시

시점	지대	공제액*	세액*	지대환수율(%)	지가
0	1.000	1	0.000	0.0	18.3
5	1.276	1	0.276	21.6	17.8
10	1.629	1	0.629	38.6	17.2
15	2.079	1	1.079	51.9	16.4
20	2.653	1	1.653	62.3	15.4
25	3.386	1	2.386	70.5	14.1
30	4.322	1	3.322	76.9	12.5
35	5.516	1	4.516	81.9	10.4
40	7.040	1	6.040	85.8	7.7
45	8.985	1	7.985	88.9	4.3
50	11.467	1	10.467	91.3	0

*공제액 = 등록지가 × 이자율, 세액 = 지대-공제액.

〈표 17.4〉를 보면, 지대환수율의 변화는 국토보유세의 경우와 같아서, 30년이 지나면 지대의 대부분인 76.9%가 환수된다. 그러나 지가는 20으로 일정하게 유지되지 않고 점차 하락하여 마침내 지대조세제의 경우처럼 0이 된다.

2) 공제액을 점진적으로 축소하는 방법

공제액을 50년에 걸쳐 같은 비율로 줄여 나가는 경우에 전개될 토지상황의 추이를 보자. 공제 이자액을 매년 50분의 1씩 줄이는 경우의 모의실험 결과가 다음 표에 정리되어 있다.

〈표 17.5〉 공제액을 점진적으로 축소할 경우의 추이 예시

시점	지대	공제액*	세액*	지대환수율(%)	지가
0	1.000	1	0.000	0.0	12.3
5	1.276	0.9	0.376	29.5	10.5
10	1.629	0.8	0.829	50.9	8.8
15	2.079	0.7	1.379	66.3	7.1
20	2.653	0.6	2.053	77.4	5.5
25	3.386	0.5	2.886	85.2	4.1
30	4.322	0.4	3.922	90.7	2.8
35	5.516	0.3	5.216	94.6	1.6
40	7.040	0.2	6.840	97.2	0.8
45	8.985	0.1	8.885	98.9	0.2
50	11.467	0.0	11.467	100.0	0

* 공제액 = 등록지가×이자율, 세액 = 지대-공제액.

〈표 17.5〉를 보면, 지대환수율은 물론 단순한 국토보유세의 경우보다 빨리 높아져서 20여 년이 지나면 지대의 80%가 환수된다. 지가는 첫 해부터 갑자기 낮아지고 그 후 점진적으로 하락하여 마침내 지대조세제의 경우처럼 0이 된다.

단순한 국토보유세 도입의 경우와 가속화 전략을 도입할 경우의 추이를 쉽게 비교하기 위해 그래프로 나타내면 다음 그림과 같다.

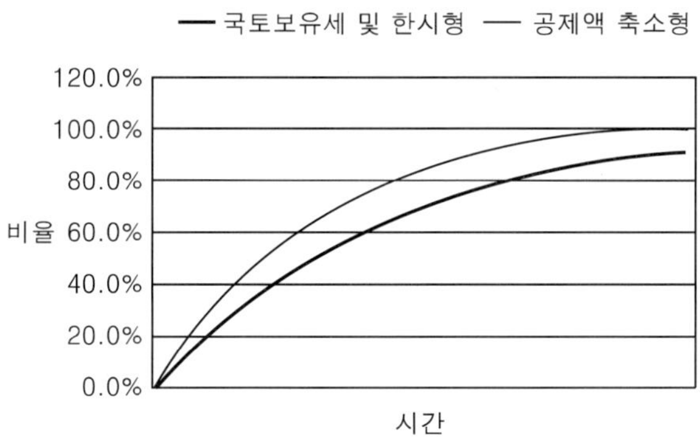

〈그림 17.3〉 국토보유세 가속형의 지대환수율 추이

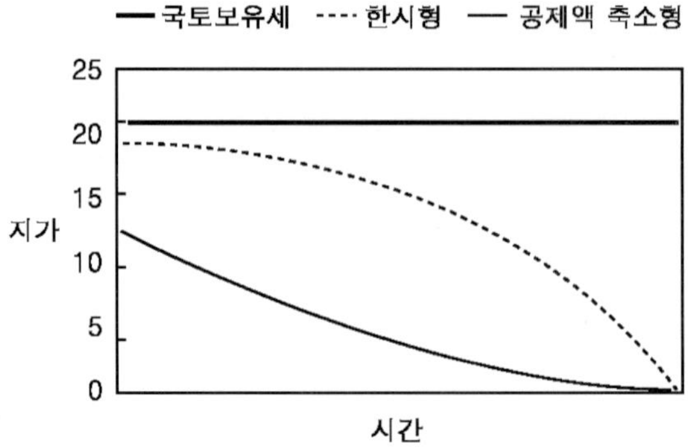

〈그림 17.4〉 국토보유세 가속형의 지가 추이

4. 폴드배리 전략의 모의실험

한편 폴드배리는 미국 상황에서 지대조세제를 점진적으로 도입하는 방안을 제시한 바 있다. 지대세의 점진적 도입을 예고한 후 10년간 유예기간을 두고 11년째부터 10년 동안 매년 5%포인트씩 세율을 인상하여 20년 되는 해부터 75%의 세율을 유지하자는 제안이다.(Foldvary, 2005)

폴드배리의 구상에 의해 전개될 상황을 예상하면 다음과 같다. 앞에서와 같이 지대상승률과 이자율을 모두 연간 5%로 가정한 모의실험 결과가 〈표 17.6〉에 정리되어 있다.

〈표 17.6〉 폴드배리의 구상에 의한 추이 예시

(인상기간=20년, 지대상승률=5%/년, 이자율=5%/년)

시점	지대	세율(%)*	세액	지가**
0	1.000	25	0.250	-
5	1.276	25	0.319	-
10	1.629	25	0.407	-
11	1,710	30	0.513	-
12	1.796	35	0.629	-
13	1.886	40	0.754	-
14	1.980	45	0.891	-
15	2.079	50	1.039	-
16	2.183	55	1.201	-
17	2.292	60	1.375	-
18	2.407	65	1.564	-
19	2.527	70	1.769	-
20	2.653	75	1.990	-
이후	증가	75로 고정	증가	-

* 세율 = 지대환수율. ** 지대상승률과 이자율이 같으므로 지가는 무한대.

지대상승률과 이자율이 동일하면 이론상으로 지가가 무한대가 되므로 표에서는 지가를 표시하지 않았다. 그러나 현실적으로는 지가가 무한대가 되지는 않으므로 20년 후에는 현재 지가 수준의 3분의 1 정도로 내려갈 것으로 예상된다. 현재 미국에서 지대의 25%를 환수한다고 하였으므로 지대의 4분의 3이 토지소유자의 수중에 남지만 20년 후부터 지대의 75%를 환수하면 토지이익이 지대의 4분의 1로 줄어든다. 즉 현재에 비해 토지이익이 3분의 1로 줄어들기 때문에 지가도 3분의 1 수준이 된다는 것이다.

Ⅳ. 두 전략의 비교

1. 장단점

국토보유세 전략은 토지불로소득을 완전히 환수하면서도 제도의 연착륙이 쉽다는 장점이 있으며, 또 일단 도입을 한 후에 추가 조치를 취하지 않더라도 지대가 상승함에 따라 저절로 완전한 지대조세제에 근접해 간다는 장점도 있다.

반면, 지대환수율 즉 세액/지대의 비율을 정책적으로 조정할 수 없다는 한계도 있다. 따라서 경제에 짐을 지우는 나쁜 세금을 그렇지 않은 좋은 세금으로 바꾼다는 조세 대체 목표의 측면에서 보면, 국토보유세는 이 목표를 언제 달성할 수 있을지 분명하지 않다. 이자율의 변동 폭이 크지 않다면 지대상승률이 높을수록 지대환수율이 급속하게 커져서 목표에 접근하는 시간이 단축될 것이다. 그러나 극단적으로 지대상승률이 0이라면 이 목표는 영영 달성할 수 없게 된다.

지대세 전략은 완전한 지대조세제를 향해 두 목표를 동시에 추구하면서 그 속도를 정책적으로 조정할 수 있다는 장점이 있다. 반면에 세율이 상당한 정도로 높아지기 전까지는 토지투기를 토지보유세가 아닌 다른 수단으로 해결해야 한다는 문제가 있으며, 이런 문제를 피하기 위해 인상 속도를 올리려면 그런 속도가 사회적으로 안전한가에 대한 면밀한 사전 검토가 필요하다. 또 지대세를 인상해 가면 궁극적으로는 지가가 0으로 하락하게 되는데, 반대 측에서 이 점을 들어 사유재산 침해라고 공격을 해 오면 현실적으로 만만치 않은 논쟁이 일어나게 된다.

2. 국토보유세는 연착륙이 쉽다

이런 장단점을 다 감안하면 어느 안이 더 낫다고 단정 짓기 어렵다. 다만 지은이는 국토보유세가 토지불로소득을 단기간에 완전히 환수하면서도 연착륙이 쉽다는 점에서 더 현실적인 전략이라고 생각한다. 국토보유세가 연착륙이 쉬운 이유는 두 가지다. 기존의 토지제도 하에서 성립된 경제 질서에 별다른 충격을 주지 않으며 국토보유세를 반대하는 쪽에 저항의 명분을 제공하지 않는다는 것이다.

우선, 국토보유세는 기존의 경제 질서에 별다른 충격을 주지 않는 안전한 방법이다. 무엇보다도 지가가 일정하게 유지되기 때문에, 지가가 상당한 금액이 된다는 예상 아래 형성된 사회관계에 별다른 영향을 주지 않는다. 예를 들면 토지를 담보로 이루어진 대출의 회수를 염려할 필요가 없다. 또, 부동산 세액이 갑자기 크게 인상되는 일이 없기 때문에 토지소유자의 생활에도 별다른 영향을 주지 않는다.

다음으로, 국토보유세에 대해서는 반대할 명분이 별로 없다. 국토보유세 징수액은 불로소득으로서, 헌법이 보호하려고 하는 노력과 기여의 대가와는 무관할 뿐 아니라, 토지소유자에게 매입지가의 원리금을 보장하므로 토지소유자를 불리하게 만들지도 않기 때문이다. 반면 지대세는 지가를 궁극적으로 0으로 만들기 때문에 서서히 도입한다고 해도 사유재산 침해라는 저항의 구실을 줄 수 있다. 물론 지대세로 인해 궁극적으로 지가가 0이 된다고 해서 사유재산 침해가 되는지에 대해서는 다른 견해가 있을 수 있지만 국토보유세는 그런 저항의 빌미조차 거의 주지 않는다.

참고로, 지은이는 지대세가 지가를 0으로 하락시키더라도 사유재산을 침해하는 것은 아니라고 보며, 서서히 도입한다면 토지소유자에 대한 별도의 보상이 필요한 것도 아니라는 입장이다. 자세한 것은 제20장의 의문 8(기존 토지소유자에게 지가를 보상해야 하지 않나?)을 참조하기 바란다.

V. 시사점과 시범 실시

1. 시사점

지금까지, 완전한 지대조세제를 향해 서서히 나아가는 전략 중에서 국토보유세를 활용하는 전략을 중심으로 검토하면서 다른 전략과 비교해 보았다. 그 결과로부터, 지대조세제로 나아가는 현실적 전략에 관해 상당한 시사점을 얻을 수 있다. 이를 지대조세제에 반대하는 쪽에 주는 시사점과, 지대조세제에 찬성하는 가운데 지대세율을 점진적으로 인상해 가는 전략 즉 지대세 전략을 선호하는 쪽에 주는 시사점으로 나누어 생각해 보자.

지대조세제에 반대하는 쪽에서는 지대조세제가 궁극적으로 지가를 0으로 만들기 때문에 사유재산 침해인 동시에 사회에 지나친 충격을 줄 수 있다는 이유를 댄다. 그러나 앞에서 살펴본 것처럼 국토보유세는 토지소유자의 기득권이나 재산 가치를 훼손하지 않으며, 사회에 충격을 주지도 않는다. 따라서 국토보유세는 이러한 반대자를 설득할 수 있는 좋은 대안이 된다.

국토보유세 전략을 취할 경우에 완전한 지대조세제에 얼마나 빨리 접근해 가는가 하는 것은 미래의 지대상승률에 달려 있으므로 의외로 시간이 오래 걸릴 수도 있다. 그래서 지대조세제에 찬성하면서 국토보유세 전략보다는 지대세 전략을 선호하는 경우도 있다. 지대세 전략은 지대환수율의 증가 속도, 즉 조세 대체 속도를 정책적으로 조절할 수 있기 때문이다.

반면, 지대세 전략은 세율이 상당히 높아지기 전까지는 부동산 투기를 막기 어렵다는 약점이 있다. 지대세를 인상하는 기간 동안 투기가 발생한다면 토지보유세 이외에 투기를 막는 다른 과격한 수단을 병행할 가능성이 많은데 이런 수단은 부작용을 낳기 마련이다.

이런 약점은 세율을 빠르게 인상한다면 단기간에 해소될 수 있기는 하지만, 그러한 인상 속도가 사회에 무리한 충격을 가하지 않는가에 대한 면밀한 사전 검토가 필요하다. 또 지대세 전략은 궁극적으로 지가를 0으로 하락시키기 때문에 저항의 구실을 줄 수 있다는 점도 염려된다. '보상 없이 지가를 대폭 낮추는 조치는 사유재산 침해'라고 주장하고 나올 반대자와 공방을 벌이다 보면 지대세의 도입을 결정하는 데 시간이 오래 걸릴 수 있다. 어쩌면 반대에 밀려서 아예 시작도 못 할 가능성도 있고 시작을 한다고 하더라도 사회적 합의 과정을 거치다 보면 지대환수율 상승 속도가 매우 느려질 가능성도 있다.

폴드배리와 같은 열성적인 지공주의자도, 지대의 25% 정도를 환수하고 있는 미국에서 75%까지 높이는 데 20년이라는 기간을 잡는다. 이런 점을 고려하면, 지대환수율이 미국의 10분의 1 정도인 우리나라에서 지대세 전략을 통해 지대환수율 75% 수준에 도달하는 데는 시간이 더욱 오래 걸릴 것으로 전망된다.

한편 국토보유세 전략을 취할 때 지대환수율이 75% 정도에 도달하는 기간을 모의실험으로 예측해 보았더니, 지대상승률이 연간 5%일 경우에는 약 30년, 연간 3%일 경우에는 약 50년 정도인 것으로 나타났다. 연간 5% 내지 3%라는 지대상승률은 우리 현실에서 볼 때 그리 무리한 가정이 아닌데, 30년 내지 50년 정도 걸려서 거의 완전한 지대조세제에 접근할 수 있다면 별로 나쁘지 않다고 생각한다.

혹 국토보유세를 도입한 후에 지대상승률이 의외로 낮아서 지대환수율 상승 속도가 너무 느릴 경우에는 등록지가의 이자를 비용으로 공제하는 기간을 한정하거나 공제액을 조금씩 줄여 나가는 등 국토보유세 전략을 가속화하는 방안도 추후에 고려할 수 있을 것이다.

2. 시범 실시

지금까지의 논의를 통해 지대조세제는 토지원리에 충실한 가장 바람직한 제도이며, 토지사유제가 확립된 사회에서는 국토보유세 전략으로 접근하는 것이 바람직하다는 결론에 도달하였다.

1) 일반 지역

그럼에도 불구하고 생소한 제도를 전국적으로 실시하는 데 대해 확신이 서지 않는다면 일부 지역을 선정하여 시범적으로 실시하는 것도 좋겠다. 시범 실시 지역으로는 대도시, 중도시, 소도시를 골고루 선정하는 것이 바람직하지만 적어도 지가가 낮고 변화가 적은 농어촌보다는 도시지역이 낫다. 선정 후에는 국토보유세를 징수하면서 그 세수에 맞추어 다른 세금을 감면해 간다. 시범 실시를 하면 앞에서 언급한 일반적인 효과가 나는 외에 이 제도를 실시하지 않는 다른 지역에 비해 기업 여건과 자연환경이 유리해지는 만큼 상대적인 효과도 얻을 수 있다.

2) 신도시

한편, 신도시를 건설할 경우에는 처음부터 완전한 지대조세제를 도입하는 것이 좋다. 예를 들어, 노무현 전 대통령의 행정수도 건설 공약이 나온 이후 충청권의 지가가 급등하여 한편으로는 토지투기와 토지불로소득으로 인한 사회문제가 발생했고 또 한편으로는 행정수도 건설에 필요한 토지를 매입 또는 수용하는 데 엄청난 비용이 추가되었다. 이런 문제 때문에, '전원도시'라는 이름의 신도시를 건설하여 세계적으로 큰 영향을 끼쳐 온 하워드(Ebenezer Howard)도 전원도시에 토지임대 방식을 도입하여 건설비와 시 재정을 충당하자고 하였다. 하워드의 구상은 실제로 레치워스(Letchworth), 웰윈(Welwyn)의 두 전원도시로 결실을 맺었으며, 런던 북부 교외에 위치한 이 두 도시는 오늘날에도 신도시의 모범이 되고 있다.

구체적으로 다음과 같은 방법을 제시한다.

우선, 신도시 건설 예정지의 토지를 매수 또는 수용한다. 매수대금 및 수용보상금은 채권을 발행하여 지불하고 이자 및 원금을 연차적으로 갚아 나간다. 다만, 건설 예정지의 지가가 그다지 높지 않으면 현금으로 매수 또는 보상을 해도 좋을 것이고 토지교환도 고려할 수 있다.

토지 매수가격 내지 수용보상금은 신도시 건설이 알려지기 전의 공시지가를 기준으로 한다. 현행 '공익사업을 위한 토지 등의 취득 및 보상에 관한 법률' 제67조 제2항에 "보상액의 산정에 있어서 당해 공익사업으로 인하여 토지 등의 가격에 변동이 있을 때에는 이를 고려하지 않는다"고 되어 있다. 또 동법 제69조에는 보상채권 발행 근거도 있다.

일단 매수 내지 수용한 토지는 매각하지 않고, 민간용 토지는 개발자에게 장기 임대하거나 지상권을 설정하고 시장 수준의 지대를 징수한다. 지대는 개발기에는 1년마다, 개발이 완료되면 3년 정도의 간격으로 평가한다.

민간 개발자와 입주자에게 건설 및 입주 유인을 제공하기 위해 일정 기간(예를 들면 10년간) 법인세, 부가가치세, 지방세 등을 감면한다. 일반적으로 조세를 감면하면 감면액의 상당 부분이 토지임대가치 상승으로 나타날 뿐 아니라 건설이 진행되면서 지대가 급속하게 상승할 것이기 때문에 세수 감소 문제는 생각만큼 크지 않을 것으로 보인다.

[제17장의 부록] 모의실험에 사용된 수식

P : 국토보유세의 등록지가.

R_t : 시점 (t-1)부터 t까지 1년간의 지대로서 시점 t에 발생하는 것으로 가정.
계산에서는 $R_0 = 1$로 두었음.

g : 연간 지대상승률. 따라서 다음과 같은 수식 성립. $R_t = R_0(1+g)^t$.

i : 연간 이자율 또는 할인율.

토지세는 매년 말에 납부하는 것으로 가정. 즉 시점 (t-1)부터 t까지 1년간의 토지보유세는 시점 t에 납부.

$$a = \frac{1}{1+i} \quad (i = \frac{1-a}{a})$$

$$b = \frac{1+g}{1+i}$$

$$c = \sum_{u=1}^{n-t} a^u = \frac{a(1-a^{n-t})}{1-a}$$

$$d = \sum_{u=1}^{n-t} b^u = \frac{b(1-b^{n-t})}{1-b}$$

$$e = \sum_{u=1}^{n-t} ua^u = \frac{a(1-a^{n-t})}{(1-a)^2} - \frac{(n-t)a^{n-t+1}}{1-a}$$

$$f = \sum_{u=1}^{n-t} ub^u = \frac{b(1-b^{n-t})}{(1-b)^2} - \frac{(n-t)b^{n-t+1}}{1-b}$$

1. 토지세 등 소유비용 없고 소유권 존속기간이 무한할 경우 시점 t의 지가

$$P_t = \sum_{u=1}^{\infty} \frac{R_{t+u}}{(1+i)^u} = R_0(1+g)^t \sum_{u=1}^{\infty} b^u$$

$$= R_0(1+g)^t \frac{b}{1-b} \quad \text{또는} \quad R_0(1+g)^t \frac{1+g}{i-g}, \quad i > g$$

2. 국토보유세 전략

(1) 시점 t에 부과되는 국토보유세

$$R_t - iP$$

(2) 시점 t의 지대환수율

$$\frac{R_t - iP}{R_t} = 1 - \frac{iP}{R_0(1+g)^t}$$

* $g > 0$이면 시간이 흐를수록 지대환수율이 커짐.

(3) 시점 t의 납세 후 토지이익

$$R_t - (R_t - iP) = iP$$

(4) Q_t : 시점 t의 지가

$$Q_t = \sum_{u=1}^{\infty} \frac{iP}{(1+i)^u}$$

$$= P$$

3. 지대세율의 점진적 인상 전략

* 매년 지대의 n분의 1씩 증액시켜 징수(n년 후에는 지대의 전부를 징수)하는 경우

(1) 시점 t에 부과되는 세액 $= \frac{t}{n} R_t$

(2) 시점 t의 지대환수율 $= \frac{t}{n}$

(3) 시점 t의 납세 후 토지이익 $= R_t - \frac{t}{n} R_t = \frac{n-t}{n} R_t$

(4) V_t : 시점 t의 지가

$$V_t = \sum_{u=1}^{n-t} \frac{\frac{n-(t+u)}{n} R_{t+u}}{(1+i)^u}$$

$$= R_0 (1+g)^t \sum_{u=1}^{n-t} \frac{\frac{n-t-u}{n}(1+g)^u}{(1+i)^u}$$

$$= \frac{R_0(1+g)^t}{n} \left\{ (n-t) \sum_{u=1}^{n-t} b^u - \sum_{u=1}^{n-t} u b^u \right\}$$

$$= \frac{R_0(1+g)^t}{n} \{(n-t)d - f\}$$

4. 가속화 전략 1(한시형)

* 국토보유세를 부과하되, 이자 공제 시한을 n년으로 한정하는 전략

(1) 시점 t에 부과되는 세액 $= R_t - iP$

(2) 시점 t의 지대환수율 $= \dfrac{R_t - iP}{R_t} = 1 - \dfrac{iP}{R_0(1+g)^t}$

(3) 시점 t의 납세 후 토지이익 $R_t - (R_t - iP) = iP$

(4) W_t : 시점 t의 지가

$$W_t = \sum_{u=1}^{n-t} \frac{iP}{(1+i)^u}$$

$$= iP \sum_{u=1}^{n-t} a^u$$

$$= iPc$$

5. 가속화 전략 2(공제액 축소형): 국토보유세를 부과하되 공제 이자액을 매년 n분의 1씩 감소시키는 전략

(1) 시점 t에 부과되는 세액 $= R_t - \dfrac{n-t}{n} iP$

(2) 시점 t의 지대환수율 $= \dfrac{R_t - \dfrac{n-t}{n} iP}{R_t} = 1 - \dfrac{\dfrac{n-t}{n} iP}{R_0(1+g)^t}$

* $g > 0$면 지대환수율이 시간이 지날수록 커지고 또 일반 지대이자차액세보다 더 빨리 커짐.

(3) 시점 t의 납세 후 토지이익 $= R_t - (R_t - \dfrac{n-t}{n} iP) = \dfrac{n-t}{n} iP$

(4) X_t : 시점 t의 지가

$$X_t = \sum_{u=1}^{n-t} \frac{\dfrac{n-t-u}{n} iP}{(1+i)^u}$$

$$= \frac{iP}{n} \left\{ (n-t) \sum_{u=1}^{n-t} a^u - \sum_{u=1}^{n-t} ua^u \right\} r$$

$$= \frac{iP}{n} \{ (n-t)c - e \}$$

6. 폴드배리의 구상

(1) 시점 t에 부과되는 세액 $= \dfrac{t}{n} R_t$

(2) 시점 t의 지대환수율 $= \dfrac{t}{n}$

(3) 시점 t의 납세 후 토지이익

$\dfrac{3}{4} R_t$ (시점 1~10)

$R_t - \dfrac{t-5}{20} R_t = \dfrac{25-t}{20} R_t$ (시점 11~19)

$\dfrac{1}{4} R_t$ (시점 20 이후)

(4) Y_t : 시점 t의 지가

$$Y_t = \sum_{u=t+1}^{10} \frac{3}{4} R_t + \frac{Y_{10}}{(1+i)^{10-t}} \qquad \text{(시점 0~9)}$$

$$Y_t = \sum_{u=t+1}^{19} \frac{25-u}{20} \frac{R_u}{(1+i)^{u-t}} + \frac{Y_{19}}{(1+i)^{19-t}} \qquad \text{(시점 10~18)}$$

$$Y_t = \sum_{u=t+1}^{\infty} \frac{1}{4} \frac{R_{t+u}}{(1+i)^u} = \frac{1}{4} R_t \frac{1+g}{i-g} \qquad \text{(시점 19 이후)}$$

제18장

지대세 전략과 지가 보상

앞에서 지대조세제를 도입할 때 국토보유세 전략을 채택하는 것이 좋다고 하였고 그럴 경우에는 보상을 할 필요가 없다. 그러나 만일 지대세 전략을 취한다면 궁극적으로 토지의 매매가격이 0이 되어 토지소유자의 재산가치가 줄어들기 때문에 토지소유자의 손실을 보상해야 한다는 주장이 많이 나올 것인데, 이러한 보상 문제는 지대조세제를 반대하는 측의 유력한 근거가 될 것으로 예상된다. 지대세 전략을 취할 때 보상이 필요한지에 대해서는 제20장의 의문 8(기존 토지소유자에게 지가를 보상해야 하지 않나?)에서 다루기로 하고 아래에서는 지대세 전략을 취할 경우 가능한 방법을 생각해 보고 보상 대책을 검토해 보기로 한다.

Ⅰ. 지대세 전략의 세 가지 방법과 지가 변화

1. 지대세 전략의 세 가지 방법

지대세 전략에는 실시 시점을 기준으로 볼 때 '즉시 실시', '예고 후 실시', '점진적 실시'의 세 가지 방법이 있을 것이다. 즉시 실시란 갑자기 어느 시점부터 지대의 100%를 징수하는 방법이다. 예고 후 실시란 지대조세제 실시를 예고하고 유예기간이 지난 후 전면적으로 실시하는 방법이다. 점진적 실시란 과도기간을 두어 지대세의 세율을 조금씩 올려 가다가 결국 세율이 100%에 도달하도록 하는 방법이다.

지대조세제의 실현을 가장 확실하게 보장하는 방법은 물론 즉시 실시 방법이다. 그러나 새로운 제도로 인한 사회적 충격을 줄이고 사회의 적응력을 기른다는 점에서 예고 후 실시, 점진적 실시의 방법도 장점이 있다. 지은이는 이 중에서 정책 의지가 흔들리지 않는다는 보장만 있다면 과도기간을 두는 점진적 실시가 가장 좋다고 본다. 과도기간 동안 정부는 집행상의 기술적인 문제를 보완해 갈 수 있고 국민도 적응기간을 가질 수 있기 때문이다.

2. 지가의 변화

어느 방법을 택하든 지대조세제를 완전히 실시하면 지가가 0이 된다. 앞에서도 지적하였듯이 지대세는 지대를 과표로 하고 세율을 100%로 하는 조세이며, 지가는 미래지대의 합이기 때문에 지대세로 지대를 모두 징수하면 지가가 생길 까닭이 없다.

그러나 지가가 하락하는 과정은 지대조세제를 실시하는 방법에 따라 다르다. 즉시 실시의 경우에는 실시시점에 지가가 즉각 0이 된다.

예고 후 실시의 경우에는 예고시점에 지가가 일시에 상당한 폭으로 하락하고 그 다음부터는 유예기간 동안 완만하게 하락하여 실시시점부터는 0이 된다. 예고시점에 상당한 폭으로 하락하는 이유는, 지대조세제 실시를 예고하기 전에는 모든 미래지대가 토지소유자의 소득이 된다는 예상하에 지가가 형성되지만 예고 후에는 유예기간 동안의 지대만이 지가에 반영되기 때문이다.

점진적 실시의 경우에는 예고 후 실시와 비슷한 과정을 거친다. 즉 실시개시시점에 지가가 일시에 대폭 하락하고 그 다음부터는 과도기간 동안 완만하게 하락하여 완전실시시점부터는 0이 된다. 과도기간과 유예기간이 동일하다면 실시개시시점의 하락폭이 예고시점의 하락폭보다 크다. 예고시점의 하락폭에 비해 과도기간에 납부하는 지대세만큼 지가가 더 하락할 것이기 때문이다.

이상과 같은 지가하락 과정은 세 방법 모두 각각 실시시점, 예고시점, 실시개시시점 이전에는 제도 실시를 국민이 전혀 예상하지 못했을 경우에만 타당하다. 미리 예상을 한다고 하면 지가의 하락이 시작되는 시점이 그만큼 앞당겨지게 된다. 각 방법별로 지가 하락 과정을 그림으로 나타내면 다음와 같다.

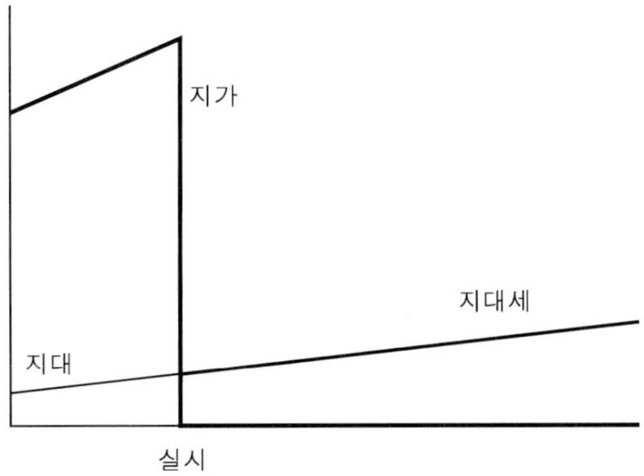

'즉시 실시'의 경우

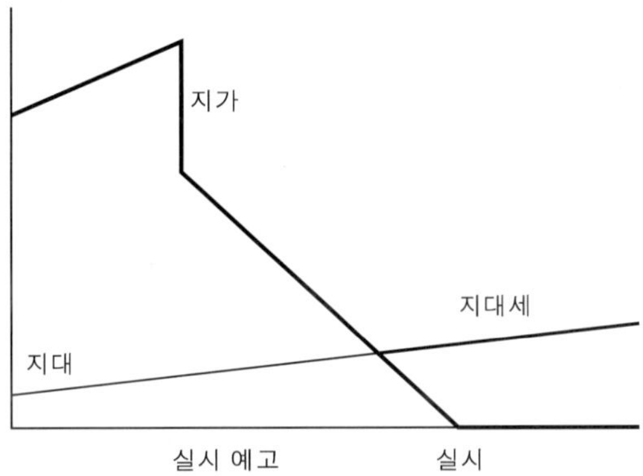

'예고 후 실시'의 경우

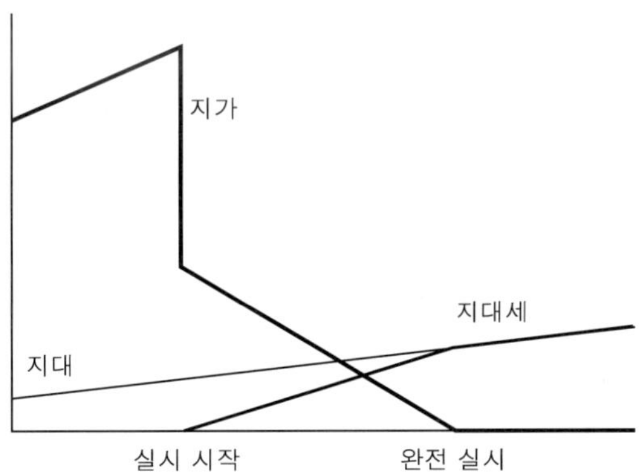

'점진적 실시'의 경우

〈그림 18.1〉 실시 방법에 따른 지가 하락 과정

위의 설명은 완전경쟁시장에서 타당하며 현실의 토지시장에서는 지대조세제 실시가 알려지는 예고시점과 실시개시시점에 지가가 더 큰 폭으로 하락할 것으로 생각된다. 제대로 사용하지 않을 토지의 소유는 큰 부담으로 작용할 것이므로 토지를 빨리 매각하려는 공급자가 급증할 것이기 때문이다.

또 현실에서는 지대조세제를 실시한다고 해도 여러 가지 이유로 지가가 0이 되지 않을 수 있다. 현실에서의 여러 가지 이유 중 세 가지만 들어 보자. 첫째, 토지소유자가 지대세의 일부를 타인에게(예를 들어, 토지 사용자에게 또는 그 토지에서 생산된 상품의 소비자에게) 전가할 수 있다면 예상되는 전가액에 해당하는 지가가 형성될 수 있다. 둘째, 정부의 지대평가 기술이 부족하다거나 기타의 이유로 지대에 못 미치는 지대세액을 징수한다면 예상되는 차액에 상응하는 지가가 형성될 수 있다. 셋째, 지대조세제를 실시하려는 정부의 의지가 오래 가지 못할 것으로 의심되면 정부의 후퇴에 따라 토지소유자에게 돌아갈 것으로 예상되는 지대를 반영하는 지가가 형성될 수 있다. 그러나 지가가 비록 0이 되지는 않더라도 현재의 지가와는 비교가 안 될 정도로 크게 떨어질 것은 분명하다.

Ⅱ. 적정 보상액은 얼마인가?

보상을 한다면 어느 만큼의 보상이 적당한가에 대해 검토해 보자. 혹자는 실시시점의 지가가 0으로 사라졌으므로 지대세 실시시점의 지가를 보상해야 한다고 단순하게 생각할지 모르겠다. 그러나 실시시점의 지가는 토지소유자가 지출한 비용이 아니라 단지 실시 직전에 팔았다면 얻을 수 있었던 금액일 뿐이다. 따라서 이는 진정한 손실이 아니기 때문에 보상해야 할 이유가 없다.

적정보상액은 토지를 매입한 사람이나 매입하지 않은 사람이나 금전적인 이해관계가 동일하도록 만들어 주는 금액이다. 이 금액은 토지소유자가 토지 소유로 인해 지출한 비용과 획득한 소득을 균등하게 만드는 금액 즉 토지소유자의 손실에서 이익을 뺀 금액이므로 다음과 같은 등식을 만들 수 있다.

적정보상액 = 토지소유자의 손실 − 토지소유자의 이익

위 식에 대입할 토지소유자의 구체적인 손실과 이익은 실시방법에 따라 약간 다른데 개별적인 고찰에 앞서 다음과 같이 가정하기로 한다.

① 지대조세제의 실시로 지가는 0이 된다.

② 토지소유자는 매입에 의해 토지를 취득하였다.

1. '즉시 실시'의 경우

즉시 실시의 경우에 어느 정도의 보상이 적정한가에 대해 검토하여 보자. 이때 보상액은 실시시점을 기준으로 산정한다.

토지소유자의 손실은 토지의 매입과 보유에 든 비용이다. 사소한 부대비용을 무시한다면 그 손실은 다음 두 가지 요소로 구성된다.

토지소유자의 손실 = 매입지가 + (매입에서 실시까지) 매입지가에 대한 이자

토지소유자는 위 식의 우변에, 토지소유자의 손실에 매입에서 실시까지의 지대세를 제외한 토지세를 포함시켜야 한다고 주장할 수도 있다. 그러나 토지소유자의 손실에 토지세를 포함시킨다면, 토지소유자의 이익에는 토지를 매입하지 않고 매입지가를 다른 곳에 운용하였을 때 납부하였을 조세를 추가하는 것이 균형에 맞다. 예를 들어 토지를 매입하지 않고 매입지가를 저축한 사람은 이자소득세를 납부하였을 것이므로, 토지세를 토지 매입자의 손실로 친다면 토지를 매입함으로써 납부하지 않게 된 이자소득세액은 이익으로 쳐야만 토지를 매입한 사람과 매입하지 않은 사람의 이해득실이 동일하게 되기 때문이다. 그러나 조세는 고려 대상에서 제외한다.

한편 토지소유자에 대한 보상액에서 공제해야 할 이익은 다음과 같다.

토지소유자의 이익 = (매입에서 실시까지) 지대

위의 식에서 지대는 경제지대이며, 토지의 방치 또는 저사용 등에 의해 지대소득이 경제지대에 미치지 못했더라도 경제지대 전액이 공제대상 이익에 포함된다. 경제지대와 실제 지대소득의 차액은 토지소유자가 스스로 포기한 이익으로서, 경제지대에 상응하는 소득을 올린 후 그 차액을 내버린 것과 다름없기 때문이다.

한편 지대조세제를 실시하면 정부의 세입이 늘어나서 그에 상응하여 다른 조세를 감면할

것이므로 미래의 조세감면액도 토지소유자의 이익에 넣어야 한다는 견해도 있을 수 있으나 조세감면액은 토지소유자가 아닌 사람도 같이 얻게 되는 이익이라는 점에서 제외하기로 한다.

2. '예고 후 실시'의 경우

예고 후 실시 방법을 취할 때의 적정보상액을 검토하여 보자. 이때 보상액은 예고시점을 기준으로 산정한다.

토지소유자의 손실과 이익은 즉시 실시의 경우와 거의 같으나 그 손익을 계산하는 기간은 아래 두 식과 같이 바뀐다.

토지소유자의 손실 = 매입지가 + (매입에서 예고까지) 매입지가에 대한 이자

토지소유자의 이익 = (매입에서 실시까지) 지대

3. '점진적 실시'의 경우

점진적 실시 방법을 취할 때의 적정보상액을 검토하여 보자. 이때 보상액은 실시개시 시점을 기준으로 산정한다.

토지소유자의 손실과 이익은 다른 두 방법의 경우와 거의 같고 그 손익을 계산하는 기간 등에 약간의 차이가 있을 뿐이다.

토지소유자의 손실 = 매입지가 + (매입에서 실시개시까지) 매입지가에 대한 이자

토지소유자의 이익 = (매입에서 완전실시까지) 지대

Ⅲ. 실시시점지가의 보상

1. 검토의 실익

적정보상액은 위에서 살펴본 바와 같으며 실시시점의 지가는 보상의 대상이 될 수 없다는

점은 이미 지적하였다. 그러나 그럼에도 불구하고 만일 실시시점의 지가를 보상한다고 할 때의 보상 문제에 대해 검토해 보자.

이 문제를 검토할 실익은 다음과 같다. 첫째, 토지소유자는 실시시점의 지가를 보상받아야 한다고 생각하기 쉽다는 점이다. 일반적으로 보아 매입시점의 지가보다 실시시점의 지가가 상당히 높기 때문에 토지소유자는 실시시점의 지가를 자신의 자산으로 간주했을 것이고, 따라서 지대조세제로 인한 자산 감소액 전부를 보상받기를 희망할 것이다. 이와 같은 토지소유자의 희망은 불로소득에 대한 기대에 근거를 둔 것이므로 물론 정당하지 않지만, 그러나 그들의 현실적인 목소리가 클 것이므로 만약 그들의 희망을 수용한다면 어떻게 될것인가를 일단 검토해 볼 필요가 있다.

둘째, 전액보상이라는 토지소유자의 희망을 수용하지 않고 앞에서 본 적정보상액을 기준으로 하더라도 현실적으로 부득불 실시시점의 지가를 보상하게 될 가능성도 있다는 점이다. 매입에서 실시까지의 매입지가에 대한 이자와 지대의 크기가 비슷하다고 가정하면 적정보상액은 매입지가에 해당된다. 그런데 현실에서는 실시 시점의 토지소유자가 지불한 매입지가는 실시시점의 지가와 비슷하게 될 가능성이 높다. 매입지가를 보상한다는 방침이 예상될 경우, 오래전에 낮은 가격으로 토지를 매입한 소유자는 토지를 매각(때로는 위장으로 매각)할 가능성이 높기 때문이다.

2. 유예기간을 통한 자동보상

1) 일시보상의 문제

실시시점의 지가는 엄청난 금액으로서, 일시에 보상할 수 없다. 전국의 지가는 정부 세입은 물론 국민총생산보다도 훨씬 큰 금액이다. 전국 토지 중에서 국공유지 등 보상에서 제외될 토지를 빼더라도 정부세입만으로 일시에 보상할 수 없음은 자명하다.

이처럼 일시보상이 불가능하므로 토지보상증권을 발행하고 우선 그 이자를 지급하면서 추후에 원금을 상환하는 방법을 고려해 볼 수 있다. 그러나 지대가 상승할 것으로 예상되는 토지의 경우, 적어도 당분간은 지가에 대한 이자가 지대보다 높으므로 정부는 지대세 수입만으로는 보상증권의 이자도 제대로 못 갚는다. 지가에 대한 이자와 당시 지대와의 크기 비교에 대한 수리적 설명은 [제18장의 부록]을 참조하기 바란다.

즉시 실시를 원칙으로 하면서 정부가 별도의 보상재원을 마련하지 않으려면, 보상증권을 발행하되 그 이자를 지대세로 충당할 수 있을 정도로 보상증권의 이자율을 낮추거나 아니면 직접보상을 피할 수 있는 다른 방법을 강구하여야 한다. 직접보상을 피하는 한 방법으로 유예기간을 두는 방법을 검토해 볼 만하다. 지대조세제를 즉시 실시하여 지대세를 징수하는 대신 지대세 징수를 일정 기간 유예하고 그 유예기간의 지대를 토지소유자가 취득하게 함으로써 보상에 갈음하는 방법이다. 이 방법은 결국 예고 후 실시 방법과 같은 결과가 된다.

2) 자동보상에 필요한 유예기간

예고 후 실시 방법을 취하면서 예고시점의 지가를 보상한다면 과잉보상이 될 가능성이 높다는 문제가 있다. 매입과 예고 간의 기간이 길고 그동안 지대가 크게 상승한 경우에는 지대가 이자에 비해 큰 금액이 될 것이므로 매입지가만 보상하여도 과잉보상이 될 가능성이 있는데, 대체로 매입지가보다 높은 예고시점의 지가를 보상한다면 과잉보상의 가능성이 더욱 높다. 그러나 장점도 있다. 정부로서는 특별한 보상재원을 마련하지 않고도 지대조세제에 대한 지주계층의 강력한 반대를 어느 정도 무마할 수 있고 사회로서는 새로운 제도에 대한 적응기간을 가질 수 있다. 이러한 이유에서, 아래에서는 '예고 후 실시 방법에 의해 자동보상이 가능할지, 가능하다면 유예기간을 얼마로 정해야 하는지에 대해 검토해 보자. 이때 보상액은 예고시점의 지가이다.

완전경쟁 토지시장에서 지가는 모든 미래지대의 현재가치와 같으므로 예고시점의 지가를 완전히 보상하는 데 필요한 유예기간은 무한대이다. 즉 완전경쟁시장에서는 유예기간을 이용한 자동보상은 불가능하다.

그러나 현실의 토지시장에서는 미래에 발생할 모든 지대가 정상적으로 지가에 반영되지 않는 경우가 많다. 흔히 불확실한 미래의 가치에 대해서는 객관적 기대치보다 낮게 예상하기 때문이다. 그럴 경우에는 자동보상에 필요한 유예기간이 유한하게 될 수 있다.

예고 후 지대가 매년 일정 비율씩 변화한다고 할 때 자동보상에 필요한 유예기간을 계산한 결과가 〈표 18.1〉과 〈표 18.2〉에 요약되어 있다. 구체적인 계산과정은 [제18장의 부록](수식을 이용한 설명)을 참조하기 바란다. 두 표는 연간 할인율(i)이 각각 10%, 15%일 때 연간 지대상승률(g)과 지가/지대 비율(c)에 따라 필요한 유예기간이 어떻게 달라지는지를 보여준다. 예를 들어 연간 할인율을 10%라고 본 〈표 18.1〉에서, 예고시점의 지가가 그 당시 연간 지대액의 15배이고(c = 15) 연간 지대상승률이 15%이면 자동보상에 필요한 유예기간은 11.3년이 된다.

〈표 18.1〉 자동보상에 필요한 유예기간(할인율 10%인 경우)

(단위: 년)

c \ g	-5	0	5	10	15	20	25	30	35
5	10.6	7.3	5.8	5	4.4	4.0	3.7	3.4	3.2
10	–	156.7	13.9	10	8.1	7.0	6.2	5.6	5.1
15	–	–	26.9	15	11.3	9.3	8.1	7.2	6.5
20	–	–	65.4	20	14.1	11.3	9.6	8.4	7.6
25	–	–	–	25	16.6	12.9	10.8	9.4	8.4
30	–	–	–	30	18.8	14.4	11.9	10.3	9.2

–: 유예기간 조정을 통한 자동보상이 불가능한 경우.
c: 지가/지대의 비율.
g: 연간 지대상승률(%).

〈표 18.2〉 자동보상에 필요한 유예기간(할인율 15%인 경우)

(단위: 년)

c \ g	-5	0	5	10	15	20	25	30	35
5	–	9.9	7.1	5.8	5	4.4	4.0	3.7	3.5
10	–	–	33.5	13.6	10	8.2	7.0	6.3	5.7
15	–	–	–	25.8	15	11.4	9.5	8.2	7.3
20	–	–	–	53.9	20	14.2	11.5	9.8	8.6
25	–	–	–	–	25	16.8	13.2	11.1	9.7
30	–	–	–	–	30	19.1	14.7	12.2	10.6

–: 유예기간 조정을 통한 자동보상이 불가능한 경우.
c: 지가/지대의 비율.
g: 연간 지대상승률(%).

이 두 표에 나타난 경향성을 요약하면 다음과 같다. 자동보상에 필요한 유예기간은 할인율이 낮을수록, 지대상승률이 높을수록, 지가/지대 비율이 낮을수록 단축된다. 또 할인율과 지대상승률이 같으면 그 유예기간은 지가/지대의 비율과 동일하다.

[제18장의 부록] 수식을 이용한 설명

제18장 본문에 나오는 설명 중 수식에 의한 설명이 도움이 되는 부분을 아래에 제시해 둔다.

1. 지가에 대한 이자와 지대와의 크기 비교

지대가 상승하는 경우 지가에 대한 이자는 같은 시점의 지대보다 크다는 사실을 아래와 같이 수식을 통해 증명하여 보자.

제3부의 부록(수식을 이용한 설명)의 식 (3)을 변형하면 다음과 같은 식을 얻을 수 있다.

(1) $R_0 = P_0 \frac{i_0 - g}{1 + g}$, $g < i_0$

또 지대상승률(g)이 0보다 크면 다음과 같은 관계가 성립한다.

(2) $\frac{i_0 - g}{1 + g} < i_0$, $g > 0$

위의 두 식을 결합하면 다음과 같이 된다.

(3) $R_0 < P_0 i_0$, $g > 0$

위 식의 우변은 시점 0의 지가와 이자율을 곱한 것 즉 지가에 대한 이자이므로 위의 식은 이자가 지대보다 높다는 것을 의미한다.

이상의 검토를 일반화하면, 지대상승률이 0보다 클 것으로 예상되면 지가에 대한 이자는 당시의 지대보다 높다는 결론에 이르게 된다.

2. 자동보상에 필요한 유예기간

예고 후 실시 방법을 택할 때, 지대조세제를 몇 년간 유예하면 예고시점의 지가를 유예기간의 지대소득으로 자동보상할 수 있을까를 다음과 같이 수식을 통해 검토해 보자. 앞에서 정의한 기호 이외에 다음과 같은 기호를 추가로 정의한다.

n : 유예기간.

c : 예고시점의 지가/지대의 비율.

따라서 다음과 같은 식이 성립한다.

$$(4)\quad P_0 = c R_0$$

또 $t=0$은 예고시점, $t=$n은 실시시점임을 언급해 둔다.

위와 같은 기호를 사용하여 우리의 문제를 표현하자면, 다음과 같은 수식이 성립하는 기간 n을 계산하기라고 할 수 있다.

$$(5)\quad P_0 = \sum_{t=1}^{n} \frac{R_t}{(1+i_0)^t}$$

지대가 매년 g의 비율로 상승하면 위의 수식은 다음과 같이 변형할 수 있다.

$$(6)\quad P_0 = \sum_{t=1}^{n} R_0 \left(\frac{1+g}{1+i_0}\right)^t$$

위의 식의 우변과 식 (4)의 우변을 각각 좌·우변으로 하는 등식을 만들고 양변에 공통되는 R_0를 제거하면 다음와 같이 된다.

$$(7)\quad c = \sum_{t=1}^{n} \left(\frac{1+g}{1+i_0}\right)^t$$

식의 모양을 간단히 하기 위해

$$(8)\quad \frac{1+g}{1+i_0} = k$$

라고 두면 식 (7)은 다음과 같이 표시된다.

$$(9)\ \ c = \sum_{t=1}^{n} k^t = \frac{k^{n+1} - k}{k-1}$$

이 식을 변형하면 다음 식을 얻을 수 있다.

$$(10)\ \ k^{n+1} = ck + k - c$$

현실에서 $g > -1$, $i > -1$이 안 되는 경우는 거의 없을 것이므로 식 (8)에서 k는 양수라고 보아도 좋다. 따라서

$$(11)\ \ k^{n+1} > 0$$

의 관계가 성립하므로 식 (10)에서 다음의 관계도 성립한다.

$$(12)\ \ ck + k - c > 0$$

만일 위의 식이 성립하지 않으면 n을 구할 수 없으며 이는 예고 후 실시 방법에서 유예기간의 조정을 통한 자동보상은 불가능하다는 의미가 된다.

식 (10)의 양변에 대수를 취하면 n을 구할 수 있으며 그 결과는 다음과 같다.

$$(13)\ \ n = \frac{\log(ck + k - c)}{\log k} - 1$$

이러한 유예기간을 수치적으로 계산하여, 자동보상에 필요한 유예기간이 어떻게 달라지는지를 계산한 결과가 아래 표에 요약되어 있다. 이 표는 예를 들어 $k = 1.05$인 경우(즉 연간 할인율(i)이 10%, 15%이고 연간 지대상승률(g)이 각각 15.5%, 20.8%인 경우)에 예고시점의 지가(P_0)가 당시의 연간 지대(R_0)의 15배이면 (즉 $c = 15$이면) 자동보상에 필요한 유예기간이 11.0년이 된다는 의미이다.

k는 연간 할인율과 지대상승률에 의해 결정되므로 상식적인 이해를 돕기 위해 연간 할인율(i)을 고정시켜 두고 k 대신 연간 지대상승률(g)로 표시할 수도 있다. 이렇게 작성된 표가 본문의 〈표 18.1〉과 〈표 18.2〉이다.

제19장

지대조세제와 세제 개편

지대조세제를 실시하면 소득세와 부가가치세 중심의 현행 조세체계는 대폭 개편되지 않을 수 없다. 여기에서는, 지대세는 다른 조세에 비해 우선적으로 징수할 것인가, 지대세로 인해 다른 조세를 감면할 경우 및 지대세 이외의 다른 조세를 징수할 경우에 그 우선순위는 어떻게 할 것인가, 지대세 총액은 세입을 어느 정도 감당할 수 있는가 등의 문제를 검토한다.

Ⅰ. 지대세의 우선성

모든 조세는 결국 민간부분의 가치를 정부에 이전하는 것인데, 따라서 조세총액이 같다고 하더라도 어떤 가치를 징수하는 것이 좋은가를 판단해야 한다. 세제의 우수성을 판단하는 기준으로는 형평성과 효율성이 있고, 효율성에서는 경제적 효율성과 제도 운영비용을 고려한다. 아래에서는 이러한 기준에 비추어 지대세의 우선순위에 대해 검토한다.

1. 형평성 기준

조세의 형평성은 흔히 공평과세로 표현된다. 공평과세란 어느 납세자도 세금이 부당하게 많거나 적지 않도록 과세한다는 것이다. 국민소득을 불로소득과 노력소득으로 나눈다면, 형평성 기준으로 볼 때 정부세입은 불로소득으로부터 우선 충당하고 이것으로 모자랄 경우에 한하여 적절한 기준에 따라 노력과 기여의 결과에 과세하는 것이 공평하다. 흔히 담세 능력에 따른 과세 즉 많이 버는 사람이 많이 내도록 하는 제도가 공평한 세제라고 하기도 하지만 노력소득을 많이 번 사람과 불로소득을 많이 번 사람이 같은 세금을 낸다면 공평한 세제라고 할 수 없다. 그러므로 담세 능력에 따른 과세라는 원칙은 우선순위에 있어 불로소득을 징수한 다음에 적용할 수 있는 원칙이다.

토지 가치는 주로 다음과 같은 원인에 의해 형성되고 변화하므로 토지 가치는 불로소득이다. 첫째로 자연적 원인, 즉 토지의 자연적 위치나 토질 등과 같이 인간의 행위와는 무관하게 주어지는 원인. 둘째로 사회적 원인, 즉 인구의 변화, 토지이용기술의 발달, 토지생산물에 대한 사회의 수요 변화 등과 같이 특정한 개별주체의 행위가 아니라 불특정 다수인이 공동으로 조성하는 원인. 셋째로 정부적 원인, 즉 정부의 직접적인 토지 개발, 토지의 용도지정, 개발허가 등과 같이 정부가 조성하는 원인. 이상의 원인에 의해 토지 가치가 형성되고 변화한다면 토지 가치야말로 불로소득의 전형이며, 따라서 토지 가치는 공평성을 기준으로 할 때 징수의 최우선 대상이 되어야 한다.

한편 토지소유자의 노력이 가미되어 토지 가치가 변화하는 경우도 있으므로, 이를 다른 토지 가치와 함께 징수할 것인가에 대해서는 논란이 있을 수 있다. 자세한 것은 제14장(지대조세제)을 참고하기 바란다.

또한 토지불로소득 이외에 이자소득이나 주식소득도 불로소득으로 볼 수 있지 않은가, 그렇다면 이런 소득도 토지불로소득과 동일한 우선순위로 징수해야 하지 않는가 하는 의문이 들 수도 있다. 하지만 이자소득은 과거의 근로소득의 소비를 유보한 대가로 볼 수도 있고 둘 다 자본형성에 기여하는 바가 있다는 점에서, 사회적 기여가 전혀 없을 뿐 아니라 오히려 사회에 해를 주는 토지불로소득보다는 징수의 우선순위가 떨어진다. 더 자세한 설명은 제4장을 참고하기 바란다.

한편 불로소득을 징수한 다음 노력소득으로부터도 조세를 징수하게 될 경우에 어떻게 징수하는 것이 공평한가에 대해서는 확립된 원칙이 없다. 대체로 보아, 많이 버는 사람이 많이 낸다는 원칙과 단순한 비례세율이 아닌 누진세율을 적용하는 것이 좋다는 원칙에는 동의하지만 어느 정도의 누진구조가 공평한 것인지에 대해서는 일치된 견해가 없다.

2. 효율성 기준

1) 경제적 효율성

경제적 효율성의 측면에서 볼 때 가장 이상적인 조세는 국민경제에 아무런 자국을 남기지 않는 조세이다. 즉 조세로 인해 납세자가 세액 이상의 효용을 상실한다거나 자원 배분에 변화를 초래한다면 효율성에 지장을 준다고 보며, 이와 같은 경제적 부담을 초과부담(excess burden) 또는 사중적 손실(死重的 損失, deadweight loss)이라고 부른다.

세금을 징수하면 국민의 소득이 줄고 상품가격이 상승하는 등의 결과를 초래하며, 또 민간에서 세금액을 사용할 때와 정부가 사용할 때에는 내역이 다를 수밖에 없기 때문에 조세는 필연적으로 국민경제에 영향을 미치지 않을 수 없다. 그러므로 영향이 전혀 없는 조세를 찾기는 어렵고 단지 될 수 있는 대로 영향을 적게 주는 조세가 상대적으로 효율성이 높은 조세라고 하겠다. 이를 일반화한 것이 소위 램지의 조세원칙(Ramsey tax rule)인데, 이는 경제적 효율성을 위해서는 공급과 수요의 가격탄력성이 가장 낮은 대상에 과세를 하는 것이 좋다는 것이다.

민간 경제주체는 경제활동에 있어 몇 가지 선택을 하게 된다. 예를 들면 일을 하여 소득을 얻을 것인가 일하지 않을 것인가, 소득을 어느 시점에 지출할 것인가, 어느 상품을 구매할 것인가 등이 대표적인 선택 사례이다. 이 세 가지 선택에 영향을 미치지 않는 조세 즉 초과부담을 발생시키지 않는 조세의 예로는 모든 사람에게 동일한 금액을 부과하는 인두세(poll tax)와 같은 정액세(lump-sum tax)가 있다. 소득세는 노동시간 및 지출시점의 선택에 영향을 미치며 소비세는 노동시간 및 구매상품의 선택에 영향을 준다.

정액세 이외의 대부분의 조세는 그 명칭이 무엇이건 간에 소득·저축·재산에 부과하거나 물자의 생산·유통·보유·소비 등의 경제활동에 매기는 조세라는 점에서 경제활동을 방해한다. 그러나 토지의 보유행위에 대해 세금을 부과하더라도 토지의 공급은 세금의 부과 여부에 관계없이 일정하므로 토지보유세는 효율성을 가진 조세로 꼽힌다.

토지에 과세하는 모든 조세가 우수한 것은 아니다. 토지매입세와 토지매각세는 원활한 토지 거래를 제한함으로써 토지의 최선이용을 저해한다. 그러나 토지보유세, 그중에서도 잠재지대의 일정 비율을 균일하게 징수하는 토지보유세는 토지의 거래와 이용을 저해하지 않는다. 오히려 토지의 저이용이 흔히 존재하는 현실시장에서 토지보유세는 토지의 매각과 이용을 촉진하는 효과가 있다.

지대조세제가 경제효율을 높이는 증거로, G7국가에서 지대조세제를 실시할 경우에 생길 경제적 효과를 모의실험으로 추정한 연구를 보자(Tideman and Plassman, 1998: 146-174). 이 연구에 의하면 노동과 자본에서 조세를 감면하고 토지 등 자연의 기회를 독점적으로 이용하는 데 대한 대가를 징수하여 대체할 경우에 다음과 같은 네 가지 경로를 통해 경제적 효율성을 향상시킨다고 한다. 첫째로, 노력과 기여의 대가를 완전하게 차지할 수 있으므로 생산을 증진시킨다. 둘째로, 자본과 자본소득에 대한 조세를 감면함으로써 저축을 촉진한다. 셋째로, 토지 등 자연의 기회에 대한 이용대가를 징수함으로써 적정 이용을 촉진한다. 넷째로, 토지 기타 자연의 기회에 대한 투기를 근절하여 효율성을 높이고 투기로 인한 자원의 저이용을 막는다.

모의실험 결과 지대조세제를 실시할 경우 경제에 미치는 효과는 다음 표와 같이 나타났다.

〈표 19.1〉 지대조세제 실시에 따른 경제 변화

(시점: 1993년, 단위: 10억 달러)

국가	국내순생산(NDP)		초과부담 감소
	현재	증가	
미국	5,495	1,602(29%)	784(14%)
캐나다	490	275(56%)	141(29%)
프랑스	952	879(92%)	457(48%)
독일	1,178	1,018(86%)	531(45%)
이탈리아	892	815(91%)	451(51%)
일본	2,134	1,535(72%)	699(33%)
영국	883	716(81%)	352(40%)

* 괄호 속 %는 현재의 국내순생산 대비 증가율 또는 감소율.

〈표 19.1〉에 의하면, 지대세를 최우선적인 세원으로 하는 동시에 다른 조세를 같은 금액만큼 감면하는 세제개편을 실시할 경우 국내순생산이 비약적으로 증가할 것으로 예상된다. 예를 들면 유럽 국가는 거의 두 배로, 일본은 72%나 증가할 것으로 나타났다. 또한 세제개편으로 인해 초과부담도 상당히 감소할 것으로 예상된다. 예를 들어 유럽 국가는 40% 내지 50% 감소하고 일본은 33% 감소할 것으로 나타났다.

2) 제도 운영비용

세제의 우수성을 판단하는 또 하나의 기준으로서 정부가 세제를 운영하는 데 비용이 어느 정도 드는지 그리고 납세자가 세제와 관련하여 금액 이외에 어느 정도 비용이 드는지를 고려할 필요가 있다. 공평하고 효율적인 세금이라고 해도 실제로 그 이론에 따른 운영이 극히 어렵다면 우수한 세금으로 보기 어렵다.

정부 비용은 세원 파악, 과표 평가, 징수, 민원 처리 등에 드는 비용으로 구성된다. 토지는 누구나 확실하게 볼 수 있고 이동하지 않으며 토지 간의 비교도 용이하므로, 눈에 보이지 않고 다른 과세 대상과 비교하기도 어려운 소득, 부가가치 등에 비해 세원 파악, 과표 평가가 쉽다. 징수에 드는 비용은 다른 조세와 다를 바가 없다. 또한 같은 이유로 지대세에는 조세 당국의 실수, 재량, 부패가 개재될 여지가 적으므로 민원도 적게 발생한다.

납세자의 비용은 세액 신고 및 납세 절차가 간편한가, 절세(節稅)비용 즉 세액을 줄이거나 조세를 회피하는 데 어느 정도 비용이 드는가에 따라 달라진다. 지대세는 정부가 지대를 평가하는 것으로 세액이 확정되므로 납세자 측에서 신고를 할 필요도 없고 특별한 증빙서류를 갖출 필요도 없는 조세이다. 또 납세자의 노력에 의해 세액이 달라질 가능성이 다른 세금에 비해 매우 적으므로 절세를 위해 노력할 이유가 없고, 따라서 절세비용도 거의 들지 않는다.

Ⅱ. 조세 감면·추가의 우선순위

정부 수입을 일정하게 하면서 지대세 수입을 늘린다면 다른 조세를 감면하게 되고, 지대조세제를 전면 실시하더라도 지대세만으로 세입을 충당하지 못한다면 다른 조세를 징수하게 된다. 여기에서는 그 우선순위에 대해 검토해 보자.

1. 조세 감면의 우선순위

지대세 총액이 기존 조세총액에 미치지 못하는 경우 또는 지대세율을 일시에 100%로 하지 않고 점진적으로 세율을 높여 나가는 경우에는 다른 조세를 모두 면제할 수는 없으므로 조세감면의 우선순위를 정하지 않을 수 없다. 이때 적용할 조세감면의 우선순위를 현행 조세체계를 중심으로 검토해 보자.

가장 우선적으로 감면해야 하는 조세는 지대세와 명목만 다를 뿐 내용에 있어서는 거의 같은 조세 즉 토지를 과세객체로 하는 조세이다. 몇 가지 예를 들면 토지의 보유에 대한 조세로서 종합토지세, 토지초과이득세가 있고 토지의 매매에 대한 조세로서 양도소득세, 법인세 특별부가세, 토지취득세, 토지등록세가 있다. 그 밖에 개발부담금도 조세는 아니지만 성질상 여기에 해당된다. 이들 조세는 지가 또는 지가차액을 과세표준으로 하는 조세인데, 지대조세제를 실시하면 과표액이 0이 되어 별도의 감면조치가 필요 없다. 그러나 지대세율이 100%에 미달하거나 다른 이유로 과표액이 0이 되지 않을 때에는 최우선 감면대상이 되어야 한다.

이러한 조세가 감면된 후에는 공평성과 경제적 효율성, 집행의 용이성 기준에 비추어 나쁜 조세부터 감면해야 한다. 조세는 일반적으로 납세자가 세액을 직접 부담하는 직접세와, 납세자와 실제부담자가 다른 간접세로 나눈다. 간접세는 세액이 최종소비자에게 전가되기 때문에 상품가격을 인상하여 소비를 억제(따라서 생산도 억제)하며, 소득이 낮은 사람일수록 소득에 대비한 세 부담률이 높은 역진세적 성격이 있어 간접세를 우선적으로 감면해야 한다. 부가가치세는 간접세의 대표적인 예이다.

다음으로 건물분 재산세나 건물의 취득세·등록세는 효과 면에서 간접세와 거의 비슷한 부작용이 있으므로 간접세 다음 순위의 감면대상이 되어야 한다. 이에 대해 건물의 소유자 또는 거래자는 경제적인 여유가 있기 때문에 이러한 조세를 우선적으로 감면하는 것은 조세부담 능력의 원칙에 맞지 않는다는 지적이 있을 수 있다. 그런데 건물에 대한 조세에는 두 가지 요소가 섞여 있다는 점을 생각하여야 한다. 하나는 건물의 신축·보유·거래 등에 대해 부과하는 조세이고 또 하나는 건물의 관리·임대 등에서 생기는 사업소득에 대해 부과하는 조세이다. 전자는 건축을 억제하는 부작용이 있으므로 우선적으로 감면하고 후자에 대해서는 소득세에 포함시켜 같이 다루어야 한다는 것이 지은이의 견해이다.

이런 후에도 감면의 여력이 있다면 개인소득세와 법인세 또는 이에 준하는 직접세도 감면해야 할 것이다.

그러나 이러한 감면순위는 일반론이며, 예를 들어 간접세 중 특별소비세와 같이 과소비 억제 등 특별한 정책 목적을 가진 조세이거나 부동산등록세 중의 일부 금액처럼 명칭은 조세로 되어 있어도 사실상 수수료의 성격을 가지고 있는 조세의 경우에까지 이 순위가 무조건 적용되는 것은 아니다.

조세를 감면해 갈 때 또 하나 고려해야 할 것은 각 세목의 징수주체가 단일하지 않다는 점이다. 현재 우리나라의 징수주체는 국가, 도(특별시, 광역시), 시군(특별시, 광역시의 구)의 세 가지이며, 취득세, 등록세는 도세, 종합토지세는 시군세로 되어 있다. 현 상태에서 조세를 감면해 가면, 어느 조세를 감면하느냐에 따라 각급 정부의 이해가 엇갈리게 된다. 그러므로 지대조세제를 도입할 때 각급 정부 간의 세입 배분 문제도 같이 고려하여야 한다.

2. 조세 추가의 우선순위

지금까지 지대세를 실시할 때 감면되어야 할 조세의 순위를 검토해 보았는데, 이제 방향을 반대로 하여 지대세 이외에 새로운 조세를 과세할 필요가 있을 때 그 우선 순위를 검토해 보자.

먼저 '토지'에 대한 조세는 아니지만 자연의 이용·훼손 대가라는 점에서 지대세와 동일한 순위의 과세대상이 되어야 하는 것이 있다. 첫째로, 토지 이외의 천연자원의 사용가치(예를 들면 내수면·해면의 사용가치, 광물 등의 사용가치)이다. 둘째로, 자연의 적극적 사용은 아니지만 공해를 발생시킴으로써 정상적인 자연환경을 훼손하는 행위에 대해서도 같은 맥락에서 환경사용대가 내지 환경회복비용을 징수해야 한다.

다음으로는 정부에 의해 설정된 독과점적 권리에서 발생하는 불로소득적 프리미엄이다. 공익을 대변해야 하는 정부가 독과점적 권리를 특정 개인에게 부여하는 것은 가급적 피하는 것이 좋다. 그러나 사정상 불가피하게 이러한 권리를 인정한다면 그로 인한 특수이익을 모두 징수해야 한다. 이때의 특수이익은 독과점권을 부여받은 개인이 창출한 것이 아니라 정부가(또는 정부가 대변하고 있는 국민 일반이 공동으로) 창출한 것이기 때문이다. 예를 들어 교통노선의 독점영업이 불가피한 상황에서 정부가 어느 업자에게 독점영업권을 설정해 줌으로써 이 업자가 통상적인 사업소득 이외의 독점적 이익을 누린다면 이를 징수하여야 한다.

그 다음으로는, 가치를 만든 사람은 개인이지만 수익자는 그 가치의 생산에 아무런 노력이나 기여를 하지 않은 경우의 가치(예컨대 상속가치, 증여가치)가 다음 징수대상이 되어야 한다.

이러한 조세로 세입이 충분하지 않을 경우에는 개인의 일반소득에서 징수하여야 한다. 소득의 고저는 개인의 노력에 의해서도 좌우되지만 그 밖에도 자연이 베풀어 준 선천적인 능력, 사회가 교육을 통해 베풀어 준 후천적 능력에 의해서도 좌우되며 우연이라는 요인도 작용한다. 따라서 일반소득에 포함된 불로소득적인 요소에 대해서는 조세를 징수해도 좋다고 하겠다. 다만 소득세의 과세에서 유의해야 할 것은, 기초생활이 보장되는 동시에 개인의 능력개발, 근로, 절약저축에 대한 의욕을 저해하지 않는 방식으로 과세해야 한다는 것이다.

Ⅲ. 지대조세제 도입에 따른 지대 변화

지대조세제로 세제를 개편하면 정부 세입을 어느 정도 충당할 수 있을까? 세입충분성 문제에 답을 하려면 우선 정부 세입 소요액을 현재의 지대총액과 비교해 보아야 하고 또 지대조세제로 인해 지대가 변화한다면 변화 후의 지대총액과도 비교해 보아야 한다. 지대조세제 실시 전인 현재 상태에서 과세대상 토지의 지대총액을 추정하는 방법에 대해서는 제20장의 의문 11(지대총액은 얼마나 되나?)에서 언급하기로 하고 여기에서는 후자에 대해서만 검토한다.

1. 그래프로 본 지대 결정

지대 결정 방식을 보여 주는 제8장의 〈그림 8.1〉을 다시 보자. 이 그림의 가로축은 토지를 최우등토지로부터 순차적으로 배열한 것이고 세로축은 토지별 투입비용과 산출이며 투입곡선과 산출곡선은 각각 개별토지에 대한 투입비용과 그에 따른 산출가치를 나타낸다.

우등토지에서는 집약적 한계에 이를 때까지 투입이 추가되므로, 우등토지의 투입은 열등토지의 투입보다 대체로 많고 그에 따라 산출도 우등토지에서 더 많다. 즉 투입곡선이나 산출곡선은 우하향이라고 보아도 좋을 것이다.

이 그림에서 산출에서 투입비용을 뺀 나머지 즉 산출곡선과 투입곡선 사이의 거리가 개별토지의 지대이며, 그 사이 △ABC의 면적이 사회 전체의 지대총액이다. 두 곡선이 만나는 곳 m이 한계토지의 위치이며, 한계토지로부터 오른쪽에 있는 토지는 이용되지도 않고 지대가 발생하지도 않는다.

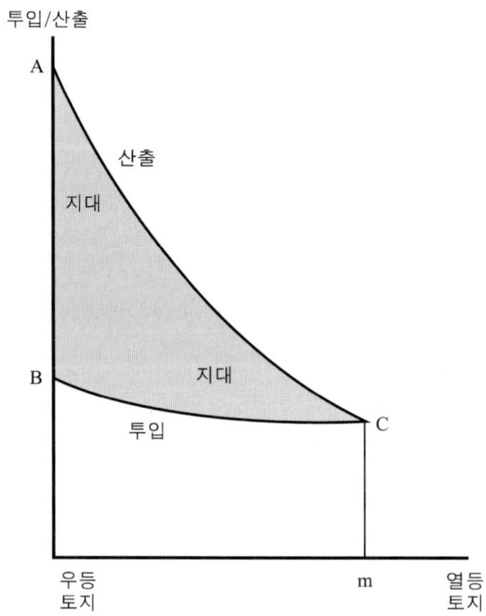

〈그림 8.1〉 지대 결정 방식

2. 투입비용 변화를 통한 지대 변화

조세를 감면하면 토지 이용을 위한 투입비용 또는 그로 인한 산출에만 변화를 일으킨다고 가정하고 그에 따라 지대가 어떻게 변화하는지를 보려고 한다. 아래에서는 두 단계로 나누어 검토한다. 첫째로, 조세가 투입비용과 산출을 얼마나 변화시키는지를 검토한다. 둘째로, 투입비용과 산출의 변화가 지대를 어떻게 변화시키는지를 검토한다.

아래 설명에는 다음과 같은 전제가 들어 있다. 각 토지별로 적정한 투입량이 얼마인지 그리고 그러한 적정투입에 의해 얼마가 산출되는지는 정해져 있으며 이러한 관계는 조세 부과 여부에 의해 영향을 받지 않는다는 전제이다.

1) 조세가 투입비용에 미치는 영향

토지 이용에 관련된 투입비용과 산출은 모두 토지 이용자가 부담하는 비용 또는 취득하는 가치이므로, 토지 이용자의 입장에서는 산출의 감소는 투입비용의 증가와 다를 바 없다. 따라서 아래에서는 설명을 단순하게 하기 위해서 조세가 산출에 미치는 영향도 투입비용에 미치는 영향에 통합하여 다루기로 한다.

조세를 납세자 또는 부과대상자에 따라 토지 이용자인 경우, 토지 이용자에게 생산요소를 공급하는 자인 경우, 토지생산물을 매입하는 자인 경우로 나누어 각 조세가 투입비용을 어느 정도 증가시키는지를 검토해 보자.

가. 토지 이용자에게 부과되는 조세

토지 이용자에게 부과되는 직접세는 전가율이 낮은 조세이므로 대부분 토지 이용자가 부담하게 되고 따라서 투입량이 동일하여도 투입비용이 거의 세액만큼 늘어난다. 이러한 조세에는 토지 이용자의 생산활동에 부과하는 유형과, 토지 이용자의 소득에 부과하는 유형이 있다. 전자의 예로는 토지 이용자가 소유하는 건물에 대한 재산세, 토지 이용자가 부담하는 사회보장세(국민연금이나 건강보험의 사용자부담금 등) 등이 있다. 후자의 예로는 사업소득세, 법인세 등이 있다.

토지 이용자에게 부과되는 간접세는 제도적으로는 전액이 토지생산물 매입자에게 전방전가되도록 되어 있고 실제로도 대부분이 전가된다고 볼 수 있으므로 투입비용에 큰 영향을 미치지 않을 것이다.

나. 생산요소 공급자에게 부과되는 조세

자본, 노동 등 토지 이용을 위해 투입해야 하는 생산요소를 공급하는 자에게 부과되는 직접세도 토지 이용자에게 전가될 경우에는 투입비용에 영향을 줄 수 있다. 그 예로는 이자소득세, 근로소득세, 토지 이용자가 임차한 건물에 대한 재산세 등이 있다. 그러나 이런 직접세는 전가 정도가 그리 높지 않을 것이므로 투입비용을 증가시키는 정도도 약할 것이다.

생산요소 공급자에게 부과되는 간접세도 투입비용에 영향을 줄 수 있다. 부가가치세, 판매세 등이 그 예가 된다. 그러나 이런 간접세의 대부분은 토지생산물에 부가되어 다시 전방전가될 것이므로 투입비용은 큰 영향을 받지 않을 것이다.

다. 토지생산물 매입자에게 부과되는 조세

토지생산물을 매입하는 자에게 부과되는 조세는 직접세이건 간접세이건 토지 이용자에게 후방 전가되는 정도는 극히 미약할 것이므로 투입비용에도 별다른 영향을 미치지 않을 것이다.

라. 토지 이용과 무관하게 부과되는 조세

토지 이용과는 무관하게 부과하는 조세, 예를 들면 인두세와 같은 조세도 있다. 이러한 조세는 일단 토지 이용과 무관하므로 특별히 토지 이용자에게 전가가 될 가능성이 없다면 투입비용에 영향을 주지 않는다.

이상의 논의를 요약하면, 각종 조세 중에서 토지 이용자에게 부과하는 직접세는 투입비용을 대체로 세액만큼 증가시키지만 다른 조세는 영향이 없거나 약하다. 즉 조세는 투입비용을 증가시키기는 하지만 조세부과 총액보다 투입비용증가 총액이 적다고 하겠다. 따라서 조세를 감면할 경우에도 그로 인한 투입비용 감소 총액은 조세감면 총액보다 적다고 하겠다. 이를 식으로 표시하면 다음과 같다.

투입비용 증가 총액 < 조세 부과 총액

투입비용 감소 총액 < 조세 감면 총액

2) 투입비용 변화가 지대에 미치는 영향

이제 투입비용이 변화할 때 지대가 어떻게 변화하는지를 보자. 이 문제도 단지 투입비용만 변화할 뿐 한계토지는 이동하지 않는 경우와, 투입비용의 변화와 더불어 한계토지도 이동하는 경우로 나누어 생각해 보자.

가. 한계토지가 일정한 경우

다른 조건은 일정한 가운데 오직 투입비용만이 감소하면 각 토지의 지대는 투입비용감소액만큼 증가한다. 따라서 사회 전체의 지대총액도 투입비용감소 총액만큼 증가한다. 앞의 식과 관련시켜 보면 다음과 같은 식이 성립한다.

지대 증가 총액 = 투입비용 감소 총액 < 조세 감면 총액

나. 한계토지가 이동하는 경우

투입비용이 감소하면 한계토지 바깥에서도 채산성이 호전되어 새로운 토지가 이용되므로 한계토지의 위치는 외향이동하게 된다. 이럴 때 지대는 다음과 같이 변화한다.

종전에 한계 내에 있던 토지의 지대는 투입비용 감소액만큼 상승한다. 또 한계토지가 외향이동하면 종전에 지대가 발생하지 않던 토지 중에서도 종전의 한계토지와 새로운 한계토지 사이에 위치하는 토지에서는 지대가 발생한다. 따라서 사회 전체의 지대총액은 개별토지의 지대 상승액 및 발생액의 합계만큼 증가한다. 이런 관계를 나타낸 것이 〈그림 19.1〉이다.

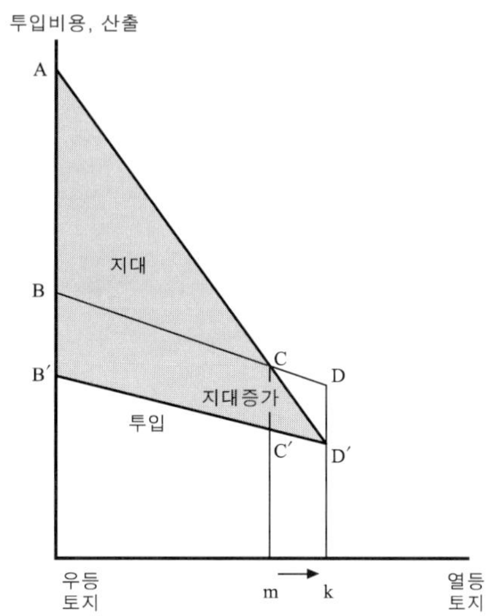

〈그림 19.1〉 투입비용 감소에 의한 지대 변화

〈그림 19.1〉과 같이 산출곡선이 AC, 투입곡선이 BC인 상황에서 각 토지의 지대는 두 곡선간의 수직거리이고 지대총액은 △ABC의 면적과 같다. 투입비용이 감소하여 투입곡선이 B′D′로 하강하면 한계토지는 위치 m에서 위치 k로 외향이동하며 새 한계토지 안쪽의 각 토지의 지대는 증가하고 지대총액도 △AB′D′로 늘어난다. 즉 투입비용감소로 인한 지대증가 총액은 □BB′D′C의 면적과 같다.

투입비용감소 총액은 □BB′C′C의 면적과 같은데 이는 지대증가 총액보다 작다. 이를 앞의 식과 관련지어 보면 다음과 같은 식이 나온다.

지대증가 총액 > 투입비용감소 총액 < 조세감면 총액

이 부등식으로는 조세감면 총액과 지대증가 총액의 크기를 바로 비교하기 어렵다. 투입비용감소 총액과 지대증가 총액의 차이는 △CC′D′의 면적과 같은데 이 면적의 크기에 따라 양자 간의 크기 관계가 달라질 것이다.

〈그림 19.1〉에서는 설명의 단순화를 위해 투입곡선과 산출곡선이 직선으로 표시되어 있고 두 직선의 기울기에도 상당한 차이가 있기 때문에 이 삼각형 즉 △CC′D′의 면적이 비교적 크게 나타나 있으나, 실제적으로 생각할 때 두 곡선은 한계토지에 가까워질수록 기울기가 완만해지는 경우가 대부분이고 특히 한계토지 부근에서는 두 곡선이 거의 일치하는 정도에 이르기 때문에 △CC′D′의 면적은 얼마 되지 않을 것이다. 그렇다면 이 부등식은 다음과 같이 표시해도 무방할 것으로 생각된다.

지대증가 총액 ≒ 투입비용감소 총액 < 조세감면 총액

이 식은 앞서 한계토지가 일정한 경우에 도출한 식과 유사함을 알 수 있다.

3. 다른 경로를 통한 지대 변화

지대조세제로 세제를 개편할 경우에 토지 이용자의 투입비용이 감소한다는 직접적인 영향 이외에 여러 가지 경제 변화가 예상된다. 이러한 변화가 지대에 어떤 영향을 미칠 것인지를 검토해 보자.

1) 토지 이용 촉진에 의한 지대 상승

건물 등 토지개량물에 대한 조세를 감면할 경우에, 토지개량 투자의 수익성이 늘어나므로 더 많은 개량투자가 발생한다. 또한 지대세와 같은 토지보유세를 높이면, 종래 토지를 적정하게 개발하여 사용하고 있던 토지소유자는 지대세가 늘어나는 동시에 토지개량물에 대한 조세는 줄어들므로 별다른 영향을 받지 않지만 종래 토지를 적정 수준 이하로 방치해 두고 있던 토지소유자에게는 조세 부담이 커진다. 그러므로 이런 토지소유자는 스스로 토지를 적정하게 개발하여 이용도를 높이거나 그렇게 할 용의를 가진 사람에게 토지를 임대 내지 매각하게 된다.

일부의 토지가 방치 내지 저이용되고 있다가 개발이 이루어지면 실현된 지대소득은 증가하더라도 경제지대 내지 잠재지대라는 의미에서의 지대에는 별다른 영향이 없을 것이지만, 전반적으로 토지의 개발, 재개발을 통해 경제활동이 증가하고 생산의 효율성이 향상되고 불량지구가 사라지고 시설과 환경이 개선되면 그에 따라 지대도 전반적으로 상승한다.

2) 경제 활성화에 의한 지대 상승

경제적 효율성의 측면에서 볼 때 가장 이상적인 조세는 국민경제에 아무런 자국을 남기지 않는 조세이며 지대세는 이런 관점에서 가장 우수한 조세라고 하였다. 그러므로 지대세 이외의 조세를 감면하면 초과부담이 줄어들어 경제가 활성화되고 그에 따라 지대도 상승한다.

지대조세제가 경제적 효율성을 높인다는 점에 대해서는 앞의 I 절에서도 언급하였으므로 자세한 설명은 생략한다.

3) 투자 수익 변화에 의한 지대 상승

이상에서 살펴본 두 가지 경로 이외에 토지세가 증가하면 소득과 포트폴리오에 대한 균형효과에 의해 토지 가치가 상승한다는 견해도 있어 소개해 둔다(Feldstein, 1977). 펠드스타인(Martin Feldstein)은 토지에 조세를 부과하면 토지투자의 이익이 하락하므로 자본재에 대한 토지의 상대가치가 저하하여 자본재의 수요를 증가시키는데, 이에 따라 자본재의 생산이 증가되어 경제 전체로 보아 자본/토지의 비율이 높아져 그 결과 토지의 한계생산(과세 후의 지대)은 증가한다고 하였다.

펠드스타인은 토지세가 증가하는 경우에 대해 언급한 것이지만 이를 일반화하면 토지투자와 자본투자의 수익성을 변화시키는 모든 경우에 적용할 수 있다. 즉 자본에 대한 조세를 감면하면 상대적으로 자본투자가 유리해지므로 결국 지대가 상승한다는 것이다.

[제5부의 부록] 지대조세제 실시 사례

지대조세제에 이론적인 관심을 가지는 독자는 자연스럽게, 제도가 실시된 사례가 있는지, 그 결과 실제로 어떤 효과가 나타났는지에 대해서도 관심을 가질 것이다.

완벽한 지대조세제 실시 사례, 즉 지대세의 세율이 100%에 가까운 사례 또는 지대세가 모든 조세의 최우선이 되는 사례는 아직 없다. 사회주의 국가가 많았지만 '완벽한' 사회주의 국가는 존재하지 않았듯이, 모든 제도는 이해관계가 대립하고 세력관계가 복잡하게 얽힌 현실에 적용될 경우 이론적인 순수함을 유지할 수 없기 때문이다.

그러나 헨리 조지(1839~1897)가 명저 『진보와 빈곤 *Progress and Poverty*』(1879)을 통해 지대조세제를 설득력 있게 제시한 이래 각국의 토지정책 및 조세정책에 상당한 영향을 주었고 그 영향을 받아 나타난 사례는 적지 않다. 아래에서는 우선 우리나라와 지공주의와의 인연을 살펴보고 헨리 조지가 살았던 미국, 헨리 조지의 사상에 적극적으로 공명한 손문의 나라 중국, 단기간이나마 눈부신 성과를 올린 덴마크, 헨리 조지 부인의 모국이자 헨리 조지 사상의 영향을 많이 받은 것으로 알려진 호주의 사례를 보기로 한다.

외국의 사례는 Andelson(1997), Brown(1955)을 주로 참고하였으며 대만의 사례는 한국조세연구원(1996)을 주로 참고하였다.

Ⅰ. 한국

우리나라는 지대조세제를 실시한 적이 없지만 원리 면에서 상통하는 사상과 제도는 있었다.

1. 정전법

역사상 토지제도 개혁이 거론될 때마다 참조와 모방의 대상이 되었던 제도는 맹자가 제시한 정전법(井田法)이다. 정전법이란 농지를 우물 정(井) 자 모양으로 9등분한 다음, 가운데 있는 토지를 주변 8개 토지의 경작자가 공동으로 경작하여 그 수확을 국가에 바치는 제도다. 정전법을 문자 그대로 시행할 수 있는 곳은 평평하고 넓은 지역에 국한되지만, 이 제도의 취지 즉 토지를 백성에게 균등하게 배분해야 하며 농경사회 국가 세수의 근본인 토지세는 토질에 따라 차이를 두어야 한다는 취지는 그 이후에 큰 영향을 주었다. 이러한 정전법의 취지는 지공주의와 다르지 않다. 우리나라 역사상 실시되었던 여러 차례의 토지개혁도 정전법의 취지를 추구하는 것이었다. 토지가 독과점되어 백성이 심하게 수탈당할 경우에는 이를 시정하고, 토지세가 불공평할 때는 이를 바로잡았다. 그런 의미에서 우리나라의 지공주의 역사는 뿌리가 깊다고 하겠다.

해방 이후에도 남북한에서 각기 토지개혁을 실시하여 농지를 균등하게 분배하였는데 이것도 지공주의와 합치한다. 다만 농경사회에서는 농업이 주된 산업이었고 농지는 바로 직장이었기 때문에 토지 자체의 공평한 분배가 매우 중요하였지만 오늘날에는 그보다는 토지불로소득의 사유화로 인한 불평등의 문제가 더 중요하게 부각되고 있다는 차이가 있을 뿐이다.

2. 임시정부의 지가세 정책

해방 직후인 1945년 8월 28일 중국의 충칭(重慶)에서 대한민국 임시정부가 발표한 경제정책에는 이런 구절이 나온다.

> 토지는 국유를 원칙으로 하되, 토지사용법, 지가세법(地價稅法) 등의 법률을 규정하여 한기(限期) 실시할 것. 국민의 현유(現有)한 사유 토지와 중소 규모의 사업(私業) 기업은 법률로써 보장할 것. 토지국유는 점진적으로 실행한다.

토지국유화를 장기적인 목표로 삼되 기존에 사유화된 토지의 소유는 인정하며, 또 국유화 이전에는 토지사용법과 지가세법을 통해 사유 토지에 대해 상당한 정도의 공적인 규제를 하겠다는 방침인 것으로 해석된다. 여기서 '지가세'라는 용어가 구체적으로 무엇을 의미하는지에 대한 설명이 없으나 헨리 조지가 제안한 'land value tax'를 번역하면 그대로 지가세가 되므로 아마도 둘은 같은 의미라고 생각된다. 이렇게 추정하는 또 하나의 이유는 조소앙의 토지사상이다. 조소앙은 임시정부 최고의 이론가이자 1941년 11월 발표된 임시정부 건국강령의 초안을 작성했던 사람으로서, 헨리 조지의 토지사상과 관련이 많기 때문이다.

조소앙(본명 용은)은 1919년 3·1운동 후 중국으로 망명하여 임시정부 수립에 참여하여 국무위원 겸 외무부장을 지냈고 한국독립당을 창당하기도 한 정치가였을 뿐 아니라 정치, 경제, 교육에서 국민을 평등하게 해야 한다는 삼균주의를 제시한 사상가이기도 하였다.

조소앙의 삼균주의 중 경제균등론은 중국의 국부로 추앙받는 쑨원(孫文)의 삼민주의 중 민생주의와 상당한 정도 닮은꼴이다. 쑨원이 제창하여 당시 중국의 혁명 이념으로 삼았던 삼민주의는 민족주의, 민권주의, 민생주의로 구성되어 있고 민생주의의 핵심인 토지정책은 헨리 조지의 토지사상에서 절대적인 영향을 받았다. 임시정부는 중국 국민당과 교류가 많았고 조소앙 자신도 쑨원을 면담한 바 있어 자연히 그 영향을 받았을 것이다. 1930년 8월 12일 조선총독부 경찰국이 일본 외무성 아세아 국장에게 제출한 보고서에도, 한국독립당의 경제균등론이 중국 국민당의 민생주의와 일치한다고 되어 있다.

또 조소앙은 3·1운동 직후 대한민국 임시정부 외교관 자격으로 스위스에서 열린 국제사회당 대회에 참석하여 각국의 지지를 호소하였고 이어 2년에 걸쳐 유럽을 순방하였는데 이 과정에서 영국 노동당 지도자들과 교류하였다. 영국의 사회당의 노선은 페비언 협회가 제시한 사회주의였고 페비언 협회의 지도급 인사였던 쇼(George Bernard Shaw), 웹(Sydney Webb) 등은 헨리 조지의 영향을 받은 사람들이다. 쇼의 표현을 빌리면, 그 자신을 포함해서 당시 영국의 사회주의 운동에 가담한 사람 가운데 6분의 5는 헨리 조지의 영향을 받은 사람이라고 한다.

이런 사정으로 미루어 볼 때 임시정부가 발표한 '지가세법'은 지대세와 같은 것으로 보아도 무방할 것이다. 만일 해방 직후 임시정부가 정권을 잡았다면 우리나라는 세계 최초로 지대조세제를 실천하는 나라가 되었을 것이다.

조소앙과 임시정부의 큰 사상은 남북한 어느 쪽에서도 채택되지 못하고 말았다. 그 후 남한에서는 6·25와 5·16 등을 거치면서 반공이 지나치게 강조되고 보수우익 이념에서 약간이라도 벗어나는 기미가 보이는 사상과 활동이 철저히 배척되는 분위기에서, 헨리 조지 사상 역시 오랫동안 빛을 보지 못했다.

3. 지공주의 운동

헨리 조지의 저서 『진보와 빈곤』이 우리나라에 처음 번역, 출판된 시점은 1961년 3월인 것으로 알려져 있다. 번역자는 장찬섭 씨, 출판사는 보문각이다. 참의원 의장을 지내기도 한 백락준 박사가 쓴 서문을 보면 당시에 '헨리조지회'가 조직되었고 번역서는 그 첫 사업으로서 간행된 것으로 나와 있다. 여담이지만 이 책에서는 조지를 '쪼지'라고 표기하고 있다. 혹자는 '죠지'라고 표기하기도 한다. 그런데 곧 이어 5·16 군사 쿠데타가 터져 이 책은 한동안 금서가 되고 말았다고 한다.

그 후 1980년 10월에 『진보와 빈곤』을 줄여서 번역한 것으로 보이는 책자가 『가난에서 벗어나는 길』이라는 제목으로 출판되었다. 김반열 씨가 번역하고 보이스 사에서 출판하였으며 추천사와 서문을 대천덕 성공회 신부가 썼다.

대천덕 신부는 우리나라에 지공주의를 전파하는 데 가장 핵심적인 인물로 꼽힌다. 대천덕 신부는 미국인으로서, 미국 이름은 Reuben Archer Torrey Ⅲ이다. 대 신부는 39세 되던 해인 1957년 한국에 정착하였고 1964년에는 강원도 태백의 산골에 예수원이라는 기도공동체를 세웠다. 그 후 2002년 타계하기까지 예수원을 거쳐 간 수많은 사람들에게 성령론과 헨리 조지 사상에 토대를 둔 경제 이론을 가르쳐 왔다. 현재 우리나라의 헨리 조지 운동은 거의 대 신부의 영향을 받은 결과라고 해도 과언이 아니다. 기독교 운동단체로서, '성경적 토지정의를 위한 모임'(약칭, 성토모; 구명, 한국헨리조지협회)이 1984년에 출범하였다.

88올림픽을 전후하여 극심한 부동사 투기가 우리 사회를 뒤흔들 무렵인 1989년 『진보와 빈곤』의 축약본이 번역, 출간되었다. 대천덕 신부의 영향을 받은 기독교 신자인 경제학자들이 학술연구 모임 '기독교 경제학 연구회'를 1993년에 시작하였다. 지은이도 곧 이에 합류하여 월례 학술세미나를 10년 이상 계속하고 있는데 헨리 조지의 사상을 주로 연구하였기 때문에 이 모임을 일명 '헨리 조지 연구회'라고도 부른다. 이 연구회의 분위기에 힘입어 지은이는 『진보와 빈곤』의 완역본을 1997년 1월에 출간했다. 또 이정우 교수, 전강수 교수 등 연구회 회원이 공동으로 집필하여 『헨리 조지: 100년 만에 다시 보다』를 2002년에 출간하기도 하였다.

1990년대 내내 잠잠하던 토지문제가 새 천년 들어서면서 다시 불거지자, 성토모가 주관단체가 되어 종교적 색채를 초월한 일반 시민단체인 '토지정의시민연대'를 2005년에 창립하였다. 이 단체는 참여정부의 부동산 정책에 상당한 정도 영향력을 행사하였고 언론에서도 참여정부의 부동산 정책의 배후에는 헨리 조지의 토지사상이 있다고 지적하면서 관심을 보이기 시작했다. 언론의 지적에는 일리가 없지 않다. 기독교 경제학 연구회의 회원이었던 이정우 교수가 참여정부의 초대 정책실장을 맡아 부동산 대책을 지휘하였으며, 특히 참여정부가 역대 정부에 비해 부동산 보유세를 강조한 것은 헨리 조지의 영향이라고 할 수 있다. 그러나 참여정부가 내놓은 부동산 정책은 헨리 조지의 제안과는 상당한 거리가 있는 것도 사실이다.

지공주의 즉 헨리 조지의 사상은 현실에서 완전히 실현되지 못하고 있지만, 우리 사회에서 커다란 잠재력을 가지고 있다. 지공주의의 실천적 표현인 지대조세제, 즉 토지의 임대가치인 지대를 완전히 환수하여 최우선적인 세원으로 삼는 제도는 진정한 토지공개념 제도이자

가장 공평하고 효율적인 조세제도이다. 그런데 오늘날에도 토지문제는 끊임없이 사회를 괴롭히고 있으며 조세로 인한 초과부담이 경제를 억누르고 있기 때문에 이 점에 있어서 지대조세제는 당시나 오늘이나 변함없이 유효하다. 특히 토지투기 열풍으로 깊은 상처를 입은 우리나라에서는 더욱 큰 의미를 지닌다.

그 밖에도 지공주의를 확대하면 환경오염과 자원고갈의 위기에 대처할 수 있는 원리가 된다는 점, 지공주의는 좌우 대립을 지양하는 제3의 이데올로기이므로 통일한국의 지도이념이 될 수 있다는 점에서 우리 미래에 시사하는 바가 크다.

Ⅱ. 미국

1. 단일세 공동체

헨리 조지의 영향을 받은 미국의 이상주의자들이 지대조세제를 실천해 보려고 공동체를 형성한 사례가 꽤 있었다. 이들의 공통적인 특징은 다음과 같다.

- 공동체 구성을 원하는 개인 또는 단체가 일정 지역에 상당량의 토지를 구입한다.
- 원하는 사람에게 토지를 임대해 주며 임대료는 매년 조정한다.
- 토지에 조성한 건물 등 토지개량물은 조성한 사람의 소유로 한다.
- 토지개량물을 포함한 부동산에 대해 부과되는 조세는 모두 공동체가 납부한다.

여러 실험적인 공동체 중 앨라배마 주의 페어호프(Fairhope)와 델라웨어 주의 아든(Ardens)이 가장 대표적인 사례로 꼽히고 있다.

1) 페어호프(Fairhope)

페어호프는 앨라배마 주 모바일 만(Mobile Bay)의 동쪽 볼드윈 카운티(Baldwin County)에 위치하고 있는 우리나라 읍 정도 규모의 마을이다. 현재는 지방자치단체로서 페어호프 시가 있어 페어호프 공동체 소유 토지가 여기에 포함되어 있으며, 페어호프를 포함한 부근 일대의 인구는 1만 7천 명 정도이다.

『진보와 빈곤』이 출간된 지 5년밖에 안 되는 1894년, 아이오와 주에 살던 개스턴(E. B. Gaston)과 베란지(James Bellange) 등이 지대조세제를 실천하는 공동체를 설립하기로 하고 농지 132에이커(1에이커는 약 1,225평)를 구입하여 25명이 이주하면서 마을 이름을 페어호프라고 붙였다.

그 후 몇 차례 토지를 추가로 매입하면서 1917년까지 공동체 면적이 4천 에이커로 늘어났고 인구도 125가구, 500명 정도로 불어났다. 그러나 주변 토지를 모두 매입할 수 없었기 때문에 공동체에 속하는 토지인데도 지역 일대 이곳저곳에 떨어져 있는 경우도 있었다. 이때부터 공동체 소유 토지의 관리업무는 '페어호프 단일세 법인(FSTC, Fairhope Single Tax Corporation)'이 담당하고 있다.

법인은 임대료 수입으로 카운티와 주에서 주민에게 부과하는 모든 재산세를 대납하고 남는 수입으로는 마을 공동시설의 건설 및 유지에 충당하였다. 도로와 철도가 발달하기 전에 배의 정박시설을 건설하여 모바일 만 건너편에 있는 모바일에 승객과 화물을 나를 수 있게 되었고, 다른 지역에 도로 포장이 일반화되기 훨씬 전에 도로를 포장하였다. 카운티에서는 처음으로 상수도 시설을 하였으며 공공도서관, 학교도 세웠다. 페어호프의 학교는 학생의 자율을 존중하는 교육을 실시하여 교육학자 듀이(John Dewey)가 높이 평가한 바 있다. 또 모바일 만을 따라 공원과 해변을 조성하기도 하였다.

1908년에는 법인과 별도로 지방자치단체로서의 페어호프가 결성되었는데 이후 법인은 자체에서 건설한 공공시설을 하나씩 지방자치단체에 기부하였다. 예를 들어 1911년에는 도로를, 1930년에는 공원과 해변을, 1963년에는 도서관을 기부하였다. 법인 간부 중 일부는 지방자치단체 공무원을 겸하기도 하였다.

센서스 자료에 의하면 처음 25명으로 출발한 인구가 1910년에는 590명, 1920년에는 853명, 1940년에는 1,873명, 1950년에는 3,359명으로 늘어났다. 1996년 현재, 지역 일대의 총인구는 1만 7천 명, 페어호프 시의 인구는 1만 명가량이다. 페어호프의 시민 중 약 20%는 법인 토지 임차인이며 이들이 차지하는 면적은 시 전체 면적의 16%이다. 한편 임차인의 3분의 1은 시외에 거주한다.

페어호프는 인근의 다른 지역에 비해 성장이 빨랐고 생활환경도 잘 조성되었다. 1979년 뉴욕 타임즈에는 한 경제분석단체(Chase Econometrics Associates)가 정년퇴직자가 살기 좋은 곳을 10개 주에 걸쳐 조사하고 각 주에서 한 곳씩을 선정한 결과가 보도된 적이 있는데, 페어호프도 그중 하나로 선정된 바 있다. 선정 이유 중에는 지대조세제의 영향으로 세금이 적다는 점이

들어 있었다.

그러나 최근 들어 토지만을 평가하여 임대료를 받으면 농민이 불리해진다고 지방자치단체 당국에서 주장하는 바람에 페어호프 단일세 법인도 임대료 계산에서 카운티가 평가한 과세표준을 수용하는 쪽으로 선회하게 되었다. 1993년에 채택한 방식을 보면, 임대료는 (카운티의 평가액+필지당 50달러의 행정비+과표의 100분의 2의 부가금)과 같다. 그런데 볼드윈 카운티가 평가하는 과표는 토지와 건물을 합친 가액이므로 토지에만 과세한다는, 또는 적어도 토지에 우선적으로 과세한다는 지대조세제의 이상은 퇴색하고 말았다.

그러나 페어호프 공동체는 이상주의자들의 노력에 의해 완전한 지대조세제에 가까운 제도가 100년간이나 유지된 드문 사례로서, 지대조세제를 지지하는 많은 사람들의 주목을 받고 있기 때문에 다시 원래의 모습으로 돌아갈 가능성도 없지는 않을 것이다.

2) 아든(Ardens)

아든은 원래의 아든(Arden), 아든타운(Ardentown), 아든크로프트(Ardencroft)라는 세 구역으로 구성되어 있다. 델라웨어 주 윌밍턴(Wilmington) 시 북쪽의 뉴캐슬 카운티(New Castle County)의 울창한 숲 속에 자리 잡고 있으며 전체 면적은 약 300에이커이고 인구는 500명 정도 된다.

1900년 주로 필라델피아에 살던 예술인, 기업인 등이 아든을 시작하였다. 1922년에는 아든타운을 추가하고 1950년에는 아든크로프트를 다시 추가하였다. 세 구역은 바로 인접하여 있다. 1967년에는 지방자치단체를 결성하였는데 3개 마을의 대표가 상임위원회를 구성하여 무보수로 행정을 담당하고 중요한 사항은 3개월에 한 번씩 열리는 마을 의회에서 결정한다.

토지 임대기간은 99년간인데 사실상 영구임대와 다름없으며 임차권은 타인에게 양도할 수 있다. 1996년 통계에 의하면 임대료 총수입이 319,000달러였다. 이 중 53,000달러(17%)를 카운티에, 145,000달러(45%)를 교육청에 세금으로 납부하고 나머지 121,000달러(38%)를 마을 시설의 유지 보수, 쓰레기 청소 등에 지출하였다.

1990년대에 토지 임차권 가격은 인근 지역의 지가와 비슷하거나 그 이상으로 형성되었다. 소유권도 아닌 임차권의 거래액이 이같이 높은 이유는, 이 지역의 풍광이 수려하고 성립 당시부터 수준 높은 주민이 모였으며 그 이후에도 이와 같은 마을 분위기가 계속 이어져 왔기 때문으로 보인다.

아든은 1973년에 미국의 역사명소로 지정되었다. 미국에서 마을 전체가 명소로 지정된 것은 아든이 유일한 예이다. 지정의 이유를 두 가지만 들어 보면 다음과 같다.

- 아든은 유토피아 공동체로 성공하였고 오늘날까지 원래의 정신을 거의 그대로 유지하는 드문 사례이다.
- 아든은 계획된 전원도시의 성공사례로서, 전원도시의 개념이 보편화되기 훨씬 전에 이룩된 선구적인 사례이다.

그러나 페어호프의 경우와 같이 아든의 주민 중에도 헨리 조지 사상에 무관심한 사람이 상당수 있는 데다가 다른 지역 사정의 영향을 받기 때문에, 원래의 목표를 유지하는 데 상당한 어려움이 있는 것으로 알려져 있다.

3) 그 밖의 사례

보스턴에 살던 워렌(Fiske Warren)이 매사추세츠 주에 터핸토(Tohanto, 1909년 창설), 쉐이커톤(Shakerton, 1921년 창설), 트러펠로(Trapelo, 1927년 창설) 등의 공동체를 조성했고 메인 주에 핼리던(Halidon, 1921년 창설)을 조성하였다. 그러나 워렌의 사후에는 설립 취지가 흐지부지되고 말았다.

또 뉴욕에서 변호사를 하던 홀(Bolton Hall)이 뉴저지 주에 60에이커 토지를 기부하여 프리에이커(Free Acres)를 조성한 후 약 100가구가 거주한 사례가 있다. 그러나 이것도 나중에는 원래의 취지와는 다르게 평범한 마을로 변화하고 말았다.

2. 토지·건물 차등세

미국 지방세 수입의 대종을 이루는 재산세 중에서 토지에 대한 세율을 건물 등 개량물에 대한 세율보다 높게 정하는 제도를 시행하는 곳이 여러 군데 있다. 이런 조세를 차등세(two rate tax, two-tier tax, split-rate tax)라고 한다. 페어호프나 아든과 같이 개량물에 대한 조세를 완전히 면제하는 것은 아니지만, 완전한 지대조세제를 실천하기 어려운 현실에서는 이 정도의 사례도 주목의 대상이 된다.

1) 펜실베이니아 주

차등세 사례는 펜실베이니아 주에 집중되어 있다. 피츠버그(Pittsburgh), 스크랜턴(Scranton)

두 도시에서는 1914년에 차등세 제도를 도입하여 10년에 걸쳐 토지세와 건물세 간의 차이를 점진적으로 증가시켜 토지세율이 건물세율의 2배가 되도록 하였다. 이와 같은 차등세를 점진세(graded tax)라고도 부르는데 그 이유는 두 도시에서 점진적으로 적용한 데서 유래된다.

제2차 세계대전이 끝난 후 철강산업이 사양길에 접어들자 철강도시 피츠버그도 그 영향을 크게 받았으나 그럼에도 불구하고 차등세를 적용한 피츠버그의 경제는 오히려 피어났다. 예를 들면 종전에 철도 용지, 창고로 이용되던 지역이 재개발되어 건물가치 7억 달러가 넘는 고층빌딩이 들어서고 지역의 고용인구가 4천 명에서 2만 명으로 늘어났다.

이러한 발전의 원인에 대해서 당시의 시장(David Lawrence)은 토지에 중과세하여 "토지를 투기 목적으로 방치하기 어렵도록 했기 때문"이라고 지적하였으며 후임 시장(Joseph M. Barr)도 건물세가 낮아 "민자 유치에 의한 재개발이 쉽게 이루어지고 좋은 빌딩이 들어섰기 때문"이라고 지적한 바 있다. 피츠버그의 재개발 지역인 골든트라이앵글(Golden Triangle)은 퇴락해 가는 다른 도시와 대조되어 전국적인 관심을 모으고 있다.

펜실베이니아 주는 1951년에 법률을 제정하여, 기초자치단체가 차등세 제도를 실시할 수 있도록 하였다. 이후 1975년에는 주의 수도인 해리스버그(Harrisburg)에서 차등세 제도를 실시하였고 작은 지방자치단체 여러 곳에서 그 뒤를 이었다. 예를 들면 1990년에는 뉴캐슬(New Castle), 듀케인(Duquesne), 앨리퀴파(Aliquippa), 클레어톤(Clairton), 오일시티(Oil City), 타이터스빌(Titusville)에서 차등세 제도를 채택하였고 1991년에는 코츠빌(Coatesville), 듀보아(DuBois), 해즐턴(Hazleton), 락헤이븐(Lock Haven)도 이 제도를 채택하였다. 1996년에는 인구 10만이 넘는 앨런타운(Allentown)에서도 채택하였다. 1997년 현재 차등세를 적용하는 곳은 모두 16개에 이른다.

토지세율과 건물세율의 비가 높은 사례를 보면, 피츠버그에서 1979년에 3:1로 높아진 이후 곧 이어 6:1까지 높아진 바 있고 피츠버그 인근의 워싱턴(Washington)에서는 1995년에 11:1에 이르렀고 앨리퀴파에서는 6:1에 이른다.

차등세를 실시한 지역에서는 대체로 건축허가 가액이 다른 도시에 비해 대폭 높은 것으로 나타난다.

피츠버그에서 토지세율 대 건물세율의 비를 대폭 높인 해인 1979년을 중심으로 이전 20년간과 이후 10년간을 대비시켜 보면, 1960년에서 1979년 사이 20년간의 건축허가 가액에 비해 1980년대 10년간의 건축허가 가액이 평균 14.4% 감소한 데 비해 피츠버그에서는 70.4% 증가하였다.

1975년에 차등세 제도를 도입한 해리스버그에서도 눈부신 결과가 나타났다. 해리스버그는 1981년 미국 전국에서 가장 사정이 어려운 도시 2위로 선정될 정도였다. 그런데 1994년 현재 폐가상태의 가옥이 4,200채에서 500채로 줄어드는 동시에 기업체 수는 1,908개에서 4,329개로 늘어났다. 일자리 수도 4,700개가 증가하였고 사유부동산 총액이 2억 1천2백만 달러에서 8억 8천만 달러로 4배 이상이 되었다. 시장(Stephen R. Reed)은 해리스버그의 부흥에 차등세 제도가 중요한 역할을 하였다고 평가한 바 있다. 또 이 제도에 따라 시내의 유휴지가 적극 개발되어 외곽지 개발 수요를 줄였기 때문에 도시 확산을 막고 농지 보존에도 크게 기여하였다고도 평가하였다.

그러나 차등세는 시와 같은 기초자치단체에서만 채택하고 있을 뿐이며, 같은 지역을 관할하는 다른 지방정부 즉 카운티(county)나 교육구(school district)에서는 여전히 토지와 건물에 같은 세율을 적용하고 있는 형편이며 특히 제2차 세계대전 이후 카운티와 교육구의 예산이 급속하게 팽창하여 차등세의 효과가 희석되고 있다. 예를 들어 피츠버그를 보면 시정부에서는 6대1의 비를 채택하고 있지만 카운티, 교육구를 다 포함하여 보면 비가 2.5:1 정도밖에 안 된다. 만일 카운티와 교육구에서도 차등세율을 적용한다면 그 효과는 더욱 크게 나타났을 것이다.

2) 하와이

펜실베이니아 주 이외에 차등세를 적용하는 곳으로는 하와이 주가 있다.

하와이 주는 여러 섬으로 구성되어 있고 행정구역은 4개의 카운티 – 호놀룰루(Honolulu), 하와이(Hawaii), 카우아이(Kauai), 마우이(Maui) – 로 나누어져 있다. 하와이 주는 토지 소유 집중이 매우 심한 곳으로, 1969년 통계에 의하면 12명이 전체 사유지의 52%, 60명이 80%를 차지하고 있었다. 또 대지주의 상당수가 과거 선교사의 자손이라는 점도 주목된다.

하와이(Hawaii) 주에서는 미국의 다른 주와는 달리 부동산 재산세를 주정부가 부과하고 있었는데 1963년에 차등세 제도를 입법화하였다. 주의회에서 차등세 입법이 이루어진 직후에 오아후(Oahu) 섬의 대지주들이 토지개발권을 개발회사에 매각하는 변화가 있었으므로 차등세 도입은 유휴지를 개발하는 효과를 낳은 것으로 보인다. 그런데 1969년에 법률을 개정하여 구시가지에는 적용을 면제하였으며 하와이 주의 재산세율이 매우 낮았기 때문에 피츠버그와 같은 극적인 효과가 나타나지는 않았다.

그 후 1978년에는 하와이 주헌법이 개정되어 부동산 재산세 과세권이 카운티로 넘어갔다.

1997년 현재 토지세율이 건물세율보다 높은 곳은 하와이와 카우아이에 국한되어 있다.

3. 알래스카의 석유세

알래스카에서는 풍부한 석유와 천연가스 자원에 조세를 부과하고 있다. 천연자원은 토지와 마찬가지로 사적인 생산물이 아니므로 천연자원의 개발, 사용에 부과하는 조세는 지대세와 성격이 같다. 단지 토지는 수명이 영원하지만 자원은 언젠가 고갈된다는 점이 다를 뿐이다.

알라스카가 미국의 49번째 주로 승격하던 해인 1959년에 풍부한 유전이 발견되었다. 유전은 대부분 주정부 소유토지에서 발견되었는데 주정부는 유전을 매각하지 않고 입찰을 통해 기업에 5년 기한으로 임대하고 이를 임차한 기업은 5년 동안 유전을 탐사하고 석유를 생산할 수 있는 권리의 대가를 일시불하도록 하였다. 임차기업은 석유 생산량에 따라 로열티와 생산세(production tax)를 납부한다. 생산세는 석유와 가스의 생산량에 따라 부과하는 세금으로서 자원개발세(severance tax)에 해당한다. 그 밖에 법인소득세, 재산세(생산, 수송 시설에 대한 조세)를 납부한다. 2005년 현재 로열티가 19억 3천8백만 달러, 생산세가 8억 6천3백만 달러, 법인소득세가 5억 2천4백만 달러, 재산세가 2억 6천1백만 달러에 달한다.

1976년에는 석유 관련 세수입이 주정부의 예산을 초과할 것으로 예상하여 주헌법 개정을 거쳐 알래스카 영구기금(Alaska Permanent Fund)을 창설하였다. 로열티 수입의 4분의 1이 기금으로 편입되어 운영된다. 1982년부터는 기금의 이자 등 운용수입을 주민에게 배당하고 있다. 배당을 받는 주민의 수는 약 60만 명, 연간 배당금은 1인당 1천 달러를 넘는다. 2000년에는 1인당 배당금이 1,964달러에 이르기도 하였다.

Ⅲ. 중국

1. 손문과 대만

중국의 국부로 추앙받는 손문(孫文, 1866~1925)은 헨리 조지의 주장에 공명하여 그것을 중국에 구현하려고 했던 사람이다. 1905년에 혁명의 목표로서 민족주의, 민권주의, 민생주의로 구성되는 삼민주의를 주창하였는데 민생주의의 핵심 내용이 지공주의다. 손문은 사망 1년 전인 1924년 1월부터 8월에까지 당시 혁명의 기지였던 광주(廣州)에서 일요일마다 강연을 했는데, 그 강연에서 삼민주의를 구체적으로 설명한 바 있다. 그 일부를 인용해 보자.

> 민생주의는 사회의 재원을 평균하게 함을 목적으로 한다. 그 첫째의 방법은 토지문제를 해결하는 일이다. …… 이 방법이란 곧 지권평균(地權平均)이다. …… 정부는 땅값에 비추어 세금을 거두며 땅값에 따라서 사들인다. …… 정부는 지주가 정부에 신고하는 지가를 기준으로 하여 1%를 징세하고 …… 지주가 만일 지가를 낮게 신고하면 정부가 그 값으로 땅을 사들인다. ……
>
> 일단 지가를 신고한 후 지가가 오르면 그 후에 증대한 가격부분을 완전히 공유(公有)로 한다. 땅값의 앙등은 사회의 개량과 상공업의 진보에 연유하기 때문이다. …… 토지문제가 해결되면 민생문제는 반이 해결되었다고 할 수 있다. …… 지가는 토지만의 가격을 의미할 뿐 인공에 의해 개량된 것이라든가 토지 위의 건물은 계산에 넣지 않는다.

손문이 주장한 이 제도는, 토지문제가 민생문제의 핵심이며 또한 이 문제는 토지 가치를 환수함으로써 해결할 수 있다고 한 점에서 헨리 조지의 주장과 거의 같다. 그러나 헨리 조지는 지대를 완전히 징수하는 방법을 제시한 데 비해 손문은 토지를 보유하는 동안에는 지가의 1%를 세금으로 징수하고 매매할 때(또는 25년마다) 지가 상승분을 완전히 징수하자고 제안하였다는 점에서 다소간 차이가 있다. 헨리 조지의 제안에 따라 지대를 완전히 징수하면 지가는 항상 0으로 유지되기 때문에 지가 상승분도 발생하지 않는다.

손문의 토지세 개혁안은 그 후 대만의 토지제도에 중요한 영향을 미쳤다. 대만은 1954년에 지가의 공정한 평가, 신고지가에 의한 과세, 신고지가에 의한 정부매수권, 지가 상승분 완전 환수를 목표로 하는 도시평균지권조례(都市平均地權條例)를 제정함으로써 손문의 제안을 채택하였고 이후 대만 재산세제의 기본이 되었다.

이 조례는 처음에는 토지계획구역 내에서만 적용되었으나 급속한 경제성장에 따라 도시토지 바깥에까지 지가가 급격히 상승하자 1977년에는 토지법을 제정하여 도시토지에 국한되었던 적용범위를 전국으로 확대시켰다.

대만 토지세의 핵심 세목은 지가세(地價稅)와 토지증치세(土地增値稅)이다. 지가세는 토지보유세의 일종으로서, 소유자별로 종합한 지가총액을 기준으로 누진 과세하는 세목이다. 우리나라의 종합토지세와 비슷하다. 세율은 보통 1% 내지 5.5% 사이이나 자기소유 주택 및 국민주택의 택지에 대해서는 0.3%이다. 과세표준은 토지소유자가 신고한 지가로 한다.

토지증치세는 자본이득세의 일종으로서, 지가 상승분에 대해 토지소유권의 이전 또는 저당권 설정 시에 부과하는 세목이다. 우리나라의 양도소득세와 비슷하다. 세율은 40% 내지 60%가 원칙이나 자기가 거주하던 택지의 경우에는 10%이다. 과세표준은 다음과 같이 계산한다.

증가된 가치총액 = 신고 지가 - (전회 과세 때의 신고 지가 × 도매물가상승률)
- 토지개량비 등

대만의 지방정부는 성(省) 및 직할시, 현(縣) 및 시의 두 단계로 나뉘어 있는데 두 조세는 1980년까지는 성(직할시)의 세목이었으나 1981년부터 현(시)세가 되었다. 토지증치세는 지가세의 4배 정도 되며 두 수입을 합하면 대만 정부 총수입의 5분의 1 정도가 된다.

대만 토지세제는 외형상 손문의 제안과 유사하나 토지불로소득의 완전 환수라는 손문의 이상을 달성하지 못하고 있다. 그 이유로는 세율이 낮다는 점, 게다가 과세표준을 계산할 때 사용하는 지가가 실제 지가를 제대로 반영하지 못한다는 점을 들 수 있다. 과세에 사용되는 지가는 신고지가이고 신고지가는 정부가 공고하는 지가의 80 내지 120% 범위 내여야 한다. 그런데 정부의 공고지가는 실거래 가격의 40 내지 50% 수준밖에 안 된다.

2. 교주(膠州)

헨리 조지가 열렬하게 주장했던 지대조세제는 그가 별세한 이듬해인 1898년에 중국의 독일 조차지(租借地)였던 교주(膠州)에서 실천되었다. 이 사례는 지대조세제를 현실에 적용한 최초의 사례이자 그 이상에 가장 가까운 실천 사례의 하나로 꼽힌다.

교주는 이후 1914년 제1차 세계대전이 발발하자 일본군에게 점령당하였고 1922년 중국으로 반환되었다. 따라서 최소한 1898년부터 1914년까지 16년간은 지대조세제가 존속한 셈이다.

교주는 중국 산동(山東) 반도의 남쪽 연안에 있는 항구 지역이며 교주만에서 황해로 나아가는 입구에 청도(淸島)가 있다. 오늘날 청도는 인구 146만(1990년 현재)을 상회하는 도시로 발전하여 상해(上海), 천진(天津)과 더불어 섬유공업의 3대 중심지를 이룬다. 또 청도는 상해, 천진, 여대(旅大) 등과의 정기항로도 열려 있어 대외무역도 활발하며 경치가 아름다워 휴양지로도 유명하다. 청도의 위도는 북위 36도 정도로, 우리나라 포항과 비슷하다.

19세기 후반 열강이 중국을 침략하던 무렵 영국, 프랑스 등을 따라 중국에 식민지를 확보하려고 애쓰던 독일은 1897년 11월 14일 디드릭스(Otto von Diedrichs) 해군제독의 지휘하에 이 지역을 점령하였다. 점령의 외형적 명분은 독일인 선교사 2명이 살해당한 데 대한 보복이라고 하나, 실은 독일제국이 다른 유럽 국가처럼 극동에 발판을 마련하기 위한 속셈이 있었음은 공지의 사실이다.

그 후 독일은 1898년 청나라와 조약을 체결하여 교주만(膠州灣) 일대 400평방마일을 99년간 조차하였다. 독일은 이곳에 동양 함대의 기지를 설치하고 청도와 제남(濟南)을 연결하는 교제(膠濟) 철도를 부설하였고 아울러 지대조세제를 실시하였다. 원래 작은 어촌에 불과하던 청도는 이를 계기로 중국의 중요 무역항으로 부상하였다.

독일은 이미 아프리카에 식민지를 가지고 있었는데 식민지 개발에서 생기는 이득의 상당 부분이 토지투기자에게 돌아감에 따라 식민지 토지정책에 대한 비판이 적지 않았다. 이런 분위기 속에서 당시 동아프리카 식민지 총독이었던 비스만(Hermann von Wissmann)은 토지투기를 근절하기 위해 토지의 민간불하를 금하고 모든 식민지 토지를 임대제로 하는 정책을 채택하였는데 이 정책을 놓고 격렬한 찬반 논쟁이 벌어진 바 있다.

이에 대해 독일 토지개혁연맹(Bund für Bodenbesitzreform)은 비스만 총독의 개혁안을 지지하였고 1894년과 1895년 두 차례에 걸쳐 당국에 개혁건의서를 제출하기도 하였다. 연맹의 기관지인 『자유토지 Frei Land』에 지지 논설 2편이 실렸는데 하나는 연맹회장 프리제(Heinrich Freese)의 글이고 다른 하나는 다마쉬케(Adolf Damaschke)의 글이었다. 식민지 관리청에서는 이 글을 여러 곳에 배부하였고 마침 당시 해군장관으로서 자유주의적 성향을 가지고 있던 터피츠(Alfred von Tirpitz)도 이 글을 읽고 공감하였다.

이런 연고로 독일 해군 내에서는 토지개혁에 대한 지지가 높았다. 다마쉬케가 해군 고급장교 모임의 초청을 받아 행한 강연을 계기로 상당수 장교들이 토지개혁에 공감하게 되었으며 디드릭스 제독 등 고위 간부들도 토지개혁연맹에 가입하게 되었다. 교주만 조차지는 본국 식민지 관리청의 관할로 편입되지 않고 해군 당국의 관할로 있었기 때문에 디드릭스 제독은 교주만 일대를 점령한 첫날 포고령을 내려 모든 토지 거래는 해군 당국의 사전 동의를 얻도록 조치하였다.

디드릭스 제독의 토지정책을 구체화한 사람은 쉬라마이어(Ludwig Wilhelm Schrameier, 1859~1926) 박사였다. 쉬라마이어는 본국에서 파견된 외무부 공무원으로서 토지정책을 담당하였으며, 중국어 전문가로서 디드릭스 제독의 통역을 맡기도 했다.

쉬라마이어는 후일 저서 『교주의 행정』에서 다음과 같이 적고 있다.

> "열강과의 경쟁 속에서 불모지나 다름없는 땅에 자본과 노동을 유치해야 한다. 식민지 정책의 성공 여부는 도시에서나 농촌에서나 토지가격을 낮게 유지하는 데 달려 있다. 부동산 가격은 도시나 중앙 정부의 활동으로 인해 올라가는 경향이 있고, 토지가 활용되기 시작하면 개인적 탐욕의 작용으로 인해 토지 가치가 상승해 버려 생활상태를 악화시키고 경쟁력을 저하시킨다. 그러므로 모든 식민지정책 중 가장 중요한 것은 공기나 태양처럼 인간에 필수불가결한 토지를 보호하여 토지를 이기적인 동기로 남용하거나 사장시키는 것을 막는 동시에 개인의 기업활동을 방해하지 않는 정책이다."

쉬라마이어는 '토지 및 조세에 관한 법률 Land and Tax Statute'을 입안하였는데 이 법률은 이후 교주만 일대의 토지제도와 조세제도의 근거가 되었고 독일 점령기간을 통해 별다른 개정 없이 시행되었다. 이 법의 중요 내용은 다음과 같다.

- 연간 토지세액은 토지소유자가 가한 개량물의 가치를 제외한 지가의 6%로 한다.
- 지가는 정기적으로 재평가한다.
- 지가상승에 대해서는 토지양도 시 또는 25년마다 과세한다.
- 25년 동안 토지양도가 없을 경우에는 지가차액의 3분의 1을 징수한다.

이 법률이 시행된 초기에는 토지세 이외의 징수액은 거의 없어 단일세제에 가까웠으며 후에 관세가 추가되었을 뿐이다.

이 제도는 매우 성공적이었다. 그 영향으로 독일 의회에서는 1914년 5월 13일 카메룬 식민지에서도 이러한 법을 시행하도록 결의한 바 있다.

쉬라마이어는 1910년에 건강이 나빠서 은퇴하였으나 1924년 손문(孫文)의 초청으로 다시 중국에 가서 토지개혁과 토지세제개혁에 관한 자문 역할을 하였다. 그는 1926년 광동(廣東)에서 교통사고로 사망하였는데 당시 광동 시장이었던 손문의 아들이 비석을 세워 그의 공을 기려

주었다. 묘비명의 한 구절을 인용하면 다음과 같다. “교주만의 독일 조차지에서 쉬라마이어가 담당했던 주 업무는 토지제도의 확립이었으며 이 제도는 토지개혁에 대한 헨리 조지의 사상이 최초로 구현된 제도였다.”

Ⅳ. 덴마크

1950년대까지 극심한 토지투기에 시달렸던 덴마크는 1957년에서 1960년 사이에 정의당이 참여한 연립정부에서 강력한 토지세제 정책을 수립함으로써 눈부신 성과를 거둔 바 있다. 정의당은 원래 헨리 조지 협회를 기반으로 하여 1924년부터 총선에 후보를 내었으며 1926년부터 첫 당선자를 내기 시작하여 1960년 선거까지만 해도 선거마다 최소 2석 최대 12석까지 의석을 확보했었다.

정책이 구체화되기 전인 1948년 역시 정의당의 주창으로 덴마크 의회에 토지세 위원회(Parliamentary Commission on Full Land Taxation)가 구성된 바 있다. 이 위원회는 각 정당 의원과 전문가 도합 24명으로 구성되었는데 1954년에 완전한 토지세제를 실시할 것을 권고하고 법률초안까지 마련하는 최종보고서를 제출하였다. 이 보고서는 재무부장관의 승인까지 받았으나 그 후 흐지부지되고 말았다.

이후 1957년 5월에 실시된 총선에서 과반수 의석을 차지한 정당이 없는 상태에서 사회민주당(노동계), 급진당(자유계), 정의당이 연립내각을 구성하였다. 3당은 토지 지대의 징수 등을 새 정부의 기본 노선으로 확정하여 소위 ‘토지세 정부’를 수립하였다. 총 179개 의석 가운데 정의당은 12석밖에 안 되었으나 정의당이 주장하던 토지세가 연립정부의 기본노선으로 채택되었다. 3당의 정책 합의 사항은 다음과 같았다.

- 토지 지대의 징수
- 무역 자유화
- 조세 동결

이와 같은 기본 노선이 정해지고 토지세제 개편이 예상됨에 따라 극심했던 토지투기는 즉시 수그러들었다. 새 정부는 지가 증가액을 조세로 거둬들이는 내용의 토지세 법안을 마련하여 1960년 토지평가 시점부터 적용하도록 하였다.

이때부터 토지투기가 소멸되었는데 그로 인한 경제 효과는 대단하여 여러 나라의 관심을 끌었다. 또한 1957년 선거 이전에 덴마크는 상당한 규모의 국제수지 적자, 대규모 외채, 높은 이자율, 높은 실업률을 나타내었고 인플레이션율이 약 연 5%에 달했으며 통화는 평가절하의 위기에 놓여 있었다. 그러나 새 연립정부가 집권한 1957년에서 1960년까지의 3년 반 동안 사태가 극적으로 반전하여 다음과 같은 눈부신 변화가 있었다.

• 국제수지 적자에서 흑자로 전환
• 16억 크로네 규모의 외채가 4억 크로네 규모로 감소
• 이자율 하락. 그에 따라 신규주택 임대료도 하락
• 실업 거의 해소. 상당한 정도의 생산증가, 임금상승
• 인플레이션 진정
• 사상 최고의 실질임금 상승
• 신규 세금 전혀 없었음
• 공급 및 수입 통제부 1960년 폐쇄. 수입 규제 철폐, 관세 인하
• 산업 평화. 파업 전무

이러한 변화에 대한 덴마크 국민의 만족도를 조사한 결과는 다음과 같다.

〈표 5부.1〉 정의당 집권 후의 만족도

시기	만족	불만족
1957년 이전	25%	75%
1957~1960년	82%	18%
1960년 이후	20%	80%

이러한 사정을 통해 볼 때 1957년 이후 3년간은 덴마크의 전성기였음을 알 수 있다.

그러나 1960년 총선에서 반대당 연합은 3당 연합 중 최소당이었던 정의당을 타겟으로, 덴마크 선거 사상 최대의 자금을 사용하여 집중 공격하였다. 이 자금은 보수파와 지주계층의 연합세력이 마련한 자금이었다. 정의당은 자금 면에서 턱없는 열세에 있었고 주요 일간지의

지원도 얻지 못하여 공세를 이겨내지 못하고 득표가 반으로 감소하였으며 의회에 진출할 수 있는 최소 득표에도 미치지 못했다. 총선 후에는 토지세법에 반대하는 움직임이 강력하게 전개되었고 약체였던 새 정부는 지주계층의 강력한 압력에 못 이겨 토지세법 철폐를 약속하였으며 결국 1964년에 폐기하고 말았다.

이후 덴마크 경제는 악화되고 말았는데 1960년 이후 1970년대 초까지의 사정을 요약하면 다음과 같다.

- 국제수지 흑자가 다시 적자로 전환
- 외채규모는 50배로 늘어나 200억 크로네로 달함
- 이자율(실질이자율) 2배로 상승
- 지가 폭등
  - 1960년 170억 크로네였던 전국 총지가는 1969년에는 670억 크로네로 뛰었음
- 신규 주택의 임대료는 6배로 인상
- 인플레이션율은 약 1% 수준에서 5% 내지 7%로 악화
  토지세법이 폐기된 이듬해인 1965년에는 8.5%에 달함
- 세금이 5배 정도 인상

3년이라는 짧은 기간이나마 덴마크 경제가 보여 준 놀라운 변화와, 그 이후의 급속한 경제 악화는 토지투기와 불로소득 근절이 얼마나 중요한지를 잘 보여 준다.

Ⅴ. 호주

호주는 3단계 행정구조 즉 연방정부, 주정부, 기초자치단체로 이루어져 있다. 주는 6개로서 뉴사우스 웨일스(New South Wales), 퀸즐랜드(Queensland), 빅토리아(Victoria), 사우스 오스트레일리아(South Australia), 웨스턴 오스트레일리아(Western Australia), 타즈마니아(Tasmania)이다. 그 밖에 주로서의 독립성을 갖추지 못한 지역으로서 북부권(Northern Territory)과, 면적은 작지만 수도 캔버라를 포함하는 수도권(Capital Territory)이 있다.

연방의 토지세는 1951년에 없어졌으나 모든 주에서 토지세를 부과하고 있으며 내용은

주마다 다르다. 최근에는 대부분의 주에서 토지세를 특정 목적의 정액세로 줄이는 경향도 나타나고 있어 토지세로서의 성격이 약화되고 있다. 기초자치단체에서는 재산세를 부과하는데 과세대상이 토지에만 국한되는 경우도 있고 주로 토지개량물에 부과되는 경우도 있으며 양자가 혼합된 경우도 있다.

6개 주 가운데 퀸즐랜드와 뉴사우스 웨일스에서는 모든 기초자치단체가, 그리고 웨스턴 오스트레일리아에서는 대부분의 기초자치단체가 토지개량물을 제외한 토지만을 대상으로 과세한다. 반면 사우스 오스트레일리아와 빅토리아에서는 두 유형의 기초자치단체가 섞여 있고 타즈마니아에서는 토지개량물에만 과세하고 있다. 따라서 호주의 6개 주는 토지세를 위주로 하는 3개 주 집단(토지세 집단)과 그렇지 않은 3개 주 집단으로 나누어 볼 수 있다.

두 집단에서 토지 사용에 있어 어떠한 변화가 일어났는지를 살펴보자. 첫째로, 농업적 이용 면에서 보자. 아래 표에서 다음과 같은 사실을 알 수 있다.

- 세계적 경제공황기인 1930년대의 9년 사이에 토지세 집단에서는 경작지 면적이 21% 증가한 반면에 다른 집단에서는 8% 감소하였다.
- 제2차 세계대전이 끝난 후 1950년을 전후한 12년 사이에도 토지세 집단에서는 경작지 면적이 35% 증가한 반면 다른 집단에서는 6% 감소하였다.

〈표 5부.2〉 경작지 면적 변화

	1929~1930	1938~1939	변화율(%)	1946~1947	1958~1959	변화율(%)
토지세 실시 주	11,113	13,502	21	11,719	15,801	35
다른 주	10,811	9,986	−8	9,349	9,278	−1

또 지역의 개발 정도를 나타내 줄 수 있는 지표로서 주택건설 실적을 보자. 아래 표는 주택 증가 수와 같은 기간의 혼인 수를 비교한 것이다.

- 1920년대부터 37년간 혼인 건수에 대비한 주택 증가 수는 토지세 집단에서 65%, 다른 집단에서 61%이며, 민간부분에서 지은 주택만을 보면 각각 60%, 55%이다.

〈표 5부.3〉 주택 수 증가(1921~1958)

	주택수 증가(가)	혼인 건수(나)	(가)/(나)
토지세 실시 주	953,200	1,462,800	65.4%(60.0%)
다른 주	619,100	1,017,200	61.0%(54.5%)

* (가)/(나) 중 괄호 속은 민간부문에서 지은 주택만 계산에 넣은 비율.

이와 같은 통계에 의하면 토지세를 주로 사용하는 주가 다른 주보다 경작지도 더 증가하였고 주택건설도 더 활발하였음을 알 수 있다.

第6部

지대조세제에
관한
의문과 논쟁

제20장

지대조세제에 대한 의문과 해명

Ⅰ. 의문의 동기: 호기심, 염려, 거부

지공주의에 대해서는 여러 가지 의문이 제기된다. 특히 토지원리 중 '특별이익 환수' 조건에 대해 의문이 많고 이 책도 특별이익 환수에 초점을 맞추고 있으므로 여러 의문 중에서 이와 관련된 중요한 의문을 다루어 보자.

이 책에서는 특별이익을 환수하는 구체적인 방법으로 지대세와 지대이자차액세를 제시하고 있다. 두 조세는 모두 지대를 과표로 하는 토지보유세로서, 토지불로소득의 완전 환수를 추구한다. 단지 지대세는 지대 모두를 징수하는, 생각하기에 따라서는 강경한 조세인 반면 지대이자차액세는 지대에서 이자를 공제한 나머지만 징수하는 온건한 조세라는 점이 다를 뿐이다. 따라서 강경한 조세인 지대세에 대한 의문이 해소된다면 온건한 지대이자차액세에 대한 의문은 자연히 해소된다. 그런 의미에서 아래에서는 지대세에 대한 의문을 중심으로 다루기로 한다.

의문은 대체로 세 가지 동기에서 제기된다. 첫째로, 생소하기 때문에 의문을 제기한다. 현재 세계 각국의 토지소유제도는 토지사유제 아니면 토지공유제를 기반으로 하고 있기 때문에 그 중간적인 새로운 유형의 토지가치공유제는 생소할 수밖에 없다. 특히 방임형 내지 현실 타협형 시장경제를 신봉하는 주류 경제학자들은 자신이 가지고 있던 기존의 패러다임과 다르기 때문에 일단 비판적인 자세로 의문을 제기한다.

둘째로, 기득권 수호 차원에서 의문을 제기한다. 지대조세제는 토지를 많이 소유하면서 기득권을 누려 온 계층이 더 이상 부당한 이익을 누리지 못하게 하는 제도다. 그래서 이런 계층은 반감을 갖고 지대조세제의 흠을 찾아내려고 하게 된다.

셋째로, 지대조세제에 대해 긍정적인 관심을 가지는 쪽에서도 염려 차원에서 의문을 제기한다. 새로운 제도를 현실에 도입할 때는 그 원리에 대한 확신이 필요함은 물론이고 그 밖에도 기술적인 문제 및 제도 이행에 부수하는 문제를 해결해야 하기 때문이다.

지대조세제가 설득력을 가지려면 어떤 동기의 의문에 대해서든 합리적인 해명이 있어야 한다. 아래에서는 지대조세제에 대해 흔히 제기되는 대표적인 의문을 소개하고 그에 대한 지은이의 견해를 제시한다. 제도 자체에 관한 이론적인 의문을 먼저 검토한 후 제도 도입과 실무에 관한 의문을 검토한다.

Ⅱ. 제도 자체에 대한 의문

의문 1: 사유재산제와 시장경제에 위배되지 않나?

지대조세제는 자본주의에 위배된다고 생각하는 경우가 적지 않다. 토지 가치를 모두 환수하여 공유하므로 심지어는 사회주의에서나 취할 수 있는 제도라고 생각하는 사람도 있다. 그러나 이런 인식과는 반대로 지대조세제는 오히려 진정한 자본주의에 더 충실한 제도다. 자본주의의 핵심요소는 사유재산제와 시장경제이므로 지대조세제와 두 요소와의 관계를 살펴보자.

첫째로, 지대조세제는 사유재산제에 위배되지 않는다. 사유재산제는 개인의 노력과 기여의 대가를 소유할 수 있도록 보장하는 제도다. 그러므로 가급적 노력과 기여의 대가를 보호하는 방식으로 과세하여야만 사유재산제에 충실하게 된다. 사유재산제에 충실한 세제라면 불로소득부터 우선 징수하고 그것만으로는 세수입이 부족할 경우에 한하여 노력과 기여의 결과에 과세를 하여야 한다.

토지 가치는 본질적으로 불로소득이다. 토지는 사람이 생산한 것도 아니고 또 토지 가치는 주로 토지소유자의 노력과 기여와는 무관한 요인 즉 토지의 자연적 형질과 환경, 사회경제적 변화, 정부의 조치 등에 의해 결정되기 때문이다. 뿐만 아니라 의문 4(왜 토지에서 생기는 불로소득만 문제 삼나?)에서도 보듯이 토지불로소득은 불로소득 중에서도 가장 악성이라는 점에서 최우선적인 환수 대상이 된다.

이렇게 본다면 생산적 노력과 기여의 대가를 징수하는 현행 세제는 오히려 사유재산제에 어긋나는 세제다. 소득세는 노력과 기여에 의해 발생한 소득인지, 노력과 기여와는 무관한 불로소득인지를 따지지 않고 모두 과세 대상으로 삼는다. 부가가치세도 생산적 노력에 의해 증가한 부가가치에 과세한다. 반면 노력과 기여와는 무관한 토지 가치에 과세하는 지대조세제는 진정한 사유재산제에 충실한 세제다. 그러므로 지대조세제 때문에 조세총액이 지금보다 커진다면 몰라도, 그렇지 않다면 지대조세제가 사유재산제에 어긋난다는 주장은 근거가 없다.

둘째로, 지대조세제는 시장친화적이다. 이 점에 대해서는 제15장(지공주의의 잠재력)에서 설명하였으므로 참조하기 바란다. 요약하면 지대세는 다른 세금과는 달리 시장에 부담을 주지 않으며, 지대를 징수하면 불완전한 현실 토지시장이 완전경쟁 토지시장과 같은 토지 배분 결과를 이룰 수 있다.

한편 지대세를 부과하면 지가가 항상 0이 되고 지대이자차액세를 부과하면 지가가 항상 등록지가와 일치하는데, 이처럼 지가가 고정되면 시장 기능이 작동하지 않을 것으로 오해하는 경우도 있다. 또 지대를 모두 징수하면 토지를 소유하고 개발할 사람이 없어진다는 오해도 있다. 이에 대해서는 의문 2(지가가 변하지 않으면 토지 배분은 어떻게 하나?)와 의문 3(누가 토지를 소유하고 개발하려 하겠는가?)에서 다루기로 한다. 또 지대세를 부과하면 지가가 0으로 하락하는데 토지사유제에서 지대조세제로 이행하는 과정에서 기존 지주에게 지가를 보상하지 않으면 사유재산 침해가 된다고 생각하는 경우도 있다. 이에 대해서는 의문 8(기존 토지소유자에게 지가를 보상해야 하지 않나?)에서 다루기로 한다.

이렇듯 지대조세제가 사유재산제와 시장경제에 어긋난다고 하는 의문은 근거가 없으며 오히려 지대조세제야말로 사유재산제와 시장경제를 핵심으로 하는 진정한 자본주의에 부합하는 제도다.

의문 2: 지가가 변하지 않으면 토지 배분은 어떻게 하나?

시장은 가격을 매개로 자원을 효율적으로 배분한다. 수요가 늘어나면 가격이 오르고 그에 따라 공급이 늘어나서 수요를 충족시킨다. 반대로 수요가 줄면 가격이 내리고 그에 따라 공급이 줄어든다. 그런데 지대세를 부과하면 지가는 언제나 0이 된다. 또 지대이자차액세를 부과하면 지가는 등록지가로 고정된다. 이처럼 지가가 변동하지 않으면 토지매매시장의 토지 배분 기능이 상실되는데, 그렇다면 토지라는 귀중한 자원을 어떻게 효율적으로 배분할 수 있는지 의문이 생긴다.

토지매매시장이 토지자원의 배분에 관해 별다른 역할을 하지 못하게 되는 것은 지대조세제의 부작용이 아니라 바로 지대조세제가 의도하는 바이다. 현실시장에서는 지가가 모든 미래의 지대를 반영하지 못해서 토지의 매매와 보유로부터 막대한 불로소득이 발생하여 여러 폐단을 낳는다. 완전경쟁 토지시장에서는 존재하지 않는 불로소득이 현실에서 발생하는 이유는 인간의 능력으로는 미래의 사회변화를 제대로 예측하지 못하기 때문이다. 변화가 급격한 사회에서는 지가가 제대로 형성될 수 없다. 이러한 상황에서는 토지매매시장의 배분 기능에 대한 기대를 버리는 것이 낫다. 변화가 극히 완만한 정적인 사회에서라면 예측이 과히 빗나가지 않을 것이고, 따라서 토지불로소득이 그리 크지 않을 것이므로 토지불로소득을 사후적으로 징수하는 보완조치를 두는 정도로도 큰 지장이 없을 것이다. 결국 지대조세제의 타당성은 토지매매시장의 불완전성 정도에 따라 달라질 것인데 변화 속도가 빠른 현대사회에서는 제도 전환이 불가피한 것으로 판단된다.

그러나 토지매매시장이 기능하지 않더라도 토지의 효율적 배분에는 문제가 없다. 첫째로, 토지가격에는 지가 외에 지대도 있으므로 지가가 0이 되더라도 지대를 매개로 토지가 효율적으로 배분된다. 지대조세제를 실시하면 토지시장은 임대차시장과 비슷하게 된다. 지대세에 상응하는 수준으로 토지를 이용할 수 없는 사람은 토지를 소유하지 않으려고 할 것이고 토지를 잘 이용할 사람만이 토지를 소유하게 된다. 따라서 토지의 효율적 배분이 이루어지게 된다. 지대조세제에서의 토지 배분과 토지임대시장의 토지 배분 방식의 차이는, 전자는 정부가 평가하는 지대세액이 배분에 매우 중요한 영향을 주는 반면 후자는 거래 당사자가 합의하는 임대료를 매개로 배분된다는 점이다. 따라서 지대세액이 정상적인 시장에서 형성될 임대료를 어느 정도 정확하게 반영하는지가 중요하다. 이 문제는 의문 10(지대 평가가 어렵지 않나?)에서 다룬다.

둘째로, 부동산시장을 통해서도 토지의 효율적 배분이 이루어진다. 토지는 건물을 포함한 부동산을 단위로 거래되는 경우가 많고, 또 현재는 나대지라고 해도 결국은 개발될 것을 전제로 거래되는 경우가 많다. 지대조세제를 실시하면 단순한 토지 소유만으로는 아무 이익이 없게 되므로 개량물을 포함하는 부동산 전체의 효율적 배분이 관심의 대상이 되고, 그에 따라 부동산의 일부인 토지의 효율적 배분도 아울러 이루어진다.

그 밖에 토지매매시장의 배분 기능이 무력화되면 토지소유자 또는 토지 소유 희망자가 단기적인 관점만을 가짐으로써 장기적인 관점에서의 토지 이용에 지장이 될 수 있다는 의문도 있다. 이런 의문도 부동산시장의 기능을 이해한다면 답이 나온다. 부동산 거래자는 부동산 전체의 이익에 관심을 갖게 되는데 부동산의 수명은 장기이기 때문에 부동산 소유자는 자연히 장기적 관점의 적정 이용을 도모하게 된다. 또 부동산을 매각할 의사가 있는 소유자는 당연히 무책임한 부동산 개발과 이용을 하지 않게 된다.

아울러 다음과 같은 방법으로도 토지소유자 또는 토지 소유 희망자의 관점을 장기화하는 데 도움을 줄 수 있다. 첫째로, 지대세액을 장기에 걸쳐 예고한다. 예를 들어 10년 정도의 기간 동안 징수할 지대세액을, 약간의 변경 가능성을 유보하는 가운데 예고한다면 토지소유자가 이를 참고하여 그 기간 동안의 토지 이용을 계획할 수 있다. 둘째로, 정부가 토지의 이용·개발에 관한 장기적 일정을 담은 시간적 토지계획을 수립하여 발표한다. 각자는 이를 참고하여 토지 이용을 장기적으로 계획할 수 있다.

토지사유제에서는 지가의 하락을 우려하여 소유자가 토지를 양호하게 보전하는 데 반해 지대조세제에서는 매각지가가 어차피 0이므로 무책임한 토지소유자가 단기간에 토지를 마구 이용한 후 토지 소유를 포기하지 않을까 하는 의문도 있다. 어떤 제도에서든 무책임한 토지 이용은 당연히 제도적으로 금지해야 하며 이를 위반하면 처벌 또는 손해배상의 책임을 지게 될 것이므로 이 점도 염려할 필요 없다.

의문 3: 누가 토지를 소유하고 개발하려 하겠는가?

토지사유제에서는 투자 대상으로서 전망이 없는 토지는 소유하려 하지 않는 경향이 있다. 이러한 경향에 익숙해져 있는 사람들은, 토지 가치를 모두 징수하는 지대조세제에서는 토지를 소유하려는 의욕이 떨어질 것으로 생각하여 토지는 결국 국유화된다고 비판한다. 또 토지 가치를 모두 징수하게 된다면 토지를 개발하거나 자원을 탐사하려는 의욕도 줄어들 것으로 염려한다.

먼저 소유 의욕에 대해 생각해 보자. 토지를 취득하는 목적은 실수요 목적과 투자 목적의 두 가지로 나누어 볼 수 있다. 지대조세제는 실수요 목적의 토지 취득은 촉진한다. 토지를 임차하여 사용하는 실수요자가 추가비용 없이 토지를 소유할 수 있다면 당연히 소유권을 취득하려고 할 것이다. 임차권은 토지소유자의 권리에 의해 제약되는 반면 소유권은 그런 제약이 없기 때문이다. 지대조세제에서는 지가 즉 토지소유권의 가격이 0이며 토지소유자가 된 후에도 종전에 임차인으로서 토지소유자에게 지불하던 토지임대료와 같은 금액을 지대세로 납부할 뿐 다른 비용이 들지 않는다. 따라서 실수요 목적의 토지 이용자는 토지소유권을 적극 취득하려고 할 것이다. 이런 단순한 사실에 대해서도 오해하는 이유는 토지를 재테크 대상으로 간주하는 잘못된 풍토에 길들어 있기 때문이다.

반면, 투자 목적의 토지 소유는 사라진다. 지대조세제에서는 토지를 단순히 소유하는 것만으로는 아무런 이익이 발생하지 않고 토지를 제대로 이용하지 않으면 오히려 손실을 입기 때문이다. 그러나 이 점은 지대조세제의 문제점이 아니라 오히려 장점이다.

둘째로, 토지 개발 또는 자원 탐사의 의욕이 사라질 것이라는 의문에 대해 생각해 보자. 이에 대해서는 제14장(지대조세제)에서도 언급하였으므로 참조하면 도움이 될 것이다. 이 의문은 지대소득이 있어야만 토지를 개발하고 자원을 탐사할 인센티브가 생긴다는 숨은 가정을 가지고 있다. 그러나 정상적인 시장에서 기업은 지대를 포함한 생산요소 가격을 비용으로 지불하도록 되어 있다. 토지를 이용하는 사람은 지대소득이 아니라 사업소득만 얻으면 충분하다. 지대소득을 얻을 수 없는 정부 발주 공사, 예를 들면 고속도로 건설공사의 경우에도 건설업체가 수주 경쟁을 벌인다는 사실, 뉴욕 시 맨해튼의 상당 지역이 임차토지에서 이루어졌다는 사실 등을 생각하면 이해하기 쉬울 것이다.

뿐만 아니라 개발자에게 지대소득을 보장하면 오히려 불필요한 개발을 촉진하는(지대를 하락시키는 개발의 경우에는 필요한 개발을 억제하는) 부작용이 생긴다. 토지 개발도 일반 사업과 마찬가지로 사업 자체의 수익성 판단에 따라 사업 추진 여부를 결정하는 것이 사회를 위해 바람직하다. 지대까지 사업자가 사유화한다는 전제하에 사업의 수익성을 판단한다면, 자체로서는 수익성이 적은 사업도 지대상승을 유발할 경우에는 추진될 가능성이 있으며 그로 인해 사회적으로 자원의 낭비를 초래한다.

다만 사업의 타당성과 관계없이 특정한 개발이나 자원 탐사를 촉진할 사회적 필요성이 있다면 보조금 지급, 비용 보상, 특허권 설정 등의 방법으로 사업자에게 인센티브를 줄 수 있으며, 이런 보조금 지급의 한 방법으로 일정 기간 지대의 사유화를 인정할 수는 있다. 그러나 이런 방법은 특별한 정책적 목적을 달성하기 위해 제한적으로 이용할 수 있을 뿐 이를 일반화해서는 안 된다.

이와 관련하여, 토지소유자가 자신의 토지를 직접 개발할 경우에 개발로 인한 지대 변화를 토지소유자에게 귀속시킬 것인가의 문제도 관심 대상이 된다. 지은이는 귀속시키지 않는 것이 좋다는 입장인데 자세한 논의는 제14장(지대조세제)에서 언급하였으므로 생략한다.

의문 4: 왜 토지에서 생기는 불로소득만 문제 삼나?

지대조세제는 본질적으로 지대 수입이 불로소득이라는 이유로 지대를 환수하는 제도이다. 따라서 세상에는 토지 외에도 여러 대상에서 불로소득이 생기는데 왜 토지불로소득만 문제삼는지 의문을 가지는 경우가 많다. 이런 의문에 대한 답을 요약하자면 각종 불로소득 중에서 토지불로소득이 가장 악성(惡性)이기 때문이다.

불로소득은 노력과 기여 없이 얻은 경제적 이익 또는 노력과 기여에 대한 통상적인 대가 이상의 경제적 이익을 의미한다. 상식적인 수준에서 거론되는 불로소득을 예시하면 다음과 같다. 일반적으로 투기라고 지칭하는 행위 즉 매매차액을 노리는 행위에서 발생하는 소득이 있다. 투기에는 토지투기 외에도 증권, 서화, 골동품, 복권에 대한 투기가 있고 그 밖에도 농산물 기타 상품에 대한 투기도 있다. 또 매매차액이 아닌 불로소득이 있다. 특별한 선천적 재능과 같은 천부적 원인에 의한 가외 소득, 정부나 권력에 의한 특혜 또는 신분에 의한 특수이익 등과 같은 권력적·사회적 원인에 의한 특별한 소득, 상속이나 증여 등 개인적 원인에 의한 불로소득도 있다. 그 밖에도 금융저축에 대한 이자, 예상 외로 히트한 상품의 수익, 특허에 의한 이익, 타인이나 사회가 조성한 외부경제의 이익 등을 불로소득이라고 보는 견해도 없지는 않을 것이다.

이러한 각종 불로소득은 그 악성의 정도에서 차이가 있는데 악성도는 다음과 같은 기준에 의해 판단할 수 있다.

① 사회적 차원에서는 불로소득의 순폐해가 클수록 악성도가 높다. 순폐해란 불로소득의 총폐해에서 그 불로소득을 인정함으로써 얻을 수 있는 사회적 이익을 뺀 나머지를 말한다.

② 개인적 차원에서는 불로소득을 얻을 기회가 불평등할수록 악성도가 높다. 한편에서 불로소득을 얻는 자가 생기면 다른 편에서 아무 잘못 없이 손실을 입는 자가 발생하는 경우가 많은데, 이런 경우에 일반 국민이 무책손실을 피할 수 있는 가능성이 낮을수록 악성도가 높다.

이런 가준에 비추어 본다면 토지불로소득이 가장 악성임에 분명하다. 첫째로, 토지불로소득은 폐단은 크고 사회적 이익은 전혀 없다. 둘째로, 법적으로는 누구나 토지를 소유할 수 있으므로 토지불로소득을 얻을 기회도 균등하다고 할 수 있을지 모르나, 지가라는 진입장벽이 있는 한 기회는 실질적으로 매우 불균등하다. 셋째로, 토지불로소득은 비지주계층에서 지주계층으로 이전되는 소득인데 토지는 모든 사람의 필수물자이므로 비지주계층이 그 피해를 회피할 방법이 전혀 없다. 반면 토지불로소득을 얻으려는 투기도 사회적 기능이 있다는 견해에 대해서는 아래 의문 5를 참고하기 바란다.

반면 다른 불로소득은 모두 위의 두 기준 중 하나 이상에서 토지불로소득보다 악성도가 낮다. 예를 들어 증권의 시세차익도 불로소득의 일종이지만 증권거래는 생산에 필요한 자본의 직접 조달을 돕는다. 이자소득도 넓은 의미에서 불로소득의 일종이라고 할 수 있지만 이자소득을 인정함으로써 자본의 축적과 융통을 촉진한다. 선천적 재능에 의한 불로소득도 이런 소득이 재능을 발휘하도록 하는 인센티브로 작용할 수 있다.

그러므로 불로소득 중 가장 악성인 토지불로소득이 최우선적인 징수대상이 되는 것은 당연하다. 다만, 권력적·사회적 원인에 의한 불로소득 중에는 토지불로소득과 비슷한 정도의 악성도를 가지는 것이 있는데(예를 들면 권력이 특정 기업에 특혜를 줌으로써 그 기업이 얻는 특별이익) 이런 불로소득은 징수에 있어 토지불로소득과 동등한 우선순위를 부여해야 할 것이다. 이에 대해서는 제15장(지대조세제의 잠재력)의 토지원리의 확대 부분도 참고하기 바란다.

의문 5: 토지투기도 기여하는 점이 있지 않나?

토지불로소득을 얻기 위한 투기도 기여하는 바가 있다는 반론을 펴는 경우도 있다.

첫째로, 일반적으로 투기가 나쁜 것이 아니라는 반론이다. 투기는 '불확실한 대상에 투자하는 행위'이다. 불확실한 대상에 투자하는 동기는 특별한 이익 즉 투자액의 원리금을 초과하는 소득을 기대하기 때문이다. 많이 벌기 위해 불확실성을 감수하는 투자 즉 투기가 나쁜 것은 아니다. 투기가 반드시 특별한 이익을 낳는 것도 아니며, 투기이익은 불확실성 하에서의 위험부담의 정당한 대가라고 볼 수 있는 경우도 많다. 더구나 투기가 있음으로 해서 자원의 시간적·공간적 배분이 더 합리적으로 이루어지는 경우도 많다. 사실 시장생산을 위주로 하는 자본주의 경제에서 투자에는 투기적인 요소가 상당히 가미되어 있고, 그것은 개인의 창의를 자극하여 시장경제를 활성화시키는 측면이 있다. 또 투기가 공익에 기여하는 면이 있을 때 정책적으로 투기를 공인하기도 한다. 예를 들면 기업자금의 조달을 위해 증권거래를 인정하고 공공자금 조성을 위해 복권을 인정하기도 한다.

그러나 투기에는 두 종류가 있다. 수요와 공급의 괴리를 좁히는 투기와 그 괴리를 확대하는 투기가 있다. 전자를 시장안정형 투기라 할 수 있고 후자를 시장교란형 투기라 할 수 있다. 시장안정형 투기의 예로 농산물 투기의 경우를 들어 보자. 수요에 비해 공급이 많은 수확기에 농산물을 구매하였다가 그 반대 현상이 나타나는 계절에 공급한다면, 이러한 투기는 수요와 공급 간의 시간적 괴리를 메꾸어 시장을 안정시키는 역할을 하게 된다. 반면 존재량이 일정한 토지에 대한 투기는 시장교란형 투기다. 토지매매시장에서 수요가 늘면 동시에 공급(출시량으로서의 공급)이 줄고 공급이 늘면 동시에 수요가 줄어든다. 즉 공급과 수요가 반대 방향으로 움직인다. 이에 대해서는 제7장(토지시장의 유형과 공급의 특수성)에서 설명한 바 있다. 더구나 가수요가 발생하는 현실 토지시장에서는 이러한 괴리가 더욱 확대되어 시장에 대한 파괴력으로 작용한다.

둘째로, 당장 이용하지 않는 것이 바람직한 토지가 토지투기 덕에 유휴 상태로 유지될 수 있다는 반론도 있다. 토지 이용은 전체적·장기적 관점에서 공간적·시간적 조화가 필요하기 때문에, 일부 토지를 일시적으로 유휴화 내지 저이용하는 것이 바람직한 경우도 있다. 개발여건이 성숙되기를 기다린다는 의미에서 이러한 저이용 비용을 성숙비용(ripening cost)이라고 한다.

그러나 장기적인 관점에서 일시적으로 방치해야 하는 땅을 투기자가 확보해 줄 것으로 기대할 수 있을까? 투기자는 개인의 이익을 기준으로 그리고 대체로 단기적인 관점에서 행동할 뿐 사회적으로 빈 땅이 필요한지는 고려하지 않는다. 따라서 개인의 이익과 사회의 이익이 일치하는 예외적인 경우가 아니라면 투기자가 이런 기능을 제대로 할 것으로 기대할 수 없다. 사익을 추구하는 투기자가 토지를 차지하고 적기에 개발하지 않은 채 공한지로 둔다면 사회적인 손실을 초래한다. 때로는 토지 투기자가 개입하여 소위 '알박기'와 같은 심술궂은 행위를 통해 적정한 개발을 적극 해치기도 한다. '알박기'는 흔히 특정 개발 지구에 작은 필지를 차지하여 매각하지 않고 버티면서 전체 개발을 방해하는 행위를 가리키지만, 토지 투기자가 토지를 차지하여 부동산 시장의 정상적인 작동을 방해하는 것은 '사회적 알박기'와 다를 바 없다.

이런 맥락에서, 시장주의의 기수 하이에크도 도시토지의 이용은 이웃효과(neighborhood effect)를 발생시키기 때문에 토지 이용을 개별 토지소유자에게 맡기면 비효율을 초래하며, 따라서 전체적인 관점의 토지 이용을 정하고 개별 토지소유자에게서 지대를 징수하는 것이 좋다고 하였다(Hayek, 1960). (다만, 그는 지대의 평가가 어렵다는 이유를 들어 지대조세제의 실용성에는 의문을 제기한다.) 따라서 토지 이용의 큰 틀을 토지이용계획으로 정하고 – 토지이용계획에 의해 유휴 내지 저이용 토지로 지정되면 지대세도 그만큼 적어진다. – 토지불로소득이 발생하지 않도록 한 후에 나머지를 시장에 맡기는 것이 좋다.

의문 6: 지대세가 전가되지 않나?

지대조세제의 효과는 지대세를 모두 토지소유자가 부담할 경우에 완전한 효과가 발생하며 만일 지대세가 전가된다면 지대세의 효과는 그만큼 축소되고 만다. 따라서 토지소유자는 지대세를 모두 부담하지 않고 다른 사람에게 전가시킬 것이고, 따라서 지대세의 효과가 줄어들 것이라는 의문도 있다.

완전경쟁시장에서 지대세와 같은 토지보유세는 전가되지 않는다. 지대세가 부과될 때 토지소유자가 조세 부담을 피하기 위해 계약지대액을 인상하여 전가를 시도한다고 가정해 보자. 이런 경우에 정상적인 지대보다 더 높은 지대를 지불하면 정상이윤 또는 임금 등이 잠식되므로 토지 이용자는 그 토지의 이용을 기피하게 된다. 또 토지는 공급이 일정하므로 토지소유자가 공급량을 줄임으로써 지대를 높일 수도 없다. 토지소유자는 지대세를 스스로 부담하지 않을 수 없다. 즉 지대세는 전가되지 않는다. 달리 설명하면, 조세는 상대적으로 덜 탄력적인 쪽으로 전가되는데 토지는 공급탄력성이 0이기 때문에 세금은 전액 토지소유자들이 부담한다.

그러나 완전경쟁시장과는 달리 토지 또는 상품의 독과점이 존재하는 현실에서는 지대세가 얼마간 전가될 수 있다고 보는 것이 온당할 것이다. 첫째로, 자가토지의 경우. 토지소유자가 토지생산물의 공급에서 독과점적 지위를 누린다면 토지소유자 겸 생산자는 생산물의 가격 인상을 통해 토지보유세의 전부 또는 일부를 생산물 수요자에게 전가시킬 수 있다. 생산물 가격이 인상되면 수요가 줄어들고 이윤도 줄어들겠지만 토지보유세를 고스란히 부담하는 것보다 가격인상으로 인한 손실이 적은 경우가 있다면 그 범위 내에서 이윤이 극대화되도록 가격을 인상할 것이다.

둘째로, 임대토지의 경우. 임차인이 토지소유자의 인상 요구에 맞서기 위한 무기는 당해 토지 사용을 포기하고 다른 토지로 장소를 이전하거나 토지 사용을 완전히 포기하는 것뿐이다. 그런데 이전할 만한 후보지가 동일한 토지소유자의 소유이거나 그 토지소유자도 현 장소의 토지소유자와 비슷한 요구를 한다든가 하여, 장소 이전 내지 토지 사용 포기에 따르는 희생이 클 경우에 임차인은 부득이 자신의 이윤을 줄임으로써 현 위치의 토지소유자의 인상 요구에 응할 가능성이 있다. 또 임차인이 생산물의 공급을 독과점하는 지위에 있다면 자가토지의 경우에 설명한 것처럼 생산물 가격을 인상하고 토지소유자의 임대료 인상 요구를 어느 정도 수용할 수도 있다. 이처럼 현실에서는 지대세도 다소간 전가될 수 있다고 보아야 할 것이다.

현실적인 전가 가능성에 대한 반론도 있을 것이다. '현실에서 토지보유세의 인상이 있을 때 가격(상품가격 또는 토지임대료)을 인상하여 전가시킬 수 있다면 이윤극대화를 추구하는 토지소유자가 왜 토지보유세의 인상이 있기 전에 진작 가격을 인상하여 더 큰 이익을 얻지 않았을까?' 하는 반론이 그것이다. 물론 가격 인상은 수요 감소를 초래하므로 가격 인상이 반드시 이윤 증가로 이어지는 것은 아니지만 이윤이 증가하는 경우가 없지 않다면 이 반론에도 일리가 있다. 이 반론에 대해서는 여러 가지 해명이 가능하겠으나 토지보유세의 전가가 가능하다는 입장에서 할 수 있는 설명을 예시하면 다음과 같다.

경제학 교과서에서는 인간이 경제적 이익의 극대화를 위해 민감하게 행동한다고 가정하지만 현실에서의 인간 행동에 영향을 미치는 요인은 경제적 이익 외에도 다양하게 존재하며 또 행동의 변화를 저지하는 여러 마찰요인도 존재한다. 토지소유자가 토지보유세 인상 전에 상품가격 또는 토지임대료를 인상할 수 있었다고 하더라도 이런 변화가 즉각적으로 일어나지 못하고 잠복해 있다가 토지보유세 인상이라는 사건이 계기가 되어 표면에 나타날 수 있다.

더구나 이해관계를 공유하는 토지소유자 계층 전체가 묵시적 담합 상태에 있는 경우에는 토지보유세 인상이라는 사건이 담합을 표면화시키는 작용을 하여 단기적으로는 토지보유세 인상분 및 잠복해 있던 요인 이상으로 전가를 일으킬 수도 있다. 또 현실에서의 거래가격이란 객관적 상황 이외에 수요자와 공급자 간의 흥정의 결과로 결정되기도 한다. 흥정에서 상대방을 설득하여 타협점에 도달하기 위해서는 객관적인 경제적 조건 외에 명분도 필요한데 토지보유세 인상은 가격인상 요구를 뒷받침할 수 있는 상당한 명분이 될 수 있다.

그러나 지대세가 전가될 수 있다는 점이 지대조세제에 대한 반대 근거가 될 수는 없다. 일반적으로 말해서 조세 전가는 수요·공급의 탄력성과 분배결정권이 전가의 방향과 정도에 영향을 준다. 수요·공급의 탄력성이란 조세 부과의 영향을 받아 형성되는 가격이 마음에 들지 않는 당사자가 수요·공급량을 변화시킬 수 있는 정도를 말하며, 분배결정권이란 분배에 관한 의사결정에서 발휘할 수 있는 힘을 말한다. 현실에서 수요·공급을 줄일 수 있는 가능성이 전혀 없는 상품 또는 생산요소란 존재하기 어려우며 또 현실에서는 분배에 관한 결정권의 분포가 고르지 않기 때문에 거의 모든 조세는 현실적으로 전가 가능성이 있다고 보아야 한다.

예를 들어 누진소득세는 고소득층에 높은 소득세를 부과함으로써 소득재분배를 통한 과세 공평을 달성하는 것이 목적이다. 그러나 고소득층인 기업경영자는 기업의 이윤 분배에 있어 소득세 공제 후의 가처분소득을 기준으로 의사결정을 함으로써 자신의 소득세를 다른 계층에 전가시킬 수 있다. 고소득층에 대한 누진소득세가 전가된다면 누진소득세의 목적은 그만큼 제한된다. 또 일반노동자에 대한 소득세 역시 다른 계층에 전가될 수 있다. 노조가 임금협상을 할 때 소득세 공제 후의 가처분소득을 기준으로 협상에 임한다면 결국 소득세는 기업 또는 소비자에게 전가된다. 그러므로 전가를 이유로 지대세를 비판한다면 같은 이유에서 소득세도 비판해야 옳다.

이러한 점을 고려한다면 판단의 기준은 전가가 되느냐 안 되느냐에 있는 것이 아니라 전가의 정도가 극심하여 조세 부과의 본래 목적을 달성할 수 없을 정도이냐 그렇지 않으냐에 두어야 한다. 만일 현실에서 지대세의 전가율이 매우 높고 앞으로도 전가율이 낮아질 전망이 없다면 지대세의 이론상 효과가 아무리 뛰어나더라도 구태여 기존 세제를 개혁하여 지대조세제로 전환해야 할 이유가 없을 것이다. 그러나 전가율이 그리 높지 않거나, 당장은 전가율이 높더라도 점차로 전가율이 낮아진다면 전가 가능성은 지대조세제에 반대할 근거가 될 수 없다.

구체적인 연구가 필요하겠으나 지은이의 생각으로는 지대세의 전가율은 아무리 높아도 30% 미만이 아닐까 한다. 또 토지보유세는 토지소유자의 토지시장 지배력이 크거나 토지 사용자의 생산물시장 지배력이 클 경우에 전가될 수 있다고 하였는데, 지대세는 토지불로소득을 줄임으로써 토지소유자의 시장지배력을 약화시키는 효과를 갖기 때문에 지대조세제를 실시하면 토지소유자의 전가 능력도 시간이 흐름에 따라 약화된다. 즉 지대세를 계속 실시해 가면 그로 인해 전가율도 낮아진다.

Ⅲ. 제도 도입 및 실무에 대한 의문

의문 7: 헌법에 위배되지 않나?

지대조세제는 진정한 자본주의에 충실한 제도이지만, 위헌 문제는 자본주의 원리와는 별도의 검토가 필요하다. 현실에서는 원리보다 실정법이 더 중요한 기준이 되는 수가 많기 때문이다.

현행 우리나라 헌법에서 지대조세제의 위헌 여부를 판정하는 데 관련되는 조항을 살펴보자.

제23조 [재산권 행사의 한계]

② 재산권의 행사는 공공복리에 적합하도록 하여야 한다.

제119조 [경제질서의 규제와 조정]

② 국가는 균형 있는 국민경제의 성장 및 안정과 적정한 소득의 분배를 유지하고, 시장의 지배와 경제력의 남용을 방지하며, 경제주체간의 조화를 통한 경제의 민주화를 위하여, 경제에 관한 규제와 조정을 할 수 있다.

제122조 [국토의 이용제한과 의무] 국가는 국민 모두의 생산 및 생활의 기반이 되는 국토의 효율적이고 균형 있는 이용, 개발과 보전을 위하여 법률이 정하는 바에 의하여 그에 관한 필요한 제한과 의무를 과할 수 있다.

위와 같은 우리 헌법 조항은 지대조세제의 합헌성을 뒷받침하는 데 손색이 없는 것으로 보인다. 그러나 우리 헌법은 지대조세제와 같은 제도를 염두에 두지 않고 제정되었기 때문에 적극적·명시적 근거가 되는 것도 아니다. 그렇다면 결국은 위에서 검토한 바와 같이 지대조세제는 현행 세제보다 오히려 진정한 자본주의에 더 충실한 제도라는 점이 유리하게 고려될 것으로 기대된다.

지대조세제에 대해 헌법재판소가 어떻게 판단할 것인지를 예측하기 위해, 토지공개념에 대한 헌법재판소의 판례가 도움이 된다. 토지공개념 관련법이 1990년대를 거치면서 헌법재판소에서 위헌 또는 헌법불합치 결정을 받았기 때문에 토지공개념 자체가 위헌이라는 '느낌'을 갖고 있는 사람이 적지 않다. 하지만 결정 내용을 자세히 살펴보면 토지공개념 자체가 아니라 기술적인 부분에 문제가 있었을 뿐임을 알 수 있다. 위헌 결정을 받았던 택지소유상한제와 헌법불합치 결정을 받았던 토지초과이득세에 대한 헌법재판소의 결정 이유를 보자.

택지소유상한제에 대한 헌법재판소의 위헌 결정에서는 "소유목적이나 택지의 기능에 따른 예외를 전혀 인정하지 아니한 채 일률적으로 200평으로 소유상한을 제한함으로써, 어떠한 경우에도, 어느 누구라도, 200평을 초과하는 택지를 취득할 수 없게 한 것은, 적정한 택지공급이라고 하는 입법목적을 달성하기 위하여 필요한 정도를 넘는 과도한 제한으로서, 헌법상의 재산권을 과도하게 침해"했다고 되어 있다[헌재 1999.4.29., 94헌바37]. 즉 소유 제한 자체가 문제가 아니라 경직된 제한이 문제라는 것이다.

다음으로 토지초과이득세에 대한 헌법재판소의 헌법불합치 결정을 보자. 우선 "과세대상인 자본이득의 범위를 실현된 소득에 국한할 것인가 혹은 미실현 이득을 포함시킬 것인가의 여부는, 과세목적·과세소득의 특성·과세기술상의 문제 등을 고려하여 판단할 입법정책의 문제일 뿐, 헌법상의 조세 개념에 저촉되거나 그와 양립할 수 없는 모순이 있는 것으로는 볼 수 없다"고 명백하게 밝히고 있다[헌재 1994.7.29., 92헌바49].

토지초과이득세제에 대한 헌법불합치 결정을 한 것은 징수 방법의 불철저함과 졸렬함에서 기인한다. "장기간에 걸쳐 지가의 앙등과 하락이 반복되는 경우에 최초 과세기간 개시일의 지가와 비교할 때는 아무런 토지초과이득이 없는 경우에도, 그 과세기간에 대한 토초세를 부담하지 않을 수 없는 불합리한 결과가 발생할 수 있게 된다"[헌재 1994.7.29., 92헌바49]. 또 토지초과이득세제는 "토초세는 양도소득세와 같은 수득세(收得稅)의 일종으로서 그 과세대상 또한 양도소득세 과세대상의 일부와 완전히 중복되고 양세(兩稅)의 목적 또한 유사하여 어느 의미에서는 토초세가 양도소득세의 예납적 성격을 가지고 있다 봄이 상당한데도 토초세법 제26조 제1항과 제4항이 토초세액 전액을 양도소득세에서 공제하지 않도록 규정한 것은 조세법률주의상의 실질과세의 원칙에 반한다"고 하였다[헌재 1994.7.29., 92헌바49].

이처럼 헌법재판소는 토지공개념 자체를 위헌이라고 보지 않는다. 따라서 우리 헌법이 지향하는 시장경제에 더 충실한 시장친화적 토지공개념은 더욱 위헌이 아니다. 그러므로 시장친화적 토지공개념을 도입하기 위해 헌법에 새로운 근거를 마련해야 하는 것은 아니다. 그럼에도 불구하고 헌법에 근거를 명시하자는 주장도 있다. 정권에 따라 토지공개념이 흔들리는 것을 막기 위해서다. 시장친화적인 토지공개념이 합헌이라고 해서, 이를 도입하지 않는 것이 위헌인 것도 아니다. 더구나 경제학계에서는 지대세나 지대이자차액세를 반시장적이라고 오해하면서 공격할 가능성마저 존재한다. 그래서 헌법에 토지공개념을 명시함으로써, 특정 정권이 이를 무시하거나 후퇴시키기 어렵도록 하자는 것이다.

그렇다면 구체적으로 어떤 조문을 헌법에 넣으면 될까? 헌법 제122조를 다음과 같이 바꾸면 된다. 개정 부분은 굵은 체로 표시하였다.

현행 제122조 [국토의 이용 제한과 의무] 국가는 국민 모두의 생산 및 생활의 기반이 되는 국토의 효율적이고 균형 있는 이용·개발과 보전을 위하여 법률이 정하는 바에 의하여 그에 관한 필요한 제한과 의무를 과할 수 있다.

개정안 제122조 [시장친화적 토지공개념] ① 국가는 국민 모두의 생산 및 생활의 기반이 되는 국토를 효율적이고 균형 있**게 이용·개발·보전하고 투기를 방지하기 위하여 토지공개념을 적용할 수 있다.**

② 토지공개념의 구체적인 수단은 법률로 정하되 시장친화적이 되도록 노력하여야 한다.

또한, 토지와 천연자원에 관한 원칙을 선언한다는 의미에서 헌법 제119조에 다음과 같은 제3항을 추가하는 것도 바람직하다.

현행 제119조 [경제 질서의 기본, 규제와 조정] ① 대한민국의 경제 질서는 개인과 기업의 경제상의 자유와 창의를 존중함을 기본으로 한다.

② 국가는 균형 있는 국민경제의 성장 및 안정과 적정한 소득의 분배를 유지하고, 시장의 지배와 경제력의 남용을 방지하며, 경제주체간의 조화를 통한 경제의 민주화를 위하여 경제에 관한 규제와 조정을 할 수 있다.

개정안 제119조 [경제 질서의 기본, 규제와 조정] ① ② 현행 헌법대로

③ 국가는 토지와 천연자원으로부터 소유자의 생산적 노력 및 투자와 무관하게 발생하는 이익을 환수하여야 한다.

토지불로소득을 시장친화적으로 환수하는 수단이 토지보유세임을 명시하려면 제59조에 다음과 같은 항을 추가하면 좋을 것이다.

제59조 [조세의 종목과 세율] ① 조세의 종목과 세율은 법률로 정한다.

② 조세는 특별한 정책적 목적을 달성하기 위한 경우 외에는 토지보유세 등 형평성과 효율성이 높은 종목을 우선해야 한다.

그러나 이렇게 개헌을 하더라도, 지대세와 같은 고율(高率)의 토지보유세에 대해서는 위헌 시비가 일어날 우려가 여전히 있다. 토지보유세의 세율이 올라갈수록 토지의 매매가격은 하락한다. 세율이 100%가 되면 지가는 0이 된다. 그래서 토지공개념에 저항하는 세력과, 재산권 보호를 중시하는 법률가들은 '하락하는 지가를 보상하지 않는다면 재산권의 제한에

관한 헌법적인 한계를 넘는 수단'이라고 하면서 위헌론을 제기할 것으로 예상된다.

정당한 정책에 의해 지가가 하락하면 보상을 해야 하는가? 이 문제에 대해서는 개발제한구역과 관련한 다음의 헌법재판소 결정이 중요한 참고가 된다.

> 개발제한구역의 지정으로 인한 개발가능성의 소멸과 그에 따른 지가의 하락이나 지가상승률의 상대적 감소는 토지소유자가 감수해야 하는 사회적 제약의 범주에 속하는 것으로 보아야 한다. 자신의 토지를 장래에 건축이나 개발목적으로 이용할 수 있으리라는 기대가능성이나 신뢰 및 이에 따른 지가상승의 기회는 원칙적으로 재산권의 보호범위에 속하지 않는다. 구역지정 당시의 상태대로 토지를 사용·수익·처분할 수 있는 이상, 구역지정에 따른 단순한 토지 이용의 제한은 원칙적으로 재산권에 내재하는 사회적 제약의 범주를 넘지 않는다. [헌재 1998.12.24., 89헌마214,90헌바16,97헌바78(병합)]

위의 결정문에서 '개발제한구역의 지정'을 '지대세의 도입'으로 바꾸어 놓으면, 결국 지대세 도입으로 지가가 하락하더라도 도입 전의 상태대로 토지를 사용·수익·처분할 수 있는 이상, 재산권에 내재하는 사회적 제약의 범주를 넘지 않는다는 말이 된다. 지대세는 "도입 전의 상태대로 토지를 사용·수익·처분"하는 데 아무런 제약을 가하지 않으므로 지대세는 합헌이다.

이처럼 지대조세제는 위헌이 아니다. 그러나 현재와 같은 토지사유제에서 지대조세제로 이행하는 과정은 국민의 제도 변화에 충분히 적응할 수 있도록 점진적이어야 할 것이다. 이행에 관한 자세한 내용은 제17장(지대조세제로 가는 전략)에서 다루었으므로 재론하지 않는다.

지대조세제로 인해 지가가 0이 된다면 사유재산을 사실상 수용하는 것과 같으므로 보상하지 않으면 위헌이라는 견해도 있을 수 있는데 이에 대해서는 바로 아래 의문 8에서 다루기로 한다.

의문 8: 기존 토지소유자에게 지가를 보상해야 하지 않나?

앞에서 보았듯이 지대조세제는 자본주의에 어긋나지도 않고 위헌도 아니다. 그러나 현재처럼 토지가 개인 재산의 중요 부분을 차지하고 있는 현실에서 지대조세제와 같이 지가를 거의 0으로 만드는 제도를 도입할 때 기존의 토지소유자에게 지가를 보상하지 않는다면 이를 둘러싼 위헌 시비가 생길 수 있다.

지대세를 부과하여 지가가 0이 되더라도 보상이 필요 없다는 쪽에서 들 수 있는 근거는 다음과 같다.

첫째로, 토지사유제가 윤리적으로 부당한 제도라는 점이다. 토지를 포함한 자연 일체는 특정인이 생산한 것이 아니라 주어진 것으로서, 모든 인간은 자연에 대한 공평한 기회를 가진다. 그러므로 특정인에게 토지에 대한 우선권을 부여한다면 그로 인해 특정인이 받는 특별이익은 당연히 사회에서 환수하여야 한다. 이러한 입장에서 본다면 현재와 같은 토지사유제는 부당한 제도이며 부당한 제도를 바로잡는 과정에서 보상을 한다는 것은 옳지 않다는 결론이 나온다.

둘째로, 일반적인 정책과 보상의 관계를 근거로 든다. 정부의 조치는 언제나 계층 간의 이해관계에 영향을 주기 마련인데 정책 변화에 따른 손실은 개별적으로 보상하지 않는 것이 원칙이다. 만일 지대조세제의 실시로 지가가 하락한다고 해서 이를 보상해야 한다면 다른 정책에서도 이러한 원칙을 적용해야 한다. 그렇게 되면 모든 조세는 징수해 봤자 보상금으로 다시 지출될 것이고, 모든 정책은 시행하기 전과 동일한 분배 상태를 초래하게 되어 정책 자체가 무의미해진다. 예를 들어 소득세제의 누진구조를 대폭 강화하는 세제개편을 했다고 할 때 고소득자의 소득세가 종전보다 엄청나게 높아졌다고 해서 이들에게 보상을 한다면 세제개편의 의미를 상실하게 된다.

셋째로, 현행 제도에서 근거를 찾는다. 현재 우리나라 제도에서 정부의 정당한 행위로 인해 국민이 입은 손실을 보상하는 경우는 사유재산의 수용 또는 징발과 같이 토지소유권을 박탈하는 경우에 국한되어 있다. 개발제한구역의 지정 등과 같이 토지 가치가 사실상 상실되는 때에도 토지를 종전의 용도로 이용할 수 있는 한 손실보상은 인정되지 않는다. 따라서 지대조세제로 인한 지가하락도 보상할 필요가 없다.

반면에 보상이 필요하다는 쪽에서는 제도 변화와 관련하여 사회와 개인 사이의 책임론을 근거로 들 수 있다. 토지사유제가 원론적으로 부당한 제도이건 아니건, 사회에서 그동안 적법한 제도로 인정되어 왔는데, 이제 와서 이를 잘못된 것이라고 하여 바로잡는다는 이유로, 구제도를 믿고 행동한 사람에게 제도 변화의 모든 부담을 지우는 것은 옳지 않다는 것이다.

토지사유제 사회에서 토지를 취득하는 목적은 투자와 실수요 두 가지로 나눌 수 있다.

보상긍정설 중에는 투자 목적의 토지소유자를 포함한 모든 토지소유자에게 보상을 해야 한다는 입장도 있을 수 있다. 또 투자 목적의 토지소유자는 위험부담을 각오한 자이므로 보상할 당위성이 적다고 하더라도, 적어도 실수요 목적의 토지소유자에 대해서는 보상이 필요하다는 입장도 있을 수 있다. 전자를 투자자 보상설, 후자를 실수요자 보상설이라고 부르기로 한다.

투자자 보상설의 근거는 이렇다. 사유재산제와 토지사유제가 적법하게 인정되어 온 사회에서는 국민이 자기의 재산을 토지 형태로 보유하든 현금, 예금, 증권, 골동품 기타 어떠한 형태로 보유하든지 보호를 받아야 한다. 예를 들어 지대조세제 실시 직전에 토지와 증권을 맞바꾼 두 사람이 있다고 할 때 다 같이 제도를 믿고 행동한 두 사람 중에서 토지를 취득한 사람의 재산만이 갑자기 줄어든다면 형평성에 어긋난다.

실수요자 보상설의 근거는 이렇다. 토지를 재산 보호 내지 재산 증식의 수단으로 삼는 것은 부당하다는 견해를 가진 사람이라고 하더라도 토지사유제 사회에서 토지를 안정적으로 이용하려면 지가를 지불하고 토지를 매입할 수밖에 없다. 지가를 지불한다는 것은 미래의 지대를 선납하는 것이므로 지대조세제 실시로 인해 다시 지대세를 물게 된다면 지대를 이중으로 지불하는 결과가 되어 부당하다.

지은이는 원론적으로 보상부정설이 옳다고 생각한다. 그러나 제도를 연착륙 시키고 변화에 따른 국민의 고통을 덜기 위해서 유연하게 대처할 수도 있다는 입장이다. 지은이의 생각을 정리하면 다음과 같다.

첫째로, 투자 목적의 토지소유자는 사회 변화 및 정책 변화에 따른 위험부담을 각오한 사람이므로 보상이 필요 없다고 본다.

둘째로, 실수요 목적의 토지소유자의 경우에는 지대조세제를 실시해도 토지소유권을 계속 보유하기 때문에 실수요자로서 토지를 이용하는 데에는 아무런 지장이 없다. 그러나 토지를 매입할 때 미래의 지대를 반영하는 지가를 목돈으로 지불하였기 때문에 지대세를 새로 납부한다면 지대를 이중으로 지불하는 결과가 된다. 물론 매입 당시의 지가가 미래의 지대를 충분히 다 반영하지 못하는 것이 보통이지만 그렇다고 해도 적어도 일부의 지대는 중복 부담하는 셈이 된다. 이러한 점을 감안한다면 다소간의 배려가 있어도 좋다고 본다.

셋째로, 현실적인 고려이다. 이미 국민이 기존의 토지사유제에 익숙해져 있고 이를 바탕으로 모든 사회제도가 형성되어 있는데 갑작스럽게 토지의 재산가치가 0이 된다면 일반 국민 및 다른 사회제도가 이에 잘 적응하지 못할 우려가 있다. 예를 들어 토지를 담보로 하는 금융거래가 보편화된 실정에서 토지의 담보가치가 일시에 사라진다면 채무불이행의 경우 해결이 어려워지므로 금융질서가 혼란스럽게 될 수도 있다. 또 지대조세제 도입 시에 토지소유자가 격렬하게 반대할 것인데 이를 무마하기 위한 타협책의 일환으로서 부득이하게 보상을 고려할 수밖에 없는 경우도 있을 것이다.

이런 여러 이유로 보상을 고려한다면, 두 가지 방법을 생각할 수 있다. 하나는 적당한 과도기간을 두어 지대세율을 점진적으로 높여가되, 그 과도기간의 지대수입을 토지소유자에 대한 보상으로 보고 정부가 별도의 보상금을 지불하지 않는 방안이다. 예를 들어 과도기간을 10년으로 할 경우 세율을 매년 전년 대비 7%씩 올리면 과도기간이 끝날 때에는 세율이 100%에 육박하게 된다. 이 방법은 보상을 고려하는 방법이기도 하지만, 보상부정설의 입장에서 지대조세제를 도입하더라도 대화와 타협을 통해 정책을 결정할 수밖에 없는 민주국가에서는 대체로 점진적인 도입이 될 가능성이 크므로 자연히 이와 같은 결과가 될 것으로 전망된다.

또 하나의 방법은 실수요 목적의 토지소유자를 보호한다는 입장에서 실질적 손실과 이익을 고려하여 적정액을 보상하는 방법이다. 이때의 보상액 즉 토지 소유로 인해 생긴 손실액은 토지의 시가가 아니라 매입지가에 대한 원리금에서 토지소유기간의 지대를 공제한 금액이다.

보상액의 상한 = 토지소유자의 손실
　　　　　　　= 매입지가 원리금 − 토지소유기간의 지대

위와 같은 보상액은 토지 시가에 비하면 훨씬 적은 금액이 될 것이다. 뿐만 아니라 토지소유자는 대체로 보아 당장 생활이 어려운 계층이 아니기 때문에 보상액을 일시에 현금으로 지불해야 하는 것도 아니다. 또 지대조세제가 도입되면 다른 조세가 감면되는데 이 감면액을 보상액에서 공제한다면 보상액은 더욱 줄어들 수 있다.

한편 제17장(지대조세제로 가는 전략)에서 언급하였듯이 지대세 대신 지대이자차액세를 부과하면 보상 시비를 피할 수 있다. 지대이자차액세의 경우에는 지가가 0이 되지 않고 매입지가(또는 등록지가)로 일정하게 유지될 뿐 아니라 지대에서 이자를 공제한 나머지를 징수하기 때문에, 토지소유자는 매입지가(또는 등록지가)의 원금과 이자를 보장받으므로, 즉 매입지가의 원금과 그 이자를 보장받으므로 별도의 보상이 필요하지 않다.

의문 9: 제도 전환의 어려움이 크지 않을까?

지대조세제라는 새로운 제도를 도입하면 제도 전환을 위해 행정비용이 많이 들고 새 제도에 적응하기 위해 사회와 국민이 큰 부담을 갖지 않을까 하는 의문도 있다.

먼저 행정비용의 문제를 보자. 지대조세제를 도입할 때 추가로 드는 행정비용은 지대를 새로이 평가하는 비용뿐이다. 그런데 지금까지 평가하던 지가는 평가할 필요가 없어지므로 지가평가 비용이 절감되는 동시에 지대는 지가보다 평가하기가 쉬우므로 행정비용은 종전보다 오히려 절약될 수 있다. 뿐만 아니라 지대세 수입만큼 다른 조세를 면제한다면 면제되는 조세의 과표를 평가하는 비용도 절약된다. 그러므로 행정비용은 문제가 될 수 없다. 한편 지대 평가가 어렵다는 염려도 있는데 이에 대해서는 아래 의문 10(지대 평가가 어렵지 않나?)에서 다루기로 한다.

둘째로, 새 제도에 적응하기 위한 부담의 문제를 보자. 한 예를 들면 현재 채무를 담보하기 위해 토지에 저당권이 설정되어 있는 경우에 지가가 0이 되면 채무담보가 불가능해진다는 문제가 있다. 개인적 적응 문제의 한 예로는, 퇴직한 노인이 퇴직금으로 부동산을 구입하여 두고 그 임대료로 겨우 생활하는 경우에 지대조세제가 실시되면 수입이 줄어든다는 문제가 있다. 적응의 문제는 어떤 제도 전환에서도 발생할 수 있는 것으로서, 문제의 심각성이 새 제도를 무의미하게 할 정도가 아닌 한 제도 전환 자체를 반대할 수 있는 구실이 될 수 없다. 다만 새 제도를 실시할 때에 국민이 적응하는 데 어려움을 겪는다면 이를 완화할 수 있는 조치를 마련하면 된다.

위에서 예시된 문제의 경우, 채무담보의 문제는 지대조세제로 전환할 때 토지보상을 하면 그 보상금에 담보를 설정하면 되고 그렇지 않더라도 새 제도를 장기간에 걸쳐 점진적으로 실시하면 별 문제없이 적응할 수 있을 것이다. 퇴직 노인의 경우나 저소득층에 대해서는 주택연금과 같은 역모기지 대출(reverse mortgage loan)을 활용해도 되고 납세를 부동산 매각 또는 본인 사망 시점까지 유예할 수도 있다. 다만 이 방법은 지대세율이 100%일 경우에는 적용할 수 없다. 지가가 0이 되어 부동산 가격이 대폭 하락하기 때문이다. 따라서 이런 계층에 대해서는 복지정책으로 배려해야 한다.

이 밖에도, 기득권자의 정치적 저항이 클 것으로 우려하는 사람도 적지 않다. 이러한 우려는 모든 개혁에 공통된다. 개혁이란 현실이 부당하기 때문에 필요한 것이고, 이상적인 개혁일수록 기득권자의 이해관계와 상충하는 경우가 많기 때문이다. 따라서 지대조세제의 실현을 위해서는 국민적 공감대를 넓히는 활동, 정치적 지지를 확보하는 활동을 펼쳐 나가야 할 것이다.

국민이 지대조세제를 충분히 이해한다면 반대자는 소수 토지 부자층에 국한될 것으로 예상된다. 토지불로소득을 최우선적인 정부수입으로 삼는다는 지대세의 명분에 대부분의 국민이 쉽게 공감할 것이며, 또 지대조세제가 경제를 살리는 제도라는 점을 이해시키면 더욱 호의적인 관심을 갖게 된다. 더구나 지대조세제를 실시하면 지금보다 세금 부담이 줄어드는 국민이 훨씬 많기 때문에 국민의 폭넓은 지지를 확보할 수 있을 것이다.

의문 10: 지대 평가가 어렵지 않나?

지대에 과세하려면 토지의 임대가치인 지대를 평가해야 하는데 토지는 평가가 어렵고 특히 토지 자체의 가치와 토지개량물(건물 등)의 가치를 구분하기 어렵다는 우려가 있다.

그러나 이것은 별 문제가 되지 않는다. 먼저, 토지는 다른 과세 대상보다 평가에 있어 다음과 같은 점에서 유리하다. 첫째로, 토지는 다른 과세 대상과는 달리 물리적으로 숨길 수 없기 때문에 평가 대상에서 누락될 수 없다. 둘째로, 인접한 토지 간에는 유사성이 있고 인접하지 않다고 하더라도 위치와 용도에 따라 유사한 가치를 가지는 경우가 많아 상호 참조에 의해 좀 더 정확한 가치에 접근할 수 있다. 셋째로, 토지 평가액은 완전히 공개하여 일반인의 검증을 받을 수 있으므로 고의적인 봐주기나 실수에 의한 터무니없는 불공평한 평가를 막을 수 있다. 반면 소득세나 부가가치세의 과세표준을 공개하면 개인의 프라이버시와 기업의 비밀을 침해할 가능성이 있다. 그러나 토지의 경우에는 당해 토지를 누가 소유하느냐에 관계없이 토지의 위치별 가치 평가액만 공개하면 되므로 프라이버시나 영업상의 비밀과 무관하다. 지금도 우리나라를 비롯한 많은 나라에서 토지 과세표준을 공개하고 있다.

다음으로 과세표준의 이론적인 정의를 비교하여 평가의 난이도를 비교해 보자.

우선 같은 토지 가치 중에서도 지대는 지가보다 평가가 쉽다. 어느 토지의 지대는, 투입비용이 모든 토지에 있어 동일한 경우 그 토지의 생산에서 한계토지의 생산을 뺀 차액이다. 이때 한계토지의 생산은 토지 이용에 투입된 임금, 이자 등 비용과 같다. 이를 투입비용이 토지마다 다른 경우로 일반화하면 다음과 같이 표시할 수 있다.

지대 = 토지 이용에 의한 수입 - 토지 이용에 투입된 비용

또 지가는 다음과 같이 정의된다.

지가 = 모든 미래지대의 자본화 가치

위에서 '자본화 가치'란 미래에 발생하는 가치를 현재의 목돈 가치로 표현한다는 뜻이다. 즉 토지의 매매가격은 앞으로 계속해서 생길 지대를 한꺼번에 지불할 경우의 금액을 말한다. 이렇게 볼 때 현재의 지대 이외에 미래의 모든 지대를 알아야 하는 지가보다는 지대를 평가하는 것이 훨씬 쉬움을 알 수 있다.

다음으로, 지대는 다른 조세의 과표보다 이론적인 정의에 따른 평가가 더 어렵다고 할 수 없다. 대표적인 조세인 소득세, 부가가치세, 건물관련세의 과표는 각각 다음과 같이 정의된다.

소득세 과표 = 수입 - 그 수입을 얻기 위한 필요 비용

부가가치세 과표 = 총매출액 - 원료구입비

건물세 과표 = 건물 신축비용 - 감가상각액

여기에서 감가상각이란, 건물은 시간이 흐르면 낡기 때문에 가치가 줄어드는데, 그 감소된 가치만큼을 원래의 가치에서 깎는다는 뜻이다.

지대의 정의와 여러 가지 과표의 정의를 비교해 보면 다음과 같은 결론이 나온다. 수입과 비용을 알아야 정확한 평가가 가능하다는 점에서 지대와 소득세 과표 평가의 난이도는 비슷한 수준이다. 부가가치는 모든 거래가 세무당국에 의해 포착되는 경우가 아니라면 정확한 평가가 어렵다. 건물세 과표는 일반적으로 정확한 감가상각액을 측정하기가 쉽지 않고 또 건축양식이 오래된 건물의 경우에는 신축비용을 산출하기도 어렵다. 즉 위에서 예시한 각종 과표 중에서 지대의 평가가 더 어렵다고 볼 근거가 없다.

또 실무적으로 볼 때 토지는 거래사례비교법을 활용하여 평가할 수 있기 때문에 다른 과세 대상보다 평가가 용이하다. 거래사례비교법이란 정상적인 거래사례를 분석하여 특별한 사정이 있는 경우를 제외한 사례의 평균 거래액을 평가액으로 하는 방법이다. 거래사례비교법

에서는 당연히 거래사례가 많을수록 진실에 가까운 금액을 찾을 수 있는데, 토지(또는 토지를 포함한 부동산)의 매매사례보다는 임대사례가 훨씬 많으므로 지대의 평가는 지가를 평가하는 것보다 쉽다. 부동산 매매는 몇 년에 한 번 발생할까 말까 하는 정도이지만 부동산 임대는 계약이 거의 매년 갱신되고 특히 상업용 부동산의 경우에는 한 건물 내에서도 여러 임대사례가 발생한다.

지대조세제가 실시되면 토지의 실수요자와 소유자가 일치하는 경향이 발생하므로 임대사례가 줄어들 것으로 전망된다. 하지만 소유자는 한 사람이지만 임차인이 다수인 도시형 부동산의 경우는 여전히 임대사례가 많을 것이다. 또 경쟁입찰 방법으로 거래사례비교법과 비슷한 결과를 얻을 수 있다. 현 토지 이용자가 이용을 포기할 때 정부 또는 정부위탁기관이 그 토지 이용 희망자 간에 경쟁입찰을 실시하여 지대를 파악하는 방법이다. 입찰은 국공유 토지에 대해 실시하는 것이 보통이지만 사유 토지의 경우에도 토지소유자가 희망하면 실시할 수 있다.

한편, 지대세의 과표에는 토지개량물의 가치가 포함되지 않는 순수한 토지만의 가치가 반영되어야 하는데, 순수토지의 가치와 토지개량물의 가치를 완전히 구분해서 평가하기 어렵다는 의문도 있다.

과세 대상으로서의 중요성이 높은 도시용 토지의 경우에는 토지와 건물의 분리 평가가 그다지 어렵지 않다. 예를 들어 특정 토지 주변의 개발 상태는 그대로인 채 그 토지의 건물만 불타 없어졌다고 가정할 경우의 지대를 평가하면 된다. 현실적으로도 우리나라를 비롯하여 상당수의 국가에서는 실제로 재산 관련 조세를 토지분과 건물분으로 나누어 평가하고 있다.

다만 농지의 경우에는 토지에 개량결과가 뒤섞여서 물리적으로 분리하기 어려운 측면이 있다. 거름을 주어 토질이 좋아진 경우 원래의 토질과 인공에 의해 좋아진 토질을 구분하기 어려운 것이다. 그러나 이런 경우에도, 어떤 지출이 수입을 얻기 위해 투입된 필요비용인지 아닌지를 판단해야 하는 소득세 과표 평가보다 토지와 개량물의 분리 평가가 더 어렵다고는 할 수 없다.

이런 점을 종합해서 판단하면 과세 목적으로 토지와 그 개량물을 분리 평가하는 것이 그렇게 어려운 일은 아니다.

의문 11: 지대총액은 얼마나 되나?

지대총액 규모가 얼마나 되는지도 큰 관심의 대상이 된다. 현대에 와서는 토지가 생산에서 차지하는 비중은 적어지는 반면 자본, 기술 등의 비중이 커졌기 때문에 지대의 규모가 별로 크지 않을 것이라고 생각하는 사람도 더러 있다. 만일 지대의 규모가 정부 총수입에 비해 미미하다면 조대조세제 도입을 위해 심각하게 논의할 필요성도 적다는 점에서 그 규모에 관심을 가지게 된다.

우리나라에서는 매년 전국의 지가를 평가하고 있으나 지대는 평가하지 않고 있다. 따라서 지대총액을 직접 알 수는 없고 지가를 통해 아래에서와 같은 방법으로 짐작할 수 있다.

첫째로, 지가를 알고 있을 때 지대를 구하기 위해서 제8장(완전경쟁 토지시장)에서 설명한 지가 공식을 변형하면 다음과 같은 공식을 얻는다.

금년의 연간 지대 = 현재의 지가 × (연간 이자율 − 연간 지대상승률 예상치)

지가총액이 3,000조 원 정도, 이자율이 10%라 하고 현재의 지가를 결정할 때 예상한 미래의 연간 지대상승률이 5%라고 하면 위 식에 따라 금년의 연간 지대총액은 3,000조 원 × (0.1 − 0.05) = 150조 원이 된다.

둘째로, 토지의 매매가격과 임대가격 간의 관계를 통해 지대를 추산해 볼 수 있다. 매매가격으로 임대가격을 평가하는 평가법을 '적산법'이라고 하는데 적산법에 관해 한국감정평가협회가 정한 「토지보상평가지침」 제49조 제4항을 보자.

토지보상평가지침

제49조 [토지사용료의 평가]

④ 적산법에 의하여 적산임료를 구하는 경우에 적용할 기대이율은 당해지역 및 대상토지의 특성을 반영하는 이율로 정하되 이의 산정이 사실상 곤란한 경우에는 다음 각호의 이율을 기준으로 한다. (중략)

1. 대(상업용) 및 이와 유사한 토지: 연 8퍼센트 이내
2. 대(주거용 및 주상복합용) 및 이와 유사한 토지: 연 5퍼센트 이내
3. 전·답 및 이와 유사한 토지: 연 2퍼센트 이내
4. 임야 및 이와 유사한 토지: 연 1퍼센트 이내

위 지침에서 적산임료는 연간 지대를, 이율은 지대/지가의 비율을 의미한다. 1998년의

경우 상업용과 주거용을 포함한 대의 가격이 지가총액의 약 50%, 전·답의 가격이 지가총액의 약 15%, 기타토지의 가격이 지가총액의 약 35%이다. 지목이 대인 토지 중 상업용과 기타의 비율을 알 수 없으므로 대 전체의 이율을 상업용과 주거용의 중간인 6.5%로 보자. 그러면 연간 지대총액은 다음과 같이 계산된다.

$$\begin{aligned}\text{연간 지대총액의 상한} &= \text{지가총액} \times (0.065 \times 0.5 + 0.02 \times 0.15 + 0.01 \times 0.35) \\ &= \text{지가총액} \times 0.039\end{aligned}$$

이 식을 이용하면, 전국의 지가총액이 3,000조 원이라면 연간 지대총액의 최대 규모는 117조 원이 된다. 이렇게 계산한 결과를 조세총액과 비교하면 다음 표와 같다.

〈표 20.1〉 지대총액 상한액 추계

(금액 단위: 조 원)

연도	과세대상지가	지대총액 상한액(A)	조세총액(B)	A/B×100(%)
1975	76	2.9	1.5	190
1980	282	11.0	6.6	167
1985	478	18.7	13.5	138
1990	1016	41.3	33.2	124
1995	1310	51.1	72.1	71
2000	1277	49.8	113.5	44
2005	2042	79.6	163.4	49

이 표를 보면 지대총액의 상한액은 대단히 큰 금액이며 1990년부터 상당히 감소했으나 아직도 조세총액의 절반에 가까운 금액임을 알 수 있다.

지가를 통해 같은 시점의 지대를 추정할 때 주의해야 할 점이 있다. 지가는 지대 이외에 이자율에 의해서도 영향을 받고 부동산 경기에 민감하기 때문에 지가를 통해 지대를 추정하면 지대총액이 때로는 지나치게 높게 때로는 지나치게 낮게 추산된다는 점이다. 또 한 가지는 제19장(지대조세제와 세제 개편)에서 설명했듯이 지대세를 도입하면 지대총액이 커진다는 점이다. 또 제15장(지공주의의 잠재력)에서 보듯이 토지원리가 천연자원과 환경에까지 확대 적용되면 그만큼 지대총액이 더 늘어난다.

의문 12: 현실에서나 학계에서 어느 정도 수용되고 있나?

지대조세제가 다른 나라나 학계에서 얼마나 수용되고 있는지 의문을 갖는 경우도 많다. 지대조세제는 완화된 형태로나마 대만, 미국, 호주, 덴마크, 남아프리카공화국 등에서 실시되어 좋은 결과를 낳은 사례가 있다. 그러나 지대조세제가 이상으로 삼듯이 지대의 100%를 징수하는 대신 소득세, 부가가치세 등의 조세를 철폐하는 정도의 사례는 아직까지 없다. 선례가 있으면 제도를 평가하는 데 중요한 참고가 되지만 선례가 없다고 해서 제도가 나쁜 것은 아니다. 오히려 이상적인 제도일수록 기득권자의 저항을 많이 받아 착근하지 못하는 예가 허다하다.

지대조세제에 대한 학계의 태도는 엇갈린다. 우선 지대세와 같이 지대를 과표로 하고 세율이 일정한 토지보유세가 이론적으로 가장 우수한 조세라는 점에 대해서는 이견이 없다. 그럼에도 불구하고 지대조세제를 도입하자는 주장을 지지하는 학자는 그렇게 많지 않은 형편이다. 이처럼 지대조세제가 현실에서나 학계에서 뚜렷한 진전이 없는 큰 이유로는 다음과 같이 두 가지를 들 수 있다.

첫째로, 지대조세제는 토지를 독과점함으로써 손쉽게 사회를 지배하고 이를 유지해 나가는 기득권층을 위협하는 제도이기 때문에 현실에서도 역시 쉽게 수용되지 못했다. 기득권층은 제3장(분배규칙과 지공주의)에서 언급한 분배규칙 가운데 기회균등형 분배규칙보다는 정글형 분배규칙이 더 유리하기 때문에, 기회균등형 분배규칙에서 도출되는 토지원리를 인정하지 않는다. 지대조세제의 주창자인 헨리 조지(Henry George, 1839~1897)도 학계를 포함한 기성 질서를 공격하는 재야학자 내지 재야운동가였기 때문에 처음부터 학계에 쉽게 수용되지 못했다.

둘째로, 20세기 들어 전통적인 자본주의와 이를 개혁하려는 사회주의의 양대 진영이 세계의 실권을 장악하여 지대조세제와 같은 제3의 대안이 발붙일 틈이 없었다. 또 학계에서도, 토지의 독자성을 인정하지 않는다는 점에서 공통성을 가진 신고전학파와 좌파 경제학이 양대 진영의 이론적 지주가 되어 20세기 경제학계의 주도권을 장악해 왔기 때문에 토지를 중시하는 지대조세제가 제대로 연구되지 못했다.

제21장

토지세 논쟁 200년[8)]

Harry G. Brown 교수는 토지세 사상에 반대하는 '침묵의 음모(conspiracy of silence)'가 존재한다고 수차례 불평한 바 있다. 토지세 사상의 격에 맞지 않는 침묵이 존재해 온 것은 사실이지만, 한편으로는 지난 200년간 이 사상만큼 수많은 경제학자들이 의견을 내고 자기 입장을 밝힌 주제도 찾기 힘들다. 지은이는 이들 학자를 토지세에 대한 지지 정도에 따라 다음과 같이 다섯 집단으로 분류한다.

Ⅰ. 반대
Ⅱ. 찬반 혼합 내지 가변적
Ⅲ. 중립, 무관심 내지 경시
Ⅳ. 잠정적·제한적·부분적 내지 약한 지지
Ⅴ. 지지

지대세 논쟁에 가담했던 많은 – 사실상 대부분의 – 학자들이 지면 관계로 이 글의 검토 대상에서 누락되었다. 누락된 학자 중 지대세에 대해 긍정적인 입장을 취하는 사람으로는 Henry George, Thomas N. Carver, Eli Heckscher, Frank Graham, Lawson Purdy, Frederic Howe, Philip Cornick, Paul Alyea, Pierre Proudhon, Alfred R. Wallace, Joseph Schumpeter, Edward Polak, Philip Raup, Eli Schwarz, Arthur Becker, Raymond Richman, Marion

8) 원저자의 허락을 받아 다음 논문을 번역한 것이다. Mason Gaffney, "Two Centuries of Economic Thought on Taxation of Land Rents," in R. W. Linholm and A. D. Lynn, Jr. eds., *Land Value Taxation*, Madison: The University of Wisconsin Press, 1982. 글 중 인명은 헨리 조지(Henry George)를 제외하고는 모두 원어로 표기하였으며 [ ] 안은 번역자가 첨가한 부분이다.

Clawson, John Isle, F. F. von Wieser, Silvio Gesell, Charles Trevelyan, Walter Pollock, Thomas Paine, Thomas Jefferson, Destutt Tracy, Louis Post, J. C. Stamp, Josiah Wedgwood 등이 있다.

누락된 사람 중 부정적 입장의 대표적 학자를 들어 보면, Frederic Bastiat, Gustav Cassel, Robert Harvey, Alexander Hamilton, John Hobson, Manuel Gottlieb, Yetta Scheftel, F. H. Finnis, Elmer Fagan, Carl C. Plehn, Dean Worcester, Ezra Mishan, Walter Morton, Raleigh Barlow, Albert Schaaf, Murray Rothbard, George Hoxie 등이 있다.

중간적인 입장에 있는 학자 중 누락된 사람은 Henry Aaron, John Hicks, Ursula Hicks, Arthur Weimer, Homer Hoyt, Donald Hagman, Arch Woodruff, Laszlo Ecker-Racz, Irving Fisher, Ernest Fisher, P. H. Clarke, Charles McLure, Abba Lerner, Benjamin Franklin, Kenneth Boulding, Charles Gide, Frank Taussig, Arthur Laffer, James Heilbrun, Carl Bye, Albert Hirschman, H. G. Hayes, Erik Lindahl 등이다.

이 밖에도 필자가 모르고 빠뜨린 사람도 많을 것이다. 그러나 중요한 쟁점 사항은 빠뜨리지 않고 다루려고 노력하였다.

Ⅰ. 반대

과세 대상을 토지에 한정하여 무겁게 과세하자는 의견에, 특히 헨리 조지 식의 철저한 과세 방식에 많은 경제학자들이 이의를 제기하여 왔다. 그중에는 토지세 자체를 공격하는 사람도 있었고 토지세 이론의 개념구조를 문제 삼는 사람도 있었다. 이들을 반대 논리의 강조점 내지 노선에 따라 몇 그룹으로 나누어 검토해 보자.

1. 토지와 자본의 융합: 이론

J. B. Clark는 「부의 분배」(1899)에서 생산요소를 토지·노동·자본의 세 가지로 구분하는 고전경제학 분배이론의 기반을 부정함으로써 조지를 반박한 대표적인 학자이다. Clark의 연구는 고전학파 정치경제학과 신고전학파 경제학을 가르는 분기점을 이룬다. 조지는 Clark가 내세운 혁신적 이론은 자신의 영향력을 무력화하려는 의도에서 나왔다고 믿었다. 이러한

믿음은 오늘날 과대망상으로 보일지 모르지만, 조지의 저서가 당시에 - 당시만이 아니라 모든 시대를 통해서도, 그리고 Laffer, Thurow, Galbraith, Friedman, Heilbrun 등의 저서를 모두 합쳐서 비교하더라도 - 가장 판매량이 많았던 인기서적이었다는 점, 그리고 오늘날 Marx에 대해 비판하듯이 당시의 정통 경제학자들은 흔히 조지에 대해 비판했다는 점을 되새기지 않을 수 없다. Clark는 Marx에 대해서도 비판적이었다. 그런데 Clark는 자기 이론을 발전시키는 데 조지의 한계임금 이론의 도움을 받았다고 술회한 바 있다(1899, pp. viii, xiii). Charles Collier는 조지의 믿음에는 일리가 있다고 하면서 다음과 같이 Simon Patten을 인용한다. "기존의 잘 알려진 경제이론을 원용하면 토지단일세주의자들이 좋아할 것이다. (그러므로) 경제이론은 재구성되어야 하고 전통적 경제학을 벗어나지 않을 수 없다. ……"(Patten, 1908, p. 219). Frank A. Fetter도 Clark가 새로운 이론을 창시한 동기는 "단일세주의자의 도전" 때문이라고 믿었다(Fetter, 1927, rpt. 1977, pp. 126-128).

토지가 특별한 생산요소임을 부정하는 Clark의 견해는 두 가지로 나눌 수 있다. 하나는 모든 생산요소는 다같이 한계생산성을 가지며, 따라서 생산의 법칙은 상호 대칭적이라는 견해이다. 다른 하나는 지대는 비옥도, 위치, 기타 특성의 차이에서 생기는 잔여(residual)가 아니라는 견해이다. 그에 의하면 토지도 역시 생산력을 가지고 있으므로 지대는 잉여(surplus)가 아니라 생산투입의 대가이다. 이 대가는 실제비용이자 정당한 사회비용이며 토지를 다른 최선의 용도로 이용할 수 없어 생기는 기회비용이다.

이러한 견해는 실제로는 토지세의 근거에 별 영향을 주지 않는다. Euler의 정리(定理)에 따르면 지대를 잔여로 보든지 한계생산성으로 보든지 간에 별 차이가 없다. 토지의 생산성과 지대소득의 귀속문제는 별개이기 때문이다. 그러나 지대를 잔여성 잉여라고 함으로써 토지세의 당위성을 예리하게 지적했던 고전학파 정치경제학의 사고방식이 Clark가 재편한 이론에 의해 타격을 입은 것은 사실이다. 토지과세 문제에 관해 Clark 식의 비판은 아직도 사라지지 않고 있다.

그러나 투입요소의 구분이 의미 없다고 확실하게 부정하려면 이 정도로는 안 된다. 무엇보다 한계생산이론은 특정한 투입요소의 생산기여도를 측정하는 하나의 수단일 뿐이며 이 이론에 입각해도 토지를 특별한 것으로 취급할 수 있다. Clark(1883, 1895-1896)는 또, 자본이 노동에 의해 생산되고, 소모되며, 대체된다는 사실을 부인함으로써 토지와 자본의 구분을 비판하는데, 『부의 분배』를 쓴 명석한 논리의 대가인 Clark답지 않은 내용이다. Clark는 자본이 물질이 아닌 어떤 특수한 기(氣, ectoplasm)인 것처럼 다루고 있다.

Clark의 '기'는 토지처럼 영구적인 존재이며 수명이 유한하지 않다. 자본이 변한다는 사실을 부인하기 위해, Clark는 Francis A. Walker(1888)와 Böhm Bawerk(1895-1896)의 정력을 소모시켰고, 그의 제자인 Frank Knight(1946)는 Hayek(1936)와 소득 없는 논쟁을 벌였다. 오스트리아학파는 별다른 어려움 없이 토지와 자본의 차이를 이해하는 데 반해 Knight는 양자의 구분이 불가능하다고 믿었고 이를 위해 힘을 다해 논쟁하였다. Knight의 제자인 George Stigler는, 오스트리아학파의 '투자주기(投資週期)'라는 개념은 토지와 자본의 상이성을 전제하고 있기 때문에 부당하다는 식으로 말했다. Stigler가 Clark에 대해 가진 유일한 불만사항은 Clark가 너무 양보를 많이 했다는 점이다. 건물세를 없애고 토지세를 높이자고 하는 중요한 이유는, 자본은 토지와 달리 재생산되기도 하고 소모되기도 하므로 낡고 노후한 자본을 대체·갱신하기 위한 유인을 주자는 데 있다. Clark와 Knight가 자본을 불멸의 '기'인 것처럼 정의한 저의는 자본의 개념을 바꿈으로써 토지세의 근거를 봉쇄하는 데 있는 것으로 보인다.

Philip Wicksteed는 Clark와 같은 노선을 취한다. 모든 자원은 존재량이 일정하다. 공급곡선이란 존재하지 않으며 공급이란 단지 이미 자원을 소유하고 있는 자들의 수요를 반영할 뿐이다. 분배의 법칙은 대칭적이다. 지대라는 개념도 존재할 수 없다. 그는 "잉여라는 것은 도대체 존재하지 않는다"(1914, p. 15)고 하였다. 수확체감이라는 개념도 잘못된 것이라고 개탄하였다. 수확체감을 인정할 경우에는, 고정된 토지에 노동투입을 증가시키면 토지에 잔여가 생긴다는 사실을 쉽게 이해할 수 있기 때문이었다. 그는 토지를 가변적인 요소로 보고 "실제에 있어 개인은 가격만 치르면 얼마든지 토지를 취득할 수 있다"고 하였다(1914, p. 23).

현대경제학에서는 수확체감보다 가변적 비율(variable proportions)이라는 개념을 많이 쓰며, 또 그보다 무차별곡선 개념을 더 많이 이용하는데 이는 Wicksteed의 입장과 같으며, 지대를 토지에 귀속되는 잉여라고 보는 견해에서 더 멀어짐을 의미한다.

Vilfredo Pareto(1897)는 '전용지대(轉用地代, transfer rent)'라는 개념의 창시자이다. 그는 고전적인 토지 지대 개념을 없애고 그 대신 같은 용어에 새로운 개념을 - 개념 전환이 쉽게 수용될 수 있도록 전환 전후의 개념 간에 유추가 가능한 의미를 - 부여하려고 한 것이 분명하다. 전용지대란 기회비용을 초과하는 잉여를 말한다. 어느 생산요소에도 전용지대가 발생할 수 있으며 토지도 이 점에서는 다른 생산요소와 같다. 이런 관점에서 보면 인간의 노동은 여가·편안함·안전 등의 희생인 반면 토지는 자연으로부터 무상으로 주어진 것이라는 고전적 견해가 부정되고 만다.

Alvin Johnson(1902)은 미국에서 토지세의 근거를 공박할 목적으로 이 이론을 발전시켰다. 경제적으로 볼 때 토지도 경쟁적인 용도 간에 '이동'이 가능한 생산요소이며 따라서 전용지대의 발생에 있어서도 다른 생산요소와 다를 바 없다고 하였다.

Pareto의 견해는 Clark-Wicksteed의 생산요소 대칭론과 조금씩 결합하게 되었지만, Frank Knight의 연구 이전에는 그 결합이 분명하게 드러나지 않았다. 전용지대 개념을 신중하게 사용했던 학자들, 예를 들어 Alfred Marshall, Joan Robinson, Hubert Henderson 등은 사회적 관점과 개인적 관점, 사회적 분배이론과 교환이론을 구별하였다. Robinson은 "사회적 관점에서 보면 토지는 무상으로 주어진 것이고 지대는 잉여이며, 이 잉여는 사회비용이 아니다"고 하였다(1933, p. 107). Robinson은 부분분석(partial analysis)에서 사회비용의 개념만을 사용하였다.

반면에 **Frank Knight**는 개인적 관점과 사회적 관점의 구분을 전적으로 부정하였다. Knight에 의하면, 개인의 비용은 전체의 비용이며, 구성의 모순(fallacy of composition)은 있을 수 없고, 기회비용은 곧 사회비용이며, 토지를 자본과 구분할 수 있는 근거는 없다. 또 토지도 투자 즉 매입을 하면 다른 생산요소처럼 과거의 권리자를 배제(killing off previous claimants)하며, 토지의 수익률도 경쟁을 통해 시장수준으로 유지된다(1924, pp. 167-169). 이런 주장은 언뜻 시카고학파를 조롱하는 것처럼 들리지만 실은 전형적인 시카고학파의 견해이며 Knight의 이 논문은 미국경제학회(American Economic Association)에 의해 고전으로 평가되어 재인쇄(1959)되기까지 하였다. 그는 또 사회가 노예제도를 인정하고 있으며 누구든지 공개적인 경쟁을 통해 노예를 포획할 수 있기 때문에 노예 소유자의 권리는 정당한 권리라고 하였다. 따라서 노예의 무조건 해방(summary liberation)은 비윤리적이며, 사회가 이에 대해 책임을 지고 보상해야 한다고 하였다. 그러나 그는 보상에 필요한 재원을 어떤 조세로 마련해야 하는지에 대해서는 언급하지 않았다.

Knight는 '선택'이라는 개념이 가장 중요하다고 보고 "가치는 선택과 분리해서는 의미가 없으며 존재할 수 없다…… 어떤 가치의 비용은 그 가치를 선택할 때 포기하는 가치에 해당된다"(1924, pp. 167-169)고 하였다. 이러한 Knight의 견해는 토지세에 관한 고전경제학의 사상을 부정하는 의미를 갖는다. Knight의 견해는 George Stigler에 의해 충실히 이어졌고 Milton Friedman에 의해 널리 전파되었다. Friedman은 개인적으로 토지세는 "가장 덜 나쁜 조세(the least bad tax)"라고 여러 번 말했지만, 지대는 모든 물자와 사람에서 발생한다고 하는

Knight나 Pareto의 견해를 지지하는 등 일관성 없는 모습을 보였다.

Frank A. Fetter는 Ricardo 지대를 줄기차게 비판하였다. 그는 토지와 자본의 구분, 사회적 관점과 개인적 관점의 구분을 부정하였고 지대를 넓은 의미로 해석하려 하였다. 그러나 분명한 대안을 제시하지는 못했고 고전경제학에 대해 사소한 트집을 잡으면서 J. B. Clark의 이론을 답습한 것으로 보인다.

2. 토지와 자본의 융합: 응용경제학과 법률

R. T. Ely의 제자인 일부 부동산경제학자들은 실무적인 이유를 들어 토지를 자본에 융합시켰다. Richard Ratcliff는 토지와 자본의 "순소득의 구분은 불가능하다"는 제목의 글을 쓴 바 있다(Ratcliff, 1950). Dorau and Hinman(1928)도 비슷한 입장을 취하면서 "오믈렛을 원래의 달걀로 되돌릴 수 없듯이" 부동산 실무자는 소득의 발생원을 토지와 자본으로 나눌 수 없다고 하였다. 그러나 순소득의 분리가 불가능하다면 순소득의 계산은 어떻게 할 수 있는지, 심지어 순소득의 존재 여부를 어떻게 알 수 있는지 의문이다. 순소득이란 현금소득에서 감가상각을 뺀 것이고 토지는 감가상각되지 않기 때문이다. 이 점은 미국 내국세법(Internal Revenue Code)에 명백하게 규정되어 있다. Frederic Babcock이 지은 『부동산 평가』(1932)는 이 분야의 권위서로 알려져 있는데 여기에도 토지와 건물의 수입을 분리하는 방법에 대해 몇 개의 장(章)을 할애하고 있으며 A. A. Ring, Morris Shenkel, 기타 많은 학자들이 이러한 접근법을 따르고 있다.

Henry Carey(1840)는 오늘날 중요한 이론가로서보다는 대중적인 개혁운동가로 더 잘 알려져 있지만, 링컨 대통령 시절에 보호무역주의와 팽창주의를 형성하는 데 영향을 준 인물이다. Carey는 지대세뿐만 아니라 관세의 징수에 지장을 줄 수 있는 모든 조세에 반대하였다. 그의 주장은 미국 노동당 대통령 후보가 되기도 했던 Lyndon La Rouche에 의해 다시 제기된 바 있다. Carey는 Keynes류의 중상주의자로서 고전학파 정치경제학을 깊이 불신하였으며, 실제 토지 이용은 나쁜 토지에서부터 좋은 토지로 옮겨간다고 하면서 Ricardo를 반박하기도 했다. 이것은 미국의 서부개척 이민이 비옥한 곡물벨트(corn belt) 지역으로 이동한 사실에 근거를 둔다. 이 주장으로 차액지대설을 약화시킬 수 있다고 생각했지만 별다른 호응을 얻지 못했다. Carey의 주장 중에 서부의 토지투기자들이 다른 투자자들보다 소득을 더 얻지 못했으며, 따라서 잉여도 존재하지 않았다고 한 정도가 다소의 호응이 있었을 뿐이다.

Shannon and Bodfish(1929)는 1920년대의 토지투기 이익이 다른 투자 이익보다 많지 않았다는 자료를 제시함으로써 Carey의 견해를 되풀이하였다. 이들은 이 자료를 근거로 하여 지가차액세(differential tax)가 정당화되지 않는다는 결론을 내렸다. 그런데 그들이 다루는 경제적 잉여는 Ricardo 지대가 아니라 토지매각액과 토지매입액의 차이를 의미한다. Pareto가 새로 정의한 지대 개념도 기회비용을 초과하는 잉여이다. 그러나 Carey-Shannon- Bodfish가 의미하는 잉여는 토지매매차액 중 정상적인 투자수익을 초과하는 부분이다. Ricardo나 조지가 사용한 지대개념은 물론 0 이상의 모든 잉여인데 그 이유는, 토지는 자연에 의해 공급되며 그들이 사회 전체의 관점에서 이 문제를 보았다는 데 있다.

Wilford King(1921, 1924)도 토지와 자본을 융합시켰으며, 토지 가치가 상승하지 않으면 자본 자체는 그 비용 이상의 이윤을 낼 수 없다고 하였다. 토지 가치의 투기적 상승에 의해 자본수익이 발생한다는 것이다. 이 견해는, 투기적 가격이 이미 형성되어 있는 토지에 건물을 신축하고 투입액 전부를 비용으로 보는 경우에 적용되는 견해이다. 이러한 경우는 오늘날 흔히 나타나는 것으로서, 건축 초기에는 투자자가 소위 '부(負)의 현금 흐름(negative cash flows)'을 얻게 된다. 이것도 Carey-Shannon-Bodfish 이론의 한 변형이다. 토지를 투기적 가격을 주고 매입한 경우에 정상적인 투자수익을 올리려면 지대가 상승해야 한다는 것이다.

Frank Knight는 앞에서도 언급했지만 J. B. Clark처럼 자본과 토지의 차이점 즉 그 형성·이동·소비·대체 등에 있어서의 차이점을 부정하거나 형이상학과 같이 모호하게 만들었다. Knight(1953)는 미래의 지대를 반영한 지가를 지불하고 토지를 취득한 선의의 매입자의 기득권을 보호해야 한다는 논리를 발전시키기도 하였는데 이는 Francis A. Walker, J. S. Mill, 기타 많은 사람들이 편 논리이기도 하다. 지대의 근원이 무엇이든 일단 사회가 토지 거래를 허용했다면 사회는 이 계약을 보증한 것과 같으며, 그렇지 않다면 계약에 대한 신뢰를 파괴하는 것이 된다는 논리이다. 이런 경우에는 토지도 인간이 만든 자본과 동등한 도덕성을 가지게 되는데, Knight의 표현에 의하면 토지의 첫 소유자가 "과거의 권리자를 배제"한 후 얼마간의 시간이 지나면 이러한 상태가 된다고 한다.

Knight를 도덕가라고 할 수 있을지 모르지만 법에는 무지하다고 보아야 하겠다. 보통법(Common Law)에서 토지가 국유라는 사실은 기초에 속한다. 이 사실은 국가가 토지를 강제로 취득할 수 있는 권한을 독점한다는 사실로부터 논리적으로 도출된다. 토지 권리는 국가로부터 나오며 국가는 토지에 대해 수용, 경찰권 발동, 규제, 용도지정, 과세 등을 할 수 있는 최고의 권한을 가지고 있다. 토지소유권은 국가의 조세권에 종속되며 조세유치권(租稅留置權)은 사적 유치권에 우선한다. 이것은 국가와 사적 소유자와의 법적 계약이다. 그 이상의 권리가 존재한다면 계약에 의해서가 아니라 막연한 감정이나 정치적 입김이 작용해서 생겼을 뿐이다. 지금까지 '선의의 매입자' 논리는 불로소득을 사회화해야 한다고 생각하는 많은 사람들을 침묵시켜왔다. 많은 토지소유자가 잠자는 동안 재산을 늘렸다는 사실을 인정하더라도 최근에 고액의 지가를 지불하고 토지를 매입한 사람도 있다는 것이다. 즉 최근 매입자에게 손해를 주는 것이 부당하다는 이유로 모든 토지소유자를 보호하자는 주장을 한다는 것이다.

그런데 소위 '캘리포니아주 발안 제13호(California's Proposition 13)'[캘리포니아주 헌법 개정안으로서, 1978년 6월 6일 주민투표에서 채택됨. 부동산세 상한을 시장가격의 1%로 제한하고 연간 과표 인상률을 2%로 제한하는 내용임.]에서는 '선의의 매입자' 논리가 반대로 적용되고 있다는 점은 일종의 아이러니이다. 이 제13호는 기존의 토지소유자가 과실이 없고 희망하지도 않았는데 지가상승의 에스컬레이터를 선의로 편승한 경우에 이를 보호한다는 내용이다. 고지가(高地價)는 최근에 토지를 매입한 사람의 과실일 뿐이라는 것이다. 제13호에 의하면 최근에 거래된 토지의 과표를 높게 평가하는 반면 그 밖의 토지는 과표를 동결함으로써 최근 토지 매입자에게 불이익을 주게 된다. 이것은 의도하지 않은 부작용이 아니며 이 주민발안을 주도한 Howard Jarvis가 핵심적인 이유로 꼽은 내용이다.

이러한 아이러니는 토지 용도를 저밀도로 지정함으로써 잠재적 토지 가치를 억제하는 경우에도 나타난다. 그로 인해 손해를 본 수많은 '선의의 매입자'가 역수용(逆收用, inverse condemnation)을 근거로 보상을 청구하는 소송을 제기하였으나 빈번하게 패소하였다. 저밀도로 용도를 지정하는 대신 토지세를 부과하여 손실액만큼의 세액을 징수한다면 정부는 서비스를 개선하면서 다른 조세를 감면할 수 있을 것이다. 그러나 규제적인 용도지정은 전국적인 현상으로 나타나고 있다. 개발업자는 회사의 개발지구에 대한 저밀도 지정에는 반대하면서도 자신의 거주 지역에 대해서는 저밀도 지정을 지지하는 이중적인 태도를 취한다. Frank Knight 계열의 현대 시카고학파의 기사(騎士, knights) 중에도 이런 조치에 대해 창을 들어 맞서는 사람은 극소수일 뿐이다. 이것보다 임대료 통제조치가 더 맞서기 쉬운 상대이기 때문이다.

선의의 매입자 논리는 논쟁의 주제로는 좋겠지만 우리의 제도와 문화를 배경으로 한 실세계에서는 타당하지 않다고 필자는 결론을 내린다. 법과 관습에 의하면 토지는 자본과 다르며 토지 매입자가 선의라든가 세상물정을 모른다고 인정할 수 없다. 사회는 토지 매입자에게 장미꽃 동산을 약속한 바 없으며 토지 매입자도 이 점을 알고 있을 것이다. 단지 토지 매입자는 물정에 어두운 척하여 이익을 보려 할 뿐이다.

3. 토지와 자본의 융합: 집단주의적 접근

Karl Marx는 Frank Knight에게는 거북한 동조자라 할 수 있다. Marx는 때로는 토지 지대에 대해 길게 설명하기도 하지만 일반적으로 토지를 자본과 그 생산양식에 혼합시켜 버린다. Marx는 상대를 비꼬거나 공박할 필요가 있을 때 일관성과 명확성을 희생시키는 수도 있지만 진정한 Karl Marx는 『자본론』(1867, rpt. 1906, 제 I 권, 제33장)에 나타난다. 그는 오스트레일리아에서 미개척지를 고지가(高地價)로 묶음으로써 임금노동자의 수를 증가시키려고 한 Wakefield의 계획을 공격하였다. 이 계획은 토지의 인위적 희소 상태를 조성하는 것으로서 지대, 지가, 토지소유자의 교섭력(bargaining power)을 상승시키는 효과를 낳는다. 그런데 Marx는 토지의 희소화가 자본가의 교섭력을 상승시킬 뿐이라고 하였다. 그는 "구세계가 계속해서 자본을 추가 투입한다(the old world constantly throws in capital)"(Marx, 1867, rpt. 1906, p. 843)고 하면서도 토지 가치의 증가액을 모두 자본의 증가액으로 본다. 이와 같은 Marx의 분배이론은 Clark-Wicksteed-Knight와 마찬가지로 토지와 자본을 융합시키고 있다. 그러나 Clark 등은 양자를 단순히 섞어 놓은 데 비해 Marx는 토지를 자본의 하위에 두었다. Marx에 있어 자본은 메피스토펠레스와 같은 초능력을 가지고 있으며 자본은 그 공급이 탄력적임에도 불구하고 모든 잉여 – 그 잉여가 어떻게 형성되었건 – 를 취한다.

Marx가 사용한 '자본'이라는 용어의 의미에는 Clark-Knight와 비슷한 면이 있다. "자본의 회전단계에서 상품의 가치는 돌연 독자적인 존재가 된다. …… 자본은 단계에 따라 화폐의 형태를 취하기도 하고 상품의 형태를 취하기도 한다"(Marx, 1867, rpt. 1906, p. 172). "자본으로서의 토지는 다른 자본과 마찬가지로 영구적 존재가 아니다"(Marx, 1847, p. 138). 우익인 Clark가, 자신이 좌익인 Marx로부터 이론을 차용하고 있었다는 점을 알았는지 궁금하다. Clark는 조지를, Marx는 Proudhon을 목표로 하였지만 토지세제를 분쇄한다는 점에서는 공통된 목표를 가졌던 것이 분명하다. 또 두 사람 다 – 후일 Knight도 그랬는데 – 힌두교의 브라마(Brahma)를 경제분석의 대상으로 한 것으로 보이는데 아마도 초월주의 서적이나 힌두의 비전(祕典)을 읽은 것이 아닐까 한다. 아무튼 Marx는 Clark-Knight처럼 이러한 개념 – 상당수의 현대 신마르크스주의자에게는 무의미하게 비쳐진 개념 – 을 이용해서 토지세가 발붙일 수 없는 패러다임을 구성하였다.

Clarles Spahr(1891)는 Marx의 또 다른 거북한 동조자라고 할 수 있는데, 자기 식으로 토지와 자본을 융합시켰다. Spahr는, 토지 가치는 모든 사람에 의해서가 아니라 오직 선량한 사람들에 의해서만 집합적으로 조성된다고 보았다. 그는, 토지 가치를 하락시키는 집단이 있는데 이들은 토지 가치를 차지할 권리가 없다고 하였다. 그는 미국 인디언을 “가장 저급한 니그로”라고 표현하였으며 헝가리·이탈리아·보헤미아 계열의 이민은 잘해야 “세탁물”에 불과하다고 하였다. 그에 의하면, 앵글로색슨법에서는 토지 가치가 공적·사적 토지개량에 의해 생기는 것으로 간주되며 과거의 토지소유자들은 개인적 내지 집단적으로 토지개량비용을 지불하였으므로 토지 가치는 이들이 창출한 것이라고 한다.

Spahr는 토지든 자본이든 모든 부를 개인에게 귀속시켜야 한다고 보았으며 Marx는 이를 모두 사회에 귀속시켜야 한다고 보았다. 두 사람은, 공동으로 조성되는 토지 가치와, 개인적 노력과 희생으로 조성되는 자본을 구별함으로써 두 입장을 조화시키려는 조지의 견해를 부정하였다는 점에서 공통된다. 두 사람은 공산주의와 자본주의 간의 피할 수 없는 갈등의 씨를 뿌렸다.

이제 마르크스류의 공상적 사회주의자와 “오믈렛을 원래의 달걀로 되돌릴 수 없다”고 하는 학자들에 대한 검토를 마무리 짓자. 이들은 토지와 자본의 결합을 통해 이루어지는 생산에서 각각의 구분은 무의미하다고 보았으며(Russel, 1945, rpt. 1967, p. 612) 따라서 이를 구분하려고 애쓸 것이 아니라 “각자에게 그 필요에 따라” 분배하는 방향으로 가야 한다고 보았다. 이러한 요소는 “각자로부터 능력에 따라” 징수한다는 소득세 논리에도 상당히 들어가 있다. 장기적으로 볼 때 이러한 논리를 취하면 우익이든 좌익이든 집단주의로 나아가게 될 것이고, 이 경향은 (정부 당국이 보기에) 능력은 많고 필요는 적은 계층의 유출에 의해서만 억제될 수 있을 것이다.

4. 자본 공급의 비탄력성

C. B. Fillebrown(1907, 1914, 1916; Marling, 1916, pp. 40, 44)은 헨리 조지를 지지했으며 Seligman의 조세자본화(tax capitalization) 원리를 바탕으로 교묘한 논리를 전개한 바 있다. 조세자본화 원리란 토지세는 토지매매가격을 하락시킨다는 원리인데 그렇게 되면 토지세는 토지 매입자가 부담하지 않고 토지 매각자만이 부담하게 된다. 그렇다면 자본 소유자는 조세를 부담하지만 토지를 매입한 토지소유자는 조세를 납부만 할 뿐 부담하지는 않는 결과가 된다. 따라서 토지소유자에게도 조세를 부담시키려면 매년 자본세 총액에 상응하는 정도로 토지세율을 높여나가야 한다고 하였다. 이러한 방식으로 진행되면 결국 몇 년 후에는 조지 식의 토지세

가 된다.

이 논리가 가진 설득력에 대처하기 위해 T. S. Adams(1916), H. J. Davenport(1917), **E. R. A. Seligman**(1916) 등은 다음과 같이 응수하였다. 자본세로 인해 자본에 대한 세후 수익이 낮아지면 자금이 자본에서 토지로 이동하여 지가가 상승하게 되므로 결국 모든 투자수익은 균형을 이루게 된다. 또 토지 매입자는 토지세를 부담하지 않지만 자본세를 통해 간접으로 조세를 부담하는 결과가 되는데, 그 이유는 자본세가 부과되어 자본수익률이 낮아지면 자본화율(capitalization rate)도 낮아지고 그에 따라 지가가 상승하기 때문이다. 그렇다면 시장적응이 되어 있는 기존의 조세는 좋은 조세이고 모든 변화는 누군가를 해롭게 하며, 따라서 Fillebrown의 견해는 부정된다. 그런데 모든 새로운 제도 – 예컨대 미국 헌법 수정 제16조[연방소득세의 근거 조항] – 에 이런 논리가 적용되었다면 도대체 오늘날의 세계의 모습은 어떻게 되어 있을지 의문스럽다.

Davenport와 Seligman은 소위 '하버거 이론(Harberger thesis)'과 거의 구별하기 어려운 다음과 같은 이론을 제기한 바 있다. 폐쇄경제에서 모든 자본에 대해 조세가 부과된다면 자본이 이를 피할 수 없으므로 자본세는 자본가가 부담하며 근본적으로 중립적인 조세가 된다. 수세기 동안 축적되어 온 자본량에 비해 추가 저축량은 미미하므로 자본의 총량은 단기적으로 고정되어 있다고 볼 수 있다. 뿐만 아니라 자본의 세후 수익이 낮아질 때 저축이 늘어날지 줄어들지 불분명하다는 것이다.

Seligman은 "도대체 자본이 어디에서 솟아나 미개발 토지를 채운다는 말인가?"라고 조지에게 수사학적 표현의 질문을 던졌다. 허공에 떠다니는 자본이 없다면 결국 다른 용도의 자본에서 나온다는 것이다(1895, rpt. 1923, 제3장 제3절). 이러한 비유법과 견해는 실제로 Charles Spahr(1891, p. 632)에서 비롯된 것이다. 여기에도 J. B. Clark의 손길이 미쳐 있다고 하겠다. Clark는 한정된 자원을 가진 정태경제(static economy)를 가정하였고, 따라서 이 가정에 의하면 자본도 토지처럼 일정하게 된다. 정태경제는 폐쇄경제(closed economy)와 거의 같은 의미로 사용되었으며, 따라서 자본은 일정하다는 것이다.

Jens Jensen도, 확실한 입장을 밝히지는 않았지만, 역시 이 계열에 속하는 것으로 보인다. 그는 "생산재에 대한 재산세는 이자율을 낮추어 대체로 자본 소유자의 부담이 된다"고 하였다(Jensen, 1931, pp. 61, 90). 이 견해도 자본의 공급이 일정하다고 보기 때문에 성립한다.

시카고학파는 1960년에 희소성 개념과 공급이 일정한 자원의 배분 문제를 강조하는 이 이론에 매료되었다. 유토피아적 Keynes학파는 자본을 허공에서 뽑아낼 수 있다고 보았고,

따라서 자본형성의 실제적인 제약요인은 저축이 아니라 투자라고 하였다. 또 이들은 투자가 고용을 증가시키는 외에도 보너스로 자본형성까지도 가능하게 한다는 지나친 주장을 하기도 하였다. 시카고학파 통화주의자(monetarists)들은 당연히 이에 반대하였다. 시카고학파의 Harberger는 Seligman-Adams-Spahr-Jensen의 주장을 되풀이하고 자본세의 당위성에 대한 근거를 제시하였다. 세율이 균일하고 공급이 일정하며 경제가 폐쇄되어 있고 투자의 흐름이 적정하다면 자본도 토지와 다름없이 좋은 과세 대상이 된다는 것이다. 시카고학파는 자본세가 전가된다고 하는 Netzer나 Musgrave의 가설을 부정하였다.

한편 1960년대의 **Keynes학파**는 조지의 견해를 일부 뒷받침할 수 있는 이론을 전개하였다. 즉 그들은 조지처럼 조세수단을 통해 새로운 자본을 "허공에서" 끌어올 수 있다고 하였다. 그러나 조지와는 달리 그 수단이 소득세이며 세입부족분을 노동소득에서 보충하여야 한다고 보았다. 그들은 재산관련 개인소득세와 법인소득세를 토지소득세로 전환하고 자본세는 사실상 면제하는 조세정책을 제시하였다. Walter Heller(1954)는 개발도상국에서의 토지세 실시를 지지하였다. 그는 매디슨(Madison)[위스콘신 대학교가 소재하는 곳]에서 연구하였는데 이 대학에 재직했던 John R. Commons가 조지의 이론을 실현하는 한 방법으로 가속상각(accelerated depreciation)을 주창한 것과 무관하지 않은 것으로 보인다.

Jacob Stockfisch(1956, 1957)는 Earl Rolph(1954)와 더불어 Adams-Spahr-Seligman의 견해를 유지시켜 Harberger로 이어 주는 역할을 하였다. 그는, Commons의 방식으로 하면 소득세 포탈의 위험성이 있다고 지적하였다. 가속상각, 투자에 대한 조세혜택, 자본에 대한 감세 등은 과세 대상으로서의 비중이 커지고 있는 자본소득에 대해 조세를 감면하는 대신 감가상각이 되지 않는 토지에만 조세 부담이 집중된다는 것이다. 조지주의자들이 지방재산세 제도의 개혁에 힘을 쏟는 동안 Keynes학파는 소득세제를 조금씩 변화시키고 있었다. Stockfisch는 이러한 변화를 부정적으로 보았다. 한편 조지주의자는 자신들의 개혁 목표와 방향이 같다고 생각하여 이러한 세제 변화를 간과하고 있었다.

Stockfisch의 주장에는 과장된 면이 없지 않다. 자본투자 유인책으로서 조세감면을 강조하는 Keynes학파의 조세정책에도 토지소득세의 포탈 가능성이 많다. 그들은 조지가 극히 싫어한 근로소득세도 필요하다고 하였다. 그러나 자본에 면세하면 "허공에서" 새로운 자본을 조성할 수 있으며 그에 따라 생산과 일자리를 증가시킬 수 있다는 꿈을 가진 점에서 조지와 공통된 면이 있다. 양자는 방법은 다를지언정 발전에 대해 낙관적이었다는 점에서 비슷하며 또한 자원의 한정성, 자유경쟁시장, 극도의 회의주의, 비싼 점심[시카고학파의 대표적 학자인

Friedman은 이 세상에 공짜 점심이란 없다고 한 바 있다.] 등의 특징을 가진 시카고학파와 상치된다는 점에서도 비슷하다.

이상에서 본 Spahr, Jensen, Seligman, Adams, Davenport, Knight, Rolph, Stockfisch, Harberger 등은 자본과세를 주장하는 보수주의자라고 할 수 있다. 한편 조지학파와 Keynes학파는 자본의 비과세를 주장하는 진보주의자라고 할 수 있는데 이들은 시카고학파의 입장을 약화시키려고 하는 각종 우익 계열과 연결되는 한편, 자본을 보기를 로빈 후드가 뚱보 승려의 돈지갑 보듯 하는 각종 좌익 계열과는 결합되지 못한다. 자본과세와 같은 경제 이데올로기의 핵심적인 문제에 있어서 시카고학파를 비롯한 보수진영이 좌익 계열과 노선을 같이한다는 사실은 이해하기 어려운 패러독스이다. 이러한 패러독스의 한 근원은, 자본 대신 토지를 과세 대상으로 해야 한다고 하는 토지단일세 운동에 대한 전통적 반동에서 찾을 수 있다. 이러한 의미에서 자본과세는 보수적 입장으로 볼 수 있으며 그 중심에는 Frank Knight가 있다. 그는 두 세대 동안 시카고학파를 지배하였는데 그의 저술 곳곳에 조지에 대한 줄기찬 반대 입장이 나타나며 그의 영향을 받은 후진들도 지대과세를 부정하려는 패러다임에 매이게 되었다.

자본세가 세율이 균일할 때 효율적인 조세가 된다면 다른 조세도 효율적인 조세가 될 수 있다. 이런 이유 때문에 일반 소득세를 수용하는 사례가 많으며 그 외에 일반판매세 내지 부가가치세를 수용하는 사례도 증가하고 있다. 간접세의 전방전가(前方轉嫁) 효과와 초과부담 효과는 물품세에서 나타나는 효과일 뿐 모든 조세에서 나타나는 효과가 아니다. 일반균형분석과 차선이론(theories of second-best)은 모두 이러한 정책효과를 인정하고 있다.

Ragner Frisch(1939)도 이와 같은 이유에서 한계비용 가격책정(marginal-cost pricing)에 관한 Harold Hotelling의 기본 논문을 비판하였다. 그는 또 같은 맥락에서, 비용이 체감하는 사업에서 한계비용에 의해 가격을 책정할 때 생기는 손실을 보전하기 위해 토지세가 필요하다고 하는 Hotelling의 이론 - 이 이론은 William Vickrey가 더 발전시킨 바 있다. - 에도 반대하였다. 그런데 Hotelling이 이유를 밝혔듯이, 생산비의 체증·체감 여부에 관계없이 부과되는 균일세율의 판매세는 본질적으로 비효율적인 조세이다. 아직도 후생경제학 분야의 많은 학자들이 Frisch의 이론을 지지하며, 차선이론과 결합된 한계비용 가격책정 원리를 비판하고 그 정책의 도입에 반대하고 있다(Little, 1950, rpt. 1960, 부록 Ⅳ).

균일세율 조세에 대해, 폐쇄경제도 완전히 균일한 세율의 조세도 있을 수 없다는 등의 반대도 있다. 자본세는 자본을 유출시키므로 특정 지역의 관점에서 볼 때 자본공급이 일정하다고 할 수 없다. 개방경제에 존재하는 폐쇄적인 요소는 단 하나 토지뿐이다. 과세구역 내의 토지는 일정하지만 자본이나 사람은 다른 과세구역 간을 이동한다. Harberger-Seligman-Spahr의 접근법에 대해 의문을 가진 Netzer 등과 같은 학자들은 간접세가 가진 초과부담의 문제와, 과세 대상으로서의 토지의 우수성을 강조한다. Gaffney(1971)는 재산세에 누진세율을 적용하자고 했지만 그렇다고 해서 Harberger 이론 또는 미국 경제가 상당히 폐쇄적이라는 견해를 지지한 것은 아니다.

5. 토지투기의 사회적 기능

Richard T. Ely는 "성숙비용(ripening costs)" 이론을 개발하여 토지투기의 기능을 설명하였다. 그는, 토지 가치가 상승할 때까지 토지를 보유·방치하는 것이 사회적 유용성이 있다고 보았다 (Ely, 1920, p. 127). 유용성이란 토지가 고용도로 성숙하고 있는 도중에 토지가 저용도로 개발되는 것을 막는다는 것이다. 이때 토지의 보유·방치비용 즉 실현되지 않은 잠재 지대가 "성숙비용"인데 토지세를 부과하면 적정 밀도 이하의 때 이른 사용이 초래된다는 것이다.

Ely의 이론은 1920년대에 상당한 영향력을 가졌으나 1930년대 공황 후에 Ely, Wehrwein 등이 Simpson and Burton(1931, p. 44)의 학설을 수용한 후 시들고 말았다. Simpson and Burton은 "토지성숙을 기다린다는 것은 토지를 잠재워서 사회에 토지동결의 부담을 줄 뿐"이라고 하였다. 성숙비용 이론에 대한 찬반론은 오늘날, 장기에 걸친 현금수입의 총액을 극대화하기 위해 토지 개발 투자시기를 조절하는 경우에 많이 재론되고 있다.

Ely의 견해는 Donald Shoup(1970), Peter Mieszkowski(1970, p. 17)에 의해 원용된 바 있고 Roger Smith(1979)와 Louis Rose(1971)에 의해서 본격적으로 재론되었으며 John Krutilla에 의해서 경관자원의 선매(先買)이론에 적용되기도 하였다. 그러나 이들의 입장은 Ely에 비해 훨씬 신중하고 제한된 것이었으며 Krutilla는 조세문제는 전혀 언급하지 않았다. 따라서 현대에 와서는 1920년대와는 달리 이 주제에 대해 성난 권투선수처럼 다툴 필요가 없어졌다. 개별 토지소유자가 어떤 기능을 하느냐보다 그 기능이 조세에 의해 어떤 영향을 받느냐가 더 중요한 문제가 되었다. Shoup, Rose, Smith는 토지세가 토지 이용 시점을 때 이르게 앞당긴다고 보았다. 반면 Gaffney(1970, 1973b)는 건물세가 개발을 늦춘다는 점을 강조하였다. Ely의 영향에 의해, 성숙 중인 토지의 과표는 낮게 평가해야 한다고 주장하는 정치적 움직임도 있다. Ely가 자신의 이론을 독창적으로 정립한 것인지 아니면 , 작곡가가 과거의 민속음악을 차용하듯이 한 것인지는 알 길이 없다. 어쨌든 그의 이론은 계속 살아 있으며, 오늘날 도시확산(urban sprawl) 현상에 따라 전례 없이 많은 토지가 "성숙"되고 있는 관계로 곳곳에서 Ely의 곡조를 틀어대고 있다.

Ely는 토지공급의 고정성에 대해서도 이의를 제기하였다. 공급은 가격이 오르면 인위적으로 증가될 수 있다는 것이다. 토지시설의 개량, 토지용도의 전환, 이민, 새로운 토지의 발견, 자본의 토지 대체 등에 의해 토지공급이 사실상 늘어난다고 그는 생각하였다. 신고전학파의 상당수 학자들도 이러한 입장에서 지대의 잉여성을 부정하였다. 신고전학파 광업경제학자인 Orris Herfindahl(1974)도 광물지대는 광물 탐사비용의 대가라고 보았는데, 석유수출국기구(OPEC)의 결성 후에는 이런 견해를 수정하지 않았을까 추측된다. 그의 견해는, 시장을 거의 완벽한 것으로 보고 우연을 배제한다면 불로소득이 있을 수 없으며 불로소득이 있다고 하여도 이것은 위험부담의 대가일 뿐이라고 하는 시카고학파의 입장을 반영하는 것이다(Gaffney, 1979 참조).

J. B. Clark(1899, pp. 85-87), **H. J. Davenport**(1917), **B. H. Hibbard**(1930)는 토지투기의 또 다른 기능으로 미개척 자원의 발굴을 촉진한다는 점을 들었다. 이들은 미국의 서부개척이 불로소득의 유혹에 의해 촉진되었다고 하면서 토지세는 이러한 지대추구(rent-seeking) 활동 - Clark와 그의 제자들은 이를 유익한 활동이라고 보았다. - 을 억제하고 미개척지의 조기 개발을 저해한다고 보았다. **Alvin S. Johnson**은 도시에서도 이러한 효과가 있다고 하였다. 도시의 건축도 미래의 수요 즉 불로소득을 기대하기 때문에 이루어진다는 것이다. 그는, 성장하는 도시에서는 지가가 상승하기 때문에 과잉개발이 발생하는 데 이는 바람직한 현상이며(Johnson, 1914, p. 35), 동시에 지가가 상승하면 농민이 도시로 계속 이주하게 된다고 하였다(Johnson, 1914, p. 24). B. M. Anderson(1914)은 이러한 견해에 반대하였으나, 단일세 주의자들을 편드는 결과가 되었다고 해서 사과하기도 했다.

Ely는 토지투기가 토지 이용을 늦추는 효과가 있다고 했고 Clark 등은 토지투기가 토지 이용을 앞당기는 효과가 있다고 하면서 양측 모두 이 점에 관한 한 자기 주장을 굽히려 하지 않았다. 그러나 양측은 토지세에 반대한다는 점에서는 같은 입장을 취했다. 다만 Ely는 토지세가 토지 개발을 앞당긴다고 해서 반대하였고 Clark 등은 늦춘다고 해서 반대한 점이 다르다. 조지는 토지세로 인해 우등토지의 개발이 촉진되고, 따라서 열등토지의 개발은 억제된다고 보았으며 『진보와 빈곤』에서 도시확산과 농촌 주거지의 분산 문제를 누누이 지적하였다.

Davenport(1969)는 토양보존 문제도 제기하였다. 토지세는 토양의 채취, 토질 황폐화, 토지 유실(이를 확대 해석하면 자원의 유실)을 촉진한다고 믿었다. 이것은 Seligman의 견해이기도 하였다.

F. Y. Edgeworth는, 토지세는 결국에는 건축이윤도 잠식하게 되는데 건축업자나 건물 수요자가 이를 우려하기 때문에 건축이 저조해지며 더구나 은행에서도 이를 우려하여 당해 부동산을 담보로 하는 대출을 꺼리기 때문에 문제가 더 심각해진다고 하였다. Edgeworth는 또 토지세가 개발강제 효과를 가진다고 하여 반대함으로써, 토지투기가 토지 개발을 유보함으로써 토지가 고용도로 이용될 수 있게 한다는 Ely의 성숙비용 이론과 유사한 견해를 제시하였다. "결론적으로, 독점자와 소비자의 이해관계가 항상 상충되는 것은 아니다"고 하였다(Edgeworth, 1906, p. 73). 그러나 그의 입장은 토지세를 정면으로 반대했다기보다 그 문제점을 지적하는 정도였으며, 불로소득 과세에도 제한적이나마 효과가 있다는 점을 인정하기도 하였다. 그러나 그의 일차적인 관심은 그 효과의 '제한성'에 있었다.

대출담보로서의 토지 문제에 관한 Edgeworth의 견해는 다른 학자에게서는 보이지 않으며, 그 자신도 이 문제를 핵심적인 반대 근거로는 보지 않았는데 이는 잘한 일이다. 건물에 면세하면 위에서 본 이유로 인해 건축자의 채무능력이 강화되며, 토지에 과세하면 토지를 이용하지 않는 토지투기자의 채무능력이 약화되어 토지가 건축자에게 넘어간다는 점은 이론적으로나 실무적으로나 분명하다. 그러나 Edgeworth가 지적한 문제는 현실 정치에서 상당한 영향력을 갖기도 했다. 예를 들어 캐나다의 브리티시 컬럼비아(British Columbia) 지역에서, 국유지를 시장가격으로 임대하면 임차인의 채무능력을 약화시켜 동부지역의 자본을 유치하는 데 지장이 있다고 하는 임차인들의 요구에 따라 정책이 수정된 경우가 있었다.

6. 지방토지세는 공유지의 비극 초래

Alfred Marshall은 토지세의 장점을 상당히 인정하는 편인데도, 토지세가 도심부의 과밀을 초래하므로 토지세를 맑은 공기 기금(fresh air fund)으로 사용하여 그 폐해를 막자는 안을 제시하였으며 이 안은 Leonard Darwin(1907)에 의해 더 발전되기도 했다. 그러나 Edward Polak(1915)은 도시 발전의 외부경제는 외부불경제보다 크다고 반박하였다.

Edwin Cannan은 더 강한 반대 입장을 취했다. 그는, 도시의 건물은 지방정부의 공공비용을 증가시키기 때문에 지금처럼 건물가격에 비례하여 조세를 부과하여야 한다고 했다(Cannan, 1907, p. 39). 건물은 대도시일수록 정부서비스를 더 많이 누리는데 건물에 면세하면 도심부의 과밀상태에 보조금을 지급하는 결과가 된다는 것이다. 따라서 도시 건물에 무상의 서비스를 제공하면 도시를 과밀화하고 지대를 하락시킴으로써 공유지의 비극(tragedy of commons)을 초래한다고 하였다(Cannan, 1907, p. 44).

Cannan의 견해는 편향된 것이고 그의 연구 성과도 별로 대단하지 않았지만, 이 점만은 일리가 있으며 그의 견해는 오늘날의 배제적 지역지구제(exclusionary zoning) 등과 연결된다. 오늘날은 도심지보다 오히려 교외지역에서의 재정수입 확보가 더 심각한 문제로 대두되고 있기 때문에 Cannan의 견해는 수정되어야 하겠지만, 그의 관심은 도심지 과밀문제보다는 세입을 공동 사용(fiscal sharing)하는 쪽에 핵심이 있다고 하겠다. 그의 논리는 Colin Clark가 제안하였듯이 상급 정부에서 조세수입을 공동으로 배정하는 제도와 연결된다. 현재 조지주의자들은 토지세를 순전히 개별 지방정부 차원에서 채택하도록 하는 운동을 전개하고 있다는 점에서 큰 약점이 있으며, 따라서 Cannan이 제기한 것과 같은 강력한 반대론 - 이는 현재 이 분야의 통설이 되어 있다. - 에 부닥치게 된다.

7. 과세 대상으로서 토지의 부적합성

Spahr(1891)와 후기의 **Seligman**(1895, rpt. 1923)은 토지 가치가 얼마 되지 않는 지역에서는 토지세의 세원이 부족하다는 점을 지적하였다. 이 지적은, 자본세는 자본가가 부담한다는 그들의 믿음과 일치한다. 이와 반대로, 만일 지방 자본세가 궁극적으로 지대에서 나온다면 토지에 대해 직접 과세하는 것이 자본세를 능률적으로 과세하는 방법이다(Andelson and Gaffney, 1979). 이때 자본세액은 지대를 초과할 수 없다. 그러나 그들의 지적은, 토지세의 대부분을 농민이 부담하게 될 것이라고 한 그들의 주장과는 뚜렷이 모순되기 때문에, Spahr 및 Seligman의 주장은 오늘날 영향력을 상실한 상태이다. 돌이켜 보면 Cannan의 견해가 더 호소력이 있다고 하겠다. 그는 지대의 세입 충분성에 대해서는 문제 삼지 않았고 지방세로 지대를 환수할 때 입지 유인(locational incentives)이 있는가에 대해서만 고려하였다.

과세 대상으로서 토지가 적절한가의 문제를 제기한 경제학자는 많았다. 그중 가장 최근에 계량적인 연구를 수행한 사람으로서 Earnest Kurnow(1959, 1960, 1961)를 들 수 있다. 한편 Gaffney(1970, pp. 180-181)는 그의 연구 절차에 대해 비판한 바 있다.

Jens Jensen은, 토지세는 자본화되어 지가를 하락시키지만 자본의 가치는 그 생산비 수준을 유지해야 하므로 토지에 비해 볼 때 자본은 상당한 세입원이 된다고 하였다(Jensen, 1931,

p. 91). 그러나 모든 지방세는 토지 가치에 전가된다는 반대 견해도 있다. **John A. Zangerle**(1927)은 John Locke(1692)와 Jacob Vanderlint(1734)에까지 거슬러 올라가 연구하면서 이와 같은 주장을 폈으며, 중농주의 학파도 역시 같은 견해였고, Adam Smith도 마찬가지였다. Gaffney는 Paul Douglas, Brouson Cowan, Ebenezer Howard 등을 인용하면서 이에 대해 자세히 검토한 바 있다(Gaffney, 1970). 한편 토지세에 반대했던 Alvin S. Johnson(1914, pp. 29-30)이 지대총액은 모든 정부 지출을 충분히 감당하고도 남는다는 입장을 취한 점은 흥미있는 일이다.

8. 토지 소유의 분산

Alvin S. Johnson은 중산층이 도시토지의 대부분과 농지의 전부를 소유하고 있다고 보고, 토지단일세는 "중산층을 약탈하는 수단"이라고 규정하였다(Johnson, 1914, p. 30). 이러한 견해는 Charles Spahr(1891)도 표명한 바 있다. E. R. A. Seligman(1895, rpt. 1923)도 Voltaire의 풍자 단편「40에뀌를 가진 사나이 L'Homme au quarante écus」를 인용하면서, 토지단일세를 주장한 중농주의 학자들은 모든 토지의 소유자인 가난한 농민들에게 타격을 주는 역진세를 주장했다고 비판했다. 실증자료에 입각한 계량경제학이 나오기 이전 시대에 자신의 권위에만 의존한 이런 학설은 재미있기도 하다.

한편 **Francis A. Walker**(1883a, rpt. 1898)는 통계자료를 제시하면서 비판하였다. 그는 장군 출신으로서 미국 센서스국장, 매사추세츠 공대(M. I. T.) 총장, 미국경제학회 초대 회장을 지낸 바 있다. 그는, 농지 소유가 집중되고 있다고 한 조지의 견해와는 달리, 1880년의 평균 농지 면적은 얼마 되지 않고 그나마 점점 줄어들고 있다고 지적하였다. 그러나 조지는 단순평균의 사용에 반대하였고 소수 지주의 토지소유량이 문제라고 하였다. 조지는 '로렌츠곡선'이라는 용어는 사용하지 않았지만 그와 같은 개념을 사용한 셈이다. Walker는 이로써 입장이 곤란해져서 논쟁을 마무리 지으려고 했다(Walker, 1883a, rpt. 1898, May, June). 미국에서는 1900년 센서스 때부터 토지 통계를 소유규모별로 조사하기 시작했는데 아마도 이 논쟁의 영향인 듯하다. 1900년 이전의 통계는 조사된 바 없으나 1900년 이후 지금까지는 농지 소유의 집중이 심화된 것으로 나타난다.

그 후에는 이 문제가 다시 제기되지 않았으나 일반적인 재산세의 역진성 여부와 관련해서 약간 언급된 적은 있으며 주로 법인과의 비교가 문제되었다. 몇몇 연구에 의하면 주식 소유는 부동산 소유보다 더 집중되어 있다고 한다. 상당수의 재산세 반대론자들은 이러한 근거에서 재산세는 부유한 계층의 조세 부담을 가볍게 한다고 하였다. 그러나 필자가 보기로는 법인이 대토지를 소유하는 경우가 많다는 믿음을 부인할 만한 체계적인 연구는 별로 없는 것 같다 (Gaffney, 1970).

Ⅱ. 찬반 혼합 내지 가변적

Francis A. Walker는 조지의 견해가 분명히 과장된 것이라고 보았다. 토지 소유 집중에 관한 Walker의 태도는 위에서 소개한 바와 같다. 조지는 기술이 발달하면 노동절약적·자원소비적인 방향으로 변화가 생기고 소득이 늘어나면 토지 수요가 늘어나기 때문에, 지대는 인구증가와 더불어 상승할 것이라고 하였는데, Walker는 이 견해에도 반대하였다. 그는 "저명한 경제학자이자 통계학자인 M. Leroy-Beaulieu에 의하면 지대는 머지않아 소멸한다"고 하였다 (Walker, 1883b, p. 147). 시카고학파의 Theodore Schultz(1953)도 이러한 견해를 가졌다.

미국 역사를 보면 주기적으로 영토가 확장될 때에는 토지 가치가 하락했기 때문에 토지세의 근거가 약해졌고 조지의 당초 예측이 빗나간 면이 없지 않다. 그러나 그로부터 100년이 지난 후의 현실에서는 조지가 경고한 대로 토지 가치가 상승하고 있다.

조지에 대한 Walker의 비판은 본질적인 것이라기보다 다분히 개인적인 것이었다. Walker는 Ricardo 계열의 학자이며, 자본이 토지와 마찬가지로 일정하다고 본 J. B. Clark를 공격하였다 (Walker, 1888, pp. 417-435). 그는 『토지와 지대 *Land and Its Rent*』라는 저서에서 조지를 맹렬히 비판하기는 했으나 재산권 보호와 관련하여서는 "토지소유권은 자본소유권에 비해 훨씬 우선순위가 낮다"고 지적하였으며(Walker, 1883b, p. 198) 이 책의 말미에서는 저명한 M. Leroy-Beaulieu도 "확신을 주지는 못한다"고 하였다(Walker, 1883b, p. 191).

그로부터 5년 후, Walker는 입장을 누그러뜨려 토지세가 원리상으로는 옳지만 실제 적용이 불가능하다는 정도까지 후퇴하였다(Walker, 1888, pp. 415-417).

Alfred Marshall(1920, rpt. 1947)은 Ricardo 이론에 토지의 공공가치(public value of land)라는 새로운 개념을 추가하여, 바람직한 과세 대상의 범위를 명확히 하였다. Ricardo는 농지와 그 비옥도 차이에 초점을 맞춰 지대를 설명하였기 때문에 그 밖의 경우에는 적용되지 않는 것처럼 오해될 소지가 있었다. Marshall이 정립한 공공가치라는 개념은 조지가 말한 사회가 창출한(community-created) 가치와 같은 개념이다. 즉 자연, 토지의 위치, 공공사업·공공서비스, 인구이동, 기타 여러 사회적 작용 등이 합쳐져 형성되는 토지 가치를 의미한다는 것이다. Marshall도 도시의 위치지대가 농지의 지대보다 더 크다는 사실을 알았기 때문에 그와 같은 적절한 개념을 고안했던 것이다.

Marshall은 또 토지가격이 비싸면 자본이 토지를 대체하여 토지의 고도이용이 이루어진다는 점에 대해서도 분명히 지적하였으며(Marshall, 1920, rpt. 1947, 제11장), "경제적·윤리적 관점에서 볼 때 토지는 그 자체로 독립적인 요소로 분류되어야 한다"(Marshall, 1920, rpt. 1947, 부록G)는 점도 분명히 했다. 이것을 보면 토지세를 지지하는 것으로 생각된다.

그러나 그는 Harry Truman처럼 모호하고 조심스러운 입장을 취했다. 모든 제도에는 결함이 있기 마련이며, 한쪽을 편들면 다른 쪽을 달래야 한다는 입장이었던 것으로 보인다. 그는 1883년의 한 강연에서 제도 변화는 점진적이어야 한다고 하면서 100년의 유예기간을 준 후에 토지를 국유화하자는 제안을 한 바 있다(Marshall, 1883, rpt. 1969). 그런데 그가 말한 100년이라는 세월은 벌써 흘러가고 말았다.

그 밖에도 Marshall은 토지와 자본의 구분에 반대하는 '오플렛 학파'에도 새로운 개념을 보태 주었다. 내구적 자본도 단기적으로는 토지 지대와 같은 "준지대(quasi-rent)"를 발생시킨다는 것이다. 그리고 대규모 토지개발자는 토지 개발을 통해 사업지구 인근의 토지에 외부효과를 발생시킨다고 하였다. 또 국가 전체의 자본은 고정되어 있기 때문에 전국적으로 균일한 세율로 부과되는 건물세는 중립적이고 전가되지 않는다고 보았다(이것은 새로운 관점의 Harberger 이론이라고 할 수 있다).

Marshall은 지방세를 부담스러운(onerous) 유형과 이익이 되는(beneficial) 유형으로 구분하였다. 부담스러운 유형의 지방세는 일반 주민을 위한 정부지출에 충당하는 재산세로서 – 예를 들면 부유층에 부과하는 빈민대책세(Marshall, 1920, rpt. 1947, p. 794) 같은 것 – 납세자에게 세액만큼의 혜택이 돌아가지 않는 조세이다. 이러한 견해는 인구유입과 도시혼잡을 초래하는 시설에 쓰일 토지세에 반대한 Cannan의 공유지의 비극론과 사촌 간이라고 하겠다. 다만 Cannan은 인구유입에 주목한 데 비해 Marshall은 부유층의 교외 유출에 주목한 점이 다르다. 그러나 Marshall은, 이러한 문제를 제기하고는, 조세관할구역이 확대되고 있기 때문에 부유층이 이주해 나가더라도 조세 부담을 피할 수 없다는 이유로, 그만 문제의 의미를 축소하고 말았다. 이것은 마샬 특유의 스타일이다.

Marshall의 견해는 오늘날에도 '재산세는 정부서비스의 대가'라고 하는 잘못된 – 그러나 잘 먹혀드는 - 슬로건의 기초를 이루고 있다. 이러한 재산세는 "이익이 되는 유형"의 지방세이고 일반 주민에게 혜택이 돌아가는 재산세는 "부담스러운 유형"의 지방세라는 것이다. 이는 분명히 토지소유자의 입장을 반영하는 것이다.

Marshall은 영국에서의 조지의 영향에 분개하여 1883년에 반대 강연을 한 적이 있다. Walker와 마찬가지로 Marshall도 조지를 조국과 학계에 대한 건방진 침입자라고 생각하였다. 형식이 본질을 압도해 버린 것이다. 조지의 조국인 미국은 토지가 국유이거나 민간에 불하된 것이 최근의 일인 데 비해 Marshall의 조국인 영국은 나름대로의 오랜 역사를 지닌 나라였다. Marshall이 주로 반대한 것은 조지가 개혁을 즉시 실시해야 한다고 주장했다는 점이다.

후일의 Marshall은 이 당시의 설익은 강연을 출판하지 않았는데, 잘 판단한 것으로 보인다. 그런데 George Stigler(1969)는 Marshall의 참모습은 이 당시의 모습이라고 보아 이 강연 원고를 발굴하였다. 그러나 영국의 Lloyd George 수상이 1909년 토지세를 실시할 때 Marshall은 이를 지지한 바 있다(Hutchinson, 1969, pp. 248-249, 주50). Marshall의 참 모습은 이방인이 조국을 침입할 때 이에 맞선 것으로 보이는데, 그러나 침입자에 대한 적대감과 이론에 관한 확신은 별개의 것이다.

A. C. Pigou(1949)는 Marshall이 말하는 토지의 공공가치에 대한 과세에 상당히 분명한 태도로 찬성하면서, 이는 모든 공과금 중 적절한 세율로 평가되는 적절한 조세라고 하였다. 이 조세는 완전한 공표효과(公表效果, announcement effect)가 있기 때문에 조세의 회피나 전가가 불가능하다는 장점이 있다고 하였다. 이 조세는 수평적 형평성은 부족하지만 - Pigou의 형평성 판단은 세원을 기준으로 한 것이 아니라 소득을 기준으로 한 것임 - 수직적 형평성은 높다고 하였다. 그 밖에 토지의 공공개발사업의 결과를 자동적으로 환수할 수 있다는 점도 매력이라고 하였다.

Pigou가 제시한 "공표효과"의 개념은 중요한 성과이다. 과거의 경제학자들은 토지세를 논하면서 구체적인 방식에 대해서는 거의 언급하지 않았다. Pigou가 이 조세를 지지한 것은, 납세자의 활동으로부터 독립적인 제3자의 평가에 따라 당해 연도의 조세액을 납세자에게 '공표'할 수 있다는 이유에서이다. 과거의 학자들이 마음속으로 이 방법을 생각했는지 아니면 사후적으로 실현된 지대를 징수한다고 생각했는지 분명하지 않다. 반면에 현대에는 대부분의 경우 토지세 지지 여부에 관계없이 토지평가에 의해 나타나는 추정지대 또는 개념상의 지대에 과세한다는 Pigou의 방식을 전제하고 있다. 그러나 지대소득세를 주장하는 학자도 있고 또 단기간에 지가차액이 많이 발생할 때 세액을 수시로 변동시켜야 한다고 하는 학자도 있다는 사실로 볼 때 아직도 두 가지 지대가 혼동되고 있는 것으로 보인다. 아깝게도 Pigou는 이 방면의 연구를 계속하지 않았다. 토지소유자가 토지임차인에게 지대를 '공표'하는 방법에 대한 분석이 필요한데 최근에는 이에 대한 연구가 활발하게 이루어지고 있다. 토지세에 찬성하는 사람 중에도 John R. Commons는 소득세를 통해 지대를 징수하자고 강조했는데 뒤에 자세히 검토한다.

Karl Marx는 토지세에 대해서 애증이 섞인 – 그러나 증오가 더 짙은 – 상태에서 분명한 입장을 정하지 않았다. 그는 『공산당선언』(Marx and Engels, 1848, rpt. 1959)에서 "모든 지대는 공공목적에 사용해야 한다"(강령1)고 하였으나 그 방법은 명시하지 않았다. 이 선언은 강제적 노동(forced labor, 강령8)을 요구하고 있으므로 토지세주의자들의 의도와는 배치된다. 그의 사후에 Engels가 편집한 『자본론』 Ⅲ권(Marx, 1967, rpt. 1906)에서는 반 정도의 분량을 지대의 서술에 할애하였다. 그러나 『철학의 빈곤』(Marx, 1847)에서는, 임대소득에 과세하자는 Proudhon의 견해를 공박하였다. 또 토지와 자본의 분리에 관한 기술적 문제를 다루기도 했지만 기본적으로는 자본주의적 시장체제 속에서 쉽게 수용될 수 있는 개혁에는 반대하는 입장이었다. 그는 상품의 소비자가격을 낮추면 지대의 배분문제가 개선된다고 하였는데 – 이는 이즈음 석유와 가스 생산과 관련하여 흔히 나온 주장인데 – 자원보존을 무시한 Marx적인 사고방식이다. Marx는 집권적 주장을 했기 때문에 분권적 요소가 가미된 제안에 대해서도 동의하지 않았다. 그는 때때로 수확체감 현상이 농업에서만 나타나므로 지대는 농업에서만 발생하며 공업에서는 수확체증 현상이 있어 지대가 발생하지 않는다고 한 것으로 보이는데, 이는 규모와 비율을 구분하지 않았기 때문에 발생한 오류이다.

끝으로, Marx는 자본주의를 개량하는 – 그래서 그가 내심 꿈꾸는 세계를 지연시킬 뿐인 – 일체의 개혁에 반대하였다(그런데 그가 무엇에 반대했는지는 알 수 있으나 무엇에 찬성하였는지는 알 수 없다).

E. R. A. Seligman(1895)은 적어도 일부의 특별한 토지세는 바람직하기도 하다고 함으로써 Francis Walker나 Alfred Marshall처럼 조지에 대해 무원칙한 공격을 하였음을 보여 주기도 했다(Andelson and Gaffney, 1979).

그 밖에도 토지세의 일부 측면을 다루다가 시간이 지남에 따라 학설을 바꾸기도 한 수많은 경제학자들이 있다. 그중에는 Herbert Spencer도 포함되는데 그에 대한 논의는 철학 쪽에 미루려고 한다. 이들 모두를 이 글에서 다루기는 어려우므로 아래에서는 좀 더 중요하고 현재 상황과 관련이 높은 견해를 검토하려고 한다.

Ⅲ. 중립, 무관심 내지 경시

David Ricardo는 토지세와 관련하여 탁월한 분석방법을 보여 주었으나 토지세를 지지하는 쪽이라고는 할 수 없다. 그는 토지세가 전가되지 않는다는 사실을 간결한 용어로 설명하였을 뿐이며(Ricardo, 1817, 제Ⅹ장) 그 응용에 대해서는 별다른 관심을 보이지 않은 것 같다.

그러나 다른 사람이 Ricardo의 설명을 응용한다면 이는 Ricardo의 개념이 가지는 힘을 인정하는 셈인데, Clark 등은 이 힘을 분명히 인지했기 때문에 Ricardo의 설명을 부정하려고 하였다.

Ricardo는 과세 대상으로서 지대의 적절성에 의문을 가졌던 것 같다. 이렇게 추측하는 이유는, Ricardo가 다른 조세를 설명하면서 이들 조세는 모두 전방전가된다고 했을 뿐, 지대로 후방전가되지는 않는다고 했기 때문이다. 오히려 이 점에 관해서 Adam Smith를 비판하기까지 했다. Ricardo는 이를 확신하고 있었기 때문에 개방경제에서 대부분의 조세는 궁극적으로 지대에서 나온다는 사실을 이해하려고 들지 않았다.

지대의 다른 측면을 정교하게 다룬 학자로서 입지이론의 창시자인 Heinrich von Thünen이 있고 또 수익이 늦게 그리고 간헐적으로 발생하는 임야에서의 지대를 수학적으로 정의한 Martin Faustmann(1849, rpt. 1968)도 있다. 두 사람은 토지 이용을 극대화하는 문제를 연구했으나 토지세 쪽으로는 업적이 보이지 않는다.

입지이론, 도시토지경제학, 지역학 관련 학자의 대부분은 위치지대(location rents)의 결정 그리고 토지소유자가 토지비용 및 교통비용을 극소화함으로써 지대를 극대화하는 문제를 다루었다. 이들의 이론이 전문 도시계획가에게 영향을 주어, 상당수가 위치지대에 대한 특별과세를 촉구하는 Ebenetzer Howard(1965)의 견해에 동조하였다. 그런데 이상하게도 이 분야의 학자들은 조세정책 문제를 회피하여 왔다. 다만 William Alonso(1964, p. 116)는 이러한 관행에서 벗어나 토지 지대에 대한 조세가 중립적이라는 점을 약 반 페이지 정도 설명하였다.

Paul Samuelson은 여러 판에 걸친 그의 경제학 교과서에서, 토지 지대는 잉여이고 바람직한 과세 대상이라는 점을 명쾌하게 서술하였으나 그 이상의 적극적인 주장은 보이지 않는다. 이는 Samuelson이 특별히 몸을 사리는 성향을 가졌다거나 실증경제학과 규범경제학의 결합을 꺼렸기 때문이라고 볼 수는 없다. 그는 단지 이 문제에 무관심하였다.

Herbert Simon은 도시의 부동산 재산세의 귀착에 관한 논문(Simon, 1943)에서, Harry G. Brown이 개척한 분석방법에 따라 조세귀착에 대한 일반균형적 접근법을 정교한 논리로 제시하면서, 주택임대료(house rental)에 대한 조세는 건물분과 토지분으로 구분되며 각각의 효과가 다르다는 점을 보여 주었다. 그는, 자본이 지대가 비싼 토지에서 더 많은 가치를 발생시킨다고 하는 Edgeworth의 오류 - 이는 토지 가치를 자본가치에 포함시켜 버리는 Marx적 접근법과 같다. - 를 공박하였다. 그리고 주택이 위치와 건물의 복합 서비스라는 견해도 폈는데 이는 수요이론에 공헌한 것으로 인정된다. 그러나 Simon은 이에 관해 지적 유희를 즐긴 것 같다. 그러나 그는 토지에 무겁게 과세하고 건물에 가볍게 과세하려는 운동이 1979년 피츠버그 시에서 있었을 때 이를 정책으로 채택되게 하는 데 공로가 있었다.

Frederick Babcock은 유명한 저서 『부동산 평가』에서, 시간의 경과에 따른 건물과 토지의 가치 구분 방법을 필지의 모양별로 다루었다(Babcock, 1932, 특히 제23, 30장). 도시부동산에 관한 그의 연구는 임야에 관한 Faustmann의 연구와 비슷한 면이 있다. 수명이 긴 내구적 자본의 경우 토지와 자본의 가치를 구분하는 데 자본이론을 적용하였다는 점이 그것이다. Richard Hurd(1903)는 von Thünen이 지역 문제에 적용하였던 이론을 도시부동산 문제에 적용하여 도시토지의 가치에 대한 위치의 영향을 보여 주었다. 토지 가치를 지도로 표시할 때 Hurd의 업적을 근거로 하는 경우가 상당히 많다. 도시토지의 가치가 공간적으로 연속되어 있다고 본 Hurd의 업적은 토지 가치 추정의 근거가 되기 때문이다. Hurd는 특별한 이론을 정립하지는 않았으나 현실에 대한 그의 예리한 통찰은 어느 이론에서 보든지 흠을 잡기 어렵다. Babcock과 Hurd는 모두 실무적인 입장으로서 정책문제를 특별히 다루지는 않았지만, 현실 경제에서 이데올로기와 관계없이 토지와 자본을 구분할 필요가 있다는 점을 입증한 셈이다.

Babcock과 **Homer Hoyt**(1933)가 Knight의 아성인 시카고에서 토지 가치에 대한 고전적 저술을 이룬 점은 특기할 만하다. 그 밖에 George Olcott도 「시카고 토지 가치 청서」라는 자료를 매년 발간하였다. Herbert D. Simpson(1933)도 부동산조세와 토지 가치에 대해 연구하였고 은행체제의 붕괴는 부동산 가격의 폭락에 원인이 있다고 지적하였는데 [시카고학파에 속하는] Friedman은 이러한 입장을 지지하지 않았다. 시카고 사회학자인 Park and Burgess(1925)는 토지 가치에 관해 동심원 가설(ring hypothesis)을 주창하였고 Hoyt(1939)는 부채꼴 가설(sector hypothesis)을 개발하였다. Wallace Atwood는, 인간 문화활동의 입지 결정에 관한 현상을 다루는 학문인 경제지리학의 토대를 형성하였다. 그러나 시카고 대학교 경제학자들은 "경제이론은 완벽하게 고립되어야 한다"는 Simon Patten의 견해를 신봉하였다. 그들의 세계에는 토지시장이 존재하지 않았다. 그들의 학문적 업적이 다른 분야에서는 매우 탁월했다는 점을 생각한다면 토지가 제거된 시카고 이론의 결점은 더욱 두드러져 보인다.

Friedrich Hayek(1941, pp. 87-94)도 다른 오스트리아학파의 학자들처럼, 토지와 자본을 분리하는 고전학파의 근거는 과거지향적이며 그 출처에(origin)에 근거한 것이라고 비판하고, 오스트리아학파의 경제학에서의 구분방식이 미래지향적이라는 점에서 적절하다고 하면서 "자본은 대체가 필요하고 그에 따라 투자가 발생한다"고 하였다. 그는 Clark, Cassel, Knight의 자본기금론도 "순전히 신비주의적"이라고 반박하였다. 또 "자본과 토지의 구분은 경제학자가 만들어 낸 것이 아니다"라고 하였다.

그러나 Hayek는 순수한 자본 개념을 추구한 결과 그 개념 자체가 취약해졌으며 오스트리아 학파 중에는 토지세를 주장한 뚜렷한 학자도 별로 보이지 않는다. 또 자본의 대체 시기 - 이 주제는 오스트리아 학파 이론의 핵심에 가깝다. - 에 관한 연구에서도 내구적 자본의 유지비용에 토지 지대를 포함시키지 않았다.

Ⅳ. 잠정적·제한적·부분적 내지 약한 지지

1. 개발도상국

Haskell Wald(1959)는, 다소 수선스러운 면도 있는 가운데, 토지세 지지 근거를 많이 수합하였다. 그는 토지세가 역진적이 되는 것을 막으면서 세율을 높이기 위해서는 토지세의 개인공제(personal allowances)가 필요하다고 하였는데 이런 주장이 최근 들어 일부에서 많이 제기되고 있다. 또 기후나 물가에 의한 경제지대의 변화에 맞추어 토지세액을 조정하자는 좋은 의견을 내기도 하였다. 그러나 그는, 경제 유인, 부의 재분배, 행정편의, 충분한 세입 등의 목적을 달성할 수 있는 조세에 관한 사례연구를 통해 개발도상국이 소득세 실시에 필요한 여건을 구비하게 되면 토지세가 점차로 사라지게 될 과도기적 수단이라고 하였다.

John Due(1963)는 토지세를 지지하는 쪽이라기보다 객관적 관찰자·분석가의 입장을 취했다. 그는 토지세제를 실시하고 있는 아프리카 동부지역의 여러 도시에 대해 연구하고 토지등록, 토지조사, 분명한 토지권리관계의 중요성을 강조하였다. 한편 아프리카 서부지역에 대한 연구에서 그는, 토지의 권리관계가 불분명하고 토지의 경계가 확실하지 않으며 대가족제도가 복잡하여 과세 대상 토지의 확정이 곤란하기 때문에 재산세가 건물에 집중되어 있다고 하였다.

또 아프리카 동부의 농촌지역 연구에서도 지적제도(地籍制度)가 결여되어 있음을 지적하였다. 아울러 상업화 단계 이전의 사회에서의 토지이익은 금전이 아닌 방식으로 표시된다고 하였다.

그러나 아프리카 동부의 도시에는 유럽식의 토지 소유 개념이 적용되고 있었으며 토지가 상업화되어 있었기 때문에 토지세제의 실시가 가능했다. 그는 어쩌면 상업화로 인해 소멸되는 공동체 권리를 보상하기 위해서도 토지세가 적절한 수단이 된다고 생각했을지 모르겠다.

Due는 아프리카와 유럽의 도시 중 토지세가 부과되는 도시의 근대화 수준이 높고 행정수준도 우수하다는 점 – 특히 나이로비의 샐리스베리를 높이 평가했다. – 을 열렬히 지적하였다. 그러나 그는 세부적인 면을 꼼꼼하게 조사했을 뿐 이데올로기 문제는 언급하지 않았다. 예외가 있다면 아프리카 동부지역에서 토지세제가 실시되는 것은 “영국에서 남아프리카, 중앙아프리카를 거쳐 케냐에 이르기까지 토지단일세 사상이 전파된 때문”이라고 서술하는 정도였다. 그러나 토지단일세 사상의 전파는 국제개발처(AID), 세계은행, 유엔, 콜롬보계획 등에 의해 이루어진 것이 아니라 현지 주민 사이에서 자연스럽게 이루어졌으며 따라서 튼튼하게 뿌리를 내리고 있었다.

Due의 연구는 토지세제의 문화적 상대성을 보여주었다는 데 의의가 있다. 즉 토지세는 토지사유제도가 확립된 경우에 적절하다는 것이다. 그는, 국유지 또는 토지 조사가 잘 되어 있지 않은 경우에는 토지를 이용하는 데 대해 과세하면 토지사유제도 하에서 소유자에게 토지세를 부과하는 것과 같은 효과를 낳는다고 하였다. 이러한 견해는 상업화된 문화 속에서 소유관계가 정립되지 않은 많은 자원(고속도로, 하천 등)이 있는 우리의 현실에 의미하는 바가 있다. 한편 Due는 도심지의 지대 징수 방식에 따라 입지 유인이 왜곡될 우려가 있다고 한 Cannan의 견해를 지지하였다. 그러나 이 문제는 Colin Clark가 제시한 방안으로 해결할 수 있다.

Robert M. Haig(1915a)는 예리한 평론가이자 이론가였다. 그는 1915년에 「캐나다와 미국에서의 토지개량물에 대한 조세 감면」이라는 보고서를 뉴욕 시에 제출했는데 주로 캐나다 서부지방을 대상으로 한 것이었다. 이 보고서의 제목은 신중하게 선택된 것으로 보인다. 캐나다 서부지방의 재산세액은, 그 절대액으로나 다른 조세와 비교한 상대액으로나 매우 낮아서, 토지세를 부과한다기보다 건물세를 면제한다고 보는 것이 더 나을 정도였기 때문이다. 그가 제시한 자료는 정책효과를 분명히 판단하기에 충분하지 못했다. 그는, 결론이 조심스럽고 제한적이긴 하지만, 이론적 추론과 방대한 면접조사를 통해, 캐나다의 재산세제가 건축을 촉진하고 필지의 규모를 줄이는 정책효과가 있는 것으로 보았다. 그는 또 정치평론가의 입장에서, 이 정책은 부동산 관계자가 토지 개발을 촉진하기 위해 추진한 것이라고 지적하였다. 그의 연구대상 지역은 Cannan이 살았던 영국에 비해 성장지향적인 지역이었다. Haig는, 이 정책이 토지 가치를 상승시키는 효과가 있었으며 정책 지지자들의 의도는 이상의 실현이 아니라 부의 극대화에 있었다는 점도 지적하였다. 또 Edgeworth가 걱정했던 것과는 달리 자금대출도 어려워지지 않았다고 하였다. 몇몇 소도시에서는 토지투기 - 지가상승을 노리고 토지를 방치하는 행위 - 를 막을 수 있을 만큼 세율도 높았다고 하였다. 그러나 그는 다음과 같은 모호한 결론을 내렸다. 즉 "일정한 상황하에서는 심각한 부작용 없이" 토지개량물에 면세할 수 있다는 것이다.

Haig는 대출자금 배분의 중요성이라는 실무적인 문제 - 대부분의 이론가가 고려하지 못했던 문제 - 를 부각시킨 공로가 있다. 그는, 은행은 미개발토지에 대해 대출하는 것을 꺼리며, 따라서 토지소유자가 대출을 받으려면 건축을 해야 하는 경우도 있다고 하였다. 따라서 토지소유자가 불로증가(不勞增價)를 노리고 토지를 소유하는 경우 이로 인해 건축이 촉진될 수도 있을 것이라고 하였다. 그는 또, 현재 부과되는 토지세는 건축을 촉진하지만 미래에 부과될 것으로 예상되는 토지세는 불로증가의 예상액을 줄인다고 보았다. 그는 건축을 촉진하는 직접적인 원인은 불로증가 그 자체가 아니며 불로증가를 얻을 수 있도록 토지 소유를 계속할 필요성이라고 하였다(Haig, 1915b, p. 837). 그는 토지세가 효율적인 촉진 요인인지 아니면 공유지의 비극을 초래하는 잘못된 수단인지에 대해 분명한 결론을 내리지 않았다. 그는 한 가지 효과는 반대 방향의 효과에 의해 상쇄되는 경우가 많다고 지적하면서 결국 시골 변호사에게서 흔히 듣는 말 즉 상황에 따라 다르다고만 하였다. 그러나 Due와 마찬가지로 토지소유제도가 토지세의 효과를 결정하는 중요한 요인이 된다는 점을 강하게 부각시켰다.

Harold Groves는 캐나다와 미국의 재산세제를 비교·연구하였다. 캐나다는 미국보다 과세대상을 축소하여 토지개량물에 부분적으로 면세하고 특히 일정한 동산(personal property)에는 영국의 관행에 따라 거의 면세한다. Groves는 "토지는 특히 적합한 과세 대상이며 토지개량물에 과세할 근거는 거의 없다고 보는 본인과 같은 사람은 토지개량물의 면세정책을 적극 지지한다"고 하였다(Groves, 1948, p. 29). 그러나 그는 그 이상의 주장은 하지 않았고 제도적인 측면만을 주로 다루었다.

지난 35년간 개발도상국에 대해 연구했던 미국, 영국, 캐나다의 경제학자들 중에는 토지세를 권장한 사람이 상당수 있었다. 그중 몇 사람을 열거하면 Richard Bird(1974), William Rhoads(1969), Albert Berry(1972), Erwin Johnson(1970), Richard Musgrave(1969), Daniel

Holland(1969), Robert Hardie(1952), Richard Lindholm(1965), Richard Goode(1970), Peter Dorner(1972), John Strasma(1965,1969), Orville Grimes, Jr.(1977), George Lent(1967), John R. Hicks(1959), Milton Taylor(1965), Walker Heller(1954) 등과 같다. 개혁은 거리를 두고 생각하면 쉬워 보인다. 그러나 머나먼 꿈이 현실로 나타나는 수도 있다. Marshall은 100년간의 유예기간을 두자고 한 적도 있었지만 1909년에는 즉시 실시로 태도를 바꾼 바 있다. Lindholm도 미국에서 토지세제의 실시를 추진해 왔고, Groves의 제자인 Heller도 국내 자본에 대한 소득세를 대폭 감면하자는 운동을 펼쳐 왔다. John Strasma도 위스콘신 주의회를 통해 광물채취의 순이익 - 이는 바로 지대에 해당한다. - 에 대한 과세를 추진했다. 그 밖에도 많은 사람들이 토지세를 위해 노력하였다.

2. 유보적 입장의 지지

J. S. Mill은 초기의 Marshall처럼 토지세를 미래의 가치증가분에 한정하였다. 그런데 미래의 토지 가치 증가는 이미 현재의 지가에 반영되어 소위 "선의의 매입자"는 이 지가를 지불하고 토지를 매입하기 때문에 문제는 간단한 것이 아니다. Mill은 미래의 가치증가가 현재의 지가에 반영되어 있다는 점을 일시 인정했으면서도 어떻게 된 셈인지, 미래의 지대상승분에 과세하는 것이 옳다는 결론을 내렸다(Mill, 1872, 제5권, 제Ⅱ장). 또 이 저서의 뒷부분에서 아무런 단서 없이 이 주장을 되풀이하기도 하였다. 그는, 기존의 토지세는 아무에게도 부담이 되지 않고 단지 과거의 봉건적 권리의 대가에 불과하므로 토지소유자는 토지세를 조용히 부담해야 하며, 그 외에 일반 조세를 더 부담해야 한다고 하였다. 또 그는, 자본 이윤은 토지 지대보다 더 낮게 과세되어야 하며(Mill, 1872, 제5권 제Ⅲ장 제2문단), 장기적으로 보면 자본 공급은 자본의 국제 간 이동에 의해 탄력성을 가진다고 하였다(또 후일의 Domar와 Musgrave처럼 이윤에 대한 과세는 기업의 위험부담을 높인다고 하였다). 또 "개별적 과세 대상으로 적합한 소득 중에서 (도시)토지 지대는 가장 중요한 비중을 차지한다"든지 주택세는 대지 소유자에게 부과된다면 "아무도 반대할 이유가 없다"고도 하였다. 도덕가이자 논리가인 Mill로서는 이 정도면 강경하게 표현한 것이다.

후일 Mill은 토지개혁협회(Land Tenure Reform Association)에서 활동을 많이 했다. 그러나 이 시기는 자서전 집필도 끝난 후였고 그의 기력도 쇠하여 별다른 영향력이 없었다.

Paul Douglas(1972)가 그의 자서전에서 술회한 대목은 주목할 만하다. 그는 토지세를 좀 더 강하게 지지하지 못한 데 대해 후회하였다. 그가 젊어서 교수로 재직했던 시카고 대학은 토지세를 반대한 Knight의 지배하에 있었고 그 자신도 실은 컬럼비아 대학에서 (토지세를 비판했던) J. B. Clark에게서 배웠으며 Philip Wicksteed의 영향을 받은 바 있다. 그가 상원의원이 된 후에는 전국도시문제위원회(National Commission on Urban Problems)를 주도하면서 토지세제를 권장하였다(Douglas, 1968). 그는 "성 베드로께서 나의 침묵을 용서해 주시기를……. 그리고 만년의 활동을 통해 다소나마 속죄한 것으로 인정해 주시기를"과 같은 표현을 했다(Douglas, 1972, p. 446). 그러나 젊은 Douglas로 하여금 토지세제에 반대하도록 한 Clark나 Wicksteed에게는 성 베드로가 어떤 처분을 내리는 것이 좋을지에 대해서는 언급이 없다. 자서전 끝 부분에서 Douglas는 Wicksteed에 대해 "내가 존경하는 분이며 생산과 분배 법칙의 조화에 관해 배웠다"고 기술하였다(Douglas, 1972, p. 123). 그런데 Wicksteed에게서 유래되었다고 하는(Douglas, 1972, p. 46) 콥-더글러스(Cobb-Douglas) 생산함수로 인해 많은 사람들이 (토지세 반대까지는 아니더라도) 토지세에 관심을 못 가지게 되었다. Wicksteed와 Douglas에 의하면 생산요소는 노동과 자본 둘뿐이다. 자본이 노동을 토지에서 추방하여 결국 Marx와 조지라는 두 급진주의자를 낳은 종획운동(enclosure movement)은 콥-더글러스 생산함수로는 도저히 설명되지 않는다.

3. 특수한 산업 또는 특수한 조건하에서의 지지

특정한 자본에 대해서는 조세를 면제해야 한다는 주장이 많이 제기된 바 있다. 임업학에서 **Ellis Williams**(1974)는 토지의 생산성을 기준으로 과세해야 한다는 견해를 재생시켰고 Fred. R. Fairchild(1935) 기타 많은 학자들도 Williams의 견해를 발전시켰다. 그러나 과세 대상에 포함되는 다른 자본과의 균형을 유지할 수 있는 조세에 대해서는 별다른 연구가 없었다는 점이 문제이다. 이들의 주장은 특정 산업에 대해 특혜를 주는 효과를 낳는다.

Ebenezer Howard(1965)는 대지 지대만을 세원으로 하는 이상도시론을 내어 오랫동안 도시계획가들에게 영향을 주었다. 그러나 조세에 대한 그의 관심은 단편적이며 지방적 차원에 그치고 말았다.

Harold Hotelling(1938)은 한계비용 가격책정(marginal-cost pricing) 이론으로 유명하다. Marshall과 Pigou가 이를 추상적인 수준에서 연구한 데 비해 Hotelling은 정부 통제를 받는 유틸리티(utilities)[수도·전기·가스 등 공공의 공급대상이 되는 생필품] 문제에 구체적으로 적용하면서 Jules Dupuit(1844)의 견해를 재발굴하여 지지했다. 평균비용이 감소하는 산업에서 한계비용에 의해 가격을 책정할 때 발생하는 적자에 대해 Marshall과 Pigou는 비용상승 산업 – 이러한 산업의 정의에서 혼란이 있기는 하지만 – 에 대한 조세로 충당하자는 견해를 제시했다. 반면 Hotelling은 이 적자를 소득세·상속세·토지세로 충당하자고 하였다. 그에 의하면, 비용상승 산업에 대한 조세는 사중적 손실(deadweight loss)을 발생시키지만, 토지는 공급곡선이 수직이어서 토지세의 사중적 손실이 발생하지 않으므로 훨씬 좋은 과세 대상이 된다는 것이다. 그러나 Hotelling은 이 문제의 연구에서, 적자를 보전하는 데 적합한 과세 대상 토지는 유틸리티 또는 새로 건설한 교량 등에 의해 혜택을 보는 토지에 국한된다고 보는 듯한 인상을 강하게 주었으며 소득세나 상속세에 대해서는 별로 언급하지 않았다.

그는 또 개별 공공사업에서 나오는 혜택을 정확히 측정하기는 어렵다는 점을 인정하고 "일반 대중에 유익하게 정부예산을 지출해야" 할 것이라고 했는데, 아마도 스스로 깨닫지 못하는 사이에 판도라의 상자를 연 것처럼 느껴진다. 어쨌든 이러한 표현은 토지세가 특정한 공공사업에서 생기는 이익만을 대상으로 할 필요는 없다는 의미로 해석될 수도 있을 것이다.

Hotelling의 이 중요한 논문은 지대의 성격과 비용·과밀에 대한 뛰어난 통찰을 보여 주었다. 이 논문은 Frisch, Little 등의 신라이프니츠 학파(neo-Leibnitzians)에 의해 공격을 받기는 했지만 유틸리티 경제학과 한계비용 가격책정 이론이라는 새로운 분야를 개척한 공이 있다.

Hotelling은 또 광물지대의 개념을 정립한 공로도 있다. 그러나 여기에서도, 위에서 본 교량의 경우와 마찬가지로, 자신의 가정과 결론을 분명하게 하지 않았다. 결국 토지세 정책을 어느 정도 밀고 나가야 하는지에 관한 그의 입장은 모호한 채로 남아 있다.

William Vickrey는 Hotelling의 견해를 더욱 발전시켜 공공사업 비용을 토지 가치에서 전적으로 충당하여야 한다는 결론을 논리적으로 도출하였다. Vickrey는 도시 토지의 지대는 도시 규모의 경제가 총체적으로 반영된 결과라고 보았으며 능률의 관점에서 볼 때 이러한 지대는 한계비용 가격책정에 의한 적자를 메우는 데 우선적으로 징수·사용되어야 한다고 하였다(Vickrey, 1969, p. 19).

석유·천연가스의 광구를 포함한 광물지대의 문제도 상당한 연구 대상이 되었다. 임업경제학자들은 임야세 부과는 목재산업 자본을 우선적으로 면세하는 것보다 효과가 적다고 하였지만, 다른 경제학자들은 광물지대가 매우 훌륭한 과세 대상이라고 보았으며 자본에 대한 면세는 부수적으로 지적하는 정도였다. 이러한 견해는, 광업토지의 경우 사실상의 소유자가 따로 있거나 부재지주가 많은 현실에 대한 반작용으로 생긴 것이 아닌가 생각된다. 광물지대는 다른 지대에 비해 분리·평가가 더 어렵고 사회적 효과론을 근거로 해서 반대하기가 더 쉬운데도 불구하고 광물지대를 지지하는 견해가 나오는 것은 그와 같은 이유가 아니면 이해하기 어렵기 때문이다. 또 Herfindahl(1974)이 그랬듯이 광업토지의 지대는 광물탐사 비용 내지 자본대체 비용이라고 주장할 수도 있기 때문이다. 이러한 노선의 학자로는 Henry Steele(1967), Paul Bradley (1977), Stephen McDonald(1963, 1967, 1971) 등을 들 수 있다. 이들 간에는 분석기법이나 개념의 차이가 아니라 단지 강조점의 차이가 있을 뿐이다. 이 네 사람 모두 자원지대(resource rent)라는 개념을 사용했다. 그중 McDonald는 석유 매장량에 대한 재산세도 권장하였다(McDonald, 1966). 광업에서는 지대의 개념정의가 어려운데도 불구하고 "지대"라는 용어가 이 분야에 널리 사용되고 있는 것은 경제사상의 대단한 발전이라고 하겠다.

Lewis C. Gray(1914)는 광물지대 분야의 선구적 연구자로서 Marshall, Ricardo, Böhm-Bawerk, Sorley 등의 연구를 종합하였다. Gray는 광물지대를 순소득과 고갈부담금(depletion charge)의 두 부분으로 구별하였다. 고갈부담금은 사용자비용(user cost) 또는 로열티(royalty)라고 부르기도 한다. Gray는 지대를 사회비용을 초과하는 잉여라고 정의하고 위의 두 부분이 모두 지대가 된다고 보았다. 그에 의하면 고갈부담금은 현재의 사용에 의해 미래의 지대가 감소된 부분이므로 역시 지대의 일부라는 것이다. 그는 고액의 탐사비용을 들이지 않더라도 대체할 수 있는 자원을 염두에 두었던 것으로 보인다. Gray는 장기적 대체의 문제를 충분히 고려하지 않았거나 대체비용은 다른 토지소유자에게 지불하는 금액과 같다는 관행을 전제하였던 것 같다.

John Ise(1925)도 광물지대를 사회화해야 한다고 한 Gray의 견해를 지지하였지만 자원보존의 문제에 관심을 더 기울인 편이었다. Ise는 광물 개발을 늦추는 정책을 지지하였는데 Gray도 후일에는 이러한 입장에 동참하였다. Ise는 이상주의자로서 소비 위주의 천박한 물질주의에 실망하였고 소비를 자제하는 훈련을 역설하였다. "소비를 연기하다 보면 파이가 공중에서 사라져 버린다"고 한 John Hill이나 "장기적으로 보면 우리는 모두 죽는다"고 한 John M. Keynes는 이런 입장을 비웃었을지 모른다.

Harold Hotelling(1931)은 광물지대에 관한 고전적 수학모형을 제시하였다. 이 모형의 엄밀성은 현대 모형연구자도 인정하지만 비전문가에게는 매우 난해하다. Hotelling은 자원고갈 문제의 분석에서 변분법(變分法, calculus of variations)이라는 고도의 수학 기법을 사용하였다. 그의 분석에는 현학적인 요소가 있으며 그리스어나 산스크리트어로 논문을 쓰지 않은 것만을 다행으로 여겨야 할 정도이다. 그러나 기본적인 논리와 결론은 Gray의 견해와 매우 흡사하다.

Warren Roberts(1944, 1967)는 Gray-Hotelling의 자원지대 모형을 더 발전시켰다. 그는 한계비용이 급속히 상승하는 경우에는 평균비용이 가격보다 낮아진다는 점에서 광물지대의 발생을 유추할 수 있다고 보았다. Roberts는 정치학자이지만 지대의 정의와 과세 문제를 경제학적 방법으로 다루었다. 그는 "거래 규제와 같은 수단은 문제를 혼란스럽게 만들어 올바른 이해를 저해한다"(Roberts, 1967, p. 215)고도 하였고 "회계학에는 정치적 의미가 없지 않다. 회계학은 인간의 합리성을 교육하며 이를 응용할 수 있게 해 준다.…… 지대 개념은 거의 모든 곳에서 타당하며 인간의 지성을 통해 적절하게 정의할 수 있기 때문에 실용적으로 중요한 의의를 가진다"(Roberts, 1967, pp. 207-208)고도 하였다.

Mason Gaffney(1967)도 광물지대의 과세에 찬성하지만 광물지대에만 과세하는 데는 반대하고 모든 토지의 지대가 과세 대상이 되어야 한다고 하였다. 그는 광물지대에 관해 Gray보다 신중한 입장을 취하는데, 원칙적으로 광물자원의 대체를 위한 보상과 자금지원의 필요성을 인정하기 때문이다. 그러나 현 제도에는 광물자원의 과잉개발·조기개발을 촉진하는 요소가 있기 때문에 별도의 동기부여를 해야 할 필요는 없는 것으로 보았다. 또 광물자원에 조세를 과하면서도 광물개발의 시기를 적정화할 수 있는 조세체계에 대해 연구하였다. 그는 광물자원의 조기개발에 의해 잠재적 지대의 상당 부분이 사라지고 있다고 보고 광물자원의 사전 비축을 적게 하는 산업에 혜택을 주어야 한다고 강조하였다. 그는 또 토지세는 폭넓은 경제적·사회적 효과를 낳으며, 형평성, 산업의 경쟁구조, 고용, 능률성, 사회적 화합 등에도 도움이 된다고 하였다.

광물자원의 부재소유자 문제 - 흔히 식민지 상황에서 존재하는 문제 - 에 대한 연구도 우리의 주제와 관련이 있다. 이 문제는 특히 캐나다 학자들이 많이 연구하였다. 앞에서 본 Gray도 원래 캐나다 출신이다. Anthony Scott(1976)가 편집한 『천연자원: 연방주의에 대한 한 검증』에 이들의 연구업적이 실려 있는데 공저자는 Thomas J. Courchene, W. D. Gainer, John Helliwell, J. Clark Leith, Milton Moore, T. L. Powrie, Donald Smiley, Irene Spry 등이다. 그중 Milton Moore는 "경제지대는 사회에 귀속되어야 한다는 것이 본인의 제1원리이다"(Moore, 1976, p. 241)고 하였다. 이에 대해 본격적인 의문을 제기한 사람은 (원래 미국 출신인) Paul Bradley뿐이었다. 그러나 이들은 공통적으로 광물지대에만 초점을 맞추었을 뿐, 토지세를 상업도시 토론토(Toronto), 정치도시 오타와(Ottawa), 항구도시 몬트리올(Montreal), 마니토바(Manitoba) 주의 농지 등에 확대하자는 주장은 보이지 않는다.

광물지대를 연구한 다른 캐나다 학자로 토론토 대학 출신인 Meyer Bucovetsky(1972)도 있다. 그는 후에 하버드 대학의 Malcolm Gillis(1978)와 공동연구를 한 바도 있다. 두 사람의 연구 장소의 영향인지는 몰라도 광물지대 과세에 관한 이들의 견해는 위에서 본 캐나다 학자들에 비해 다소 우회적이며 이 문제를 주로 납세자의 입장에서 다루었다.

국공유 토지의 사용자에게 광물지대를 징수하는 문제에 초점을 맞춰 연구한 경제학자도 많았다. 그러나 하천 등 물의 이용대가를 징수하지 않는 오랜 관습에 이의를 제기한 사례는 거의 없었고 목초지 이용료를 올려야 한다는 Delworth Gardner(1962)의 주장에 동의한 사례도 거의 없었다. 그러나 광물지대에 대해서만은 학계나 정책당국자 중에 그 징수를 강력히 주장하는 사람이 많다. 이 분야의 보수파라고 할 수 있는 Mead(1977), Sorensen(Mead and Sorensen, 1980), McDonald(1979), Kenneth Dam(1965) 등도 자원지대의 개념이나 그에 대한 정부의 징수권에 반대하지 않았으며 오히려 적극적으로 주장하는 편이다. 다만 징수액을 낮게 하고, 사용권의 전매(轉賣)를 금지하고, 새로운 자원의 발굴을 특히 강조하는 입장을 취하고 있다. 또 일부에서는 자원지대의 징수에 유예기간을 주어 참여를 유도하자는 견해도 제시했다. 이런 학자로는 Ross Garnaut and Anthony Clunies-Ross(1977), Michael Crommelin(1977), Mason Gaffney(1977a, 1977b), Gregg Erickson(1977), Arlon Tussing(1977), Robert Karlton and Wallace Tyner(1975) 등이 있다.

지대는 모든 경제활동과 정책에 불가피하게 관련되는 주제이다. 많은 경제학자들이, 예를 들어 택시영업허가나 주류 판매 면허의 가격 문제를 연구할 때에도 지대 개념을 사용한다. 그런데도 불구하고 정작 본격적인 토지 지대의 문제에 관해서는 별로 언급이 없는 점은 이상한 일이다.

수자원 문제도 간혹 제기된다. Gaffney(1969a, 1973b)가 수자원의 보유에도 과세하자는 주장을 폈으나 별다른 반응이 없었다. 그러나 물·공기의 오염에 대해 배출부과금을 매기자는 Allen Kneese(1962)의 견해에는 상당한 호응이 있었다. 그러나 광물지대 부과 문제에 비해서는 별다른 영향력이 없는 셈이다.

그 밖에 주파수 대역(radio spectrum)에 대한 지대 부과 문제도 일부에서는 활발히 거론되고 있다. 현재 이 귀중한 자원은 그 소유자인 일반 국민에게 아무런 대가를 지불하지 않고 개인이 사용하고 있는 실정이다. 이와 같은 특수한 자원에 관해서는 세 부류의 입장이 있다. 하나는 정부가 지대를 징수해야 한다는 입장이고 두 번째는 자원을 상업화해서 유통시킴으로써 효율적인 배분을 기해야 한다는 입장이며 세 번째는 효율성에 관계없이 이러한 자원의 국공유화를 주장하는 입장이다. 두 번째와 세 번째 입장을 취하는 쪽에서 상대방의 반쪽 진리를 좀 더 인식하고 존중한다면 보다 나은 결론에 이를 수 있을 것이다.

Ⅴ. 지지

토지세를 적극 추진하는 데 힘을 쏟은 경제학자도 다수 있었다. 가장 적극적이었던 헨리 조지와 Harry G. Brown은 너무 잘 알려져 있기 때문에 생략한다. 그 밖에는 좀 유별난 소수의 토지세 신봉자가 있는 것으로 흔히 생각하고 있다. 그러나 그 '유별난' 사람 중에는 Léon Walras, John R. Commons, Colin Clark, Dick Netzer, William Vickrey, Lowell Harriss, Ralph Turvey, François Quesnay 등의 중농학파, John Zangerle 등의 부동산평가사 그룹, Knut Wicksell, Adam Smith 등의 저명한 사람도 있다.

Léon Walras(1896)가 이 명단에 들어 있는 것이 좀 이상하게 생각될지 모르겠다(특히, 난해한 분석기법을 강조한 Jaff의 편역을 통해 Walras의 연구를 접한 사람에게는). 그러나 Walras도 확실한 토지세론자였다. 그의 글에는 헨리 조지와 같은 열정적인 문체가 나타나는데 예를 들어 보면 다음과 같다.

"개인의 능력에 의해 생산된 것을 모두 개인에게 귀속시키기 위해서는 국가가 토지를 소유하고 그 임대료로써 국가를 유지하고 자본을 형성해야 한다. 토지를 국유로 하면 조세가 없어지고 따라서 조세의 문제점도 해결된다"(Walras, 1896, 제Ⅱ권, 제8장).

"토지는 어느 특정 세대에만 속한 것이 아니다. 토지는 모든 인류, 모든 세대에 속한다(Rawls 주의자는 주목할 것)....... 봉건 귀족의 공적 의무를 덜어 주면서 그들의 토지를 환수하지 않은 것은 잘못이다. 그들의 토지 소유는 공적 의무에 대한 보상에 해당되었기 때문이다"(Walras, 1896, 제Ⅱ권, 제6장).

Walras는 Quesnay와 Turgot의 진리를 전승한다고 자처하면서 "지도급 경제학자들이 이를 배척해 왔기 때문에 이 진리는 오늘날 침몰하고 불신받는 지경에 이르렀다"(Walras, 1896, 제Ⅱ권, 제9장)고 지적하였다. 그는 프랑스판 시카고학파의 대표라고 할 수 있는 Bastiat에 대해 "1제곱미터당 2,000프랑에 거래되는 토지를 가치가 없다고 착각한 사람이 학계의 거봉이 되었다"고 비판하였다. 이 아첨꾼 경제학자들의 동기(動機)에 대해서는 헨리 조지도 Walras만큼 신랄하게 비판하지 못했다.

Walras는 과거에 J. S. Mill이나 Hermann-Henri Gossen 등이 제기한 보상론을 비롯하여

토지세의 실시에 관한 세부적 방법에 많은 관심을 가졌다. Mill은 현재의 소득을 기준으로 하여 자본화한 지가 – 요즘의 용어로는 이용가치 평가액(use-value assessments)에 해당함 – 를 토지소유자에게 보상하고, 개발가치·투기가치는 국가에 환수하자는 주장을 하였다. Gossen은 미래의 지대상승분을 반영하는 더 높은 금액의 지가를 보상하자고 하였는데, 국가가 공신력으로 보상 자금을 차입하고 자본화율(capitalization rate)을 낮게 잡으면 미래의 지대 수입으로 분할 상환해 나가서 결국에는 완전히 청산할 수 있다고 하였다.

Walras는 Gossen의 견해에 반대하였다. 우선 Gossen이 사용한 수학이 부정확하다고 하였고, 또 국가에 보상 자금을 대여하는 쪽에서도 토지를 구입할 수 있다고 볼 때 국가는 자본화율을 (Adam Smith처럼) 오히려 높아야 한다고 보았다. 그러나 그 후의 논리에는 불분명한 점이 있다. 그는, 정치경제학이 이해관계에 얽힌 비판자로부터 구조될 때 토지세제가 실시될 수 있을 것이며, 정부의 합리적인 행정과 정직하고 올바른 사고를 하는 경제학자들의 지원을 통해 산업발전이 이루어지고 그로 인해 토지세 수입이 증가하면 보상문제도 해결된다고 보았다(반대 입장에 있는 Wicksteed도 똑같은 희망을 표명한 적이 있다!).

Walras는 또 토지와 자본을 구분하는 실무적 문제에 대해서도 언급하였다(Walras, 1896, 제Ⅳ권). 그는, 농지는 비료를 주고 토지를 개량하면 그 결과와 융합되기 때문에 토지와 자본의 구분이 불가능하다는 견해를 비판하고 자본은 회전자금(revolving fund)이며 곡물의 판매를 통해 회수된다고 보았다. 그는 "어려운 문제에 부닥칠 때마다 문제해결이 불가능하다고 판단해 버리는" 일부 경제학자들을 비난하면서 다음과 같은 재미있는 표현을 하였다. "이 사람들의 논리대로 한다면, 신이 인간을 창조할 때 '그대는 나침반, 철도, 전보, 입헌정부는 만들 수 있지만 만족스러운 조세는 찾아낼 수 없다'고 말했을 것이다. 이 얼마나 이상스러운 저주인가?" Walras는 토지세는 조세라기보다 국가를 통한 토지의 공동소유의 표현이며 완벽한 정부 수입원이라고 하였다.

John R. Commons(1922, 1934)도 열렬한 토지세 지지자였으며 정치적 추진 운동에도 다른 사람보다 열성적으로 참여하였다. 1921년 위스콘신 주의 그림스태드 법안(Grimstad Bill)도 그의 제안에 의한 것이다. Commons는 조세원칙으로서 "납세 능력의 원칙(ability to pay)"을 수정해야 한다고 역설하였다. 조세에 있어 사회적 효용성도 중요하며 조세란 본질적으로 국가 경찰작용의 일부라는 것이다. "조세는 반드시 규제적인 것만은 아니며" 조세의 의도야 어떻든 간에 "조세는 기업활동에 이익을 주기도 하고 손해를 주기도 한다"고 하였다. 따라서 조세는 납세 능력에 비례해야 하는 동시에 사회적 부의 증가에 대한 기여도에 반비례해야 한다고 하였다. 그런데 토지소유자는 아무런 기여도 하지 않으면서 공동의 부에서 이익을 취하므로 토지와 지대소득에는 가장 높은 세율을 매겨야 한다고 보았다.

Commons는 "사회제도의 원리"는 공리적인 것으로서 미래지향적이어야 하며 "자연권이라는 도그마"는 무시되어야 한다고 하였다. 그리고 사회제도는 "사회의 부를 증가시키는 개인의 활동에 혜택을" 주어야 한다고 하였다. 이런 표현으로 볼 때 Commons는 경제적 유인을 추구하고 조세의 초과부담을 억제해야 한다고 주장한 듯한데, 그러나 그 방식이 좀 별나다.

Commons도 Walras와 같이 토질 보존의 문제에 깊은 관심을 가지고 있었고 (그림스태드 법안에 대한) 농업 분야의 지지를 획득할 수 있는 제도의 문제에도 역시 관여하였다. 그는 토질을 높일 수 있는 투자를 유도하기 위해 농업 토지에 대해 약 50% 정도 면세하자고 제안하였다. 그런데 이러한 제안은 토질의 차이 – 이 차이는 Ricardo 이론의 근거가 된다. – 를 전적으로 간과한 것이다. 이 제안은 정치적인 전략에서 나온 것으로서, 그는 이를 통해 농민의 반대를 무마할 수 있다고 생각했다. 그러나 그림스태드 법안은 실패하고 말았다.

Commons는 "수익자부담금이라는 미국적 제도"를 특히 지지하였다. Marshall은 이미 영국에서 이 제도를 실시하자고 주장한 바 있었는데 Commons는 이 제도가 1830년 뉴욕에서 비롯된 것이라고 생각했다. Commons는 Hotelling과는 달리 수익자부담금이 공공사업의 비용을 초과하지 않아야 하며 공공사업도 이와 같은 수입의 범위 내에서 시행되어야 한다고 하였다. 또 수익자부담금은 토지 가치에 국한되어야 한다고 하였다. 그는, 공공사업을 통해 증가되는 것은 자본가치가 아니라 토지 가치라고 본 초기 법조계의 상식을 지지하였다. 조세와 수익자부담금을 법률적으로 구분하는 관행은 '캘리포니아 주 발안 제13호' 사건 이후 다시 빛을 보았다. 법률가들은 수익자부담금은 위 제13호가 정하는 1% 세율상한에 걸리지 않는다고 해석하였다. 실제로 캘리포니아 주 재산 관련 세입 중 약 4분의 1은 수익자부담금에서 나온다(Zion, 1979).

Commons는 절대성보다는 합리성의 원리를 선호하여 "진리도 현실적 타당성을 갖지 못하는 수가 있다" 또는 "단일세와 같은 단일한 진리는 그 내부적 요소에 의해 벽에 부닥치게 된다"는 표현을 하였다. 그에 따라 조세의 두 원리 즉 납세 능력에 따라 과세한다는 원리와 사회에 대한 기여에 감세한다는 원리를 조화시켜, 임금소득에는 낮게, 자본소득에는 중간으로, 토지소득에는 높게 과세하는 3단계 소득세율을 채택하자고 주장하였다.

Commons는 대부분의 조지주의자와는 달리 연방소득세도 지대를 사회화하는 한 방법이 된다고 보았다. Paul Douglas는 상원의원 재직 시 "전국적 문제가 아니라 지방정부의 문제"(Douglas, 1972, p. 446)라는 이유로 토지세 문제에 침묵을 지켰으며, "자원의 낭비"라는 이유로 가속상각(accelerated depreciation)과 고갈부담금(depletion allowance) 등에 반대하였고, "사권보호"라는 이유로 자본이득(capital gains) 과세에 반대하였다. Commons는 이러한 Douglas의 태도를 달갑게 생각하지 않았을 것이다. Commons는 L. H. Parker 위원회(Parker, 1931)가 불로소득에 대한 세율을 높이자는 안을 내면서도 토지와 자본을 구분하지 않았다고 비판한 적도 있다. Commons는 가속상각을 통해 자본에 혜택을 주자는 제안을 하였다. 그런데 이 주장은 후에 실현되었으나 그의 다른 주장은 실현되지 못했다. 그의 주장과는 달리 오늘날 근로소득세의 세율은 매우 높은 반면 불로증가(unearned increments)는 60%가 면세되고 있는 실정이다.

Commons는 토지와 자본을 융합한 Willford King(1921)을 비판하기도 하였다. 토지와 자본의 융합 문제에 대해서는 앞에서도 검토한 바 있다. Commons는 King이 개인적 관점에서만 분석하였을 뿐이며 투기가 국가의 부에 대해 미치는 경제적 영향이라는 측면에서 보면 토지소득에는 사회적 기능이 없다는 점을 간과하였다고 지적하였다. 자본의 창출은 공동의 부에 기여하지만, 토지의 취득은, 요즘의 표현을 빌린다면 제로섬 게임(zero-sum game)에 지나지 않으며, 조지가 지적하였듯이 투기와 담보대출 문제가 결합하면 더 나쁜 결과가 초래된다는 것이다.

부동산평가사 중 상당수가 토지세를 지지하였다. 앞에서 John Zangerle에 대해서 소개한 바 있으며 그 밖에 샌디에이고의 Moody, 휴스턴의 A. A. Pastoriza, 뉴욕의 Lawson Purdue(1929), 피츠버그의 Percy Williams, 센트폴의 W. W. Pollock(1926), William A. Somers, 워싱턴 시의 John Rackham, 남아프리카 요하네스버그의 John McCutcheon, 오스트레일리아의 J. F. N. Murray(1969), 캐나다 브리티시컬럼비아의 Ted Gwartney, 영국의 Hector Wilks, P. H. Clarke 등도 있다. Purdy, Pollock, Somers(1901), Murray 등은 토지 가치의 분리평가 기법에 관한 많은 저술을 했으며 이 기법의 실용성을 입증하였다.

중농주의 경제학파의 창시자, Louis 16세의 주치의, 투입산출분석의 선구자였던 François Quesnay(1760경, rpt. 1963)는 토지세를 주장하였다(어쩌면 주치의로서 국왕의 건강을 위해 그랬는지도 모른다). 그는 순생산(produit net) 즉 농지 지대는 아무런 부작용 없이 조세로 징수할 수 있다고 하였다. 그는 자본세의 철폐를 열렬히 주장한 나머지, 자본에서는 소득이 생기지 않고 단지 그 원본을 회수할 수 있을 뿐이므로 자본세는 총자본량을 줄여 순생산을 감소시킨다고 하였다. 이것은 조세의 초과부담에 대한 소박한 초기 견해라고 할 수 있다. Quesnay가 실제로 자본에서는 소득이 생기지 않고 오직 농업만이 생산적이라고 믿었는지는 확인하기 어렵다. 어쩌면 프랑스를 잘못 다스리고 있던 둔한 국왕을 깨우쳐 주기 위한 노력으로 과장했을 수도 있다. 그의 제자인 Pierre Samuel du Pont de Nemours – 그는 후에 정변을 피해 미국으로 이주했다. – 는 자본세를 막는 것이 Quesnay의 주목적이라고 믿었는데 실은 du Pont 자신의 주목적이 아니었나 모르겠다. 어쨌든 Quesnay와 Victor de Mirabeau는 토지 지대의 정의와 그 과세 필요성을 잘 체계화하였다. 그 밖에도 이 계열의 학자로는 Mercier de la Rivière, N. Baudeau 등이 있었으며 정치인으로는 A. R. J. Turgot 남작이 있었다.

Knut Wicksell(1896)의 토지세 이론은 Hotelling과 비슷하지만, 보다 온건한 입장에서 시작하여 보다 강경한 결론을 도출한 점에서 차이가 난다. Wicksell은 조세의 원칙으로서 좁은 의미의 이익원칙에서 출발했는데 그 목적은 정부 지출의 상한을 정하는 데 있었다. 모든 정부 지출은 한계이익이 한계비용을 초과해야 하며, 이를 입증하기 위해서는 과세 대상자 전원(또는 거의 전원)의 찬성이 있어야(또는 적어도 이론상으로는 전원의 찬성이 가능해야) 한다고 하였다. Wicksell의 이 이론은 순전히 이전적인 과세(purely tranfer taxation)가 아니라 공공사업과 공공서비스를 대상으로 했던 것으로 보인다.

그는 드러나지 않는 조세를 통한 세입이 많기 때문에 정부가 각 사업의 재원충당 방법을 검토하지 않고 낭비한다고 개탄하였다.

그는 정부사업은 의회의 승인을 받도록 해야 한다고 하고, 그 사업의 혜택을 받지 않는 국민은 과세되지도 않고, 따라서 반대하지도 않을 것이므로 의회의 승인이 가능할 것이라고 보았다. 이 점에서 그의 입장은 매우 온건하며 요즘의 공공선택(Public Choice) 이론과 흡사한 점이 있다. 실제로 J. M. Buchanan(저명한 공공선택이론가임)은 그의 글(Wicksell, 1896)을 번역하기도 하였다.

그는 공공사업의 한계비용은 평균비용보다 낮으므로 가격·요금을 단순하게 책정해서는 안 된다고 했으며 이 점은 Hotelling과 유사하다. 다만 그는 Hotelling에 비해 공공사업의 적자 보전 방법을 더 상세히 연구하였는데 그 결론은 사업의 수혜자가 비용을 정액요금의 형태로 부담해야 한다는 것이었다.

궁극적으로 그의 결론은 헨리 조지와 견해를 같이한다. 우리의 상식으로 볼 때 토지소유자가 공공사업의 비용을 부담하자고 전원이 합의할 리가 없다. 그러므로 Wicksell이 제기한 전원합의의 원칙은 부를 정당하게 소유하는 사람에게만 적용되며 토지소유자는 거부권을 가질 수 없다. 그는 "토지 가치의 증가에 대한 특별세 부과 내지 몰수에 전적으로 찬성한다"고

하였고, 토지에 관한 사권은 "현대의 법과 형평의 개념에 명백히 배치되며 사회는 현재의 재산권 구조를 수정하여야 할 권리와 의무를 가지고 있다"고 강조하였다(Wicksell, 1896, p. 7). 이와 같이 Wicksell은 조세에서의 '이익의 원칙'을 토지세에 결부시켰다. 그는 이 토지세가 공공사업의 이익에 국한되어야 한다는 제한도, 미래의 가치증가액에 국한되어야 한다는 제한도 달지 않았다. 그는 "이 조세를 단계적으로 인상하여 궁극적으로는 모든 불로소득을 흡수해야 한다"고 하였다.

또 그는 이 조세는 토지의 보유 단계에서 부과해야 하며(Haig-Simons 원리), 거래 단계에 부과하면 "상업의 흐름에 지장을 준다"고 하였고, 도시 토지나 농업 토지뿐만 아니라 모든 토지에 부과해야 한다고 하였다.

마지막으로, Wicksell은 사적인 토지권리는 극히 제한적으로 인정해야 하며 미래에 발견·개발되는 자원(예컨대 광물)은 모두 국유로 해야 한다고 하였다. 그가 살았을 당시 무상이었던 천연자원이 오늘날 매우 값비싼 자원이 된 사실을 생각하면 그의 주장을 이해할 수 있다.

Ralph Turvey(1957)의 분석은 매우 간명 · 엄격하며 실용적인 면이 있다. 그는 자신이 토지세 관련 주장을 지지한다고 한 적은 없으나 그 주장이 "일반적으로 옳다"고 한 적은 있다. 또 그는 앞에서 본 바와 같이 다른 사람들이 제기했던 각종 의문을 제기하지도 않았다. 그는 재산세가 소유자가 아닌 이용자에게 부과되는 영국에서 연구를 하였는데도 조세의 영향(impact)과 귀착(incidence)을 구분하는 데 어려움이 없었다. 그는 토지세가 도시재개발, 건물개량 등에 주는 촉진효과를, 수확체감 또는 한계비용과 한계수입의 일치 등과 같은 단순한 개념을 사용하여 분석·강조하였다. 또 실용적인 측면에서 유동성 효과(liquidity effects)에 대해서도 검토하였다. 또 조세의 초과부담을 없애면 과세 대상이 되는 잉여(즉 지대)가 증가한다는 점도 지적하였다. 이러한 견해는 중농학파의 견해를, 농업이 아닌 상업이 주축을 이루고 있는 현대에 재현한 것이라고 할 수 있다. 그가 토지세에 관해 유보를 한 점이 있다면, 성숙 중인 토지에 대해 지가를 기준으로 과세하는 데 대해 약간의 의문을 - Ely의 견해처럼 - 표시한 것인데, 그러나 이를 본격적으로 거론하지는 않았다.

Lowell Harriss(1968)도 건물세의 초과부담 문제를 강조하였다. 그러나 토지에 자본을 추가함에 따라 이익이 체감한다는 Turvey의 견해와는 달리 Walter Morton처럼 건물이 대형화할수록 단위면적당 비용이 감소한다는 점을 강조하였다(그러나 필지의 면적과의 관계는 언급하지 않았다). 이 경우에는 건물세가 더 많은 초과부담을 발생시킬 것이다. 그러나 Marx처럼 규모의 변화와 비율의 변화를 구별하지 못했던 것이 아닌가 생각된다.

Harriss는 Cannan의 건물과세론에 부분적으로 동의하였다. 신축 건물과 낡은 건물을 비교해 보면 사회비용이 건물의 가격에 비례하지 않음을 알 수 있고 사회비용은 오히려 건물가격에 반비례한다고 하였다. Cannan이 고심했던 입지 유인 왜곡의 문제에 대해서 Harriss는, 건물에 과세하면 세액이 적은 지역으로 산업이 빠져나가며 그 결과 원심력이 작용하여 미국 대도시에서 보듯이 도시가 확산되고 악순환이 확대된다고 보았다.

Harriss는 Hotelling-Wicksell과 비슷한 논거를 통해, 유틸리티 자본(utility capital)에 부과하는 재산세의 단점을 지적하고 나아가 모든 자본세는 토지세로 대체해야 한다고 결론을 맺었다.

Colin Clark(1965)는 토지세가 다른 조세와는 달리 초과부담을 발생시키지 않는다는 사실을 재확인하였다. 그는 지방세로 인한 입지 유인의 왜곡을 막기 위한 단순하고도 창의적인 방법을 연구하였는데, "인구 일인당 토지 가치를 평가하여 그 가치가 낮은 지역에는 면세하고 그 가치가 높은 지역에는 누진세율을 적용하는 토지세제를 주정부가 실시해야 한다. 그리고 각 지방정부는 실정에 맞는 다른 조세를 부과해야 한다. ……"고 제안하였다. Gaffney(1973a, p. 33)도 이와 비슷한 견해를 제시하면서, 이러한 방향의 정책을 실시하지 않는다면 지방정부에 의한 배제적 용도지정(exclusionary zoning)으로 인해 심각한 문제가 발생할 것이라고 하였다.

Dick Netzer(1966)는, 이 장의 Ⅰ절 '반대' 입장에서 제목 하에 소개한 바와 같은 토지세 반대 견해들을 검토하고, 세입충분성에 관련된 약간의 의문을 제외하고는 모두 근거가 없다고 하였으며, 그 후 세입충분성 문제도 역시 근거가 없다고 하였다. Netzer는 Cannan의 주장에 대해서는, William Vickrey처럼 토지세의 문제점은 한계 혼잡비용에 상응하는 사용료로 보완해야 하며 건물세로 보완해서는 안 된다고 하였다. 이러한 방식으로 하면 Marshall이 폈던 부담스러운 유형의 조세 - 즉 일반 주민에 대한 서비스에 충당되는 이전적 조세 - 라는 문제를 건드리지 않을 수 있다고 하였다.

Ⅵ. 결론

이제 이 글의 종점에서, 경제학의 출발점인 **Adam Smith**(1776, rpt. 1937)로 돌아간다. Smith는 무엇보다 토지는 안정적이며 영구적이므로 훌륭한 세입원이라고 보았다. 돌이켜 보면 토지세 없이 존속한 국가나 왕조는 거의 없었으며 그중 상당수는 토지를 국유로 하였다. Smith는 국가가 토지를 직접 관리하려면 엄청난 업무량이 발생하므로 토지를 민간에 매각하고 조세를 징수하는 것이 좋다고 하였다.

Smith는, 중농주의자가 토지의 잠재적 지대가 아닌 실현된 지대에 따라 토지세를 부과하자고 했다고 비판하였다(이 비판은 맞기도 하고 틀리기도 하다). 실현지대에 대한 토지세는 초과부담을 발생시키지만 영국식으로 일정한 세액을 부과하면 괜찮다고 하였다. 그런데 영국식 토지세는 낡은 제도이므로 토지의 임대가치를 정기적으로 재평가하고 토지개량물에는 면세해야 한다고 하였다. Smith의 방식에 의하면, 정부는 토지소유자가 토지를 개발하기 전에 토지를 평가한 다음 토지소유자가 토지개량에 대해 본전을 충분히 뽑기 위해 필요한 기간 동안에는 이 평가액에 근거하여 토지세를 부과하게 된다. 토지가격 자료는 베니스에서 실시하던 방식과 같이 토지임대계약을 등록하는 기구를 통해 수집하면 된다고 하였다. 토지가격을 전면적으로 조사·평가하는 방식도 가능하기는 하지만 너무 일이 많으므로 베니스 방식이 더 낫다고 하였다.

Smith는 Ricardo처럼, 총생산액에 대한 일정 비율을 과세하는 방식에 반대하였다. 그러나 Ricardo와는 달리, 이러한 조세도 초과부담을 통해 토지소유자에게 (후방으로) 전가된다고 보았다(Ricardo는 전방으로 전가된다고 보았다). Smith는 Marshall이 정립한 수요·공급이라는 분석수단을 이미 사용하고 있었던 셈이다.

Smith는 주택의 임대가치도 과세 대상으로 나쁘지는 않다고 하였으나 "대지의 지대가 주택의 임대가치보다 더 적절하다"고 하였다. 토지세는 전가되지 않고 공급을 감소시키지도 않는다는 이유에서이다. 그는, 토지소유자는 언제나 "독점자(monopolist)"로서 지대가치를 모두 차지한다고 하였다(Stigler와 같은 사람은 조지가 "독점자"라는 독특한 용어를 사용한다면서 비웃었는데 이 용어가 실은 고전경제학에서 나온 것이라는 점은 흥미 있는 일이다).

Smith는, 지대에 과세하면 "어느 산업에도 지장을 주지 않는다. 사회의 연간 생산은 과세 전이나 후나 동일할 것이다. …… 좋은 정부가 있음으로 해서 존재할 수 있는 기금에 대해 과세하는 것은 매우 합리적이다. …… "고 하였다(Smith, 1776, rpt. 1937, p.796).

한편 자본에 과세하면 자본이 은폐되거나 빠져나간다. 뿐만 아니라 자본 중에는 숨기기가 더 쉬운 종류도 있기 때문에 자본세는 균일하게 부과되지 못한다. 자본의 양을 파악하려면 "누구나 싫어할 정도의"(Smith, 1776, rpt. 1937, p. 800) 심층적인 조사가 필요하다. 이러한 견해를 가졌던 Smith가, 오늘날 그와 같은 자본 조사가 이루어지고 있다는 사실, 그러면서도 자본세가 균일하게 과세되지 않고 있다는 사실을 안다면 매우 놀랄 것이다. 자본에 과세하면 "자본이 감소하기 때문에 자본 이윤뿐만 아니라 토지의 지대와 노동의 임금도 줄어들게 된다"(Smith, 1776, rpt, 1937, p. 800). Smith의 이러한 견해는 조지학파와 케인즈학파 경제이론의 핵심을 포괄하고 있다. 경제학이, 다가올 200년 동안에는 지난 200년 동안보다 더 빠르게 발전하기를, 또는 최소한 위대한 Adam Smith의 필요·충분한 지혜로부터 후퇴하지는 않기를 기원한다.

참고문헌

Adams, T. S. 1916. "Tax Exemption Through Tax Capitalization - A Fiscal Fallacy." *American Economic Review* 6: 271-87.

Alonso, William. 1964. *Location and Land Use: Toward a General Theory of Land Rent*. Cambridge: Harvard Univ. Press.

Anderson, Robert V., and Mason Gaffney. 1979. "Seligman and His Critique form Social Utility." In *Critics of Henry George*, ed. Robert V. Andelson. Rutherford, N. J.: Fairleigh Dickinson Univ. Press.

Anderson, B. M., Jr. 1914. "'Unearned Increments,' Land Taxes, and the Building Trade." *Quarterly Journal of Economics* 28: 811-14.

Babcock, Frederick. 1932. *The Valuation of Real Estate*. New York: McGraw-Hill.

Bahl, Roy W. 1968. "A Land Speculation Model: The Role of the Property Tax as a Constraint to Urban Sprawl." *Journal of Regional Science* 8, no. 2: 199-208.

Baker, John A. 1945. "Toward a Theory of Land Income." *Journal of Land and Public Utility Economics* 21: 160-66.

Berry, Albert. 1972. "Presumptive Income Tax on Agricultural Land." *National Tax Journal* 25: 169-81.

Bird, Richard M. 1960, "A National Tax on the Unimproved Value of Land: the Australian Experience, 1910-1952." *National Tax Journal* 13: 386-92.

Bird, Richard M. 1974. *Taxing Agricultural Land in Developing Countries*. Cambridge: Harvard Univ. Press.

Bradley, Paul. 1977. "Some Issues in Mineral Leasing and Taxation Policy." In *Mineral Leasing as an Instrument of Public Policy*, ed. Michael Crommelin and Andrew Thompson. Vancouver: Univ. of British Columbia Press.

Bradley, Paul. 1976. "Governments and Mineral Resource Earnings." In *Natural Resource Revenues: A Test of Federalism*, ed. Anthony Scott. Vancouver: Univ. of British Columbia Press.

Bucovetsky, Meyer. 1972. "Tax Reform in Canada: The Case of the Mining Industry." Ph. D. diss. Univ. of Toronto.

Bye, Carl R. 1940. *Developments and Issues in the Theory of Rent.* New York: Columbia Univ. Press.

Cannan, Edwin. 1907. "The Proposed Relief of Buildings from Local Rates." *Economic Journal* 17: 36-46.

Carey, Henry C. 1840. *Principles of Political Economy.* Philadelphia: Carey, Lea & Blanchard.

Carver, Thomas N. 1915. *Essays in Social Justice.* Cambridge: Harvard Univ. Press.

Clark, Colin. 1965. "Land Taxation: Lessons from International Experience." In *Land Values*, ed. Peter Hall. London: Sweet and Maxwell,

Clark, J. B. 1883. *Capital and Its Earnings.* Publications of the American Economic Association, vol. 3, no. 2: 1-61. See the discussion with E. v. Bohm-Bawerk, *Quarterly Journal of Economics* 1895-96, vols. 9, 10.

Clark, J. B. 1899. *The Distribution of Wealth.* New York: Macmillan.

Collier, Charles. 1979. "Clark and Patten: Exemplars of the New American Professionalism." In *Critics of Henry George*, ed. Robert Andelson. Rutherford, N. J.: Fairleigh-Dickinson Univ. Press.

Commons, John R. 1922. "A Progressive Tax on Bare Land Value." *Political Science Quarterly* 37: 41-68.

Commons, John R. 1934. *Institutional Economics.: Its Place in Political Economic.* New York: Macmillan.

Cornick, Philip H. 1934. "Land Prices in a Commodity Price System." *Journal of Land and Public Utility Economics* 10: 217-31.

Crommelin, Michael. 1977. "Concluding Note: Economic Rent and Government Objectives." In *Mineral Leasing as an Instrument of Public Policy*, eds. Michael Crommelin and Andrew Thompson. Vancouver: Univ. of British Columbia Press.

Dam, Kenneth. 1965. "Oil and Gas Licensing in the North Sea." *Journal of Law and Economics* 8: 51-75.

Dam, Kenneth. 1970. "Pricing of North Sea Gas in Britain." *Journal of Law and Economics* 13: 11-44.

Darwin, Leonard. 1907. "The Taxation of Site Values with Reference to the Distribution of Population." *Economic Journal* 17: 330-44.

Davenport, H. J. 1909. "Exhausted Farms and Exhausting Taxation," *Journal of Political Economy* 17: 354-62.

Davenport, H. J. 1917. "Theoretical Issues in the Single Tax." *American Economic Review* 7: 1-30.

Dorau, Herbert, and Albert Hinman, 1928. *Urban Laud Economics*. New York: Macmillan.

Dorner, Peter. 1972. *Land Reform and Economic Development*, Harmondsworth: Penguin Books.

Douglas, Paul. 1972. *In the Fullness of Time*. New York: Harcourt Brace Jovanovich.

Douglas, Paul. 1968. "Supplementary Views on the Taxation of Land Values." In *Building the American City*. Report of the National Commission on Urban Problems. Washington, D. C.: United States Government Printing Office.

Due, John. 1963. *Taxation and Economic Development in Tropical Africa*. Cambridge: The Massachusetts Institute of Technology Press.

Edgeworth, Francis Y. 1906. "Recent Schemes for Rating Urban Land Values." *Economic Journal* 16: 66-77.

Ely, R. T. 1920. "Land Speculation." *Journal of Farm Economics* 2: 121-36.

Ely, R. T. 1922. "The Taxation of Land." *In Proceedings of the 14th Annual Conference of the NTA*. 241-54. Harrisburg, Pa.: National Tax Association.

Erickson, Gregg. 1977. "Work Commitment Bidding." In *Mineral Leasing as an Instrument of Public Policy*, eds. Michael Crommelin and Andrew Thompson, Vancouver: Univ. of British Columbia Press.

Fairchild, Fred R., et al. 1935. *Forest Taxation in the United States*. United States Department of Agriculture, Miscellaneous Publication 218. Washington: The department.

Faustmann, Martin. 1849. Reprint 1968. "Calculation of the Value which Forest Land and Immature Stands Possess for Forestry." In *Martin Faustmann and the Evolution of Discounted Cash Flow*, ed. M. Gane, trans. W. Linnard. Oxford: Commonwealth Forestry Institute: The University.

Fetter, Frank 4. 1927. Reprint 1977. *Capital, Interest, and Rent*. Kansas City: Sheed Andrews & McMeel.

Fillebrown, C. B. 1907. "The Single Tax." *National Tax Association Bulletin*, Vol. 1, pp. 286-93.

Fillebrown, C. B. 1910. "The Taxation of Privilege." *The Outlook* 94: 311-13.

Fillebrown, C. B. 1914, *Taxation*. Chicago: A. C, McClurg.

Fillebrown, C. B. 1916. *The ABC of Taxation*. 4th ed. Garden City, N. Y.: Doubleday, Page, & Co.

Frisch, Ragnar. 1939, "The duPuit Taxation Theorem." *Econometrica* 7: 145-50.

Gaffney, Mason. 1967. "Editor's Conclusion." In *Extractive Resources and Taxation*, ed. Mason Gaffney. Madison: Univ. of Wisconsin Press.

Gaffney, Mason, 1969a. "Economic Aspects of Water Resources Policy." *American Journal of Economics and Sociology* 28: 131-44.

Gaffney, Mason. 1969b. "Land Rent, Taxation, and Public Policy." *Papers of the Regional Science*

Association 23: 141-53.

Gaffney, Mason. 1970. "Adequacy of Land as a Tax Base." In *The Assessment of Land Value*, ed. Daniel Holland. Madison: Univ. of Wisconsin Press.

Gaffney, Mason. 1971. "The Property Tax is a Progressive Tax." In *Proceeding of the National Tax Association*, 1971. Columbus, Ohio: The association.

Gaffney, Mason. 1973a. "A Critique of Federal Water Policy." In *The Political Economy of Federal Policy*, eds. Robert Hamrin and Robert Haveman. New York: Harper & Row.

Gaffney, Mason. 1973b. "Tax Reform to Release Land." In *Modernizing Urban Land Policy*, ed. Marion Clawson. Baltimore: Johns Hopkins Univ. Press.

Gaffney, Mason. 1977a. "Objectives of Government Policy in Leasing Mineral Lands." In *Mineral Leasing as an Instrument of Public Policy*, ed. Michael Crommelin and Andrew Thompson. Vancouver: Univ. of British Columbia Press.

Gaffney, Mason. 1977b. "Oil and Gas Leasing Policy: Alternatives for Alaska." A Report to the State of Alaska, Department of Natural Resources.

Gaffney, Mason. 1979. "Review and Recollection Related to Resource Economics: Selected Works of Orris C. Herfindahl." *Natural Resource Journal October*: 1006-1010.

Gardner, Delworth. 1962. "Transfer Restrictions and Misallocation in Grazing Public Range." *Journal of Farm Economics* 44: 50-63.

Garnaut, Ross, and Anthony Clunies-Ross. 1977. "A New Tax for National Resources Projects." In *Mineral Leasing as an Instrument of Public Policy*, ed. Michael Crommelin and Andrew Thompson. Vancouver: Univ. of British Columbia Press.

Gillis, Malcolm, et al. 1978. *Taxation and Mining*. Cambridge, Mass.: Ballinger.

Goode, Richard. 1964. "Reconstruction of Foreign Tax Systems," *Readings on Taxation in Developing Countries*, ed. Richard Bird and O. Oldman. Baltimore: Johns Hopkins Univ. Press.

Gillis, Malcolm, et. at. 1978. *Taxation and Mining*. Cambridge, Mass.: Ballinger.

Goode, Richard. 1964. "Reconstruction of Foreign Tax Systems." *Readings on Taxation in Developing Countries*, eds. Richard Bird and O. Oldman. Baltimore: Johns Hopkins Univ. Press.

Gray, Lewis C. 1914. "Rent under the Assumption of Exhaustibility." *Quarterly Journal of Economics* 28: 464-89.

Grimes, Orville, Jr. 1977. "Urban Land and Public Policy: Social Appropriation of Betterment." In *Local Service Pricing Policies, etc.* ed. Paul Downing. Vancouver: Univ. of British Columbia Press.

Groves, Harold. 1948. "The Property Tax in Canada and the United States." *Land Economics* 24: 23-30; 120-28.

Groves, Harold. 1949. "Impressions of Property Taxation in Australia and New Zealand." *Land*

Economics 25: 22-28.

Hagman, Donald. 1978. "Land Value Taxation." In *Windfalls for Wipeouts*, ed. Donald Hagman and Dean Misczynski. Chicago: Planners Press.

Haig, Robert M. 1915a. *The Exemption of Improvements from Taxation in Canada and the United States*. New York: The Committee on Taxation.

Haig, Robert M. 1915b. "The Effects of Increment Taxes upon Building Operations." *Quarterly Journal of Economics* 29: 829-40.

Haig, Robert M. 1915c. *Some Probable Effects of the Exemption of Improvements from Taxation in the City of New York*. New York: Press of Clarence Nathan.

Hall, Peter, ed. 1965. *Land Values*. London: Sweet and Maxwell.

Hardie, Robert S. 1952. "Philippine Land Tenure Reform." Special technical and economic mission, U. S. Mutual Security Agency, Manila. Lithographed and bound.

Harries, Lowell, 1968. "Economic Evaluation of Real Property Taxes." In *Municipal Income Taxes*, ed. R. H. Connery. New York: Academy of Political Science.

Hayek, Friedrich. 1936. "The Mythology of Capital." *Quarterly Journal of Economics* 50: 199-228.

Hayek, Friedrich. 1941. *The Pure Theory of Capital*. London: Macmillan.

Hayes, H. Gordon. 1920. "The Capitalization of the Land Tax." *Quarterly Journal of Economics* 34: 373-80.

Heilbrun, J. 1966. *Real Estate Taxes and Urban Housing*. New York: Columbia Univ. Press.

Heller, Walter W. 1954. "The Use of Agricultural Taxation for Incentive Purposes." In *Papers and Proceedings of the Conference on Agricultural Taxation and Economic Development*, ed. Haskell Wald and Joseph Froomkin. Cambridge, Mass.: Harvard Law School.

Herfindahl, Orris. 1974. *Resource Economics: Selected Works of Oris C. Herfindahl*, ed. David Brooks. Baltimore: Johns Hopkins Univ. Press.

Hibbard, Benjamin H. 1930. "A National Policy to Conserve Land Values." *Annals of the American Academy of Political and Social Science* 148: 115-19.

Hirschman, Albert. 1964. "Land Taxes and Land Reform in Colombia." In *Readings on Taxation in Developing Countries*, ed. Richard Bird and Oliver Oldman. Baltimore: Johns Hopkins Univ. Press.

Hobson, J. A. 1920. *Taxation in the New State*. New York: Harcourt Brace and Howe.

Hobson, J. A. 1931. *Poverty in Plenty: The Ethics of Income*. New York: Macmillan.

Holland, Daniel. 1969. "A Study of Land Taxation in Jamaica." In *Land and Building Taxes: Their Effect on Economic Development*, ed. Arthur P. Becker. Madison: Univ. of Wisconsin Press.

Hotelling, Harold. 1931. "The Economics of Exhaustible Resources." *Journal of Political Economy* 39: 137-75.

Hotelling, Harold. 1938. "The General Welfare in Relation to the Problems of Taxation and of Railway and Utility Rates." *Econometrica* 6: 242-69.

Howard, Ebenezer. 1965. *The Garden City of Tomorrow*. Cambridge: The Massachusetts Institute of Technology Press.

Hoyt, Homer. 1933. *One Hundred Years of Land Values in Chicago*. Chicago: Univ. of Chicago Press.

Hoyt, Homer. 1939. *The Structure and Growth of Residential Neighborhoods in American Cities*. Washington: Federal Housing Authority.

Hutchison. T. W. 1969. "Economists and Economic Policy in Britain after 1870." *History of Political* Economy 1: 231-55.

Ise, John. 1925. "The Theory of Value as Applied to Natural Resources." *American Economic Review* 15: 28-91.

Jensen, Jens P. 1931. *Property Taxation in the United States*. Chicago: Univ. of Chicago Press.

Johnson, Alvin. 1902. *Rent in Modern Economic Theory*. AEA Publications. Third Series 3, no. 4.

Johnson, Alvin. 1914. "The Case Against the Single Tax." *The Atlantic Monthly* 113: 27-37.

Johnson, Erwin. 1970. "Land Tax and Its Impact on Use and Ownership in Rural Japan." *Economic Development and Cultural Change* 19: 49-70.

Kalter, Robert; Wallace Tyner; and Daniel Mushes. 1975. "Alternative Energy Leasing Strategies and Schedules for the Outer Continental Shelf." Department of Agricultural Economics, Cornell University.

Keiper, Joseph, Ernest Kurnow, et al. 1961. *Theory and Measurement of Rent*. Philadelphia: Chilton.

King, Willford I. 1921. "Earned and Unearned Income." *Annals of the American Academy of Political and Social Science*: 240-60.

King, Willford I. 1924. "The Single-Tax Complex Analyzed." *Journal of Political Economy* 32: 604-12.

Kneese, Allen. 1962. *Water Pollution*. Baltimore: Johns Hopkins Univ. Press.

Knight, Frank. 1924. Reprint 1952. "Some Fallacies in the Interpretation of Social Cost." In *Readings in Price Theory*, ed. G. Stigler and K. Boulding. Chicago: R. D. Irwin.

Knight, Frank. 1946. "Capital and Interest." *Encyclopedia Brittanica* 4: 779-801.

Knight, Frank. 1953. "The Fallacies in the 'Single Tax.'" *The Freeman*, 809-11.

Kurnow, Ernest, 1960, "Land Value Trends in the United States." *Land Economics* 36: 341-48.

Kurnow, Ernest, 1961. "Distribution and Growth of Land Values." In *Theory and Measurement of Rent*, Joseph Keiper, et al. Philadelphia: Chilton.

Lawrence, Elwood. 1957. *Henry George in the British Isles*. East Lansing: Michigan State Univ.

Press.

Lent, George E. 1967. "The Taxation of Land Value." *I.M.F. Staff Papers* 14, no. 1: 89-123.

Levin, Harvey. 1971. *The Invisible Resource.* Baltimore: Johns Hopkins Univ. Press.

Lindholm, Richard. 1964. *Economic Development Policy*, Eugene: Univ. of Oregon Press.

Lindholm, Richard. 1965. "Land Taxation and Economic Development." *Land Economics* 41: 121-30.

Little, I. M. D. 1950, Reprint 1960. *A Critique of Welfare Economics.* London: Oxford Univ. Press.

Marling, Alfred E., chairman. 1916. *Final Report of the Committee on Taxation Of the City of New York.* New York: The O'Connell Press.

Marshall, Alfred. 1883. Reprint 1969. "Three Lectures on Progress and Poverty." *Journal of Law and Economics* 12: 181-226.

Marshall, Alfred. 1920. Reprint 1947. *Principles of Economics.* 8th ed. London: Macmillan.

Marx, Karl. 1847. *The Poverty of Philosophy.* New York: International Publishers.

Marx, Karl. 1867. Reprint 1906. *Capital*, trans. Samuel Moore and Edward Aveling. Chicago: Charles H. Kerr.

Marx, Karl, and Friedrich Engels. 1848. Reprint 1959. "Manifesto of the Communist Party." In *Marx and Engels*, ed. Lewis Feuer. Garden City, N. Y., trans Samuel Moore: Doubleday.

McCulloch, John. 1979. "Site Value Rating in Johannesburg, South Africa." In *The Taxation of Urban Property in Less Developed Countries*, ed. Roy W. Bahl. Madison: Univ. of Wisconsin Press.

McDonald, Stephen. 1963. *Federal Tax Treatment of Income from Oil and Gas.* Washington, D. C.: The Brookings Institution.

McDonald, Stephen. 1966. "The Effects of Severance vs. Property Taxes on Petroleum Conservation." In *Proceedings of the National Tax Association*, 1965. Columbus, Ohio: The association.

McDonald, Stephen. 1967. "Percentage Depletion, Expensing of Intangibles, and Petroleum Conservation." In *Extractive Resources and Taxation*, ed. Mason Gaffney. Madison: Univ. of Wisconsin Press.

McDonald, Stephen. 1979. *The Leasing of Federal Lands for Fossil Fuel production.* Baltimore: Johns Hopkins Univ. Press.

Mead, Walter. 1977. "Cash Bonus Bidding for Mineral Resources." In *Mineral Leasing as an Instrument of Public Policy*, ed. Michael Crommelin and Andrew Thompson. Vancouver: Univ. of British Columbia Press.

Mead, Walter, and Philip E. Sorenson. 1980. "Competition and Performance in OCS Oil and Gas Lease Sales and Lease Development, 1954-69." Final report, USGS contract no. 14-08-0001-16552.

Mieszkowski, Peter. 1970. "A Critical Appraisal of Land Value Taxation." Draft, pp. 1-37.

Mill, John S. 1872. *Principles of Political Economy*. People's ed, Boston: Lee and Shepard.

Moore, Milton. 1976. "The Concept of a Nation and Entitlements to Economic Rents." In *Natural Resource Revenues: A Test of Federalism*, ed. Anthony Scott. Vancouver: Univ. of British Columbia Press.

Murray, J. F. N. 1969. *Principles and Practice of Valuation*. 4th ed. Sydney: Commonwealth Institute of Valuers.

Musgrave, Richard. 1950. "A Graduated Land Tax." In *The Basis of a Development Program for Colombia*, pp. 384-87. Washington, D. C.: The International Bank for Reconstruction and Development.

Netzer, Dick. 1966. *Economics of the Property Tax*. Washington, D. C.: The Brookings Institution.

Olcott, George C. 1910-1979. *Land Values Blue Book of Chicago and Suburbs*. Chicago: G. C. Olcott. Annual Volumes.

Pareto, Vilfredo. 1897. *Cours d'Economie Politique*. Lausanne: Libraririe de l'Universitie, vol. 2.

Park, R. E., and Burgess, E. W. 1925. *The City*. Chicago: Univ. of Chicago Press.

Parker, L. H. 1931. *Preliminary Report on Earned Incomes*. Report of the Joint Committee (on Internal Revenue and Taxation) to the Committee on Ways and Means of the House of Representatives.

Patten, Simon. 1908. "The Conflict Theory of Distribution." *Yale Review*, 17: 156-84.

Pigou, A. C. 1949. *A Study in Public Finance*. 3d rev. ed. London: Macmillan.

Pilack, Edward. 1915. "Reduction of Tax on Buildings in the City of New York," *Annals of the American Academy of Political and Social Science* 58: 183-88.

Pollock, Walter William, and Karl W. H. Scholz. 1926. *The Science and Practice of Urban Land Valuation: An Exposition of the Somers Unit System*. Philadelphia: Manufacturer's Appraisal Co.

Purdy Lawson. 1929. *The Assessment of Real Estate*. 4th ed. New York: National Municipal League.

Quesnay, François. ca. 1760, Reprint 1963. Various works. In *The Economics of Physiocracy*, trans. R. Meek. Cambridge, Mass.: Harvard Univ. Press.

Ratcliff, Richard. 1950. "Net Income Can't Be Split." *Appraisal Journal* 18: 168-72.

Rhoads, William, and Richard Bird. 1969. "The Valorization Tax in Colombia." In *Land and Building Taxes: Their Effect on Economic Development*, ed. Arthur P. Becker. Madison: Univ. of Wisconsin Press.

Ricardo, David. 1817. *Principles of Political Economy and Taxation*. London: J. Murray.

Roberts, Warren. 1944. *State Taxation of Metallic Deposits*. Cambridge, Mass.: Harvard Univ. Press.

Roberts, Warren. 1967. "Mine Taxation in Developing Countries," In *Extractive Resource and Taxation*, ed. Mason Gaffney. Madison: Univ. of Wisconsin Press.

Robinson, Joan. 1933. *The Economics of Imperfect Competition*. London: Macmillan.

Rolph, Earl. 1954. *Theory of Fiscal Economics*. Berkeley: Univ. of California Press.

Rose, Louis A. 1971. "Taxation of Land Value Increments Attributable to Rezoning." Honolulu: Economic Research Center, 1-61.

Russell, Bertrand. 1945, Reprint 1967. *History of Western Philosophy*. London: G. Allen and Unwin.

Schultz, Theodore. 1953. *The Economic Organization of Agriculture*. New York: McGraw-Hill.

Scott, Anthony. 1967. "The Theory of the Mine under Conditions of Certainty." In *Extractive Resource and Taxation*, ed. Mason Gaffney. Madison: Univ. of Wisconsin Press.

Scott, Anthony. 1976. "Who Should Get Natural Resource Revenues?" In *Natural Resource Revenues: A Test of Federalism*, ed. Anthony Scott. Vancouver: Univ. of British Columbia Press.

Seligman, E. R. A. 1895. Reprint 1923. *Essays in Taxation*. New York: Macmillan.

Seligman, E. R. A. 1916. "Tax Exemption Through Tax Capitalization: a Reply." *American Economic Review* 6, 790-807.

Shannon, H. L., and H. M. Bodfish. 1929. "Increments in Land Values in Chicago." *Journal of Laud and Public Utility Economics* 5: 29-47.

Shoup, Carl. 1940. "Capitalization and Shifting of the Property Tax." *Property Taxes*. Symposium conducted by the Tax Policy League. New York: The League.

Shoup, Donald C. 1969. "Advance Land Acquisition by Local Governments." *Yale Economic Essays* 9, no. 2: 147-202.

Shoup, Donald C. 1970. "Optimal Timing of Urban Land Development." *Papers of the Regional Science Association* 25: 37-39.

Simon, Herbert. 1943. "Incidence of a Tax on Urban Real Property." *Quarterly Journal of Economics* 57: 398-420.

Simpson, Herbert D. 1933. "Real Estate Speculation and the Depression." *Proceedings of AEA* 23 (supplement): 163-71.

Simpson, Herbert D., and E. R. Burton. 1931. *The Valuation of Vacant Land in Suburban Areas*. Evanston: Northwestern Univ. Press.

Skouras, A. 1977. *Land and Its Taxation in Recent Economic Theory*. Athens, Greece: Papazissis.

Smith, Adam. 1776. Reprint 1937. *The Wealth of Nations*, 5th ed. New York: Modern Library.

Smith, Rogers. 1979. "The Effects of Land Taxes on Development Timing and Rates of Change in Land Prices," In *The Taxation of Urban Property in Less Developed Countries*, ed. Roy W. Bahl. Madison: Univ. of Wisconsin Press.

Somers, William A. 1901. *The Valuation of Real Estate for the Purpose of Taxation*. St. Paul, Minn.: Rich and Clymer.

Spahr, Charles B. 1891. "The Single Tax." *Political Science Quarterly* 6: 625-34.

Steele, Henry. 1967. "Natural Resource Taxation: Resource Allocation and Distribution Implications." In *Extractive Resources and Taxation*, ed. Mason Gaffney. Madison: Univ. of Wisconsin Press.

Stigler, George. 1941. *Production and Distribution Theories*. New York: Macmillan.

Stigler, George. 1947. *The Theory of Price*. New York: Macmillan.

Stockfisch, J. A. 1956. "Capitalization, Allocation and Investment Effects of Asset Taxation." *Southern Economic Journal* 22: 317–29.

Stockfisch, J. A. 1957. "Investment Incentive, Taxation, and Accelerated Depreciation." *Southern Economic Journal* 24: 28–40.

Strasma, John. 1969. "Property Taxation in Chile," In *Land and Building Taxes*, ed. Arthur Becker. Univ. of Wisconsin Press.

Taylor, Milton, et al. 1965. *Fiscal Survey of Colombia*. Baltimore: Johns Hopkins Univ. Press.

Turvey, Ralph. 1957. The *Economics of Real Property*. London: George Allen and Unwin.

Tussing, Arlon. 1977. "The Role of Public Enterprise." In *Mineral Leasing as an Instrument of Public Policy*, ed. Michael Crommelin and Andrew Thompson. Vancouver: Univ. of British Columbia Press.

Vickrey, William. 1969. "External Economies in Urban Development." *Proceedings of The American Real Estate and Urban Economics Association*, ed. Stephen Messner.

Wald, Haskell. 1959, *Taxation of Agricultural Land in Underdeveloped Economies*. Cambridge: Harvard Univ. Press.

Walker, Francis A. 1883a. Reprint 1898. Letters to *Frank Leslie's Illustrated Newspaper*. In George, Henry. *Social Problems*. New York: Doubleday and McClure.

Walker, Francis A. 1883b. *Land and Its Rent*. London: Macmillan.

Walker, Francis A. 1888. *Political Economy*. 3d ed. New York: H. Holt.

Walras, Léon, 1896. *Studies in Social Economics*. Lausanne: F. Rouge and Co., Inc. Unpublished trans. M. Gaffney, 1967.

Wicksell, Knut. 1896. "A New Principle of Just Taxation," trans. J. M. Buchanan. In *Classics in the Theory of Public Finance*, ed. R. A. Musgrave and A. T. Peacock. New York: Macmillan, 1958.

Wicksteed, Philip. 1914. "The Scope and Method of Political Economy." *Economic Journal* 24: 1–23.

Wieser, F. F. von. 1909. Reprint 1960. "The Theory of Urban Ground Rent." In *Essays in European Economic Thought*, ed. L. Sommer, New York: Van Nostrand.

Williams, Ellis. 1974. "Site Value Taxation." *National Tax Journal* 27: 29–44.

Zangerle, John A. 1927. *Principles of Real Estate Appraisal*. 2d ed. Stanley McMichael Publishing

Organization.

Zion, William. 1979. "Special Districts: A Special Tax Limitation Problem." *The Urban Interest* Spring: 75-80.

권말 부록

우리나라 부동산 정책 평가

1990년대 내내 잠잠하던 부동산 문제가 새 천년에 들어서면서 다시 불거지자 참여정부가 부동산 대책을 연달아 내놓았고 학계와 언론에서도 부동산 정책을 둘러싸고 많은 논의가 벌어졌다. 가히 부동산 정책 백가쟁명의 시대라고 할 수 있다. 아래에서는 새 천년 들어 나온 각종 정책, 주장을 지공주의의 관점에서 평가해 보기로 한다.

Ⅰ. 참여정부 부동산 정책의 문제와 대안

1. 세 가지 문제

참여정부의 부동산 정책은 그 진지함이나 내용 면에서 이전의 다른 정부의 정책보다 긍정적이다. 그러나 정답은 아니다. 그 이유를 세 가지만 들어 보자.

첫째로, 정책 목표를 '가격 안정'으로 잘못 설정하고 있다는 점이다. 부동산 가격이 급등하면 정치문제로까지 비화하기 때문에 가격을 잡아야 한다고 생각하기 쉽다. 그러나 가격 변화 그 자체를 문제시하는 것은 잘못이다.

부동산 가격은 실수요에 의해 정상적으로 형성되는 부분과 가수요에 의해 투기적으로 형성되는 부분으로 구성된다. 이 중에서 문제 삼아야 할 것은 투기적인 부분이다. 가격 전체를 문제 삼으면 옥(정상가격)과 석(투기가격)을 구별하지 않고 같이 태워 버리는 결과를 초래한다. 불로소득을 척결하면 부동산 시장에는 가수요가 사라지므로 투기적 가격은 저절로 소멸한다. 그러므로 부동산 정책의 목표는 '불로소득 환수'에 두어야 한다.

물론 가격 그 자체를 정책 대상으로 삼아야 하는 경우도 있다. 예를 들어 서민주택 가격이 서민이 감당하기 어려운 수준으로 형성된다면 이를 해결하기 위해 원가 절감이나 공급 확대 등을 고려해야 한다. 또 복지 차원에서 저소득층 주택을 정상가격 이하로 공급하는 것도 고려할 수 있다. 그러나 정부가 특별히 배려할 이유가 없는 중·상층을 위한 주택이라면 정책 목표를 불로소득 환수에 두어야 한다.

둘째로, 불로소득에 정조준하지 않는다는 점이다. 불로소득이란 생산적 노력과 무관하게 단순히 소유한다는 이유만으로 매입가격의 원금과 이자 이상으로 얻는 이익을 말한다. 그러나 현행 부동산 세액은 이와 같은 불로소득의 정의와 무관하다. 보유세액이 가격 대비 몇 %, 양도소득세액이 양도차익 대비 몇 %라고 할 때, 왜 '그 몇 %'이어야 하는지 명확한 근거가 없다. 물론 부동산에 세금을 징수하다 보면 세액에 불로소득이 상당히 포함되기는 하겠지만, 막연한 지향 사격을 할 것이 아니라 불로소득에 정조준해서 완전히 환수해야 한다.

셋째로, 토지와 건물을 통합해서 과세하는 오류를 범했다는 점이다. 종래에는 부동산을 토지와 건물로 분리하여 각기 종합토지세와 재산세로 과세하던 것을 2003년 10월 29일에 나온 대책을 통해 부동산 전체에 대해 통합 과세하는 쪽으로 바꾸었다.

건물은 시간이 지남에 따라 낡고 가치가 하락하므로 건물에서 불로소득이 발생하는 경우는 극히 예외적이다. 그럼에도 불구하고 부동산 투기가 아파트로부터 시작되는 경우가 많고 아파트 가격은 건물의 평수를 기준으로 형성되기 때문에 마치 건물에서 불로소득이 생기는 것으로 착각하기 쉽다. 정부가 혹 이런 착각에 빠졌다면 한시바삐 깨어나야 한다.

착각을 한 것은 아닌데도 통합 과세를 했다면 아마도 현재의 공시지가, 특히 아파트 부지의 공시지가가 시장가격을 제대로 반영하지 못하고 있기 때문일 것이다. 그렇다면 공시지가를 제대로 평가하는 것이 올바른 해법이다. 통합 과세를 하면 단기적으로는 불로소득을 환수하는 데 효과가 있겠지만, 장기적으로는 정상적인 토지 개발과 건물 공급을 제약하는 뼈아픈 대가를 치르게 된다.

위의 세 가지 문제를 해소하려면 부동산 정책의 목표를 '토지불로소득의 완전 환수'에 두어야 한다.

일각에서는 토지불로소득을 환수하는 것이 시장원리에 어긋난다는 반론을 펴기도 한다. 정부의 개입이 적을수록 예외 없이 시장에 더 도움이 된다고 믿고 있는 것 같다. 그러나 이것도 착각이다. 토지불로소득을 환수해야만 시장이 더 충실해진다. 왜 그럴까?

생산할 수 있는 물자의 경우에는 사익 추구가 사회에 도움이 되는 수가 많다. 어느 상품에 대한 수요가 많아져 가격이 오르면, 사익을 추구하는 자가 생산을 늘림으로써 수요가 충족되고 가격도 안정된다. 그러나 총량이 고정되어 있는 토지는 그렇지 않다. 땅값이 오를 것이라는 전망이 있으면 불로소득을 노리는 가수요가 많아지는 반면 매각하려는 사람은 줄어든다. 그 결과 수요와 공급의 괴리가 커지고 가격이 더 올라가는 악순환에 빠진다. 땅 없는 사람의 인생살이가 고달파지고 생산 부문으로 가야 할 자금이 땅으로 쏠린다. 심하면 1990년대의 일본처럼 장기 불황에 빠져들 위험성도 있다.

그러나 가수요를 없애면 토지시장에서도 사익 추구가 공익으로 연결될 수 있다. 가수요란 불로소득 때문에 생기는 수요이므로 불로소득을 환수하면 가수요는 사라진다. 또 불로소득을 그대로 두면 가수요자를 가려내려고 거래 허가라든지 전매 금지와 같은 방식을 쓰게 되므로 시장 작용이 제한된다. 따라서 토지 불로소득이 생기지 않도록 하는 개입은 독과점 규제처럼 시장친화적인 개입이다. 토지불로소득 환수의 시장친화성에 대해서는 제20장의 의문 1(사유재산제와 시장경제에 위배되지 않나?)도 참조하기 바란다.

2. 토지보유세로 불로소득 환수해야

부동산 정책의 목표를 토지불로소득의 환수에 둔다면 어떤 수단으로 환수하는 것이 좋을까? 정답은, 보유세로 환수하는 것이 바람직하다이다. 참여정부의 부동산 대책은 앞에서 지적한 문제를 안고는 있지만, 보유세의 장점을 인식하고 적극 도입했다는 점에서 기존의 다른 정부에 비해서는 긍정적이다.

보유세라고 해서 다 같은 것은 아니다. 가장 바람직한 방법은, 지대(토지 임대가치)를 과세표준으로 하여 모든 토지에 균일한 세율을 적용하는 것이다. 이런 보유세의 세율은 100%를 넘지 않는 한 아무리 높아도 좋다. 더구나 토지보유세를 제외한 대부분의 세금은 경제의 효율성을 해친다. 따라서 지대를 과표로 하는 균일한 세율의 토지보유세를 최대로 늘리고 그 수입만큼 다른 해로운 세금을 줄이는 것이 좋다는 결론이 쉽게 도출된다. 이렇게 하면 부동산 문제도 해결하고 세금이 경제에 미치는 악영향도 줄어들므로 일석이조의 효과가 난다.

다만, 보유세율을 단기간에 급속하게 올리면 매매가격이 곤두박질 쳐서 사회에 충격을 줄 수 있기 때문에 그 속도를 조절할 필요가 있다. 그러나 속도에 신경 쓸 필요 없이 토지불로소득을 단기간에 그리고 안전하게 근절하는 수단도 있다. 지대 중에서 매입지가에 대한 이자를 공제하고 그 잔액만 징수하면 된다. 이런 세금을 지대이자차액세라고도 한다. 이 조세를 도입하면 토지의 매매가격이 일정하게 유지되는 효과가 발생하므로, 기존 토지소유자에게도 손해가 없고 사회에 충격을 주지도 않는다. 자세한 것은 제17장(지대조세제로 가는 전략)을 참고하기 바란다.

불로소득의 환수라는 측면만 생각하면 양도소득세도 효과적인 수단이다. 그러나 양도소득세에는 부작용이 있으며 이 점에 대해서 제10장(토지세)과 제11장(토지불로소득)에서도 설명했으므로 여기서는 생략한다. 양도소득세가 흘러넘치는 물을 퍼내는 수단이라면 보유세는 물의 원천을 막아 버리는 수단이다. 또 보유세는 거래를 제한하지 않을 뿐 아니라 실수요자가 아닌 토지소유자를 압박하여 토지 매각을 촉진하는 적극적인 기능까지 가지고 있다.

불로소득 환수를 위해 개발부담금과 기반시설부담금도 활용된다. 개발부담금은 개발사업으로 부동산 가격이 상승했을 때 그 상승분의 일부를 환수하는 수단이다. 불로소득 환수라는 측면만 생각하면 효과적인 수단이지만 이 역시 양도소득세처럼 지가차액을 환수대상으로 한다는 점에서 보유세보다 못하다.

기반시설부담금은 기반시설 비용을 그 주된 수익자에게 부담시키는 수단이다. 그러나 일반적으로 기반시설이란 불특정 다수를 위한 시설을 의미한다. 그러므로 그 비용은 정부가 부담하되, 그로 인한 토지 가치 변화는 시설의 수혜자를 가리지 않고 보유세로 완전히 환수하는 것이 바람직하다. 수익자의 범위가 한정된 공동시설이라면 그 비용은 당연히 그 한정된 수익자가 부담해야 한다.

Ⅱ. 여러 가지 부동산 대책

우리나라 부동산 문제의 해법으로, 불로소득 환수 외에 각계에서 거론되었던 대책 중 중요한 것 몇 가지를 검토해 보자.

1. 아파트 분양 대책

아파트 분양가를 낮추어야 한다는 주장부터 생각해 보자. 여기에는 건설사가 분양가를 부당하게 높여 폭리를 취해 소비자가 손해를 본다는 생각이 깔려 있다. 예를 들어 분양가의 원가연동제가 그런 생각에서 나오는 대책이다. 그러나 분양가를 원가에 연계하여 시세보다 낮게 책정한다면 결국 불로소득은 최초로 분양받은 자에게 돌아갈 뿐이다. 최초 분양자라고 해서 불로소득을 취할 권리가 있는 것이 아니며 또 불로소득이 있는 한 투기는 막을 수 없다. 그러므로 복지정책적 고려가 필요한 경우가 아니라면 분양가는 시세대로 하되 건설사의 폭리를 막는 방법을 강구해야 한다.

분양원가를 공개해야 한다는 주장도 있다. 원가 공개가 합리적인 부동산 투자를 유도하는 데 다소간 도움이 될 수는 있을 것이다. 그러나 원가를 알더라도 분양가 이상으로 되팔아 불로소득을 챙길 수 있는 상황이라면 투기는 사라지지 않는다.

물론, 투기 문제를 떠나서 소비자는 상품에 관한 정보를 얻을 권리가 있다. 그러나 그렇다고 해서 민간 공급자가 상품 원가를 공개할 의무를 갖는 것은 아니다. 또 공개 의무를 과한다고 하더라도 공급자가 공개한 원가의 진실성을 확인하려면 외부의 감시 장치가 필요한데, 원가는 영업상의 노하우와 직결되기 때문에 민간 기업에 대한 지나친 간섭이 되기 쉽다. 그러므로 정부나 공사가 사업주체일 때에는 원가를 스스로 공개하도록 하고, 민간 공급자의 경우에는 공신력 있는 제3의 기관(예를 들면 소비자보호원, 한국감정원, 토지공사, 주택공사 등)이 건설원가를 평가하여 공시하는 '원가평가공시제'를 실시하는 것이 좋겠다. 사실 건설원가의 평가는 그리 어려운 작업이 아니다. 단지 공신력이 문제가 될 뿐이다.

아파트를 후분양해야 한다는 말도 있다. 일반 상품은 완제품을 보고 매매가 이루어지므로 아파트도 그렇게 되는 것이 자연스럽다. 또 후분양을 하면 입주도 하지 않고 분양권을 전매하는 투기행위를 예방할 수 있다. 그러나 투기는 불로소득을 먹고 살기 때문에 불로소득이 있는 한 분양 시기를 조절한다고 해서 투기가 없어지지는 않는다.

아파트 분양권 전매를 일정 기간 금지하자는 주장도 있다. 단기 전매차익을 노리는 투기를 차단하자는 것이다. 그러나 불법 품목이 아닌 한 재산의 처분은 자유롭게 해 주는 것이 원칙이다. 또 장기보유를 하면 불로소득을 사유화해도 좋다는 논리는 성립되지 않는다. 뿐만 아니라 전매를 금지한다고 해도 전문 투기꾼들이 피해 나갈 편법은 얼마든지 있다.

2. 금융 대책

금융 쪽의 대책으로는 금리 인상론이 있다. 자산가치는 미래의 기대수익에 비례하고 현재의 이자율에 반비례한다. 따라서 이자율을 올리면 부동산 매매가격이 하락하거나 상승세가 줄어든다. 그러나 이자율은 경제 전체를 보고 판단할 문제이다. 부동산 문제가 너무나 심각해서 경제 전체가 난파할 위기에 처한다면 당연히 고려해야 하지만, 그렇지 않다면 부동산 가격을 잡으려고 무리하게 이자율을 올린다면 경제의 다른 부문에 주름이 지게 된다.

또 담보대출비율(Loan To Value ratio, LTV) 즉 부동산을 담보로 하는 금융대출의 상한 비율을 낮추자는 의견도 있다. 단순히 대출을 억제하자는 의도라면 금리 인상론처럼 부적절하지만, 투기 목적으로 부동산을 무리하게 추가 매입하고는 새로 매입한 부동산을 담보로 대출을 받아 해결하려는 의도를 꺾자는 취지라면 일리가 있다. 그러나 투기 이외의 목적으로 대출받으려는 사람에게까지 피해를 주는 부작용은 감수해야 한다.

총부채상환비율(Debt To Income ratio, DTI)을 낮추자는 의견도 있다. 총부채상환비율이란 연간 총소득에서 주택담보대출의 연간 원리금 상환액과 기타 부채의 연간 이자 상환액을 합한 금액이 차지하는 비율을 말한다. 부동산 가격에 비례해 대출을 해 주는 것이 아니라 돈을 얼마나 잘 갚을 수 있는지를 따져 대출 한도를 정한다는 뜻이다. 단기적으로 시중의 유동성을 억제하는 효과는 있지만 이 역시 담보대출비율을 조정하는 경우와 같은 부작용을 감수해야 한다.

이처럼 금융 대책은 시중의 과도한 유동성이 부동산 투기로 몰릴 경우에 이를 일시적으로 억제하기 위해 사용할 수는 있겠지만 단기대책일 뿐이고 나름의 부작용을 감수해야 한다.

3. 공급확대론

한편, 부동산 문제를 해결하기 위해서는 주택 공급을 확대해야 한다고 주장하는 사람도 있다. 시장에 나타나는 수요는 실수요이든 가수요이든 다 수요라고 보고 이를 충족시켜야 한다는 것이다. 물론 집을 많이 지으면 결국에는 집값이 내려갈 것이다. 또 투기와 무관하게 양질의 주택은 꾸준히 공급해야 한다. 그러나 실수요에 대한 정밀한 진단 없이 목전의 불을 끄려고 서둘다 보면 과잉공급을 초래할 수 있고, 몇 년 후에는 건설업과 경제의 장기 불황이라는 쓰라린 결과를 낳을 수 있다.

가수요가 없다고 해도 공급 확대는 신중하게 결정해야 한다. 존재량이 일정한 토지의 공급을 확대하려면 다른 토지의 용도를 전환할 수밖에 없기 때문이다. 예를 들어 송파 신도시처럼 아파트를 더 지으려면 녹지를 없애야 한다. 어느 쪽이 나라를 위하는 길인지는, 단순한 경제논리를 넘어 더 넓게 더 멀리 보면서 판단해야 한다. 판교 등의 개발로 일어났던 투기바람은 공급 확대론이 초래한 재앙이었다. 뜨겁게 달아오른 불판에 물 몇 방울 뿌린다고 불판이 식을 리 없다. 오히려 무럭무럭 나는 김을 보고 무관심하던 사람까지 투기에 가세하게 된다. 강남 등 투기 대상이 되는 지역에 재건축 규제를 완화해야 한다는 주장도 공급 확대론의 하나이다. 불로소득이 없는 정상적인 시장에서도 나타날 재건축이라면 모르겠으나, 불로소득을 바라고 추진하는 재건축이라면 규제를 완화해서는 안 된다.

Ⅲ. 반값 아파트 논쟁

새 천년 들어서 부동산 문제가 서울 강남 지역의 아파트 가격 폭등으로 시작되어 다른 지역으로 확산되자 아파트 분양 방식에 관한 새로운 관점이 경쟁적으로 제기되었다. 이런 관점에서 공급하는 아파트를 총체적으로 '반값 아파트'라는 신조어로 부르게 되었다.

1. 공공임대주택

공공임대주택은 택지와 건물을 모두 공영개발하여 임대하는 주택이다. 공공임대주택은 반값 아파트의 하나는 아니지만 다른 유형을 이해하는 데 도움이 되기 때문에 먼저 살펴본다.

공공임대주택의 임대료를 시세대로 책정한다면 불로소득이 발생할 여지가 없어진다. 그러나 부동산 불로소득은 건물이 아니라 토지에서 생기므로 불로소득을 막기 위해서라면 건물까지 임대할 필요가 없다.

공공임대주택은 토지와 건물을 다 같이 공공기관이 개발하여 임대하기 때문에 그로 인한 부작용이 있다. 시공을 공공기관이 아닌 민간업체가 맡는다고 해도 결국 발주처인 공공기관에 납품하므로 시공자는 주택 수요자보다는 발주처에 신경을 쓴다. 입주자는 자기 집이 아니므로 아무래도 건물을 알뜰하게 사용할 유인이 적은데, 입주자의 도덕적 해이를 막으려면 관리당국이 감시 업무를 추가로 떠맡아야 한다. 공공기관의 권한이 커지면 비능률과 부정부패의 가능성도 있다.

공공임대주택은 주로 주거복지적 차원에서 공급하기 때문에 임대료를 시세보다 싸게 책정한다. 이 경우에는 거주기간 동안 임차인이 불로소득을 얻지만 이는 복지적 관점에서 정책이 의도한 것이므로 문제가 되지 않는다.

2. 토지임대부 주택

토지임대부 주택은 건물만 분양하고 토지는 임대하는 주택이다. 토지는 공공임대주택과 같고 건물은 일반 분양주택과 같다. 토지임대료를 목돈으로 받지 않는다면 주택 매입자의 최초 부담금은 건물 가격뿐이므로 주택 매입자의 초기 부담금은 대체로 반 정도가 된다. 그러나 차후에 토지임대료를 계속 납부하므로 장기적으로 보아 매입자의 부담이 줄어드는 것은 아니다.

토지임대부 주택은 토지불로소득을 사회에 완전히 환수할 수 있다는 점에서 지공주의에 가장 충실한 방식이다. 또 위에서 지적한 공공임대주택의 부작용도 없다.

토지임대부 주택에 대해서는 흔히 두 가지 비판이 제기된다. 첫째로, 공급자의 초기비용 부담이 과도하여 실현가능성이 떨어진다고 한다. 토지를 임대하기 때문에 토지비용이 단기간에 회수되지 않는다는 것이다. 그러나 이 문제는 국민연금기금과 같은 공익성 장기 자금을 활용하면 해결할 수 있다. 토지임대업은 장기적으로 안정적인 수입이 보장되는 사업이므로 기금의 안정적 운용에도 도움이 된다. 민간 금융기관도 사업을 장기적인 안목에서 운용한다면 초기비용을 공급할 것이다. 또 매입자의 선택에 따라 보증금과 월세를 혼합하는 방식으로 임대료를 책정하면 보증금으로 초기비용을 상당 부분 회수할 수 있다.

둘째로, 사람들이 선호하지 않을 것이라는 비판도 있다. 다른 유형의 부동산에서는 불로소득이 생기는 반면 토지임대부 주택에서만 토지불로소득 기회가 차단되기 때문에 실수요자라고 해도 바로 주택을 매입하지 않고 관망할 것이라는 것이다. 하지만 앞으로 공공기관에서 조성하는 택지에서 공급하는 주택은 모두 토지임대부 방식으로 공급한다는 방침을 확고히 하면 이 문제는 상당 부분 해결할 수 있다. 대규모 토지 개발은 대부분 공공부문이 담당할 수밖에 없으므로 방침이 흔들리지만 않는다면 신규 주택에 대한 실수요자가 망설이는 일은 없을 것이다.

토지임대부 주택도, 시장을 통해서 인간다운 생활에 필요한 주거를 구할 수 없는 계층에 대해서는 복지적 관점에서 할인해서 공급할 수 있다. 할인액이 주택 매입자의 불로소득이 되지 않도록 하려면 처분권을 제한할 필요가 있다. 건물 처분권을 제한하면 그런 건물소유권은 임차권과 비슷하므로 토지임대부 주택은 공공임대주택과 유사해진다.

3. 환매조건부 주택

토지와 건물을 함께 시세보다 낮은 가격에 분양하지만 환매권 즉 주택을 일정한 금액에 되살 수 있는 권리를 유보하는 주택이다. 환매조건을 붙이는 것은 전매를 통한 불로소득을 방지하기 위해서다. 시세보다 낮은 가격에 분양하므로 거주 기간 동안 불로소득이 발생하지만 이는 정책의 의도이므로 나쁘다고 할 수 없다. 다만 이런 유형은 복지적 관점에서 대상 계층을 한정하여 공급해야 한다.

환매조건부 주택은 처분권이 제한된다는 점에서 환매기간 동안에는 공공임대주택과 유사하다. 따라서 할인형 토지임대부 주택과도 유사하다.

다만 대가를 지불하는 방식에서 공공임대주택과 차이가 있다. 공공임대주택의 임차인은 흔히 월세로 임차료를 지불하는 데 비해 환매조건부 주택 매입자는 매입 시점에 목돈을 낸다. 임차인이 월세 대신 전세로 임차료를 지불할 경우에도 계약기간이 끝날 때 전세금을 그대로 돌려받지만 환매조건부 주택을 환매할 때는 초기 분양가격이 아닌 환매가격을 받는다. 그러나 환매가격이 분양가격과 같으면 환매조건부 주택은 전세 방식의 공공임대주택과 실질적으로 차이가 없어진다.

반면 환매가격을 분양가격보다 높게 책정한다면 불로소득이 발생할 수 있다. 또 환매조건부 주택은 언젠가는 환매기간이 끝나게 되는데 그 후에는 일반주택처럼 불로소득이 발생할 수 있다.

4. 지분형 주택

주택 분양가의 51%는 매입자가 부담하고 49%는 다른 투자자가 소유하도록 하는 방식이다. 매입자는 주택가격 51% 외에는 다른 부담이 없고 나머지 49% 부분은 임차료도 없이 무료로 사용하는 것이다. 그야말로 '반값' 아파트가 된다.

주거복지 정책의 하나로 저소득층에게 주택을 싸게 공급하는 것이 목적이라면 이런 유형의 주택도 괜찮다. 그러나 복지가 목적이 아니라면 지분형 주택은 딜레마에 봉착하게 된다. 투자자가 얻을 수 있는 49%에 대한 이익은 주택가격 상승액뿐이므로 주택가격 상승률이 이자율과 비슷하거나 높아야만 투자를 유치할 수 있다. 주택은 건물과 토지로 구성되는데 건물가격은 시간이 지날수록 하락하기 마련이므로 지가 상승률이 상당한 정도가 되어야 투자가 이루어진다. 그런데 제3부(토지시장)에서 보았듯이 완전경쟁 토지시장에서 지가 상승률은 이자율보다 낮다. 즉 시장이 정상적이라면 지분형 주택에 대한 투자를 유치할 수 없고 투자를 유치하려면 집값이 비정상적으로 상승해야 한다는 딜레마에 봉착한다.

Ⅳ. 토지통계와 토지 백지신탁제

지금까지 보았듯이 지공주의는 상식적이며, 원리는 교과서에 다 나와 있는 평범한 내용이다. 그러나 현실에서는 이해관계와 편견이 이런 정답으로 가는 길을 가로막고 있다. 이런 장애를 헤치고 지공주의를 이 땅에 실천하기 위해 필요한 준비 조치 두 가지를 제시한다.

1. 토지통계

토지 소유와 토지불로소득이 일부 국민에게 심하게 편중되어 있다는 사실을 국민에게 알려야 한다. 국토를 누가 얼마나 소유하고 있으며, 또 토지불로소득은 누구에게 얼마만큼 귀속되는지를 숫자로 보여 주는 통계를 매년 국민에게 공개하여야 한다. 다만, 사생활을 침해해서는 안 되므로 개인별 정보가 아니라 십분위, 백분위 등 분위별 통계를 공개하면 된다.

정부에서도 이 점에 관심을 보여 매년 전년도 연말 기준으로 전국 토지 소유 현황 통계를 내서 '온나라 부동산정보 홈페이지'(http://www.budongsan.go.kr/)를 통해 국민에게 공개하고 있다.

어느 나라 정부든 국민의 경제적 불평등을 나타내는 통계는 공개하지 않으려는 경향이 있다. 소외 계층의 불만을 자극해서 정치적 불안정으로 이어질 것을 염려하기 때문일 것이다. 그러나 문제를 덮는다고 해서 해결이 되는 것은 아니다. 바로 알고 바로 대처하는 것이 올바른 방법이다. 그나마 소득 분포는 어느 정도 파악할 수 있으나 소득보다 더 중요하면서도 편중도가 더 심한 토지 소유에 관한 통계는 어느 나라에서도 구하기가 쉽지 않다. 그런 의미에서 이번 정부 발표는 우리나라는 물론, 세계적으로 보더라도 획기적인 성과로 평가된다.

앞으로는 토지불로소득 통계도 추가되어야 한다. 토지불로소득은 토지 소유 이익(지대+매각지가)에서 토지 소유 비용(매입지가+그 이자)을 뺀 금액으로 정의된다. 우리나라에는 전국

토지에 대한 지가 자료는 있지만 지대 자료가 없기 때문에 정의에 충실한 토지불로소득 통계를 내기는 어렵다. 토지의 현재 이용가치를 나타내는 지대도 매우 중요한 통계이므로 공시지가 외에 공시지대도 평가할 필요가 있다. 토지보유세 과세 표준으로는 미래의 가치를 나타내는 지가보다 현재의 가치를 나타내는 지대가 더 합리적이기도 하다.

공시지대 자료가 없는 상태에서 당분간은 매각지가와 매입지가 간의 지가차액이라도 계산하는 수밖에 없다. 과거의 매입지가를 잘 몰라서 자본이득을 계산하기 어렵다면, 현재 양도소득세 과세를 위해 추정하는 방법을 준용하면 된다. 2006년부터는 부동산 실거래 가격을 등기부에 기재하고 있으므로 자본이득을 파악하기가 더욱 쉬워졌다. 통계가 여러 해 누적되면 1년 이상의 기간 동안 실현된 자본이득 및 발생한 자본이득의 분포도 낼 수 있을 것이다.

2. 토지 백지신탁제

지공주의를 현실 정책으로 구현하려면 정책결정 과정의 핵심 주체인 정치인과 고위 공직자의 태도와 역할이 중요하다. 사람은 자신에게 불리한 정책을 기피하고 싶은 의식적 또는 무의식적 성향이 있기 때문에 정책을 결정하는 공무원이 토지불로소득에서 자유롭지 않다면 공정한 부동산 정책이 나오기 어렵다. 정책 당국에서 흔히 '국민의 조세 저항'을 이유로 토지보유세 강화를 주저하지만 이는 자신의 심리를 투사한 핑계일 가능성도 있다. 그러므로 핵심 주체의 개인적인 이해관계가 지공주의 개혁과 무관하도록 만들어 줄 필요가 있다. 그 수단이 토지 백지신탁제다.

또 토지 백지신탁제는 인사정책을 위해서도 필요하다. 공직자윤리법에 의해 1993년부터 공직자 재산등록제가 실시되고 있다. 특히 1급 이상 등 고위 공직자의 등록 재산은 공개하게 되어 있는데, 매년 재산이 공개될 때마다 재산 형성 과정에 대해 여론은 냉소를 보내고 있다. 또 인사청문회법에 따라 2000년부터 대통령이 국무위원을 임명할 때 국회의 인사청문회를 거치게 되었는데, 그때마다 재산 형성 과정에 대한 의혹이 불거지고 있다. 심지어는 능력과 무관하게 낙마하는 경우도 있다. 이런 문제는 개인보다는 도덕과 합치하지 않는 제도에서 생기므로 지공주의를 제도화하는 것이 근본대책이다. 하지만 그렇지 못한 현실에서 부동산 투기 의혹이 있는 인물을 다 제외하면 능력 있는 후보군의 범위가 많이 줄어든다. 과거의 부동산 관련 행위가 위법하지 않은 한 백지신탁을 통해 불로소득의 상당 부분을 포기한 사람에게는 도덕적 책임을 면제할 필요가 있다.

토지 백지신탁제의 하나의 안을 예시해 보자. 우선 개요를 요약하면 다음과 같다.

① 신탁 대상 직위에 취임하는 자는 본인 및 일정 범위의 친인척 소유 부동산을 신탁한다.
② 신탁금액은 취득 시점 가격의 원리금과 신탁 시점 가격 중 적은 금액으로 한다.
③ 퇴직 시점에 신탁금액의 원리금을 지불한다.

이를 구체화하면 다음과 같다.

1) 신탁 대상 직위의 범위

제도의 연착륙을 위해 처음에는 공직자윤리법 제10조 제1항의 재산공개 대상자 중 제1호에 해당하는 국가의 정무직 공무원으로 하고 점차 범위를 넓혀 간다. 이 중 선거직인 대통령과 국회의원의 경우에는 후보 등록 때도 본인이 원하면 백지신탁할 수 있도록 하고 이 사실을 선거공보 등에 게재하여 유권자에게 널리 알린다.

정무직의 구체적인 직위는 2008년 현재 다음과 같다. 대통령, 국회의원 외에 감사원장, 감사위원 및 사무총장, 국회사무총장, 차장, 도서관장 및 의정연수원장, 헌법재판소 재판관, 사무처장 및 사무차장, 중앙선거관리위원회 상임위원, 사무총장 및 차장, 국무총리, 국무위원, 처의 처장, 각 부의 차관, 청장(경찰청장과 해양경찰청장은 정무직 아닌 특정직임), 국무총리실장, 차관급 상당 이상의 보수를 받는 비서관(대통령실 수석비서관, 국무총리실 차장, 대법원비서실장, 국회의장비서실장), 국가정보원장 및 차장, 대통령실장, 방송통신위원회위원장, 공정거래위원회위원장, 금융위원회위원장 등이 포함된다.

2) 친인척의 범위

부동산을 본인 이외에 배우자, 자녀에게 분산 소유시키는 경우가 많기 때문에 이 범위로 정하는 것이 좋다. 그러나 직계존속은 제외해도 좋을 것이다. 상속 문제를 염려하여 직계존속 명의로 소유하는 경우는 많지 않기 때문이다.

배우자와 자녀가 자신의 고유재산과 독립적인 소득으로 부동산을 소유한 경우에는 어떻게 할 것인지도 문제가 될 수 있다. 그러나 정책의 공정성을 확보하기 위해서는 이런 경우도 포함시켜야 할 것으로 본다.

3) 신탁 대상 부동산의 범위

모든 부동산을 백지신탁시키는 것이 원칙이다. 다만, 불로소득이 없더라도 소유할 것으로 추정되는 '특별한 연고가 있는 부동산', 예를 들면 주거와 생업에 직접 활용하는 부동산 또는 선산 등은 신탁 해지 때 불로소득을 징수한 후 현물로 돌려준다.

이 방법은 철저하고 이상적이기는 하지만 일반 국민에 비해 지나치게 엄격한 기준을 적용하는 면이 없지 않기 때문에 시행 초기단계에는 제도의 연착륙을 위해서 다음과 같이 다소간 낮은 수준에서 출발해도 좋다.

- 실수요 부동산은 백지신탁 대상에서 제외한다. 대상에서 제외하는 '실수요 부동산'은 1가구 1주택(신탁자가 선택), 신탁자가 실수요임을 입증하는 업무용 부동산과 선산으로 한다.
- 백지신탁하는 부동산 중에서 신탁자가 '특별한 연고가 있는 부동산'임을 입증하면 신탁 해지 때 취득 시점 가격의 원리금을 초과하는 금액을 징수한 후 현물로 돌려준다.
- 다른 부동산은 완전 백지신탁한다. 다만, 신탁업무 담당기관이 불로소득 발생의 가능성이 없다고 판단하면 신탁 해지 때 취득 시점 가격의 원리금을 초과하는 금액을 징수한 후 현물로 돌려줄 수 있다.
- 소유하는 부동산 총액이 일정 금액(예를 들면 주택 종합부동산 기준인 6억 원) 이하인 경우에는 신탁 대상에서 제외한다.

4) 토지만 신탁해도 된다

부동산 중 불로소득이 발생하는 부분은 주로 토지다. 건물은 특별한 경우가 아니면 시간이 지남에 따라 낡고 가치가 하락하기 때문이다. 그럼에도 불구하고 부동산 전체를 백지신탁 대상으로 하는 것은 관리의 편의성을 위해서다. 그러므로 신탁자가 희망하고 관리상 어려움이 없으면 부동산 중 토지 부분만 백지신탁할 수 있게 한다.

5) 신탁 해지 시점과 반환

신탁 해지 시점은 퇴직 또는 재산공개 사유가 소멸한 때로 한다. 이 때 지불하는 금액은 신탁금액의 원리금으로 한다. 다만, 이 시점까지 신탁 부동산을 처분하지 않았을 경우에, 본인이 원하면 현물로 반환할 수 있다. 그러나 재직 중 당해 부동산에 영향을 미칠 정책과 본인의 이해관계를 차단하기 위해서, 반환 시점은 2년 후로 하고 부동산 가격이 신탁금액의 원리금을 초과할 경우에는 그 차액을 징수한다. 참고로, 공직자윤리법 제17조의 퇴직공직자 취업 제한 기간인 2년이며, 부패방지법 제45조에는 비위 면직자의 경우 5년간 취업을 제한하고 있다.

6) 신탁업무 담당 기관

공직자윤리위원회를 담당 기관으로 하고, 신탁 부동산 운용은 공직자윤리위원회가 운용기관을 선정하여 신탁 부동산을 운용하게 한다. 운용 수익은 국고에 귀속하도록 한다.

Ⅴ. 부동산 정책 관련 칼럼 모음

우리나라 부동산 정책을 주제로 하여 언론 매체에 실린 지은이의 칼럼을 소개한다.

부동산 정책실패, 누가 돌을 던지나?

(경향신문 2006년 11월 23일)

'정책실패'라는 말이 자주 들린다. 경기도 좋지 않은 가운데 세금을 꼬박꼬박 내면서 좋은 정책이 나오기를 기대하는 국민으로서는 화가 날 수밖에 없다. 그러나 화를 옳게 삭이려면 정책실패의 책임이 누구에게 있는지를 한번 생각해 보는 것이 좋겠다.

정책에 영향을 미치는 주체를 크게 둘로 나누면 내부에서 정책의 수립과 집행을 담당하는 정책당국과, 외부에서 영향을 미치는 외부주체가 있다. 외부주체는 정치권, 언론, 전문가, 이익집단, 국민 등 다양하다. 정책실패의 일차적 책임은 정책당국에 있지만, 정책참여자가 다양한 만큼 다른 주체의 책임도 따져 볼 필요가 있다.

국민이 제일 크게 화를 내는 대상인 부동산 정책을 예로 들어 따져 보자. 부동산 문제의 핵심은 투기이므로 투기를 못 잡으면 정책실패가 된다. 참여정부가 여러 차례 부동산 정책을 내놓았는데도 최근에 대규모 투기가 일고 있다. 이번 투기는, 정책을 수립하고 발표까지 했지만 본격적으로 집행도 하기 전에 발생하였다. 학술적으로는 집행하지 않은 정책의 성패를 판정하지 않지만, 정치권은 물론이고 국민정서도 실패라고 단정하고 있는 듯하다.

이 결과에 대해 정책당국은 어떤 책임이 있는가? 투기는 불로소득 때문에 생긴다는 사실은 누구나 알고 있다. 그러므로 투기를 막으려면 불로소득을 없애면 된다. 그런데 현재의 정책은 불로소득에 정조준을 하지 않아 명중률이 낮다. 또 명중하더라도 다치기는 하지만 치명상을 주지 않는 무딘 총알을 쓰고 있다. 그래서 아무도 투기를 포기할 정도로 정책을 무서워하지 않는다.

또 정책의 목표를 투기를 잡는 데 두지 않고 집값을 잡는 데 두었다. 정책당국은 아마도 이 두 목표가 같은 것이라고 오해한 듯하다. 불로소득을 제거하면 투기가 사라져서 시장에는 저절로 실수요만 남는다. 그런데 현 정책은 불로소득을 상당 부분 그대로 둔 채 집값을 잡는다면서 공급을 확대하려고 한다. 실수요를 확인하지 않은 채 공급을 확대하는 것은 무모한 정책이고 자칫 공급 과잉 사태를 야기하여 경제 전반에 큰 피해를 줄 수 있다. 이런 점에서 정책당국은 책임을 면할 수 없다.

한편, 정책의 외부주체는 책임이 없는가? 정치권, 특히 차기 집권 가능성이 높아 보이는 한나라당은, 집권하면 총알을 더 무디게 만들거나 아예 총을 쏘지 않을 듯한 태도를 보이고 있다. 이것은 1년 남짓만 버티면 된다고 투기자에게 외치는 것과 같다. 이런 상황에서 현 정책의 약발이 제대로 먹힐 리가 없다.

다수의 언론, 전문가, 이익집단은 '시장원리에 충실하라'고 하면서, 부동산 중과세 정책을 '세금 폭탄'이라고 비난한다. 공급물량이 가수요자의 추격매수 대상이 되고 있는데도 '가수요도 수요'라고 하면서 공급을 확대하라고 한다. 실수요가 자연스럽게 드러나는 시장을 조성하고 그런 시장의 기능을 존중하는 것이 시장원리다. 그런데 이들의 주장은 지금처럼 비정상적인 시장에 맡기라는 것이다. 건설사와 투기자를 위해 판을 만들어 주자는 말과 무엇이 다른가? 그러나 이들의 강력한 입김이 정부 내의 인위적 경기부양론에 힘을 실어 '묻지마 공급'이라는 이해할 수 없는 정책을 탄생시켰다.

그렇다면, 우리 국민은 어떤가? '투기는 망국병이고 반드시 근절해야 한다'는 원론에 대다수 국민이 공감하면서도 '투기판을 만든 사람이 잘못이지 국민이 무슨 잘못인가?' 하고 생각하는 분이 적지 않을 것이다. 그러나 부동산 세금이 늘어나는 데 대해 저항을 하지는 않는지? 재건축의 속셈이 새 집보다는 불로소득을 얻자는 데 있지는 않은지? 투기야 일어나건 말건 분양가는 무조건 싸야 한다고 생각하지 않는지? 오히려 투기판이 벌어지기를 은근히 바라지는 않는지? 만일 그렇다면 우리 국민도 정책실패의 책임을 일부라도 같이 져야 하지 않을까?

정책실패, 누구의 책임인가? "너희 중 책임 없는 자, 정책당국을 돌로 쳐라."

'버블세븐'과 부동산 정책

(경향신문 2006년 6월 17일)

정부는 강남 등 일곱 개 지역을 '버블 세븐'이라고 부르면서, 집값에 거품이 끼었다고 경고하자 이를 두고 여러 말이 많다. 한편, 5·31 지방선거에서 참패한 여당 내에서는 엉뚱하게도 부동산 정책을 탓하는 소리가 나오고 있다.

좀 딱딱한 이야기지만, 버블이란 시장가격이 정상가격에 비해 현격하게 높을 때 그 가격차를 말한다. 토지의 정상가격은 할인율과 미래의 지대에 의해 결정되는데, 할인율은 현재의 이자율과 같으므로 쉽게 파악되지만 미래의 지대는 대단히 불확실하다. 그래서 부동산의 정상가격은 제대로 파악하기 어렵고 버블이 존재하는지 또 존재한다면 그 크기가 어느 만큼인지를 판단하기도 어렵다. 그러므로 버블의 존재와 크기에 대해 논란을 하기보다는, 버블이 있다고 해도 그게 터질 때 사회에 해가 될 지경인지 아닌지를 판단하는 것이 실용적이다.

버블이 맥주거품처럼 작은 방울을 만들다가 스르르 꺼지면 다행이지만 풍선껌처럼 크게 부풀어 오른 후 일시에 터지면 위험하다. 부동산 경기 호황이 계속될 것처럼 보이면 자신의 상환 능력을 넘는 큰 돈을 빌려서 투기 대열에 뛰어드는 사람이 많이 나타난다. 버블은 계속해서 커지지만 언젠가는 터지면서 연쇄적인 채무불이행 사태를 야기한다. 버블로 가득한 부동산을 담보로 잡은 금융기관을 필두로 줄줄이 주저앉게 된다. 역사상 이런 사례가 많았고 가까이는 1990년대 초의 일본도 그 하나다.

그런데 정부에서는 한쪽으로는 버블을 조심하라고 하면서 다른 쪽으로는 위험한 상태는 아니라고 한다. 정부가 부동산 투자 가이드도 아닌데, 위험하지도 않은 버블에 신경을 쓰는 이유는 뭘까? 정부가 나름대로 강력한 부동산 대책을 내놓았는데 '약발이 안 먹힌다'는 평이 있으니까 초조해졌기 때문이 아닐까?

이러한 초조감은 정부가 자초한 것이다. 부동산 정책의 목표를 '가격 잡기'로 잘못 설정했기 때문이다. 참여정부 출범 후 굵직한 조치만 네 번 내놓았고, "10·29 조치 이전의 가격으로 되돌려 놓겠다"고 공언까지 했다. 그런데도 강남 지역의 부동산 가격은 오히려 강세를 보여 정책 실패로 비치게 되자, 답답한 심경으로 버블론을 내놓은 것 같다.

물론 가격 그 자체를 정책 대상으로 삼아야 하는 경우도 있다. 예를 들어 서민주택 가격이 서민이 감당하기 어려운 수준으로 형성된다면 이를 해결하기 위해 원가 절감이나 공급 확대 등을 고려해야 한다. 또 복지 차원에서 저소득층 주택을 정상가격 이하로 공급하는 것도 고려할 수 있다. 그러나 강남과 같은 중상층을 위한 주택이라면 정책 목표를 '가격 잡기'가 아니라 '불로소득 환수'에 두어야 한다.

부동산 가격은 실수요를 반영하는 정상가격과 가수요에 의한 투기가격으로 형성되며, 이 중에서 문제를 일으키는 것은 투기가격이다. 양자를 구분하지 않고 가격을 잡으려고 하면 '아기 목욕시킨 물을 버리다가 아기까지 같이 버린다'는 서양 속담처럼 정상가격까지도 다치게 된다. 투기가격을 잡는 최선의 방법은 '불로소득 완전 환수'다. 불로소득이 없으면 가수요가 사라지므로 따로 손을 쓰지 않더라도 정상가격만 남는다.

여당 일각에서는 부동산 정책을 손질하자고 하는데, 지금은 그럴 시점도 아니거니와 불로소득을 줄여 주는 방향의 손질은 더욱 안 된다. 2003년에 정부가 내놓은 10·29 조치를 당에서 후퇴시킨 '10·29의 추억' 때문에 버블이 더 커졌다는 사실을 모르는가? 혹시라도 손질을 한다면 오히려 보유세를 강화하여 불로소득을 더 철저하게 환수하는 쪽이 되어야 한다.

"그까이 꺼, 강남 집값 좀 비싸면 어때"

(오마이뉴스 2005년 9월 4일)

'강남이다, 판교다' 하면서 집값이 오르니까 정부는 정부대로, 투기세력은 투기세력대로, 서민은 서민대로, 시민단체는 시민단체대로 각각 다른 이유로 비상이 걸렸다. 그런데 태평스럽게 "그까이 꺼, 귀족들이나 사는 강남의 집값 좀 비싸면 어때" 하는 사람도 있다. 차분히 생각해 보면 일리가 있다. 강남의 집값이 비싸다고 해서 노숙자가 생기는 것은 아니기 때문이다.

문제는 강남 집값이 비싼 데 있는 것이 아니라 그 통에 불로소득이 발생하는 데 있고 또 그 바람에 서민들 집값까지 들썩이는 데 있다. 그렇다면 강남의 집값을 잡으려고 하기보다는 불로소득을 환수하고 서민주택 대책을 세워야 한다.

강남의 집값이 비싼 이유로 주거환경이 좋다는 이유를 드는 사람도 있지만, 글쎄다. 강남의 주거환경이 다른 지역보다 그 집값 차이만큼 더 쾌적하고 편리해 보이지는 않는다. 더 중요한 이유는 강남에 집을 장만하면 불로소득이 더 크게 생기는 데다가, 대한민국의 귀족층이라는 자부심을 가질 수 있고, 대학 입학이 유리하니까 학벌주의 사회에서는 귀족 신분의 대물림까지 가능하다는 데 있다.

이 중에서 자부심에 대해서는 손댈 필요도 없고 손대기도 어렵다. 스스로 그렇게들 생각한다는 데야 무슨 뾰족한 수가 있을까? 교육이나 종교를 통해 강남 사람과 국민 전체의 인격이 높아지기를 기대하는 수밖에 없다. 이런 속물적 자부심 때문에 비싼 집에 살고 싶어 한다면 그냥 놔두면 그만이다. 단지 불로소득만 환수하면 된다.

그러나 특권의 대물림은 방치해서는 안 된다. '고교 등급제'나 '보유세 저항'에서도 보듯이 귀족층의 자기 보존 욕구는 강하지만 정부가 여기에 밀리면 안 된다. 정부의 존재 이유는 바로 이런 기회의 불평등을 시정하는 데 있기 때문이다.

불로소득도 환수하지 않고 강남의 부당한 특권도 해소하지 않는 가운데, 강남에 또는 그에 버금가는 지역에 집을 추가로 공급한다면 어떻게 될까? 집을 정말로 많이 공급하여 강남 복덕방에 빈집이 넘쳐난다면 강남의 집값도 잡히고 특권도 사라질 것이다. 그러나 집을 지을 토지는 한정되어 있으므로 현실적으로 그런 사태가 날 정도의 공급 확대는 기대할 수 없다. 최근 판교에서 보듯이 추가 공급은 투기의 불쏘시개가 될 뿐이다.

그렇다면 부동산 문제의 정답은 저절로 드러난다. 첫째로, 부동산 불로소득을 완전히 환수해야 한다. 불로소득이 없으면 투기가 사라지고 부동산 시장에는 실수요만 나타난다. 불로소득이 없으면 가격의 급격한 등락 현상이 없으므로 가격 안정도 저절로 이루어진다. 정부는 단지 주택을 감당하기 어려운 서민에 대한 배려만 하면 된다.

둘째로는 강남의 부당한 특권을 해소해야 한다. 강남에 산다는 이유로 다른 국민보다 더 큰 기회를 누리는 일이 없도록 해주어야 한다.

그런데 우리 정부는 이 문제에 둔감해 보인다. 하나의 예로, 최근 본고사와 다름없는 대학입시가 부활되어 강남권 주민이 유리해지는데도 정부는 뒷짐을 지고 있다. 학벌주의를 타파하고, 시골에 살더라도 그 지역에서만 공부를 잘하면 원하는 대학에 갈 수 있도록 해주어야 한다.

이렇게 하면 수도권 공공기관을 비싼 돈 들여 지방으로 이전하는 것보다 더 큰 효과를 낼 수 있다. 대학 자율은 공익보다 더 높은 가치인가? 정부의 각성이 필요한 부분이다.

불로소득 환수와 특권 해소. 이 두 가지만 된다면, "그까이 꺼, 강남 집값 좀 비싸면 어때."

4자성어로 보는 '판교로또' 해법

(오마이뉴스 2005년 6월 12일)

영역 확대를 끊임없이 노리는 부동산 투기 세력이 썼음 직한 계략을 생각해 보자. 투기

세력은 속셈을 숨긴 채, 강남의 집값을 잡는다는 명분 아래 '공급을 늘려야 한다'는 원론을 되풀이한다. 어벙한 정부는 그 말을 옳게 믿고 판교를 개발한다. 그 결과 판교는 투기 세력의 사냥감이 된다. 판교가 집값 안정제가 되는 것이 아니라 오히려 투기의 불쏘시개가 되는 것이다. 투기 세력은 회심의 미소를 짓는다. 강남에 국한되었던 영역이 강남에서 판교에 이르는 벨트로 확대된다.

경실련의 조사에 의하면, 택지분양을 앞두고 있는 판교 신도시 사업으로 분당·용인 등 판교의 영향을 직접 받은 지역에서 총 11조 원의 아파트값이 폭등했고, 23조 원이나 오른 강남의 아파트값도 상당부분 판교 신도시의 영향을 받아 상승한 것이라고 하니, 투기 세력의 계략은 적중하였다.

그렇다면 좋다. 이제 삼국지에 나오는 장계취계(將計就計)를 본받아, 투기 세력의 계략을 역이용하자. 투기 세력이 영역 확대를 위해 판교를 이용한 것처럼, 토지정의 세력도 판교를 통해 적을 궁지로 몰아넣어야 한다. 투기 세력의 주장대로 판교 개발을 통해 공급을 늘리되, 그 누구도 판교에서 불로소득을 얻지 못하게 하는 거다.

방법은 간단하다. 판교의 택지를 공영 개발하여 임대하면 된다. 아파트가 건물 평당 얼마로 거래되니까 아파트의 불로소득이 건물에서 생기는 것으로 착각하는 수가 많다. 그러나 건물은 지은 후 시간이 지나면서 낡게 마련이고 또 추가 공급도 가능하다. 그러므로 건물 불로소득이란 시장 적응과정에서 예외적 · 일시적로만 존재할 수 있고, 부동산 불로소득은 근본적으로 토지에서 생길 뿐이다. 그러니까 토지를 임대하면 아파트의 불로소득도 없다. 투기 세력의 양식은 불로소득인데 양식을 차단당한 투기 세력은 혼비백산(魂飛魄散)하여 판교에서 물러갈 것이다. 더구나 공급 확대로 주변의 집값이 하락하므로 투기 세력은 판교만이 아니라 주변 지역의 식량도 잃게 된다.

토지정의 연합군 산하의 어떤 장수는 판교에 영구임대주택을 짓는 계략을 내기도 한다. 이 계략도 불로소득을 원천적으로 차단한다는 점에서는 일리가 있다. 그러나 토지만 임대하면 충분한데 건물까지 임대로 할 필요가 없다. 과유불급(過猶不及). 지나치면 부족함보다 오히려 못한 수가 있다. 공공임대주택으로 하면, 건설업체는 정부한테서 공사를 따면 그만이므로 정부 쪽에만 신경을 쓰지 소비자의 만족에는 둔감해진다. 입주자도, 주택이 자신의 소유가 되지 않으면 집을 함부로 사용하기 쉽다. 또 정부의 불필요한 권한으로 인한 부정부패의 소지도 있다. 그러니까 건물은 건설회사가 지어 개인에게 분양하도록 놔두자.

한편 공급을 늘리면 가격이 내려간다는 일반론을 믿는 정부는 실수요에 대한 정밀한 진단도 없이 여기저기를 추가로 개발하겠다고 한다. 개발계획의 발표는 그 자체로 투기 세력의 활동 무대를 넓혀 주는 부작용을 낳기도 한다. 더구나 실수요와 무관하게 개발을 서두르면 과잉 공급을 초래하여 건설경기를 침체시키고 그 악영향이 경제 전체에 파급될 위험성이 있다.

실수요와 공급을 자연스럽게 일치시키려면 불로소득이 차단된 시장에 맡기면 된다. 정부가 실수요를 분석할 필요도 없고 정부가 나서서 주택을 공급할 필요도 없다. 정부는 단지 시장이 스스로 못 하는 일, 즉 토지불로소득 차단만 해주면 된다. 토지보유세를 대폭 강화하여 판교만이 아니라 전 국토에서 불로소득을 원천봉쇄(源泉封鎖)하면 된다.

장계취계, 혼비백산, 과유불급, 원천봉쇄. 사자성어 4개면 충분한 이런 간단한 이치를 정부는 왜 정책화하지 않는 걸까? 투기 세력이 정부의 눈과 상식을 가리는 걸까? 아니면 반간지계(反間之計)를 써서 정부를 분열시키는 걸까? 그러고 보니 4자성어가 하나 추가되고 말았다.

인용문헌

[제4장]

Locke, John. 1689. *Two Treatises of Government, Second Treatise*. 강정인·문지영 역. 1996.『통치론』까치.

Mill, John Stuart. 1998. *Utilitarianism*. Oxford: Oxford University Press.

Mill, John Stuart. 1965. *Principles of Political Economy: With Some of Their Applications to Social Philosophy*. Toronto: University of Toronto Press.

Mill, John Stuart. 1955. *On Liberty*. Chicago: Great Books Foundation.

Nozick, Robert. 1974. *Anarchy, State, and Utopia*. New York: Basic Books.

Rawls, John. 1999. *A Theory of Justice*, revised. ed. Cambridge: The Belknap Press of Harvard University Press. 황경식 역. 2003.『정의론』이학사.

Rawls, John. 1971. *A Theory of Justice*. Cambridge: The Belknap Press of Harvard University Press. 황경식 역. 1977, 1985.『사회정의론』서광사.

[제5장]

이정전. 1993.『두 경제학 이야기: 주류 경제학과 마르크스 경제학』한길사.

Barker, Charles A. 1991. *Henry George*. New York: Robert Schalkenbach Foundation.

Becker, Arthur P., ed. 1969. *Land and Building Taxes –Their Effect on Economic Development*. Madison: The University of Wisconsin Press.

Berlin, Isaiah. 1981. *Karl Marx: His Life and Environment*. 신복룡 역. 1982.『칼 마르크스』평민사.

Brewer, Anthony. 1984. *A Guide to Marx's Capital*. Cambridge: Cambridge University Press.

George, Henry. 1879. *Progress and Poverty*. 김윤상 역. 1997.『진보와 빈곤』비봉출판사.

George, Henry. 1885. *Protection or Free Trade*. Rpt. in 1992. New York: Robert Schalkenbach Foundation.

George, Henry. 1891. Condition of Labor: An Open Letter to Pope Leo XIII. In *The Land Question*. Rpt. in 1982. New York: Robert Schalkenbach Foundation.

George, Henry. 1898. *The Science of Political Economy*. Rpt. in 1992. New York: Robert Schalkenbach Foundation.

Gronlund, Laurence. 1887a. *Socialism vs. Tax Reform: An Answer to Henry George*. New York:

New York Labor News Co.

Gronlund, Laurence. 1887b. *Insufficiency of Henry George's Theory*. New York: New York Labor News Co.

Harrison, Fred. 1979. Gronlund and Other Marxists. In *Critics of Henry George*, ed. Robert V. Andelson. London: Associated University Press.

Hyndman, H. M. and Henry George. 1889. The Single Tax versus Social Democracy [A debate that took place between Henry George and H. M. Hyndman, St. Jame's Hall, London, 2 July 1889. Professor E.S. Beesly occupied the chair]. http://www.cooperativeindividualism.org/george-henry_debate-with-hyndman-1889.html

Marx, Karl, 김수행 역. 1991. 『자본론』 비봉출판사.

Marx, Karl. 1881. "On Henry George, A Letter to Friedrich Sorge."

Post, Louis F. and Fred C. Leubuscher. 1961. *Henry George's 1886 Campaign*. New York: Henry George School.

Silagi, Michael. 2000. *Henry George and Europe*. New York: Robert Schalkenbach Foundation.

Tideman, Nicolaus and Plassmann, Florenz. 1998. "Taxed Out of Work & Wealth: the Costs of Taxing Labor & Capital." In *The Losses of Nations: Deadweight Politics versus Public Rent Dividends*, ed. Fred Harrison. London: Othila Press.

Wenzer, Kenneth C. 1997. *An Anthology of Henry George's Thought*. Rochester: University of Rochester Press.

Wilson, Woodrow. 1887. "The Study of Administration." *Political Science Quarterly* 11 (1).

[제11장]

김흥린. 1993. "한국 지가상승에 따른 토지발생 자본손익의 추정, 1953-1990." 『경제학연구』 41, 2: 93-114.

이정우. 1991. "한국의 부, 자본이득과 소득불평등." 『경제논집』(서울대 경제연구소) 30, 3: 327-362.

전강수. 2005. "부동산 양극화의 실태와 해소 방안." 『역사비평』 71: 171-201.

현진권. 1996. "토지 소유의 편중 실태와 종합토지세의 세 부담 분석." 『조세정책과 소득재분배』 한국조세연구원.

[제13장]

유종선. 2004. 『주머니 속의 미국사』 가람기획.

Andelson, Robert V. 1991. *Commons Without Tragedy: Protecting the Environment from Overpopulation-A New Approach*, London: Shepheard-Walwyn.

Brinkley, Alan. 1993. *The Unfinished Nation: A Concise History of the American People*. 황혜성 외 역. 1998. 『미국인의 역사 1, 2』 비봉출판사.

Hardin, Garrett. 1968. “The Tragedy of the Commons,” *Science* 162: 1243-1248.

Kuhn, Thomas. 1962. *The Structure of Scientific Revolutions*, University of Chicago Press.

Mauroi, Andrei. 1943. 신용석 역. 1994. 『미국사』 기린원.

[제15장]

Friedman Milton and Rose. 1980. *Free to Choose: A Personal Statement*. New York: Avon.

Nozick, Robert. 1974. *Anarchy, State, and Utopia*. New York: Basic Books.

[제17장]

Foldvary, Fred. 2005. “Geo-Rent: A Plea to Public Economists.” *Economic Journal Watch* 2(1): 106-132.

[제19장]

Feldstein, Martin. 1977. “The Surprising Incidence of a Tax on Pure Rent: A New Answer to an Old Question.” *Journal of Political Economy* 85: 349-360.

Tideman, Nicolaus and Plassmann, Florenz. 1998. “Taxed Out of Work & Wealth: the Costs of Taxing Labor & Capital.” In *The Losses of Nations: Deadweight Politics versus Public Rent Dividends*, ed. Fred Harrison. London: Othila Press.

[제20장]

Hayek, Friedrich A. 1960. The Constitution of Liberty. London: Routledge & Kegan Paul.

[제5부의 부록]

한국조세연구원. 1996. 『주요국의 조세제도』.

Andelson, Robert V. 2000. *Land-Value Taxation Around the World*, 3rd. ed. Boston: Blackwell Publishers.

Brown, Harry G. et al., eds. 1955. *Land-Value Taxation Around the World*. New York: Robert Schalkenbach Foundation.

찾아보기

[인명]

[주제]